궁핍한 시대의 시인
횔덜린
그의 삶과 문학

장영태 지음

시와진실

횔덜린의 초상
히머(Franz Karl Hiemer)의 파스텔화(1792년)

| 차례 |

|일러두기|

1. 이 책에 인용한 횔덜린의 작품과 편지의 출처는 바이스너가 편집한 《슈투트가르트판 횔덜린 대전집(*Sämtliche Werke, Große Stuttgarter Hölderlin Ausgabe*)》이다. 인용 출처는 인용 부분 끝에 괄호로 묶어 밝혀놓았는데, 앞 숫자는 슈투트가르트판 전집의 권수를, 뒤 숫자는 쪽수를 나타낸다[예: (1, 16)]. 다만, 판본마다 판독의 결과가 심하게 차이 나는 《엠페도크레스의 죽음》의 시행(詩行) 표기는 최근 독자적인 기준을 제시한 슈미트의 《독일 고전 출판사 횔덜린 전집(*Hölderlin, Sämtliche Werke und Briefe in drei Bänden*, Deutscher Klassiker Verlag, 1992)》을 따랐다. 필요한 경우 이 책 저자의 한국어 번역본도 인용 출처 표시에 병기해두었다[예: (번역/1, 390)]. 인용 출처 표기에 병기한 번역서는 《휘페리온》(을유문화사, 2008), 《횔덜린 시 전집 1, 2》(책세상, 2017), 《엠페도클레스의 죽음》(문학과지성사, 2019)이다.
2. 인명, 지명 등 고유명사의 표기는 국립국어원 외래어표기법을 따랐으나, 일부는 저자의 뜻에 따라 두덴(Duden) 발음사전을 기준으로 표기했다(예: 실러 → 쉴러, 히페리온 → 휘페리온 등).
3. 본문 가운데 이탤릭체 부분은 다른 설명이 없는 한 저자가 강조하기 위해 표시한 것이다.
4. 책 제목과 정기간행물 제목에는 겹화살괄호(《 》)를, 논문 제목, 한 편의 글 제목, 작품 이름(시, 미술품 등)에는 홑화살괄호(〈 〉)를 넣어 표시했다.
5. 이 책에 수록한 도판(圖版)은 횔덜린 협회(Hölderlin-Gesellschaft)에서 발행한 횔덜린 관련 저술 가운데 하나인 Adolf Beck/Paul Raabe, *Hölderlin, Eine Chronik in Text und Bild*(1970)와 로볼트(Rowohlt) 출판사의 모노그라피(Monographie) 시리즈 가운데 하나인 Gunter Martens, *Friedrich Hölderlin*(2010)에서 옮겨 실은 것이다.

머리말

휠덜린, 그의 삶과 문학을 내며

요한 크리스티안 프리드리히 휠덜린(Johann Christian Friedrich Hölderlin, 1770~1843년)은 독일 문학의 전성기인 이른바 괴테 시대의 시인이다. 그는 73세의 짧지 않은 생을 살았지만, 생애 절반을 정신분열증으로 정신병원을 거쳐 튀빙엔 네카 강변의 한 작은 탑 방에서 유폐에 가까운 삶을 살았다. 이런 휠덜린의 생애는 오랫동안 많은 후대 사람의 동정의 대상이었다. 그러나 20세기에 이르러 격동하는 시대의 아들이자 '궁핍한 시대'의 순수한 시인으로 살아낸 그의 생애와 더불어, '휠덜린 문학의 정점'으로 평가된 그의 후기 시가 후대 시인과 지성인들의 열렬한 관심의 대상이 되었다. 그후 오늘날까지 그의 작품과 문학 사상에 대한 연구와 해석은 독일 문학사의 어느 시인이나 작가의 경우보다 훨씬 더 활발하게 이루어지고 있다. 또한 지난 50년간 독일 시인 가운데 세계 각국에서 가장 많이 번역된 시인이 바로 휠덜린이기도 하다. 이는 휠덜린의 문학이 세계문학의 담론에서도 한 지향점이 되었음을 의미한다. 살아 있을 때는 물론, 세상을 떠난 지 반세기가 넘도록 거의 잊혔던 그가 르네상스를 맞이한 것이다.

횔덜린 사후 150주년인 1993년, 독일의 레클람 출판사는 릴케(Rainer Maria Rilke, 1875~1926년)의 〈횔덜린에게〉를 비롯해 아이히(Günter Eich, 1907~1972년), 첼란(Paul Celan, 1920~1970년), 비어만(Wolf Biermann, 1936년~), 브라운(Volker Braun, 1939년~) 등 31명의 독일 현대 시인들이 횔덜린에게 바친, 또는 횔덜린을 주제로 쓴 44편의 시 모음집을 발행했다. 독일 문학계에서는 유일한 현상이다. 시성(詩聖)이라 불리는 괴테(Johann Wolfgang von Goethe, 1749~1832년)나 쉴러(Johann Christoph Friedrich von Schiller, 1759~1805년)에게도 이런 헌정 시집을 바친 적은 없었다. 횔덜린의 문학뿐만 아니라 시인으로서의 실존에 깊은 감동이 있었던 것이다. 그는 현대 시인들에게 그들 자신이 처한 위험과 낯선 세계에 버려진 소외감의 표상이었고, 비극적인 정체성의 표상이었다. 일찍이 니체(Friedrich Nietzsche, 1844~1900년)는 《반시대적 고찰》(1873년)에서 속물들에게서 유리된 '가련한 횔덜린'을 언급한 적이 있다.

그렇다면 횔덜린의 비극적인 삶과 작품의 그 무엇이 오늘날에도 여전히 우리를 매혹하고 있는 것일까? 아울러 어떻게 접근해야 독일 시인 가운데 가장 중요하면서도 다른 한편 가장 난해하다고 평가받는 시인 중 한 명인 횔덜린과 그의 작품을 한층 더 깊게 이해할 수 있을까? 이 궁금증이 바로 이 책을 쓰게 된 동기이며, 그 답을 찾는 것이 이 책의 목표다.

횔덜린은 괴테와 더불어 1800년 무렵 독일어로 시를 쓴 가장 뛰어난 서정 시인으로 널리 알려져 있지만, 그의 이런 명성은 서정시에만 국한되는 것은 아니다. 소설 《휘페리온(*Hyperion*)》과 미완성으로 남긴 비극(희곡) 《엠페도클레스의 죽음(*Der Tod des Empedokles*)》을 비롯한 《오이디푸스왕(*Oedipus der Tyrann*)》, 《안티고네(*Antigone*)》 같은 소포클레스 비극 번역은 1800년 무렵 각각의 독일 문학 분야에서 핵심적인 위치를 차지하고 있다. 나아가 그의 시학적 논고들은 독일 이상주의 철학 전개에 적지 않은 영향을 미쳤다. 아울러 시인으로서의 지극한 사명 의식, 사회 현실에 대한 고통 어린 번민, 비극적인 사랑의 체험과 반평생에 걸친 정신분열이 모두 일체가 되어 있는 그의 개인적인 삶의 궤적 역시 후대의 시인, 작가, 철학자들에게 깊은 감명을 주었다. 이와 함께 그가 남긴 300여 통에 이르는 편지에는 그의 고뇌와 방황, 결단이 감동적으로 표현되어 있다.

나는 그동안 완벽하다고 할 수는 없지만 횔덜린의 문학작품 모두를 우리말로 옮기고 주석을 달아 출간했다. 번역을 하면서 그의 작품 모두가 삶 가운데서의 체험과 사유에서 움트고 자란 열매임을 확인할 수 있었다. 다시 말하면 삶의 체험과 사유가 그 열매 가운데 녹아 있다. 그의 삶을 재구성해보면서 작품을 비판적으로 읽는다면 난해하다고 널리 알려진 그의 작품들도 한결 쉽게 접근할 수 있고, 오독의 위험도 상당히 줄일 수 있을 것으로 생각했다. 나는 번역과 주해 작업 내내 그런 생각을 붙들고 평전 집필을 시도했었다. 나의 박사 학위 논문인 〈횔덜린의 시학연구〉에 그의 생애기를 더해서 1987년에 낸 《횔덜린, 생애와 문학·사상》(문학과지성사)과 이 가운데 시학에 관한 부분을 작품 해석으로 대체·보완해서 2009년에 낸 《횔덜린 평전》(유로)이 이런 나의 시도들이었다. 그러나 횔덜린의 작품을 모두 번역한 현재 시점에서 보면, 이 시도들은 내용 면에서 부족한 점이 적지 않았음을 고백하지 않을 수 없다. 그나마 나의 횔덜린 평전에 대한 관심의 첫 증거인 앞의 책은 이미 오래전에 절판되었다. 이제 이런 시론(試論)을 바탕으로 횔덜린의 생애를 한층 더 심도 있게 살펴보면서 경험과 표현 사이의 연관을 염두에 둔 작품 분석을 더한, 횔덜린의 삶과 문학에 관한 새로운 한 권의 책을 내게 되었다.

이 책은 모두 13개 장과 두 편의 보론(補論)으로 구성했다. 1~12장까지는 횔덜린 생애의 절반, 즉 36세까지의 생애와 문학을, 마지막 13장에서는 정신분열증을 앓으면서 보낸 37년에 걸친 그의 마지막 생애를 다뤘다. 시인으로서 횔덜린의 생애는 튀빙엔 아우텐리트(Autenrieth) 정신병원에 강제 입원되었던 서른여섯 나이에 사실상 막을 내린 것과 다름없다. 따라서 횔덜린의 본격적인 창작 활동 기간은 튀빙엔 대학 시절부터 헤아린다고 해도 16년에 불과하다. 그는 이 길지 않은 창작 기간에 시, 소설, 희곡과 그리스 문학의 번역에서 다른 시인이나 작가가 발 디딘 적 없는 미답의 땅에 기념비와 같은 작품들을 썼다. 이런 생애와 문학을 연대기를 따라 서술했다. 그리고 소설 《휘페리온》과 미완의 희곡 《엠페도클레스의 죽음》에 관한 글은 나의 번역본에 붙인 해설을 부분적으로 수정·보완해 제5장과 제7장에 각각 전재했으며, 그의 문학 핵심인 시문학은 3개의 세부 장르에 걸쳐 각각 상술했다. 또한 두 편의 보론에서는 종교와 문학의 관계를 다룬 그의 종교론과 고대 그리스 시인 핀다르의 작품 번역에 담긴 그의 새로운 신화 해석을 다루었다. 이 두 편의 보론은 횔덜린의 문학적 신화론과 그리스 문학을 수용하는 관점을 이해하는 데 기여할 것이다.

나는 평전에 해당하는 이 책을 쓰면서 체험과 문학의 관계와 맥락 짓기를 서술의 기본 방향으로 삼았다. 이에 관해서는 '해석학적 순환'

이라는 문예학의 원리가 없지 않다. 이 원리는 널리 알려진 대로 텍스트 전체의 이해는 그것을 이루는 부분에 대한 이해 가운데서 성립되고, 개별적 부분은 전체와의 맥락 가운데서 바르게 이해된다는 것이다. 이 논리를 확대해보면 텍스트의 의미는 그 텍스트의 문화적, 역사적 그리고 문학적 맥락 안에서 발견되어야 한다고 할 수 있다. 한 작가의 삶과 문학의 관계나 한 작가의 생애와 시대의 관계에서도 이 원리는 필요하고도 적절한 접근 방법으로 보인다. 나는 가능한 한 많은 자료를 정리해 맥락과 관계를 찾아 서술하려고 했다. 특히 횔덜린이 남긴 많은 편지는 이런 맥락을 찾아가는 실마리를 제공하며, 작품들은 상호 연관의 측면을 드러내 보인다. 따라서 나는 횔덜린의 작품과 편지를 되도록 많이 인용하려고 했다. 그 결과, 나의 간추리는 능력 부족이 더해 내 글이 술이부작(述而不作)의 차원을 벗어나지 못했음은 물론, 장황하고 중언부언으로 비치는 부분이 적지 않게 되었다. 그런 가운데도 나의 서술이 줄거리를 크게 벗어나지 않았다면, 그것은 본문에 낱낱이 열거할 수 없었던 훌륭한 선행 연구들 덕택이다.

횔덜린은 예술의 막강한 힘을 신봉하는 가운데 자신의 시대를 '궁핍한 시대'라고 하면서, 그런 시대에 시인은 무엇을 위해 사는가라고 물었다. 하지만 지금도 신의 부재와 이상과 꿈의 상실로 앓고 있는 '궁핍한 시대'는 끝나지 않았다. 그런 의미에서 횔덜린은 오늘날에도 살아 있는 시인이다. 우리 시대의 시인인 것이다. 횔덜린은 이 '궁핍한 시대'를 그러나 '성스러운 밤'이라고 했다. "그러나 방황도 졸음처럼 / 도움을 주며 궁핍과 밤도 우리를 강하게 만들기" 때문이다. '궁핍한 시대의 시인'은 비탄하는 데 머무는 시인이 아니라, 절망적인 시대 상황에서도 끝까지 희망을 노래하고자 하는 소명 의식을 응축하고 있다. 그러므로 "궁핍한 시대에 시인은 무엇을 위해 사는가?"(비가 〈빵과 포도주〉, 제122행)라는 그의 물음은 절망에서 터져 나오는 비탄이 아니라, 새로운 희망을 찾아 나서는 각오의 토로로 읽히는 것이다. 우리가 오늘날 횔덜린을 반복해서 소환하는 것도 바로 그가 절망적인 개인적 체험과 시대 상황에서 끝까지 희망을 노래했기 때문이다. 횔덜린은 시란 현재 누릴 수 없는 것을 희망하는 가장 뛰어난 방식이자 유일한 수단이라는 것을 우리에게 증명해 보인 시인이다. 이 책이 그의 문학이 제기하는 미래에 대한 희망의 근원에 다가갈 수 있는 작은 오솔길이 되기를 기대해본다.

나는 대학에 진학한 해부터 오늘에 이르기까지 반세기 넘게 횔덜린의 문학을 옆에 두고 살아왔다. 산다는 것 자체가 누구를 만나고 그에게서 새로운 것을 배우며, 또 자신을 반성하면서 느리게나마 성장하는 과정이라고 생각한다. 횔덜린은 나에게 그 누구 가운데 한 사람이지만, 언제든 만나서 얼마든지 오랫동안 마주하고 대화할 수 있는 상대라는 점에서 인연이 깊은 특별한 인물이다. 난해하지만 사색의 단초를 함께 제시해주는 그의 문학은 언제 만나도 나에게 새로운 감동을 주었다. 그의 문학은 내 의식을 닳지 않게 연마해주는 숫돌이었고, 내 성장의 반려이자 성찰의 샘이었다. 그의 탄생 250주년을 맞아 내는 이 책은 그런 행복한 만남에 대한 감사의 뜻도 담고 있다.

오늘날 인문학은 횔덜린이 당대의 시인이 처한 사정을 두고 한 말을 빌리자면 살아날 수 있는 "기후에 있지 않다." 그러나 이런 상황은 어제오늘의 일도, 우리만의 일도 아니다. 이런 상황에서 우리가 가장 두려워해야 할 일은 절망한 나머지 체념하고 마는 일이다. 체념 대신에 이런 상황을 염려하면서 새로운 기운이 돋아나도록 조금씩 토양을 살찌우는 일이 더 절실하다고 말할 수 있겠다.

이 책을 내면서 나는 인문학의 위기를 같이 염려하면서 나의 허약한 학문적 역량에도 격려를 아끼지 않으신 동학의 선후배 여러분께 가장 먼저 감사의 말씀을 드린다. 이분들의 관심과 격려가 없었다면 이 책은 결코 태어나지 못했을 것이다. 그리고 많은 분량의 이 원고를 받고 기꺼이 출판을 결정해주신 시와진실 출판사 대표 최두환 선생님께도 심심한 감사의 말씀을 드린다.

2020년 새해 첫머리에

구미동 작은 공부방에서

장영태

제1장
탄생과 소년기: 마울브론 수도원 학교 시절
(1770~1788년)
수도원 학교 소년, 시인의 길로 들어서다

반평생을 좌절과 고독 가운데 살아야 했고, 나머지 반평생을 정신착란의 징후와 함께 보내야 했던 시인 횔덜린은 독일 남서부 뷔르템베르크 공국에서 특별한 자유와 권리를 누리고 있었던 계층의 아들로 태어났다. 횔덜린 가문이 속해 있었던 계층[1]은 당시에는 상상하기 어려울 만큼의 자유와 참정권을 인정받고 있었다. 이는 렘스탈(Remstal)에서의 농민봉기와 엄청난 재정 결손으로 말미암아 1514년 이 공국의 울리히 대공이 자의 반, 타의 반으로 서명할 수밖에 없었던 '튀빙엔 협약' 때문이었다. 이 계층의 후손들은 공국의 유복한 시민들로서 서로 혈연관계를 맺어가며 세력을 확장하고, 공국 관할의 교회와 행정에서 주요 관직의 대부분을 차지하고 있었다. 이들은 조용한 동참자로 절대주의 권력을 옹호하면서 뷔르템베르크 공국의 중추 세

1) Adolf Beck u. Raabe (hrsg.): *Hölderlin. Eine Chronik in Text u. Bild*, Frankfurt/M. 1970. 7쪽에는 이 계층을 '명망가(Ehrbarkeit)'라 칭하고 있다.

력을 형성했던 것이다.

이 계층 사람들은 대부분 높은 수준의 교육을 받았다. 뷔르템베르크 공국의 역대 대공(군주)들이 전통적으로 교육에 깊은 관심을 두었던 탓도 있지만, 여러 방면에 걸친 다재다능한 인물들이 이 계층에 많았기 때문이기도 하다. 횔덜린은 쉴러, 셸링(Friedrich Wilhelm Joseph von Schelling, 1775~1854년), 뫼리케(Eduard Friedrich Mörike, 1804~1875년) 등 수많은 슈바벤의 지식인들과 함께 '슈바벤의 정신적 어머니'라고 불리는 바르딜리(Regina Bardili, 1599~1669년)의 혈통을 이어받았다고 전해지고 있다.

'튀빙엔 협약'이 뷔르템베르크 공국의 정치적인 기초를 이루고 있었다면, 교회를 통한 교육제도 등을 규정하고 있는 1559년의 '교회 대규약'은 신앙생활의 바탕이 되었다. 그러나 18세기 뷔르템베르크의 신앙생활은 '슈바벤의 아버지'라 칭해지던 벵엘(Johann Albrecht Bengel, 1687~1752년), 외팅어(Friedrich Christoph Ötinger, 1702~1782년)의 사상을 바탕으로 한 '경건주의'가 대세를 이루고 있었다. 이 '경건주의'는 프랑스의 장세니슴이나 영·미의 퀘이커처럼 17세기에 일어난 신앙 내면화 운동의 하나로, 절대주의적 국가교회에 반대하면서 신비주의적인 색채를 띠었으며, 개인적이고 직접적인 신과의 대면을 주창했다. 교회와는 무관한 집회를 하고 양심의 추구와 감정의 분석이라는 특별한 예배 행위를 신앙생활의 중심으로 삼았다. 또한 이 '경건주의'는 그 당시 막 움트기 시작했던 문학적 시민문화에 큰 영향을 미쳤다.

횔덜린의 양친은 뷔르템베르크 공국의 세속적인 중추 세력과 종교적인 측면에서 대세를 대표할 수 있는 사람들이었다. 부친 하인리히(Heinrich Friedrich Hölderlin 1736~1772년)는 법률을 전공한

횔덜린의 어머니(요한나 크리스티나)와
아버지(하인리히 프리드리히 횔덜린)의 초상
작자 미상의 유화(1767년)

공국의 관리였다. 그는 공국의 북쪽 경계에 위치한 네카 강변의 라우펜(Lauffen)에서 옛 수도원 자리의 공국 소유지를 관리했다. 모친 요한나 크리스티나[Johanna Christina, 결혼 전 이름 헤인(Heyn), 1748~1828년]는 목사의 딸이었다. 시인 횔덜린은 1770년 3월 20일 독일 서남부 슈투트가르트 북쪽, 네카 강변의 작은 마을 라우펜의 옛 수도원 경내에서 이들의 첫아들로 세상에 태어났다.

횔덜린의 가정은 경제적으로는 꽤 유복했지만, 운이 썩 좋지는 않았다. 소설 《휘페리온》에 나오는 표현처럼 어린이는 "죽음에 대해서 아무것도 모른다"는 것은 사실이겠지만, 횔덜린의 실제 삶에서는 그렇지 않았다. 횔덜린은 아홉 살이 되기도 전에 친아버지와 의붓아버지의 죽음을 보았으며, 네 명의 동생들이 어린 나이에 죽는 것을 보았다.

네카 강변의 라우펜
스틸러(R. Stieler)의 동판화(1860년경). 횔덜린은 비가 〈슈투트가르트〉 제3연에서 자신이 태어난 고장 라우펜을 찬미하고 있다.

횔덜린이 두 살 되던 해, 부친 하인리히는 뇌졸중으로 갑자기 세상을 떠났다. 1774년 모친은 남편의 절친한 친구였던 고크(Johann Christoph Gock, 1748~1779년)와 재혼했다. 그는 라우펜 시청의 서기로 일하다가 1776년 뉘르팅엔(Nürtingen)의 시장이 되었다. 그러나 이 두 번째 아버지도 일찍 세상을 떠났다. 젊은 시장이었던 두 번째 아버지는 관할 지역에 난 홍수사고에 구조 작업을 나섰다가 심한 감기에 걸려 1779년 폐렴으로 사망하고 만 것이다. 친아버지가 세상을 떠났을 때 횔덜린은 너무 어려서 그에 대한 기억이 아무것도 없었다.

네카 강변의 마을 라우펜에 있는 횔덜린 생가
네벨(Julius Nebel)의 연필화(1800년경). 수도원 영지 내의 가옥이다.
횔덜린의 아버지가 수도원 관리인이었기에 횔덜린은 1770년 이 관사에서 태어났다.
비가 〈방랑자〉에는 이 생가가 인상적으로 그려져 있다(제55~72행).

그러나 의붓아버지의 죽음은 그에게 커다란 충격을 안겨주었다. 그에게 그 충격은 아버지의 모습을 향한 평생에 걸친 끝없는 동경과 남겨진 세 형제자매를 이제 혼자 힘으로 기를 수밖에 없었던 어머니에 대한 애절한 동정과 연민에 단단히 연결되었다. 의붓아버지의 갑작스러운 죽음 앞에서 절망과 비탄에 젖어 몸부림치던 어머니의 모습은 뒤늦게까지 그의 뇌리를 떠나지 않았다. 열여섯 살에 쓴 시 〈나의 일가〉에는 침묵 속 임종과 넋을 잃은 어머니, 그리고 목이 쉬도록 울었던 자신의 모습이 그려져 있다. 그리고 "나의 어머니가 그 짐을 질 수 있도록 도와주옵소서"라고 선하신 하느님 아버지께 간구하고 있다.

아! 그때 어머니에게로 달려가 엎드려
목이 쉬도록 흐느끼며 그녀를 올려다보았습니다.
갑자기 성스러운 전율, 소년의 사지로 울려왔고
어린아이처럼 나는 말했습니다 — 짐을 지우시라,
그러나! 또한 도우시라, 선하신 —
그렇습니다, 선하신, 사랑하는 하느님 도우시라 —
아멘! 아멘! 여전히 저는 알고 있나이다, 당신의 채찍
아버지답게 때리시는 것을! 당신은 온갖 고난에서 도우십니다!

오, 선한 분이시여, 지금까지 도와주신 대로
슬픈 나날에 그처럼 도와주시옵소서.
아버지여! 사랑의 아버지여! 도와주옵소서,
나의 어머니가 그 짐을 질 수 있도록 도와주옵소서 — 어떤 삶의 짐도. (1. 16, 시 〈나의 일가〉, 제33~44행)

훗날 횔덜린은 의붓아버지의 죽음이 자주 비감에 젖는 자신의 성격 형성에 결정적인 계기가 되었음을 고백하기도 한다. 스물아홉의 횔덜린이 어머니에게 보낸 편지에 "아버지를 여읜 자식으로서 형언할 수 없는 고통"을 느꼈을 때, 그리고 그 비감의 중심에 인간의 진지함이 함께 놓여 있다는 것을 깨달았을 때, 자주 비감에 젖는 자신의 성격이 싹트기 시작했다고 토로했다(6. 332~335).

당시 아직 젊고, 매력적이라는 평판을 들었던 횔덜린의 어머니는 생활의 기틀을 잡아나가면서도 불안한 절제의 삶을 시작했다. 모두 나름대로 성실한 삶을 살았던 두 명의 남편은 남겨진 아내에게 경제적으로 큰 어려움을 겪지 않을 만큼의 유산을 남겼다. 꽤 큰 집과 넓지는 않지만 비옥한 농토를 남긴 것이다. 그러나 그녀는 결코 긴장을 풀지 않았고, 언제나 최악의 경우를 두려워했다.

횔덜린은 여인들 가운데, 다시 말해 어머니와 외할머니 아래에서 자랐다. 횔덜린이 외지에서 돌아왔을 때, 누이동생이 남편을 잃은 뒤 친정으로 왔기 때문에 그의 집은 3대에 걸친 여인이 함께 살게 되었다. 의붓동생 카를(Karl Gock, 1776~1849년)과는 따뜻한 편지를 주고받았지만, 그 관계가 완전히 좋은 것만은 아니었다. 그들 사이에는 하나의 불편한 요소가 자리하고 있었는데, 동생에게는 주어지지 않은 기회들이 횔덜린에게는 주어졌기 때문이었다. 특히 교육받을 기회가 그랬다.

그렇지만 소년기의 고향은 횔덜린의 시에서 눈부시게 찬란한 이미지로 나타난다. 그의 작품에는 그가 어린 시절을 보낸 장소들, 즉 뉘르팅엔과 무엇보다도 네카강을 둘러싸고 있는 들녘과 과수원들이 마치 천국처럼 그려져 있다. 그 정경들은 그의 회상 가운데 하나의 마법과

뉘르팅엔 석판화(1850년경)

같은 힘이자 신비로서 고독하고 힘겨운 삶의 반려자로 나타난다. 횔덜린에게 고향을 떠남은 한 토막의 신화적인 고별이며, 귀향은 걷잡을 수 없는 환희를 쏟아붓는 축제다. 그의 시는 이처럼 네카강, 알프스 그리고 슈바벤의 정경들을 애정으로 겹겹이 감싸고 있다.

그대의 계곡들에서 내 가슴은 생명으로 일깨워지고
물결은 나를 에워싸 찰랑대었네.
그대 방랑자여! 그대를 알아보는 정다운 언덕들
어느 하나도 나에게 낯설지 않네.

그들의 정상에 서면 천국의 바람은

내 예속의 아픔을 풀어주기도 했고
환희의 술잔에서 생명이 빛나듯
계곡에선 파란 은빛 물결 반짝였네.

산속의 샘물들은 그대에게로 서둘러 떨어져 내리고,
그 샘물들과 함께 내 가슴도 떨어져 내리고,
그대는 말없이 장엄한 라인강으로
도시들과 흥겨운 섬들로 우리를 인도했었네. (2. 17, 시 〈네카강〉)

횔덜린은 상당히 이른 나이에 이것들에 대한 향수를 느끼게 된다. 이상적인 고향에서 보낸 소년기는 그의 전체 신화의 중심 요소가 되었던 것이다. 소설 《휘페리온》에서 디오티마(Diotima)를 만나고 난 휘페리온은 진정으로 이 고향과 같은 공간에서 이상이 실현될 수도 있으리라 믿게 된다. "나는 언젠가 그것을 보았다"(3. 52)라고 그는 말하고 있는 것이다. 뷔르템베르크에서 보낸 횔덜린의 어린 시절은 이 시절에 겪은 여러 슬픔에도 불구하고, 이상적인 공간의 전형으로서 그의 시문학에 들어설 충분하고도 설득력 있는 힘을 지녔던 것이 틀림없다. 작은 마을들은 거의 어린아이 같은 순수함을 지니고 있다. 마을은 담과 크고 작은 옥탑이 함께 어우러져 있다. 아주 전형적인 시골풍이다. 그리고 거래와 일거리로 분주하다. 목가를 불러일으킨다. 특히 언덕 위에서 바라볼 때 더욱 그렇다. 횔덜린은 생의 후반 정신분열의 긴 여생을 한 탑 방에 갇힌 채 보내면서도 "길이 한가운데로 평평하게 꿰뚫어 가고 있는 / 친밀한 정경"(2. 275, 시 〈즐거운 삶〉, 제33~34행)을 바라다보면서 즐거워하기를 멈추지 않았다.

횔덜린은 여느 사람들처럼 자신의 어린 시절을 떠나보냈다. 그리고 성년을 향해 가면서 고향도 떠나게 되었다. 그는 고향 슈바벤을 떠나 타향에서 살면서 자신의 길을 걸으려고 애썼다. 실패하면 고향으로 되돌아왔으나 오래 머물 수는 없었다. 다만 완전히 실패했을 때야 비로소 영원히 고향으로 돌아올 수 있었다. 하지만 그가 서른 여섯의 나이에 돌아온 곳은 어머니가 계신 뉘르팅엔의 집이 아니라, 튀빙엔의 정신병원과 그곳 네카 강변에 위치한 목수(木手) 치머(Ernst Zimmer, 1772~1838년)의 집이었다. 그는 세상을 떠날 때까지 그곳에서 살았다.

횔덜린의 첫 학교 교육은 뉘르팅엔에 있는 라틴어 학교에서였다. 이 학교는 평판이 좋았고, 고전적인 인본 정신의 전통을 이어가고 있었다. 그보다 다섯 살 아래인 매우 조숙한 셸링이 그와 함께 이 학교에 다녔는데, 두 소년은 친구로 지냈다. 매년 치러지는 공국 시험에 대비하기 위해 횔덜린은 뉘르팅엔에서 활동하면서 슈바벤 경건주의에 경도된 부목사 쾨스트린(Nathanael Köstlin, 1744~1826년)에게서 라틴어, 그리스어, 수사학 그리고 히브리어 과목의 개인 교습을 받았다. 쾨스트린은 횔덜린에게 어학 개인 교사였을 뿐만 아니라, 기독교에 관련된 문제들을 가르친 스승이었다. 전해져오는 횔덜린의 편지 가운데 첫 번째 편지는 1785년 10월 "지극히 존경하는, 학식 높으시고, 특별히 사모하는 부목사님"(6. 3)에게 보낸 편지이다. '아버지'처럼 여기는 선생님에게 보낸 이 감사와 고백의 편지는 쾨스트린에게서 가르침을 받은 경건주의적 사고방식과 신앙의 내용을 담고 있다. 양심의 고백과 자신에 대한 생각이 이 편지의 주요 내용이지만, 무엇보다도 그 안에

횔덜린이 다닌 초급 수도원 학교가 있던
덴켄도르프의 정경(1800년 무렵)

들어 있는 "기독교인과 세상 사람의 비교와 아울러, 세상 사람들의 감정과 충동에 대한 불신"(6. 488)이라는 문구는 어린 나이에도 불구하고 경건주의의 전형적인 논쟁에 대한 관심을 내보이고 있다.

1784년 10월, 열네 살의 횔덜린은 뉘르팅엔을 떠나 북쪽으로 약 8킬로미터 떨어진 덴켄도르프(Denkendorf)의 수도원 학교에 입학했다. 이로써 그는 오래전에 설립되고 엄격하게 규율되는 9년 과정의 교육을 받게 되었던 것이다. 당시 신교 지역이었던 슈바벤은 이미 2백년 넘게 남자아이들에게 어떤 비용 부담이나 사회·신분상의 차별 없이 교육을 제공하고 있었다. 그리고 수도원 학교를 마치면 튀빙엔의 신학교로 진학하는데, 이런 교육과정을 거쳐 이른바 이 지역의 명망 있는 계층 대부분을 이루는 관리와 성직자들을 양성했다.

다른 수도원 학교와 마찬가지로 덴켄도르프의 수도원 학교에 입학 서명한 학생은 이런 교육과정의 첫 출발선에서 서약을 해야 했다. 그 서약이란 장차 교회에 봉사하겠다는 서약이었다. 이 수도원 학교의 주된 목적은 뷔르템베르크의 수많은 교구에서 일할 보좌 인력과 부목사를 양성하고, 부설학교에서 근무할 종무 직원을 양성하는 것이었다. 그리고 학생들은 앞으로 계속될 교육을 위해 신학 이외의 어떤 것도 추구해서는 안 되었고, 전체 교육과정이 끝나면 당국이 인가하거나 제안하는 직무를 받아들여야 했다. 아울러 참 신앙을 버릴 경우는 적어도 혜택받은 숙식 비용을 갚아야 했다. 그러나 이런 합의 문서는 엄격하게 적용된 적이 거의 없었던 것 같다. 어쨌든 생애 끝에 이르기까지 횔덜린은 뷔르템베르크의 교육과 교회를 관리하는 종무국의 감시 아래 놓여 있었다. 주거를 옮기거나 관할구역이 아닌 곳에 가정교사와 같은 일자리에 취업하기 위해서는 종무국의 공식 허가를 얻어야만 했다. 다시 말해 그에게는 열네 살 때부터 특별한 직업을 위한 훈련 과정을 거치도록 법적인 의무가 지워졌고, 정통 교회 신앙을 버리지 못하도록 하는 제약이 뒤따랐다. 그의 동료 가운데 많은 사람이 같은 곤경에 부닥쳤지만, 이에 저항하거나 더러는 이런 압박에서 용하게 벗어났다. 횔덜린도 정신분열에 이를 때까지 대단히 확고한 의지를 가지고 이런 요구들을 물리치고 있었다. 그러나 부채 의식과 우려는 그대로 남아 있었다. 이런 의무와 제약이 고향을 향한 그의 시계(視界)를 흐리게 하고, 태어난 고향으로의 귀환과 정착이 가로막힌 방랑자로서 자신을 인식하게 만든 요인이 되었던 것이다.

이 의무의 직접적인 대리인은 사실 관료적인 기관이 아니라, 바로 횔덜린의 어머니였다. 그녀는 맏아들의 안정된 미래를 소망했던 신앙심 깊은 한 여인이었다. 두 사람 모두에게 그가 교회에 일자리를 가지는 것은 특별히 좋은 결정이었을 것이다. 그러나 횔덜린과 어머니의 관계는 어머니가 횔덜린에게 부여한 의무 때문에 큰 손상을 입었다. 그는 그 의무에 저항할 수밖에 없었기 때문이다. 그녀는 자기 생각에 따라 행동했고, 그 또한 자기 생각에 따라 행동했다. 마음 내키지 않는 의무는 일종의 감옥살이였다. 감옥의 그림자가 자라나는 소년에게 다가오기 시작했다. 그것이 횔덜린의 정확한 느낌이었다. 횔덜린에게 교회 자체와 교회를 위한 금욕적인 준비 과정, 그것에 수반된 선택의 배제는 성년기를 가두어버릴 것처럼 보였다. 사실 그의 예배소는 넓은 초원에 세워져 있었다.

그러나 횔덜린의 현실적인 삶은 끊임없는 속박 아래 있었다. 주변 상황들은 그에게 의무를 지우며, 강제하고 압박하며 저절로 바뀌어갔다. 여러 형태의 구속이 반복되었다. 그런 가운데 그는 일찍이 진정한 자신의 의무가 어디에 있는지를 알았다. 그것은 문학, 즉 "모든 일 가운데 가장 무죄한 일"(6. 311)이었다. 그리고 그는 오래전에 어떤 사귐과 환경이 이 의무 수행에 적합한지를 알았다. 그리하여 그의 생애는 적대적인 요구에 맞서 자신의 참된 관심사를 지켜내려는 고달픈 시도로 점철된다.

횔덜린은 9년 동안 자신을 포박하고 있는 체제 안에 머무를 수밖에 없었던 이유가 오로지 자식 된 도리로 묶여 있는 어머니 때문이라는 것을 느꼈다. 그리고 이 9년이 지난 뒤, 그러니까 1793년 이후 그는 그간의 교육에 따라 자신의 직업이 결정되고 그 결정을 따르는 것이 어머니와 교회 종무국에 져야 할 의무로 생각했다. 어머니는 그에게 윤리적인 영향력을 지니고 있었다. 나아가 꼭 정당한 것은 아니었지만, 그녀는 경제적으로도 그를 구속했다. 친아버지로부터 횔덜린은 상당한 재산을 물려받을 수 있었다. 어머니는 이 상속재산을 맡아 용의주도하게 투자했고, 원금은 물론 이자까지도 그의 양육비로 지출하지 않고 소유하고 있다가 그에게 넘겨주겠다고 약속했다. 다만 하나의 조건은 그가 변함없이 순종해야 한다는 것이었다. 1784년 횔덜린이 처음 집을 떠난 때부터 1828년 그녀가 세상을 떠날 때까지 그녀는 그로 말미암아 발생한 비용을 꼼꼼하게 기록해두었다. 그녀가 기록한 "프릿츠[횔덜린의 아명(兒名)] 앞으로의 지출"이라는 지출 목록의 앞머리에는 "그가 순종하지 않으면 당연히 회수되어야 할 지출"이라고 표기되어 있다(7/1. 281). 소년으로서, 또 청년과 성인으로서 횔덜린이 어머니에게 보인 의존은 속속들이 드러나 있다. 그녀에게 보낸 그의 편지에는 송금을 부탁하면서 미안해 어쩔 줄 몰라 하는 하소연이 드물지 않게 등장한다. 그녀는 항상 그 하소연을 들어주었다. 그리고 금액과 내역을 빠짐없이 기록했다. 그는 그녀에게 자식으로서의 애정과 책임 의식을 품고 있었다. 그리고 그녀는 그가 경제적으로도 자신에게 부담을 주고 있다는 사실을 느끼도록 이끌었다. 아버지가 없는 형편에서 첫째 자식이 어머니와 가지는 관계가 특별하다는 것은 자연스러운 일이다. 이들의 유대는 사랑의 유대다. 그러나 그 안에는 무엇인가 다른 요소들, 예컨대 책임과 통제 같은 것들이 들어 있었다. 끝에 이르러 이 요소들은 아들에게 큰 해를 끼쳤다.

덴켄도르프 도착 후 한 달이 지난 1784년 10월, 수도원 학교에서는 학교 현황을 알려주는 설명회가 열렸다. 이 설명회 내용은 인쇄되어 발표되기까지 했다(7/1. 307 이하). 아마 그 내용대로 생활해야만 했다면, 소년은 그 생활을 크게 걱정했을 것이 분명하다. 주된 내용은 어디를 가든 학생들이 앞장서 있다는 사실을 명심해야 하고, 이에 걸맞게 행동해야 한다는 것이었다. 특히 "유해한 서적이나 소설 나부랭이"(7/1. 309)를 읽지 않도록 특별히 경고하고 있었다. 감독은 철저했고, 염탐과 고발도 제도화되어 있었다. "수도원 안팎에서 세속의 일반 복장 착용 금지"(7/1. 311)라는 항목도 있었다. 학생들은 여름철에는 새벽 5시에, 겨울철에는 새벽 6시에 기상하고, 일주일에 19시간의 수업과 이보다 더 많은 시간이 예습과 자습 시간으로 명시되어 있었다. 성직에 직접 관련한 과목이 교과과정의 대부분을 차지하고 있었다. 학생도 보조목사로서 설교를 해야 했기 때문에 수사학도 수업에 포함되어 있었다.

횔덜린은 덴켄도르프에서 2년을 보낸 뒤 마울브론(Maulbronn)의 상급 수도원 학교로 진학했다. 슈투트가르트 북쪽에 위치한 마울브론은 덴켄도르프와는 물론, 어머니가 살고 있는 뉘르팅엔과도 멀리 떨어져 있었다. 그렇지만 여전히 많은 친지가 살고 있는 지역 가운데 한 곳이었다. 횔덜린의 가정과 같은 토박이 가정은 슈바벤 지역 외에도, 예컨대 뉘른베르크 부근까지도 그들이 속한 사회 계층 간에 널리 연결되어 있었다. 횔덜린도 그런 가정을 방문하면서 관계를 유지했다.

횔덜린보다 2년 일찍 수도원 학교에 입학했던 마겐나우(Rudolf Magenau, 1767~1846년)는 입학 당시 마울브론 수도원 학교 분위기를 "오랜 부패의 소문이 있었다. … 많은 청소년이 자기 덕성의 무덤을 거기서 발견했고, 또 많은 이들이 모든 것을 거기서 잃었다. 몇 년 전부터는 파렴치한 무절제가 판을 치고 있다. … 수많은 탈선으로 활짝

마울브론 수도원 석판화(19세기 초)

열려 있는 길! 폭음도 익숙한 일이었다"라고 썼다(7/1, 366). 어쩌면 마겐나우가 과장하고 있는지도 모른다. 사실 마겐나우는 그런 성향을 지니고 있기도 했다. 그러나 예컨대 그해 2월에 종무국이 발표한 한 공개 경고 서한은 적어도 당시 규칙 위반 사태가 무엇을 두고 일컬어졌는지를 증언해주고 있다. 학생들은 크리스마스가 있는 주일에 학교 당국이 '그 자체가 무례한 희극'이라고 부른 연극 한 편을 무대에 올리려고 시도했다. 이 시도는 제지되었고 관련 학생들은 처벌을 받았다. 그 행실이 "성직자 신분에 바쳐진 젊은이들 사이에는"(7/1, 363~365)

16세의 횔덜린
채색 연필화(1786년)

받아들일 수 없는 것이기 때문이었다.

그러나 수도원 학교와 같은 교육기관에서 겉으로 볼 때 엄격한 규정들은 느슨하고 일관성 없이 적용되었고, 마겐나우가 말하고 있는 대로 학생들의 해이한 생활이 어느 정도 용인되었던 것 같기도 하다. 다만 횔덜린과 관련해서 보면 그 요점은 간단하다. 그는 학교 당국의 좀스러운 독재와 기숙학교의 추잡한 방탕을 다 같이 증오했던 것이다.

이 4년 동안에 쓴 횔덜린의 편지 가운데 24통이 남아 있는데, 이 가운데 마울브론에서 쓴 편지는 단 2통에 지나지 않는다. 편지의 주요 수신자는 1787년 초 레온베르크(Leonberg)에서 마울브론을 방문했을 때 사귀게 된 나스트(Immanuel Nast, 1769~1829년)였다. 횔덜린은 학교 직원의 딸이자 나스트의 사촌 누이인 루이제(Louise Nast, 1768~1839년)와 이미 아는 사이였고, 서로 사랑에 빠져 있었다. 횔덜린이 그에게 보낸 편지에는 자신에 대한 불만과 자기 연민의 문구가 자주 등장한다. 그는 자신이 마음에 맞지 않는 친구들 사이에서 따돌림을 당하고 있으며, 그들이 자기를 싫어한다고 토로했다. 스스로 자랑스럽게 생각하는 예민한 자신의 감수성이 오히려 자신에게 상처를 주고 있다는 것이었다. "내 마음의 바로 이런 부분이 내가 수도원 학교에 있는 동안 내내 심하게 화를 내야 할 만큼 함부로 취급되었다." (6. 7) 그는 자신을 시대보다 뒤떨어져 고루하다고 생각했다. 일찍이 시작된 시련이 그에게 영원한 비애의 감정을 심어주었다(6. 9). 그는 침울한 성품—"영원한, 정말 영원한 망상가"(6. 18)—이고, 이미 "위험할 만큼 멜랑콜리하다"(6. 24)는 평판을 오히려 즐기는 듯했다. 그는 다음과 같이 애처로운 환상에 빠져들기도 했다.

> 나는 여기서 사람들과 거의 사귀지 않고 있다네. 나는 여전히 혼자 있는 것이 좋아. 그리고 때로는 어떤 것을 머릿속으로 이리저리 공상하기도 하고, 또 때로는 내 여자 친구를 잃거나 모든 사람에게서 무시와 내쫓김당하는 것을 상상하면서 거의 눈물을 흘리는 지경에 이르기도 한다네. (6. 17)

이런 식의 편지는 여러 통에 달한다. 몇몇 불평은 특별히 자신의 학교생활과 관련되어 있다. 예컨대 불충분한 급식과 아울러, 교사와 감독관들의 이해할 수 없는 심기를 담은 편지를 어머니에게 써보내기도 했다. 그가 자신이 목사직에 적합한지 심각하게 회의하기 시작한 시기는 이미 1787년 부활절 무렵이었던 것으로 보인다. "당신의 순종하는 아들"이라고 서명해 어머니에게 보낸 한 편지에서, 그가 시종일관 제기했던 하나의 주요한 문제를 알리는 첫 번째 목소리를 들을 수 있다. 그것은 다름 아닌 자신의 천직에 관한 고민이다. 그는 미리 어머니를 안심시키려고 애쓰면서도 유보하는 태도를 드러낸다.

> 어머니께서는 이제 저를 확실히 믿으실 수 있을 것입니다. — *아주 특별한 경우를 제외하고* 어디에 저의 행복이 눈에 띄게 나아질 것인가 하는 것, 저의 현 상황을 벗어난다는 생각이 더 이상 저에게는 떠오르지 않는다는 것 — 저는 이제 알고 있습니다! 시골 목사로 사는 것이 세상에 그렇게 유익할 수 있고, 보통 행복하다고 할 수 있는 것보다 더 행복할 수 있다는 것을 말입니다. (6. 13)

마울브론 수도원 학교에서의 학창 시절이 끝나갈 무렵, 횔덜린의 편지들 가운데는 자신의 성품과 기질이 성직자에 맞는지 의구심이 벌써 나타나 있다. 그런데 횔덜린에게 모든 희망을 걸고 있는 어머니에게 보낸 편지에도 이런 의구심을 드러낸다는 것은 매우 놀라운 일이다. 어머니의 간절한 소망을 잘 알고 있는 그로서는 이런 자신의 의구심을 극복했다고 쓰고 있기는 하지만(6. 17~19) 극복보다는 억누르고 있다는 것이 더 진실에 가까웠는지 모른다. 본래 횔덜린은 친아버지처럼 법률을 공부하고 싶어 했다. 법률가 직업이 시골 목사 생활보다는 훨씬 더 많은 자유를 보장해줄 것이라고 믿었기 때문이다. 그가 원하고 있었던 진로는 이미 출발에서 그르치고 말았다. 그런 가운데 시간이 갈수록 어머니의 소망대로 목사가 되는 일에만은 한사코 거부감을 나타냈다. 이 문제를 놓고 횔덜린과 어머니의 관계는 오랫동안 팽팽한 긴장과 갈등에 놓이게 된다. 때로는 완곡하게, 때로는 강경하게 경건한 부인을 맞아 존경받는 목사로 살아가기를 원했던 어머니의 소망을 횔덜린이 외면했기 때문이다.

> 평범하게 만족하는 남편이 되는 것도 좋은 일 가운데 하나입니다. 다만 이제 항구를 떠나 항해를 시작하는 자에게 목적지 중간에도 이르기 전에 항구로 되돌아오라고 말해서는 안 될 것입니다. (6, 232)

프랑크푸르트에서 가정교사로 지내고 있는 아들에게 부질없이 시간과 정력을 낭비한다고 책망하는 어머니에게 횔덜린은 이렇게 답했던 것이다.

말하자면 덴켄도르프와 마울브론에서 횔덜린은 겉으로 어머니가 소망하는 길을 걷고 있는 듯했지만, 그 소망은 안으로 실패를 거듭하고 있었다. 앞의 "순종하는 아들"이라고 서명한 마울브론에서 보낸 편지에서 읽을 수 있는 것과 같이 횔덜린은 마음 깊이 "*아주 특별한 경우*"에다가 최후의 보루를 쌓고 있었다. 그는 나스트에게 "여기서 나는 결코 참아내지 않겠네. 정말 아니지! 나는 떠나야만 해"(6, 16)라고 쓰기도 했다.

그런 공간에 갇힌 그의 나이 또래, 그와 같은 감수성을 지닌 대부분의 젊은이는 의심할 나위 없이 비슷한 불만을 가졌을 법하다. 이런 젊은이의 고민거리들은 횔덜린의 경우로 볼 때 곰곰이 생각해볼 가치가 있어 보인다. 이 고민들이 그의 첫 시문학의 몇몇 중요한 시상과 유형을 결정하고 강화시켰기 때문이다. 이 유형과 시적 이미지들은 그 자체로 훌륭한 시인들에게서 찾아볼 수 있는 것 이상으로 중요한데, 이후에도 횔덜린이 이것들을 결코 버리지 않았기 때문이다. 바로 첫 시발점에서 횔덜린은 자신의 곤경을 알아차렸고, 그것에서 눈길을 떼지 않았던 것이다. 그는 자신이 포위되어 있다고 생각했다. “어찌하여 나는 나의 가장 뛰어난 생각들 주위에 울타리를 쳐야만 하는가?” 그리고 고립되고 박해를 당하고 있다고도 생각했다. “사랑하는 하느님! 저는 도대체 혼자인가요? 다른 모든 사람은 저보다 모두 더 행복한가요? 그렇다면 제가 무슨 일을 저질렀다는 것인지요?”(6. 8~9) 그리고 처음에는 다소 과장돼 보였던 이런 생각들은 엄연히 더욱 진실하고도 명료하게 변화해갔다. 수도원 학교와 더 나아가 신학교에서의 생활은 횔덜린의 위대한 시문학에서 발견되는 비가(悲歌)적인 신화들을 미리 앞서 결정해주었다. 다른 요소들, 예컨대 상실된 소년기와 같은 체험 요소, 그리고 앞으로 프랑크푸르트에서 만나게 되는 쥬제테 공타르(Susette Gontard, 1769~1802년)에 대한 사랑과 그녀와의 고별처럼 결정적인 영향력에서 비교할 만한 것이 달리 없는 요소도 있지만, 억제와 억압의 감정, 자유를 향한 그리고 희망과 사랑과 환희를 향한 의지, 이런 것들에 대한 시적인 심상들은 역설적으로 금욕이 강요된 그의 수도원 학교 시절에 풍부하게 축적되었던 것이다.

1784~1788년 사이에 썼지만 모두 완성하지는 못한 횔덜린의 시 작품 30편이 남아 있다. 1788년 가을 마울브론 시절이 끝나갈 무렵, 횔덜린은 이 시 가운데 17편을 4절판 연습장에 정서해 옮겨 적었다. 이것은 그가 시를 보존하기 시작한 첫 작업으로 기록될 수 있다. 이 시기에 그는 훗날 복원되어 전해지고 있는 시보다 훨씬 많은 작품을 썼거나 쓰기 시작했던 것으로 보인다. 아직 덴켄도르프에 있을 때, 크리

18세의 횔덜린
나스트의 연필화(1788년)

스마스 직전에 자기 머리에는 "시를 쓰기 위한 수천 가지 구상"이 가득 차 있다고 어머니에게 쓰고 있다. 라틴어로 된 시를 쓰는 것은 학생들이 해야 할 일 가운데 하나였다. 횔덜린의 성적기록표에는 '시' 과목에 '아주 양호함(recht gut)'이라고 매겨져 있고, '독일어로도 역시(auch teutsch)'라고 부기되어 있다. 아마 〈아드라메레크〉, 〈이수스에서 알렉산드로스가 그의 병사들에게 행한 연설〉, 그리고 〈헤로〉와 같은 작품은 학교 과제물이었던 것으로 보인다. 그러나 그가 루이제에게 "나는 사실 온 힘을 다해 시를 짓고 있다"(6. 31)고 썼을 때, 자신의 마음 가운데는 많은 사적인 감정을 토로하고 싶은 생각이 있다는 의미를 담았던 것으로 보인다. 횔덜린의 전기를 처음 쓴 슈바프(Christoph Theodor Schwab, 1821~1883년)는 이때 쓴 횔덜린의 많은 시 작품이 소실(消失)되었다고 단정하고 있다(2. 927).

루드비히 노이퍼의 초상 모스부르거(W. Moosbrugger)의 유화. 1799년 문학에 대한 생각 차이로 갈라지기 전까지 징클레어 다음으로 횔덜린의 가장 가까운 친구였다. 그의 어머니는 그리스 난민 가정에서 출생한 여성으로 횔덜린이 방문할 때마다 그리스 역사와 아울러, 터키의 억압적 통치를 받는 그리스 이야기를 들려주었다. 그것이 그리스 현재를 배경으로 한 소설 《휘페리온》 창작 동기가 되었다고 전해지기도 한다. 횔덜린은 시 〈노이퍼에게, 1794년 3월〉, 〈노이퍼에게 보내는 초대〉를 썼고 시 초안 〈노이퍼에게〉를 남겼다.

시 쓰기는 횔덜린 혼자만의 일은 아니었다. 추측과는 달리 횔덜린은 나스트를 비롯해 급우인 빌핑어(Christian Ludwig Bilfinger, 1770~1850년), 그리고 그의 관심과 열정을 나눌 만한 한두 사람을 시 세계로 초대했다. 루이제 나스트는 사랑의 증표로 그의 시를 받았다. 뜻을 같이하는 사람들 사이의 이런 동지 관계는 고독을 덜어주면서 자신들은 범인(凡人)들과는 다르며, 이들과는 떨어져 존재한다는 우월감을 높여주기도 했다. 튀빙엔에서 횔덜린은 마겐나우 및 노이퍼(Christian Ludwig Neuffer, 1769~1839년)와 함께 시 동인회를 결성했고, 자신과 같이 일생 동안 '궁핍한 시대에' 괴로움을 겪고 있는 공동체에 소속된 인사들—슈토이들린(Gotthold Friedrich Stäudlin, 1758~1796년), 하인제(Wilhelm Heinse, 1746~1803년), 징클레어(Isaak von Sinclair, 1775~1815년), 슈미트(Siegfried Schmid,

1774~1859년)—에게 자신의 시를 바쳤다. 횔덜린의 채색 초상화를 그린 히머(Franz Karl Hiemer, 1763~1822년)는 횔덜린의 표현대로라면 "한편의 허접한 시"를 그에게서 받고, 익살스러운 표현의 찬사로 답한 적이 있는가 하면, 횔덜린보다 연상이자 냉철한 머리의 소유자였던 마겐나우는 그의 시작(詩作)을 예리하게 평가하기도 했다. "그대에게 무슨 일이 어떻게 진행되고 있는지 나는 얼마든지 상상해볼 수 있네. 그대는 시를 짓고 그것을 낭송했을 것이며, 그것들에서 많은 표현이 슈바르트(Christian Friedrich Daniel Schubart, 1739~1791년)식으로 아름답다는 것을 발견했을 것이네. 그 표현이 크게 울렸기 때문에." (7/1. 5) 마울브론을 떠나기 전 여름에 횔덜린은 슈바르트에게 보낼 몇 편의 시를 준비하고 있었다. 그는 기성 문단에 등장할 길을 모색하고 있었던 것이다. 일단 이 일과 관련해 그는 실질적인 진전을 튀빙엔에서 거둘 수 있게 된다.

문학에서 횔덜린의 첫 열광은 그의 시대, 그의 나이에 가질 수 있는 열광이었다. 다만 슈바벤 지방의 자연과 역사적 환경으로 향하는 편향이 자연스럽게 담겨 있었다. 그는 괴테의 《젊은 베르터의 고뇌(*Die Leiden des jungen Werthers*)》가 나온 지 10년, 쉴러의 《도적들(*Die Räuber*)》이 나온 지 3년이 지난 후, 그러니까 슈투름 운트 드랑(Sturm und Drang)의 후기에 글쓰기를 시작했다. 그는 의문의 여지없이 문학 선배들이 이룩한 이성에 대한 감정 우위라는 유산을 이어받았다. 풍부한 감성은 횔덜린 자신이 여러 차례 자랑스러워했던 하나의 재능이며, 이에 대해 신에게 감사를 표하기도 했다. 예를 들면 1787년 6월, 닷새에 걸친 라인강 중류의 슈파이어(Speyer)로 향하는 여행에서 처음으로 라인강을 본 그는 어머니에게 보낸 편지에 동봉한 여행기(6. 33~39)에 이렇게 썼다. "나는 감동을 안고 집으로 왔다. 그리고 수많은 사람이 무관심하게 지나쳐 갔을 그곳에서 내가 감동할 수 있었다는 데 하느님께 감사드렸다."(6. 39) 또한 시 〈테크산〉에서는 언덕 위에서 계곡을 내려다보며 이렇게 노래한다.

> 아! 황금빛 원경(遠景)에 반짝이는 빛살 가라앉기 전에
> 나는 역시 포도밭 언덕에 올랐다.
> 얼마나 행복한가! 나는 당당한 마음으로
> 내 팔이 무한함을 껴안듯이 — 구름을 향해서
> 움켜쥔 두 주먹을 뻗는다, 고귀한 마음으로
> 이 고귀한 감정의 창조자에게 이 마음 주셨음에 감사하고자. (1. 55)

강렬한 감정은 쉽사리 그 자체로 하나의 목적이 될 수 있다. 일종의 절대적인 목적 말이다. 몇몇 초기 시 작품과 편지들은 글쓴이가 일부러 강렬한 감정 촉발을 조장하고 있음을 보여주기도 한다. 예컨대 시 〈몽상〉에서 시인은 자신의 죽음에 대해 생각한다. 시 〈우정을 위한 축제의 날〉도 열정을 향한 의지, 위대한 이름들이 주는 흥분, 친구들과의 어울림을 통한 열정 강화 의지를 절실하게 표현하고 있는 한 예다. 이런 조건이 충분히 강렬해지면 이것이 쉽게 시 작품이 된다고 오인한다. 그러나 노발리스(Novalis, 1772~1801년)의 《하인리히 폰 오프터딩엔(*Heinrich von Ofterdingen*)》(1802년)에서 하인리히를 향한 클링조어의 경고—"오성이 없는 감동은 아무 소용없고 또 위험하기도 하다."[2)]—와 횔덜린이 후기에 언급하고 있는 하나의 잠언—"깨어 있음이

---

2) Novalis, *Schriften, Band 1, Das dichterische Werk*, 281쪽.

그대를 떠나는 바로 그곳에 그대 감동의 한계가 있다."(4. 233)—은 그와 그의 동료들이 아직도 배워야 할 그 무엇이었다. 그러나 당대 문단 분위기는 이것을 배우도록 장려하는 것이 아니었다.

횔덜린과 그의 동료들은 당시의 독서로부터도 강한 영향을 받았다. 쉴러의 초기 희곡들은 괴테의 《젊은 베르터의 고뇌》와 마찬가지로 당대에는 매우 편파적으로 읽힌 것이 틀림없다. 카를의 혁명적인 열정, 포자의 이상주의, 베르터의 격정에 많은 의구심과 배척과 폄하가 있었다. 그러나 횔덜린의 편지에는 이 작품들의 장면들이 인용되고, 무비판적이고 열광적으로 읽은 흔적이 남아 있다. "아, 그[쉴러]가 아말리아로 하여금 그녀의 카를에 그렇게 열광토록 했을 때, 나는 얼마나 머릿속으로 그와 악수를 나누었던가."(6. 6) 그리고 쉴러의 《간계와 사랑(*Kabale und Liebe*)》의 여주인공을 접하고서는 동명이인과 사랑하는 관계에 있어서인지는 몰라도 더욱 감상적이었다. "[거기에는] 한 착한 소녀가 있다네.—루이제가 공평무사한 영원을 들여다보는 눈길을 하고 그처럼 서 있을 때는 나를 생각해주게."(6. 10) 그가 애호하는 등장인물은 양심의 자유를 외치는 포자였다. 이 희곡들은 젊은 독자 사이에 강렬한, 그래서 오히려 획일적인 열정으로 흥분을 불러일으켰다. 대부분 순수한 감정이었다. 아주 엄밀하게 독재자의 횡포에 대한 증오, 자유에 대한 갈망, 인류에 대한 사랑과 같은 것으로 채색되어 있지는 않았다. 쉴러는 그 자체가 젊은 횔덜린이 존경한 성자나 영웅 가운데 으뜸이었다. 쉴러가 슈바벤을 떠나 피신하는 도중에 묵었던 여인숙은 일종의 성소나 사당처럼 여겼다. 횔덜린은 1787년 처음으로 슈바벤 밖으로 여행했을 때, 이곳을 방문했다. 그리고 이렇게 썼다. "그 장소는 그처럼 나에게는 성스럽게 되었다. 위대한 천재 시인에 대한 경탄 때문에 내 눈에서 솟아 나오는 눈물을 감추기 위해 온갖 노력을 다해야만 했다."(6. 37) 그는 이 혈기 왕성한 젊은 시절의 심취를 결코 벗어나지 못했다.

1751년 독일어로 번역되기 시작했던 영(Edward Young, 1683~1765년)의 《밤의 상념(*Night Thoughts*)》은 당대의 젊은이들에게 포자나 카를 무어의 연설 못지않게 강렬한 인상을 주었다. 그러나 그 정서의 기질은 전혀 달랐다. 영의 그것은 우울이었던 것이다. 영은 횔덜린의 시 〈월계관〉에서 따라야 할 선구자로 노래되고 있다.

나의 시인 영이 어두운 고독 속에서
사방으로 자신의 죽은 자들을 깨워 모으고
한밤의 도취를 위해서
천국과 같이 자신의 현금을 조율할 때 —

아! 환희여! 멀리 그저 서서
그 현금의 노래에서 불길 쏟아지는 소리 엿들으며
그 정신의 창조를 바라다보는 일
정말이로다! 그것은 천국을 미리 맛보는 일. (1. 36, 시 〈월계관〉, 제13~20행)

그러나 그는 빌란트(Christoph Martin Wieland, 1733~1813년)의 희극적인 시 〈아마디스〉를 어떻게 생각하느냐는 친구 나스트의 물음에 이렇게 답신한다. "나는 별로다라고 말하겠다. 왜냐고? 나처럼 예민한 사람들이라면 유감스럽게도 읽을 수 없는 것들이 그 안에 들어 있기 때문이다."(6. 10) 더 나아가 이 편지에 "사랑하는 친구여, 그대가 위대한 메시아 시인의 목소리를 들을 때 훨씬 더 낫게 느껴지지는 않는가? 나에게 고백하게나. 아니면 우리 슈바르트의 격분하는 〈아하스페로스(Ahasveros)〉(슈바르트의 작품 〈서정적 랩소디, 영원한 유대인〉)를 읽을 때는 어떤가? 또는 불길 같은 쉴러는?"(6. 10)이라고 쓰고 있다. 이것은 자신이 어떻게 써야 할 것인가를 생각하는 젊은 시인의 입장이라기보다는 문학에서 자신의 개성을 발견하고, 좀 더 일반적으로 문학은 어떤 감정을 불러일으키는 것이 옳은지를 묻고 있는 젊은 문학도의 입장이다. 횔덜린과 그 친구들의 개인적인 생활은 당대 문학에서 상당한 영향을 받고 그것에 물들어갔던 것으로 보인다. 시인으로서 횔덜린의 진지함과 사명감은 처음부터 그가 표본으로 삼았던 인물들과 애호하는 선배 문인들이 그의 도덕적이고 감성적인 삶에 매우 깊게 영향을 미쳤음을 증언해주고 있다. 그의 글쓰기는 결코 실제 생활과 동떨어진 활동이 아니었다.

횔덜린이 이런 초기 시 작품에서 야심 찬 추종을 노래하면서 거명하고 있는 것처럼, '위대한 메시아 시인' 클롭슈토크(Friedrich Gottlieb Klopstock, 1724~1803년)와 고대 그리스 시인 핀다르는 그가 한때 시도했던 시문학의 가장 높은 비상(飛翔)을 대변한다.

이것은 남아의 완전함을 향한 목마름인가?
이것은 많은 보상을 위한 은밀한 열망인가?
이것은 핀다르의 비상을 향한 허약한 날갯짓인가?
이것은 클롭슈토크의 위대함을 향한 분투인가? (1. 28, 시 〈나의 결심〉 중에서)

횔덜린은 자신이 쓰기 원하는 시가 어떤 부류의 시인지를 알고 있

클롭슈토크의 초상
티슈바인(J. H. W. Tischbein)의
유화(1800년 무렵)

었다. 그는 언제나 최고의 시를 원했다. 거기에는 가볍거나 진부한 무엇이 들어 있으면 안 되었다. 그의 첫 시 작품에는 쉽고 마음을 기쁘게 해주는 구절은 매우 적다. 도시적인 것 또는 재치 넘치는 것은 들어 있지 않다. 반어, 선정, 또는 유희의 요소도 없다. 당시 이런 식으로 노래한 시들은 흔히 찾아볼 수 있었지만, 횔덜린은 가장 고원(高遠)하고 진지한 것에서 모범을 찾았다. 일단 그는 성공하기 어렵고 어리석어 보이는 양식으로 출발했다. 매번 비상하지만 그 아래에는 감상의 나락이 있었고, 어떤 반어나 유머는 없었다. 나이 들면서 현명해진 그는 깨달았다. "우리는 깊이로 떨어지는 것과 마찬가지로, 높이로 떨어질 수도 있다." 이 두 가지 가운데 어느 하나를 피하기 위해서는 "깨어 있는 숙고에 들어 있는 중력"(4. 233)이 필요하다는 것이다.

초기에 횔덜린은 여러 형식으로 시를 썼다. 6운각(韻脚)의 시구[헥

사미터(Hexameter)], 약강격(弱强格)의 5각 무운(無韻) 시구, 아스클레피아데스(Asklepiades) 시연(詩聯), 알케이오스 시연, 각운 또는 무각운의 여러 시연 형식들을 사용해서 시를 쓴 것이다. 그리고 찬가로 분류될 만한 한 편의 자유 운율 시(《우정을 위한 축제의 날에》)도 시도했다. 아스클레피아데스와 알케이오스 시연은 고대 로마 시인 호라티우스(Horatius, 기원전 65~8년)에서 클롭슈토크를 거쳐 횔덜린이 선호하는 짧은 송가에 이르게 되었다. 그의 첫 시도 가운데는 이미 주목할 만큼 성공을 거둔 작품들도 있다. 예컨대 아스클레피아데스 시연으로 쓴 시 〈나의 B에게〉가 그런 작품이다.

친구여! 계곡 위로 두렵게 숲과 바위
 매달려 있는 곳, 에름스 강이 조용히 들판을 지나 흐르는 곳
  그리고 고지(高地)의 사슴이
   당당하게 그 물가를 거닐고 있는 곳 —

소년의 고수머리 속에 명랑하고 순수하게
 얼마 되지 않는 시간 한때 나에게 미소 지으며 흘러갔던 곳 —
  거기 축복의 오두막들이 있지,
   친구여! 그대는 그 오두막들을 알고 있으리라. (1. 23)

첫 행의 시점(視點), 이어지는 세 행에 걸쳐 그려진 전망, 그리고 그 안에서 느껴지는 기쁨은 대부분 이 형식의 기능에서 생겨난다. 사실적인 세부 묘사가 불러일으키는 감정은 통사(統辭)와 운율의 억제 아래 표현력을 지닌 리듬으로 바뀐다. 횔덜린의 후기 시에서는 이런 시 형식을 노련하게 구사한 예를 수없이 찾아볼 수 있다.

횔덜린의 시문학에서 초기의 이런 작은 성공이 의미하는 바는 적지 않다. 감상에 빠진 시에서 공공연한 감정 표현이 전혀 없는 몇몇 구절을 들어 그 시가 성공적이라고 평가한다면, 언뜻 생각하기에는 옳지 않은 평가처럼 보일 것이다. 그러나 그런 구절들은 진실하게 울리며, 사실적인 관찰을 다룬다. 그리고 정서적으로는 감정이 넘쳐흐르는 과장된 표현의 구절들보다 한층 더 충만하다. 그런 구절들은 느낌을 오히려 온전히 간직한다. 이런 사실을 시 〈고요〉에서 느껴볼 수 있다.

멀리서 촛불 가물거리는 것 나는 보았고,
때는 벌써 식사 시간, 그러나 나는 서둘지 않았네!
조용한 미소로 교회 묘지의 흐느낌 소리 엿듣고
사형장의 세 발 달린 말을 엿보았네.

마침내 나는 먼지를 쓴 채 도착했었네.
시든 산딸기 가지를 얼마나 힘들여
손에 넣었는지 자랑하면서,
고마워하는 내 형제자매들에게 나누어주었네.

그러고 나서 저녁 식사 중 내 몫으로
남겨둔 감자를 서둘러 먹었고,
배가 부르자 나의 즐거워하는 형제자매들을
떠나서 고요 안으로 가만히 물러났네. (1. 42~43, 시 〈고요〉, 제21~32행)

이 구절들은 구조적인 병립—그러니까 한편으로는 고요함, 다른 한편으로는 방심—이 조화를 이루는 시에서 발췌한 것이다. 이렇게 떨어뜨려 놓고 보지 않으면 그 배합을 흥미롭게 생각할 수 없을지도 모른다.

횔덜린의 초기 시문학에서 가장 진실한 시구들과 시적으로 가장 성공적이라고 할 수 있는 시구들은 어린 시절과 관련되어 있다. 시 〈나의 일가〉에는 하느님께 간절히 기도 드렸던 어린 시절이 어떤 꾸민도 없이 표현되어 있다.

> 착한 카를! — 그 아름다운 나날
> 너와 함께 나는 네카 강변에 앉았었지.
> 우리는 즐거워하며 강변에 찰랑대는 물결을 보았지.
> 작은 시내들이 모래밭을 넘어 우리를 이끌었었네.
> 마침내 나는 눈길을 들었지. 저녁의 지는 햇살 가운데
> 강물은 서 있었지. 어떤 성스러운 감정이
> 내 가슴을 뚫고 움직였다네. 그리고 갑자기 고통을 모르게 되었지.
> 갑자기 나는 한층 진지하게 소년의 유희에서 일어섰었지.
>
> 떨며 나는 속삭였네, 우리 기도드리자!
> 우리는 덤불 안에서 조심스럽게 무릎을 꿇었네.
> 우리 소년의 마음이 읊조린 것은 단순하고 순진했다네. —
> 사랑하는 하느님! 그 시간은 그처럼 아름다웠습니다. (1. 19, 시 〈나의 일가〉, 제 121~132행)

여기서 시적 자아는 과거 어떤 느낌의 기운을 재생하고 있다. 그 자아는 시를 지으려고 일부러 무엇을 느끼고 있는 것이 아니며, 어떤 계획에 따르고 있는 것도 아니다. 체험은 그 상관물(相關物)을 발견하

고, 그 상관물은 순간적이고 강렬한, 그리고 빛을 비추는 것으로, 다시 말해 "저녁의 지는 햇살"과 "성스러운 감정"에 따라 터져 나와서 숨 가쁜 리듬으로 "가슴"을 뚫고 움직이는 것으로 표현되고 있는 것이다.

〈나의 일가〉에서 시적 자아는 누이동생의 "순수하고 착한 영혼"이 어떤 유혹에도 넘어가지 않기를 간구하고 있으며, 시 〈나의 여자 친구들에게〉에서는 자신의 마음을 "정직하고 충실하게, 그리고 순수하게 / 세상의 소란 가운데서, 중상모략자들 가운데서"(1. 27, 10~11) 잘 보존하고 있는 자신을 위안으로 노래하고 있다. 모든 덕망은 언제나 위험에 부딪힌다. 미덕은 조롱과 미움, 그리고 심지어는 배척의 대상이다. 횔덜린의 초기 시들은 그 자신 또는 그와 가장 가깝거나 사랑하는 사람의 미덕을 공격하고 모독하는 자, 조롱하는 자, 유혹하는 자, 고문자로 가득하다. 그와 가장 가깝거나 그가 가장 사랑하는 사람들, 즉 〈나의 일가〉의 어머니와 시 〈비탄〉에 그려진 루이제는 그 자신의 연장(延長)으로 읽힌다. 이 두 여인은 박해로 고통을 받는 것으로 표현되고 있다. 물론 이것은 환상이다. 시학의 관점에서 보면, 이런 표현은 미덕을 찬미하기 위한 수단이다. 이런 사람들을 위협하고 있다고 생각되는 세력들을 집요하게 추적하면서 시인은 미덕을 드러내 보인다. 시인 자신은 시구에서 미, 순결, 정직의 옹호자로서 조롱과 증오, 시기, 질투의 대상이다. 세상은 그의 모든 노력을 훼방하려고 한다. 그는 "재잘거리는 패거리들에게서" 빠져나와 자신의 고귀한 포부를 키울 수 있는 고독 안으로 물러난다. 이것이 그의 긍지이자 위로다. 이것이 없다면 그가 어떻게 "세상의 모든 박해 / 모든 압제, 모든 짐 / 시기하는 자의 씁쓸한 모든 비방"(1. 36, 시 〈월계관〉)을 참을 수 있겠는가?

> 오 어쩌면, 이런 괴로움들이 — 내가
> 생각건대 — 너의 정신을 더 강하게 만들어준다! (1. 37, 시 〈월계관〉, 제33~34행)

민족적이며 애국적인 변주도 있다. 슈바벤은 독일 남부 가톨릭 지역에 둘러싸인 신교 지역이다. 루터교의 미덕—솔직함, 단순함, 용기 등—이 자리 잡고 있는 횔덜린의 고향은 외부의 교황과 변절자들에게 위협을 당하고 있었다. 타지방 사람들, 특히 프랑스인들은 위선, 야합, 겉치레, 부패에서 슈바벤 사람들을 능가하며, 그들은 이런 패덕으로 슈바벤 사람들을 오염시키고자 했다. 횔덜린은 가톨릭교회를 이렇게 묘사하고 있다.

> 사제들은 사도(使徒)들을 숭배하기 위해서
> 그의 바보들에게 검은 기적을 비춰 보이고
> 마리아를 숭배하기 위해 수녀합창단은
> 마리아상에 대고 목이 쉬도록 광기를 외쳐 부른다. (1. 38, 시 〈명예욕〉, 제4연)

뷔르템베르크 영역 너머에 있는 모든 것은 "해롭고", 그런 지역에 거주하는 주민들은 "타락한 원숭이들"이다(1. 62, 시 〈우정을 위한 축제의 날에〉 제125행). 이것은 "고국과 외국"이라는 대립을 형성한다. 이에 연장하여 다른 두 개의 대립 구도도 나타난다. "시골과 소도시" 그리고 "과거와 현재"가 그것이다. 시 〈어느 언덕 위에서 쓰다〉에서 시인은 "바보들의 무리", "고뇌의 성(城)"과 "미망의 모퉁이"(1. 29, 제22~23행)—이것들은 소도시와 그곳의 주민들로서 이미 절망적으로 근대적인 외국의 겉멋에 감염되어 있다—를 뒤로하고 높고 거친 지역으로 올라간다. 거기 알프스에는 아직 자유와 영혼, 남아다움이 살아 있다. 거기로 올라간 시인은 과거의 더욱 행복했던 정신으로 돌아간다. "오래된 철기시대 쓰러진 영웅들"(제15행) 가운데로, "순수한 게르만의 사나이 정신"(1. 30, 제32행)으로 되돌아간다. 이것들의 징표는 천년 된 참나무들과 고상한 사슴 떼다. 그 아래에는 타락한 근대가 있다.

> 계곡에서는
> 궁정의 마차 덜그럭거리는 소리가 둔하게 들려온다!
> 그리고 화려한 장식을 단 말의 발굽 소리도 — (1. 29, 시 〈어느 언덕 위에서 쓰다〉, 제25~27행)

쉴러의 〈산책〉으로 가장 잘 대표되는 한 장르의 때 이른 사례를 보여준 시 〈테크산〉은 우선 과거와 현재의 대립 구도를 세운다. 폐허는 나약한 현재에서 영웅적인 과거를 회상하게 만드는 매개체다. 산 아래를 바라다보는 감상적인 관찰자는 "테크산에 이웃하고 있는 계곡"에서 근대성이 아닌 목가적 정경을 본다. 과거와 현재라는 대칭은 소도시와 시골이라는 대칭, 고향과 외국이라는 대칭으로 옮겨간다.

> 오, 나의 계곡! 나의 테크산에 이웃한 계곡이여! — 나는
> 그곳에서 우정의 오두막들을 보기 위해 나의 산맥을 떠나려 한다.
> 보리수로 수관(樹冠) 두르고 겸손하게 연기 뿜는 지붕들을 평평한
> 밭들에서 들어 올리고 있다, 성실한 우정의 오두막집들이.
> 오 너희들, 멀리 또 가까이에서 나를 사랑하고 있도다, 사랑하는 것들이여!
> 그대들이 나를 에워싸고 있다면, 나 그처럼 따뜻하게 그대들 손을 잡으리라,
> 사랑하는 것들이여!

지금, 오! 지금 저녁의 온갖 사랑하는 것들을 넘어서. (1, 57, 제72~78행)

휠덜린의 초기 작업에 나타나는 반복적인 양식과 그가 취하고 있는 자세는 다분히 인습적이다. 단조로운 반립(反立)과 방어적인 정신자세가 그것이다. 이런 구도를 형상화하려고 사용한 소재는 오늘날에는 그 설득력을 잃었다고 할 수 있다. 그리고 민족적이고 애국적인 분위기는 반발을 살 수도 있다. 그러나 어린 시절을 향수의 정점에 두는 반복적인 양식이 갖는 의미에 동의할 수는 있을 것이다. 왜냐면 그것의 세밀한 사항들이 실제 경험에서 얻어낸 것들이고 감각적으로 표현되어 있기 때문이다. 넓은 범위에 걸쳐 감정과 수사(修辭)의 바탕을 이루는 이 초기 시들의 구조는 관찰할 만한 가치를 가진다. 왜냐면 이런 구조도 훗날 휠덜린이 완전하게 실현하는 엄청난 잠재력을 지니고 있기 때문이다. 상상의 구조나 윤리적인 구조를 형상화하려고 어떤 소재를 사용하는가 하는 것은 매우 중요하다. 슈타우펜(Staufen)왕가 통치 아래의 슈바벤이 페리클레스 시대의 아테네보다 이상적인 공간이라고 하면 설득력이 별로 없을 것이다. 그러나 시 〈테크산〉이나 〈어느 언덕 위에서 쓰다〉에서 보여주는 향수의 거장다운 양식은 후기 시 〈아르히펠라구스〉의 그것과 매우 유사하다. 설득력은 형식이 가진 하나의 기능이기도 하다. 따라서 형식 숙달은 설득력도 함께 넉넉해지게 해준다. 지금은 가장 미숙한 상태의 반복적인 양식들을 보고 있으나, 훗날 6운각의 시 〈아르히펠라구스〉에서 이러한 양식들이 음악처럼 신비롭고 물 흐르는 것 같은 움직임으로 구조화되는 모습을 만날 것이다.

초기 시들은 이미 휠덜린 예술의 특징 있는 기법과 본질을 드러내 보여주고 있다. 다시 말하면 이 초기 시들은 대립적인 것을 묘사해서 어떤 이상을 정의하거나 찬양하는 기법과 기질을 드러내 보여준다. 처음에는 매우 상투적으로 행해졌다. 사랑하는 사람은 비웃음과 악덕에 위협받는 사람으로 그리는 가운데 찬미되었다. 그러나 횔덜린은 같은 방식으로 부재(不在)와 동경의 시문학을 낳았다. 예컨대 비가들은 상실된 것을 응시하는 것으로 출발하면서, 한편으로 부재한 것을 찬양하고, 나아가 이 찬양으로 비가를 더욱 진전시킨다. 횔덜린은 부재하는 신들을 믿었고, 이에 조응하는 시학을 고안했다. 그의 시문학이 시작점부터 부재를 드러내는 존재의 찬미로 가득했다는 사실보다 더 주목할 다른 어떤 것은 없다고 해도 지나친 말은 아니다.

제2장
튀빙엔 학창 시절
(1788~1793년)
프랑스 대혁명의 세례를 받다

목사가 되기를 간절히 원하는 모친의 소망에 따라, 내친걸음을 돌이키지 못하고 1788년 10월 횔덜린은 튀빙엔 신학교에 진학했다. 1536년에 세워진 이 신학교는 케플러(Johannes Kepler, 1571~1630년), 외팅어, 뫼리케 그리고 피셔(Friedrich Theodor von Vischer, 1807~1887년)와 같은 슈바벤의 우수한 사상가, 자연과학자, 시인들을 배출한 명문이었다. '신과 뮤즈가 경배되는 집(Aedes Deo et Musis acra)'이라는 해설적인 학교 이름이 말해주듯, 이 신학교는 신학뿐만 아니라 일반교양까지 폭넓게 교육해 훗날 신학과 철학을 자발적으로 연구할 수 있도록 한다는 교육목표를 가지고 있었다.

횔덜린은 슈투트가르트 인문학교에서 온 4명의 학생과 함께 입학했는데, 그들 가운데는 헤겔(Georg Wilhelm Friedrich Hegel, 1770~1831년)도 있었다. 2년 먼저 입학한 노이퍼, 마겐나우와 함께 횔덜린은 문학을 추구하는 데 힘을 쏟기로 약속하고 곧장 열정적인 우

네카 다리가 있는 튀빙엔 전경 엘리아스(Elias)의 석판화(1800년 무렵)

정 관계를 맺었다. 나스트와의 우정 관계는 끝났지만, 루이제와의 교제는 얼마 동안 계속되었다. 첫 교제 기간 내내 횔덜린은 그녀를 방문하거나 심정을 토로하는 편지를 주고받았다. 그들은 결혼할 생각을 품고 있었던 것이다. 1789년 가을 그는 자신들의 결합은 어머니의 축복을 받을 것이라고 썼다.

그러나 다음 해 3월 아니면 4월, 약혼은 파기되었다. 횔덜린은 어머니에게 서로 합의했다고 말했지만, 루이제 편에서 항의가 없지 않았다. 약혼이 파기되기 앞서 상식적인 절차로 횔덜린이 루이제에게 보낸 편지는 읽기에 편치 않은 내용을 담고 있었다. 그는 절교의 변명으로 자신의 까다로운 성격을 들었다. 즉 그녀가 자신과 같은 사람과 함께

남측에서 본 튀빙엔 신학교 철판화(1830년 무렵)

살면 행복할 수 없으리라는 것이었다. 어쩌면 그럴 수도 있었다. 그러나 이런 자기변명 뒤에는 그의 독립을 외치는 목소리와 시적 포부의 명료한 목소리가 들린다. 결혼은 그를 압박하고 있는 시골 살림과 같은 그 무엇이었다. 보편적으로 당시의 목사 후보자들은 거의 같은 운명의 길을 걸었다. 즉 신학교를 졸업한 청년은 거래의 한 방식으로 현직 목사의 딸을 받아들이면서 부목사로 취임하는 것이 상례였다. 횔덜린의 모친도 그런 기회를 눈을 크게 뜨고 지켜보고 있었다. 그런 기회가 생기면 모친은 그에게 눈짓을 보냈다. 그러나 그럴 때마다 그는 저항했다. 이런 저항 가운데 그는 다른 사람들의 안정된 삶에 과장되게 경의를 표하기도 했다. 1792년 8월 약혼하는 누이동생에게 그는

헤겔
헨젤(Friedrich Hensel)
의 스케치

"네가 이제 목표에 이르렀구나"라고 썼다. 그리고 덧붙여 "바람이 나의 작은 배를 어디로 향하도록 하려는지 누가 알까?"(6. 78)라고 썼다. 나중에 그는 자신의 안정되지 못한 생활을 반대의 경우로 들면서 같은 태도로 노이퍼를 축하했다(6. 124).

횔덜린이 가정의 평화와 평온을 바랐으나 이루지 못하고 만 것에 대해서는 할 말이 많다. 이와 관련해 특히 관심을 끄는 것은 그의 특성으로 나타나는 불안 증세에 대한 그 자신의 설명이다. 그는 잘 어울리지 못하는 사람이었다. 그는 루이제에게 그 까닭을 자신이 만성적으로 우울한 데 있다고 말했다. 그런데 그 우울증의 원인은 충족되지 못한 야심에 있었다. 자신의 야심이 언제 충족될지 확신할 수 없었기에 언제쯤 명랑해질지 약속할 수 없다는 것이었다(6. 51). 그는 이렇게

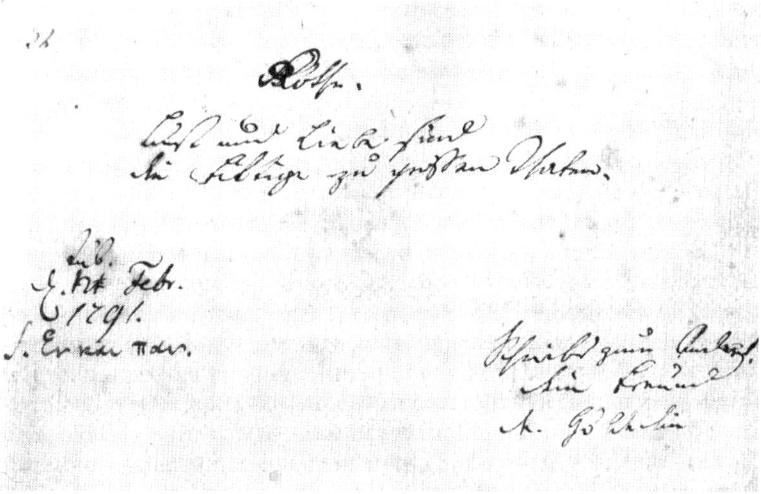

헤겔의 방명록에 수록한 횔덜린의 서명
"의욕과 사랑은 위대한 행동을 향한 날개이다"(괴테의 《타우리스의 이피게니에》)라고 기록하고 있다. 1791년 2월 12일이라는 일자 아래 헤겔이 "신조(信條). 하나이자 모두인 것(Hen kai pan)"이라고 추기해놓았다(왼쪽 아래).

변명하지만 그것은 진실이었다. 그의 아주 이른 초기 시에서도 한층 사적인 주제 가운데 가장 심각한 주제는 문학적 야심이다. 처음부터 그는 시 쓰기의 성공만큼 절실하게 바라는 다른 것은 없었다. 적절한 만족에 대한 소망은 진정한 것이었다. "그리고 나의 가장 큰 소망은 평온과 칩거 가운데 한 번 사는 것—그리고 굶을 염려 없이 책을 쓸 수 있는 것—이다."(6. 66, 누이동생에게 쓴 편지) 이런 소망은 그 충족이 이루어질 수 없을 것 같은 조바심에서 더욱 간절해졌다. 그러나 조용한 삶과 시적 성취 사이에 불일치가 필연적인 것은 아니다. 그가 훗날 쥬제테 공타르와 함께 "평온과 자유 가운데"(6. 370) 살 수 없었던 것은 그가 시인이어서가 아니었다.

그의 편지와 사실을 기록했다고 평가받는 시로 판단해볼 때, 횔덜린이 신학교에서 보낸 5년은 즐거운 세월이 아니었다. 이와 함께 신학교 생활의 다른 증거는 그의 불만을 이해할 수 있게 해준다. 마겐나우와 노이퍼가 각각 1791년 여름과 가을에 신학교를 떠나고 난 뒤 상황은 더욱 나빠졌다. 그러나 그의 불만은 사실 매우 이른 시기에 나타나기 시작했다. 1789년 11월 어머니에게 보낸 편지에서 "언제나 계속되는 불쾌감, 갖가지 제약, 건강치 못한 공기, 형편없는 음식 … 가혹 행위 … 압박과 무시"(6. 45~46)에 대해 말하고 있으며, 그녀에게 무엇인가 생각해보도록 하는 단서를 제시했다. 사실 그는 어머니에게 이곳에서 자신을 빼내주기를, 그리고 법률 공부를 할 수 있게 해주기를 간곡히 청하고 있었다. 그러나 그녀는 그를 한 달 동안 집에 머물게 하면서 정해진 대로의 길을 걸어가도록 설득했다. 하지만 이 설득이 있고 나서 일주일이 지난 뒤 그는 떠나 있는 노이퍼를 향해 자신의 불만을 계속해서 토로했다. 아울러 어머니를 향해서도 다음 해 6월 "장학생이 어떤 압박을 받고 있는지 도대체 글로 다 쓸 수가 없습니다"(6. 54)라고 토로하고 있다.

최전성기에도 분위기가 그리 좋지 않았던 신학교는 횔덜린이 재학하고 있던 시기에는 프랑스에서 불어오는 자유, 평등 그리고 우애의 세찬 서풍으로 분위기가 나빠질 대로 나빠져 있었다. 1793년, 그러니까 횔덜린이 그곳에서 보낸 마지막 해 무렵에는 학생 대부분이 "자유라는 어지럼증에 감염되어"(7/1. 436)있었다. 카를 오이겐(Karl Eugen) 공작에게 이 신학교—오이겐 공작은 4년 동안 여섯 차례나 이 신학교를 방문했고, 이 학교를 자신의 소유로 생각하고 있었다—의 분위기가 "지극히 민주적"이고, 더 나쁜 것은 "거리낌 없이 프랑스의 무정부 상태와 왕 살해를 공공연하게 옹호하고 있다"(7/1. 444)는 소문이 들어갔다. 신학교 감독관 슈눌러(Christian Friedrich Schnurrer, 1742~1822년)는 오이겐 공작의 흥분된 문의에 답변하는 가운데, 그런 분위기는 발견할 수 없다고 말했다. 그러나 이는 슈눌러 자신이 이전에 한 발언과는 어긋나는 보고였다. 사실 학생들 사이에 우세한 의견은 열정적으로 혁명적이었으며 프랑스 혁명을 편들고 있었다. 그리고 결론적으로는 신학교의 통제를 견디기 어렵다는 것이었다. 그들은 이 통제를 축소된 전제 국가로 이해했다. "미래의 목사들에게는 젊은 시절에 자신의 의지가 좌절되는 것을 맛보는 것은 좋은 일이고 유익한 일이다"라고 학교장인 르브레(Johann Friedrich Lebret, 1732~1807년)—횔덜린은 루이제와 결별하고 나서 그의 딸과 사랑에 빠졌다—는 말했다. 학교 규칙은 "젊은이들의 긍지를 꺾어버리려고" 의도했다. 재학생들은 이런 규칙에 저항하면서 정치적인 모임을 결성하고 서로의 방명록에 혁명적인 구호를 기록해 넣는가 하면, 자유의 나무를 세우고, 오이겐 공작 방문 기간 동안 무례하게 행동하기도 했다.

공작은 어떻든 모든 권력을 쥔 군주였으며, 실러도 《도적들》을 쓰고 나서 도망치지 않을 수 없었을 정도였다. 공작은 급진적인 출판업자 슈바르트를 수년간 아스페르크(Asperg) 감옥에 투옥시키기도 했다. 횔덜린의 초기 시에 등장하는 독재자라는 수사적 표현은 대부분 카를 오이겐 통치에서 촉발된 것으로 보일 지경이다. 횔덜린은 시인으로서 경력의 첫발을 슈바르트를 향해 내딛었고, 실러를 우상화했다. 신학교 재학 동안 횔덜린이 새로 접촉한 대부분의 인물은 민주주의로 경도되어 있었다. 슈바프에 따르면 헤겔은 '한 명의 우직한 자코뱅파

셸링
티크(Friedrich Tieck)의 목탄화
(1805년 무렵)

로 평가(7/1. 448)'되었고, 렌쯔(Karl Christoph Renz, 1770~1829년)는 '좋은 이상'의 맹렬한 지지자로 알려져 있었다. 셸링은 프랑스 혁명가(革命歌) 〈라 마르세예즈(La Marseillaise)〉의 독일어 번역자로 알려져 있었고, 시인으로서 휠덜린 경력을 최초로 격려해준 슈토이들린은 혁명적 전망에 공개적으로 편드는 위험한 삶을 살았다. 그리고 학교 안팎에는 똑같은 신념을 가진 다른 많은 인사도 있었다. 휠덜린이 징클레어를 처음 알게 된 것도 튀빙엔에서였다.

마겐나우는 수도원 학교와 마찬가지로 신학교를 "방종과 방탕과 방자함의 장소"(7/1. 386)라고 표현하고 있다. 그러나 휠덜린의 비판은 더욱 일관되게 억압, 부당함 그리고 개인의 자유에 대한 침해와 관계되어 있다. 그는 신학교의 통치가 시대정신에, 즉 프랑스 혁명 정신에 반하고 있다고 생각했다.

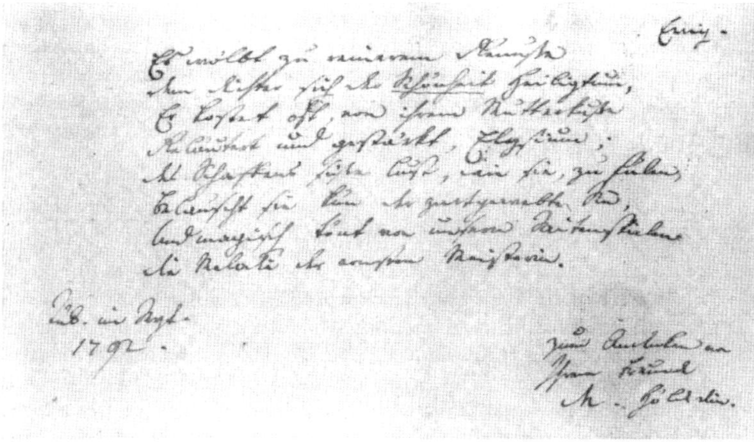

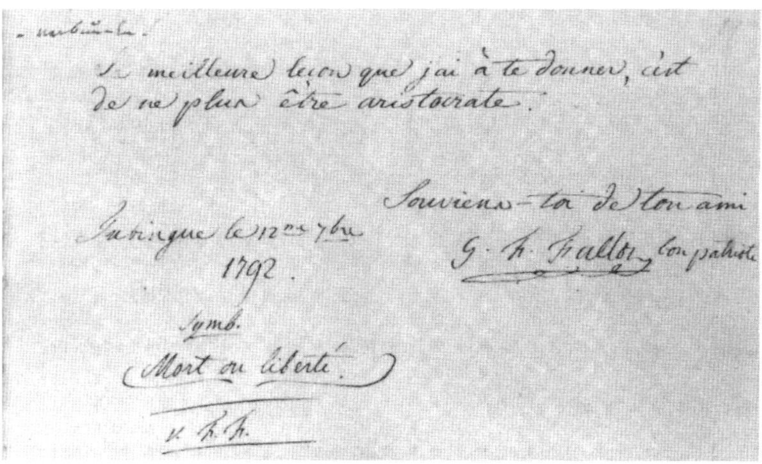

Le meilleure leçon que j'ai à te donner, c'est de ne plus être aristocrate.

Souviens-toi de ton ami

1792.

Symb.

Mort ou liberté.

제켄도르프(Leo von Seckendorf, 1775~1809년)의 방명록에 수록된
횔덜린의 서명(위쪽)과 프랑스 혁명주의자 팔로트(아래쪽)의 서명
양쪽 페이지에 걸쳐 위쪽에 "영원히-한데 뭉쳐"라는 횔덜린의 메모가 보인다.

신학교에는 프랑스 혁명만큼 흥분을 자아내는 파괴적인 또 다른 영향력이 있었다. 칸트(Immanuel Kant, 1724~1804년)가 바로 그 영향의 발원지였다. 칸트에 대한 열광과 자코뱅주의는 오늘날 우리가 이해하기 어려운 방식으로 병진하고 있었다. 칸트 추종자가 되는 것은

다음과 같은 두 가지 방식으로 '곤란한' 학생이 되는 것을 의미했다. 하나는《순수이성비판(*Kritik der reinen Vernunft*)》의 방법을 따라 모든 도그마에 회의(懷疑)를 불러일으키고, 이런 회의가 다시 성직자가 되기에는 형편없이 빈약한 훈련에 대한 회의로 이어지는 방식이고, 다른 하나는 윤리적인 영역에서 개인이 자신의 행동에 최고 책임을 진다는 신념을 북돋는 방식이었다. 자유와 책임은 신학교 학생들이 그 의미와 타당성을 인정할 수 없는 규정과 규칙들로 끊임없이 간섭받고 있었다. 물론 기독교 신앙을 폄훼하는 것은 칸트가 원하는 바는 아니었다. 그러나 칸트는 자신의 급진적인 회의를 통해 그렇게 사고하는 길을 보여주기도 했다. 그의 제자 가운데 극단적으로 열성적인 사람들은 그를 메시아로까지 치켜세웠고, 그리스도를 그 아래에 두기도 했다. 1793년 9월, 최우등생 렌쯔는 최종 국가시험에 응하기를 거부함으로써 칸트 윤리를 실천하는 과감한 모범을 보였다. 렌쯔는 자신의 처신을 감독관 슈눌러에게 보낸 한 편지에서 개인적 양심을 들어 정당화했다. 이 편지에서 렌쯔는 시험이라는 체계를 개탄한다고 썼다. 시험은 의무로서 순수한 사랑을 수행해야만 하는 학업 과정에서 그 본래의 목적에 맞지 않는 보상의 구실을 제공하기 때문이라는 것이었다(7/1. 466).

횔덜린과 프랑스 혁명의 관계는 말썽 많은 문제 가운데 하나다. 어떤 학파는 이 문제가 제기되면 매우 크게 격분하기도 한다. 이와 관련된 얼마 되지 않는 횔덜린의 관찰 기록들은 상당히 명쾌하다. 예컨대 의붓동생 카를에게 1793년 7월에 쓴 편지에 잘 드러나는 것과 같다.

수치스러운 독재자 마라(Jean Paul Marat)가 살해되었다는 것을 너도 이제 알게 될 거야. 성스러운 복수의 여신이 민중을 욕보인 나머지 자들에게 제때 가장 비열한 음모와 비인간적인 계획들에 대해 대가를 치르게 하겠지. 브리소(Jacques Pierre Brissot)가 내 마음속 깊이 동정심을 불러일으키네. 그 선량한 애국자가 이제 비겁한 적대자들의 제물이 될 것 같아서이지. (6. 88)

여기에 거명된 인물들의 이름만으로도 횔덜린의 입장을 가늠해볼 수 있다. 즉 그는 한층 온건한 지롱드파의 지지자였으며, 극단주의 자코뱅파의 반대편에 서 있었던 것이다. 1793년 10월 중순 노이퍼에게 보낸 그의 걱정스러운 하소연도 이런 사실과 일치한다. "자네가 고데(Gaudet), 베르그니오드(Pierre Victurnien Vergniaud), 브리소의 운명에 대한 더 자세한 소식을 일찍 듣게 되면, 나에게 알려주게. 아! 이 사람들의 운명이 나를 자꾸 씁쓸하게 만드네."(6. 95~96) 그리고 조금 앞서 나가면, 1794년 7월 로베스피에르(Maximilien de Robespierre)의 몰락에 대해 "로베스피에르의 목을 날릴 수밖에 없었다는 것은 나에게 당연해 보이네"(6. 132)라고 한 발언과도 역시 일치한다. 이런 의견은 횔덜린 당대 독일 지식인들 사이에서는 대체로 공통되어 있었고, 파리의 정세에 관심을 가지고 있었던 제3국의 많은 인사도 마찬가지 생각이었다. 인권선언을 열렬하게 지지하고 기대했던 그들은 혁명 운동 내부의 테러와 피투성이의 당파 싸움에 크게 낙담했던 것이다.

실제 혁명의 과오나 과잉이 무엇이었든지 간에 횔덜린은 '자유, 평등, 우애'라는 본래의 혁명 이념을 지지하고 또한 그것에 충실했다. 이런 사실을 놓고 보면, 그가 파리에서 일어나고 있던 사건들에 어떤 의구심을 가지고 있던 간에 프랑스 혁명군에 기대를 가지게 된 이유를 쉽게 이해할 수 있다. 심지어 그는 이 혁명군이 독일로 침입해오기를 은근히 기대하고 있지 않았을까 추측해볼 수 있다. 이런 의미에서 그는 이른바 해방운동의 지도자인 침입자 나폴레옹조차도 용인할 수 있었다. 횔덜린은 1792년 6월 새로운 국가 프랑스가 다른 유럽 국가들의 연합 세력에 위협을 받고 있었을 때, 누이동생에게 보낸 한 편지에서 신생 프랑스를 지지하는 자신의 의사를 명백하게 밝히고 있다.

> 오스트리아인들이 이기게 되면 우리는 나쁜 시절을 맞게 될 것이다. 내 말을 믿기 바란다. 영주들이 가지고 있는 권력 남용이 끔찍하게 될 것이다. 내 말을 믿어라! 그러니 프랑스인들을 위해, 인간 권리의 옹호자들을 위해 기도하거라. (6, 77)

이런 기대 속에 첫 번째 기적은 프랑스 시민군이 프로이센(프러시아)의 포격에 저항하면서 벌린 발미(Valmy) 전투에서 승리함으로써 일어났다. 프로이센 편에서 비정치적 관찰자로 참전했던 괴테는 《프랑스 종군기》에 "오늘 여기에서 세계사의 새로운 시기가 시작된다"[3]라고 쓰면서 프랑스 시민군의 승리에 역사적인 의미를 부여했다.

1792년 11월 19일 프랑스 국민공회는 여타 유럽 지역에서 억압받고 있는 민중들에게 "프랑스는 자유를 열망하는 모든 민중들에게 우애와 지원을 아끼지 않겠다"는 포고령을 발표했다. 이것이 독일을 침공한 프랑스군의 성전(聖戰) 정신이었다. 정도는 달랐지만 대부분 독재 통치를 하고 있던 독일 영주국들에서는 프랑스 혁명이 자국에 어떤 영향을 미칠지 희망 어린 기대 또는 두려운 예측이 일찌감치 일어나고 있었다. 의심할 나위 없이 횔덜린은 프랑스 개입으로 카를 오이겐 치하의 뷔르템베르크에서도 급진적인 변혁이 일어날 것이라고 희

---

3) Goethe, *Campagne in Frankreich 1792*, In: Werke(Hamburger Ausgabe) Bd. Ⅹ, 235쪽.

망하는 여러 인사 가운데 한 사람이었다. 1792년 가을 발미와 제마프(Jemappes)에서 프랑스 시민군이 승리를 거두자, 그는 모친에게 이렇게 썼다.

> 무슨 일이 있든지 간에 어머니가 어쩌면 걱정하고 계시는 것처럼 그렇게 언짢은 일은 없을 것입니다. 우리에게도 변화가 일어나는 것이 결코 불가능한 일이 아니라는 것이 사실이고요. 그리고 고맙기도 하지요! 우리는 이미 저지른 폭력행위나 가해진 압박 때문에 처벌을 받고 타당한 권리를 빼앗길 그런 자들 가운데 있지 않으니까요. 전쟁이 일어나는 독일의 그 어디에서도 선량한 시민은 잃는 것이 미미하거나 전혀 없을 것입니다. 그리고 얻는 것이 많고도 많을 것입니다. (6, 82)

적어도 프랑스인이 그런 생각을 그만둔 1799년까지도 횔덜린은 슈바벤이 공화국이 되리라는 진지한 희망을 놓지 않았다.

튀빙엔 시절 횔덜린의 시는 나중에 다시 반복된 어떤 경우보다도 한층 더 명백하게 혁명적인 감상을 내보인다. 그러나 이는 변화를 바라는 그의 소망이 갈수록 줄어들었음을 의미하지는 않는다. 오히려 시가 어떻게 이런 그의 소망을 더 잘 펼쳐 보이게 할 수 있는지 나중에 그가 더 많이 이해했다는 점을 의미할 뿐이다. 튀빙엔 시절 그의 시적 발언들은 매우 격렬했다. 1789년 11월 발을 다쳐 집에 돌아와 머무는 동안, 그는 애써 신학교로 돌아가려 하지 않으면서 "전제군주들에게는 어떤 은총도 없고, / 민중을 괴롭힌 자들에게는 영원한 복수를"과 같은 시구를 낙서처럼 써놓기도 했다.

멈춰라! 폭군이여! 교살자의 화살이
이리로 오고 있다. 멈춰라! 복수의 날이 다가오고 있다.
하여 번개가 독초를 흩뿌리듯,
그날 비틀거리는 해골을 내던지리라. (1. 97, 시 〈비탄하는 자의 지혜〉, 제5연)

그리고 이 시를 노래했을 때, 그는 이른바 '나라의 아버지'를 염두에 두고 있었던 것이다. 횔덜린은 신학교에서 겪고 있는 자신의 고통이 넓게 보면 국가가 동일한 인물의 전제 아래 겪고 있는 고통으로 보였음이 틀림없다. 이 시기 시들은 피로 앙갚음하려는 개인적·정치적 열망으로 점철되어 있다. 특히 이 시에서 열정적으로 표현되고 있는 프랑스 혁명 사상은 튀빙엔 시절 횔덜린의 문학 활동 중심을 이룬다. 어떤 식으로든 이런 주제와 연결되지 않은 시는 한 편도 없다고 해도 과언이 아니다.

1791년 부활절에 횔덜린은 스위스 도보 여행을 실천에 옮겼다. 훗날 이 경험은 두 편의 시에서 자유의 근원지를 향한 순례로 묘사해놓고 있다. 14세기 오스트리아 압제에 저항해 봉기했던 스위스는 횔덜린 시대에 하나의 잠재적 혁명의 표상이었다. 빌헬름 텔의 헤르만 게슬러 총독 암살은 고대 그리스의 하르모디우스와 아리스토게이톤의 폭군 살해처럼 하나의 모범적인 행위였다. 스위스는 자유롭고 복된 삶을 향한 동경으로 가득 찬 여행객의 순례지였다. 횔덜린의 두 편의 시 〈칸톤 슈바이쯔〉와 〈힐러에게〉는 당시 프랑스에서 진행되는 사건들에 자극받고, 자유의 옛 원천지 가운데 한 곳의 사실적인 정경에 더욱 힘을 얻은 한 젊은이의 이상주의를 담고 있는 시다. 여행에서 돌아온 그는 스위스와 독일의 차이가 견딜 수 없을 만큼 크다는 것을 느꼈다.

내가 그대를 잊을 수 있게 된다면, 오 신적 자유의 땅이여!
내 더 즐거울지도 모를 일, 그러나 너무 자주 달아오르는 부끄러움 나를 엄습하네.
또한 그대를 그리고 성스러운 투사를 생각할 때 걱정이.
아! 즐거운 사랑 가운데 하늘과 땅이 나에게
까닭 없이 미소 짓네. 형제들의 찾는 듯한 눈도 까닭 없이.
그러나 나는 그대를 잊지 않으리! 나는 그날을 바라고 기다리리.
부끄러움과 걱정이 기쁨을 주는 행동으로 변하는 그날을. (1. 145, 시 〈칸톤 슈바이쯔〉, 제79~85행)

힐러(Christian Friedrich Hiller, 1769~1817년)는 횔덜린이 스위스 여행에 동반했던 친구 가운데 한 명이다. 힐러는 미국으로의 이주를 생각하고 있었다. 그에게 바친 시에서 횔덜린은 그의 계획을 염두에

마울브론을 떠나면서 힐러의 방명록에 올린
횔덜린의 서명과 힐러가 그려 넣은 횔덜린 실루엣(1789년)

두고 이 여행과 관련지어 노래하고 있다. 즉 스위스에서 편안함을 느낀 사람은 필라델피아에서도 똑같이 편안함을 느끼리라는 것이다. 미국과 스위스는 자연스럽게 자유와 민주주의의 실질적인 장소로 연결된다. 그리고 힐러는 정신에 이상(理想)이 살아 있는 인물로 묘사해놓고 있다. 이 시기 마지막 시 〈그리스. St.에게〉도 이상적인 장소와 살아 있는 인물을 관련지어 노래하고 있다. 즉 고대 그리스와 슈토이들린이다. 슈토이들린은 당시 독일에서는 이룰 수 없는 편안함을 그리스에서는 누릴 수 있으리라는 것이다. 시인은 그곳 옛 그리스에서 슈토이들린과 재회하는 꿈을 그린다.

축제의 합창이 봄의 흥을 북돋우던 곳
미네르바의 성스러운 산에서
수호의 여신에게 봉헌하고자 —
감동의 강물이 쏟아져 내리던 곳 —
수천의 감미로운 시인의 시간 안에
마치 신들의 꿈처럼, 연륜이 사라졌던 곳
마치 수년 전에 이 마음이 그대를 발견했듯이
거기서, 사랑하는 이여! 내가 그대를 발견한다면,

아! 어찌 내가 그대를 얼싸안지 않겠는가! — (1. 179, 시 〈그리스. St.에게〉, 제 9~17행)

횔덜린은 스스로 위험하다고 인식하고 있었던 대로 특수한 것을 보편적인 것에 종속시키고, 개인보다 인류를 더 사랑하며, 좀 더 나은 미래를 위해 현재를 포기하는 성향을 지니고 있었다. 그는 의붓동생 카를에게 이렇게 썼다. "나는 더 이상 개별적인 인간에게 그렇게 따뜻하게 매달리지 않겠다는 것을 너에게 고백한다. 내 사랑은 인류를 향하고 있다." 그리고 계속해서 다음과 같이 썼다. "부패하고, 노예와 같으며, 게으른 인류를 사랑한다는 것은 아니다. … 그러나 나는 타락한 사람일지라도 그 내면에 들어 있는 위대하고 아름다운 기질을 사랑한다. …"(6.92)

인류에 대한 이런 믿음의 선언과 함께 횔덜린은 카를에게 쉴러의 《돈 카를로스(*Don Carlos*)》에 대한 자신의 생각을 다음과 같이 적어 보냈다. "이 가운데 마르퀴비스 포자와 왕의 대담이 내가 좋아하는 구절이란다." 그는 자신이 포자처럼 미래를 위해 활동하고 있다고 설명하고, 개인적인 사랑의 포기가 수반하는 것이 무엇인지를 보고 있다.

> 보거라! 사랑하는 카를아! 내 마음이 지금 무엇에 매달려 있는지 말이다. 내가 우리 시대에 훗날 성장해 열매를 맺을 싹을 일깨운다는 것, 이것이 내 소망의 목표점이고, 내 활동의 목표다. 그리고 그만큼, 내 생각에는, 내가 개별 인간들에는 좀 덜한 온기로 결합되고 있다는 것이다. 나는 보편적인 것에 힘을 미치고 싶다. 그렇다고 보편적인 것이 우리에게 개별적인 것을 직접적으로 소홀히 하게 하지는 않아. 그렇지만 일단 보편적인 것이 우리의 소망과 노력의 대상이 된다면, 우리가 온 영혼을 다 바쳐 개별적인 것만을 위해 살지는 않게 되겠지. (6. 93)

이상주의자들이 볼 때 밀착된 개별적인 우정 관계는 오직 유사하게 사고하는 사람들과만 가능할 것이다. 그는 그런 형태의 우정 관계를 열렬하게 소망하고 있었다. "오! 나에게 성스럽고, 모든 것보다 더 가치 있는 그런 목표를 향해서, 나처럼, 모든 노력을 다하는 그런 영혼을 내가 발견한다면 [얼마나 좋을까]."(6. 93) 이것이 횔덜린이 그처럼 사랑과 우정을 강조한 요지다. 말하자면 특별히 사랑받은 인물은 횔덜린 자신처럼 어떤 위대한 추상 개념을 추종하는 사람인 것이다.

그러나 튀빙엔 시절이나 그 이후 횔덜린의 이상주의 기초를 이루고 있는 것은 실제 공간, 실제 인물 그리고 실제 사건들이다. 자유의 이상에 대한 그의 감각은 그가 힐러와 함께 피어발트슈테터 호수를 방문했을 때 더 단단해졌다. 나중에, 그러니까 1801년 4월 그가 하우프트빌(Hauptwil)의 곤젠바흐(Gonzenbach)가의 정원에서 알프스를 바라다보고 나서 평화의 이상에 대한 그의 의식은 명백하게 그 정경과 일체를 이루었다. 다만 튀빙엔 시절의 대표적인 시 작품들, 이른바 튀빙엔 찬가들을 대하면 그 작품들에서 어떤 사실성을 발견할 수 없을지도 모른다. 이 작품들의 지나치게 단조로운 형식과 한결같이 열광적인 어조는 오히려 무감각을 불러일으킨다. 또한 언급되는 다양한 추상 개념들—진리, 자유, 우정, 사랑, 인류애 등—은 다 함께 오히려 희미한 광채로 사그라지고 만다. 이 시 작품들은 열광 가운데 길을 잃고 무아경으로 갈피를 잡지 못하고 있다.

튀빙엔 찬가의 이런 추상적인 표현과 한결같은 열광은 특수보다는 보편을 선호하고, 현재보다는 미래를 선호하는 횔덜린의 성향이 시문학에 투영된 결과다. 이 찬가는 혁명과 투쟁적인 이념이라는 당대의 복합적인 현실에서 추상화되었다. 프랑스에서는 폭력이, 유럽 전역에서는 전쟁이 진행되고 있었던 현실에서 말이다. 그렇게 해서 순수 상태의 이상들이 시 형식을 빌려 형상화된 것이다. 그러나 횔덜린의 시적 언어가 가진 가장 두드러진 특징은 특수한 것과 보편적인 것을 한꺼번에 또는 동시에 다루는 능력이다. 시 〈그리스. St.에게〉는 이처럼 낙담케 하는 어투로 자신과 같은 정신을 소유한 슈토이들린을 향해 "죽으라! 그대가 이 땅 위에서는 / 고귀한 영혼이여! 그대의 본령 찾으려 하나 헛되기에"라고 말을 걸고, 절망의 어조로 끝을 맺는다.

내 마음 먼 나라로 건너가
알카이오스와 아나크레온을 열망한다.
또한 마라톤의 성스러운 이들의 곁에
좁은 거처에서 차라리 잠들었으면 한다.
아! 이것이 나의 사랑하는 그리스를 향해
흘린 내 눈물의 마지막이었으면,
오, 운명의 여신이여! 운명의 가위 소리 내시라,
내 마음은 죽은 자들의 것이기에! (1. 180, 〈그리스. St.에게〉, 제49~56행)

죽은 자들에게 속하는 것은 '다가오는 세기의 인류'를 사랑하기와 짝을 이룬다. 그런 동경은 마치 하나의 진자(振子)와 같다. 이 동경은 현재를 앞으로 혹은 뒤로 멀리 보낸다. 다양한 찬미할 만한 추상 개념에 대한 찬가들은 형식상으로 완성도가 매우 높다. 빈더는 현대적인 취향에 맞춰 찬가들의 평판을 회복시키기를 바라면서 이 찬가들의 대칭 구조를 지적한 바 있다.[4] 횔덜린 자신도 성장한 뒤에는 "단순한 조화"(4. 259)를 경멸하기에 이른다.

횔덜린은 튀빙엔에서의 5년 동안에 38편의 시를 썼다. 그 가운데

4) Wolfgang Binder, Einführung in Hölderlins Tübinger Hymnen, in: *Hölderlin Jahrbuch (HJb.)* 1973~1974, 1~19쪽.

세 편은 각기 두 개의 초고로 이루어져 있으며, 다섯 편은 완성되지 못했다. 대부분의 시에는 선(善)과 이에 적대적인 것들 사이의 갈등이 담겨 있다. 더 초기의 시에서 이 갈등은 자주 견고하게 그리고 때로는 매우 격렬하게 표현되었다. 신교 편에서 30년 전쟁을 이끈 스웨덴 왕 구스타프 아돌프(Gustav Adolf, 1594~1632년)를 찬미하고 그의 죽음을 애도하는 시 〈구스타프 아돌프〉는 독재, 거짓, 부패에 맞서는 자유, 정직 그리고 태도의 소박성을 노래한다. 구스타프의 적대자들은 도적, 과부 살해자, 배신자들이다. 반면 구스타프는 '약한 자들의 형제', '정의를 헤아리시는 분', '경건한 자들의 보호자'다. 아울러 구스타프는 슈바벤의 명예시민이다. 30년 전쟁에서 신교 편에 섰기 때문인데, 슈바벤은 독일 남부 가톨릭 지역에서 유일한 신교 지역이었다. 이 시에는 슈바벤 출신의 저명한 인물들, 즉 선을 위한 투쟁에 동참한 인물들도 언급되어 있다. 예컨대 천문학자 케플러, 향토 시인 틸(Johann Jakob Thill, 1747~1772년)이 그런 인물이다. 이 두 인물은 횔덜린의 야심을 짐작하게 하는 인물들이다. 특히 틸은 횔덜린이 개인적으로 평온을 찾아 돌아갈 수 있었던 인물이었다. 그는 횔덜린의 부친이 세상을 떠난 해에 젊은 나이로 세상을 떠났다. 시 〈틸의 묘지에서〉는 이 두 가지 사실을 일부러 혼동하여 묘사하고 있다. 횔덜린은 친구 노이퍼와 함께 슈투트가르트 근교 마을에 있는 그의 묘지를 성소처럼 여기고 찾아가기도 했다. 이 시에서 횔덜린은 아버지와 틸의 죽음을 탄식하면서 자신이 조롱당하고 있는 것처럼 묘사하고, 슬픔 가운데 자신을 곁눈질하고 있다. 이것은 앞선 작품에서 보인 것과 유사한 고정적 양식이다. 선을 향하는 순례는 부단히 괴롭힘을 당하고 조롱의 대상이 되기도 한다는 것이다.

갈등은 자주 비가의 음조를 띠면서 제시되었다. 선은 과거에 속한다는 것이다. 모든 선은 사라져버렸다. 그리고 현재 삶은 선을 권하지 않는다. 시 〈튀빙엔 성〉에서 횔덜린은 아주 초기의 시에서 했듯이 독일의 더 좋았던 시절을 뒤돌아본다. 그는 튀빙엔의 신학교에서 알프스를 바라볼 수 있었다. 알프스는 그에게 자신의 이상을 그곳에 위치시키라고 용기를 북돋웠을 법하다. 단순하고 용기 있는 시절의 폐허들이 타락한 현재에 남겨져 있다. 우리는 옛 독일, 즉 호엔슈타우펜(Hohenstaufen) 치하 슈바벤의 미덕을 알지 못하며, 안다고 해도 쉽게 공감하기 어려울 수 있다. 그러나 횔덜린의 그런 고정된 양식은 결정적인 것이며, 정경과 그 안의 폐허가 예전의 좋은 시절부터 현재의 나빠진 시절까지도 살아 남아 있다는 생각은 나중에 엄청나게 생산적인 힘으로 작용한다.

이 단계에서 과거와 현재 사이의 대립은 어린 시절이 이상적인 시공간으로 등장하는 순간 가장 큰 효과를 나타낸다. 시 〈그때와 지금〉이 대표적인 예다. 이 시는 제3의 영역을 노래하는 것으로 시작한다. 그러나 제1영역 자체는 '이전과 그 후'로 갈린다. 아버지의 죽음이 그 경계에 있다. 그러나 불행한 성년이 거기서 그때 시작되었다는 인상과 비록 아버지의 죽음이 있기는 했으나 현재와 비교할 때 축복의 시절이었음을 깨닫게 해주는 어린 시절의 모든 것이 곧바로 맞세워진다. 이 시의 중간 3개 시연은 이런 행복감을 사실적인 세부 묘사로 표현하고 있다.

> 나는 너희를 다시 본다 — 찬란한 순간을!
>
> 그때 나는 닭들에게 모이를 주고, 그때 양배추와

패랭이꽃을 심었고 — 그러나 봄과
가을의 수확과 포도 수확의 분주함이 나를 기쁘게 했다.

그때 나는 숲속에서 나의 은방울꽃을 찾았고
그때 향기 나는 짚더미에서 뒹굴었으며
그때 꼴 베는 이들과 함께 젖소의 젖을 짰다.
그때 나는 포도밭 언덕에서 폭죽을 던졌었다.

그리고 오! 얼마나 따뜻하게, 그처럼 따뜻하게 내가
내 순진함의 유희에 매달렸으며, 얼마나 우리들
탁 트인 곳 전쟁놀이터로 몰려갔던가,
소용돌이를 헤엄쳐 건너기, 참나무에 오르기를 수련했던가? (1. 95, 〈그때와 지금〉, 제13~24행)

마지막 3개 시연이 그리고 있는 현재는 강조해서 '지금'으로 시작한다. 성장한 다음 시적 자아는 일상적인 경멸로 고통을 당한다. 그리고 잃어버린 더 나은 시절로 되돌아가고자 하는 동경은 이제 사랑과 명성을 향한다. 이 변화는 의미심장하다. 사랑 안에서, 그리고 시로 어린 시절이 회복될지도 모른다. 그리고 이런 회복에 초점을 맞추려고 과거에 대한 무익한 동경에서 빠져나와 눈길을 사랑과 시적 포부로 돌린다. 성숙한 시기 횔덜린의 시문학은 그런 젊은이다운 격렬한 시적 진술—"내 마음은 죽은 자들의 것"(시 〈그리스. St.에게〉, 제56행)—에 대한 일종의 의도적인 반작용이라고 할 수 있다. 이런 단언의 필요성이 시 〈그때와 지금〉에 분명히 드러나 있는 것이다.

튀빙엔 시절의 작품 가운데 가장 빼어난 작품들은 그 이상이 특정한 시간과 특정한 공간에 자리 잡고 있는 작품들이다. 이들 지역 가운데 스위스는 가장 설득력 있는 지역으로 그리스와 함께 표면화되기 시작한다. 어린 시절 역시 모든 사람이 잃을 수밖에 없는 내면적인 공간으로 우리의 감성을 지배한다. 그러나 어린 시절, 스위스, 그리스 그리고 중세의 슈바벤은 자유, 소박, 진리와 같은 것을 내면화하고 있는 선한 삶의 은유다. 이른바 튀빙엔 찬가들에서는 이런 본질들이 열정적인 추상으로 찬미되는 반면, 특정한 시간과 공간의 은유까지는 이르지 못하고 있다. 굳이 말하면, 이것이 이 시기 횔덜린 시문학이 가지고 있는 흠결 가운데 하나다.

1792년 초여름 횔덜린은 소설 《휘페리온》을 쓰기 시작한다. 이즈음 그는 주로 찬가를 쓰고 있었다. 그런데 그가 장르를 옮겨 작품을 쓰게 된 것은 서사문학도 음조에서는 서정적이라고 하는 그의 지론에 힘입은 것이다. 《휘페리온》 첫 초고를 보면 찬가에서 어떤 방향 전환을 했다기보다는 그것을 찬가의 한 부분으로 생각했음이 틀림없다. 그럼에도 그는 자신의 새로운 작품을 소설이라고 생각했으며, 그의 친구들도 마찬가지였다. 그가 무엇을 하려고 하는지 소식을 듣고 난 마겐나우는 "자네는 소설가가 되고 싶은 것이지"(7/1. 435)라고 썼다. 횔덜린은 튀빙엔에 머무는 동안 이 소설의 상당 부분을 썼다. 그리고 이미 이 소설 발췌본을 낭독으로 들었던 슈토이들린에게 그중 상당한 분량을 보내려고 했다. 1793년 슈토이들린은 다음과 같이 열렬하게 반응했다. "그대 소설의 아름다운 언어와 생동감 넘치는 표현이 나를 크게 끌어당겼소." 하지만 슈토이들린은 자신이 더 많은 부분을 볼 때까지 전체적인 판단을 유보했다. 그리고 이렇게 결론짓고 있다. "이 시대의 정신에 숨어 있는 문구들을 이 작품에 집어넣는 것을 포기하지 마시오."(7/1. 37~38) 적어도 슈토이들린은 소설 《휘페리온》을 그 자신이 지향하는 정치에 알맞은 수단으로 이해했던 것이다.

이 정신적 지지자와 그의 친구들의 격려에도 불구하고 횔덜린은 튀빙엔 시절에 쓴 이 소설 원고를 모두 폐기해버렸다. 그는 노이퍼에게 위협조의 편지를 보냈다. "나는 자네에게 약속하겠네만, 나의 《휘페리온》 전체가 이 단편보다 세 배 낫지 않으면 나는 가차 없이 그것을 불속에 던져버리겠네."(6. 87) 그는 칼프(Kalb)가의 가정교사로 가 있던 발터스하우젠(Waltershausen)에서 다시 쓰기 시작한다.

횔덜린이 당시 문단에 처음 소개된 것이나, 첫 작품을 발표하게 된 것은 노이퍼 덕택이었다. 1789년 3월, 출판업자 슈바르트를 방문한 노이퍼는 그에게 '진지함, 고귀함 그리고 무엇인가 꿈같은 것에 흠뻑 젖어 있는' 한 인물로 횔덜린을 소개했다. 그리고 횔덜린은 경솔한 행동을 싫어하며, 그리스 문학에 열정을 가지고 있다고 말했다. 이에 슈바르트는 조금도 주저함 없이 횔덜린을 만나기 바란다면서 "그 젊은이가 기대된다"고 만족감을 표하고 있다(7/1. 12). 1789년 당시 슈바르트는 카를 오이겐 공작이 제멋대로 내린 10년간의 옥살이로 건강을 잃고 살 수 있는 날이 2년밖에 남지 않았었다. 대의를 위한 그의 급진적인 선전 활동은 그가 세상을 떠난 후 슈토이들린으로 이어졌다. 횔덜린은 1789년 10월 자신의 시 〈구스타프 아돌프〉를 보여주면서 슈토이들린을 알게 되었다.

슈토이들린은 법률가였으나 두 개의 문학 관련 정기간행물인 《시연감(*Musenalmanach*)》과 《사화집(詞華集, *Poetische Blumenlese*)》

슈토이들린의 초상

헷취(Phillipp Friedrich Hetsch)의 유화. 슈바르트와 함께 뷔르템베르크 지역의 젊은 문학도들을 가장 열렬히 후원한 인물이다. 자신이 펴낸 《1792년 시 연감》과 《1793년 사화집》에 횔덜린의 튀빙엔 찬가들을 실어주었고, 쉴러에게 횔덜린을 소개해주었다. 프랑스 대혁명의 열광적인 지지자로 낙인찍혀 정부로부터 출국을 명령받았고 1796년 라인강에 투신자살했다. 시대의 제물이었으며, 횔덜린 친구 가운데 비극적인 운명을 맞았던 여러 사람 가운데 한 명이다. 횔덜린의 시 〈그리스. St.에게〉는 오늘날 잃어버린 그리스인으로 그를 그리고 있으며, 그의 비극적인 죽음을 예감하고 있다.

의 편집자로도 매우 열성적이었는데, 이 잡지들을 통해 슈바벤의 젊은 시인들을 후원했다. 그는 정치적인 신념 때문에 1793년 가을 뷔르템베르크에서 추방되었다. 그 뒤 고향 밖에서 신문 발행으로 새롭게 출발하려는 시도가 실패로 끝나자 3년 후 자살하고 말았다. 그는 1792년 횔덜린의 시 가운데 네 편을 자신의 《시 연감》에 실어주었고, 1793년에는 다른 여섯 편의 찬가와 시 〈칸톤 슈바이쯔〉를 《사화집》에 실어주었다. 이렇게 발표된 작품들은 더러는 호평을 받았지만, 더 많게는 비판을 받았다. 1793년 여름 슈토이들린의 호의로 마티손(Friedrich Matthisson, 1761~1831년)과 쉴러를 만났을 때, 횔덜린은 오랜 기다림이나 큰 어려움 없이 자신의 문학 활동이 기약되리라 여겼을 것이 틀림없다. 그러나 횔덜린의 경우 역설은 그의 문학이 나아지면 나아질수록 대중의 관심이나 인정은 그만큼 멀어졌다는 사실이다.

1789년 11월의 위기를 넘기고 난 뒤 횔덜린은 어머니의 소망에 따르기로 동의하고, 또 "신학의 갤리선(Galeere)에서"(6. 89) 학업 과정을 참고 견뎌 내기로 합의했다. 1790년 초 그는 어머니의 마음을 '단단히' 안정시키는 내용의 편지를 썼다. "검은색 프록코트를 준비해도 될 것 같습니다."(6. 48) 그리고 어머니에게 확언하기를, 학업을 마친 다음 "조용한 목사의 기쁨"을 기대하고 있다고 했다. 1년이 지난 뒤에도 어머니와 누이동생을 향한 이런 그의 태도는 변함이 없었다. 어머니에게 보낸 한 편지에서 슈투트가르트 북쪽의 작은 마을 뢰흐가우(Löchgau)에 살고 있는 이모부의 안부를 물으면서 "어쩌면 거기가 제가 언젠가는 정말 조용한 부목사의 세월을 보낼 수 있는 작은 고장일지도 모르겠습니다"(6. 64)라고 썼다. 그는 이미 작은 마을 여기저기에서 설교를 하고 있었고, 같은 편지에서 설교에 대해 길게 설명하기도 했다. 그러나 노이퍼에게는 "내가 아직 신학교에 머물러 있는 것은 어머니의 간청 때문"(6. 71)이라고 실토하고 있다.

이어 2년이 흐르는 동안 횔덜린은 시인으로서의 자신감을 얻었고, 그의 학업이 그에게 결정해준 운명의 길을 피할 수 있다는 확신도 가지게 되었다. 이는 문학계에 소개된 결과로 볼 수도 있는데, 어머니를 어떻게 설득했는지는 알 수 없다. 하지만 놀라운 점은 1793년 8월 어머니에게 보낸 편지에, 그의 가까운 장래에 일어날 수 있는 두 가지 가능성을 염두에 두고 있다고 썼다는 사실이다. 두 가지 가능성이란 스위스로 가서 가정교사 직업을 택하거나, 아니면 예나로 가서 대학 공부를 계속하면서 독립적인 작가로 진로를 시작하는 것이었다. 다시 말하면 이는 "제가 이 세상에서 달리 어떤 광범위하게 필요로 하는 역할을 할 수 없을 때"(6. 90) 교회로 들어갈지도 모르겠다는 것이다. 물론 이 전제 조건은 회피의 구실일 뿐이었다. 어머니나 종무국은 규약을 충실히 따르라고 요구했을 것이다. 그러나 횔덜린에게 주어진 1년간의 유예기간은 당국이 그를 소환할 수 없는, 작가로서 독립을 희망할 수 있을 충분한 시간이었다. 헤겔도 똑같은 생각을 품고 있었는데, 그는 일찍이 신학교를 떠나 스위스 베른에서 가정교사 자리를 얻어냈다. 헤겔은 성공했던 것이다.

튀빙엔에서의 마지막 몇 개월 사이 횔덜린은 자신의 삶이 그가 원해왔던 방향으로 모습을 갖추어가고 있음을 느꼈다. 일자리를 구하는 문제에도 일찍이 행운이 찾아왔다. 슈토이들린이 그를 대신해서 쉴러에게 편지를 썼다. 쉴러는 마침 친구 샤를로테 폰 칼프(Charlotte von Kalb, 1761~1843년)의 당부로 그 집 가정교사를 찾고 있었다. 횔덜린은 자신의 문학 후원자였던 슈토이들린를 통해 쉴러를 만났고, 쉴러를 통해 앞날을 기대해볼 수 있는 일자리를 얻게 되었다. 그 결과 그는 독립성을 인정받았으며, 예나가 지척인 곳으로도 갈 수 있게 되었던 것이다. 나아가 그는 쉴러와 슈토이들린의 보호 아래 시인으로서 자신의 장점을 살려나갈 희망을 품을 수도 있었다. 다만 일이 그렇게 순조롭지는 않았다. 그러나 계약이 마무리될 때까지 조금은 불안하게 기다리기는 했지만, 1793년 가을 횔덜린에게는 자신의 장래에 자신감을 가질 만큼 충분한 근거가 있었다. 그는 헤겔과 헤어질 때 "하느님의 나라"(6. 126)라는 암호를 약속했었고, 마겐나우에게서는 "마라톤에서 쓰러진 자들의 곁에"(7/1. 475)라는 암호를 받았었다. 고향을 떠날 준비를 하면서 흥분된 예감 가운데 그는 '운명'에 관한 한 편의 시를 애써 쓰고 있었다.

제3장
발터스하우젠과 예나 시절
(1794~1795년)
슈바벤 경계를 넘어 첫 번째 완전한 독립을 시도하다

겨울에 떠나는 여행은 성년기 횔덜린의 특징 가운데 하나로 기록될 만하다. 1793년 12월 중순 무렵, 횔덜린은 슈바벤 경계 밖에서 자신의 길을 찾으려 고향을 떠난다. 이 탈경계는 물리적인 공간상의 의미만을 지니고 있는 것은 아니었다. 그는 미지의 세계를 만났고, 그 세계에서 최초의 난파를 경험하면서 자신의 미래를 숙고하는 계기를 만들었던 것이다.

이 탈경계 첫날 그는 의붓동생 카를과 같이 걸어서 슈투트가르트까지 갔고, 그다음 날에는 혼자 우편 마차를 타고 뉘른베르크로 갔다. 이 이틀간의 여행 동안 그는 거의 말이 없었다. "나는 대부분 눈을 감고 있었다."(6. 100) 그는 그 여행 동안 자신을 유쾌하게 해줄 일들을 상상하거나 시 〈운명〉의 구상에 빠져 있었을 것으로 보인다. 그는 이어지는 두 해 동안 단 다섯 편의 시를 썼을 뿐이다. 그중 새로운 삶을 막 시작하려는 시점에 쓴 시 〈운명〉은 횔덜린의 사유 안에 생산적인 변화가 일어나고 있음을 알려주는 아주 중요한 작품이다. 갈등과 대립은 횔덜린 초기 시 대부분의 주된 구성 요소였다. 이제 〈운명〉에서는 이런 갈등과 대립이 운명이자 필연으로 나타난다. 그런 운명과 싸우는 일은 단순히 한 개인의 또 다른 운명일 뿐만 아니라, 개인의 특권이다. 충돌은 필요하고도 생산적이다. "반대 없이는 진보도 없다." 나아가 이 시는 그런 불협화가 존재하지 않았던 원시의 목가적인 상태를 요구한다. 그러나 지금의 형편은 그런 시절의 상태가 아니기에 싸워야만 한다. 투쟁은 영속적이며 창조적인 삶의 조건이기 때문이다.

고통 가운데서만 내 가슴이 누렸던
가장 사랑스러운 것
인간됨의 사랑스러운 매력 융성한다.
어떤 유한한 눈길도 보지 못했던
깊은 분류 가운데서 길러져
퀴프리아는 검은 파도에서
미소를 머금고 당당한 만개 가운데 솟아올랐다. (1, 184, 시 〈운명〉, 제4연)

시 〈운명〉은 아직은 사상시(思想詩)다. 훗날 이어지는 작품에서 갈등은 긍정되는데, 이는 넉넉한 인식이라 할 수 있다. 다시 말하면 삶은 자극이 필요하다. 그렇지 못하면 무기력에 빠지고 말 것이다. 자신을 고향 밖으로 태우고 가는 마차 안에서 그는 새로운 삶이 맞게 될 어떤 곤경도 긍정하려고 마음먹고 있었던 것이다. 후일의 시에서 몇 구절은 그런 심정을 확신에 차 반추한다.

인간은 모든 것을 시험해야 하리라, 천국적인 자들 말하나니

힘차게 길러져 인간은 비로소 모든 것에 감사함을 배우고
제 가고자 하는 곳으로 떠나는
자유를 이해하게 되는 법이네. (2. 22, 시 〈삶의 행로〉, 제13~16행)

일어나는 일, 그 모두 그대를 축복하니
기쁨으로 변하도다! 아니면 그대를 괴롭히는
그 무엇 어디에 있으며, 마음이여! 그대 가야만
할 곳 막아서는 그 무엇 있을 수 있는가? (2. 62, 시 〈시인의 용기〉, 첫 번째 원고, 제5~8행)

예나에서 횔덜린은 피히테(Johann Gottlieb Fichte, 1762~1814년)에게서 투쟁과 행동을 향한 또 다른 자극을 받는다. 다만 그는 아직은 산만하게만 진술되고 있는 필요불가결한 창조적인 흥분을 훗날 자신의 시 운율 안으로 불어넣을 수 있게 된다. 그렇기에 시 〈운명〉은 하나의 성공적인 출발을 의미한다. 다시 말하면 긍정적이고, 낙관적이며, 야심과 에너지로 가득 차 있는, 전환점에 세워진 작품인 것이다.

횔덜린은 1793년 12월 28일 저녁에 칼프 일가가 사는 발터스하우젠 성(城)에 도착했다. 하지만 횔덜린의 도착은 착오로 예상 밖의 일이 되어버린 상태였다. 아직 예나에 머물고 있었던 칼프의 아내 샤를로테가 약속 일정을 집에 있는 남편에게 알리는 것을 잊었기 때문이었다. 횔덜린이 도착했을 때, 그와 교대 예정인 전임자는 자신의 후임자가 온다는 사실도 모른 채 아직 그 자리에 있었다. 샤를로테는 셋째 아이를 출산하려고 그해 가을에 예나로 갔는데, 다음 해 3월까지 그곳에 머물 생각이었다. 그녀는 남편보다는 쉴러 가까이에 있는 것을 더 좋아했다.

그람프펠트의 발터스하우젠 성(사진)

샤를로테 폰 칼프

티슈바인의 작품으로 추정됨. 시인 쉴러와 작가 장 파울의 가까운 친구이기도 했던 샤를로테 폰 칼프 부인은 천부적으로 뛰어난 정신력과 풍부한 상상력을 지니고 있었고, 사교적인 여성으로 열정을 지니고 있었다. 그러나 그녀의 삶은 애정없는 결혼으로 불안정했고 불행했다. 말년에는 빈혈과 실명에 이르게 한 안질로 고통을 겪었다. 그녀와 횔덜린의 관계에는 열정 같은 것은 없었다. 처음에 그녀는 횔덜린의 성실한 의무수행에 감사를 표했고, 문학에 쏟는 횔덜린의 노력에 따뜻한 관심을 표했다. 그러나 횔덜린의 '예민한 감수성'에 우려를 표했고, "그는 너무 빨리 구르는 바퀴다"라며 그의 위험성을 진단했다. 훗날 그녀는 정신착란에 빠진 횔덜린을 신의 은총을 받은 예지자라고 평가했다.

횔덜린이 느낀 발터스하우젠 성의 첫인상은 호의적이었다. 그는 비교적 짧은 기간 동안 가정교사로 네 번 일자리를 바꿔 가지게 되는데, 그때마다 새로운 환경에서 받은 그의 첫인상은 예외 없이 호의적이었다. 사방이 2킬로미터에 달하는 대저택 발터스하우젠 성은 그 안으로 들어서기조차 어색한 곳이었다. 횔덜린은 슈토이들린과 쉴러를 거쳐 샤를로테 부인과만 말을 건넸었는데, 그가 도착했을 때 그녀는 그곳에 있지 않았다. 그렇지만 그는 프랑스의 라파예트(Lafayette) 장군과 함께 미국독립전쟁에 참전했던 그 성의 주인과 이제 가르칠 아홉 살의 프릿츠를 좋아했다. 그 밖의 다른 동료로는 술을 좋아하며 자유분방한 교구 목사와 샤를로테의 말벗이자 지적이고 매력적인 젊은 미망인 키름스(Wilhelmine Marianne Kirms, 1772~1840년)가 있었다.

이른바 '키름스 스캔들'은 횔덜린 생애 연구자들 사이에는 한 집안의 비밀에 해당하고, 횔덜린 예찬자 몇몇은 그 이야기가 드러나지 않기를 원하기도 한다. 알려진 범위 안에서의 사실을 베크(Adolf Beck)가 《횔덜린 연감》(1957년)에 분명히 밝힌 바가 있고,[5] 이후 이 사실의 해석과 논쟁을 횔덜린 연구가 베르토(Pierre Bertaux), 극작가 바이스(Peter Weiss), 소설가 헤르틀링(Peter Härtling)이 제기한 바 있다.[6] 하지만 횔덜린과 키름스 사이에 루이제 아그네제라고 하는 딸이 있었고, 태어난 후 1년 3개월 만인 1796년 9월 20일 홍역으로 세상을 떠났다는 사실은 틀림없는 것으로 보인다. 그렇다면 그 딸은 1795년 6월 중순에 태어났다는 말이 된다.

---

5) Adolf Beck, Die Gesellschafterin Charlottens von Kalb, eine Episode im Leben Hölderlins, in: *HJb.* 1957~1958, 46쪽 이하, 특히 51~57쪽.

6) 차례로 Pierre Bertaux, *Friedrich Hölderlin*, Frankfurt/M. 1978, Peter Weiss, *Hölderlin*. Stück in 2 Akten, Frankfurt/M. 1971 및 Peter Härtling, *Hölderlin*. Roman, Darmstadt, Neuwied 1976.

청년기 이래 횔덜린이 사랑에 빠지지 않았던 때는 거의 없었다. 루이제 나스트, 엘리제 르브레(Elise Lebret, 1774~1839년) 그리고 이름을 알 수 없는 '귀여운 모습'의 여성과 사랑을 나누었다. 그는 매력적인 남자였고 자신이 여성을 좋아한다는 사실을 숨기지 않았다. 누이동생에게 키름스에 대해 말하는 가운데 자신의 말을 걱정하지 말라고 하기도 했다. "사랑하는 리케야, 너의 매력적인 오빠 때문에, 그 사실이 너에게 걱정스럽게 될 일은 없을 것이다."(6. 105, 144) 사실 두려워할 만한 충분한 이유는 있었다. 횔덜린보다 두 살 아래인 키름스는 1791년 12월, 자기 나이의 두 배나 되는 한 남성과 결혼했다. 하지만 결혼 후 9개월도 지나지 않아 남편의 학대에 대해 법적인 조치를 취하고 발터스하우젠의 샤를로테에게로 왔다. 횔덜린의 증언에 따르면, 그녀는 "보기 드문 정신과 감정을 가진 여인"(6. 105)이었다. 그녀는 프랑스어와 영어를 구사했다. 교구 목사는 그녀를 "뛰어난 여성 인물 가운데 한 사람"(6. 657)이라고 불렀다. 1795년 1월 예나에서 횔덜린은 노이퍼에게 그녀에 대해 거의 같은 생각을 토로하고 있었다. "내가 입주해 있는 발터스하우젠의 집에는 내가 잃고 싶지 않은 여자 친구가 한 사람 있네. 드레스덴 출신의 젊은 미망인이라네. 지금은 마이닝겐에서 가정교사를 하고 있지. 그녀는 지극히 이성적이며 굳건하고도 착한 여인이라네. 그런데 나쁜 어머니 때문에 매우 불행해하고 있다네." (6. 153) 이것은 노이퍼가 횔덜린에게 엘리제 르브레와의 관계는 어떻게 되었느냐는 물음에 대한 답변이었다.

횔덜린과 키름스 사이의 친교는 어느 정도 이미 예상된 일이었다. 발터스하우젠의 고립된 생활에서는 특히 그랬다. 그리고 그들은 지적으로 공통된 관심을 가지고 있었다. 그녀는 그가 도착하자마자 그에게서 칸트 책을 빌렸다. 샤를로테가 집을 떠나면, 그들은 자연스럽게 단둘만 남기도 했다. 1794년 1월 23일 집 주인이 여행을 떠나자 횔덜린이 "이 집의 주인"(6. 106)처럼 되기도 했다.

1794년 10월 샤를로테는 이미 횔덜린이 '매우 감정이 예민하고' 어쩌면 "지나치게 긴장하고 있는지"(7/2. 14) 모른다고 말하고 있다. 그녀가 이런 견해에 이르게 된 것은 그녀의 어린 아들에 대한 그의 응대를 고려할 때 이해할 만한 일이었는데, 12월에는 그의 정신 건강을 심각하게 의심하는 데까지 이르게 되었다. 횔덜린은 발터스하우젠에서 처음으로 자신의 삶을 스스로 관리하려고 시도했으나, 1년도 안 되어 자신의 고용주에게 정서 불안으로 의심받기까지 한 것이다. 그러나 이런 현상은 그가 끝에 이르러 튀빙엔의 탑 방에서 지낼 수밖에 없는 구실이 된 광기의 명백한 증거로 생각하기보다는 감성적인 생활에서 그가 늘 동반했던 장애로 생각하는 것이 옳아 보인다.

1794년 11월 횔덜린이 예나에서 마음을 추스르려고 발터스하우젠을 떠났을 때, 키름스는 임신한 지 이미 3개월째였다. 그의 행동이 그런 상황을 알면서 예나로 출발하기에 앞서 촉발된 것으로 이해한다면, 그의 행동이 그리 놀라운 일은 아니다. 연말에 이르러 키름스는 자신의 '달라진 상태'를 샤를로테 부인에게 고백할 수밖에 없게 되자, 칼프가를 떠나 마이닝겐에 머물면서 그곳에서 해산(解産)하게 되었다. 횔덜린은 1795년 2월 22일자로 어머니에게 보낸 편지에서 "7내지 10카로린"을 보내달라고 요청했다. 그리고 "마이닝겐에서 진 조그마한 빚을 갚지 않아도 된다면, 그렇게까지 많은 돈을 요구하지는 않을 것"이라고 했다(6. 159). 베르토는 이 편지를 근거로 횔덜린이 어린아이의 생부라는 사실을 확신하고 있다.[7] 그 소문은 이어지는 프랑크푸르트의 가정교사 시절까지도 그를 귀찮게 따라다녔다.

가정교사라는 지위는 사회적으로 매우 애매한 지위였다. 가정교사의 지위가 어디에 속하는지 확신할 수가 없었다. 다시 말해 고용된 가정의 두 주인, 아니면 하인들과 어울리는 것이 옳은지, 그렇지 않은지를 알 수 없었다. 법적으로 보면 가정교사는 하인이 아니지만, 실질적으로는 대부분 그렇게 취급받았다. 가정교사는 하인과 식탁을 함께 하는 경우가 많았고 업무와는 전혀 관계없는 일도 감내해야만 했다. 심지어는 건초를 갈무리하거나 고용주의 장화를 손질해야 하는 경우도 있었다고 전해진다. 고용된 가정에서 가정교사의 위치는 모호했다. 고용주와 그 자녀 사이에서 자존감을 잃지 않을 사회적인 위치를 찾기가 쉽지 않았던 것이다. 가정교사는 자주 고립감, 체념, 자의식 상실, 의기소침과 같은 심리 상태에 빠졌다.[8] 가정교사가 얼마나 편안하게 느끼는가는 고용주의 재치나 선의에 크게 달려 있었다.

횔덜린의 보고에 따르면 칼프가의 가족은 상당히 원만했던 것으로 보인다. 그들은 인습에 사로잡히지 않은 사람들이었다. 적어도 샤를로테 부인의 성품은 그랬다. 횔덜린의 판단은 그처럼 호의적이었다. "에티켓이나 오만 때문에 저와 같은 처지에 있는 사람이 보통 짊어지게 되는 어떤 억압도 받지 않고 저는 지내고 있습니다."(6. 106) 오전 9~11시까지 그리고 오후 3~5시까지의 의무적인 교습 시간 이외의 시간은 자유 시간이었다. 칼프 소령은 그와 함께하는 자리를 반겼고, 자

7) Pierre Bertaux, Friedrich Hölderlin, Frankfurt/M. 1978, 56쪽.
8) Gerhard Sauder, Hölderlins Laufbahn als Schriftsteller, in: *HJb.*(24) 1984/85, 151쪽.

신의 말을 타도록 허락하거나 같이 사냥에 나서기도 했다. 가족이 소풍을 가거나 잠시 거처를 옮길 때 또는 친척을 방문할 때, 횔덜린은 그들과 함께했다. 1794년 4월 마이닝겐의 대공이 방문했을 때, 횔덜린은 영접단의 한 사람이었다. 그들의 저녁 시간은 상당히 즐거웠던 것으로 보인다. "우리가 모임에 함께 있을 때면, 어떤 부분은 칼프 씨가, 어떤 부분은 칼프 부인이, 또 제가 서로 바꿔가며 주로 낭독을 합니다."(6. 115) 그러나 꼭 참여할 의무는 없었으며, 그가 선택한 제 나름의 다른 일이 있으면 참석을 취소할 수도 있었다.

18세기 가정교사라는 직업이 가지고 있는 온갖 부정적인 인식에도, 횔덜린이 가정교사라는 직업을 선택한 것은 당시 학업을 마치고 국가시험을 통과한 한 신학도의 직업 환경과도 밀접하게 관련되어 있다. 즉 목사직을 지망하는 신학도가 그 직을 얻으려면 매우 오랜 기간을 대기해야만 했다. 매해 신규로 임용되는 목사는 22명인데 반해 150~200명의 대기자가 있었다. 종무국은 실업 상태로 대기 중인 이런 신학도들이 가정교사로 취업하는 것을 막지는 않았다. 횔덜린의 가정교사 생활은 어떤 의미에서 당시 신학도의 전형적인 삶의 경로였다. 그러나 횔덜린은 이 대기 기간을 넘기는 에움길로 가정교사를 선택한 것이 아니었다. 자신이 혐오하는 성직자라는 직업을 회피하려고 그 직업을 자발적으로 선택한 것이었다.

앞서 인용했듯이 그의 본래 소망은 "평온과 칩거 가운데 한번 사는 것—그리고 굶을 염려 없이 책을 쓸 수 있는 것"이었다. 1791년 6월 어머니에게 보낸 편지에서 일찍이 그는 "저의 별난 성격과 기분, 계획과 (솔직하게 말씀드리면) 공명심에 대한 집착이 … 화목한 가정을 이루고, 평화로운 목사직을 가지고 행복하게 지내게 되리라는 희망을 품게 하지 않습니다"(6. 68)라고 고백하고 있다. 가고 싶지 않은 성직자의 길과 가고자 하나 일용할 빵을 얻기 힘든 길에서 그가 택한 또 하나의 길이 가정교사의 길이었다.

그는 가정교사와 자유 문필가로서 할 일을 바꿔가면서 살 수 있다는 희망을 버리지 않았다. 가정교사로서 "한 해를 절약하고, 한 해는 하느님께서 자신에게 특별히 결정해주신, 한층 드높고 순수한 일을 하면서"(6. 297, 1798년 12월 11일 어머니에게 보낸 편지) 살 수 있기를 희망했다. 마지막 가정교사직을 맡은 프랑스 남부 보르도로 떠나기 앞서 가족에게 보낸 편지에서, 횔덜린은 자신에게는 이미 '관습이 된' 일을 통한 '염려할 것 없는 실존'을 기대했다. "나는 의존적인 생활로 들어갈 수밖에 없다. 그것이 어떤 것이든 말이다. 그리고 어린아이를 교육한다는 것은 특별히 행복한 일 가운데 하나다. 왜냐면 그것은 아무 잘못이나 죄가 없기 때문이다."(6. 424) 횔덜린이 이제껏 오직 문학만을 하나의 '무죄한 과업'으로 인정했던 것을 돌이켜볼 때, 이 고백은 놀라운 일이다.

발터스하우젠과 하우프트빌, 보르도에서의 짧은 고용 기간에도, 가정교사직에 대한 그의 이런 긍정적인 평가 역시 놀라운 일이다. 비록 첫 번째 직책 수행은 실패로 끝나고 말았지만, 발터스하우젠에서 결코 나쁘지 않았던 고용주와의 관계가 이런 결산에 크게 작용했음 직하다. 그러나 더 근본적으로 가정교사직에 대한 긍정적인 평가의 밑바탕에는 시인으로서든 교사로서든 인간의 교육이 가장 중요하다는 그의 신념이 깔려 있다. 그가 당대 교육 이론을 수용하고 또 숙고했다는 사실과 그의 가정교사로서 진지한 직책 수행이 이를 증언해준다.[9]

9) Ludwig Fertig, *Friedrich Hölderlin der Hofmeister*, Darmstadt 1990, 1쪽.

그는 상류 가정의 '입주 가정교사(Hofmeister)'로 때로는 굴욕적인 대우를 감수하면서도 성실하게 직책을 수행하면서 궁극적인 목적인 시인으로서 글쓰기에 전념했던 것이다.

발터스하우젠에서 생활은 이상적이라고 생각할 만했다. 발터스하우젠은 외딴곳이었지만, 처음에 횔덜린은 책을 읽거나 글을 쓸 수 있는 이곳의 조용한 생활을 진심으로 즐거워했다. 자신의 지적, 문학적 관심을 추구할 여유와 자유를 누릴 수 있었기 때문이다. 1794년 6월 그는 다른 열정에 빠졌다. 걷기였는데, 뢴(Rhön)산맥과 풀다(Fulda) 지역을 혼자 며칠씩 걷는 여행에 열중했다. 그런데 그는 그해 오순절이 지나자마자 그리고 7월에 다시 어머니가 보내온 제안을 거부해야 했다. 어머니의 제안은 고향으로 돌아와 부목사 자리에 취임하라는 것이었다. 마겐나우는 결혼을 해 자신의 길을 포기하고 좀 더 나은 생활로 들어서는 길을 시범적으로 보여주었다. 그러나 횔덜린은 자신이 있는 곳에 만족하고 있었다. 그는 한두 번 지역에서 설교하기는 했지만, 자신이 훈련받은 직업으로 돌아갈 생각을 조금도 하지 않았다. 일이 순조롭지 않게 전개되었던 그해 12월에도 그는 어머니의 소망에 확고하게 맞섰다.

어머니는 저에게 네카하우젠의 목사 자리에 흥미를 가지고 있지 않느냐고 물으시는 건가요? 고백하지만, 제가 지금 저의 편력과 일거리 그리고 작은 계획들을 버리고 되돌아가는 것은 어려울 것 같습니다. 비록 그 자리가 존경받을 만하고 쾌적한 무엇을 제공하겠지만, 지금 제가 열중하고 있는 일과 교양을 계속 쌓는 일과는 너무도 동떨어져서, 제 성격에 위험한 파탄을 불러올 것이

분명한 그런 관계 속으로 발을 들여놓기는 어려울 것 같습니다. (6, 145)

그는 서른 살까지는 정착하기에 충분한 시간이라고 말하고 있다. 네카하우젠의 일자리(목사직) 거부는 동시에 엘리제 르브레를 거부하는 것이었다. 그해 12월에 그가 원했던 것은 독립이었다. 어머니나 종무국의 요구와 감시에서 벗어나는 독립만이 아니라, 발터스하우젠과 그곳에서의 책임에서 벗어나는 독립이었다.

1794년 여름과 가을 동안 그곳 생활에 대한 횔덜린의 만족감은 현저하게 줄어들고 있었다. 이때는 횔덜린이 가정교사직을 맡은 지 이제 겨우 1년이 조금 지났을 뿐이었다. 그해 5월에 그는 카를에게 이렇게 썼다. "내 현재 위치를 그렇게 빨리 떠나게 될는지는 의문이구나. 나에게는 스스로 실력을 쌓고 외부에서 자극을 받을 여유가 있다. … 나는 여기서 아주 조용히 살고 있단다. 생애에 이와 똑같이 마음의 평정과 평온을 지니고 보냈던 때가 있었는지 거의 기억나지 않는단다."(6, 118~119) 그리고 그다음 달에는 매제에게 "나는 매일 운명이 나에게 나쁜 생각을 품지는 않았다는 것을 더욱더 느끼고 있다. 운명이 내가 사는 이 친밀한 동아리 안에 나를 옮겨놓아 주었으니까."(6, 120) 그러나 그해 7월 말 어머니에게 쓴 편지에서 처음으로 그는 침착성을 잃고 불안하게 하소연한다. "저는 어쩌면 다음 주에 다시 며칠간 여행을 떠납니다. 저에게 그 여행은 꼭 필요하답니다. 외로움에 빠져서 거의 강제적으로 계속 앉은 채로 일에 매달려야 하고, 그러다 보니 때때로 정신과 육체에 바람을 쐬지 않으면 쉽게 우울증 비슷한 것에 걸리게 될 것 같기 때문입니다."(6, 129) 그리고 자신의 외로운 삶을 "은자의 삶"(6, 130)이라고 부르고 있다.

같은 해 10월에는 노이퍼에게 보낸 편지에서 한층 심각한 불평을 토로한다. 자신이 이용당하고 있다는 것이다. 첫 달에 친절 이외의 다른 일과 마주친 적이 없다고 썼던 사실에 비하면 놀라운 일이 아닐 수 없다. 그러나 사실 이용을 당한다거나 그런 느낌을 받은 것은 그의 상황에서는 충분히 예상할 수 있는 일이고, 있을 수도 있는 일이다. 다만 횔덜린이 다행히 그런 사실을 늦게서야 알아차렸을 뿐이다. 그는 살림 도구나 가구가 유행에 뒤지거나 고장이 나면 사용을 그만두는 사람들을 일반적인 어투로 말하고 나서, "그리고 나는 내가 깨지도록 버려두지 않겠다는 것은 당연하다"(6. 136)고 쓰고 있다. 그는 같은 편지에서 제자 프릿츠에 대한 불만을 처음으로 확실하게 토로한다.

신학교에서 5년간 신학과 철학을 공부한 뒤 졸업한 젊은이가 당연히 훌륭한 가정교사가 되리라는 법은 없다. 오히려 그렇지 못할 이유가 더 많다. 그렇지만 이런 젊은이가 적어도 무난히 잘해내리라는 안이한 생각이 대부분의 상위 부르주아 계급이나 귀족 계급 사람들이 의존하고 있는 교육 방식의 밑바탕에 깔려 있었다. 일을 시작하자마자 그는 아직 예나에 머물고 있던 샤를로테 부인에게 "프릿츠를 환하게 파악하고 있고, 자신의 사명을 존중한다"(샤를로테 부인의 전언, 7/2. 4)는 내용의 편지를 써 보냈다. 그리고 1794년 3월 은인인 쉴러에게 자신과 자신의 교육 신념 및 목표에 관련한 일종의 선언을 자세히 설명하는 편지를 썼다. 이 편지는 이후 횔덜린에게 정신 장애가 생긴 사실을 알지 못해도 읽기에 당황스러웠다. 아울러 이 편지는 루소와 칸트의 이해하기 어려운 철학적 내용을 혼합해놓았으며, 쉴러에게 횔덜린 자신을 알릴 때 늘 빠져드는 거북하고도 현학적인 태도를 드러내 보였다. 칸트의 어투와 닮은 한 문장은 엄청난 심각성을 설명하

예나에서 자리를 함께한 쉴러, 훔볼트 형제와 괴테(왼쪽부터)
아르란트(W. Aarland)와 뮐러(A. Müller)의 공동 작업 목판화(1797년)

는 데 목적을 두고 있었다. 그의 말대로라면 그는 어린아이에게 '우정의 권위'를 세우려고 시도했다. 그리고 덕망 자체를 위해 덕망을 사랑하도록 유도하려고 했다.

왜냐면 사람의 사고와 행동에 결부되는 모든 권위는 짧거나 긴 시간 불편을 동반하기 마련이기에, 저는 그가 단순히 자기 자신이나 저를 위해 행동하거나 행동하지 않도록 차츰 부가적으로 요구하기를 감행했습니다. 그리고 이 점에

쉴러
시마노비츠(Ludovike Simanowiz)의
파스텔화(1793년)

서 그가 저를 이해했다면, 저는 그가 필요한 최상의 것을 이해하리라고 확신합니다. (6. 112, 쉴러에게 보낸 편지 중에서)

처음에는 매사가 순조롭게 진행되었다. "사랑하는 저의 제자는 마치 아버지나 형에게 그러하듯 저에게 의존합니다. 저는 한 교육자의 일에 담겨 있는 이런 행복감을 그동안 생각해본 적이 없었답니다."(6. 107, 외할머니에게 보낸 편지 중에서) 그리고 그는 어린아이를 신체 처벌로 훈육할 필요가 없었노라(6. 115)고 썼는데, 이는 의심할 여지가 없는 사실이다. 프릿츠가 류마티스성 열병을 앓고 있었을 때, 횔덜린은 지극한 애정으로 관심을 기울였다. 1794년 7월에도 그는 여전히 정답게 프릿츠를 보고 있었다. 그는 친구 노이퍼에게 "내 제자는 성품이 착하고, 성실하며, 명랑하고, 유순하며, 함께하는 분위기에 잘 어울리고, 어떤 형태의 비뚤어진 정신 상태도 가지고 있지 않다네. 그리고 머리에서 발 끝까지 그림처럼 아름답다네"(6. 126)라고 썼다. 그해 8월 샤를로테 부인은 횔덜린의 모친에게 편지를 써 보냈는데, 자신의 아들이 큰 은혜를 입고 있는 횔덜린을 아들로 둔 것을 축하한다는 내용이었다. 그녀는 괴테와 쉴러에게도 같은 달 똑같은 긍정의 편지를 썼다. 특히 쉴러에게는 횔덜린의 교육 이론과 그 실천을 칭송하고, 그에게 매우 만족하고 있음을 피력했다.

그런데 한 달 뒤 샤를로테 부인은 심각한 의구심과 두려움을 표하기 시작했다. "횔덜린은 너무 배려하지 않습니다. … 제 생각에는 횔덜린이 좀 긴장하고 있는 것 같습니다. 그래서 아이에 대한 요구도 그렇게 지나치지 않나 싶습니다."(7/2. 13~14) 그리고 그녀의 이런 걱정은 횔덜린이 노이퍼에게 프릿츠의 "매우 평범한 재능" 때문에, 그리고 "아주 이른 나이 때의 지극히 잘못된 행동"과 "다른 것들" 때문에 그 아이와의 문제가 성공적으로 풀리지 않음을 토로하고 있는(6. 136) 때와 일치한다. 소년은 자위에 빠져 있었던 것이다. 키름스에게 임신을 안겨준 예비 아빠로서 횔덜린은 프릿츠의 악행과 싸워야 할 의무를 느꼈다. 노이퍼와 자신의 모친에게 보낸 편지에서 그가 잘못 설정한 목표에 얼마나 깊이 빠져버렸는지 알 수 있다.

> 저는 한순간도 그를 곁에서 놓아주지 않고 있습니다. 밤낮으로 극도로 두려워하면서 그를 관찰했습니다. 말할 수 없는 노력과 거의 빠짐없는 야간 감시, 그리고 간절한 부탁과 경고로, 당연한 엄격함으로 한동안 그 나쁜 짓을 덜 하게 할 수는 있었지만, 그것도 오래가지 못합니다. (6. 147~148, 어머니에게)

잘 이해할 수 없는 충동에서 샤를로테 부인은 횔덜린과 프릿츠를 예나로 보냈다. 하지만 이는 이해하기 어려운 조치였다. 그녀가 횔덜린이 우상화하고 있는 사람들이 있는 예나에서 무슨 일이 있을지 당연히 예측했어야 했다는 뜻에서 그렇다. 횔덜린이 가정교사로서 의무와 개인적인 포부나 욕구 사이에 견디기 어려운 갈등에 놓일 것이 분명했던 것이다. 횔덜린은 어머니에게 프릿츠에게 바친 시간을 분하게 생각한다고 말하기도 했다(6. 141). 그가 오로지 원하는 것은 예나에서 그렇게 많아 보이는 기회를 포착하는 일이었다. 그는 정당하게 요구할 수 있고 자신의 건강과 능력 개발에 활용할 자기 시간이 제자의 '도덕적인 문제'로 생긴 불면증 때문에 모르는 사이에 해를 입었다고 생각했다. 어쩌면 그는 자신의 좌절감을 자기 천성과는 반대되는 방식으로 표명하고 행동한 것이 아닌지 모른다.

예나의 소식이 닿자 샤를로테 부인은 쉴러에게 다음과 같은 내용의 편지를 썼다. "많은 소식이 나에게 전해지고 있습니다. 내 아들 프릿츠가 겪었던 극히 가혹한 취급도 말입니다." 그리고 이렇게 덧붙였다. "제가 이런 소식을 들었다는 사실을 횔덜린에게 알리지 말아주십시오. 그의 감성은 한계가 없습니다. 그리고 사람들은 오성의 어떤 혼란이 이런 행동의 원인이라고 말했습니다."(7/2. 17) 사람들은 이 구절을 뒷날 횔덜린의 정신분열을 지적한 첫 번째 사례로 보고 있다.

그러나 그가 겪고 있던 심신의 피로감이 실제로 어떠했는지 기억해 보는 것이 훨씬 낫다. 그는 아직 젊은 나이였고, 키름스와 자신의 문학적 야망에 더 많이 마음을 쓰고 있었다. 가장 슬픈 국면은 프릿츠를 다루는 일에서 그가 자신의 신념과 원칙을 배반하도록 쫓김을 당했다는 점일지도 모른다. 그는 전임 교사의 손에 고통을 받았던 소년에게 친절과 깍듯함으로 접근했다. 그 결과 처음에는 실제 성과로 정당성을 평가받았고, 마치 기적이라도 일으킨 듯 찬양을 받았다. 그러고 나서 스스로 패배감으로 뒷걸음친다는 것은 비극적인 실패일 수밖에 없었다.

그렇지만 횔덜린과 그가 돌보았던 아이들의 관계를 유의해서 볼 필요가 있다. 그가 길지 않은 몇 년 동안 생계를 위해 한 일은 아이들을 가르친 일뿐이었기 때문이다. 그리고 그 세대의 다른 이들처럼 그도 어린 시절을 문학의 중요한 이미지 가운데 하나로 삼았기 때문이기도 하다. 그가 자기 책임 아래 다시 어린아이들을 맡아 그들의 변함없는 애정을 얻어냈을 때, 그리고 어쩌면 프랑크푸르트에서 쓴 시 〈내가 한 소년이었을 때〉에서 어린 시절의 축복받은 조건과 그 반대의 상황, 어른들의 큰 소리와 회초리에 대해 썼을 때, 그는 프릿츠를 생각하고 있었을 것이다.

같은 편지에서 샤를로테 부인은 쉴러에게 횔덜린을 해고하거나 그에게서 의무를 벗겨줄 의사를 밝혔고, 1795년 1월 중순 이를 실천에 옮겼다. 그녀는 관대하고도 전략적인 태도로 이 일을 처리했다. 횔덜린에게는 독립이 주어졌고, 어떤 지적도 없이 오직 친절과 축복의 인사와 함께, 그가 머물기를 원하는 예나에서 자리 잡을 수 있도록 3개월분의 급료를 지불해주었다. 그리고 샤를로테 부인은 횔덜린의 모친에게 편지를 써서 그런 조치가 최선임을 확신시켰다. 횔덜린은 피히테 집 근처에 방을 얻어 이사한 뒤 작가로 성공하려는 작업을 시작했다.

예나로 거처를 옮겨 독립적인 생활을 시도하기 전, 칼프가에서 열두 달에 걸친 가정교사 생활 동안 횔덜린은 소설 《휘페리온》의 집필에 힘을 쏟았다. 다시 말해 그는 이 기간 동안 시는 거의 쓰지 않고 이 소설 집필에만 몰두했다. "나는 지금 거의 내 '소설'에 열중하고 있네. '전적으로' 지금은 오로지 내 소설만을 안중에 두고 있다네"(6. 110, 113)라고 친구 노이퍼에게 토로하고 있다. 1794년 봄과 여름 동안 그가 관심을 기울여 행한 일은 튀빙엔 시절부터 썼던 초안의 완전한 재집필이었다. 그는 그전에 썼던 이 소설의 초고 가운데 거의 한 줄도 이 수정 집필에 살아남지 못할 것이라고 노이퍼에게 말했다(6. 137).

횔덜린은 이 새로운 원고의 첫 부분, 즉 이 서한 소설 가운데 첫 다섯 편의 편지를 쉴러에게 보낼 만큼 스스로 매우 만족했다. 쉴러는 이 원고를 1794년 11월 자신이 발행하는 문예지 《노이에 탈리아(*Neue Thalia*)》에 실어주었다. 이것이 이른바 《휘페리온 단편(*Fragment von Hyperion*)》이다. 하지만 계속된 집필 과정에서 이 단편은 중단되었고, 나중에 대폭 수정된 채로 완성된 소설에 부분적으로 수용되었다. 이 단편은 지극히 효과적인 서술 구조라 할 수 있는 편지체로 이루어져 있다. 이 단편에 바로 이어서 쓴 운문본과 《휘페리온의 청년기(*Hyperions Jugend*)》에서는 이 편지체가 쓰이지 않다가 마지막 판본, 즉 완성본에서 다시 편지체로 돌아왔다. 절친한 친구에게 일련의 편지로 자신의 이야기를 전하는 가운데 휘페리온은 되새겨지는 과거의 불행을 자신의 현재 상황과 동일시한다. 과거의 행동·사건들과 그것들을 서술하는 현재 사이에는 미묘한 변주가 있다. 그리고 이런 유희는 처음부터 《휘페리온 단편》에서도 이루어지고 있다.

이 첫 다섯 편의 편지에서 횔덜린은 주인공을 자신의 과거 고통의 장소로 배경을 옮겨 계승시키는데, 이는 물리적인 복귀를 꾀하는 재기발랄한 전략이었다. 이와 같은 의도한 과거 복귀와 성찰은 완성된 판본에서도 성공을 거둔다. 그러니까 본질적인 것은 이미 이 《노이에 탈리아》지에 실린 《휘페리온 단편》 안에 모두 들어 있다고 할 수 있다. 다시 말하면 삶에 극단적인 요구를 품고 있는 이상주의자 주인공, 지금보다 나은 조국의 과거에 대한 그의 향수, 영감을 주는 여인 멜리테—완성본에서는 디오티마—에 대한 그의 사랑이 모두 본질적인 모티브들이다. 다만 정치적인 행동으로 이상을 실현하려는 불행한 시도가 아직은 빠져 있을 뿐이다. 횔덜린 시문학이 대부분 그런 것처럼, 감정 구조는 이미 결정되어 있다. 즉 감정의 역동성은 만족을 모르는 동경에서 유래하고 있다.

횔덜린이 예나에 도착하고 아직 불행한 프릿츠를 마음의 짐으로 느끼고 있었던 1794년 11월, 그의 소설 《휘페리온 단편》과 시 〈운명〉을 실은 《노이에 탈리아》가 막 발행되었다. 이 발행호에 실린 글 가운데 횔덜린을 제외한 다른 기고자는 단 한 명뿐이었는데, 발행인 쉴러 자신이었다. 횔덜린이 자신의 이름을 알리기 원했던 문단에 이보다 더 좋은 소개는 바랄 수 없었다. 그런데 횔덜린은 시발점에서 곧이어 자신도 매우 놀라게 되는 하나의 실수를 저지른다. 돌이켜 추측해보면 이 실수는 그가 숭배하는 위대한 인물들과 교제할 때 나타나는 행동의 특징으로 보인다. 쉴러의 집을 방문했을 때 그는 쉴러가 소개해줘 인사를 나눈 낯선 이의 이름을 미처 알아듣지 못했다. 그의 관심이 온통 쉴러에게 쏟아져 있었기 때문이다. 횔덜린이 노이퍼에게 써 보낸 사실의 전말은 이렇다.

> 차갑게, 단 한 번의 눈길도 주지 않은 채, 나는 그에게 인사했고, 마음속으로나 밖으로 나는 오로지 쉴러에 열중했다. 낯선 이는 오랫동안 단 한마디 말도

없었다. 쉴러는 나의《휘페리온》과 운명에 대한 시가 인쇄되어 있는《노이에 탈리아》지를 들고 와 나에게 건네주었다. 쉴러가 거기서 잠깐 눈길을 돌리자 낯선 이는 내가 서 있는 책상에서 그 잡지를 들고는 내 곁에서《휘페리온 단편》이 실린 페이지를 넘겼다. 그리고 아무 말도 하지 않았다. 나는 낯이 뜨거워지는 것을 느꼈다. 지금 내가 알고 있는 것을 그때 알았더라면 아마 나는 시체처럼 얼굴이 하얗게 되었을 것이다. (6. 140)

이 낯선 이는 바로 괴테였다.

이어진 몇 주 동안 횔덜린에게는 이 첫 번째 만남의 인상을 바꿀 수 있는 기회가 여러 번 있었다. 그는 위대한 괴테를 쉴러의 집에서 여러 차례 만났다. 1795년 1월 중순 그는 노이퍼에게 "우리는 참으로 마음 착한 아버지를 눈앞에 두고 있는 것처럼 생각했다"(6. 151)고 썼다. 그리고 며칠 뒤 헤겔에게 열정적으로 이렇게 토로했다. "그렇게 위대한 사람에게서 그렇게 풍부한 인간성을 발견한다는 것은 우리 생애에서 가장 아름다운 향유다. 그[괴테]는 그렇게 온화하고도 친절하게 대해주었다. 내 마음이 밝게 빛났다."(6. 155) 그러나 횔덜린은 이어지는 시간 가운데 이 들뜬 인상이 바이마르의 문인 영주에게서 받은 실질적인 평가와는 전혀 일치하지 않는다는 사실을 숨길 수 없었다. 다시 말해 횔덜린은 괴테에게서 자신의 작업에 대한 어떤 관심도, 어떤 이해도 끝내 받아내지 못했던 것이다.

나중 일이긴 하지만 횔덜린은 1797년 8월 고향 프랑크푸르트를 방문한 괴테를 용기 내어 찾아갔다. 하지만 횔덜린은 이 재회에 대해 일언반구 기록을 남기지 않았다. 반면에 괴테는 예나에 있던 쉴러에게

괴테
립스(Johann Heinrich Lips)의 동판화(1790년)

보낸 한 편지에서 이 만남을 언급하고 있다.

어제 횔덜린이 저에게 왔었습니다. 그는 조금 의기소침해 있는 것 같았고 병색도 보였습니다. 그러나 실제로는 사랑스러웠고, 조금 두려워하면서도 마음은 열려 있었습니다. 그는 당신의 일파가 빠져 있는 방식대로 각양각색의 재료들을 언급했습니다. 많은 중심 이념들을 훌륭하게 자기 것으로 소화했던 만큼 많은 것을 쉽사리 수용할 수 있었던 것 같습니다. 저는 그에게 규모가 작은 시를 쓰라고 특별히 조언했습니다. 그리고 모든 이들이 인간적으로 관심을 가지는 대상을 선택하라고도 했습니다. (7/2, 109)

이 기록—쉴러에게 보낸 다른 편지에서도 그랬지만—은 이 젊은 시인의 의미를 알맞게 파악할 가능성이 괴테에게는 전혀 없었다는 사실을 증명하고 있다. 횔덜린도 자신에 대한 괴테의 이런 유보적인 태도를 마음에 단단히 새겨두었다. 그의 깊은 상처는 훗날 괴테라는 이름이 거명될 때 보인 거부 반응에서 드러난다.

일단 파멸적인 첫 고비를 극복한 횔덜린은 가정교사로서 의무가 허락하는 한 최대로 예나에서 문학과 지적 활동에 전력을 기울였다. 그는 피히테의 강의를 듣고, 가끔은 이른바 '교수들의 모임(Klub der Professoren)'에도 참석했다. 이 모임은 저명인사들이 자신들의 지식을 사회에 도움을 줄 수 있도록 활용할 목적으로 결성되었다. 이 모임에서 횔덜린은 자신과는 먼 친척이자 슈바벤 출신의 철학 교수 니트함머(Immanuel Niethammer, 1766~1848년)와 매우 돈독한 우정 관계를 맺었다.

1794년 12월 말, 사제(師弟) 관계는 급속히 나빠졌다. 횔덜린과 프릿츠는 두려움을 느끼고 있었던 샤를로테 부인과 합류하려고 바이마르로 거처를 옮겼다. 하지만 횔덜린은 이 이주를 원치 않았고, 자신의 고용살이에도 싫증을 느끼고 있었다. 다만 쉴러가 조금 더 참고 직책을 잘 이행할 것을 설득했을 뿐이다. 바이마르에서 횔덜린은 헤르더(Johann Gottfried Herder, 1744~1803년)를 방문했고, 친절한 접대를 받았다. 그리고 괴테도 방문했는데, 그는 부재중이었다. 나중에 샤를로테 부인의 집에서 그를 만나게 되었다.

침착하게, 눈길에는 대단한 위엄 그리고 사랑, 대화는 지극히 간단명료하면서도 때때로 자신의 주변에 일어나는 어리석은 행동에는 가차 없는 질타, 그리고 얼굴에도 언짢은 표정을 지어 보였다. 그러나 다시금 그의 오랫동안 꺼지지 않은 천재의 불꽃으로 홍이 돋아졌다. — 그렇게 나는 그를 만났던 것이다. (6. 151)

당시 괴테는 46세였고, 《빌헬름 마이스터》 제1부를 막 출간한 때였다. 횔덜린은 대단한 경탄과 함께 그 작품을 읽었다. 앞서 말했듯이 1795년 1월 중순 횔덜린은 어떤 의무도 없는 자유로운 몸으로 예나로 돌아왔다.

횔덜린이 이어지는 석 달이 자기에게는 매우 중요하리라고 생각한 것은 옳았다. "저는 앞으로 저의 전 생애에서 어쩌면 매우 결정적인 시기를 맞이하고 있는 것 같습니다"(6. 148)라고 어머니에게 썼다. 그는 좋은 숙소를 얻었고, 가까운 장래를 위한 돈도 지니고 있었으며, 기성 문학계에서 우정 관계와 인정도 그에게 괜찮은 상황이었다. 그는 피히테의 강의 청강 결과를 요약하고 피히테 철학을 철저하게 비판하는 토론에도 참여했다.

피히테
볼링거(F. W. Bollinger)의 석판화

동시에 횔덜린은 소설 《휘페리

온》 집필에 열중했다. 《휘페리온 단편》이 발행되기도 전에 그는 이 소설을 극단적으로 다른, 그리고 그가 나중에 깨닫게 되었듯이 알맞지 않은 양식으로 바꿔 쓰기 시작했다. 새해 전후 수 주일간 이 작업을 했는데, 그 결과는 이른바 이 소설의 '운문본(韻文本)'이었다.

《휘페리온》 운문본과 다음에 쓴 《휘페리온의 청년기》의 이야기 형식을 요약하면 이렇다. 한 일인칭 화자가 타고난 자신의 본성과 더 없이 행복한 상태에서 떨어져 나와서 냉소와 '분열'로 자신이 타락했다고 규정한다. 그 화자는 지금 자연을 마주 보고 경멸하듯 서 있으며, 이전의 자신과 자연이 하나였던 지점에서 자연을 지배하려고 한다. 이 불행한 조건에서 화자는 한 현자의 말에 귀를 기울인다. 화자는 이끌리듯 그 현자를 방문하고, 그의 생애 이야기를 경청한다. 그 생애 이야기는 화자인 주인공 휘페리온의 생애 이야기다. 그리고 그 이야기는 벨라르민에게 보내는 편지가 아닌, 한 사람과의 대화다. 이 시기에 쓴 몇 되지 않은 시 가운데 한 편은 파괴된 또는 멀어진 자연과의 관계를 그리고 있다.

나를 기르고 달래주던 이, 이제는 죽었고
청춘의 세계 이제 죽었도다.
한때 하늘이 충만케 했던 이 가슴
마치 수확이 끝난 터전인 양 죽어 궁핍하도다.
아! 봄은 아직도 그전처럼 내 염려에 대고
우정에 찬 위안의 노래 부르나,
내 삶의 아침은 사라져버리고
내 마음의 봄도 스러져버렸도다. (2. 192, 시 〈자연에 부쳐〉, 제49~56행)

휘페리온은 똑같은 상황을 마주하고 있다. 초로의 휘페리온은 자신의 생애 이야기에 앞서 젊은 방문객에게 자연을 벗어나는, 분리에 긍정적인 가치를 두고 있는 피히테 철학에 뿌리를 둔 철학을 설파한다. 의식의 시발점에서 우리는 무한한 그리고 총체적인 상태의 존재를 상실한다. 그 대신 우리는 궁핍과 분리, 미완의 감각을 부여받는다. 그러나 이것이 열어놓는 간격, 즉 세계와 분리된 우리 자신을 의식하는 것은 활동과 영적인 성장을 위한 자극이다. 우리는 우리 자신을 비자아(非自我)와 대립시키고 주위 환경과 맞서 있는 것으로 규정한다. 이런 철학의 핵심에는 긴장과 갈등은 필요하고도 창조적이라는 믿음이 놓여 있다.

이제 우리는 우리 존재의 제약을 느끼노라.
또한 방해받은 힘은 참을 길 없이 그 족쇄에
저항하도다. 또한 정신은
맑디맑은 천공으로 되돌아가기를 염원하도다.
그러나 우리의 마음 가운데는 그 족쇄를
기꺼이 붙들려는 그 무엇이 다시 일어나도다. 왜냐면
우리 마음 안에 신적인 것 어떤 저항에도
구속받지 않음으로. — 우리는 우리와 다른 이들을 느끼지 않았도다.
그러나 자신을 느끼지 않음은 죽음이도다.
아무것도 알지 못함, 그리고 무화(無化)되는 것,
그것이 우리에겐 유일한 것. — 어떻게 우리가 무한히 전진하며,
우리를 정화하고, 우리를 고귀하게 만들며,
해방시키고자 하는 충동을 부정해야 한단 말인가?

그것은 잔인한 일이리라. 그러나 우리는 또한
제약받으려는 충동을 오만하게도
벗어나려 해서는 안 되리라. 왜냐면 그것은
인간적인 것이 아님으로, 그리고 우리가 스스로를 죽이는 일임으로. (3. 195, 《휘페리온》 운문본)

이 인용 부분은 횔덜린 시학의 한 선언문처럼 읽힐 수도 있다. 왜냐면 여기에는 횔덜린의 윤리적, 철학적, 시학적 관심사의 상호 연관성이 나타나 있기 때문이다. 이 인용 부분은 피히테에게 어느 정도 빚지고 있기는 하다. 하지만 사실은 횔덜린이 피히테의 강의를 듣기 이전에 시 〈운명〉에서 제기했던 이해에 더 가까이 옮겨가고 있는 것이다. 시의 정신은 그 본래의 힘이 무한하다. 따라서 이 정신을 표현하려면 제약이 필요하다. 그리고 순수한 정신은 파악할 수가 없다. 그 정신을 파악하려면 문자가 필요하다. 하지만 끊임없는 위험은 문자가 정신을 서툴게 표현하면 생명까지 빼앗을 수 있다는 사실이다. 따라서 횔덜린의 시에서 가장 정밀하고 결정적인 역할을 담당하는 부분이 표현 형식이다.

횔덜린은 자신의 소설을 운문으로 바꿔 쓰려던 시도를 곧바로 포기하고 산문으로 되돌아가기 시작했다. 이 판본, 즉 《휘페리온의 청년기》는 운문본의 기본을 따르면서도 이야기 도식을 유지한다. 다시 말하면 초로의 휘페리온은 전체 화자인 젊고 환멸을 맛본 방문객에게 자신의 삶을 자세히 이야기해준다. 그리고 시작하기에 앞서 그는 생산적인 갈등의 철학을 다시금 제기한다. 불만스러워하는 것은 언제나 인간의 특권이며 운명이다. 인간은 순수한 정신일 수가 없다. 휘페리온은 자신의 정신이 물질세계와 겪는 피할 수 없는 갈등을 긍정적으로 말하지 않을 수 없다. 그리고 물질을 경멸하지 않는다. 만일 그가 일부러 사실을 보려고 한다면, 그는 자기 생각의 반대 유형, 즉 '응답하는 대립의 상'을 발견할 수도 있다. "그대 마음 안에 지니고 있는 것이 아름다움으로 그대에게 새롭게 나타나면 그것을 감사하면서 받아들여라. 왜냐면 그대는 자연의 도움이 필요하니까."(3. 202) 그는 추상으로의 비상에 대해 특별히 유익한 경고를 제공한다. "자연은 또한 자신의 폭풍 앞에서 사람들이 사유의 영역으로 도망치는 것을 원하지 않는다. 사람들이 가능성의 고요한 제국에서 현실을 잊을 수 있다는 사실에 만족하고자 하지도 않는다."(3. 204) 이런 부정은 횔덜린이 몇 달 전 노이퍼에게 쓴 편지에서 말한 것을 문학의 문맥으로 드러낸 것이다. 《휘페리온》을 집필하는 과정에서 그는 "나의 온 존재와 더불어 갈피를 잃었던 … 추상의 영역에서"(6. 113~114) 되돌아올 수 있었다. 마찬가지로 의심의 여지없이 튀빙엔 찬가의 세계에서도 되돌아올 수 있었다. 횔덜린의 성격에는 추상에 이끌리고 순수, 즉 현실의 색채에 물들지 않은 백지의 빛에 이끌리는 강한 경향이 항상 있었다. 이제 그는 이것에 대처하는 법을 배우고 있었던 것이다.

1795년 봄 자신의 작업에 대한 횔덜린의 보고는 매우 낙관적이다. 그는 부활절까지는 작업을 마칠 수 있기를 기대하고 있었다. 이 희망은 이루어지지 않았지만, 그는 예나를 떠나기 전에 《휘페리온의 청년기》 몇 부를 필사로 제작하기 시작했던 것으로 보인다. 그러나 그것은 완성까지 긴 시간을 남겨두고 있었다. 이 소설 집필에서 제2권 발행까지는 7년이 걸렸다. 그동안 그는 대부분의 시간을 이 소설 집필에 할애했다. 발터스하우젠과 예나에서 그가 그밖에 달리 한 일은 거의 없었다.

횔덜린은 4편의 철학적 논고를 쓰기 시작했으나 모두 끝을 내지는 못했다. 4편의 논고는 〈자유의 법칙에 관하여〉, 〈헤르모크라테스와 케팔루스〉, 〈처벌의 개념에 관하여〉, 〈판단과 존재〉이다. 철학적 내지 미학적 논고의 시작과 중도 포기는 예나와 홈브르크(Homburg vor der Höhe)에서 문인으로서 독립을 시도했던, 매우 짧은 두 시기의 특징이다. 예나에서 쓰기 시작한 4편의 논고는 추측하건대 친구 니트함머가 편집했던 《철학 저널(*Philosophisches Journal*)》에 기고하려고 생각했던 것으로 보인다. 비록 미완이지만 이 논고들은 음미할 만한 가치가 있다. 앞에서 인용한 《휘페리온》 운문본에서 본 것처럼, 어떤 측면에서는 횔덜린 시학을 결정짓는 사유 방식과 태도를 볼 수 있기 때문이다. 예컨대 횔덜린은 '판단(Urteil)'을 '근원적인 구분(Ur-teilung)', 즉 주변과 자기 자신이 의식을 통해 근원적으로 구별되는 것으로 이해한다. 이런 분리 의식 안에는 약동하는 역동성이 담겨 있다. 횔덜린은 자유 법칙이 자아의 외부 세계에 있는 대립을 전제한다는 담론을 제기한다. 우리는 이어서 일어나는 충돌에서 법을 인식한다는 말이다. 처벌을 규정하려고 하면서, 그는 우리의 행동이 지금까지는 몰랐던 법과 충돌할 때 뒤이어 일어나는 처벌을 통해서만이 우리가 잘못을 저질렀다는 것을 알게 된다는 생각을 음미한다. 법은 그것을 어길 때만 드러난다. 따라서 법은 위반이라는 '부정적' 의미로 파악되어진다.

발터스하우젠과 예나에서 횔덜린의 저술과 사유는 대부분 예비적인 성격을 지니고 있었다. 다시 말해 그는 시적 탁월성의 문턱에 도달해 있었다. 앞에서 말한 4편의 미완성 논고, 노이퍼와 헤겔에게 보낸 편지 가운데 피력해놓은 몇몇 통찰, 소설 《휘페리온》의 이어진 초고에 나타나는 성찰적인 견해는 그의 천직 의식과 역할에 대한 진전된 이해를 증명해준다. 한편 그는 번역 이론과 실천에 대해서도 숙고했다. 1794년 3월 노이퍼가 베르길리우스(Vergilius)의 《에이네이스(*Aeneis*)》 번역에 착수했다는 편지를 보내오자, 횔덜린은 이렇게 회답했다. "드높은 그 로마인의 정신이 자네의 정신을 놀랍도록 강건하게 해줄 것이 틀림없네. 자네의 언어는 그의 언어와 다툼을 벌이는 동안 점점 더 많은 노련함과 강건함을 얻을 것이 분명하다네."(6. 109~110) 번역 역시 생산적인 갈등의 문제였다. 그는 같은 해 7월에 쓴 편지에서 그 관점을 확대하고 있다. "번역이 언어를 위한 건전한 체조라는 자네의 말은 옳네. 그 언어가 익숙하지 않은 아름다움과 위대함, 그리고 가끔은 낯선 분위기에 순응해야 할 경우, 언어는 아름답게 유연해진다네." 그리고 이어서 다음과 같은 인정 또는 두려움을 덧붙이고 있다.

> 언어는 우리 두뇌, 우리 심장 기관이라네. 또 우리의 환상, 우리 이념의 기호라네. 따라서 언어는 우리에게 복종해야만 하는 것이네. 만일 언어가 너무 오랫동안 낯선 봉사 가운데 살게 되면, 내 생각이지만 그 언어는 우리 정신 내면의 자유롭고도 순수한 표현을 결코 다시 얻을 수 없게 될 위험이 있는데, 그것을 두려워하지 않을 수 없네. (6. 125)

이런 관점은 이 편지의 문맥을 떠나도 매우 중요하다. 이것은 젊은 작가의 자기 상실에 대한 두려움을 암시하고 있기 때문이다. 횔덜린이 그리스 문학과 철학에 가까이 접근하면 할수록 이 두려움은 증대했다. 아울러 그는 개인 재능이 전통과 벌이는 싸움이라는 고통을 겪었다. 그는 자신이 번역한 핀다르와 소포클레스 작품에서 원문에 충실함과 자기주장을 다 함께 의식적으로 계산해 넣는 것을 추구했다. 노이퍼에게 보낸 이 편지에서 사용하고 있는 외국에서의 봉사와 종살이 비유는 점점 더 적절한 표현이었던 것으로 드러나고 있다. 다시 말하면 그 비유는 그 자신의 노력과 과거 고전과 서구 근대의 관계를 표현하는 것이었다.

1795년 4월 쉴러는 횔덜린에게 오비드(Ovid, 기원전 43~기원후 17년 또는 18년)의 《파에톤(*Phaëton*)》을 각운의 시연으로 번역해달라고 의뢰했다. 처음에 횔덜린은 이 일을 반갑게 수락했다. 그는 이것을 즐겁고도 유익한 일종의 연습으로 생각하고 있었다. 그런데 그는 불안한 감정 상태에서 이 일을 끝내고 달아나듯 예나를 떠났다. 그러자 쉴러는 이 번역을 출판하지 않았다. 파에톤은 자만에 빠져 태양에 너무 가까이 접근했던 신화 속 인물로, 아킬레우스, 오이디푸스, 이카로스, 탄탈로스, 엠페도클레스와 같은 군상 가운데 한 명이다. 횔덜린은 이들이 마치 자신의 일족이라도 되는 듯 느끼고 있었다. 훗날 그는 홈부르크에서 파에톤 또는 이카로스의 추락에 관해 한 편의 시를 쓰려고 계획했던 것으로 보인다. 쉴러가 횔덜린에게 오비드의 이 작품을 번역하도록 요청한 데는 영웅의 최후에 대한 성찰이 횔덜린을 좀 진정시키는 효과를 내지 않을까 하는 기대를 했기 때문으로 추측된다. 휘페리온의 조언자 아다마스는 아폴로의 섬 델로스에서 휘페리온에게 태양을 가리키면서 "이처럼 되라!"(3, 16)고 촉구한다. 봐이프링어(Wilhelm Waiblinger, 1804~1830년)는 횔덜린을 다룬 자신의 소설을 '파에톤'이라고 칭했을 때, 자신이 무엇을 의도하고 있는지를 알고 있었다.

만일 젊은 횔덜린이 파에톤처럼 1795년 초 일찍이 자신의 위치가 올라가기 시작했다면, 그가 갑자기 겁을 먹었다는 말을 들었을 수도 있을 것이다. 그런데 그는 그해 5월 말 또는 6월 초 서둘러 예나를 떠

하이델베르크
아이스너(F. X. Eisner)의 철판화(1830년 무렵). 1788년 수학여행으로 다녀온 이래 10년이 지난 다음 다시 방문해 "내가 오랫동안 그대를 사랑했고 … 내가 본 조국의 많은 도시 가운데 가장 아름다운 정경의 도시"(송시 〈하이델베르크〉 제1연)라고 노래한 하이델베르크. 도시를 꿰뚫고 흐르는 네카강과 '거대한 운명을 알리는 성곽' 그리고 새로 세운 다리가 인상적으로 그려져 있다.

나 하이델베르크를 거쳐 귀향길에 올랐다. 그의 이런 갑작스러운 귀향의 구체적인 이유는 여전히 불분명하다. 다만 그는 자신의 이런 결정을 훗날 통렬하게 후회했다. 예나에서 문인으로서 그의 위치가 나아지고 있었기 때문에 그의 진로는 잘 진행되는 것으로 보였다. 1795년 5월까지 횔덜린은 이미 17편의 시를 발표했고, 그의 소설 가운데 실질적인 단편이 쉴러의 저명한 잡지 《노이에 탈리아》를 포함한 여섯 개의 문예잡지에 실리기도 했다. 쉴러는 그에게 기대를 걸고 《호렌(*Horen*)》지나 《시 연감》에 기고하도록 조언했다. 니트함머도 《철학 저널》에 그의 논고들을 기꺼이 받아주려고 했다. 나아가 가장 좋은 일은 언제 탈고할는지도 모르는 소설 《휘페리온》의 출판을 쉴러 소개로 코타(Cotta) 출판사와 계약했다는 사실이다. 그는 독일의 문학 활동 중심지에서 노발리스를 포함한 많은 문인을 만났다. 그리고 이들에게 대체로 환영받았고 배려의 대상이 되었다. 같은 해 5월 15일 학업을 계속하겠다는 의도가 확고하다는 듯 그는 예나대학에 등록했다. 그는 그가 사귀었던 가장 가까운 친구 가운데 한 명인 징크레어와 함께 기숙했다.

휠덜린이 예나에서 완전한 독립을 이루었는지는 의문이다. 샤를로테 부인은 그에게 3개월분의 급료를 주었을 뿐이다. 그가 매우 쑥스러워했던 유산의 인출을 감행하지 않고서는 상당한 내핍 생활에 충당할 만한 다른 수입은 거의 없었다. 그가 예나를 떠나게 된 것은 그 자체로는 놀라운 일이 아니다. 오히려 놀라운 점은 돌연한 행동 방식이다. 쉴러에게 보낸 두 통의 편지—모두 회답을 받지 못한 편지—는 복잡 미묘한, 그리고 당황케 하는 변명으로 채워져 있다. 마치 그가 지나치게 쉴러를 섬기는 것이 두려워 쉴러에게서 도망친 것처럼 비치기도 하고, 거리를 두고 자기 자신을 찾으려고 도망친 것처럼 비치기도 한다. "저는—기껏해야 아무것도 아닌 자로서—당신에게 속해 있습니다."(6. 181)

그 이상의 것도 있었다는 데 의심의 여지가 없다. 어쩌면 휠덜린은 아이를 출산할 키름스에 대한 책임을 완전히 떨쳐버리고 싶어 했을지도 모른다. 또 어쩌면 징클레어가 변함없는 동반자로서는 지나치게 당황스러운 성품을 지녔다고 느꼈을 수도 있다. 1795년 5월 학생들 사이에는 정치적인 소동이 있었다. 이런 가운데 징클레어는 학교를 떠나도록 권고받았는데, 귀족인 그를 학교가 강제 퇴학시킬 수는 없었기 때문이다. 하지만 이런 소동이 휠덜린이 학교를 떠나기로 결정한 계기가 되었을 수도 있다.

아무튼 횔덜린은 예나를 떠나 하이델베르크를 거쳐 귀향길에 올랐다. 고도(古都) 하이델베르크는 여러 차례 방문을 계기로 그의 시상에 깊이 자리한 곳이었다. 그는 특히 예나를 떠나 귀향하는 길에 들른 이 도시를 읊은 송시 〈하이델베르크〉의 첫 초고(1798년 6월)—1800년의 최종고에서는 삭제되었지만—에 "사람과 책에서 도망친 / 추방된 한 방랑자"(2. 410)라고 당시의 자신을 읊고 있다. 또 그는 예나를 떠나 잠시 뒤 도착한 프랑크푸르트에서 헤겔에게 자신이 이미 예나를 떠나 안도하게 된 사유를 이렇게 피력하고 있다. "프랑켄(Franken)에서 나와 동행한 악령과 예나에서 나를 데리고 떠났던 형이상학의 날개를 단 망령이 내가 프랑크푸르트에 온 이래 나를 떠났다는 것은 정말로 잘된 일이다."(6. 222) 그는 추방당한 적이 없었다. 그는 시 쓰기라는 "사랑스러운 과업"(6. 310)을 그리워했기에 스스로 떠나기를 결정했다. 이처럼 그가 갑작스럽게 예나를 도망치듯 떠난 것은 "스위스 목동에게 병영 같은"(6. 311) 철학의 숨 막히는 영역—특히 피히테의 '절대 자아'—에서 탈출이었던 것으로 생각된다. 무상(無常)과 맞선 머물러 있는 것의 아름다움을 그리고 있는 송가 〈하이델베르크〉는 이를 증언하는 확실한 증거다.

횔덜린 생애에서 귀향은 언제나 하나의 포기와 좌절에서 촉발되었다. 그는 고향 밖에서 독립을 얻어내는 데 실패했다. 그는 자신의 무력함을 자각하면서 그해 긴 여름과 가을을 자책 가운데 보냈다.

제4장
프랑크푸르트 시절
(1796~1798년)
디오티마의 땅 프랑크푸르트, 그곳은 "대지의 / 배꼽"

횔덜린은 고향을 떠나 타지에 머물 때마다 고향 집에서 지내는 것을 얼마나 그리워하는지 가족들에게 자주 하소연했다. 많이 애송되는 그의 시 가운데 몇 편은 고향 산천과 방랑자의 귀향을 노래하고 있다. 그러나 사실 그의 귀향은 언제나 실패와 좌절을 의미했으며, 고향에서 편안하게 머무는 것은 불가능했다. 횔덜린의 생애에는 똑같은 일이 몇 차례 반복되는 현상이 있었다. 1795년 불행한 여름은 이런 일련의 치명적인 현상의 첫 경우였다.

예나를 떠나게 된 이유가 무엇이었든, 그는 곧 그 결정을 후회했다. 떠날 수밖에 없었던 이유가 당시에는 분명히 어쩔 수 없는 것처럼 보였지만, 일단 귀향하자 사정이 다르다는 것을 알게 된 것이다. "내가 있었던 곳에 그냥 머물렀다면 얼마나 좋았을까. 시골로 돌아온 것은 나의 가장 바보 같은 행동이었다."(6. 187) 그가 다시 떠날 때까지 그 해 마지막 몇 달 동안 그의 편지에서는 이상적인 고향으로 생각한 슈바벤이 하나의 덫으로 나타난다. 만일 그가 고향에 그대로 머문다면, 종무국은 그를 교회에 복무시키려고 할 것이 분명했다. 그의 모친은 그가 결혼하는 것을 보고 싶어 했다. 그녀는 여전히 엘리제 르브레와의 결혼을 바라는 한편, 경우에 따라서는 어느 누구와 결혼해도 무방하다고 생각했다. 당시 신학교 보조 교사 일자리가 있었다. 그러나 횔덜린은 모교를 시체 공시장(公示場)이라고 생각하기에 이르렀고, 그곳에서 무덤 파는 일이나 죽은 자를 깨우는 일을 할 생각은 전혀 없었다. 그는 "셸링이라면, 아니 렌쯔라면 그렇게 하려고 했을까"(6. 220, 185)라고 자문하기도 했다.

그러는 동안 그는 자신의 길을 작정하고 있었다. 평범한 길, 즉 다른 가정교사 자리를 찾는 일이었다. 두서너 곳에서 제안이 있었으나, 그가 원한 곳은 새로운 친구 에벨(Johann Gottfried Ebel, 1764~1830년)이 소개한 프랑크푸르트의 은행가 공타르(Jakob Friedrich Gontard, 1764~1843년)의 가정이었다. 그는 형식을 갖추어 자신의 교육 원칙을 진술하는 관례적인 자천(自薦)의 편지를 썼다. 그 내용은 발터스하우젠에서의 '끔찍하게 어긋난 노력들'을 되새기면서 조금은 엄숙하게, 그러나 여전히 루소나 칸트의 교육사상을 섞어 썼다. 이 편지를 쓴 때는 1795년 9월 2일이었다. 그 뒤 그는 불안과 초조 가운데 석 달을 기다려야만 했다.

이 시기 얼마 되지 않는 편지와 기록물에는 그의 상태와 인상을 언급한 내용이 있다. 마겐나우는 그해 6월 또는 7월에 그를 보았을 때, 그가 "자기와 같은 처지의 사람들에게 동정심이 모두 사그라지고만, 살아 있으나 죽은 자"(7/2. 44)같이 생각되었다고 술회하고 있다. 횔덜린이 자신의 처지를 언급한 부분에서도 이를 확인할 수 있다. 그는

공타르가의 저택
이른바 〈하얀 사슴(Der Weiße Hirsch)〉
라이펜슈타인(Carl Theodor Reiffenstein)의 스케치(1872년)

자신을 "아무것도 아닌 자"(6. 181), "텅 빈 항구", "부담스러운 손님"(6. 186)이라고 표현하고 있다. 그의 마음은 자갈밭과 같았다. 그는 "채찍과 박차"(6. 184, 183)가 필요했다. 같은 해 9월 쉴러에게 보낸 한 편지에서 그는 매우 격렬하게 자신의 심적 상태를 토로하고 있다. "저는 저를 둘러싸고 있는 겨울의 한가운데에서 얼어붙어 경직되고 있습니다. 그렇게 저의 하늘은 얼음처럼 차갑고, 저는 돌처럼 굳어가고 있습니다."(6. 181) 쉴러는 그가 갑자기 예나를 떠나자 당혹스러웠는데, 그런 쉴러에게 이렇게 자책과 낭패의 심정을 담아 두 통의 편지를 써 보냈다. 하지만 그에게서는 아무런 회신도 받지 못했다.

물론 조금은 밝은 막간의 시간도 있었다. 횔덜린은 친척들을 방문하고, 옛 친구들인 노이퍼와 셸링을 만나고, 란다우어(Christian Landauer, 1769~1845년) 같은 친구를 새롭게 사귀기도 했다. 그러나 통틀어 이 시기의 분위기는 "기진맥진과 짜증"(6. 180)이었다. 이 시기 그는 거의 글을 쓰지 않았는데, 시는 한 편도 쓰지 않았다. 그는 《파에톤》 번역과 〈청춘의 신〉, 〈자연에 부쳐〉의 수정·집필을 마친 뒤 이 세 작품을 쉴러가 발행하는 《시 연감》에 실어주기를 바라며 쉴러에게 보냈다. 그러나 쉴러는 자신의 시 〈그리스의 신들〉을 모방했다는 이유로 〈자연에 부쳐〉는 제외하고 〈청춘의 신〉만 실어주었다. 이 일은 그의 마음을 크게 상하게 했다.

고향에 머무는 몇 개월 사이 횔덜린은 주로 소설 《휘페리온》을 계속 집필해나갔다. 그는 《휘페리온의 청년기》 필사본을 몇 부 만들면서 한편으로는 편지체 일인칭 소설인 이른바 '완성 직전의 초고본'을 다시 쓰기 시작했다. 의붓동생 카를의 도움을 받아 이 초고의 정서본을 1795년 12월 코타 출판사로 보낼 수 있었다.

그해 11월까지도 프랑크푸르트에서 아무런 소식이 없자 그는 절망감을 느끼기 시작했다. 발판이 닫히는 듯했다. 그는 샤를로테의 기별을 기다리면서 느낀, 2년 전과 거의 같은 두려움에 빠졌다. 그는 에벨에게 이렇게 썼다. "당신은 우리 뷔르템베르크의 신학도들이 얼마나 종무국에 매여 있는지 알 수 없을 것이오. 무엇보다 이 종무국 사람들은 우리의 체류에 대해서도 마음대로 처분을 내리고 있소."(6. 183) 그는 그럴듯한 일자리를 빨리 구하지 않으면, 바쁜 성탄절 기간 동안 교구 목사를 도와주라고 강제 소환당하리라고 예상할 수 있었다. 한 달 뒤 프랑크푸루트에서 회답이 왔을 때, 그는 날듯이 기쁜 마음으로 짐을 싸 고향을 떠났다. 그는 뢰흐가우에서 친척들과 함께 성탄절을 보내고, 그해 12월 28일 프랑크푸르트에 도착했다.

횔덜린의 생애와 그의 시 작품 여러 편에서는 추위와 결핍 그리고 냉담의 상태에서 몰아경의 환희로 넘어가는 급속한 심리적 변화를 자주 볼 수 있다. 아주 가라앉은 감정 상태에서 반년 남짓한 시간을 보내고 1795년 12월 슈바벤을 떠난 횔덜린은 자신의 생애에서 가장 환희에 차고 해방감을 느끼게 되는 체험의 장으로 들어섰다.

미완의 후기 작품인 시 〈말하자면 심연에서부터…〉에서 횔덜린은 프랑크푸르트를 "이 대지의 / 배꼽"(2. 250)이라 노래하고 있다. 이것은 최고의 찬사다. 왜냐면 이 시구는 독일 자본주의의 근원지를 고대 그리스의 종교적 중심지인 델피—핀다르는 델피를 '대지의 배꼽'이라고 노래한 적이 있다—와 연관시키고 있기 때문이다. 그러나 1798년 4월 누이동생에게 보낸 편지에서 횔덜린은 이곳의 실상을 말하지 않을 수 없었다. "여기서 … 너는 몇 안 되는 순수한 사람들을 제외하고는 순전히 섬뜩한 풍자적인 인물들을 보게 될 것이다. 그들이 가진 부(富)는 대부분의 사람에게 마치 농부의 새 포도주와 같다. 그들은 아주 몰상식하고, 현기증을 일으키며, 거칠고 불손하다."(6. 270) 프랑크푸르트는 당시 독일에서 가장 왕성하게 상업 활동이 전개되는 도시였다. 하지만 횔덜린의 글에는 속물근성의 중심지이자, 기쁨은 삭제되고 미개한 억압이 우세한 도시로 등장한다. 만일 그가 훗날에도 이 도시를 '대지의 배꼽'이라 불렀다면, 그것은 부분적으로 이 도시가 독일 내에서 자리하고 있는 지리적인 위치 때문일 수 있다. 그렇지만 무엇보다 안주인 쥬제테 공타르가 그곳에서 살았고 거기서 죽었기 때문일 것이다. 소설 《휘페리온》의 화자 휘페리온이 독일에 와 주위를 돌아보면서 느낀 감정이 바로 횔덜린이 프랑크푸르트에서 느낀 감정이었다. "이 백성들에게서 모욕을 당하지 않는, 보잘것없는 미봉책으로 끌어내려지지 않는 성스러움은 하나도 없다. 미개인들 사이에서조차 신성하게 보존되어 있는 것을 이 계산에만 밝은 야만인들은 마치 수공을 행하듯이 해치우고 있는 것이다. 그들은 어찌 달리 당해낼 수가 없다." (3. 154) 횔덜린의 가장 특징적인 사고 경향, 즉 경험 세계를 정신세계에 적대적인 것으로 생각하고, 정신은 거의 모든 곳에서 포위되고 억압당하고 있는 것으로 생각하는 경향은 프랑크푸르트에서 더욱 견고해졌다. 물론 이전에도 그는 억압이나 속물근성과 마주쳤고, 정신의 문제는 언제나 넘치는 불화에 맞서 싸워야만 한다는 확신을 가졌던 것은 사실이다. 그러나 프랑크푸르트의 완전히 난폭한 자만이나 정신에 대한 전적인 부정은 하나의 충격으로 대두되었던 것이 분명하다. 튀빙엔과 예나는 대학 도시였다. 그곳에서는 상상을 뛰어넘는 많은 사람들이 지적, 예술적 삶에 참여하고 있었다. 그러나 프랑크푸르트에서 그는 '극소수의 순수한 사람들을 제외하고는' 거역할 수 없는 상황에서 거의 야만적인 인사들과 부딪쳤던 것으로 보인다.

횔덜린은 프랑크푸르트에서 보낸 편지에서 경험하는 현실 세계와 싸워야 하고 그것에 맞서 자신을 옹호해야 할 의무를 거듭해서 언급했다. 문학과 정신은 달아나는 것이 용납되는 공간을 따로 만들어내지 않는다는 점을 그는 분명히 알고 있었다. 오히려 문학과 정신은 실제 세계 안에 생존의 공간을 만들기 위해 싸워야만 하고, 최소한 거기에서 견뎌내야만 한다는 사실을 그는 알고 있었던 것이다. 잘되면 문학과 정신은 어느 정도 진보하기도 할 것이다. 적대적인 현실과 비판적으로 격렬하게 싸우는 동안 현실이 나아지도록 하는 작용을 기대할 수도 있을 것이다. 그러나 누가 승리를 장담할 수 있겠는가? 오직 극복만이 있을 뿐이다. 휘페리온은 독일인들을 향해 다음과 같은 불만을 토로한다. "우리는 너희 나라 시인과 예술가들을 바라볼 때, 아울러 미를 사랑하고 그것을 돌보며 정신을 존중하고 있는 모두를 바라볼 때 가슴이 찢어지는 듯하다. 그 착한 사람들! 그들은 자기 집에서 이방인처럼 살고 있다."(소설 《휘페리온》, 3. 155) 횔덜린은 헤겔이 가정교사로 들어갈 가정을 소개하는 편지에서 그 가족은 "대부분 자신의 삶을 살고 있다네. 왜냐면 그들은, 특히 안주인은 프랑크푸르트 사회의 인사들과 그들의 경직성 그리고 궁핍한 감정 및 정신 상태와 관계를 맺으려고 하지 않으며, 오염되지 않으려 하고 가정의 기쁨을 망치지 않으려 하기 때문이라네."(6. 220) 이 말로써 전선은 명확하게 그어진다.

횔덜린이 괴테와 쉴러에게 받을 수 있었던 최대의 관심을 받았던 시기는 프랑크푸르트 시절이었다. 1797년 6월 횔덜린은 시 두세 편을 쉴러에게 보냈는데, 쉴러는 이것을 다시 괴테에게 보냈다. 평가를 바란 것이다. 이 작품에 대한 비평은 그다음 달 인물에 대한 평가로 보충되었다. 괴테와 쉴러는 편지로 횔덜린과 당시 괴테가 만났던 슈미트에 대한 의견을 교환했다. 최소한 쉴러가 보기에 횔덜린과 슈미트는 한 부류였다. 아울러 쉴러는 횔덜린을 장 파울(Jean Paul, 1763~1825년)과 같은 부류에 넣기도 했다.

> 저는 이 슈미트, 리히터(장 파울의 본명), 횔덜린이 절대적으로 어떤 상황에서도 변함없이 그처럼 주관적이고, 긴장하며, 일방적인 태도에 머물 것인지 알고 싶습니다. 그리고 무엇인가 유치한 것에 이유가 있는 것은 아닌지, 또는 외부로부터의 심미적 양분과 영향의 부족 그리고 그들이 살고 있는 경험적인 세계의 이들이 가지고 있는 이념적인 편향에 대한 압박이 이런 불행한 작용을 불러온 것은 아닌지 알고 싶습니다. 저는 이 마지막 이유를 믿고자 합니다.

(7/2, 107)

슈미트나 횔덜린과 같은 부류에 속한 이들이 추구하는 극단적인 주관주의는 그들이 살았던 시대의 산물로 볼 수 있다. 쉴러는 계속 이렇게 쓰고 있다. "그래서 저에게는 많은 착실한 재능이 이런 식으로 소실되고 만다는 생각이 듭니다." 이런 희생자들은 동정의 대상일 수 있다. 그러나 쉴러는 이들 저항의 방자함을 두고 이들을 비난하고 있다.

> 현재 그렇듯 슈미트는 프랑크푸르트의 경험 세계에 대립해 있는 희화(戱畵)에 불과합니다. 이 희화적 인물이 저 자신의 내부로 들어갈 시간이 없는 것처럼, 이 사람과 아울러 그와 비슷한 사람들은 자신들 밖으로 나올 수가 없습니다. 그래서 우리가 감정을 넘치게 보지만, 사실 이 사람들에게서는 아무런 감정도 없는 적나라하고 공허한 대상을 보는 것이라고 말하고 싶습니다. (7/2, 107)

횔덜린이 자신의 운명을 특별하다고 생각하기에 이른 것은 프랑크푸르트 체류 2년이 지난 때였다. "그렇지만 시인이 되었던 많은 사람이 이미 몰락했다. 우리는 시인에게 알맞은 기후에서 살고 있는 것이 아니다. 그렇기에 그런 초목 열 그루 가운데 채 한 그루도 제대로 성장하지 못하는 것이다."(6, 264) 쉴러는 이런 견해에 동의할지도 모른다. 그러나 그의 비난 가운데 적어도 횔덜린에 관한 한, 그는 부당했다. 왜냐면 횔덜린은 시대에 맞섰을 뿐만 아니라, 자신의 대립을 통제하고 그것을 언제나 생산적으로 만들려고 시도했기 때문이다. 패배에서나 성공에서나 그는 독자적이다. 그는 단순히 또 하나의 슈미트도, 또 하나의 장 파울도 아니었던 것이다.

횔덜린이 두 번째 가정교사직을 맡아 프랑크푸르트에 도착한 지 두 달이 된 1796년 2월 니트함머에게 보낸 편지에서 언급하고 있는 "인간의 심미적 교육에 관한 새로운 편지"(6. 203)의 하나로 보이는 〈종교에 관하여〉를 1797년으로 이어지는 그해 겨울에 썼다. 이 단편 논고는 아직 저자 미상으로 남겨져 있으나, 횔덜린이 최소한 그 초안의 기초자로 알려진 〈독일 이상주의의 가장 오래된 체계 선언(Die älteste Systemprogramm des deutschen Idealismus)〉과 밀접하게 연관되어 있다. 이 두 편의 단편 논고는 아직은 시학이라고 하기는 어렵지만, 문학과 종교 그리고 신화를 함께 다루고 있다. 그리고 횔덜린이 시인으로서 사명 의식의 뿌리를 어디에 두고 있었는지 이 논고에서 확인해볼 수 있다. 이는 보론에서 따로 논의해보려고 한다.

물론 횔덜린이 프랑크푸르트에서 겪은 고통의 원인은 대부분 가정교사라는 그의 직업에 있었다. 처음 가정교사로 들어갔던 칼프가는 비교적 인습에 사로잡히지 않고 인간적인 집안이었다. 하지만 그는 그런 집에서조차 가정교사로 지내려면 무엇을 견뎌내야 하는지 충분히 체득했었다. 그러나 그가 당면한 사회적 속박은 프랑크푸르트에서 훨씬 심했다. 이 시기에 쓴 자신의 편지에 그는 가정교사직을 가장 고통스럽게 표현하고 있다. 두 번째 가정교사로 들어간 공타르가는 수없이 많은 연회를 열었다. 횔덜린은 1797년 11월 고향의 어머니에게 이렇게 알리고 있다. "올해 내내 저희는 거의 쉬지 않고 방문객을 맞았고, 연회를 열었습니다. 무슨 일이 있었는지 하느님은 아시겠지요! 그때마다 불초 소생은 언제나 가장 나쁜 결과를 얻는답니다. 가정교사는 특히 프랑크푸르트에서 여기저기에서 마차에 달린 다섯 번째 바퀴니까요. 그런데도 예의상 그 자리에 참석해야만 한답니다."(6. 257) 거의 1년이 지난 뒤 홈부르크로 물러난 그는 어머니에게 길게 편지를 써 가정교사의 난처한 운명과 소외 의식을 간절하고도 솔직하게 설명하고 있다.

> 그러나 무례한 오만, 모든 학문과 교양에 대한 거침없고 일상적인 폄하, 가정교사들 역시 하인에 불과하다는 언동, 가정교사들이 행한 일에 대가를 지불했기에 별도로 그들에게 해줄 일은 아무것도 없다는 언사, 그리고 나에게 내던진 다른 많은 말…. (6, 285)

그리고 그는 이렇게 결론짓는다. "오늘날 같으면 그런 관계 아래에서 오랫동안 참고 견딘다는 것은 도저히 불가능할 것입니다." 이것이 사실상 가정교사의 삶에 대한 그의 마지막 결론이다. 물론 그 뒤에도 그는 똑같은 직업에 두 번이나 더 종사하지 않을 수 없었지만 말이다.

개인적으로 가장 억울했지만 어머니에게도 말할 수 없었던 공타르가의 안주인 쥬제테와의 사랑조차도 어떤 의미에서는 가정교사라는 직업과 관계되어 있었다. 하지만 그런 스캔들은 언제나 일어날 가능성이 잠재되어 있었다. 당시 아이들의 교육은 어머니에게 맡겨져 있었고, 어머니와 가정교사는 불가피하게 함께 움직였다. 그런 문화 속에서 가정교사는 대체로 장식품쯤으로 생각되었고, 그 때문에 여성의 영역으로 여겨졌다. 반면에 남성은 돈을 버는 심각한 사업에 종사했다. 횔덜린은 프랑크푸르트에 도착한 뒤 한 달이 지나자마자 자신의 플루트를 보내달라고 고향에 요청했다. 공타르 부인의 피아노 연주에 반주하기 위해서였다.

횔덜린의 경우 입주한 가정의 여주인과 사랑에 빠지는 직업상의 위험성은 더욱 고조되어 있었다. 왜냐하면 프랑크푸르트에 도착하기 전에 이미 그는 쉴러의 《노이에 탈리아》지에 실린 《휘페리온 단편》의 작자로 알려져 있었기 때문이다. 같은 부류의 소설 《젊은 베르터의 고통》의 저자 괴테와 이미 십년지기였던 폰 슈타인(von Stein, 1742~1827년) 부인은 《휘페리온 단편》에서 "무엇인가 베르터다운 것"(7/2. 16)을 발견했었다. 그녀의 비판적인 관점이 무엇이었든, 베르터의 상황과 가정교사인 횔덜린의 상황 사이에는 하나의 유사점이 있다. 《젊은 베르터의 고통》에서 롯테는 자신의 남편 알베르트에게서는 얻을 수 없는 문학적인 감성을 베르터에게서 느꼈다. 베르터가 만일 이런 감정의 제공을 자제할 수 있었다면, 비록 삼각관계이기는 하겠지만 이들 관계가 파탄까지 이르지는 않았을 것이다. 프랑크푸르트에서도 사정은 매우 비슷했다. 돈 있는 자들은 가구나 장식물로서 예술을 원했다. 그 부인들은 그들 자신이 가꾸어지거나 장식물이 되면서 한편으로는 감수성이 예민하고 재능 있는 젊은 가정교사의 도움이 필요했던 것이다.

프랑크푸르트에서 횔덜린의 가정교사직은 다만 한 가지 면에서 발터스하우젠에서보다는 수월했다. 그것은 그가 책임지고 있던 여덟 살의 앙리(Henry)와 아주 잘 지낸 것이었다. 쥬제테는 세 딸과 외아들 앙리, 이렇게 네 아이의 어머니였다. 횔덜린은 아침에 앙리를 가르쳤는데, 공부 시간 이외에도 둘은 많은 시간을 함께 보냈다. 예컨대 1797년 9월 쥬제테가 딸들과 함께 시내로 돌아갔지만 그들은 시골에 남아 그대로 머물렀다. 훗날 횔덜린이 떠나게 되었을 때, 앙리는 외로움에 빠졌다. "선생님이 떠나고 없는 것을 저는 견딜 수 없습니다. … 우리 곁으로 곧 돌아와 주세요, 횔덜린 선생님. 여느 때처럼 우리는 선생님께 배워야만 합니다. 선생님께 담배를 보내드립니다."(7/1. 57)

횔덜린보다 여섯 살 연상인 공타르가의 주인 야콥 프리드리히 공타르는 위그노 교도(Huguenot)로 프랑스 그르노블에서 독일로 이주한 가문의 이민 4세였는데, 상당히 규모가 큰 은행과 직물 거래 업체를 소유한 기업인이었다. 그는 쥬제테가 사망한 다음 두 번이나 재혼했고, 백만장자로 횔덜린이 사망한 해인 1843년에 세상을 떠났다. 그는 어린 시절 불의의 사고로 한쪽 눈을 잃었다. 역시 위그노파 가문의 쥬제테와 결혼했을 때, 그의 모토는 여전히 '무엇보다도 일(Les affaires avant tout)'이었다. 횔덜린이 가정교사로 입주했을 때 쥬제테는 26세였다. 그녀의 미모, 재능, 우아함 그리고 온화함은 이미 널리 알려져 있었다. 횔덜린에게 보낸 그녀의 편지들은 열정적이고 지적이다. 그녀에게 바친 횔덜린의 시들 역시 그녀가 받아 마땅한 찬사를 담고 있다.

1795년 12월 말 횔덜린은 공타르 가족과 만났고, 다음 해 1월 둘째 주부터 가정교사 일을 시작했다. 연봉은 400굴덴이었고 숙식 일체를 제공받았다. 그 가정에 대한 그의 첫인상은 호의적이었는데, 다만 그가 발터스하우젠에서 가졌던 것보다는 조금 조심스럽기는 했다. 그러나 곧이어 노이퍼에게 보낸 그의 편지는 약간의 비감과 실망감을 내비쳤다. "나는 매우 선량한 그리고 사실, 비교적 보기 드문 사람들 사이에 살고 있는 것 같네."(6. 199) 그의 문제는 그가 지나치게 많은 기대를 했다는 사실이다. "내가 모든 새로운 사귐 때마다 어떤 실망감으로 끝난다는 사실, 내가 사람들을 이해하려면 몇몇 황금 같은 순진한 예감을 희생시켜야만 한다는 것"(6. 199)이라고 자신의 문제를 피력하고 있다. 오래지 않아 그는 쥬제테와 사랑하는 사이가 되었고, 따라서 그의 기분도 나아졌다. 역시 노이퍼에게 1796년 3월에도 "사정에 비추어 나는 그런대로 잘 지내고 있네. 걱정 없이 살고 있다네…"(6. 205)라고

쥬제테 공타르의 흉상

오마하트(Landolin Ohmacht, 1760~1834년)의 석고 부조. 1796년 횔덜린이 가정교사로 입주한 프랑크푸르트의 은행가 공타르가의 안주인이다. 17세에 결혼해 이미 4명의 자녀를 두고 있었다. 횔덜린과 쥬제테는 깊은 사랑에 빠졌고, 남편의 요구로 1798년 9월 횔덜린은 가정교사직을 그만두고 징클레어가 궁정의 행정 자문관으로 있는 홈부르크를 거쳐 1800년 5월 쥬제테를 마지막으로 만난 뒤 뉘르팅겐으로 귀향한다. 횔덜린은 1802년 1월 어려운 여정을 통해 1천 킬로미터나 떨어진 남프랑스 보르도의 함부르크 영사 마이어가의 가정교사로 부임했었으나, 그해 5월 뚜렷한 이유 없이 서둘러 독일로 돌아온다. 이 느닷없는 귀향은 '위중한 병'에 걸렸다는 쥬제테의 편지가 그 이유였다는 횔덜린의 의붓동생 카를 고크의 증언이 있었다. 6월 22일 쥬제테는 세상을 떠났고, 6월 말 횔덜린은 정신착란의 징후를 지닌 채 뉘르팅겐에 나타났다. 두 사람은 수많은 편지를 주고받으며 사랑을 나누었다. 횔덜린이 보낸 편지는 모두 없어졌으나 쥬제테의 편지가 남아 있어 이들 사랑의 깊이를 가늠하게 한다. 횔덜린의 문학에서 쥬제테는 '디오티마'로 불린다. 이 흉상은 쥬제테의 26세 때 모습이다.

썼다. 그 후, 1798년 9월 갑작스럽게 공타르가를 떠날 때까지, 사랑하는 사이에 있다는 기쁨과 그것의 특별한 환경에서 오는 고통이 끝내 견딜 수 없는 경지에 달하고 만 모순이 병존해 있었다.

일을 시작하기 전, 횔덜린은 프랑크푸르트와 지척에 있는 홈부르크를 방문했다. 그리고 거기에서 징클레어와의 우정을 되살리고, 비슷한 정치적 신념을 가지고 있는 다른 인사들과도 만났다. 그는 공타르가에 머무는 동안에도 몇 차례 그곳으로 나들이했고, 공타르가를 떠났을 때 홈부르크는 그의 피난처가 되었다. 그러나 그는 프랑크푸르트에서와 마찬가지로 결코 자극적인 동료들이 필요하지는 않았다. 셸링은 횔덜린의 프랑크푸르트 생활 첫해 4월에 그를 방문했고, 의붓동생 카를, 친구 노이퍼, 그리고 슈미트가 1797년이 지나는 사이에 그를 방문했다. 그의 호의로 헤겔은 스위스 베른에서 이주해왔다. 가정교사로서의 횔덜린의 의무도 그에게 친구를 만나거나 작품을 집필할 수 있는 충분한 여유를 허락했다.

공타르 일가는 여름을 보내기 위해 시골에 집을 장만했다. 그러나 야콥은 적어도 주중에는 시내에 머물고자 했다. 그런 첫 번째 시골 생활 2개월 후, 1796년 6월 또는 7월 횔덜린은 노이퍼에게 쥬제테를 향한 자신의 사랑을 고백하는 편지를 썼다. 그보다 앞서 그해 3월에 횔덜린은 자신의 시학을 되새기면서 인간 감정의 '영원한 썰물과 밀물'에 대해, 특히 자신의 감정 상태에 대해 썼다. 그리고 친구에게 조언하는 김에 감정의 문제에 대해 말하고 있다.

> 나는 자네에게 언젠가 한 번 말한 적이 있는 그 말밖에는 더 말할 수가 없네. 그러니까 자네를 위한 사랑스러운 피조물, 오로지 그대만을 위해 창조된 피

조물, 다시 말해 모든 것 가운데 사랑할 수 있는 것, 그대의 존재에 가장 가까이 있는 것을 발견하게 되면, 총명한 낮빛으로 웃음 지으며, 그 앞에서는 마치 어린아이들 앞에서 우리의 예의범절 규칙이 그러하듯 인간의 작품, 시민적인 연관들이 거의 소용없게 되는 성스러운 자연의 이름으로 감히 그것을 쟁취하게나. (6. 204)

사회와 진실 사이, 그 모순은 그 자신이 절감하기 시작한 것 가운데 하나였다. 7월에는 새로운 삶에 대한 명백한 진술이 등장했다. 이와 함께 진실, 사랑, 그리고 모든 위선과 적대 행위에 대한 기쁨에 찬 아름다움의 승리가 진술되고 있다. 그 이전 지식은 내던져지고, 그 이전의 무기력과 회의적 태도도 사라졌다. 이상은 그를 어떤 자극과도 대결토록 했다. 휘페리온은 좌절을 겪었을 때, 한때 그가 지녔던 흔들리지 않는 확신을 가지고 이상을 되돌아본다. "나는 그것을 일단 한 번 보았다. 내 영혼이 찾았던 그 유일한 것, 그리고 별들 너머로 저 위 멀리 떨어져 있으며, 우리가 시간의 종말에 이르기까지 미루어 놓았던, 그러면서 내가 생생하게 임하고 있는 것으로 느끼는 완성 말이다." (3. 52)

횔덜린이 노이퍼에게 보낸 편지도 마찬가지로 격정적이다.

나는 하나의 새로운 세계에 있네. 나는 무엇이 아름답고 선한 것인지를 내가 알고 있다고 충분히 믿을 수 있었네. 그러나 내가 이것을 보고 나서 나는 나의 모든 지식에 대해 웃고 싶은 마음이라네. 사랑하는 친구여! 내 정신이 수천 년을 두고 머물 수 있으며, 또 머물게 될 하나의 존재가 이 세상에 있다네. 그 존재에서 나는 배우는 자처럼 우리의 모든 사유와 이해가 자연 앞에 마주하고 있는 것을 알게 된다네. 사랑스러움, 숭고함 그리고 평온과 생명, 또한 정신과 감성과 형상이 이 존재 안에서는 하나의 복된 일체라네. 그런 어떤 것을 예감하는 것조차 드문 일이며, 이 세상에서 다시 발견되기도 어렵다는 내 말을 자네는 믿을 수 있을 것이네. (6. 213)

편지는 그렇게 넘치는 기쁨 앞에서의 무력함을 인정하면서 끝맺고 있다. "나는 지금은 쓸 수가 없네. 나는 내가 덜 행복하고 청년다운 기운을 덜 느낄 때까지 기다려야만 하겠네." 시 〈노이퍼에게〉는 비록 훨씬 뒤에 쓴 것이긴 하지만, 일어난 일을 함축하고 전달하는 데서는 똑같은 무력함을 전하고 있다. 그의 편지는 "어느 때보다도 내가 지금 더 즐겨 시를 쓰리라는 것을 자네는 생각하겠지"(6. 214)라고 말하고 있다. 그러나 시는 이즈음의 가장 열정적인 다른 시들이 그러하듯, 매우 특유하게 더듬거리는 어투로 읊고 있다.

친구여! 나는 나를 알지 못한다. 나는 사람을 결코 알지 못한다.
　또한 정신은 모든 사념을 이제 부끄러워한다.
그 정신은 그 모든 사념을 붙들려 했다, 마치 지상의 사물들 붙들 듯이.
　그러나 현기증이 그를 감미롭게 엄습하였고, 그 사념의 영원한 요새는 무너졌다. (1. 235, 〈노이퍼에게〉, 제5~10행)

"모든 사념"이란 구절은 그렇게 쉽게 이해되지 않는다. 같은 편지에는 유사한 내용을 과장되게 서술해놓고 있다. "그것들을 앞에 두고서 무엇인가 사멸하는 것을 생각한다는 것은 사실 거의 불가능하다. 바로 그 때문에 그것에 대해 거의 말할 수 없게 된다." "그것들(모든 사념)"이 그를 쓰도록 부추긴다. 그러면서 그것을 표현하는 그의 능력을 압도해버리고 마는 것이다. 그러나 말할 수 없게 되는 경험에 부딪히는 것은 어떤 시인에게는 유익한 일이다. "붙들려고 하는 것"은 자연스러운 반응이다. 그리고 횔덜린과 같은 능력을 지니고 있는 사람은 당연히 그런 과업에 착수함 직도 하다. 그러나 쥬제테를 만난 뒤 횔덜린은 삶을 대면하고 시인이 당연히 느껴야만 할 겸손을 배웠다. 그는 고정하고 결박하거나, 환원시키는 것에 대한 거부를 그 핵심으로 하는 시학을 전개했다. 그는 삶의 파악 불가능성을 정당화하는 시를 썼다. 그는 노이퍼에게 보낸 편지에 이렇게 쓰고 있다. "어쩌면 그것의 본질의 한 부분을 어떤 성공적인 윤곽으로 그려내는 일이 더러 나에게 일어날지도 모르지."(6. 213)

날짜조차 잘못 기록한 채 서둘러 쓴 이 편지의 추기(追記)는 그가 전쟁 때문에 즉시 프랑크푸르트를 떠나야만 한다는 놀라운 소식을 담고 있다. 프랑스 군대가 란(Lahn)강을 건너 프랑크푸르트를 향해 접근해 오고 있었다. 공타르는 자기 가족과 수행인들을 안전한 곳으로 피신시켰다. 다만 그 자신은 일 때문에 집에 남았다. 첫 계획은 함부르크에 있는 쥬제테의 친척 집으로 가는 것이었다. 그러나 베스트팔렌의 고급 휴양지인 바트 드리부르크로 가기로 최종 결정되었다. 그들은 피란민으로 북적이는 도로를 따라 전장을 피해 카셀을 거쳐 갔다. 그렇게 프랑스 혁명군은 쥬제테와 횔덜린의 친밀한 관계를 단단하게 만들어주면서 그의 생애에 개입하게 된다. 이즈음 정치에 대한 그의 음조는 회의적인 색채를 띠고 있다. 의붓동생에게 보낸 한 편지에서는 "정치적, 종교적인 뷔르템베르크 및 독일과 유럽의 쓰레기들"(6. 212)에 대한 예외 없는 경멸을 토로했다. 그러나 일단 전쟁이 시작되자 슈바벤에 있는 사랑하는 가족에 대한 걱정에도 불구하고 그는 프랑스를 편들었다. 그는 프랑스의 정당성을 독재적인 페르시아에 대한 민주적 아테네 사람들의 정당한 항거에 비유했다. 그러면서 프랑스 혁명을 반대해 망명한 세력과 그들의 잔인성을 혐오했다(6. 215~216). "덜 혁명적인 상태에서"(6. 218)이기는 하지만, 그는 여전히 공화주의 편이었고, 프랑스를 통해 독일에도 민주적인 정부가 들어서리라는 매우 강한 희망을 놓지 않고 있었다. 그러나 그는 카셀에 머물면서 전쟁과는 떨어져 있었다.

횔덜린의 편지들은 카셀과 바트 드리부르크에서 보낸 그의 시간에 대해서는 거의 밝히고 있지 않다. 그리고 그의 이 피난 여행 소식을 전한 편지도 전혀 없다. 카셀에서 그는 쉴러에게 편지를 썼다. 여느 때처럼 지나치다 할 만큼 정중한 편지였다. 그리고 《시 연감》에 실릴 몇 편의 시를 함께 보냈다. 이교적인 그리스의 관능을 다루고 있어 당대 악명을 떨친 책 《아딩헬로와 복된 섬들(*Ardinghello und die glückseligen Inseln*)》의 작가 빌헬름 하인제가 7월 25일 일행에 가담했다. 하인제는 예술과 여성 문제의 권위자였다. 하인제는 쥬제테를 그녀의 "순수하고 아름다운 티찌아노풍의 안색을"(7/2. 78) 들어 찬미하고, 그녀의 친구이자 횔덜린의 동료 가정교사인 마리 렛쩌(Marie Rätzer, 1772~1849년)도 '피어오르는 스위스 여인'이라고 똑같이 찬미했다. 하인제가 '참하고 매력적인 여성들'이라고 부른 이 두 여인의 이름은 횔덜린의 이름과 함께 카셀의 미술관 방명록에 기록되었다. 그들은 특히 마리에 끌렸던 예술가들의 모임에서 함께 시간을 보내기도 했다. 그들은 하인제의 안내를 받아 유럽 최초의 박물관 가운데 하나인 프리데리치아눔(Fridericianum) 박물관도 방문했다. 횔덜린은 이 일을 아주 간단히 이렇게 적고 있다. "이 박물관의 회화 갤러리와 몇몇 조각 작품들은 우리에게 정말 행복한 날들을 마련해주었다."(6. 216) 더 이상의 관람평은 없다.

여기서 횔덜린의 고대 그리스 예술품 관람과 연관된 내용을 보충해 살펴볼 필요가 있어 보인다. 횔덜린은 열성적인 그리스 예찬자이지만 그리스 조각 작품은 거의 보지 못했다. 독일에서는 볼 수 있는 작품이 거의 없었기 때문이다. 고전 미술의 비전문가 대부분은 축소된 모조 작품을 보는 것으로 만족해야 했다. 그러나 카셀에는 몇몇 진품들이 소장되어 있었다. 아크로폴리스의 진기한 파편들이 1687년 폭파 이후 헤센의 용병들에게 입수되었다. 눈길이 가는 몇몇 조각품 가운데는 아테네 여신상도 있었다. 횔덜린의 쥬제테를 대신한 첫 애칭은 '아테네 여인'이었다. 쥬제테는 그의 시에 '아테네의 여인'으로 두어 차례 등장한다. 노이퍼에게 그녀를 소개하면서 그는 "한 사람의 그리스 여인, 그렇지 않은가?"라고 속삭였다고 슈바프는 기록하고 있다 (7/2. 83). 그의 그리스 예찬은 그가 그녀를 만났을 때 구체화되었다. 그녀는 그가 이해했던 대로의 그리스의 이상을 체현하고 있었던 것이다. 그것은 조각가 오마하트(Landolin Ohmacht, 1760~1834년)가 그녀를 모델로 삼았던 이유이기도 하다. 그녀와의 일행으로, '이교도적인' 하인제의 만족스러워하는 눈길과 함께, 고전적 작품들을 바라다보는 것은 틀림없이 횔덜린의 심미적인 인식을 가장 설득력 있게 강화시켰을 것이다. 상실과 부재가 횔덜린의 시문학에서 자주 지배적인 심상으로 대두된다면, 그것은 앞서 그가 가능한 대면을 가장 강력하게 경험한 탓이다. 상실에 대한 그의 비탄은 그가 소유에서 얻었던 환희에 직접 비례한다. 그 후 횔덜린이 그리스의 조각 작품을 본 것은 1802년 여름이었다. 그것들은 나폴레옹의 전리품으로 루브르에 있었다. 그때는 그의 삶이 황폐해져 있었고, 그의 정신은 거의 파멸에 이르고 있었다.

일행은 거의 한 달을 카셀에 머물렀다. 그다음 하인제와 더불어 베스트팔렌으로, 횔덜린이 "독일의 보이오티아"(6. 217)라고 불렀던 곳으로 여행을 계속했다. 바트 드리부르크는 헤르만(Hermann)이 로마군에게 승리를 거둔 곳으로 추정되는 장소와 가까이 있었다. 그곳은 횔덜린에게는 중요한 장소다. 그는 카를에게 이렇게 썼다. "나는 이 자리에 서서, 우리가 한 항아리의 과일주를 옆에 놓고 하르트의 숲속 바위에 앉아 헤르만의 전투를 읽었던 아름다운 오월의 오후를 생각했다." (6. 217) 횔덜린의 초기 시 작품에서 매우 두드러지게 나타났던 독일적 기풍은 그의 가장 왕성한 창작기에 들어서 그리스의 정신으로 대체되었다. 그리고 보르도 이후, 그리스에 맞서는 자기주장 가운데 서구적인 중심으로 되돌아오기 시작했다. 베스트팔렌으로 향했던 여름 여행의 진귀한 기억과 그곳에서 보낸 6주 동안의 기억은 많은 시에 드러나 있다. 예컨대 1803년 12월 출판에 넘기기 위해 마지막으로 퇴고한 9편의 "밤의 노래들(Nachtgesänge)" 가운데 아홉 번째 시 〈하르트의 골짜기〉(2. 116; 번역/2. 202)에 그 흔적이 인상적으로 남아 있다.

횔덜린은 프랑크푸르트 시절, 1796~1798년 사이 55편의 시를 썼다. 이 가운데 일곱 편은 미완성이고, 여덟 편은 수정·보완 과정에 있는 초고들이었다. 열 편은 훗날 확장되었으니 어떤 측면에서는 역시 미완성 작품이라고 할 수 있다. 열두 편의 시는 4행 혹은 이보다도 짧은 단시들이다. 그렇지만 2년 동안 상당히 많은 작품을 썼다고 할 수 있다. 발터스하우젠과 예나 시절의 빈약한 작품 생산 후 프랑크푸르트에서 재기를 보여주고 있는 것이다. 그 후 정신분열로 글을 쓰지 못하게 될 때까지, 횔덜린은 쉬지 않고 꾸준히 작품을 썼다. 1796~1806년까지 그가 시나 다른 작품을 쓰는 데 집중하지 않았던 날은 거의 없었다고 할 수 있다.

횔덜린이 쥬제테 없이도 위대한 시인이 되었을까 하는 물음은 부질없는 질문이다. 물론 횔덜린이 자신의 목소리와 주제를 발견한 것은 그녀와 함께했던 때였다. 그리고 적어도 그녀가 그것을 발견하도록 도운 것도 사실이다. 그녀를 만나기 전 그의 작품에 의거해 그를 평가한다면 그는 중요치 않은 인물에 속했을 것이다. 그러나 프랑크푸르트에서 쓴 몇 편의 시는 그의 문명(文名)을 매우 높이 끌어올려 주었다. 그 후 그의 재능에 대한 신뢰가 생겼다. 프랑크푸르트에서 쓴 모든 작품이 쥬제테와 관련되어 있는 것은 아니다. 시 가운데서는 상대적으로 적은 수의 시가 그녀를 직접 향하고 있을 뿐이다.

압운(押韻)된 시 〈디오티마〉는 쥬제테 공타르에게 느낀 자신의 감정을 시로 표현해보려는 횔덜린 최초의 시도로 보인다. 이 시에는 4개의 초고가 있다. 첫 번째 초고는 소실되어 전해지지 않는다. 그러나 이 시는 〈아테네아(Athenäa)〉라는 제목을 달고 있었으며, 그 첫 구절이 "내가 아직 소년의 꿈 가운데 있었을 때…"로 되어 있었고, 모두 8개의 시연으로 구성되어 있었다고 전해지고 있다. 나머지 3개 초고는 전해지고 있는데, 첫 초고는 미완의 단편으로 전해지고 있다. 이 첫 초고의 1~77행까지는 쥬제테가, 97~120행까지는 슈레지어(Gustav Schlesier)가 필사해 전해지게 되었다. 횔덜린은 중간 초고를 다른 시들과 함께 1796년 7월 쉴러에게 보냈다. 쉴러는 그해 11월에 독일인의 약점인 "끝없는 부연과 시연의 홍수 아래 가장 성공적인 사념조차도 질식시키는 장황함"(7/1. 46)을 경고하는 회신을 보내왔다. 횔덜린은 쉴러가 이 회신에서 "현명하게 절약하면서 의미 있는 것을 조심스럽게 선택하고, 명료하면서도 간결한 표현을 시도하라"고 권고한 것을 받아들여 전체 15연을 7연으로 줄이고, 시상의 전개를 집약시켜 나중 초고를 썼다. 이 나중 초고의 형식은 8음절의 강약격을 가진 시행이 교체 각운(abab, cdcd)을 통해 한 시연을 이루고 있다. 이런 규칙적인 시연 형식으로도 횔덜린이 원했던 어떤 돌파는 이뤄지지 못했다. 그러나 이 3개의 초고로 남겨진 첫 〈디오티마〉 시는 경험의 핵심을 전달하고 있다. 모든 초고에서 중심을 이루는 깨달음 "어찌 이렇게 달라졌는가?"(1. 212, 216, 220)가 그것이다.

그대 예전처럼 비쳐 내리는가,
황금빛 한낮이여! 또한 내
노래의 꽃들 이제 다시
생명을 숨 쉬며 그대를 향해 움트는가?
어찌 이렇게 달라졌는가?
내 비탄하며 피해온 많은 것들
친밀한 화음 가운데
이제 내 환희의 노래에 울리도다.
또한 매시간을 알리는 종소리와 함께
소년 시절의 평온한 나날을
경이롭게도 되새기노라,
내 그대 한 여인 찾아낸 때로부터.

디오티마! 고귀한 생명이여!

누이여, 성스럽게 나에겐 근친인 이여!
그대에게 손길 내밀기도 전에
나는 멀리서 그대를 알았었노라.
그때 이미 내 꿈길에서
해맑은 날에 이끌리어
정원 나무들 아래
한 만족한 소년 누워 있었을 때,
잔잔한 열락과 아름다움 가운데
내 영혼의 오월이 시작되었을 때,
그때 벌써, 부드러운 서풍의 소리처럼
신적인 여인이여! 그대의 영혼 나에게 속삭였노라. (1. 220, 시 〈디오티마-나중 초고〉, 제1~2연)

심상은 무감각, 두려움 그리고 결핍의 조건을 벗어나는 회복과 재생을 담고 있다. 디오티마를 발견하면서 그는 어린 시절의 무구함으로 되돌아간다. 초고마다 현재의 환희와 바로 앞의 과거에 전율할 회고 사이를 오가고 있다. 이 시는 하나의 사랑의 시다. 사랑은 그의 경이로운 변화의 첫 번째 동력이다. 그리고 개인적인 낙원의 복구다.

많은 시 작품에는 회상 가운데 떠오르는 소유의 순간들이 나타나기는 하지만, 횔덜린은 확실한 소유의 시를 거의 쓰지 않았다. "오라, 그리고 우리를 에워싼 환희를 보라"로 시작하는 시 단편 〈디오티마에게〉(1. 210~211)는 씁쓸한 과거를 돌아보거나 미래를 내다보지 않는 가운데 현재의 환희를 노래한다. 연인들은 한가하게 사랑을 구가하고 있으며, 전혀 위험에 놓여 있지 않다. 그들은 야외를 거닐며, 정경 위를

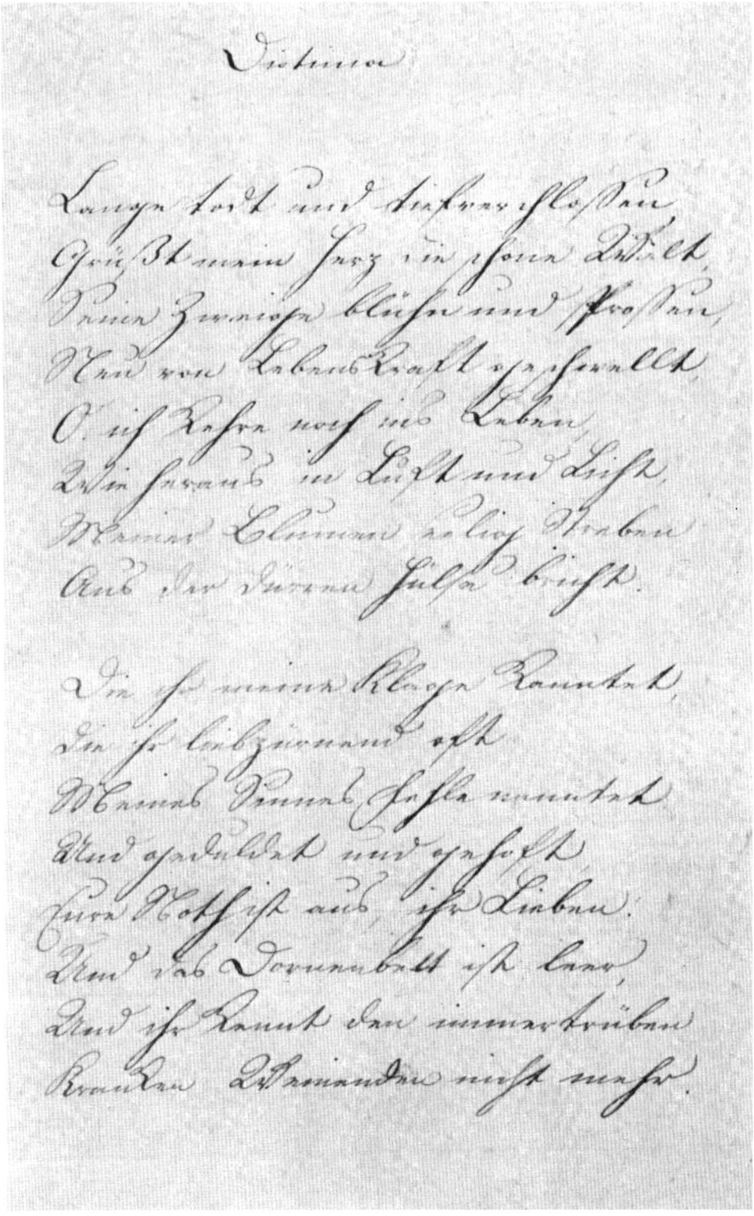

시 〈디오티마〉
쥬제테 공타르의 필사본

지나가는 소나기의 효험과 빛의 사랑스러운 유희를 찬미하고 있다. 이 시 단편은 "우리를 에워싸고 있는 이 환희를 보라"라고 노래하는 괴테의 〈오월의 노래〉처럼 정경 가운데 두드러지게 떠오르는 행복의 감정을 읊고 있다. 횔덜린은 〈오월의 노래〉처럼 대상과 감정의 혼융을 시도하지는 않지만, 연인들의 감정 상태와 그들 앞에 펼쳐지는 해맑은 정경 사이에는 밀접한 상관관계가 있다. "환희가 없다면 영원한 아름다움은 우리의 내면에서 옳게 피어날 수 없다"(6. 214)고 횔덜린은 노이퍼에게 쓴 적이 있다. 환희는 아름다움의 결과다. 그렇지 않다면 환희는 적어도 그 자체로 아름다움이 포착되는 통로일 수 있다. 횔덜린의 시 속 연인들은 사랑하는 가운데 환희를 만끽한다. 그리고 그들 앞에 있는 아름다움은 그들이 느끼는 감정의 계기이자 그것의 표현이다.

이 시의 운율은 횔덜린이 다시 시도하지 않은 것 가운데 하나다. 횔덜린이 압운을 버리고 고전적인 운율을 숙달하려고 수련하기 시작한 것은 프랑크푸르트 시절이었다. 횔덜린은 고정된 공간상의 관계를 그리려고 시도하지 않음으로 정경은 정지되지 않고, 유동적으로 표현되고 있다. 그리고 이것을 표현하려고 잦은 시 행 이월과 세부 표현의 많은 병렬이 이어진다. 다가온 구름이 정경을 흐리게 한 뒤 다시 지나가면 빛이 비치게 된다. 이 시의 후반부 대부분에서 아름다운 현상들은 그것들이 사라지는 것과 동시에 인식되고 있다. 후기 시 작품에 내재해 있는 특성도 이런 역설적이며 비견할 수 없이 날카로운 질감을 가지고 있다. 시 단편 〈디오티마에게〉에서 장면들은 충실하게 관찰되고 있다. 눈에는 하나의 즐거움이다. 그러나 이 광경은 특별한 빛으로 조직되어 있다. "즐거운 혼돈 가운데", "사랑의 싸움 가운데" 말이다. 그리하여 충실하게 관찰되지만, 특정하지 않게, 그리고 마치 거칠게 짠

모직물처럼 배열되어 있을 뿐이다. 유동과 정지 사이의 어느 정도의 긴장은 그 후 횔덜린의 시구에서 특징을 이룬다.

오라, 그리고 우리를 에워싼 환희를 보라. 시원케 하는 바람결에
  임원(林苑)의 나뭇가지들 날린다.
마치 춤출 때의 머릿단처럼, 또한 소리 내 울리는 칠현금에 맞추어
  만족스러운 정령이 그러하듯
비와 햇빛으로 하늘은 대지 위에서 유희하고 있다.
  마치 사랑싸움에서인 양
현금의 탄주 위에 덧없는 소리들의
  수많은 혼잡이 일어나고
달콤한 가락의 변화 가운데서 그림자와 빛
  산들 넘어서 거닐어 사라진다.
이보다 앞서 하늘은 은빛 물방울로
  자신의 형제 강물을 가볍게 건드렸고
이제 하늘은 가까이 와서 가슴에 품었던
  값진 풍요로움 모두 쏟아 놓는다,
임원과 강 위로, 그리고
그리고 임원의 푸르름, 그리고 하늘의 영상 강물 안에서
  가물거리고 우리 앞에서 사라진다.
[…]
그러나 이제 하늘의 파랑(波浪)이 소리 내며 흘러갔고
  그리고 깨끗해지고, 회춘하여
복된 아이들과 함께 대지는 목욕에서 솟아오른다.

더욱 즐겁고 생생하게

임원에서 푸르름 빛나고, 꽃들 황금빛을 더해 반짝인다. (1. 210~211, 시 단편 〈디오티마에게〉, 제1~17행, 제28~32행)

정경에서 일어나고 있는 것의 대부분은 연인들 자신에게도 적용됨 직하다. 새로움과 해 밝음은 그들의 것이기도 한 것이다. 그들은 마을처럼 "깨끗해지고, 회춘하여", "더욱 즐겁고 생생하다." 횔덜린은 카를에게 "그때는 내가 다시금 얼마만큼은 회춘하는 때였다"(6. 201)라고 썼으며, 노이퍼에게는 "이 일자가 나에게 나타나지 않았더라면, 내가 지금처럼 한 마리 독수리처럼 즐거울 수 있을 것이며, 나에게 더 이상 아무런 가치도 없었던 내 삶이 그 봄의 빛살과 함께 회춘하고, 강해지며, 명랑해지고, 찬란해졌겠는가?"(6. 213)라고 썼다. 이것이 체험의 핵심이었다. 그는 그 뒤 어떤 역경에도 이것을 잃지 않았다.

횔덜린이 프랑크푸르트와 홈부르크 시기에 쓴 시에서 디오티마 자신은 위협을 당하고 있는 것으로 그려져 있다. 그녀가 체현하고 있는 성품은 그렇게 알맞지 않은 시대에서 간신히 살아남는 것으로 표현된다. 그녀는 "이 정신이 사라지고 없는, 그리고 질서도 없는 세기에서 정말 방황하고 있는"(6. 235), 따라서 좋은 시절에서 유배된 한 사람이다. 그녀는 페리클레스 시대의 아테네 사람들에 속하는데, 지금은 야만인들 가운데 살면서 위안과 보호가 필요하다.

결코 마르지 않는 충만으로부터 그녀에게 꽃과 열매를 보내주시라,
　다정하신 정령이여, 그녀에게 영원한 청춘을 내려주시라!
그대의 환희 안으로 그녀를 감싸주시고, 그녀, 아테네의 여인,
　고독하고 낯설게 살고 있는 시간으로 하여금 그녀를 보지 않게 해주시라,

그녀가 고인(故人)들의 나라에서 언젠가, 피디아스의 시대에
지배하고 사랑했던 즐거운 자매들을 포옹할 때까지는. (1. 243, 시 〈그녀의 정령에게〉)

자신의 참된 거처가 과거에 놓여 있는 그녀는 불행한 현재에 살고 있는 것으로 표현되고 있다. 이 시는 "죽은 이들의 나라에서" 그녀의 자매들과 "언젠가" 다시 만나는 순간을 또한 예견하고 있다. 'einst(언젠가, 한때)'는 앞뒤 모두를 가리킬 수 있는 어휘로 횔덜린의 시어 목록에서는 하나의 열쇠 말이다. "죽은 이들의 나라에서(im Lande der Seeligen)"도 비슷한 양가성을 가지고 있다. 'die Seelige'는 '지복한 자들' 또는 '고인이 된 사람들'을 의미한다. 복된 자들과의 재회는 그들이 이미 죽은 자들이기도 하기에 죽음을 통한 재회를 의미하게 되는 것이다. 마지막 두 개 시행에서 끈질긴 희망과 용기는 우세하기는 하지만, 물질이 지배하는 세상에서 사랑이 이기지 못하리라는 두려움의 흔적을 지울 수 없다. 치명적인 불일치는 다른 디오티마-시들에서도 전제를 이룬다.

그대는 침묵하고 참고 있도다, 그들이 그대를 이해하지 못하기 때문에.
그대 고귀한 생명이여! 아름다운 날 대지를 바라다보고
침묵하고 있도다, 왜냐면 아! 햇빛 가운데서
그대의 가족들 찾으려 하나 헛되기 때문에. (2. 28, 시 〈디오티마〉, 제1연)

시 〈디오티마에게〉에 이어서 쓴 "오라 그리고 나를 달래어 달라"로 시작하는 시 〈디오티마〉(1. 231)는 혼돈과 불화의 시대 대신 "하늘 위 뮤즈의 환희"라는 추상적 개념을 향해 말을 건다.

이 시대는 뮤즈가 줄 수 있는 것, 바로 환희에 찬 조화가 필요하다. 이 시대 전체 문화에는 가장 중요한 요소가 결핍되어 있다. 이 문화는 이 시가 불러내어 애원하는 '생동하는 아름다움'을 필요로 한다. 디오티마는 고통을 겪고 있다. 그녀는 '한겨울 가운데 여린 꽃처럼' 살고 있다. 이 시는 그녀를 대신해 기도한다. 그녀가 체현하고 있는 추상적 개념을 향해 말을 거는 것이다. 자신이 실존한다는 것을 통해 그녀는 이상적인 삶의 가능성에 대한 살아 있는 증거다. 그녀는 인류를 위해 좀 더 나은 것을 소망하도록 자극한다. 이 시의 음조는 사랑하는 여인의 평안을 바라는 관심을 분명히 드러내고 있다는 의미에서 구체적이며 개인적이라고 할 수 있다. 그러나 시각을 조금만 달리해보면, 이 시는 가장 보편적인 문화의 특성을 함축하고 있다고 할 수 있다.

이 초기 디오티마-시들은 그 자체의 예감을 가장 급진적인 이상향 요구와 싸우게 한다. 이 시들은 훗날 횔덜린의 신화에서 중심을 이루는 신념, 즉 우리는 무한한 밤에 살고 있다는 지울 수 없고 지워지지 않는 생각을 분명하게 드러내고 있다.

그러나 정신의 태양, 한층 아름다운 세계는 가라앉았고
혹한의 밤에 폭풍들 서로 다투고 있을 뿐이다. (1. 231, 시 〈디오티마〉, 제 11~12행)

이런 맥락에서 연인들은 자신들의 사랑을 보존하려고 투쟁하는 가운데 시대와 맞서 있다. 또한 그렇게 행동하면서 그들은 자신의 현실적인 삶을 넘어서며 상징으로 변화한다. 시 〈신들 한때 거닐었다…〉는 그들을 전형적인 투쟁에 가담하고 있는 것으로 그리고 있다. 이 텍스트는 일종의 단편인데, 그 안에는 비가의 특징적인 작용이 분명하게 드러난다. 첫 번째 등장하는 "einst"는 회고적이며, 신들이 "치유하며, 감동을 주면서" 인간들의 삶에서 작용하던 때를 향하고 있다. 현재의 시인은 그의 사랑을 구가하며 여성의 인간적인 힘을 통해 그 언어가 완전한 힘을 갖도록 복원시킨다. 그들의 투쟁은 이제 그 회복을 방어하는 일이며, 그 회복을 호소하는 일이다.

> 우리 살아내자, 오 그대 내가 함께 고통하는, 내가 함께
> 　내면적으로 신실하게 그리고 충실히 좀 더 아름다운 시절을 향해 분투하는
> 그대여. (1. 274, 시 〈신들 한때 거닐었다…〉, 제7~8행)

휠덜린이 디오티마를 염두에 두고 자신을 그 시대의 불화와 불협화를 체현하고 있는 것으로, 또는 그 불화와 불협화에서 해를 입고 있는 것으로 표현하고 있는 시들이 있다. 이들 시에서 그는 그녀의 특유의 품성—일체성, 평온함, 넉넉함—을 절실하게 필요로 하는 가운데 그녀를 대면한다. 그의 독특한 상황은 압운된 디오티마 시연들에서 회상되고 있는 상황과 그의 삶으로 그녀가 들어서기 전의 상황이다. 그녀는 그 상황에서 그를 치유한다. 그리고 참된 인간성으로 그를 회복시키고, 자연스러운 그녀의 상태로 그를 끌어올린다. 시 〈사라져가라, 아름다운 태양이여…〉가 그렇다.

> 사라져가라, 아름다운 태양이여, 그들 그대를
> 　거의 눈여겨보지 않으며, 성스러운 그대를 알지 못했노라,
> 　　그대 그 힘들여 사는 자들의 위로
> 　　　힘들이지 않고 말없이 떠올랐기 때문이다.

그대 나에겐 다정히 가라앉고 또한 솟아오른다, 오 빛이여!
내 눈은 그대를 알아본다, 찬란한 빛이여!
내 신성하고 조용히 공경을 깨우쳤음이니
디오티마, 내 감각을 낫게 해주었기 때문이다. (1. 314, 제1~2연)

다른 한편 그녀는 고통스러운 길을 걸으려는 그의 의지를 꺾지 못할 뿐 아니라, 오히려 그가 그녀를 그 길에 동반한다. 그리하여 사랑하는 여인의 본질적인 천성을 손상시킬 수도 있다는 두려움이 시 〈사죄〉의 핵심을 이룬다.

성스러운 존재여! 자주 나는 그대의 황금빛
신들의 평온 깨뜨렸고, 그대는
삶의 비밀스럽고 깊은 고통을
나에게서 많이도 배웠노라.

오, 잊어다오, 용서해다오! 저기
평화로운 달을 가리고 있는 구름처럼
내 사라져가리니, 그대의 아름다움 가운데
편히 쉬고 다시 빛나라, 그대 감미로운 빛살이여! (1. 244)

"나"와 "그대", "구름"과 "달", "고통"과 "평온"의 간단한 전환으로 이 시는 참된 겸손을 표현하고 있다. 그는 가고, 그녀는 계속해서 다시 빛을 비춘다. 달과 그 달을 가리고 있는 구름이라는 심상의 단순성과 두 개 시연의 단순한 대립 구조는 물론 문제 해결의 환상적인 단순성을 암시한다. 그러나 그의 진지한 소망이 무엇이든 그는 그녀를 그대로 두고 간단히 떠날 수 없다. 그녀는 과거의 그녀로 되돌아갈 수 없는 것이다. 왜냐면 사랑은 입고 벗어버릴 수 있는 무엇이 아니기 때문이다.

연인들을 위협하고 끝내 압도하는 위험을 바라다보는 데는 여러 방식이 있다. 한 가지 이해 방식에서는 연인들은 가혹한 박해의 희생물이다. 시 〈용납할 수 없는 일〉과 "내가 굴욕 가운데 죽는다면"으로 시작하는 시 초안 〈이별(Abschied)〉(1. 276)이 그렇게 노래하고 있다. 다른 각도로는 사랑이 시와 마찬가지로 살아남을 수 없는 환경을 그리고 있다. 두 개의 초고가 있는 시 〈이별(Der Abschied)〉(2. 24)이 그렇게 노래한다. 그렇지만 최소한 시인 자신의 비가적인 성격이 결정적으로 그들의 관계를 해친다는 암시도 들어 있다. 횔덜린의 모든 것을 지배하는 확신은 이즈음 하나의 확실성으로 언급되기 시작하면서, 인류의 현재 상황은 어둠이 내려져 있다는 것이었다. 시 〈태양의 신에게〉는 이런 믿음을, 지는 태양과 깃드는 밤의 이미지로 상세히 그리고 있다. 그리하여 이 시의 마지막 두 개 시연은 비가 〈빵과 포도주〉의 시상을 선취한다.

나는 그대를 사랑하노라, 대지여! 그대는 나와 더불어 비탄하고 있도다!
 또한 우리의 슬픔, 마치 어린아이의 아픔처럼,
  잠으로 바뀐다. 또한 바람이 팔랑거리며
   장인의 손가락이 더 아름다운 소리를

그에게서 이끌어낼 때까지 현금의 연주 가운데
 속삭이는 것처럼, 우리를 에워싸고

안개와 꿈들이, 사랑하는 자가 되돌아오고
삶과 정신이 우리 안에 불타오를 때까지, 유희하도다. (1. 258, 시 〈태양의 신에게〉, 제3~4연)

시 〈인간〉은 사람의 타고난, 분리되고 쉼 없는 운명을 장황하게 읊고 있다. 또한 시 〈내가 한 소년이었을 때…〉는 그런 상실과 소외의 과정을 인간의 성장 조건과 결부시킨다. 시 〈휘페리온의 운명의 노래〉는 밝음, 평온 그리고 자족의 세계를 인간의 운명에 대칭시켜 노래한다.

그러나 우리에겐 어디고
쉴 곳 없고
고뇌하는 인간들
눈먼 채 시간에서
시간으로 떨어져 내리도다,
마치 물줄기 절벽에서
절벽으로 내동댕이쳐져
해를 거듭하며 미지의 세계로 떨어져 내리듯이. (1. 265, 시 〈휘페리온의 운명의 노래〉, 제16~23행)

이런 맥락에서 디오티마는 다만 신비한 간주곡으로, 실존의 실상에 대한 간단한 반전으로 보일는지도 모른다. 이런 이념적인 도식 내에서 그녀의 중요성은 밤으로 접어듦이 아무리 넓게 펼쳐져 있고 영원할 것처럼 보일지라도, 자연스럽고 피할 길 없는 인간의 조건은 아니라는 사실을 그녀가 단호하게 증언한다는 점이다. 현실보다 나은 미래를 위한 변화가 가능하다는 믿음을 어떻게 버티어 내는지가 횔덜린이 창작 생활을 통해 줄곧 붙들고 있었던 초미의 관심사였다. 디오티마는 자신의 실존으로 그 가능성을 과시해 보인다. 그리고 그에게서 그 가능성이 사라졌을 때일지라도 여전히 그녀는 설득력을 간직한다.

횔덜린은 혁명과 이것의 결과로 초래되는 전쟁들도 끝내 개선으로 이어지리라고 믿었다. 그리스도가 재림하고 죽은 의인이 부활하여 지상에 평화의 왕국이 1천 년 동안 계속된다는 천년설(Chiliasmus)에 입각한 그의 견해, 다시 말해 당대의 많은 인사도 동조했던 그 견해는 그의 위대한 비가와 찬가 문학에 완전히 녹아들었다. 프랑크푸르트 시절에 쓴 두세 편의 미완성 시에서 그는 이미 낙관적인 전망을 예비하기 시작했다. 이런 사실을 암시하는 열쇠 말은 '부글부글 끓다, 발효하다(gähren)'이다. 이 어휘는 결과적으로 그 자체가 목적이 뚜렷했던 것으로 드러나는 격동을 암시하고자 사용되었다. "오라 그리고 나를 달래어 달라"로 시작되는 시 〈디오티마〉에서 "시대의 혼돈"이라는 시구는 4행 뒤에 "들끓는 시대"로 해명되거나 긍정적으로 순화되고 있다. 그런 '끓어오름'에서 인간은 새롭게 탄생하게 된다는 것이다. 시 〈안락〉의 제3단락에서 고대 그리스 성전이 "두려운 자, 대지와 인간의 가슴 안에서 / 분노하고 들끓어오른 불안의 은밀한 정신"(1. 237, 제29~30행)에 의해 파괴되었지만, 끝에 이르러서는 아무런 해를 끼치지 않는다. 다른 시 초안의 하나인 〈백성들 침묵하고 졸고 있었다…〉에서 그는 무기력에서 백성들을 일깨우는 긍정적인 역할을 이 '끓어오름'에 부여하고 있다.

백성들 침묵하고 졸고 있었다, 그때 운명은

알았다, 그들 영원히 잠든 것이 아니라는 것을. 그리고
자연의 가차 없는, 두려운 아들
불안의 오랜 정신이 다가왔다.
그 정신, 대지의 심장에 끓고 있는,
잘 익은 과일나무 같은
옛 도시들을 흔들어대는, 산들을 잡아채고,
참나무들과 암벽을 감아 내리는 불길처럼 일어났다. (1. 238, 제1~8행)

횔덜린이 자신의 목소리를 발견하면서 자신의 시적 사명감에 좀 더 분명하게, 그리고 더욱 확신을 가지기 시작한 것은 프랑크푸르트에서였다. 그는 야심에 차 있었다. 그러나 시 〈헤라클레스에게〉(1. 199; 번역/1. 322) 이후 모든 마찰음과 개인적인 요구는 그의 시적 열망의 표현에서 사라졌다. 시 초안 〈보나파르트〉는 "시인들은 성스러운 그릇이라. / 그 안에 삶의 포도주, 영웅들의 / 정신 간직되어 담겨 있네"(1. 239)라고 시작하고 있다. "그릇"으로서의 시인이라는 규정은 나중에 매개와 봉사라는 심상으로 증폭되었다. 횔덜린은 자신의 시문학에서 스스로 억제하지는 않았다. 모든 장르에 걸쳐, 알맞은 경우 그는 그 자신의 직접적인 목소리로 발언했다. 그러나 사사로움을 탈피하려고도 애썼고, 겸손하려고도 애썼다. 그는 개인적인 삶을 시문학의 소명 아래 두고자 의식적으로 노력했다. 먼 훗날 그는 개인적인 삶을 가장 순수한 자기 삭제 그리고 겸손의 시행으로 옮겨놓는다. 후기 찬가는 이런 개인성의 탈피, 시인의 자기 삭제를 전제로 하고 있다. 후기 찬가의 전주곡인 시 〈마치 축제일에서처럼…〉에서 그는 "신의 뇌우 밑에서도 / … 맨머리로 서서 / 신의 빛살을 제 손으로 붙들어 / 백성

들에게 … / 건네줌이 마땅하다"(2. 119~120, 제56~60행)고 노래하고 있는 것이다.

그때 그는 개인적인 행복을 바라는 희망을 완전히 버리고 온전히 시문학의 그릇 또는 매개체가 되었던 것이다. 자신을 시문학에 예속시키려는 의지는 쥬제테와의 작별 이후, 나아가 그녀의 죽음 이후 온전히 실행되었다. 그러나 그 처음은 그가 프랑크푸르트에서 아직 그녀와 함께 있을 때 이미 시작되었다. 1797년 7월 노이퍼에게 쓴 편지에서 그는 자신을 시인으로 규정하고 있다. 노이퍼가 자신은 잠시 시 쓰기를 한쪽으로 미루어 놓았다고 쓴 편지에 횔덜린은 이렇게 답하고 있다. "우리가 양심의 가책 없이 그렇게 할 수 있다면, 그것은 괜찮은 일이라네. 자네의 자기감정은 다른 행복한 활동에서 비롯하는 모양이군. 그렇다면 자네가 시인이 아니라도 파멸하지는 않을 거야."(6. 243~244) 이 무렵 횔덜린은 한 편의 송가 〈운명의 여신들에게〉를 썼고, 노이퍼는 이 시를 자신이 발간한 잡지인 1799년판 《교양 있는 여성들을 위한 소책자(*Taschenbuch für Frauenzimmer von Bildung*)》에 실으면서 이 시를 높게 평가한 슐레겔(August Wilhelm Schlegel, 1767~1845년)의 시평도 함께 수록했다.

운명의 여신들에게

오직 한 여름만을 나에게 주시오라, 그대들 힘 있는 자들이여!
또한 나의 성숙한 노래를 위해 한 가을만 더,
하여 내 마음 더욱 흔쾌하고, 감미로운
유희에 가득 채워지거든 그때 스러지도록.

삶 가운데 그 신적인 권한 누리지 못한 영혼
하계(下界)에서도 평온을 찾지 못하리라.
그러나 내 마음에 놓인 성스러움
나의 시 언젠가 이룩될 때,

그때는 오, 그림자 세계의 정적이여! 내 기꺼이 맞으리라,
그리고 만족하리라, 나의 현금
나를 동반치 않을지라도. 한 번
신처럼 내 살았으니, 더 이상 부족함이 없는 탓으로. (1. 241)

횔덜린의 어머니는 이 시를 읽게 된 뒤 크게 걱정했다. 횔덜린은 어머니를 안심시키려고 편지를 썼다. "귀하신 어머니, 그 작은 시가 어머니를 불안하게 만들지 않았으면 합니다. 그 시는 자연이 저에게 정해준 것처럼 보이는 것을 충족시키려는 시로, 일단 평온한 시간을 가졌으면 하는 제 소망 이외 다른 뜻을 담고 있지 않답니다."(6. 344) 그러나 그녀는 걱정할 이유가 많았다. 그리고 그의 해명은 어조에서는 온건했지만, 전혀 그녀를 안심시키지는 못했다. 이 시는 그가 자신이 만족할 만큼의 시를 쓸 때만 자신의 삶이 충만해질 것으로 생각하리라는 사실을 단정적으로 선언하고 있기 때문이다. 그는 아주 짧은 시간만을 요구하였고, 그렇게 많은 시간이 걸리지도 않았다.

1796년 9월 말 공타르 부인과 그 일행이 베스트팔렌에서 돌아왔다. 이 무렵 횔덜린의 첫 정신적 지도자였던 슈토이들린이 라인강에 투신자살했고, 횔덜린의 딸 루이제 아그네제가 태어난 지 18개월 만

에 천연두로 세상을 떠났다. 이 두 사건은 오랜 시간이 지난 뒤에야 횔덜린에게 알려졌던 것 같다. 그와 쥬제테가 프랑크푸르트에 돌아왔을 때, 공타르는 길을 떠나 오랫동안, 적어도 그해 11월까지 뉘른베르크에 머물렀다. 이런 상황은 이들의 귀가를 쉽게 해주었다. 하인제가 방문해서 한동안 머물렀고 횔덜린은 헤겔과의 만남을 꾀하기 시작했다. 그해 11월에 그는 뉘르팅엔의 교회 지도교사 일자리를 맡아야 한다는 어머니의 제안에 맞서 한동안 저항했다. 그는 두 달 뒤 또 다른 제안, 즉 이번에는 관구 관리 목사의 딸과 결혼해 그의 목사직을 상속받는 것이 어떻겠느냐는 제안을 겨우 물리쳤다. 횔덜린의 타향살이를 떠올릴 때, 그가 받은 이런 귀향 압박을 마음에 새겨둘 필요가 있다. 그가 어머니에게 털어놓을 수는 없었지만, 그를 특별히 프랑크푸르트에 붙잡아 둔 것은 쥬제테였다. 그러나 점증하는 자기 확신으로 그가 어머니의 소망과 반대되는 행동을 할 수 있었던 것은 그 자신의 성격과 사명감 때문이었다. 그는 "이 즐겁고, 최소한 무죄한 일"이라고 부른 시 쓰기로 말미암아 24시간 피고용 상태에서 고통을 겪어야만 했다(6. 225, 232~234). 프랑크푸르트에서 처음 1년 동안 횔덜린은 결정적이라고 할 수 있는 여러 경험을 겪었다. 횔덜린의 "청년에서 성인으로의 이행"(6. 277)이 1796년에 가속화되었다. 쥬제테에 대한 사랑이 가장 두드러진 계기가 되었지만, 친구들과의 대화와 토론 그리고 당시의 현안 사건들에 대한 반응을 통해서 그의 정치적인 견해도 많이 진보했다. 그는 홈부르크를 방문했을 때, 징클레어와 융(Franz Wilhelm Jung, 1757~1833년)과 함께 급진적인 무리에 어울렸다. 그러나 그가 존경하는 하인제는 혁명의 찬동자가 아니었다. 가장 동의하기 어려웠던 것은 파리에서 보내온 에벨의 증언이었다. 횔덜린이 처음 만났을

에벨 마이어(H. Meyer)의 철판화

청년 횔덜린의 실루엣 먹그림(1797년)

때의 에벨은 열렬한 혁명주의자였다. 그는 1796년 9월 새로운 사회를 더 가까이에서 관찰하려고 파리로 향했다. 그러나 파리에서 보낸 그의 보고서는 읽기에 씁쓸한 것이었다. 횔덜린은 1797년 1월 그에게 위안의 편지를 썼다. 그 편지는 자신의 약점을 밝히는 일종의 고백이자 새로운 희망의 선언이었다.

친애하는 에벨 씨! 당신께서 그러하듯이 그처럼 환멸을 느끼고 마음의 병을 앓게 되는 것은 훌륭한 일이오. 진리와 정의에 그처럼 관심을 가지고 그것이 있지 않은 곳에서 그것을 보는 것은 모든 사람이 할 수 있는 일은 아니지요. 관찰하는 오성이 감정에 그렇게 사로잡히면, 그 감정이 그 세기에는 너무 고상하다고 혼자 말해도 될 것 같습니다. 자기 자신이 더러운 현실 때문에 병들지 않은 채, 적나라하게 그런 현실을 바라보는 것은 거의 불가능합니다.

우리가 인류의 온갖 열매들과 꽃들이 희망 가운데 활짝 피어나는 것을 본 그

> 어떤 장소에서 작별을 고하는 일은 무한히 괴로운 일이라는 것을 저는 알고 있습니다.
>
> 그리고 일반적인 것에 해당하지만, 저는 하나의 위안을 가지고 있습니다. 말하자면 모든 끓어오름과 해체는 필연적으로 사멸이 아니면 새로운 유기화로 이어진다는 사실입니다. 그러나 사멸은 존재하지 않습니다. 그러니 세계의 청춘은 우리의 해체로부터 되돌아오는 것입니다. 우리는 자신 있게 이 세계가 지금처럼 이렇게 다채롭게 보인 적은 없었다고 말할 수 있습니다. 세계는 엄청나게 다양한 갈등과 대칭의 덩어리입니다. (…)
>
> 저는 지금까지의 모든 것을 부끄럽게 만들어줄, 사고와 표상 형식의 과감한 혁명을 믿고 있습니다. (6. 228~229)

휠덜린은 여기서 프랑스 혁명의 좌초를 인정하면서, 이 실망스러운 혁명의 진행을 새로운 희망으로 전환시켜야 할 필요성을 제시하고 있다. 인간 내면의 혁명이 그것이다. 휠덜린은 더욱 견고하게 실천적이면서 정치적인 변화에 매달린다. 그는 시인으로서 이런 변혁에 기여하겠다고 다짐하고 있는 것이다. 이 편지에서 지식인이자 시인으로서 시급한 윤리적인 문제에 답하고자 하는 그의 진지한 시도를 유의해서 보아야 할 것이다. 이어지는 의붓동생과의 편지 교환과 셸링 그리고 헤겔과의 토론은 다 같이 그의 지적 내지는 개인적 성숙의 다른 증거들이다. 쉴러와의 관계에서 여전히 만족할 만한 평가를 받을 수 없었지만, 그는 최소한 자신의 곤경을 분명하게 분석해낼 수 있었다. 그는 자신이 풀려나야만 한다는 것과 스스로가 자신의 주인이 되어야 한다는 것을 알고 있었던 것이다(6. 223, 241, 250~251).

휠덜린은 이즈음 자신의 재능을 진지하게 그리고 확신을 가지고 인식하기 시작했다. 만일 횔덜린이 더 나은 환경에 있었더라면, 그의 발전이 이만큼 꾸준히 그리고 건전하게 이어지지 않았을 수도 있었을 것이라고까지 생각할 수 있다. 그는 발터스하우젠과 예나 시절에 보였던 신경과민과 우울증을 물리쳤고, 쉴러를 놀라게 했던 극단적 주관성도 극복했다. 그러나 프랑크푸르트에서 생활한 지 채 2년도 지나지 않았을 때 안정된 생활과 자아실현에 대한 횔덜린의 전망은 철저하게 약화하고 있었다.

그해 초, 그러니까 1797년 2월만 해도 그는 여전히 즐겁고 희망에 차 있었다. 그는 노이퍼에게 가장 행복한 마음 한가운데 있는 쥬제테에 대해서 썼다. 그녀와 사랑하고 있다는 것 자체가 모든 것의 정점처럼 보이고, 이 세상에서 아무런 간섭도 받지 않는 상태로 보인다는 것이었다. 그녀는 그의 미감(美感)에 마음의 초점을 맞추고 이를 확고하게 만들어주며, 그의 불협화를 이루는 성격을 치유해주고 있다는 것이다(6. 236~237). 이때 그는 헤겔과도 관계를 계속 이어나갔다. "나는 침착한 오성의 인간들을 사랑한다. 그들에게서 우리가 잘 인도받을 수 있기 때문이다"(6. 236)라고 헤겔에 대해서 썼다. 그는 누이동생에게도 "더욱 만족스럽고, 내 마음에 더 많은 균형을 찾고 있는" 중이라고 썼다(6. 238). 소설 《휘페리온》의 제1권도 발간되었다. 문학적인 명성을 향한 큰 걸음이었다. 그해 4월 카를이 방문했을 때, 횔덜린은 그에게 주변 지역을 둘러보게 하고 친구들에게 소개해주기도 했다. 그리고 노이퍼가 방문했을 때는 그가 편지에서 그렇게 찬미했던 여인을 소개해주었다. 5월 공타르 가족은 여름을 대비해 도심을 떠났다. 그리고 횔덜린과 쥬제테는 서로가 바꿔가며 계속 자리를 함께하는 자유를 만끽했던 것으로 보인다. 마리 렛쩌는 친구에게 "오전 내내 공타르 부인은 횔덜린과 함께 있다"(7/2. 89)고 써 보냈다. 6월 무렵 두 사람은 프랑크푸르트에서 험담의 주인공이 되었다. 그들 삶의 불일치가 여름을 지나는 동안 매우 고통스러워졌던 것이 분명하다. 7월 10일 마리 렛쩌가 결혼했다. 횔덜린은 그 결혼식장과 피로연에 참석하지 않았던 것으로 보인다. 그날 횔덜린은 노이퍼에게 격렬하게 불평하면서도 자신의 곤란한 처지를 모호하게 토로하는 편지를 썼다. 그는 비밀을 털어놓을 친구가 필요했다. "나는 침묵하고 또 침묵하고 있다네. 그래서 마침내 나를 거의 질식시킬 것이 분명한, 적어도 내 감각을 거역할 수 없이 무디게 할 것이 틀림없는 하나의 짐이 내 위에 쌓인다네." 여섯 달 전만 해도 누이동생에게 자기 마음 가운데 균형이 더욱 잡히고 있다고 쓴 그가 이제는 노이퍼에게 정반대의 상황을 고백하고 있는 것이다.

> 나는 그대에게 고백하려고 하네. 나는 지금보다 내 나이 스물둘이었을 때가 더 신중했고, 지금보다 그때 나나 타인을 더 올바르게 판단했었다고 생각하고 있다네. 그때 나는 그대와 함께 살았었으니까 말이야. 착한 노이퍼야! 오! 나에게 내 젊은 시절을 되돌려 주게나! 나는 사랑과 미움으로 갈기갈기 찢기었다네. (6. 243)

그가 원하고 있던 것은 마음의 평화와 안정이었다. 이런 비탄에서 그가 앞서 언급한 시적 욕망으로 돌아선 것은 의미심장한 일이다. 평화와 안정을 바라는 그의 소망은 프랑크푸르트에서 지낸 마지막 해에 매우 심각해졌다. 그것은 누이동생의 가정적 행복에 대한 찬사(6. 269)이자 사회적으로 무의미한 활동(6. 257)에 대한 조바심의 표현이기도 했다. 그의 외침은 절망적으로 들린다. "나는 평온을 찾고 있단다, 내 동생아! … 착하기 이를 데 없는 카를아! 내가 찾고 있는 것은 오로지 평온뿐이란다."(6. 263) 이것이 젊은이, 이제 스물여덟 살도 채 되지 않은 청년이 보낸 편지에 들어 있는 문구다. 한층 낙관적이고 용기 있는 분위기에서 그는 그 반대 상황을 선언하고 있었는지도 모른다. 그는 적대적인 환경에 저항하는 투쟁을 기꺼이 받아들이고, 주저함 없이 반기고 있었던 것이다. 그러나 냉혹하게도 1794년 여름과 가을 발터스하우젠에서처럼 그의 믿음은 훼손되고 있었다. 앞으로 나아가며, 순풍과 함께 대양을 헤쳐 나아가는 심상은 1년이 지나자 난파의 심상으로 바뀌었다. 1797년 2월 그는 노이퍼에게 이렇게 썼다. "나는 환희의 세계에 승선했다. … 물결은 나를 앞으로 이끌었다. … 시냇물에서 배를 모는 것, 그것은 무슨 기술도 아니다. 그러나 우리의 마음과 운명이 바다의 밑바닥으로 그리고 하늘 위로 오르내리며 우리를 내던질 때, 그것이 키잡이를 기르는 것이다."(6. 235~237) 그러나 1798년 2월 카를에게 "나는 난파로 고통을 겪고 있는 사람처럼 말하고 있구나"(6. 263)라고 썼다. 그는 자신의 약점을 두려워하면서 의식하고 있었다. 그는 "많은 다른 사람들보다 더 쉽게 파괴될 수 있는"(6. 290) 사람이었다. 그는 샤를로테, 괴테 그리고 실러가 자신에 관해 언급했던 것을 확증하고 있었다.

당시 횔덜린은 참으로 독특한 환경 때문에 고통을 겪고 있었던 것이 사실이다. 그는 속물적인 고용주의 아내와 사랑을 나누고 있었다. 그리고 그에게는 어떤 만족할 만한 관계 정리의 전망도 없었다. 어쩌면 1798년에 접어들면서 키름스와의 과거가 그를 추적해왔을 것으로 보인다. '루이제 아그네스 사건'에 뒷말이 있었고 쥬제테가 횔덜린이 이 아이의 죽음을 이미 알고 있었다는 사실을 간파했다. 1796년 11월 그는 헤겔에게 "프랑켄에서 달고 왔던 지옥의 귀신들이 사라졌다"(6. 222)고 말했었다. 그러나 그것들이 되돌아오는 데는 많은 시간이 걸리지 않았던 것이다. 1798년 2월 카를에게 써 보낸, 궁금증을 불러일으키는 고백은 이렇게 끝나고 있다. "그것은 순수한 진실이다…."(6. 264) 이 말은 완전히 이해하기에는 여전히 애매모호하지만, 깊은 개인적 고뇌를 암시해주고 있다.

그가 자신을 난파당한 자이며, 또 자신의 인격이 "수년 전부터 그렇게 다양하게, 그렇게 자주 동요를 겪었다"고 피력하면서, 시대에 대해서는 "우리는 시인이 살 수 있는 천후에 살고 있지 않다"(6. 264)라고 진단을 내린 편지를 쓴 것은 홈부르크에서였다. 두 줄기의 고통, 즉 개인적인 고통과 보편적인 고통이 시문학에서처럼 이 편지에도 한데 얽혀 있다. 갈수록 횔덜린은 자신의 운명을 전형적인 것으로 보았다. 그가 쓴 시구의 물결은 개인적인 중심에서 외부를 향해 퍼져 나가고 있었던 것이다.

어떤 불쾌하고 특별한 사건이 1798년 9월 말 횔덜린이 공타르가를 떠나게 만들었는지 확실하지는 않다. 어머니에게는 이 결정을 가정교사라는 직업의 참을 수 없는 조건에서 탈출하는 것으로 설명했다. 이런 설명을 읽으면서 그녀는 기시감을 느꼈을 것 같다. 횔덜린이 떠나게 된 실질적이고 직접적인 이유는 쥬제테와 횔덜린의 친밀한 관계를 알게 된 공타르의 감정 폭발이었다. 그리고 쥬제테의 주장도 한몫을 했다. 그렇게 해서 그가 즉시 그 집을 떠나게 된 것으로 보인다. 나중에 쥬제테는 그가 떠나도록 남편을 거든 것을 후회했다. 이 점은 그들이 조금 더 참을성을 가졌었거나 조금 더 조심했었더라면 그 소동은

잦아졌을 수도 있었다는 것을 의미하기도 한다. 그러나 그 당시 횔덜린은 공타르가의 가정교사 역할에 싫증이 나 있었고, 사직이나 해고의 기회가 언제든 발생할 상황에 있었다.

프랑크푸르트에서 횔덜린은 소설 《휘페리온》 제1권이 발행된 것을 보았다. 그리고 그가 떠나기 전에 나머지 집필도 상당히 진전시켰다. 1798년 가을 《휘페리온》 제2권이 인쇄할 수 있을 정도로 마무리되었던 것이다. 튀빙엔 시절 쓰기 시작한 이후 7년 만이다. 소설 《휘페리온》에 관해서는 다음 장에서 상론하겠다. 그는 비극 《엠페도클레스의 죽음》에 대해서도 자세한 집필 계획을 세웠다. 그는 몇몇 그리스와 라틴어 작품들의 번역도 시작했다. 프랑크푸르트에서 머문 2년 동안 쓴 상당한 수의 시 작품 가운데 약 절반이 1800년 이전에 출판되었다. 쉴러와의 관계는 원만한 것은 아니었지만 계속 유지되었다. 쉴러는 비록 횔덜린의 성격과 능력에 심각한 회의를 품고 있었지만, 여전히 문단에서 횔덜린을 옹호하고 발전시키려고 마음의 준비를 하고 있었다. 시인으로서 횔덜린의 경력에 관한 한, 예나에서의 고무적인 출발은 대체로 유지되었다. 이런 측면에서 젊은 시인으로서 횔덜린의 전도는 밝은 편이었다.

횔덜린이 평화와 안정을 원했던 것은 문학을 위한 것이었다. 프랑크푸르트 체류 후반부에 쓴 편지들은 그가 자신의 사명을 다하는 데 필요한 것을 현실적인 삶이 거부할지도 모른다는 공포를 느끼게 하는 편지였다. "내 모든 불행의 뿌리를 너는 알고 있느냐?"라면서 "나는 내 진심이 매달려 있는 예술을 위해 살고 싶다. 그런데 나는 사람들 사이에서 이리저리로 헤매며 일을 해야만 한다. 그러니 정말로 자주 삶에 지치게 되는구나"(6. 264)라고 카를에게 썼다. 그는 자신에게 필요한 것은 자유와 서서히 발전해나가는 여유라는 점을 확신했다. 그는 괴테나 쉴러가 그에게 설정해주려고 하는 위치에 서기를 원치 않았다. "무리하게 강제된 재사(才士)들"(7/1. 49) 가운데 섞이려 하지 않았던 것이다. "일종의 아름다운 성장"(6. 253)이 그의 이상이었다. 그는 여러 차례, 그것이 그에게 부정되는 것을 한탄할 때마다—"내가 무엇인가를 온전히 이루는 것이 어렵다. 왜냐면 내 천성을 평온과 이에 따르는 태평함 가운데 성숙토록 버려두지 않기 때문이다."(6. 263)—아름다운 성장을 말하곤 했다. 그는 자신에게 자극이 거의 필요하지 않다고 말한다. 그는 외부 세계의 자극 없이도 자기 일을 할 수 있었다. 그의 내면적인 삶이 넘치도록 그를 자극했기 때문이다. 그는 모험과 불운을 마다하지 않았다. 그는 갈등의 불가피성을 알고 그 가치를 역설하기는 했지만, 투쟁 가운데 자신이 점점 더 왜곡되고 패배할지 모른다는 두려움도 느꼈다. 그는 동생 카를에게 이렇게 썼다.

> 모든 것이 이리저리로 부딪쳐 올 때, 어떤 궁지를 뚫고 나가야 한다면, 누가 아름다운 자세를 그대로 유지할 수 있겠는가? 세상이 그에게 주먹질을 가할 때, 누가 마음을 아름다운 경계 안에 유지할 수 있겠는가? 우리가 우리 주위에서 심연처럼 우리를 향해 입 벌리고 있는 무(無)로부터, 또는 형체도 없고, 영혼도 사랑도 없이 우리를 뒤쫓고 분산시키고 있는 인간들의 활동이나 사회의 수많은 어떤 것들로부터 공격을 당하면 당할수록, 우리 편에서의 저항도 그만큼 더 열정적이고, 격렬하며 또 강력하지 않으면 안 된다. … 외부에서의 곤경과 궁핍은 우리 마음의 여지를 궁핍과 곤궁으로 향하게 만든다. … 그렇게 운명 때문에 우리의 가장 순수한 것이 더럽혀지고, 아무런 잘못이 없는데도 우리가 타락하게 되는 것은 아닌가? (6. 253~254)

보론 1
모든 종교는 시적이다
〈독일 이상주의의 가장 오래된 체계 선언〉과 〈종교에 관하여〉

문학은 끝에 이르러서는 다시 처음이었던 것이 된다. 즉 인류의 교사가 되는 것이다. 왜냐면 그때에는 어떤 철학도, 어떤 역사도 더 이상 존재하지 않으며, 문학예술만이 다른 모든 학문과 예술들을 제치고 살아남을 것이기 때문이다. 동시에 대중은 구체적인 종교를 가져야만 한다는 말을 우리는 그처럼 자주 듣고 있다. 대중만이 아니라 철학자에게도 그런 종교가 필요하다. 이성과 감정의 유일신주의, 상상력과 예술의 다신론, 우리에게 필요한 것은 바로 이것이다!
여기서 나는 잘 알고 있지만, 아직은 어떤 사람의 생각에도 떠오른 적이 없는 한 이념에 대해 말하게 될 것이다. 우리는 새로운 신화를 마련해야만 한다. 이 신화는 이념에 봉사하지 않으면 안 된다. 이것은 이성의 신화가 되어야 하는 것이다.
우리가 이념을 미적으로, 다시 말해 신화적으로 만들기 전에는 이념은 민중에게 어떤 관심도 불러일으키지 않으며, 거꾸로 신화가 이성적이지 않으면, 철학자는 그 신화를 꺼려할 것이 분명하다. 따라서 끝에 이르러 계몽된 자들과 계몽되지 못한 자들은 서로가 손을 내밀어야만 한다. 신화는 민중을 이성적으로 만들기 위해 철학적이어야 하고, 철학은 철학자들을 감각적으로 만들기 위해 신화적이어야 하는 것이다. (4. 298~299)

모든 횔덜린 작품 전집에는 이런 문구를 포함한 한 편의 논고를 수록하고 있다. 그런데 이 논고의 필자는 사실 아직 분명하게 밝혀지지 않은 상태다. '독일 이상주의의 가장 오래된 체계 선언'이라는 제목을 단 이 논고는 20세기에 들어서야 발견되었고, 그 필자가 셸링이거나 헤겔일 가능성이 높다고 많은 학자는 주장한다. 전해진 원고가 이들의 육필이기 때문이다. 그러나 그 내용을 처음 기초한 사람을 추적하는 가운데 횔덜린 또는 네 번째 다른 필자도 고려할 충분한 근거가 있다는 주장도 많고, 그 초안이 분명히 횔덜린에게서 영감을 받아 작성되었다는 점에 많은 학자가 일치된 의견을 보이고 있다. 횔덜린 작품집에 이 논고가 실려 있는 것은 그런 이유에서다. 횔덜린이 공동 필자의 한 사람이거나, 또는 이 글에 깊은 영향을 미쳤다는 점에 확신을 주는 지표들이 존재한다. 그중 1796년 말에 쓴 것으로 보이는 논고 〈종교에 관하여(Über Religion)〉는 이런 추정을 뒷받침해주는 가장 확실한 증거다.

1796년 2월 24일자 니트함머에게 보낸 편지에서 횔덜린은 "인간의 심미적 교육에 대한 새로운 편지"(6. 203)를 써보겠노라 예고하고 있다. 그러나 그런 예고에 따라 쓴 논고에서 '심미적 교육'이라는 주제는 다루어지지 않았고, 같이 언급되었던 '지적 직관'도 논의에는 빠져 있다. 오히려 '정신', '신', '종교적 연관', '신화', '신화의 표현' 등이 다루어지고 있다. 니트함머에게 보낸 편지에서 횔덜린이 말한 '심미적 교육에 대한 새로운 편지'에 초점을 둔 횔덜린 전집 편집자는 이 글을 '철학적 서신의 단편'이라는 제목 아래 수록하고 있으며(짜틀러), 다른 편집자들은 전통적으로 다루는 내용에 따라 '종교에 관하여'라는 제목으로 싣고 있다(바이스너, 슈미트).

〈종교에 관하여〉는 세 부분으로 나누어져 있는데, 각 부분마다 하나의 사고 과정을 다루고 있다. 육필 원고에서는 이 부분들의 순서를 확정할 수 없기에 굳이 특정 판본의 순서를 따를 필요는 없어 보인다. 바이스너 판본의 경우에는 두 번째 부분을 먼저 읽어보는 것이 좋을 것 같다. 이 부분은 편지로 치면 독립된 하나의 편지인데, 서두가 소실되어 없다. 남아 있는 부분도 문장의 한가운데에서 중단되어 편지의 끝을 이루고 있다.

두 번째 부분, 그러니까 첫 편지의 남아 있는 부분은 없어진 앞부분에서 제기되었음이 분명한 어떤 주제를 논증하는 필연적인 결론을 담고 있다. 그리고 제기된 주제가 무엇인지 이 결론으로 유추해볼 수 있는데, 그 주제는 "우리는 어떻게 하나의 정신이 이 세계에 존재하고 있음을 경험하게 되는가?"라는 물음이었음이 분명하다. 이때 '정신'은 "기계적인 활동 이상"(4. 278)의 것을 의미한다. 다시 말하면 이 '정신'은 칸트의 《판단력 비판(*Kritik der Urteilskraft*)》에서 말하는 어떤 목적을 설정하는 창조적인 능력이다. 이와 함께 그 정신을 획득한다는 것은 숙명론에 빠지는 것을 막아준다는 의미이기도 하다. 따라서 그 물음은 이렇게 들린다. 우리는 "어떤 정신, 어떤 신이 이 세계에 존재한다"(4. 278)는 사실을 어떻게 경험하게 되는가? 이 점에 대해 소설 《휘페리온》은 이렇게 서술하고 있다.

신적 인간은 스스로를 느끼기를 갈망하고, 그 때문에 자신의 아름다움을 자신에게 마주 세우지. 그렇게 해서 인간은 스스로에게 자신의 신들을 부여했다네. (3. 79)

"그렇게 해서 인간은 스스로에게 자신의 신들을 부여했다." 이것은 놀랍게도 40년 뒤 포이어바흐(Ludwig Feuerbach, 1804~1872년)가 제기한 주제와 일치한다. 다만 〈종교에 관하여〉에서는 이런 주제가 어느 정도 완화된 형태로 제시되어 있는 것을 볼 수 있다. 여기에서 인간들은 어떤 정신, 어떤 신이 이 세계에 존재하는 것을 '경험'하게 된다. 그러나 이 경험은 아주 특정한 방식과 형식을 통해서만 일어난다. 이런 경험은 주체로서 인간이 스스로 숙고한다고 해서 일어나지 않으며, 인간을 둘러싸고 있는 대상을 통해서도 일어나지 않는다. 이런 경험은 오히려 주체와 객체 사이의 '좀 더 생생한 연관'에서 생겨날 수 있다. 이 연관은 '곤궁을 초월해 있기' 때문에 '좀 더 생생하다'. 여기서 횔덜린이 '곤궁'이라고 표현하고 있는 것은 강요된 모든 것을 말한다. 따라서 여기서 말하고 있는 '생동감'은 자유의 한 양식이다. 그리고 다시 유대(紐帶)라는 틀 안에서의 자유 양식이다. 왜냐면 어떤 누구와 '그를 에워싸고 있는 것'과의 연관이 중요하기 때문이다. 그러니까 이 연관은 곤궁이라는 처지에서의 연관보다 훨씬 더 생동하며, 따라서 훨씬 더 자유롭고 평등하며 우애롭다. 이것이 "이 삶 가운데 지배하는 정신"(4. 279)으로서 신의 표상이 생성되는 바로 그런 삶이다.

오로지 자기 자신으로부터는, 오로지 그를 둘러싸고 있는 대상에서는 인간이 기계적인 활동 이상의 것이, 하나의 정신, 하나의 신이 세계 안에 존재한다는

> 것을 체험할 수 없다. 그러나 더욱더 생동하는, 자신을 둘러싸고 있는 것들과 함께 서 있는, 곤궁을 초월한 연관을 통해서는 그렇게 할 수 있다. (4. 278)

어느 개별적인 사람과 그를 에워싸고 있는 것 사이의 이런 생동하는 연관, 다시 말해 자유롭고, 평등하며, 우애로운 연관에서 정신을 경험할 수 있다. 따라서 정신, 즉 신을 개별적인 인간의 다양한 관심사로 받아들이는 것은 논리정연한 일이다. 다시 말하면 개별적인 각각의 인간은 "이에 따라 자신의 고유한 신을 가지고 있다고 할 수 있으며"(4. 278) 또한 그 인간의 수만큼 많은 종교가 존재할는지도 모른다는 것이다. 원칙상 그렇다고 횔덜린은 말한다. 다만 이 다양성과 서로 다름은 일반적으로 일어날 수 있는 두 가지 상황으로 요약할 수 있다. 하나는 사람들은 자신의 주변과 융합한다는 점이다. 즉 사람들은 어떤 특정한 '주변 환경(Sphäre)' 가운데 공동으로 살고 있다는 것이다. 그리하여 사람들은 각기 다른 신 체험을 하나의 공동체적인 경험으로 용해하고, 공동의 한 신을 지니게 된다. 다른 하나는 사람들이 자신들과는 공통된 것이 별로 없는 타인을 존중하고 그 다름에 관용을 베풀 수 있듯이, 상황에 따라 제약될 수 있는 타인의 신적인 것에 대한 사고방식을 존중하고 그것에 관용을 베풀 수 있다는 점이다.

> 누구든 타인의 제약된, 그러나 순수한 삶의 방식을 인정할 수 있듯이, 누구든 신적인 것에 다른 생각을 가지고 있는 제약된, 그러나 순수한 표상 방식을 인정할 수 있다. 오히려 신적인 것에 대한 각기 다른 표상 방식을 서로 친밀하게 만드는 것이 [...] 인간의 욕구다. (4. 279)

이제 한편으로는 갈라져 있으나 다른 한편으로는 서로 다른 것이

용납되는 표상 방식에서 "조화로운 표상 방식 전체"(4. 279)가 생성된다. 이런 조화로운 표상 방식 전체는 이제 다시 조화로운 삶의 방식 전체에 상응하게 될 것이 분명해진다.

이 논고의 두 번째 부분에서 논증의 전개는 이상과 같다. 이 부분이 전제하고 있는 것, 즉 자명하다고 생각하고 있는 것은 종교에 대한 개신교의 이해이다. 이런 사실을 가장 뚜렷하게 나타내주는 어구는 "자기 자신의 고유한 신을 갖는다"(4. 278)라는 표현이다. 종교적이라는 것은 '자기 자신의 고유한 신을 가지는 것'을 말한다. 루터(Martin Luther, 1483~1546년)는 자신의 저술에서 상당히 주관주의적인 이런 종교 해석을 반복해서 옹호하고 있다. 고전적인 루터교 정통 교리는 신앙의 대상과 행위를 구분하고 있는데, 이 구분은 횔덜린과 헤겔의 대학 시절 공식적으로 '객관적 종교'와 '주관적 종교'로 개념화되었다. 청년기 헤겔은 한동안 대칭적인 이 두 종교 개념을 사유의 대상으로 삼았었다. 뷔르템베르크에서 특히 교육자 사이에 퍼져 있던 경건주의 관점에서는 '객관적 종교' 그 자체는 중요치 않은 사안이었다. "기독교인의 내향적인 삶이 빛난다"는 것이 경건주의의 모토였던 것이다. 경건주의 관점에서는 무엇보다 신앙 행위가 관심의 대상이었을 뿐, 교리 내용은 중요치 않았다. 횔덜린은 유년기와 청년기를 전형적인 이런 경건주의 환경에서 성장했다. 이 환경에서의 주관적인 종교 경험은 그가 레싱(Gotthold Ephraim Lessing, 1729~1781년)의 고백에 쉽게 동의하도록 만들었는데, 레싱은 '신성에 대한 정통 교리상의 개념'이 자신에게는 더 이상 어떤 설득력도 가지지 않는다고 했다.[10]

10) Michel Franz, Theoretische Schriften, in; *Hölderlin Handbuch* hrsg. v. Johann Kreuzer,

이제 첫 번째 부분으로 돌아가보자. 여기서도 하나의 물음이 계속 제기되고 있다. 즉 인간은 어떻게 이 세계에 하나의 정신, 하나의 신이 존재한다는 사실을 경험하게 되는가에 대한 답에 이어서, 인간은 왜 자신이 경험한 것을 하나의 영상으로 형성하지 않으면 안 되는가라는 물음을 제기하고 있다. "정확하게 생각하도록 하지도 않고, 감각 앞에 놓여 있지도 않은"(4. 275) 경험이 문제의 중심이 될 경우, 무엇 때문에 인간은 이 경험을 표상하는가? 이 물음에 횔덜린의 대답은 간단명료하다. 인간은 그렇게 물음으로써 또 그런 경험을 통해 '곤궁을 넘어서기' 때문이라는 것인데, 다시 말하면 자유롭고 평등하며 우애로운, 즉 생동하는 관계를 향해 노력하기 때문이라는 것이다. 그렇게 해서 "인간은 자신의 숙명을 회상하고" "자신의 삶에 감사할 수 있으며 또 감사하게 된다"(4. 275)는 것이다. 횔덜린은 회상의 이런 과정을 실제적인 삶의 반추로 서술하고 있다. 이 실제적인 삶에서 '만족'이 문제의 중심이었던 만큼, 이런 만족의 정신적인 반추, 즉 회상에서도 만족이 관심의 중심이고, 그것도 "무한한"(4. 275) 만족이 중요하다는 것이다. 이런 만족은 감사의 감정에 그 본질을 두고 있다. 이제 남는 문제는 실제적인 삶의 이 '정신적인 반추'가, 이 회상이 만족에서 감사가 일어나야 한다면, 어떻게 진행되어야만 하는가이다.

여기에 횔덜린의 논쟁에서 전형적으로 대두하는 '어느 쪽도 아닌(weder-noch)' 규정이 등장한다. 개별적인 인간과 그 주변 사이의 "한층 더 무한한 연관"은 "단순한 사유를 통해서도, 또 단순한 기억을 통해서도 반추되지 않는다."(4. 276) 사유와 기억은 그것이 내포하고 있는 것을 다만 추상적으로 "단순히 자체 목적으로 파악할 뿐, 삶 가운

Stuttgart/Weimar 2002, 234쪽.

데에서 파악하지 않은 채"(4. 276)일 수밖에 없다. 회상과 감사가 실제적인 삶을 반추할 수 있는 다른 양식이 있어야만 한다. 횔덜린은 이 다른 양식을 이 논고 끝부분에 '시적(poëtisch)'이라고 명명하고, 이런 시적 회상 작업의 확실한 예를 기존의 체계화된 신화(Mythos)와 구분해서 "문학적 신화(Mythe)"(4. 281)라고 칭하고 있다.

우선 그는 당대의 생각과 자신의 관계를 명백하게 해주는 하나의 언명을 그 사이에 끼워 넣고 있다. 그는 인간과 환경 사이의 연관이 일반적으로 도덕적 혹은 심미적인 사안으로 고찰되고 있다는 사실을 비판한다. "고대 그리스인들은", 즉 안티케에서는 "그 섬세한 연관들이 종교적인" 연관이라고 생각했다는 것이다. 고대 그리스인들이 그렇게 생각한 것은 그들이 인간과 주변 세계 사이의 연관을 "그 자체로서가 아니라, 그 연관이 일어나고 있는 환경 가운데서 지배하고 있는 정신에서 고찰했음이 분명하기 때문"(4. 277)이라고 횔덜린은 첨언하고 있다. 인간들과 그들 주변 세계 사이의 연관을 지배하는 '정신'은 도덕적 혹은 심미적인 현상이 아니라, 하나의 종교적 현상이다. 다시 말하면 그 정신은 인간의 도덕과 미적 감각이라는 제약을 넘어서는 하나의 현상이다. 이런 관점에서 횔덜린은 "더욱 높은 계몽"(4. 277)이라는 개념을 사용한다. 문맥으로 보면 이 개념은 '더 높은 교양'과 다르지 않다. 현재 우리는 '옛사람'보다 더 교양이 있다고 생각할는지 모른다. 그러나 그 '옛사람'이 구사했던, 그렇지만 '대부분 우리에게는 부족한 더 높은 계몽'은 인간과 그 주변 세계의 관계를 '종교적인' 관계로 이해하는 데 그 본질을 두고 있는 것이다.

이 논고의 마지막(세 번째) 부분인 〈계속을 위한 힌트〉에서 제기한 주된 명제는 다음과 같다.

> 종교적 연관은 한편으로는 지적·도덕적·법적 연관과 구분되고, 다른 한편으로는 물리적·기계적·역사적 연관과 구분된다, 그리하여 종교적인 연관이 한편으로는 그 부분 안에 개성, 상호 제약, 지적 연관의 부정적이며 동일한 병렬을, 다른 한편으로는 내면적인 관계, 다른 한쪽에 대한 한쪽의 밀접한 관계, 물리적 연관을 특징짓는 부분들의 불가분성을 지니게 된다. 그 결과 종교적 연관은 그 *표상*에서 지적이지도 역사적이지도 않으며, 지적·역사적이다. 다시 말해 *신화적*이다. 이것은 소재나 그 표현에 관해서도 마찬가지다. (4. 280)

이 명제는 '신화적인 것'의 개념 규정을 제공하려고 한다. '신화적인 것'은 "지적이지도 역사적이지 않으며, 지적·역사적"인 것이며, 조금 뒤에 '양쪽이 하나로'라고 규정되어 있는 것이다. 여기에 두 가지의 물음이 제기된다. 우선 '지적인' 그리고 '역사적인'이라는 개념은 무엇을 의미하는가 하는 것이고, 다른 하나는 이 '이것도 아니고 저것도 아니며, 하나가 된 두 가지'는 어떤 구조인가 하는 점이다.

첫 물음의 해답을 위해서는 정신사에서 그 맥락을 짚어보아야 한다. 괴팅엔의 문헌학자 하이네(Christian Gottlob Heyne, 1729~1812년)는 18세기에 처음으로 고대 그리스의 고전 신화에 대해 방법론적인 접근을 가능하게 했던 신화 해석학을 전개했다. 신화, 즉 뮈토스(Mythos)라는 그리스어를 학술 전문용어로 처음 사용한 하이네에 따르면, 신화에서는 특별한 언어형식이 중요하고, 그 언어형식의 의미는 해석학 원리에 따라 탐구되어야 한다. 하이네의 이런 신화 이론은 신화를 매혹적이고 허구적인 동화의 한 형태로 보고 있던 당대까지의 지배적인 견해와는 다른 것이었다. 신화 역시 의미의 재구성으로 비로소 발견해낼 수 있는 하나의 진리를 말하고 있다는 것이다. 이런 목적을 위해 하이네와 그의 제자 아이히호른(Johann Gottfried Eichhorn)은 신화를 두 개의 하부 형태로 구분했는데, 철학적 신화와 역사적 신화가 그것이다. 철학적 신화는 무엇보다 보편적인, 달리 말하면 형이상학적이거나 윤리적인 전언(傳言)을 중심으로 삼고, 역사적 신화는 특정 사건의 역사적 근원을 중심으로 삼는다는 것이다.[11)]

횔덜린은 이런 신화 해석학의 문제를 잘 알고 있었다. 따라서 그가 두 개의 수식어 '지적인'과 '역사적인'으로 하이네와 아이히호른의 신화 해석학이 제시한 '철학적' 신화와 '역사적' 신화의 구분을 환기시키고자 했음을 추론할 수 있다. 신화에 대한 해석의 관심은 한편으로는 역사적인 일, 예컨대 지배적인 종족의 기원을 겨냥함으로써 역사적일 수 있을 것이고, 다른 한편으로는 세계에 대한 보편적인 통찰을 겨냥함으로써 지적일 수 있을 것이다. 따라서 신화가 제공할 수 있는 해석은 한편으로는 역사적이며, 다른 한편으로는 지적이다. 나아가 하이네와 아이히호른의 신화 이론에 대한 횔덜린의 수정은 '철학적'이라는 용어를 '지적'이라고 대체한 것에 멈추지 않는다. 횔덜린에 따르면 신화는 하이네의 최초 신화 이론대로 지적 또는 역사적이지 않다. 양자택일이 아니라는 것이다. 신화는 경우에 따라 지적이지 않고, 또 때때로는 역사적이지도 않다. 횔덜린이 규정하는 신화는 '지적이지도 역사적이지도 않으며, 하나 안에 들어 있는 두 가지'다. 이런 구조는 조화로운 전체성의 특징으로 보인다. 즉 이는 횔덜린이 미(美), 특정해

11) A. Horstmann, Mythos, Mythologie in: *Historisches Wörterbuch der Philosophie* hrsg. v. Jochhim Ritter, Basel/Stuttgart 1984, Bd. 6, Sp. 288~300 참조.

서 말하면 문학을 특징짓는 구조다. 예컨대 미는 자연이나 자유로 나뉜 것이 아닌 이 양자가 하나로 된 것이다. 미란 주관적이거나 객관적인 것이 아닌 이 양자가 하나로 된 것이고, 이론적인 의식이거나 실천적인 행동이 아니라 이 양자가 하나로 된 것이다. 따라서 미는 언제나 3자로 구성된 구조를 포함한다. 이 '조화로운 전체'가 횔덜린이 1800년 3월 에머리히에게 보낸 편지에서 언급하고 있는 "문학의 삼원성(poëtische Dreieinigkeit)"(6. 389)이다.

〈계속을 위한 힌트〉에서 횔덜린은 이 '이것도 저것도 아니고 양자가 하나 안에 귀속되는 구조'가 신화의 소재뿐만 아니라, 신화의 표현에도 영향을 미친다는 것을 언급하기에 이른다. 여기서는 아직 매우 잠정적인 시도이기는 하지만, 각각의 고유한 소재나 처리 방식을 바탕으로 고전적인 문학의 세 가지 양식—서사문학, 서정문학, 극문학—을 추론하려는 눈에 띄는 시도가 실제로 있었다. 횔덜린은 이런 시도로 도출된 결과를 훗날 이른바 '홈부르크 논고'들에서 여러 차례 확고한 사고 과정으로 제시했다. 이런 사실은 홈부르크 논고들에서 마주치는 매우 중요한 시학적 사고 전개를 향한 첫걸음을 횔덜린이 이 〈종교에 관하여〉에서 내디뎠다는 중요한 증거다.

횔덜린은 무엇보다도 '종교적 연관의 표상', 다시 말해 개인이 자신의 주변 세계에 대한 관계를 표현하는 방식은 "신화적", 즉 '시적'이라는 사실을 자신의 논쟁 목표로 확정하고자 했다. 개인과 주변 환경의 공동체적인 신 사이의 관계에 대한 표상이 신화로 잉태되기 때문에 그는 "그리하여 모든 종교는 본질에 따라 아마도 시적이라"(4. 281)는 결론에 도달한다.

이 말은 종교와 문학이 완전히 동일하다는 의미는 아니다. 나아가

문학이 신앙, 즉 종교로 넘어가야 한다는 의미는 더더욱 아니다. 종교와 문학은 구조적으로 동일한데, 그 이유는 종교와 문학이 같은 내면적 진지성을 제시하기 때문이다. 횔덜린의 견해에 따르면, 무엇보다 문학적 능력은 이 〈종교에 관하여〉에서 중심적으로 다루고 있는 인간 세계의 종교적 연관을 파악할 수 있게 해준다. 이 점에서 이제 문학은 〈독일 이상주의의 가장 오래된 체계 선언〉에서 문학에 인정하고 있는 "좀 더 높은 품위"(4. 298)를 얻게 된다.

> 이제 여러 종교가 하나의 종교로 통합되는 것에 대해 말할 수 있다. 여기서는 각자가 각자의 신을 공경하며, 또한 문학적인 표상을 통해 모두가 하나의 공동체적인 신을 숭배할 수 있다. 여기서는 각자가 자기의 더 높은 삶을, 그리고 모두는 공동체적인 삶을, 바로 삶의 축제를 신화적으로 기릴 수 있는 것이다. (4. 281)

횔덜린의 〈종교에 관하여〉를 읽고 나면, 서두에서 인용한 저자가 분명하게 밝혀지지 않은 〈독일 이상주의의 가장 오래된 체계 선언〉과 이 논고의 근친성을 곧장 느끼게 된다. 서두에서 인용한 글의 바로 앞 문단은 횔덜린의 논고 〈종교에 관하여〉의 특정 부분과 겹쳐 보이기까지 한다. 앞서 말했듯 횔덜린이 〈독일 이상주의의 가장 오래된 체계 선언〉의 공동 저자 가운데 한 명이거나 이 글에 깊은 영향을 주었다는 지표들이 존재한다. 아래 인용문은 다른 어떤 부분보다 명백히 이를 뒷받침하는 문구다.

> 철학자는 시인만큼 많은 심미적 능력을 지니고 있어야 한다. 심미적 감각이 없는 인간은 바로 문자나 따지는 우리 철학자들이다. 정신의 철학은 심미적

철학이다. 심미적 감각 없이 우리는 어느 것에서도 정신적으로 풍요로울 수 없으며, 역사에 대해서조차 정신적으로 풍부하게 사유할 수 없다. (4, 298)

현대철학이 정치·사회적 과제를 수행하는 데 실패한 이유를 스스로 시적 과제를 배신했기 때문이라는 아감벤(Giorgio Agamben)의 지적은 횔덜린의 요구에 공감한 나머지 내린 결론이다. 하이데거(Martin Heidegger, 1889~1976년)는 철학이 횔덜린에게 진 빚을 갚으려 했으나 성공하지 못했다고 아감벤은 지적했다.[12)]

횔덜린의 〈종교에 관하여〉와 그가 관여한 것으로 보이는 〈독일 이상주의의 가장 오래된 체계 선언〉은 철학과 문학의 연관성은 물론, 독일 이상주의 철학의 지향점과 횔덜린이 시인으로서 보여주었던 새로운 차원의 진취성 그리고 문학의 뛰어난 기능과 사명을 명료하게 제시하고 있다. 또한 왜 그가 시인이라는 고행의 길을 걸으려 했는지도 설명해주고 있다.

12) 조르조 아감벤, 《불과 글》, 유병언 옮김, 책세상, 2014, 114쪽.

제5장
소설《휘페리온》
아무도 발 딛지 않은 미답의 영역, 절대 소설

소설《휘페리온》의 생성과 문학사에서의 의미

소설《휘페리온, 또는 그리스의 은둔자》는 횔덜린이 쓴 유일한 소설이다. 20세기 초 그의 후기 시가 재발견되어 사람들의 주목을 받기 전까지 횔덜린이 그나마 누린 수수한 명성은 이 소설 덕분이었다. 횔덜린이 '그리스를 배경으로 한 소설' 쓰기에 몰두하기 시작한 시기는 튀빙엔 신학교의 학생 신분이었던 1792년이다. 1794년 쉴러는《휘페리온 단편》을 자신이 발행하고 있었던 문예지《노이에 탈리아》에 실어 주었고, 횔덜린은 이듬해《휘페리온의 청년기》를 썼다. 1795년 횔덜린은 프랑크푸르트에 있던 공타르가의 가정교사로 입주해 이 집의 여주인 쥬제테와 사랑을 나누는 가운데 이 소설 집필에 매달렸고, 마침내 1797년 부활절에 코타 출판사에서 제1권을 발행했다. 그리고 공타르가를 나와 홈부르크로 거처를 옮긴 후인 1799년 가을 역시 코타 출

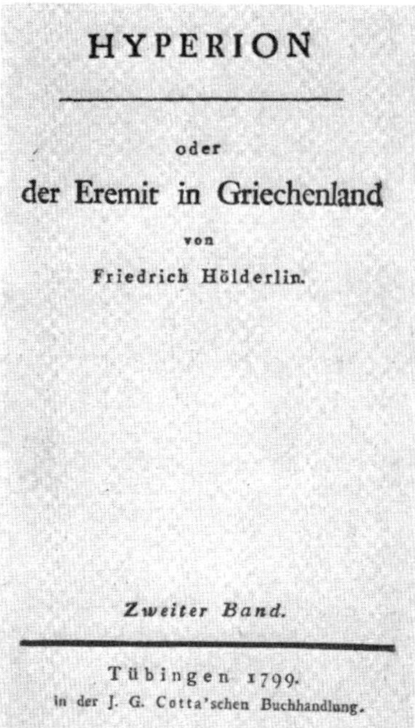
HYPERION

oder

der Eremit in Griechenland

von

Friedrich Hölderlin.

Zweiter Band.

Tübingen 1799.
in der J. G. Cotta'schen Buchhandlung.

소설《휘페리온》제2권 초판본 표지와
쥬제테 공타르에게 바친 횔덜린의 헌사("그대가 아니면 누구에게")

판사에서 제2권을 발행했다. 처음 집필에서 완성에 이르기까지는 7년이 걸렸고, 일곱 번의 초고(草稿)와 수정 과정을 거쳤다.

이처럼 이 한 권의 소설이 완성되기까지는 긴 시간이 걸렸다. 그 이유는 이미 시를 통해 잘 알려진 대로 횔덜린의 꼼꼼한 글쓰기 태도 때문이기도 하지만, 무엇보다 이 소설이 횔덜린의 자아 성찰 및 자기 형성의 변전(變轉)과 궤도를 같이했기 때문이다. 1797년 소설 제1권이 발행되었을 때, 횔덜린은 누이동생에게 "네가 '휘페리온'이라는 제목의 책을 보거든 호의를 가지고 대하고, 기회가 있을 때 읽어보거라. 그 책은 내 일부분이기도 하다"(6. 240)고 쓴 적이 있다. 이 소설을 쓰는 과정에서 작가 횔덜린은 끊임없이 자신을 모색하고 정체성을 발견했다. 소설 《휘페리온》이 발간되고 난 뒤 횔덜린의 문학은 전성기를 맞는다. 그의 위대한 시작(詩作)은 1798~1803년 사이에 이루어졌다. 따라서 이 소설은 횔덜린 문학 세계의 원천이라고 할 수 있다. 시인으로서 횔덜린의 진가를 발견한 헬링라트(Norbert von Hellingrath, 1888~1916년)는 "횔덜린은 《휘페리온》을 통해 자신의 가장 넓은 폭과 가장 풍요로운 꽃의 만개에 도달했다. … 그 이전 그의 문학의 어떤 모티브도 《휘페리온》에서 그 첫 번째 참된 형태를 찾지 않은 것이 없으며, 《휘페리온》에서 앞서 형성되지 않은 후기 문학의 어떤 모티브도 존재하지 않는다"[13] 고 말하고 있다.

> 그대가 그처럼 멋지게 문학의 나라에 있는, 아직 아무도 발 딛지 않은 땅에 대해 말한다면 그것은 아주 정확하게 특별한 한 권의 소설에 들어맞는 말이네. [···] 나의 《휘페리온》 전체가 이 단편(斷片)보다 훨씬 나은 것이 아니라면 그것을 가차 없이 불 속에 던질 것을 그대에게 엄숙하게 약속하겠네. (6, 87)

《휘페리온 단편》을 쓰고 난 횔덜린은 친구 노이퍼에게 보낸 편지(1793년 7월 21~23일)에서 소설 《휘페리온》을 완성시키겠다는 포부를 이렇게 밝히고 있다. 이 편지에서 언급하고 있는 "문학의 나라에 있는, 아직 누구도 발 딛지 않은 땅(terra incognita in Reich der Poesie)"(6, 87)과 연관하여 문예학자 쿠르츠(Gerhard Kurz)는 소설 《휘페리온》이 '일종의 실험적 소설'이라고 평가한 적이 있다. 그는 이 소설이 철학소설, 교양소설, 예술가소설의 요소를 가지고 있는가 하면, 정치소설이

13) Norbert von Hellingrath, *Hölderlins Vermächtnis*, München 1944, 47~48쪽.

자 애국소설이기도 하다고 말한다. 예컨대 철학적 소설의 한 유형으로서 《휘페리온》은 니체의 《차라투스트라는 이렇게 말했다》에 영향을 크게 미쳤다고 딜타이(Wilhelm Dilthey, 1833~1911년)가 평가한 적도 있다.[14)]

또한 그 문체 역시 우리가 생각하는 소설의 서사적 문체와는 전혀 다르다. 쥬제테 공타르 부인은 횔덜린이 "사랑스러운 《휘페리온》을 소설이라고 부르고 있는 데"에 대해 의아해하면서 "《휘페리온》을 읽으면 아름다운 시"(7/1. 75)를 생각하게 된다고 술회했다. 1801년 콘쯔(Karl Philipp Conz, 1762~1827년)는 한 서평에서 이 작품을 "소설이라기보다는 한 편의 시"이며 그것도 "크게 확장된 서정적 시"(7/4. 72)라고 불러야 할 것이라고 썼다. 사실 소설 《휘페리온》은 유럽 문학사에서 완벽한 서정적인 소설로는 유일하다고 해도 과언이 아닐 것이다. 다만 이런 고양된 언어가 넘치는 서정적인 문체로 말미암아 독자들이 매우 예술적인 이 소설의 서술 구조에 대한 관심을 소홀히 할 수 있다는 단점도 없지 않다.

편지체 소설 형식의 《휘페리온》

소설 《휘페리온》은 편지체 소설이다. 일련의 편지로 주인공인 그리스 청년 휘페리온이 체험의 끝에서 자신의 생애를 뒤돌아보면서 독일인 친구 벨라르민에게 현재의 심경을 술회한다. 작품 전체를 통틀어 수신자 벨라르민의 반응은 전혀 나타나지 않는다. 그는 단순한 수

14) Wilhelm Dilthey, *Das Erlebnis und die Dichtung*, Göttingen 1965, 274쪽.

신자일 뿐이다. 이런 의미에서 《휘페리온》은 괴테의 《젊은 베르터의 고뇌》와 자매 소설이라는 평가를 받기도 했다. 두 작품이 모두 독백적이고 일방적인 편지로 이루어진 소설이기 때문이다. 그러나 두 작품은 근본적으로 다르다.

《젊은 베르터의 고뇌》에서 주인공 베르터는 자신이 체험하고 있는 것을 시간적 거리 없이 곧바로 서술하면서 다채로운 상황이나 인상을 거의 일기 쓰듯이 보고하고 있다. 천재 시대의 관심사대로 자신을 표현하는 직접성과 즉흥성이 두드러지게 나타난다. 그러나 《휘페리온》에서 주인공 휘페리온은 과거의 '체험하고 있는 휘페리온'과 현재의 '서술하고 있는 휘페리온'으로 양분된다. 시간적 배경도 체험적인 과거 시간과 서술하고 있는 현재 시간이라는 두 개의 층위로 나누어진다. 《젊은 베르터의 고뇌》에서의 편지는 주관적인 영혼의 현 상태를 투영하고 있는 데 반해 《휘페리온》에서의 편지들은 과거 자신의 모습을 되돌아보고 자아로 하여금 현재의 자신을 인식하게 하는 과제를 가지고 있다. 소설 《휘페리온》에서의 현재적인 진술은 모두 자기 성찰인 것이다. 이 성찰을 통해 체험들이 체계적으로 전달된다. 천재 시대의 즉각적인 체험 전달과는 많은 차이를 보이는 것이다.

지금 편지를 쓰고 있는, '서술하고 있는 휘페리온'은 서술의 대상인 '체험하고 있는 휘페리온'과 동일한 인물상이 아니다. 따라서 독자는 그때마다 서술자로서 휘페리온의 현재적 입장과 "나는 그렇게 생각했었다" 또는 "나는 그렇게 꿈꾸었다" 같은 진술 형식을 빌어 인용되고 있는 휘페리온의 체험적인 과거 입장을, 그러니까 두 개의 시간적 층위를 잘 구별하면서 읽어야 한다.

《휘페리온》은 형식에서 괴테의 《젊은 베르터의 고뇌》나 리차드슨

(Samuel Richardson, 1689~1761년)의 편지체 소설 그리고 루소(Jean Jacques Rousseau, 1712~1778년)의 《신엘로이즈(*La Nouvelle Héloïse*)》와 같은 부류에 속한다. 하지만 《휘페리온》은 편지체 소설이 노리는 즉시적 표현이나 감정의 직접적인 전달을 뛰어넘어 내면적인 통찰을 중심으로 삼았다는 의미에서 편지체 영역의 '처녀지'를 열었다고 할 수 있다. 이 소설의 서정적 문체도 회상이라는 이 소설의 구성요소와 밀접하게 관계되어 있다.

'초월적 소설', 《휘페리온》

빌헬름 딜타이의 개념 정의에 따르면, 《휘페리온》은 하나의 교양소설이다.[15] 그러나 괴테의 《빌헬름 마이스터의 수업시대》로 대표되는 전통적인 의미의 교양소설과는 전혀 다른 유형의 교양소설이다. 괴테의 소설은 주인공의 발전을 사회 편입을 위해 개인의 소질과 천성의 전개를 포기하는 궤적으로 그리고 있다. 이런 발전 과정이 독일 교양소설의 한 전형이라면, 《휘페리온》에서 주인공은 "내면에 들어 있는 불협화의 해소"(3. 5)를 그 발전의 종착점으로 삼는다는 점에서 전혀 다른 궤적을 따르고 있는 것이다. 이 때문에 소설 《휘페리온》은 대부분의 교양소설과는 동떨어진 별도의 고유한 전통의 편에 선다. 무엇보다 주인공이 지닌 교양의 역사는 사회적 발전 과정과 심리적 변화 과정으로 제시되지 않으며, 오히려 주인공의 관점에서 잃어버린 행복의 상태에 대한 회상을 생생하게 서술하고 그 상실을 비탄하고 있다. 이 배후에

15) Wilhelm Dilthey, *Das Erlebnis und die Dichtung*, 14. Auflage, Göttingen 1965, 272쪽.

는 《빌헬름 마이스터》 전후 교양소설들이 기본으로 삼고 있는 것과는 전혀 다른 교양 개념이 존재했던 것이다. 그리하여 《휘페리온》은 노발리스의 《하인리히 폰 오프터딩엔》과 더불어 기존의 교양소설에는 거슬리는 일종의 '대립 모델(Gegenmodell)'을 형성한다.[16)]

이때 더욱 주목할 것은 《휘페리온》에서의 발전 궤적이 개인사(個人史)에 머물지 않는다는 점이다. 《휘페리온》에서 개인사와 인류사는 같은 법칙 아래 있으며, 주인공 휘페리온이 겪는 삶의 과정은 인류 보편적인 법칙에 대한 한 패러다임이다. 휘페리온이 서술하는 보편적이고 역사적인 법칙은 그 자신의 삶이 따르는 '중심을 벗어난 궤적(exzentrische Bahn)'의 법칙과 구조적으로 똑같다. 횔덜린은 이 '중심을 벗어난 궤적'이라는 기본 사상을 《휘페리온 단편》에서 이미 제시했고, 〈최종 직전고(Die vorletzte Fassung)〉의 서문에서는 이론적으로 이렇게 설파한다.

> 우리는 모두 중심을 벗어난 궤도를 따라 나가고 있다. 그리고 소년기에서 완성에 이르는 어떤 다른 길도 가능하지 않다.
>
> 복된 일치, 단어의 유일한 의미에서 존재는 우리에게서 사라져버렸으며, 우리는 그것을 추구하고 얻어내야만 했을 때 그것을 잃지 않을 수 없었다. 우리는 평화로운 세계의 '하나이자 모두인 것(Hen kai Pan)'을, 우리 자신을 통해서 생성해내기 위해 그것에서 떨어져 나온 것이다. 우리는 자연과 반목하는 사이가 되었고, 우리가 믿을 수 있는 것처럼 한때 하나였던 것이 지금은 서로 다투고 있다. 지배와 복종이 양극단에 교차하고 있는 것이다. [⋯] 우리 자신과 세계 사이의 영원한 투쟁을 끝내는 것, 모든 이성보다도 더 높은, 모든 평화 중

16) Rolf Selbmann, *Der deutsche Bildungsroman*, Stuttgart 1984, 82~89쪽.

에서의 평화, 그것을 다시금 생성시키고, 자연과 우리가 하나의 무한한 전체로 결합시키는 일, 그것이 우리의 모든 노력의 목표다. (3. 236)

여기서 "중심을 벗어남"이라고 하는 것은 '탈중심', '중심점에서 벗어나 드러냄'을 의미한다. '중심'은 인간과 자연의 근원적인 일치, 즉 지금은 잃어버린 사투르누스(Saturnus)적인 '황금시대'다. 개인사에서는 소년기가 이것에 해당한다.

우리가 의식을 지니기 전에 세계와 하나라는 유아적 단계가 존재한다. 전체에서 떨어져 나옴이라는 고통스러운 과정으로서 개별화는 의식 단계에서 일치하는 존재를 위해 피할 수 없는 과정이다. 이 의식 단계에서 우리는 황금의 소년기를 회상하게 된다. 이질화된 것과의 결합이라는 새로운 황금기는 과거와 미래가 지양(止揚)되는 충만된 정신의 현재이다.[17]

이렇게 해서 휘페리온이 거쳐 가는 교양의 단계들이 서술된다. 그는 인간과 자연의 소외 때문에 고통을 겪는다. 그가 지향하는 것은 인간과 자연이 "하나의 포괄적인 신성 안에 결합하는 것"(3. 90)이다. 이 소설은 어떻게 이런 일이 일어날 수 있는지 이야기하고 있다. 따라서 이 소설의 주제는 '불협화의 해소'가 그의 개성 안에 이루어지게 되는 휘페리온의 중심을 벗어난 궤적인 것이다.

《휘페리온》은 이처럼 소박한 주인공이 여러 단계를 거쳐 사회공동체의 모범적인 구성원이 되는 과정을 그리는 일반적인 의미에서의 교양소설과 구분된다. '중심 이탈(Exzentrizität)'이 시정(詩情) 사이에서

17) G. Discher, *Die Stimme des Fremden*, Hofheim 1992, 133~134쪽.

교차하는 가운데 현실과 이상, 서술과 성찰 사이의 교차, 그러니까 시적 성찰의 강화가 소설 전개의 동력으로 재인식된다. 이런 점에서 《휘페리온》은 초기 낭만주의 소설과 그 소설 이론에 매우 가까이 접근해 있다. 왜냐하면 주인공 휘페리온은 모든 단계를 거쳐 모범적으로 사회에 편입되는 것이 아니라, 오히려 중심을 벗어난 복잡한 경로를 거쳐 삶을 관통해 예술로 향하고 다시 삶으로 복귀하는 도정이 그려지고 있기 때문이다. 그렇기에 엥겔(Manfred Engel)은 슐레겔의 《루친데(*Lucinde*)》(1799년)와 노발리스의 《하인리히 폰 오프터딩엔》과 함께 《휘페리온》을 '초월적 소설(Transzendentalroman)'로 분류한 바 있다.[18] 엥겔이 분류한 이 '초월적 소설'이란 칸트의 초월적 철학[19]과 마찬가지의 의미에서 화자가 소설의 가능성에 대한 조건을 끊임없이 성찰하는 소설이다. 요컨대 《휘페리온》은 단순한 의미에서의 교양소설이 결코 아니다.[20] 《휘페리온》이 독일 소설의 발전사에서 갖는 독자적인 위치를 결정 할 때, 이상주의 철학이나 '낭만주의' 소설이 의미 있는 연관점을 제공해줄 것이다.

휘페리온의 이 고유한 교양과정인 중심을 벗어난 궤적에 동반하고 있는 등장인물들과 사건들을 일별하고, 이런 가운데에서 주인공의 성

---

18) Manfred Engel, *Der Roman der Goethezeit. Band I, Anfänge in Frühromantik: Transzendentale Geschichten*, Stuttgart; Weimar 1993. Dieter Burdorf, *Friedrich Hölderlin*, München 2011, 79~80쪽에서 재인용.

19) Hans J. Störig, *Kleine Weltgeschichte der Philosophie*, 한국어판, 《세계철학사》, 박민수 역, 서울 2008, 606~607쪽 참조. "칸트에 의하면, 대상들이 아니라 대상들에 대한 우리의 인식 방식 — 이런 인식 방식이 선험적으로 가능한 한에서 — 을 다루는 모든 인식은 '초월적(transzendental)'이라 불린다. 따라서 초월 철학은 순수이성의 모든 원리체계다. 그러므로 초월적[이를 다소 모호한 개념인 '초험적(transzendent)'과 혼동하지 않도록 주의하라]이란 개념은 '경험의 피안에 있는'이나 '경험할 수 있는 모든 것을 넘어서는'이란 의미가 아니라 '일체의 경험에 앞서서 그것을 가능하게 하는'이란 의미를 갖는다."

20) Dieter Burdorf, 앞의 책, 79쪽.

찰을 음미하는 것이 이 소설 전체를 이해하는 열쇠가 된다.

아다마스: 이상적인 교사

이 소설의 배경은 18세기 후반의 그리스다. 횔덜린은 한 번도 가본 적 없는 그리스를 무대로 삼은 이유를 이 소설 서문에 이렇게 써놓고 있다. "그 무대와 관련해서 변경을 시도할 만큼 한때 내가 어리석었다는 것을 고백한다. 그러나 그 무대가 휘페리온의 비가적 성격에는 유일하게 알맞은 곳이라는 것을 확신했다."(3. 5) 횔덜린은 그리스의 정경을 아주 정밀하게 묘사하고 있는데, 이는 영국인 챈들러(Richard Chandler, 1737~1810년)의 《소아시아 여행》과 《그리스 여행》, 그리고 프랑스인 슈와젤-구피어(Choiseul-Gouffier, 1752~1817년)의 두 권으로 된 《그리스 여행》을 참고했기 때문에 가능했다.

고향인 티나 섬에서 평온하고 침해받지 않는 어린 시절을 보낸 청년 휘페리온은 사물의 본성을 묻는 질문을 스스로 제기하기 시작한다. 인식에 대한 갈증으로 애태우고 있을 때 그는 아다마스와 만난다. 아다마스는 그의 교사이자 사랑하는 친구가 된다. 아다마스는 휘페리온에게 신화, 역사, 수학, 자연 그리고 천문학을 가르친다. 아다마스는 당대 철학자인 피히테의 특징을 지니고 있다. 그의 이상은 인간의 정신, 즉 고대 그리스 사람들이 지녔던 정신을 추구하는 것이다. 휘페리온은 그에게서 '우리 안에 들어 있는 신(Gott in uns)'이라는 공식을 배운다. 횔덜린은 평생 동안 이 공식을 창조적인 인간 정신에 대한 은유로 삼았다. 이후 휘페리온의 노력은 유토피아적인 목표를 지니게 되는데, 고대 그리스에서처럼 자율적인 개체의 자유로운 결합이 그것이다. 그리고 하나의 도구, 즉 인간적인 인식 능력과 실천력을 얻는다. 휘페리온은 이제 유토피아에 견주어 현실을 재단한다. 성찰과 의식적인 행동이 현실 세계 형성에의 개입을 허락한다. 이렇게 해서 휘페리온은 청년 시절을 지배해왔던 자연과의 근원적인 조화에서 멀어진다. 회고하는 휘페리온이 청년 시절을 회상하면서 외치는 비탄은 이런 조화로부터의 이탈에 대한 것이다.

> 아, 내가 그대들의 학교에 가지 않았더라면 얼마나 좋았을까! 내가 그 갱도를 따라 내려갔던 학문, 나이 어려 어리석게도 내 환희를 확인하리라 기대했던 그 학문이 나의 모든 것을 망쳐놓았다.
>
> 나는 그대들 곁에서 진정 이성적인 인간이 되었고, 나를 에워싸고 있는 것들부터 철저히 나를 구분해내는 것을 배웠으나, 이제 나는 아름다운 세계 안에서 고립되고, 내가 성장하고 꽃피웠던 자연의 정원에서 내동댕이쳐져 한낮의 태양 볕에 시들고 있다.
>
> 오, 인간은 꿈꿀 때는 하나의 신이지만 생각에 잠길 때는 거지다. 또한 감격이 사라져버리고 나면 인간은 아버지가 집 밖으로 내밀쳐버린 빗나간 아들처럼 거기에 서서 동정심으로 길 위에 던져진 몇 닢의 동전을 바라다볼 뿐이다. (3. 9)

그러나 개별화에 대한 휘페리온의 이런 비탄은 계몽주의 또는 휘페리온이 아다마스를 통해 체험한 교육에 대한 비판은 아니다. 그는 계몽주의가 필요불가결하다고 생각한다. 그리고 아다마스가 그에게는 이상적인 스승인 것이 틀림없다. 디오티마는 휘페리온이 아다마스에게서 "더욱 아름다운 세계"(3, 67)를 처음 보았다고 말하고 있다. 더 높은 삶의 이런 전조가 없었다면 그는 현재의 부족과 결핍을 결코 체험할 수 없었을 것이라는 말이다.

가정교사직을 가졌던 횔덜린은 교육의 근본적인 문제에 몰두했다. 루소와 마찬가지로 그는 어린아이가 스스로 호기심 있는 태도를 보일 때 교육적인 요구가 효과적이라는 생각을 지니고 있다. "나는 [어린아이의] 인간성을, 좀 더 높은 그 아이의 요구를 일깨워야만 한다. 그리고 나서야 비로소 이 아이가 그보다 높은 필요를 충족시키고자 찾을 것이 분명한 수단을 그 손에 쥐어주어야 한다"(6, 178)고 한 편지에서 횔덜린은 피력하고 있다. 아다마스가 바로 이처럼 실행한다. 아다마스는 조언하고 조종하면서 자연스러운 과정에 개입한다. 아다마스의 개입이 없다면 이 과정은 실패를 면치 못했을 것이다. 이 지점에서 횔덜린은 루소를 비판한다.

> 루소가 어린아이 내면에서 인간성이 일깨워질 때까지 그 아이를 가만히 놔두고 기다리려고 한 점은 옳지 않다. 이런 가운데 대부분이 (소극적인) 교육에 만족하고 훌륭한 인상을 남길 생각은 하지 않은 채 나쁜 인상을 막는 데 그칠 뿐이다. (6, 178)

횔덜린이 생각하기에 순수하게 자연스럽고 어떤 요구에도 자유로운 교육은 당시 사회에서는 불가능했다. 교육은 자연과 인위의 산물이어야만 했다.

그렇다면 회상하고 있는 서술자가 비탄하는 이유는 무엇인가? 휘페리온은 여기에서 성찰과 더불어 불가피하게 대두되는 주체와 객체 사이의 근원적 분할이라는 고통을 체험한다. 의식 단계 자체뿐만 아니라 그것과 연관되어 있는 고통 역시 '중심을 벗어난 궤도'에서는 필연적이다. 그 궤도가 없다면, 인간에게는 소외현상을 주목하려고 하는 어떤 동기도 존재하지 않을 것이다.

계몽주의자 아다마스도 인간 능력의 한계를 알고 있다.

> 우리가 혼자일 수 없다는 것, 우리 안에 있는 사랑은 우리가 살고 있는 한 꺼지지 않는다는 것, 그것들이 모든 풍요로움 가운데에도 우리를 가난하게 만든다. (3. 16)

알라반다: 영웅적 우정

아다마스와 작별한 이후 절망에 빠진 휘페리온을 구한 것은 '승승장구'하는 알라반다의 우정이었다. 이 사람도 피히테의 영웅적인 주관주의 철학의 정신을 지닌 인물이다.

> 나는 내 안에서 어떤 신이 창조한 것이 아닌, 그리고 어떤 유사한 자가 낳은 것도 아닌 생명을 느낀다네. 우리는 우리 스스로 존재한다는 것, 그리고 자유로운 욕구로 말미암아 삼라만상과 그렇게 내면적으로 결합된다는 것을 나는 믿고 있다네. [⋯]
> 만일 이 세계가 자유로운 존재의 화음이 아니라면, 이 세계는 무엇이겠는가? 살아 있는 것들이 자체의 즐거운 충동으로 말미암아 그 세계 안에서 하나의

> 완전한 조화의 삶으로 함께 작용하지 않는다면, 그 세계는 얼마나 어설프고 얼마나 차가울 것인가?
>
> [...]
>
> 사랑하는 친구여! 내가 진정한 의미에서 자유롭기에, 또 내가 밑도 끝도 없이 나를 느끼고 있기에, 나는 무한하며 파괴될 수 없다고 생각하고 있는 것이네. (3. 141)

아다마스와 알라반다는 인간 내면의 자기중심적인 지향을 주창한다. 아다마스가 성찰적인 측면에 서 있다면, 알라반다는 실행 측면에 서 있다. 이런 지향이 독자적일 뿐 이상에 더 이상 기여하지 않는다면, 그대로 파괴적일 수밖에 없다. 허무주의적인 인간 폭력의 은유가 바로 알라반다가 속했던 '네메시스(복수의 여신) 동맹'이다.

이 동맹 때문에 휘페리온과 알라반다 사이에 불화가 생긴다. 휘페리온이 이 동맹을 거부하는 것은 이 동맹이 '폭력적인 수단을 가지고 전복을 불러일으키려고' 하기 때문이 아니다. 이런 해석이 가능한 것은 불화를 겪은 두 사람이 나중에 자유의지로 함께 전쟁에 참여하기 때문이다. 휘페리온에게는, 그리고 그와 더불어 횔덜린에게는 폭력에 대한 원칙적인 비판이 중요한 것이 아니라, 잘못된 목표를 위해 사용되는 폭력에 대한 거부가 중요하다. 한때 프랑스 혁명을 찬양했던 횔덜린이 보기에 정당한 전쟁은 사회공동체적 이상을 향한 인간적인 노력의 정당한 표현 형식이다.

《휘페리온》 제2권은 이런 사실을 명백하게 보여준다. 휘페리온과 알라반다는 공동으로 그리스 해방을 위한 터키와의 전쟁에 참여한다. 그리고 이 해방전쟁은 휘페리온과 알라반다의 에로틱한 우정의 정점을 이룬다. 둘은 같은 이상을 위해 싸운다.

새로운 정신적 유대는 허공에서 살아갈 수가 없습니다. 아름다움의 성스러운 신정(神政)은 자유국가 안에 깃들어야만 합니다. 그리고 정신적 유대는 지상에 자리 잡기를 원하고 있으며 우리는 이 장소를 틀림없이 얻어낼 것입니다. […] 노예로 사는 일은 영혼을 말살시키지만, 정당한 전쟁은 모든 영혼을 생동하게 만들어주는 법입니다. (3. 96~97)

이런 이상이 이들의 전쟁 행위를 정당화시킨다.

다만 어떤 지점에서 머뭇거리지 않기를 나는 외쳤습니다.
우매한 민중이 벽을 칠하듯 세기(世紀)가 우리를 분칠하는 어떤 익살극에도 멈추지 않기를! — 오, 알라반다가 말했습니다, 그러니까 전쟁이 그만큼 좋기도 하다네 —
맞아, 알라반다. 나는 외쳤습니다. 인간의 힘과 정신만이 도움이 될 뿐 어떤 목발이나 밀랍으로 만든 날개도 도움이 되지 않는 모든 위대한 과업도 그렇다네. 이 과업에서 우리는 운명이 자기의 문장(紋章)을 찍어 넣은 노예 옷을 벗어버리게 된다네 —
그 과업에서는 무슨 허영과 강요된 것은 더 이상 소용없지. 알라반다가 외쳤습니다. 그 과업에서 우리는 장식도 없이 속박도 없이 알몸이 되어가는 거야. 네메아의 경주에서 목표점을 향해 달리듯이 말이야.
그 목표점을 향해서! 나는 외쳤습니다. 거기 젊은 자유국가가 동터 오고 판테온이 그리스의 대지에서 온갖 아름다움을 걷어 올리는 그곳.
알라반다는 그동안 침묵했습니다. 그의 얼굴에는 다시 홍조가 떠올랐고 그의 모습은 생기를 되찾은 초목처럼 높이 솟아올랐습니다. (3. 107~108)

따라서 해방전쟁이 그 수단으로 말미암아 이념적인 목적을 저버리는 순간에 그 전쟁은 정당성을 상실하게 된다.

> 끝장이 나고 말았습니다, 디오티마여! 우리 병사들은 가리지 않고 약탈하고 살해했습니다. 우리 동포들도 살해되었습니다. 미시스트라에 있던 그리스 사람들, 그 무죄한 사람들이 살해되었답니다. 죽음을 면한 사람들은 어찌할 바를 모른 채 사방으로 헤매고 있으며, 사색이 된 그들의 고통스러운 표정은 천리에 대고 야만스러운 자들에게 복수할 것을 외치고 있습니다. 그 야만스러운 자들의 선두에 내가 서 있었던 것입니다. [⋯] 실제로! 도적의 무리를 통해 나의 이상향을 세운다는 것은 정상을 벗어난 계획이었습니다.
>
> 그렇습니다! 성스러운 정의의 여신에게 맹세코! 나에게는 당연한 일이 벌어진 것이며, 나는 그것을 견뎌낼 작정입니다. 고통이 내 마지막 의식조차 빼앗아갈 때까지 견뎌내겠습니다. (3. 117)

여기서 분명히 드러나는 것은 전쟁이 그 잔인함 때문에 비판의 대상이 되는 것은 아니라는 사실이다. 행동하는 자들에게서 나타나는 윤리 의식의 부재가 전쟁을 재앙으로 만들고 만다는 것이다. 프랑스 혁명에 도취했던 횔덜린의 씁쓸한 에필로그처럼 들린다. 휘페리온은 자신이 알라반다를 향해 던졌던 비난받을 일을 스스로 행했기에 죄책감을 느끼고 있다. 그는 야만스러운 자들과 결탁했던 것이다. 이 때문에 그는 자기 징벌을 원하게 된다. 그는 전투 중에 죽음을 찾으려고 하지만 허사가 된다. 인간적 과감성의 대표자인 알라반다는 젊은 시절 스스로 자신을 귀속시켰던 '네메시스 동맹'에게 자신을 맡겨버림으로써 자기 생에 종말을 고한다.

인간적인 활동성이 알라반다에게서 영웅적이었던 것, 그러니까 윤리적인 기본 원칙에 순종했던 것을 무너뜨리고 좌초시킨다. 이상과의 결합을 그런 활동성이 생성해낼 수 없었던 것이다. 행동하는 인간 알라반다의 디오티마를 향한 사랑이 아니라, 휘페리온의 디오티마를 향한 사랑이 응답받는다. 인간은 해방을 위해 성숙한 것이 아니며, 인간이 그것에 도달하기 위해서는 시인의 교육적 행위가 먼저 필요한 것이다.

디오티마: 이상의 체현

알라반다와의 불화 중에 휘페리온은 카라우레아 섬에서 디오티마를 알게 된다. 아다마스와 알라반다가 자율을 향한 인간적 지향의 인물이라면, 디오티마는 더 바랄 것 없이 인간과 자연을 조화시키는 이상적인 인물이다. 디오티마는 휘페리온이—그와 함께 인류가—끊임없이 노력을 기울이고 있는 것을 체현하고 있다. 새로운 세계는 "당신의 세계이기도 합니다, 디오티마여. 왜냐면 그 세계는 당신을 빼닮았기 때문입니다. 오 당신이시여, 당신의 천국과 같은 평온을 가지고, 우리가 바로 당신인 그것을 지어낼 수 있다면 얼마나 좋겠습니까!"(3. 114)라고 휘페리온은 외친다. 지배 없음, 즉 사회적인 것 안에 단어의 엄밀한 의미에서의 무정부적인 상태, 그러나 또한 신과 인간 사이, 인간과 자연 사이의 관계에서조차도 그런 상태, 그것이 바로 디오티마가 살고 널리 전파하고자 하는 이상이다.

존재하고, 산다는 것, 그것으로 충분합니다. 그것이 신의 명예인 것입니다. 그렇기에 신적인 세계에서는 단지 하나의 생명인 것, 모두가 동등한 것입니다. 그 세계에서는 주인도 노예도 존재하지 않습니다. 자연이 마치 사랑하는 이들처럼 번갈아 살고 있습니다. 그들은 모든 것을, 정신과 기쁨과 영원한 청춘을 공유합니다. (3. 148)

횔덜린이 기껏해야 지배계층과 피지배계층의 관계가 뒤바뀔 뿐, 지배 관계 자체는 그대로 유지되는 그런 혁명적인 실천에 대항할 목적으로 글을 쓰고 있다는 사실이 여기서 명백해진다. 이와 관련해 징클레어에게 보낸 한 편지에서 그는 이렇게 쓰고 있다.

하늘과 지상에 어떤 세력도 전제적이지 않다는 것은 좋은 일이며, 심지어는 모든 생명과 모든 조직의 첫 번째 조건이기도 하다. (6. 300)

아다마스와 알라반다의 자유 개념이 지양되어 있는 삶의 유기적 형식을 휘페리온은 '자연'이라고 부르고 있다.

이 이상은 디오티마를 통해 휘페리온에게 모습을 보인다. 그러나 그것은 다만 상징으로서일 뿐이다. 이 이상을 사회적 현실성의 미숙한 삶 가운데 세우려는 모든 시도는 실패할 수밖에 없다. 미완성인 것 안에서 완성된 것은 완결된 것이 아니기 때문이다. 설령 그것이 이 미완의 것을 그 표상에 따라 형상화할 수 있다손 치더라도 말이다. 디오티마를 위해 휘페리온은 현실적 삶과의 접촉을 수행한다. 그러나 그녀가 그에게 모든 것일 수 없다는 경험은 그녀에게 자신을 인식하는 거울이 된다. 결국에는 이 인식이 그녀를 죽음에 이르게 한다.

저는 그것을 곧 알아차렸습니다. 당신에게 제가 모든 것이 될 수는 없었던 것

> 입니다. 제가 당신에게서 유한한 생명의 굴레를 풀어줄 수 있었을까요? 어떤 샘물도 흐르지 않고 어떤 포도나무도 자라지 않는 당신의 가슴의 불꽃을 제가 진정시킬 수 있었을까요? 제가 한세상의 기쁨을 잔에 담아 당신에게 건넬 수나 있었을까요? (3. 129)

휘페리온을 향한 사랑을 통해 그녀는 자신을 의식하기에 이르게 된다. 그녀의 삶 안으로 침투한 휘페리온은 그녀의 길고 긴 소녀 시기에 종지부를 찍고 만다.

미시스트라의 파멸에 대한 소식은 그동안 세계와 자신을 일치시켰던 그녀를 세계와 반목하게 만든다. 그녀는 휘페리온에게 다음과 같이 쓴다.

> 오, 나의 휘페리온이여! 모든 것을 알게 된 뒤로 저는 더 이상 연약한 여인이 아닙니다. 분노가 치밀어 땅을 거의 바라다보고 싶지 않습니다. 저의 상처 입은 가슴은 그칠 줄 모른 채 떨리고 있습니다.
>
> 우리 헤어지도록 합시다. 당신이 옳습니다. 저는 아이를 원하지도 않습니다. 왜냐하면 저는 아이들을 노예의 세상에 내맡기지 않을 생각이고, 불쌍한 초목은 내 눈앞 불모의 땅에서 시들어버릴 것이기 때문입니다.
>
> 안녕! 그대 귀한 젊은이여! (3. 131)

그녀가 휘페리온을 향해 던지고 있는, 무해하게 들리는 한마디 말이 그녀의 개인적인 파멸을 암시해준다. "당신에게서, 당신에게서만 모든 치유를 희망했습니다."(3. 130) 그녀에게 자아의식을 일깨워주었고, 그리하여 그녀가 존재하고 있는 모든 것에서 떨어져 나오도록 내면화시켰던 휘페리온, 그는 자신의 행위를 통해 파괴된 그녀와 세계 사이의 조화를 당연히 복구시켜야만 한다. 그러나 휘페리온이 미시스트라에서의 참패 이후 싸움터에서 죽음을 찾으려 하며, 이것은 그녀의 종말을 의미한다. 죽음 가운데서만 그녀는 잃어버린 자연과의 일치를 되찾을 수 있기 때문이다.

휘페리온은 앞서 삶의 현실성을 체험했기 때문에, 디오티마의 곁에서 어떤 평온도 찾을 수 없다. 그가 조화를 극단적으로 이해하는 한 그녀의 사랑은 좌초를 면치 못한다. 아도르노(Theodor W. Adorno, 1903~1969년)의 말을 빌리면, 그에게는 '잘못된 삶 가운데에는 어떤 올바른 삶도' 존재하지 않는다. 《휘페리온 단편》에 나오는 "나에게 모든 것이 아닌 것, 그리고 영원히 모두인 것은 나에게 아무것도 아니다"(3. 164)라는 문구는 그에게도 적용된다. 참된 이상이라면 그 이상은 예외 없이 도처에 그리고 모두를 충족시킬 수 있어야 한다. "우리가 희망하는 아름다운 공동체가 우리를 결혼시켜줄 때까지"(3. 101) 휘페리온은 디오티마를 포기할 수밖에 없게 된다.

휘페리온은 디오티마를 향한 자신의 사랑이 불러일으킬 위협을 처음부터 의식하고 있다. 그러나 이 사랑은 이미 전체가 되는 것을 끊임없이 암시해주고 있다.

> 나는 비로소 그녀 앞에 있다, 흥분하고 비틀거리면서. 그리고 포개진 두 팔을 가슴 위에 세차게 눌러 가슴의 떨림을 억제했다. 휩쓸고 가는 물살에서 헤엄치는 자가 솟구쳐 오르듯이 내 정신은 무한한 사랑 안에 침몰하지 않으려고 있는 힘을 다해 분투했다. (3. 65~66)

그가 자신의 삶이 '중심을 벗어난 궤도'에서 길을 잃지 않으려고 한다면, 그는 자신에게 모든 것일 수 있는 연인에게서 떨어져 나오지 않을 수 없다. 그녀는 그의 내면에 자리하여 계속되는 그의 발걸음에 방향과 목적지를 결정지어주는 징표가 되어야 한다. 연인과의 작별을 통해서 휘페리온을 위해 그녀의 피안으로의 옮김은 일어난다.

— 디오티마는 이때부터 놀랍도록 변했다. […] 그녀는 한층 높은 존재였다. 그녀는 더 이상 필멸의 사람 가운데 한 명이 아니었다. […]
— 디오티마는 마치 대리석상처럼 서 있었고 그녀의 손은 내 손 안에서 느낌으로 알만큼 풀이 죽어 있었다. […]
— 오, 이 환희의 입술로부터 울려 나오는 달콤한 음성이여! 나는 외쳤다. 그러고는 기도하는 사람처럼, 우아한 입상 앞에 나는 섰다. […]
— 어리석은 양반, 도대체 작별이 무엇입니까? 그녀는 불멸하는 자의 미소를 띠면서 신비스럽게 나에게 속삭였다. (3. 97, 101, 102)

휘페리온의 과제는 이제, 이 지상에서 깃들 곳을 찾을 수 없었던 이상에 자신의 행동으로 어떤 변함없는 현세적인 고향을 마련해주는 것이다.

체념을 넘어 희망으로

해방전쟁에서 좌절을 겪고, 알라반다와 디오티마도 세상을 떠난 후 노예처럼 사고하는 독일인들과 그들의 속물근성을 체험한 휘페리온은 아직 독일에 머물면서, 자연과의 내면적인 대화로 되돌아간다.

> 오 그대, 그렇게 나는 생각했다, 그대의 신들과 더불어, 자연이여!
>
> 나는 인간사에 대한 꿈을 모조리 꾸어보았으나 그대만이 살아 있다고 말하리라. 그리고 평화를 잃어버린 자들이 강요하고, 생각해낸 것은 밀랍으로 만든 진주처럼 그대의 불길로 녹아 없어지리라!
>
> [...]
>
> 인간들은 썩은 과일처럼 그대에게서 떨어지고 있다. 오, 그들이 떨어지도록 내버려두라. (3. 159)

정치적인 체념이 이 소설의 끝머리에 등장하는 것처럼 보인다. 알라반다의 편에서 싸우고 있었을 때 휘페리온은 개인적인 해방은 오로지 인류의 해방과 더불어서만 성공할 수 있으리라는 신념을 가졌던 것에 반해, 이제는 역사적 유토피아가 포기되고 오직 개인적인 완성을 위해 노력할 것을 요구한다. 그러나 사회와 정치에서 등 돌림을 이 소설의 결론적인 요구로 읽을 수는 없다. 앞 인용문에서 "나는 그렇게 생각했다"라는 상대화시키는 어구로 회의적인 원칙의 유효성에 의구심을 표명하고 있다. 이런 식의 제약적인 주석은 이 마지막 편지의 여러 곳에 들어 있다. 잘 알려진 마지막 문구는 많은 당대의 독자들이 생각한 것처럼 이 소설의 미완결성을 나타내는 것이 아니라, 끝에 전개된 사유의 미완결성을 암시한다.

> 그렇게 나는 생각했다. 곧이어 더 많이 말하리라. (3. 160)

휘페리온은 자주 자연을 향한 자기 발걸음의 퇴행성을 보여준다.

그리하여 나는 차츰 복된 자연에 나를 맡기게 되었고 거의 끝을 몰랐다. 자연에 더 가까이 있기 위해서라면 나는 기꺼이 어린아이가 되고자 했다. […] 내가 배운 것, 살면서 내가 행한 것, 그것들은 마치 얼음처럼 녹아버렸고 청춘의 온갖 계획은 내 마음 안에서 점점 사그라져갔다. […] 나의 사유는 내 안에서 잠들어버렸다. (3. 158~159)

프랑스 대혁명에 대한 은밀한 회상을 통해 체념의 계명은 모순에 부딪힌다.

그대 대지의 샘이여! 그대 꽃이여! 그리고 그대 숲들이여, 또한 독수리와 그대 형제 같은 빛이여! 우리의 사랑은 얼마나 오래고 또 새로운가? — 우리는 자유로우며, 외부를 두려워하지 않으며 서로를 닮는다. (3. 159)

체념의 필연성은 바로 소설의 마지막 구절에 따라 정정된다.

세상의 불협화는 사랑하는 사람들의 다툼과 같고, 화해는 다툼의 한가운데 있으며, 떨어져 있는 모든 것은 다시 자신을 찾는다. 핏줄은 갈라져 심장 안에 되돌아오며 모든 것은 일치하는, 영원한, 타오르는 생명이다. (3. 160)

세상의 불협화를 사랑하는 사람들의 다툼으로 파악한다면, 인간에 대한 저주를 넘어서고 있는 것이다. 이 인간에 대한 저주는 결코 실제적인 해결이 아니었으며, 오직 환멸과 절망의 표현이었을 뿐이다.

체념은 이 소설의 전체 구성에 의해서도 결정적으로 반박된다. 소설의 전체 구성에서 보면 우선 새로운 삶의 진척은 언제나 무엇인가 지난 것과의 작별을 의미하기에, 모든 새로운 삶의 진척은 비탄과 절망의 국면을 앞에 놓고 있다는 사실을 알 수 있다. 아다마스, 알라반다와 디오티마와 더불어 그는 매번 한층 집약적인 소유와 상실의 연속을 철저히 체험한다. 그리고 상실을 통해서, 깊은 의기소침을 거치고 나서, 소유에 대한 새로운 충동 또는 실현을 향한 새로운 충동이 일깨워진다. 그리하여 그가 마지막 편지에서 말하고 있는 인간 세계에서 외면상의 퇴각은 새로운 삶을 예고하는 단계일 뿐이다. 독일을 떠나온 뒤에야 비로소 휘페리온은 새로운, 그의 본래 숙명에 이르게 되는 것이다.

따라서 소설의 끝 구절을 제3권을 암시하는 것으로 이해한 독자는 이 소설을 읽어나가면서 기본적으로 휘페리온의 이어진 삶의 과정을 이미 알고 있다는 사실을 잊고 있는 셈이다. 왜냐하면 '조국 땅' 그리스에 다시 들어선 첫 번째 편지에서의 휘페리온은 독일에서의 체류와 인간 혐오, 체념의 단계를 거쳐 온 휘페리온이기 때문이다.

그는 자신의 생애를 기록하면서 숙고하는 가운데, 자신의 성격에 들어 있는 '불협화'를 해소한다. 또 그는 누구에겐가 쓰는 가운데 자신의 은둔을 극복한다. 글쓰기는 여전히 그의 희망이 걸려 있는 혁명적 목적을 위해 그 자신과 사회의 현 상황에 알맞은 실천 형식이다.

> 근본부터 달라지리라! 인간 본성의 뿌리에서 새로운 세계는 움트리라! 새로운 신성이 그들을 지배하며, 새로운 미래가 그들 앞에 밝아오리라. (3, 89)

> 모든 것이 회춘되어야 하고, 근본부터 변화되지 않으면 안 되네. 욕망은 진지함으로 가득 차고 모든 일은 쾌활해야 한다네. 어떤 것도, 가장 보잘것없는 일

도, 가장 일상적인 일도 정신과 신을 동반하지 않으면 안 되네. (3. 111)

전투적으로 혁명적인 행위가 행동하는 자들의 결함으로 말미암아 좌초를 겪는 가운데, 휘페리온은 교육적인 혁명이 정치적인 혁명에 앞서야만 한다는 결론에 이른다. 이 혁명을 위해 그는 일하기를 원한다. 문학적인 작업 가운데 그의 삶의 '중심을 벗어난 궤적'은 완성된다. 즉 그는 자신의 숙명을 이해하고 받아들이며, 자신이 생의 경과와 함께 규정하고 규정되는, 모든 것을 포괄하는 자연의 흐름의 한 요소라는 사실을 인식한다.

성스러운 자연이여! 그대는 나의 안과 밖에서 언제나 한결같은 자연입니다. 내 밖에 존재하는 것을 내 안에 들어 있는 신성과 결합하는 것도 그처럼 어려운 일이 아닐 것입니다. 벌들도 그들의 작은 나라를 이룩하는데 어찌 내가 필요한 것을 심고 가꾸지 말라는 법이 있겠습니까? (3. 89)

횔덜린과 휘페리온의 근친성이 명백해진다. 프랑스 대혁명이 자코뱅파의 공포정치로 바뀌고 난 뒤, 지롱드파에 동정적인 횔덜린은 "지금까지의 모든 것을 부끄럽게 만들어버릴 사고와 표상 형식의 미래를 향한 혁명"(6. 229)에 희망을 걸었다. 그의 《휘페리온》이 이 혁명에 기여해야 할 것이었다. 궁핍한 시대에 그는 약속으로 가득 찬 역사적인 각성이라는 이상과 희망을 보존하고 이것을 다가오는 세대에 물려주어, 아름다운 이상과 과감한 행위를 성공적으로 결합시킬 수 있기를 소망했던 것이다.

철학적 소설 《휘페리온》. 아테네 연설과 질책의 연설

소설 《휘페리온》은 미에 대한 사유를 담고 있는 철학적 소설이다. 제1권의 마지막 편지에서 휘페리온은 디오티마와 친구들을 동반해서 카라우레아 섬에서 아테네를 향해 갔던 한 여행에 관해 쓰고 있다. 항해 도중에 그는 그 자신이 "신비로운 일"(3. 79)이라고 한 미(美), 문학, 철학과 이성에 대한 생각을 풀어놓는다. 이 장면은 소설의 테두리 안에서 그 자체가 독립적인 담화를 구성하고 있다. 그렇다고 해서 다른 부분들과 모순을 보이거나, 다른 어떤 정서의 표현으로서 상대화되지도 않는다. '신비로운 일'이라는 개념은 언급된 것이 어느 한 개인의 언술 이상이라는 것을 암시한다. 휘페리온은 정신적인 분위기에 영감을 받은 한 사람으로 말하고 있다. 이것은 작가가 휘페리온을 자신의 철학적 대변자로 삼고 있다는 메타 시학적인 표지인 것이다.

이 담론은 "옛 아테네 민족의 특출함"(3. 77)이 어떤 원인을 가지고 있는가 하는 물음에서 출발한다. 횔덜린은 여기서 당대에 널리 알려져 있었던, 그리고 빙켈만(Johann Joachim Winckelmann, 1717~1768년)이 대변한 기후론을 논박한다. 즉 횔덜린은 휘페리온에게 "기후가 이 모든 것을 형성했다고 나에게 말하는 사람은 우리도 아직 그 기후 안에 살고 있다는 것을 생각해야 할 것이네"(3. 77)라고 말하게 하는 것이다. 아테네의 문화적 융성은 오랫동안 어떤 외래적 영향도 받지 않았다는 사실에서 비롯한다고 주장한다. 여기서 다시금 횔덜린의 중심적인 교육관을 새롭게 만날 수 있다.

> 모든 훈련과 기예라는 것은 인간의 천성이 아직 성숙되지 않은 경우에는 너무 이르게 시작되는 것이기 때문이네. […] 인간으로 하여금 늦게야 자기 자신 이외에 인간들이, 그 어떤 것이 존재한다는 사실을 알게 해야 한다는 것이네. 왜냐하면 그렇게 해야만 그가 인간이 되기 때문이네. 그러나 인간은 인간이 되자마자 하나의 신이라네. 그리고 인간이 하나의 신일 때, 인간은 아름다운 법이네. (3. 78, 79)

그러니까 그리스인의 행운은 그들이 방해받지 않은 오랜 발전 과정인 긴 '유년기'에 자신들의 내면적인 신성을 느낄 수 있었던 데 있다. 그들이 역사 안에 발을 들여놓기 이전에, 그들은 미, 전체성, 조화에 대한 표상을 연마했던 것이다. 신성, 아름다움, '조화로운 대칭', '자신 안에 구분되어 있는 일체(Hen diapheron heauto)', 이 모든 것이 횔덜린에게는 내면과 외부에 걸쳐 동일한 존재 원리에 대한 동일한 개념이다. 신에 대한 표상은 자신을 들여다보기 위해 자기 내면에 들어 있는 신적인 것이 벌이는 시도다.

> 인간의 신적인 아름다움의 첫 번째 자식은 예술이네. 예술을 통해 신적 인간은 스스로 회춘하고 되풀이한다네. 신적 인간은 스스로 느끼기를 갈망하고, 그 때문에 자신의 아름다움을 자신에게 마주 세우지. 그렇게 해서 인간은 스스로에게 자신의 신들을 부여했다네. 왜냐하면 태초에 인간과 그의 신들은 일체였고, 그 자신은 알지 못했지만, 영원한 아름다움이 거기에 존재했던 것이네. (3. 79)

예술은 스스로를 파악하고자 애쓰는 근원 정신의 산물이다.

내면적인 신성에 대한 의식에서 그리스인들에게는 자유의 감정이 또한 성장한다. 존재의 법칙을 자신 내면에서 느끼는 자는 어떤 외래의 규정도 필요치 않으며 또 이를 감내하지도 않는다. 그렇기 때문에 휘페리온은 아테네 사람들을 이렇게 말한다.

> 드라코와 같은 인물은 아테네 사람에게는 쓸모가 없네. 아테네 사람은 부드럽게 다루어지기를 원하고 그런 것을 좋아한다네. (3. 80)

또한 철학은 조화에 대한 감정이 존재하는 곳에서만 발생한다. 철학의 근원은 회의(懷疑)다. 회의의 바탕인 모순과 결핍 의식은 완결성에 대한 의식이 존재할 때만 생길 수 있는 것이다. 그리스인은 자신 안에 있는 '무한히 일치적인 것'을 느꼈기에, '미의 본질'이면서 모든 사물의 마지막 근거인 '자신 안에 구분되어 있는 일체'를 발견할 수 있었다.

휘페리온, 아울러 횔덜린은 오성과 이성에 대한 원칙적인 비판에 도달한다. 전면에 부각되는 신화적 시적 구조는 혼자 꿈꾸고 있는 시인의 디오니소스를 닮은 도취가 아니라, 계몽의 정신에서 생성되어 나온 계몽에 대한 비판의 한 부분이다. 계몽주의는 그것이 이성 철학 이외에 아무것도 아닐 경우, 실천적인 요구를 충족시킬 수 있는 위치에 있지 않다는 것이다.

인간의 어떤 이상도, 삶의 어떤 실천도 이성에서만 도출되지 않는다. 호르크하이머(Max Horkheimer, 1895~1973년)와 아도르노보다 훨씬 앞서, 또 포스트모던의 이성 비판보다 훨씬 앞서 횔덜린은 《휘페리온》을 통해 이성의 단순한 도구성에 주목했다.

> 오성은 정신의 아름다움 없이는 미리 지시된 대로 거친 목재로 울타리를 세우

고 장인이 지으려고 하는 정원을 위해서 재단된 말뚝을 못질해 잇는 부지런한 기능인과 다름없다네. 오성이 하는 모든 일은 응급조치일 뿐이네. 오성은 정리하는 가운데, 무의미한 짓이나 부당한 일에서 우리를 지켜주지만, 무의미한 일이나 부당한 일에서 안전하다는 것이 인간적인 특출함의 최고 단계는 아니라네.

정신의 아름다움과 심정의 아름다움이 없다면 이성은 집주인이 하인들 위에 임명해놓은 감독자와 다름이 없다네. 그 감독자는 끝없는 작업으로 무엇을 이루어야 하는지를 하인들만큼도 모르고 있어서 오로지 바삐 움직이라고 외칠 뿐이며 일이 진척되는 것도 거의 달갑게 여기지를 않는다네. 왜냐하면 일이 끝나게 되면 더 이상 감독할 일이 없어질 것이고, 자신의 역할도 끝장나기 때문이지. (3. 83)

이성은 자신에게서 자신의 정당성을 입증할 수도 없으며, 삶의 목적을 제시해줄 수도 없다. 이성은 '정신의 아름다움과 심정의 아름다움'을 향해서 가야 하는 인간에게는 부차적 능력에 지나지 않는다. 전체성이라는 개념과 자연스럽게 질서 지워진, 자유롭고 자기 규정적인 삶을 위해서는 감동을 주는 충실성에서 이 이성 개념은 멀리 떨어져 있는 것이다. 이성이 어떤 이상에도 따르지 않는다면, 그것은 공포의 도구가 될 수도 있다. 휘페리온이 이성 철학에 맞서 "문학은 이 학문의 시작이자 끝이다"(3. 81)라고 말했을 때, 문학의 도취적인 측면을 의미한 것은 전혀 아니다. 철학은 스스로 증언할 힘도, 유토피아를 향할 능력도 가지고 있지 않다. 그 철학이 시적 토대 위에 서 있어야 하며 인류사 전체에 대해 인간적인 목표를 부여해야 한다면 철학은 문학을 필요로 하는 것이다. 전체성이 어떻든 의미와 진리를 가지고 있다면, 이 의미와 진리를 이성으로만 체험할 수 없다고 휠덜린은 말한다. 그 의미와 진리에 접근하려면 가지고 있는 인간적인 인식 능력을 남김없이 투여해야만 한다. 인간적인 모든 능력의 앙상블을 휠덜린은 문학예술이라고 부르고 있는 것이다.

제1권의 마지막 편지, 이른바 '아테네 연설'인 이 편지가 철학적 소설로서의 《휘페리온》을 증언하고 있다면, 제2권의 마지막 편지, 이른바 '질책의 연설'은 독일의 현실을 신랄하게 비판하고 있다. 따라서 제2권의 마지막 편지는 문명과 시민사회의 속물성을 비판하는, 사회소설 내지는 정치소설로서의 《휘페리온》을 증언하고 있다. 그리스를 떠난 휘페리온은 디오티마가 가라고 권한 벨라르민의 조국 독일에 왔다. 신들이 사는 숲이 맞이해주고 아름다운 영혼이 마중해주었던 아테네의 성문을 향해 고향을 잃고 눈이 먼 오이디푸스가 다가갔듯이, 의기소침하여 다가간 휘페리온은 기대를 완전히 저버린 독일과 독일인들을 만나게 된다. 다가가 위안을 받으려 했던 독일 사람들은 그러니까 "예부터 야만스러운 자들은 근면과 학문으로 그리고 심지어 종교를 통해서 더욱 야만스러워져 있었던 것이다."(3. 153) 휘페리온이 만난 독일인들은 자기소외에 빠져버린 현대인의 모습 자체였다.

> 나는 독일인들보다 더 자기 분열적인 민족을 생각할 수조차 없다. 직공들을 볼 수는 있으나 인간을 볼 수 없고, 사상가들을 볼 수는 있으나 인간을 볼 수 없으며, 성직자는 볼 수 있으나 인간을 볼 수 없고, 주인과 하인들, 청년과 분별 있는 중년의 사람은 볼 수 있으나 인간을 볼 수 없다. 이것은 손과 팔, 사지가 모두 잘려 이리저리 얽혀 있고 쏟아진 피가 모래밭에 흐르고 있는 전쟁터와 같지 않은가! (같은 곳)

휘페리온은 체념하고 이 소설의 부제처럼 '은둔자'로 다시금 그리스 섬 살라미스로 돌아간다. 이 지점에서 독자는 이 소설의 첫머리로 되돌아가게 된다. 그 첫머리 "사랑하는 조국의 땅이 나에게 다시금 기쁨과 고통을 주고 있다"는 이 소설의 끝과 연결되기 때문이다. 거기서 고독 가운데 모든 '불협화'를 극복하는 자연과의 일치를 향한 길을 지시해주는 디오티마의 목소리를 듣게 되는 과정을 반복해서 회상하는 순환에 놓인다. 아울러 "그렇게 나는 생각했다. 곧이어 더 많이 말하리라"(3. 160)는 여운은 휘페리온이 시인의 사명을 짊어지게 되는 것을 암시한다.

'절대 소설' 《휘페리온》

독일 낭만주의 문학평론가 슐레겔(Friedrich Schlegel, 1772~1829년)은 낭만주의 문학의 결정체는 소설, 그것도 '절대 소설'이라고 했다. 《휘페리온》 제1권이 발행된 해인 1797년, 슐레겔은 "완벽한 소설은 빌헬름 마이스터보다 훨씬 더 낭만적인 예술작품이어야 한다. 한층 더 현대적이며 고대적이고, 한층 더 철학적이며 윤리적이고 시적이며, 정치적이고, 자유로우며, 보편적이고 한층 더 사회적이어야 한다"고 했다.[21] 〈시와 문학에 관한 노트〉에서 슐레겔은 현대적인 문학 장르인 소설은 모든 하부 장르를 통합해야 한다고 주장하면서, 소설은 시이자 산문이며, 환상과 심리학, 철학을 포괄한다고 말한다. 그가 상정하고

---

21) Friedrich Schlegel, *Kritische Ausgabe* (KA), München, Wien 1958ff. Bd XVI. 108쪽. Fragmente für Litteratur und Poesie, LN 289.

있는 소설에는 시문학, 비평, 철학이 혼합되고 융해되어 있다. 그가 횔덜린의 《휘페리온》을 읽었더라면 자신의 요구가 여지없이 실현되어 있고, 《빌헬름 마이스터》를 훨씬 능가하는 현대적 소설을 만났을 것이다. 이처럼 '문학의 나라 안에 있는 아직 아무도 발 딛지 않은 땅'에 《휘페리온》은 발을 디뎠지만, 유럽의 문학사에서 뒤를 이어 그 땅에 발 디딘 작품은 다시 등장하지 않았다.

제6장
첫 번째 홈부르크 시절
(1798~1800년)
비탄을 넘어 시의 고원을 향해 나아가다

횔덜린은 프랑크푸르트를 떠나 걸어서 세 시간이면 닿을 수 있는 홈부르크로 갔다. 그는 자신의 친구들, 특히 징클레어와 어울리려고, 또 쥬제테 근처에 머물려고 그곳으로 간 것이다. 그는 1795년 1월 칼프가를 떠난 뒤, 예나에서 쓴 것과 똑같이 자기 신상의 변동을 설명하며 정당화하는 편지를 어머니에게 썼다. 그는 프랑크푸르트에서의 가정교사 생활이 견디기 어려웠다고, 또 그만두기로 한 자신의 결정이 어머니를 놀라게 하지 않았으면 좋겠다고 썼다. 그렇게 한 것은 이성적이고 합리적이었다. 그는 덧붙여 프랑크푸르트에서의 가정교사로 얻은 보수와 출판에 따른 수입에서 모아 둔 돈으로 독립적인 생활이 가능할 것이라고 다소 길게 설명했다. 그는 간소하게 살아갈 태세를 갖추었고, 친구 징클레어 덕택으로 궁정의 보호를 받을 수도 있게 되었다.

어조는 변명조였지만, 1798년 10월 10일 어머니에게 보낸 그 편지

바트 홈부르크
베게린(Wegelin)의 철판화(1820년 무렵)

는 어머니에 대한 일종의 도전이기도 하다. 고용살이를 떠나면서 자신의 미래가 다시 어머니의 처분에 내맡겨지는 처지가 되자, 그는 미리 어머니의 간섭을 방지하고 또 그 간섭에 저항하고자 시도했던 것이다. 그는 1800년 여름까지 이런 자신의 태도를 지탱해나갔다. 그는 자신의 할 일을 앞세워 어머니의 소망을 거슬렀다. 그가 홈부르크에 머무른 다른 이유, 즉 쥬제테와의 관계를 어머니에게 털어놓을 수 없었기 때문에 더욱 강력하게 그렇게 했다.

그해 11월 횔덜린은 징클레어와 함께 열흘 동안 라스타트(Rastatt)로 가서 머물렀다. 그리고 이듬해 여름에는 잡지 《이두나(*Iduna*)》 발행 계획에 지원을 얻으려고 몇 차례 여행했을 것으로 보인다. 그 외에 그는 홈부르크에 머물면서 한 달에 한 번씩 쥬제테를 만나려고 프랑크푸르트로 향했다.

징클레어의 초상(유화, 1808년)
징클레어는 1793년 튀빙엔에서 법학을 공부하고 있었을 때 횔덜린과 교우 관계를 맺었고, 1795년 봄 예나에서 재회한 뒤 서로 우정이 깊어졌다. 그는 횔덜린을 거의 반신을 보듯이 존경하고, '모든 것에서 모범인 마음의 친구'로 그를 바라보았다. 횔덜린이 1798년 9월 프랑크푸르트의 공타르가를 떠나게 되었을 때, 자신의 근무지인 홈부르크로 횔덜린을 오게 해 1800년 6월까지 머물게 했다. 횔덜린의 정신착란에 그 자신이 절망을 느끼면서도 1804년 6월 다시 홈부르크로 횔덜린을 데려가 1806년 9월까지 그 곁을 지켰다.
징클레어는 프랑스 혁명에 자극받은 철학과 정치 이론에 영향을 받아 예나대학에서 권고 퇴학을 당해 귀향한 적이 있을 만큼 과격한 혁신주의자이사 행동파였다. 횔덜린은 그와 마찬가지로 혁명적인 공화주의자였지만, 어디까지나 시인으로서였다. 따라서 횔덜린은 "서로 그렇게 지배적이고 예속적인 친구는 정말 없다"고 이 우정의 긴장 관계를 토로한 적이 있다.
횔덜린은 송시 〈에뒤아르에게〉와 찬가 〈라인강〉을 징클레어에게 바치고 있다.

횔덜린이 독립적으로 생활하면서 현실에서 작가로서의 길을 열려고 최선의 노력을 쏟았던 때가 바로 이 시기다. 물론 한층 심각하고 또 끈질긴 것이기는 하지만, 이 시기는 예나에서 보낸 몇 개월 되지 않았던 시절의 반복이었다. 어머니에게 말하고 있듯이 그는 "방해받지 않는 몰두를 통해 마침내 사회에서 평가받는 어떤 지위를 준비할 수 있기를"(6. 283) 희망했다. 그가 징클레어의 충고에 따라 어머니에게 던지고 있는 그런 야망은 지나친 것은 아니었다. 앞서 쓴 시들이 그가 홈부르크에 머무르고 있을 때 출판되었고 슐레겔에게서 호의적

헤센 홈부르크의
아우구스테 공주(파스텔화)
아우구스테 공주는 횔덜린 예찬자였다. 1816년 아직 미혼이었던 그녀는 스스로 '유언'이라고 부른 글에서 소설 《휘페리온》을 스무 번이나 읽었으며, 횔덜린의 시들이 자신에게 크게 영향을 끼쳤다고 고백하고 있다. 정신착란의 횔덜린을 가리켜 "그는 이제 바보가 되었다"고 아쉬워하면서 "횔덜린은 나에게 한 명의 이상적인 인물이었으며, 내 환상 가운데 한 존재"라고 술회하고 있다. 횔덜린은 1799년 11월 그녀에게 시 〈홈부르크의 아우구스테 공주님께〉를 헌정했으며, 1804년에는 자신이 번역한 《소포클레스의 비극들》을 증정했다.

인 평가를 받았다. 소설 《휘페리온》 제1권도 좋은 반응을 얻었다. 친구들 사이에는 열렬한 반응이 일어나기도 했다. 그리고 1799년 가을 제2권이 제때 출간되었다. 다른 여섯 편의 시를 문학잡지들이 받아들였고, 그는 자신이 만난 여러 인사들, 예컨대 아우구스테(Auguste, 1776~1871년) 공주와 같은 이들에게 연달아 깊은 인상을 남겼다. 그러나 필명을 막 드러내기 시작한 촉망받는 젊은이라는 사실도 그의 자립을 보장하지는 못했다. 1799년 6월 그는 《이두나》, 즉 '영원한 생명의 사과를 들고 있는 여신'이라는 이름을 딴 잡지를 발간해서 자신의 명성은 물론 생계비까지 확보하려는 계획을 세웠다.

횔덜린이 이 잡지 발간의 지원을 받으려고 접촉했던 쉴러는 매우 당황해했지만, 이 계획은 사실 엉뚱한 것은 아니었다. 노이퍼도 《교양 있는 여성들을 위한 소책자》라는 잡지를 내고 있었다. 노이퍼가 잡지 발행을 관리할 수 있다면, 횔덜린이 그렇지 못하리란 법이 어디 있겠는가? 편집자로서, 그리고 주 기고자로서 횔덜린에게 달마다 충분한 생활비를 조달해줄 수 있었을 것이다. 이 잡지는 비판적인 에세이나 서평, 그리고 시도 실을 계획이었고, 1년에 한 번은 소설이나 비극 작품도 실을 계획이었다. 횔덜린은 자신의 비극 《엠페도클레스의 죽음》을 그 잡지에 발표하려고 했다. 횔덜린이 노이퍼 소개로 슈투트가르트의 출판업자 슈타인코프(Johann Friedrich Steinkopf, 1771~1852년)에게 이 잡지 발간을 제안했을 때, 슈타인코프는 큰 관심을 보였다. 그러나 그는 어조를 낮춰 조언하면서 성공을 희망하려면 몇몇 저명인사들의 협력이 꼭 필요하다는 조건을 제시했다. 이에 따라 횔덜린은 괴테, 쉴러, 셸링과 문단에서 자기보다 더 널리 알려진 다른 사람들에게 도움을 간청했다. 그러나 누구로부터도 아무런 반응을 얻어내지 못했다. 횔덜린은 "그렇다면 사람들은 나를 그렇게 깡그리 부끄럽게 생각하고 있다는 것인가?"(6. 366)라고 쥬제테에게 한탄했다.

횔덜린은 어머니에게 프랑크푸르트에서 저축한 돈으로 1년은 버틸 수 있으리라고 말했으나, 너무 낙관적인 생각이었다. 여섯 달이 지난 뒤 그는 어머니에게 생활비를 요구했다. 그는 어머니에게 그 생활비를 빌려주는 돈으로 생각해도 된다고, 나중에 이자를 더해 갚겠다고 했다. 1799년 내내 그는 일정한 간격을 두고 본가에서 지원을 받았다. 《이두나》 발행이 수포로 돌아가자, 그의 경제적인 어려움은 더 심각해졌다. 그리고 그는 금전적 지원 요청을 너무 난처해하고, 감사의 표현을 너무 지나치게 했다. 이런 그의 태로도 말미암아 자칫하면 서른 살의 한 사람이 그것도 자기 몫의 유산 가운데 극히 일부만을 요구하고 있다는 사실을 잊고 있었던 것은 아닌지 의심하게 될 지경이다.

홈부르크에 머무는 동안 횔덜린가 해결해야 할 첫째 문제가 자신의 명성을 높이고 경제적 독립을 얻어내는 일이었다고 미루어 생각하는 것은 잘못이다. 물론 그는 이 두 가지 일을 바랐고, 또 그 일에 시간과 생각을 바친 것은 사실이다. 그러나 그는 사실 자신이 "가장 본래적인 일"(6. 297)이라고 부른 시인으로서의 사명을 그 이전보다 더 결연하게 수행하는 가운데 이런 일들이 부수적으로 일어나기를 희망했을 뿐이다. 돈과 명성이 그를 도울 수 있었겠지만, 그것 없이도 그는 자신의 문학을 실천해나갔다. 가장 중요한 의미에서 비록 실질적인 패배로 끝나기는 했지만, 그의 홈부르크 체류는 하나의 승리였다. 《이두나》 발행 계획이 이를 완전히 드러내 보여준다. 물론 잡지 발행에 걸었던 그의 기대는 무산되고 말았지만, 그는 잡지 발간을 염두에 두고 문학 정신과 그 표현 기술에 대한 사유를 특출하게 풀어놓기 시작했다. 이른바 '홈부르크 논고'들이 그것이다.

횔덜린은 홈부르크에서 홀로 생각하는 시간을 많이 가졌다. 마음에 맞는 친구들과는 만날 기회가 없지 않았으나, 그는 혼자만의 생활을 택했다. 실제로 그와 그의 아주 가까운 친구들은 서로를 피했다. 각자 자기 일에 전념하는 데 방해가 되지 않기 위해서였다. 그는 비극 《엠페도클레스의 죽음》을 쓰는 데 열중했다. 그리고 이 기획에 대해서, 특히 이 작품을 어떻게 진전시킬 것인지 전망할 수 없을 때마다 많은 것을 성찰했다. 전체적으로 그는 사색하는 분위기에서 지냈다. 몇몇은 상당히 긴 내용을 담고 있는 이때의 편지들은 그가 그동안 썼던 어느 편지들보다 계몽적이다. 그는 자신에 주목하고 자신의 성격이나 곤경을 살피고 있지만, 자신의 천직이나 재능의 실현에 대해서는 비교적 냉정하게 평가했다. 글쓰기나 사색을 잠시 중단할 때면, 그는 산책으로 기분을 전환했다. 문 앞을 나서면 펼쳐져 있는 들녘을 걷거나, 숲이나 과수원 사잇길을 걸었다. 그러나 이런 산책 가운데서도 그는 여전히 일을 생각했다. 그는 난로의 불기가 꺼지고 방이 참을 수 없을 만큼 추운 겨울에도 밤늦도록 글을 썼다.

주제테로 말미암은 그의 고통은 심각했던 것이 분명하다. 그러나 그녀 이외의 누구에게 보낸 편지에도 이런 고통에 대한 암시는 없다. 그는 여전히 노이퍼에게 문학에 관한 편지를 썼지만, 더 이상 노이퍼를 신뢰하지는 않았다. 그들의 편지 왕래는 거의 중단될 지경에 이르고 있었다. 그는 공타르가를 오갈 수 있었던 에벨에게 쥬제테가 "끝내 비탄에 젖어 지내지 않기 위해서는"(6. 377) 그녀에게 격려가 절실히 필요하다고 썼다. 그러나 그 자신은 그녀에게 편지를 쓸 때 자신의 고통을 주체할 길이 없다고 말하고 있다. 둘 사이에 오간 편지 가운데 남아 있는 몇 되지 않는 횔덜린의 편지에는 이런 사실이 확연히 드러난다. 그러나 다른 사람에게 보낸 편지에서는 그의 가장 큰 슬픔을 감추려고 하는 것이 눈에 띈다. 그는 카를에게 이렇게 썼다. "나는 내 고통을 나 자신에게도 감추었다. 만일 내가 그것을 발설하고자 했다면, 나는 내 영혼을 다해 울지 않을 수 없었을 것이다."(6. 294) 그는 이 자리에서 프랑크푸르트에서 보낸 마지막 날들을 지적하고 있었지만, 홈부르크에서도 역시 그것은 그의 특징적인 태도였다. 어머니에게 털어놓을 것인가는 아예 문제 삼을 일도 아니었다. 그러나 은밀한 고백은 그가 자신의 제자였던 앙리에 대해 애정과 비감을 토로할 때 일어나고 있다. 그는 어머니에게 이렇게 쓰고 있다. "제가 너무 유약해지지 않으려고 하면, 그 아이 생각을 내 감각에서 모두 지워버려야만 합니다. … 그 아이는 저를 잊지 않을 것입니다. 저도 마찬가지로 한 번도 그 아이를 잊은 적이 없답니다. … 제가 단 세 시간이면 그에게 닿을 수 있는 거리에 있다는 것이 기쁘답니다. 그 아이가 어떻게 지내고 있는지 때때로 알아볼 수 있으니까요."(6, 286) 이것은 물론 진지한 그의 마음이다. 그러나 얼마만큼은 그 아이의 어머니에게서 그 아이로 감정의 전이가 일어나고 있는 것은 아닌가 생각된다.

횔덜린의 한 산책은 그를 프랑크푸르트가 바라다보이는 곳으로 인도했다. 쥬제테는 그녀 나름 프랑크푸르트 시내에서 맑게 햇빛을 받고 있는 홈부르크를 바라다볼 수 있었다. 당시 횔덜린이 번역한 작품 가운데 하나가 오비드의 작품 《헤로이데스(*Heroides*)》의 열여덟 번째 편지, 즉 레안더가 헤로에게 보낸 편지였던 것은 놀라운 일이 아니다. 그는 홈부르크 시절에 쓴 다른 글인 〈비극에 관하여〉에서 작가는 자신의 상황과 감정을 "어떤 낯선 유추적인 소재"(4, 150)로 옮겨놓는 것은 당연한 일이라고 했다. 그는 오비드의 작품 번역으로 이를 실행했던 것이다.

> 그러나 신은 나에게 선하지 않습니다. 도대체 왜 신은 평상시에 나의 동경을 붙잡아 두고 그렇게 잘 알려진 물길을 따라서 내가 거기로 헤엄쳐 가는 것을 용납하지 않았단 말인가요?
>
> 나는 바위 위에 앉아 그대의 해변을 건너다보고 있습니다. 나는 영혼 안에 있기에, 육신으로 거기로 갈 수가 없습니다. (5, 327~328)

1798년 9월 프랑크푸르트를 떠난 그가 12월 홈부르크에서 쓴 시 〈아킬레우스〉도 이별한 여인을 향한 간절한 그리움을 호머의 《일리아

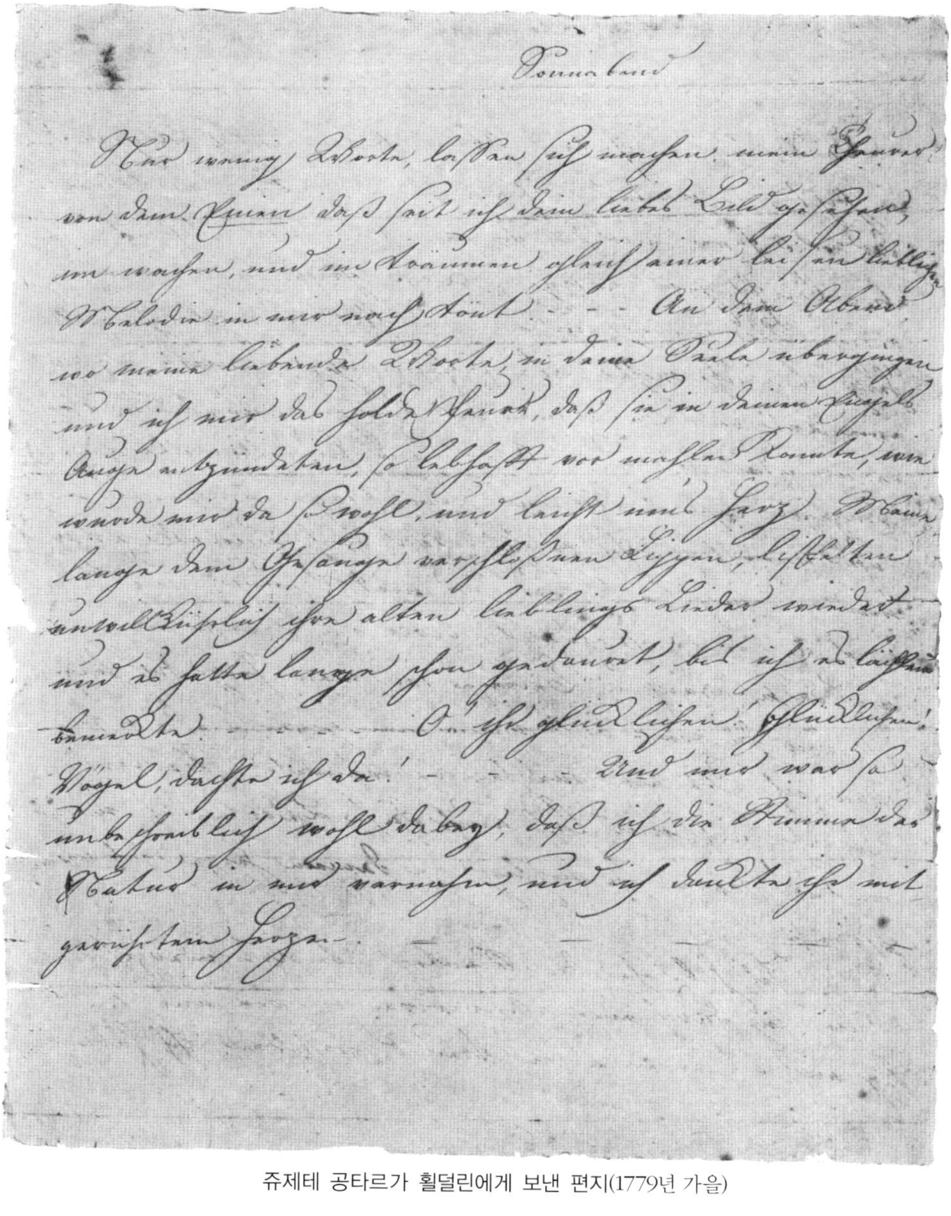

쥬제테 공타르가 횔덜린에게 보낸 편지(1779년 가을)

스》 첫 번째 노래에 나오는 브리세이스를 빼앗긴 아킬레우스의 처지에 대입해 이렇게 노래하고 있다.

기백 넘치는 신들의 아들이여! 그대 연인을 잃었을 때
바닷가로 가 밀물에 대고 울음을 울었고
슬픔을 탄식하면서 성스러운 심연으로
그 적막 속으로 그대 가슴은 들어가기를 갈망했다, 거기
배들의 떠들썩함 멀리, 파도 밑 깊숙이, 평화로운 동굴 안에서
그대를 보호해주는, 바다의 여신 푸른 테티스가 살고 있는 곳.
그 강력한 여신, 젊은이에게는 어머니였다.
(…)
신들의 아이여! 오 내가 그대와 같으면 얼마나 좋을까, 그러면
내 허물없이 천상적인 자 가운데 어느 한 명에게 나의 남모를 괴로움 탄식할 수 있으련만. (1. 271, 시 〈아킬레우스〉, 제1~7, 15~16행)

횔덜린이 공타르가를 떠난 것이 결코 최종적인 것은 아니었던 것으로 보인다. 공타르조차도 횔덜린이 다시 돌아오지 않는다는 것을 알고서는 놀라워했다고 전해진다. 쥬제테는 자신이 일을 더 신중하게 처리하지 않았던 것을 몹시 후회했다. 특히 적어도 횔덜린이 더 이상 가정교사가 아닐지라도 방문 정도는 할 수 있도록 보장하지 못한 것을 후회했다. 일단 그가 떠났기에 그들은 서로 드러내놓고 왕래할 수는 없었다. 쥬제테는 자신의 가족 아니면 방문객이나 이웃에게 감시를 받고 있다고 느꼈다. 1799년 여름 그녀는 서로의 연락 때문에 공공연한 비난을 받았다. 그녀는 이런 접촉을 계속하기는 했지만 위험성은 그

녀를 괴롭혔다.

쥬제테가 횔덜린과 한 약속은 그가 매달 첫째 주 목요일에 프랑크푸르트로 온다는 것, 그리고 어떤 수단을 통해서라도 편지를 주고받자는 것이었다. 그들은 친구들을 전달자로 이용했다.

> 날씨가 좋으면, 당신이 매월 첫째 목요일에 오시는 겁니다. 그렇지 못하면 다음번 목요일에 오시면 되겠습니다. 그래야 날씨가 우리를 착각하게 하지 않을 테니까요. 당신은 아침에 홈부르크에서 출발하실 수 있을 것입니다. 시내에서 10시를 알리는 종이 울리면 버드나무 곁의 낮은 울타리에 나타나십시오. 그러면 저는 제 방 창문에 서 있겠습니다. 서로가 알아보면, 어깨에 당신의 지팡이를 걸치세요. 저는 하얀 손수건을 들어 보이겠습니다. 그리고 잠깐 사이에 창문을 닫겠습니다. 그것은 제가 아래로 내려가겠다는 신호입니다. 그렇게 하지 않으면, 제가 내려갈 수 없는 사정이라는 뜻입니다. 내가 내려갈 경우, 정자에서 멀지 않은 출입구로 오세요. 정원의 뒤편에서는 묘지 때문에 눈에 띄기 전에는 사람들이 올 수 없어서 정자가 저를 가려줍니다. 그리고 당신은 양쪽에서 누가 오고 있지 않는지 살펴볼 수 있습니다. 그러면 우리는 울타리 사이로 편지를 주고받을 충분한 시간을 얻을 수 있답니다. (7/1, 77~78)

이런 비밀스러운, 그리고 복잡하고도 조금은 터무니없는 접선 행위는 그녀 자신을 불쾌하게 했다. 그러나 그런 불쾌감에도, 또 감당하기 어려운 두려움에도 그녀는 그에게서 아무런 소식 없이 지내기로 체념할 수가 없었다. 그녀의 편지는 만날 준비로 채워져 있었다. 약속을 제안하고, 수정하고, 취소하는 내용이다. 그녀는 서둘러가며 흥분한 가운데 썼다. 그녀의 편지들은 마치 긴박한 상황에서 쓴 베르터의 편지

같다. 그녀의 고통은 명백하다. 그들은 만남 사이에 있었던 생활을 기록하고, 할 수 있으면 그것을 교환하기로 합의했다. 그러나 그녀의 활동 보고는 그를 만나고 싶고 그의 소식을 듣고자 하는 강박관념에 가까운 소망과 이것을 어떻게 해서 이룰 수 있을까 하는 걱정으로 부단히 중단되곤 했다. 자신들의 사랑에 대한 그녀의 성찰은 두려움, 불안 그리고 헤어져 있음에 대한 고통 사이의 표류일 뿐이었다. 그러나 위로의 근거는 있었다. 어떻게 하면 그에게서 적어도 말을 건네받을까 열정적으로 생각해나가는 사이에, 그녀는 마지막에 기댈 것이 무엇인지를 알게 되었다. "저는 제가 당신을 사랑하듯이 당신도 저를 사랑하고 있다는 것을 알고 있습니다. 그리고 그 사실만은 아무도 저에게서 빼앗아갈 수 없습니다."(7/1. 99) 만남 없이도, 보지 않아도, 그리고 말이나 글로 하는 표현 없어도 "눈으로 볼 수 없는 관계는 여전히 계속될 것이며 인생은 짧은 것입니다"(7/1. 83)라고 그녀는 썼다.

횔덜린에게 보낸 쥬제테의 편지는 열여덟 통이 남아 있다. 그러나 그중 몇몇은 불완전하다. 이들 편지의 대부분은 단절이 반복되는 가운데, 그녀가 편지를 쓸 수 있을 만큼 혼자만의 시간을 가질 때마다 며칠에 걸쳐 쓴 것이다. 그녀가 마지막으로 그를 기다리면서 내갈겨 쓴 마지막 노트는 거의 판독이 어렵다. 그녀에게 보낸 횔덜린의 편지는 겨우 네 통만 남아 있는데, 그것도 단편이거나 초안이다. 그녀가 횔덜린에게서 받은 온전한 편지는 모두 없어지고 말았다. 가족이 그것을 그녀의 다른 개인적 기록과 함께 폐기한 것으로 보인다. 그러나 그녀가 이런저런 경로로 횔덜린의 손에까지 이르게 했던 편지들은 그녀의 금지된 사랑을 언제까지라도 잊을 수 없을 만큼 감명 깊게 증언하고 있다. 비극의 본질적인 요소가 상실의 감정이라면, 횔덜린과 쥬제테의 좌초된 관계야말로 한 편의 비극이라 부를 만하다. 쥬제테의 편지를 읽으면서 일어나는 동정심은 돌이킬 수 없는 상처를 입은 사람을 목격할 때 생기는 어떤 슬픔과 분노에 견줄 만하다. 그녀는 "당신 없이는 내 생명이 시들어가고 서서히 죽어간다는 것을 저는 생생하게 느꼈습니다"(7/1. 90)라고 그에게 쓰고 있다. 두 사람은 자신들의 사랑이 파괴될 수 없는 값진 무엇이라고 찬미하는 가운데, 절망과 죽음으로의 표류를 막아보려고 애썼다. 그리하여 그녀는 큰 슬픔이 사랑의 증표이기 때문에 슬픈 가운데에서도 오히려 기쁨으로 느낀다.

> 저는 자주 쓰라린 눈물을 흘립니다. 그러나 이 눈물은 저를 지탱해주는 그 무엇입니다. 저는 당신이 살아 있는 한 죽지 않을 것입니다. 저에게서 사랑이 사라져버린다면 저는 더 이상 무엇을 느끼지 못할 것입니다. 사랑이 없는 삶이 저에게 무엇이겠습니까? 저는 한밤중에 있게 될 것이며, 죽음으로 가라앉게 될 것입니다. (7/1. 66)

사랑 자체가 생명의 확인이다. 그렇지만 사랑에 굶주리면 생명을 파괴하기도 한다는 사실을 그녀는 확실히 알고 있었다. 쥬제테는 자신들의 마지막 피난처가 될 고원(高原)을 달가워하지 않았다. 사랑은 실재를 원하기 때문이다.

> 우리는 강하게 결합되어 있습니다. 그리고 아름다움과 선함, 모든 사념을 넘어서는 믿음과 희망 가운데 변함없이 결합되어 있지요. 그러나 사랑의 관계는 오로지 정신을 통해서만 우리를 에워싸고 있는 것이 아니라 현실적 세계에 본질을 두고 있습니다. 감각도 그것에 속하지요. 우리가 현실을 완전히 떼내버리고, 오로지 정신으로는 느끼며 아무런 양분도 희망도 더 이상 줄 수 없는

사랑은 마지막에는 꿈이 되거나 우리 앞에서 사라져버리고 말 것입니다. 그런 사랑이 머문다고 할지라도 우리는 그 사실을 알지 못하고 우리 존재에 대한 그 사랑의 유익한 작용도 끝나고 말 것입니다. (7/1. 67)

소설 《휘페리온》의 필사본에 첨부했던 한 편지 초안에 횔덜린은 "저는 우리가 마치 부정(否定)을 통해서도 살 수 있는 것처럼, 우리가 희망에 대고 작별을 고하고자 결단하는 것이 우리를 강하게 해줄 것처럼 벌써 생각해왔습니다"(6. 371)라고 썼다. 여기서 더 이상 문장은 이어지지 않고 있다. 아마도 이어서 그런 생각의 끝내기를 언급하려고 했던 것은 아닐까 생각된다. 즉 아무도 그렇게 할 수 없다, 하물며 사랑하는 사람들은 말해서 무엇하겠는가라고 말이다.

쥬제테는 횔덜린이 어느 누구보다 뛰어나다고 생각했다. 그녀는 그의 재능을 인정하고—"당신 같은 사람은 거의 없습니다."(7/1. 80)—그가 할 수 있는 모든 것을 다해 그 재능을 실현하라고 격려했다. 그녀는 또 그에게 주변 환경에 굴복하지 말 것을 간청했다. "당신을 위해서 실행하세요. 그리고 미래의 실존에 대한 일상의 걱정이 당신의 최고 역량을 때 이르게 무력하게 하거나 질식시키지 못하게 하세요, 저는 당신을 믿고 있습니다."(7/1. 89)

쥬제테를 떠난 것은 홈부르크 시절 횔덜린의 각별한 슬픔이었다. 이 헤어짐으로 생긴 그의 슬픔은 그 당시 그가 삶을 온전하게 살아갈 수 없도록 했던 것이 틀림없다. 문학은 슬픔에서 얻어졌다. 이 말은 그가 슬픔을 노래했다는 것이 아니라, 슬픔의 압박에 맞서, 그리고 그런 슬픔이 주는 절망에 맞서 시를 썼다는 뜻이다. 한층 더 깊게 자신을 성찰하고 자신의 내면을 가족이나 친구들에게 토로했을 때, 그가 역설한 것은 자신의 약점이었다. 세상의 적대적 상황과 그를 해치는 힘은 줄곧 늘어만 가는 듯했다. "세상의 전쟁에서"(6. 302) 불행하게도 그는 "다른 많은 사람보다 더 쉽게 파괴를 당할 수 있는"(6. 290) 사람이었다. 자신과 같은 약점을 가지고 있다고 믿는 의붓동생에게 그는 반복해서 지극히 동정 어린 어투로 다음과 내용의 편지를 보냈다. "우리가 모든 모욕이 여과 없이 곧장 가슴 안으로 들어서도록 내버려 둔다면, 세상은 우리를 깡그리 파괴시킬 것이다."(6. 301) "우리 주변의 미개한 자들은 우리의 뛰어난 역량이 형성되기도 전에 그것을 찢어발길 것이다."(6. 327) 그는 얼마만큼은 일반화시키긴 했지만, 자신의 매우 개인적인 견해를 설득력 있게 어머니에게도 피력했다(6. 373~374). 그는 어머니에게 보낸 다른 편지에서 자신의 독특한 우울증을 살펴보고 있다. "저는 분명하게 지금까지의 제 삶을, 아주 이른 젊은 시절까지도 되돌아본답니다."(6. 333) 아주 어린 시절, 친아버지와 의붓아버지의 연이은 죽음과 어머니의 억제할 수 없는 슬픔을 직접 보면서 그의 지속적인 비감이 움텄다. 이런 깨달음은 집중해서 성찰했던 이 시절의 전형적인 산물이다. 이 해를 넘기면서 그의 어머니는 외할머니의 72세 생일을 맞이해 한 편의 시를 써달라고 그에게 요구했다. 그는 기꺼이 축시를 썼다. 그리고 그에게 이 일이 남겨준 흥분을 카를에게 써 보냈다.

> 내가 그때 건드린 소리가 내 내면에서 그렇게 강하게 다시 울리고 있다. 젊은 시절부터 내가 경험했던 내 감정과 정신의 변화들, 내 생의 과거와 현재가 그때 그렇게 절실하게 느껴져 나는 그 후에 잠을 이룰 수가 없었고, 그다음 날에

는 나를 다시 추스르려고 무척 애를 썼었다. 지금 내가 그렇다. (6. 306)

그는 자신의 '비탄하는 경향'을 골똘히 생각하고 있다.

쥬제테는 휠덜린에게 자신이 홈부르크의 상황을 자세히 알 수 있도록, 또 자기가 그곳의 휠덜린을 쉽게 떠올릴 수 있도록 해달라고 간청했다. 그는 그렇게 했음 직하다. 그러나 그의 누이동생에게 보낸 편지들에서만 그의 생활환경이 내비쳐져 있다. 그것은 그의 살림살이 형편이었다.

몇 개의 작고 아담한 방들, 그 가운데 하나가 내가 쓰는 방이란다. 4대륙의 세계 지도로 장식되어 있지. 침실을 겸하는 식당에는 단독으로 쓰는 큰 식탁이 있다. 거기에는 옷장이 하나 있어. 그리고 여기 작은 별실에는 현금을 보관하는 책상이 있고, 책과 서류가 놓여 있는 다른 책상이 있단다. 또 창문 곁에는 작은 탁자가 있는데, 거기에 주로 머물면서 일도 보고 있단다. 그리고 나에게는 몇몇 좋은 친구들을 위한 의자도 있단다. (6. 352)

그러나 다른 편지들보다 따뜻하고, 친밀하며, 좀 더 인간적인 이런 편지들에서도 휠덜린은 자기 성찰을 멈추지 않았다. 그는 충실한 가정생활의 전형으로 자기 누이동생을 바라다보면서, 자신을 대조적인 상황에 있는 사람으로 규정하고 있다. "나는 현재의 너와 네가 지니고 있는 것을 존중한단다. 내가 그렇지 못하기 때문에 더욱더 그렇단다."(6. 315) 휠덜린이 과장했건 아니건 간에 그녀의 행복은 그가 홈부르크를 떠나기 전에 무너지고 말았다. 그녀의 남편 브로인린이 병들어 세상을 떠났기 때문이다.

횔덜린과 어머니의 관계는 이 시기 동안에도 결코 나아지지 않았다. 오히려 그 관계의 약점들이 명확해졌을 뿐이다. 어머니의 그에 대한 기본적인 생각은 확고부동했다. 그녀는 매우 부당하게 그의 돈을 계속 관리했다. 그는 항상 그녀에게 수세적인 처지에 있었다. 그러나 그의 편지들에는 하나의 전례 없는, 그리고 다시 반복되지 않은 무의식적인 진실, 그들의 불화에 대한 슬픈 고백이 있다.

> 오, 나의 어머니! 어머니와 저 사이에는 우리의 영혼을 갈라놓는 그 무엇이 있습니다. 저는 그것을 무어라고 부를 수 있을지 알지 못합니다. 우리 둘 가운데 어느 한 편이 다른 한 편을 너무도 대수롭지 않게 생각하는 것은 아닐까요? 그것이 아니라면 무엇이란 말씀입니까? (6. 298, 1798년 12월 11일)

어머니는 그를 지배했다. 그는 이렇게 말했다. "모든 경우 어머니께서 모르는 사이에 얼마나 저를 지배하시는지 저는 놀랍게 생각하고 있습니다." 그러나 그의 결정적인 통찰은 다음과 같은 것이었다.

> 제가 한번 말씀드려도 될까요? 제가 마음이 자주 황폐해지고, 안정을 잃고 사람들 사이에서 방황했을 때, 제 생각에는 그 이유가 어머니께서 저에게 기쁨을 전혀 느끼지 않으시기 때문이었습니다. (6. 298)

자신이 어머니의 존중과 사랑을 받은 적이 전혀 없었다는 회한은 홈부르크에서 그녀에게 보낸 편지의 주된 동기처럼 반복되고 있다. 그는 이런 사실을 이렇게 표현한다. 자신은 "어머니에게 자랑이자 기쁨인 적이 한 번도 없었으며, 오히려 항상 걱정과 불만의 원인이었을 뿐이다"(6. 293, 319, 391)라고 말이다. 그리고 그는 어머니를 탓할 수 없으며, 오직 자신을 탓할 뿐이라고 말이다. 만일 어머니가 그를 실제로 사랑하지 않았다면, 그것은 그가 사랑을 받을 만하지 못했기 때문이라는 것이었다. 그는 "지금까지 어머니의 자비를 나날이 더 받을 만하게 되려고"(6. 358) 노력하고 있었다. 어머니에게 좋은 인상을 남기려고 노이퍼의 잡지에 실린 자신의 시에 대한 슐레겔의 좋은 평가를 필사하기도 했다. 그는 어머니가 자기를 자랑스럽게 여기기를 간절히 원했다. 그리고 그는 자신의 명성이 그녀의 마음을 누그러뜨릴 수 있게 되기를 바랐다. 역설은 그들의 관계를 무너지게 만든 바로 그 사명의 성공으로 어머니를 기쁘게 하고 인상을 좋게 만들려고 했다는 점이다. 그녀가 실제로 그가 가장 잘할 수 있다고 주장하는 일을 해보라고 요청했을 때, 즉 외할머니에게 바치는 시를 한 편 써보라고 했을 때, 그가 보인 반응은 기쁨에 가득 찬 감사였다.

일련의 편지로 어머니와 나눈 꾸준한 대화에서 횔덜린은 자신의 곤경을 분명히 깨달았으며, 자신의 참된 천직을 확인했다. 둘은 그의 불확실성을 알고 있었고, 그녀는 자신의 생각으로 그가 안정을 얻을 수 있는 방책을 반복해서 제안했다. 그는 이번이 "자신의 방법으로"(6. 292) 삶에 성공하려는 마지막 시도라고 약속하면서 어머니를 피해가며 저항했다. 만일 그것에 실패하면, 그는 찾을 수 있는 가장 수수한 근무처로 마음을 결정할 것이라고, 그러니까 마을의 부목사가 되리라고, 그리고 내내 독신으로 살게 되면, 어머니가 살림을 해줄 수 있으리라고 말했다(6. 292, 362). 현실적으로 문학이나 잡지 출판에 실패했을 때, 생활을 위해 그가 무엇을 할 수 있겠느냐는 문제와 관련해서, 그는 통상적인 일밖에는 더 나은 생각을 할 수 없었다. 가정교사가 되는 일, 개인 교습을 하는 일, 아니면 쉴러의 보호 아래로 돌아가는 일이 모두였던 것이다. 그가 원하는 것—시인으로 사는 일—을 충분히 알고 있으면서, 마찬가지로 문학이 자신을 먹여 살리지 못하리라는 것을 알고 있으면서도, 그에게는 많은 것을 요구하지 않으면서 글을 쓸 수 있는 시간과 힘을 남겨주는 어떤 직업이 필요했다. 어떤 심각한 직업에 종사해야만 했다면, 그는 분명히 치명적인 고통을 겪었을 것이다.

횔덜린의 자신에 대한 생각, 자기 소명에 대한 믿음은 역경 가운데서 더욱 명료해지고 또 확고해졌다. 마음의 병과 본질적인 두려움 그리고 개인적인 불행 가운데 홈부르크에서 쓴 편지들에는 자신의 직업에 대한 자기 확신의 주목할 만한 진술이 들어 있다. 처음에는 "생동하는 힘을 가지고 1년 동안 하느님이 나에게 특별히 정해수신 드높고도 순수한 일을 하면서 살려고 한다"(6. 297)고 그는 선언했다. 그는 자신이 전적으로 문학에 매진하지 않았던 것을 자책했다(6. 310~11). 그러나 그는 항상 환경과 타인의 요구에 따랐고, 마음의 평화와 "모든 일 가운데 가장 순진무구한 일"(6. 311)인 문학만이 그에게 줄 수 있었던 만족도 마다했었다. 이제 그는 단호하게 문학의 높은 가치와 그것에 종사하고자 하는 궁극적 욕망을 숨김없이 토로했다.

> 저는 제가 더불어 살고 있는 일이 고상하다는 것, 그것이 바른 표현과 형성에 이르게 되면 인간들에게 치유의 효과를 낸다는 것을 깊이 의식하고 있습니다. 그리고 이런 규정과 목적 가운데 저는 침착하게 활동하면서 살고 있습니다. 그리고 제가 시민으로 살아가면서 존경받을 만한 직무로 사람들에게 인정받게 되면 그들 사이에서 어쩌면 제가 더 정당하게 주목을 받게 될는지도 모

른다는 것을 자주 되새기면서, 저는 그 일을 꺼리지 않고 갈망하게 됩니다. 그것은 제가 저의 일을 알고 있으며, 제가 젊은 시절부터 조용히 헌신해왔던, 그리고 삶의 체험과 교훈에서 더욱 단호하게 되돌아가게 되었던 참된 것과 아름다움에 대한 환희 가운데서 제 몫의 보상을 발견하기 때문입니다. 저의 내면적인 것이 명료하고 상세한 언어에 옳게 이르지 못한다고 해도 — 그것은 행운에 달려 있기도 하니까요. — 저는 제가 무엇을 하고자 했는지를 알고 있습니다. (6. 372, 1799년 11월 16일, 어머니에게 보낸 편지)

홈부르크에서 횔덜린은 자신의 천직을 완전하게 확신하기에 이르렀고, 동시에 그것을 수행할 수 있는 역량도 갖추게 되었다. 그의 전도는 밝았다. 그는 홈부르크에서 자기 인식의 확고한 바탕 위에서 자신의 시적 소명을 발견해낼 때까지 충분한 시간을 버텨냈다. 그러고 난 뒤 나이 삼십에 이르러, 그는 그만이 쓸 수 있는 시를 쓰기 시작했다. 그는 만일 필요한 시간과 자유가 주어진다면 하게 될 일을 분명하게 의식하고 있었던 것이다. "하느님께서 내가 통찰하고 느끼고 있는 것을 다 펼쳐 보일 수 있는 그런 좋은 분위기와 시간을 나에게 주신다면 얼마나 좋을까."(6. 380, 1799년 12월 4일, 노이퍼에게 보낸 편지)

홈부르크에서 횔덜린의 모든 성찰은 가깝거나 멀거나 불변의 중심인 시를 맴돌고 있다. 끝에 이르러 그는 자신의 천직과 재능을 알았다. 말하자면 그는 집중적인 탐구로 예술 정신과 아울러, 예술의 복잡한 작업과 기술을 간파했던 것이다. 그의 시학 가운데 많은 부분이 이때 형성되었다. 1798년 11월 12일 노이퍼에게 보낸 편지(6. 289~291)는 당시 그가 시학적 사유에 기울인 관심을 잘 보여준다. 그는 자신의 변화된 생활환경을 간단하게 서술하고 난 뒤 갑자기 이렇게 썼다. "시에서의 생동하는 것, 그것이 내 생각과 감각이 가장 몰두하고 있는 대상이다." 그리고 자신의 성격과 시의 이상적인 작용에 대한 놀라운 분석이 이어지고 있다. 그는 자신의 시 작품에 생명력과 진리가 부족하다고 말하고 있다. 그리고 그는 그 결함을 직접적으로 자신의 성격적 결함에 돌리고 있다. 그가 자신의 성격을 서술한 내용은 한층 엄격하게 시학에 관한 홈부르크 텍스트에 반복해서 등장한다.

> 나에게는 힘이라기보다는 가벼움이, 이념이라기보다는 뉘앙스가, 중심 음조라기보다는 다양하게 정리된 음조들이, 빛이라기보다는 그늘이 부족하다. (6. 289)

근본적인 원인은 무자비한 현실적인 삶을 대면하는 그의 소심한 자세에 있다. "세상은 내 정신을 이른 시절부터 내 안으로 움츠러들게 만들었다. 나는 여전히 그것 때문에 괴로워하고 있다. … 나는 실제 생활에서 천박하고 저급한 것에 정말 겁을 먹곤 한다." 이어서 자신의 약점에 대한 불안한 골몰을 내보인다. "이런 두려움은 내가 이른 시절부터 파괴적인 것에 부딪혔을 때, 그 모든 것을 다른 사람들보다 더 예민하게 받아들였기 때문에 생기는 것이다." 그리고 엄밀하게 거기에, 약점을 받아들이는 가운데, 일종의 결연한 전략이 생겨난다. "나는 다른 사람들보다 더 파괴되기 쉽다. 그러니까 나에게 파괴적으로 작용하는 일에서 그만큼 더 많은 이득을 얻어내려고 하지 않으면 안 되는 것이다." 이런 통찰을 개진함과 거의 동시에 용어들은 시학적인 언어로 넘어가고 있다. "나는 그것이 없으면 나의 가장 깊은 내면을 결코 완전히 표현할 수 없는, 따라서 없어서는 안 될 소재로 그것들을 받아들여야만 하는 것이다." 이 전략은 실존적이면서 동시에 예술적인 행위로 이해된다. 무자비하게 억압하는 세계에서 어떻게 살아남느냐, '생동하는 것'이 달성되는 시들을 어떻게 해야 쓸 수 있겠는가의 문제가 동시에 걸린 전략인 것이다. 그는 이제 점점 더 시에 대해 말한다. 그러나 그러는 가운데 자기 성격에 대한 비판으로 되돌아가곤 한다.

> 나는 그것들을 때때로 나의 밝은 측면에 대한 그늘로 세우기 위해, 그 가운데서 내 영혼의 음조를 더 생생하게 솟아나게 하는 하부의 음조들로서 그것들을 다시 부여하기 위해 나는 그것들을 내 안으로 받아들인다. 순수한 것은 순수하지 않은 것을 통해서만 표현될 수 있는 법이다. 자네가 천한 것 없이 고상한 것을 부여하려고 시도해본다면, 그것은 전적으로 부자연스러운 것, 가장 조리에 맞지 않는 것이 될 것이다. (6, 290)

이 원리의 조명 아래 그는 셰익스피어의 《줄리어스 시저》에 나오는 브루투스의 순수한 성격을 일별하고 자신을 향한 명령으로 끝내고 있다.

> 그리하여 이 세상에서 천박한 것이 나에게 부딪쳐 오면 나는 이렇게 나 자신에게 말하고자 한다. 너는 마치 도공에게 아교가 필요하듯 그것을 필히 사용하게 된다. 그러니 그것을 받아들이고 그것을 밀쳐내지 말며 그것을 꺼려 하지 말라. (6, 290~91)

물론 인간과 시인 사이에 무슨 구분이 있다고 생각하지는 않는다. 그러나 여기서 인간과 시인이 이렇게 혼연일체가 되어 있는 것을 본다는 것은 흐뭇한 일이다.

문학을 논의하면서 횔덜린은 서슴없이 윤리적, 철학적 또는 정치적인 다른 화제로 넘어갔다. 이는 그가 모든 인간의 삶을 다양한 활동과 형식을 통한 영혼의 현시와 실현으로 보는 경향의 소유자였기 때문이다. 인간의 삶을 형성하는 여러 돌발적인 영향에 대해 1798년 12월 24일 징클레어에게 쓴 편지에서 "하늘과 땅 위에 어떤 힘도 전제적이지 않다"는 잠언과 같은 명제를 제기하고, 단번에 적극적인 소통의 원리—"모든 개별적인 것이 어떻게 전체적인 것과 연관을 맺으며, 이 양측이 단 하나의 살아 있는 전체를 형성하는지"—를 상세히 설명하고 있다.

> 어떤 힘도 하늘과 땅 위에서 전제적이지 않다는 사실은 좋은 일이며, 심지어 모든 생명과 모든 조직의 첫 번째 조건이기도 하다. 절대적 전제(專制)는 어디서고 스스로 지양되고 만다. 그것에는 상대가 없기 때문이다. 즉 엄밀한 의미에서 그런 전제는 존재한 적이 없는 것이다. 모든 것은 서로 맞물려 있고, 활동적인 가운데 서로를 용인한다. 인간의 가장 순수한 사유는 지극히 엄밀한 의미에서 일종의 선험적인, 그러니까 모든 경험에서 철저히 독립적인 철학이며, 그대도 알고 있듯이, 하나의 난센스나 마찬가지다. (…) 모든 산물은 주체와 객체, 개별적인 것과 전체적인 것의 결과물이다. 이 산물에 개별적인 것이 가지고 있는 지분은 그 산물에서 전체적인 것이 가지고 있는 지분과 결코 완전히 구분될 수 없다. 따라서 모든 개체가 전체와 내면적으로 연관되어 있으며, 양측이 하나의 생동하는 전체를 이룬다는 것은 명백하다. 이 생동하는 전체성은 철저히 개성을 지니게 되며, 순전히 자율적인, 그러나 그처럼 내면적이며 영원히 결합해 있는 부분들로 구성되는 것이다. (6. 300~301)

이것은 철학과 신학에서의 모든 지배적 관계에 대한 횔덜린의 급진적인 거부이며, 피히테 철학의 특징을 이루는 주관주의적인 관념론과 정통파 교리의 신앙 요구에 대한 횔덜린의 부정을 의미한다. 그는 구체적인 현세의 체험 위에 근거하고 모든 부분이 부단한 상호관계 아래 서 있으며, 부단한 교류 가운데 서 있는 세계를 꿈꾸고 있다. 그는 자유로운 실존에 토대를 제공하는 소통의 세계, 즉 찬가 〈평화의 축제〉에서 "아침부터 / 우리가 하나의 대화이며 서로 귀 기울인 이래 / 인간은 많은 것을 경험했도다"(3. 536, 제91~93행)라고 읊고 있는 소통의 세계를 구상하고 있는 것이다.

이런 사상은 이제 그가 프랑크푸르트 시절의 마지막 순간에 착수했던 그의 문학적 작업의 기초가 된다. 가장 길이가 긴 시라 할지라도 그의 시는 이런 원리에 입각해 있다. 그리고 노이퍼에게 《엠페도클레스의 죽음》과 관련해서 고대 그리스의 형식을 단순히 생명 없이 복제하는 것을 피해야 할 필요성에 대해 쓰면서, 그는 이것을 정치 현상과 완전히 병립시키고 있다. "예컨대 우리의 제국적 도시국가에서 공화주의적인 형식은 죽거나 그 의미가 상실되고 말았는데, 그것은 인간들이 그것을 필요로 할 만큼에 이르지 않았기 때문"(6. 339)이라는 것이다.

홈부르크 이후 갈수록 단정적으로 자신을 한 사람의 시인으로 규정하면서 횔덜린이 정치를 포함한 세계를 시적인 관점에서 본 것은 자연스러운 일이었다. 그리고 그것은 가망 없거나 막연하거나 비현실적인 정치 세계의 조망을 의미하는 것이 아니었다. 다만 그가 자신의 시로 활성화시키고 통제하려고 애쓰고 있었던 과정과 유사한 과정들이 그 세계 안에서 작용하는 것을 보았다는 것뿐이다. 그는 당시의 정치 상황을 매우 잘 알고 있었다. 1798년 11월 말경 그는 징클레어를 따라 라슈타트 회의에 참석했고, 거기서 많은 공화주의 인사들과 만났다. 홈부르크에서도 횔덜린이 친구를 만날 때마다 그들의 화제는 자주 정치에 관한 것이었다. 횔덜린은 남부 독일에서 급진적인 변혁이 일어나기를 바라는 이들의 희망에 동조했던 것이 틀림없다. 1799년 초 전쟁의 위험이 커졌을 때, 그는 어머니에게 "프랑스군이 성공을 거두게 될"(6. 317) 경우에는 슈바벤에도 변화가 일어날지도 모른다고 넌지시 암시했다. 그는 나아가 그 변화에 일조하고 싶다는 생각을 내비치기도 했다. 슈바벤의 급진주의자들은 프랑스의 엄호 아래 공화정이 실현될 수도 있다고 희망하고 있었고, 프랑스가 이런 이상과는 정반대의 길로 돌아서면서 이런 희망이 무산되자, 세기 전환기에 이르러 직업상으로나 개인적으로 그의 불만은 가중되었다.

횔덜린은 사회 혁신자로서의 엠페도클레스에게 관심을 가졌다. 그런 측면에서 희곡은 그의 정치적인 관심의 문학적 고리가 되었다. 뵐렌도르프(Casimir Ulrich Böhlendorff, 1775~1825년)가 친구 횔덜린을 "정신과 진실에서" 공화주의자라고 부르고, 징크레어를 "육신과 생명을 함께한"(7/2. 136) 공화주의자라고 하면서 두 사람을 대비했던 것도 이 시절이었다. 그러나 이런 구분이 절대적일 수 없다는 사실은 횔덜린이 카를에게 보낸 신년 편지의 끝머리에 덧붙인 말에서 나타난다. "어둠의 제국이 강제로 밀어닥치면, 나는 펜을 책상 아래로 던져버리고, 어려움이 제일 큰 곳으로, 그리고 우리를 가장 필요로 하는 곳으로 신의 이름을 빌어 갈 것이다."(6. 307) 그렇지만 뵐렌도르프의 구분은 어느 정도 타당한 것처럼 보이기도 한다. 편지들과 시 〈에뒤아르에게〉, 그리고 소설 《휘페리온》에서 횔덜린은 자신을 '거친 친구'인 징크레어와 비교하면서 규정하고 있기 때문이다. 시의 기능과 사명을 성찰하면서 횔덜린이 시인으로서 그런 정치적으로 위급한 시대에 어떻게 행동해야 할지를 스스로에게 묻는 것은 당연한 일이었다.

운문체 목가 〈결혼일을 앞둔 에밀리〉는 홈부르크 시절에 쓴 횔덜린의 작품 가운데 독특하면서 특징이 있는 작품이다. 1799년 6월 4일자 노이퍼에게 쓴 편지에서 그는 '문학잡지' 발간 계획과 함께 노이퍼가 발간하고 있는 《교양 있는 여성들을 위한 소책자》의 발행자인 슈타인코프의 지원을 알선해줄 것을 부탁했다. 6월 13일 슈타인코프는 직접 횔덜린에게 편지를 썼다. 그는 잡지 발간 계획을 환영한다고 하면서 우선 '진실로 고상하고 뛰어난 아가씨의 성품을 부여받아야 할 에밀리에 대한 아주 짤막한 이야기 또는 소설'을 써보라고 청했다. 나머지는 모두 횔덜린의 처분에 맡기겠다는 것이었다. 노이퍼의 1799년판 《교양 있는 여성들을 위한 소책자》는 다음과 같은 예고문과 함께 속표지 동판화를 실었다. "속표지 동판화는 에밀리의 초상이다. 그녀의 이야기는 다음 연도에 발표될 것이다." 횔덜린은 6월 18일자 회신에서 에밀리의 원고를 그다음 달 초에 보내리라고 통지했지만 실제로는 7월 3일 노이퍼에게 원고를 보냈다. 이 5운각의 약강격 전원시는 1800년판 《교양 있는 여성들을 위한 소책자》에 초도비키(Chodowiecki), 퀴프너(Küffner)의 동판화와 함께 실려 발표되었다. 횔덜린은 나중에 이 장시를 스스로 매우 못마땅해했다. 이 작품은 "어쩔 수 없는 사정 때문에 그리고 해주어야 할 의무감에서 경솔하다고 할 만큼 빨리 끝내버린"(6. 380) 작품이라는 것이다. 〈결혼일을 앞둔 에밀리〉는 이미 누구에게나 익숙한 바탕에 그대로 제자리걸음을 하고 있다. 그 구조와 주제의 조화에서 이 작품은 거의 습작에 가깝다. 횔덜린의 작품 전체를 두고 생각해볼 때, 이 작품은 시대에 뒤떨어져 있는 것으로 보인다. 횔덜린이 결론적으로 고대 그리스라는 빛나는, 그리고 다양한 면모를 가지고 있는 은유로 전향하고 있었던 시기에 쓴 것인데도 이 작품은 덴켄도르프, 마울브론 그리고 튀빙엔 시절의 게르만 정신으로 돌아가고 있는 것이다.

횔덜린은 프랑크푸르트와 홈부르크에서 보낸 4년 반 동안 한 번도 고향에 간 적이 없다. 그는 여러 차례 방문을 제안도 하고 계획도 세웠지만, 중간에 일이 끼어들어 고향에 갈 수 없었다. 그는 누이동생에게 고향 방문을 취소하거나 미루는 일을 흥미롭다고 하면서 화제로 삼기까지 했다(6. 375). 그녀의 남편이 세상을 떠나자 1800년 4월 그의 첫 고향 방문의 계기가 만들어졌다. 두 달 뒤에 그는 프랑크푸르트의 쥬제테에게 이별을 고하고 다시 고향으로 돌아왔으나, 곧바로 란다우어가 있는 슈투트가르트로 갔다. 그는 고향의 본가에서 지내는 것을 원하지 않았고, 슈투트가르트에서 '가능한 한 곧장 활동을 전개하기를' 바랐기 때문이었다.

홈부르크에서 그가 자신이 제안했던 고향 방문 계획을 취소하거나 어머니의 초대도 무시했던 것은 그가 하고 있는 일에 어떤 훼방도 용납지 않았기 때문이었다. 그것은 우선 소설 《휘페리온》의 완성이었고, 이것과 겹친 다른 중요한 작업인 비극 《엠페도클레스의 죽음》 집필이었다. 이 비극에 대한 자세한 논의는 다음 장에서 다루겠다. 홈부르크에서 그가 전개하고 강조했던 것은 앞에서도 언급한 바 있는 그의 시학이다. 이 논고들, 특히 〈시적 정신의 수행 방식에 관하여〉는 매우 난해하다. 다만 그 내용을 이해할 수 있는 범위 안에서 요약하여, 그의 시 읽기의 즐거움에 도움이 되도록 시도해볼 수는 있을 것이다.[22]

---

22) 장영태, 《횔덜린-생애와 문학·사상》, 서울 1987, 255쪽 이하, 제2부 횔덜린의 시학(詩學) 중

기존의 문학사에서 선호하는 규정처럼 횔덜린이 가장 영감에 찬 시인이었다면, 그는 그 문학사에서 결코 지적된 적이 없는 가장 계산적인 시인이기도 했다. 그는 노발리스가 《하인리히 폰 오프터딩엔》에서 클링조어의 입을 통해 "시문학은 우선 엄격한 예술로서 작동되기를 바란다"[23]고 표명한 견해에 공감했다. 그는 그리스 문학을 집중적으로 탐구하고 나서 "근대의 문학에는 특히 훈련과 수공예적인 면이 결여되어 있다"고 썼다. 그는 쓰기 과정이 계산될 수 있고 습득될 수 있는 문학을 원했다. "그리고 그것이 습득되면, 연습을 통해 점점 더 믿을 만하게 반복된다"는 것이다. 그의 관점에서 문학이 필요로 하는 것은 "고대 그리스 사람들의 기계적인 기술로"(5. 195) 다시 끌어 올려지는 일이다. 그는 고대 그리스 작품들의 "확실하고, 철저히 정해지고 숙고된 진행"(5. 380)을 좋아했다. 고대 그리스 작품들, 호머, 핀다르, 그리고 특히 소포클레스의 작품에 대한 자신의 연구에서 그는 창작의 "법칙적 계산(gesezlicher Kalkul)"(5. 195)을 탐색했다. 그는 계산 가능한 수단을 통해 확실한 효과가 달성될 수 있다는 가능성에 매혹되었다. 그의 핀다르 작품 번역은 모국어를 정상적인 용법에서 벗어나 굴절시키는, 문자 그대로의 번역을 통해 자신의 시적 언어에 기계적으로 도달하고자 하는 시도이다. 그는 이 굴절의 각도가 계산 가능하다고 생각했을 것으로 보인다. 그가 '음조의 교체' 원리를 설명하기 위해서 작성한 도표(4. 238~240)를 언뜻 들여다보면 계산의 정도와 아울러, 적어도 이론상으로라도 받아들이고자 했던 규칙의 수준이 드러난다. 그는 시를 쓸 때 "매우 신중하게 작품을 향해"(6. 389) 간다고 말

특히 V. 창작의 논리 참조.

23) Novalis, *Schriften, Band 1, Das dichterische Werk*, 282쪽.

했다. 그리고 그랬으리라는 사실을 우리는 의심하지 않는다.

횔덜린이 그의 시 쓰기 작업에서 "법칙적인 계산"을 선호했다는 사실은 논쟁의 여지가 없다. 그의 시 작품을 읽었을 때, 우리의 주의를 끄는 것은 그 시 작품이 내보이는 유창함과 열정이다. 한 손에는 법칙이, 다른 한 손에는 열정이 들려 있는 것이다. 시인으로서 그의 삶을 통틀어, 논고나 편지들 그리고 시 자체에서 그는 이 두 가지 원리의 요구를 통해 갖가지 주제들을 성찰했다. 그는 민족과 문화와 정치를, 그리고 자신의 성격과 고통을, 무엇보다도 시 작업을 분석했다. 실제로 시는 법칙과 열정, 깨어 있음과 도취, 남부 유럽과 북부 유럽, 그림자와 빛이 다투는 '사랑싸움'의 전장이다. 그리고 싸움 자체는 생명을 불러일으키는 힘이다. 어느 쪽이건 한쪽의 궁극적인 승리는 시의 죽음을 낳는다. 이때의 시는 경직되거나 소멸하고 만다. 열정과 싸우는 가운데 시의 법칙과 형식은 열정을 감지할 수 있도록 만드는 역할을 한다. 법칙과 형식을 통해 열정이 시적 존재가 되는 것이다. 횔덜린이 추구했던 것은 "시문학에 들어 있는 생동하는 것"(6. 289)이었으며, "계산될 수 없는, 살아 있는 의미"(5. 195)였다. 그는 자신의 문학을 통해 "기계적인 진행 이상의 것이, 정신과 신이 이 세계 안에 있다는 것"(4. 278, 앞의 〈보론 1 모든 종교는 시적이다〉에서의 상론 참조)을 증명하려고 했다. 그의 상당히 높은 계산적인 시적 사고방식은 그 시대에 그를 자기 과신의 절정으로 이끌었다. 그러나 시인으로서 그의 독특한 몸짓은 뜻밖의 기쁜 사건에 대한 수동적인 추종일 뿐이다. 시는 자기 기량의 작동 원리를 모두 터득하고 있는 인간에게 은총으로 다가오는 것이다.

미처 생각하지 못했던 자를
신적인 태생은 놀라게 만드는 것이다. (2. 141, 시 〈편력〉의 종결구)

횔덜린에 따르면 시가 할 일은 정신을 표현하는 일이다. 시인이 시를 쓸 때는 정신을 '느낄 수 있도록' 만든다. 즉 정신이 이해될 수 있도록 하는 것이다. 시인은 정신을 실현하며, 시 쓰기는 정신을 적합한 형식으로 이행시키는 행위다. 시 그 자체는 정신이 실현되는 하나의 과정이다. 시에 대한 횔덜린의 이런 관점은 특별히 난해한 것이 아니다. 다만 여기서 그가 의미하는 정신이 무엇인지를 아는 것이 중요하다. 그는 서정적인 시를 "감정이 연속하는 하나의 은유"(4. 266)라고 말하고 있다. 이런 관점에서 볼 때 시는 감정 상태의 외면화, 즉 구체화이다. 하지만 이 감정 상태는 시인이 자신의 개인적인 삶에서 느끼는 감정들일 필요는 없다. 오히려 '시인의 고유한 세계와 정신'에서 끌어내야만 한다. "왜냐면 그렇지 않는다면 도처에 올바른 진실이 결여되고, 도대체 아무것도 이해되거나 생동하지 못할 것이기 때문이다."(4. 150) 그렇다면 시적인 과정은 시인 자신의 정서와 경험을 이질적인 유추적 소재로 옮기는 일이다(4. 150). 그리고 감정이 그 안으로 이월되는 은유는 꼭 알맞은 것이어야만 한다. 즉 이 은유는 유추적이어야 한다. 그러나 동시에 그것은 이질적이어야 한다. 시문학은 무형의 감정을 유형의 등가물로 이전시키는 것이다. 시문학은 감정을 치환하며 이전시킨다. 횔덜린은 대부분의 시인이 동의하는 이런 사실보다 한 걸음 더 나아가, 시문학에서 질료적 상관물의 표현 기능은 그것이 표현해내려고 하는 무형의 것과 불화하는 방식으로 모순을 이룸으로써 증대된다고 믿었다. 창조적 모순이 횔덜린 시학의 핵심에 자리하는 것이다.

〈시적 정신의 수행 방식에 관하여〉에서 시인이 가지고 있는 느낌은 그 자체가 그 시인의 시가 표현해야 하는 정신이 아니라는 사실을 알 수 있다. 횔덜린에 따르면 이런 느낌이나 감정 그 자체는 정신이 시 안에서 자기실현을 향해 전진하는 가운데, 정신의 자유로운 처분에 맡겨지는 다른 질료에 포함되어 있는 질료일 뿐이다. 그러니까 정신은 실현되기를 압박하면서 우리의 감정을 하나의 수단으로 이용하려고 한다는 말이다.

횔덜린의 시학에서 자주 만나게 되는 용어 가운데 하나가 '종교적'이라는 단어다. 시문학은 그에게 하나의 종교적인 행위였고, 앞에서 본 〈종교에 관해서〉에서 언급한 것처럼 모든 종교는 "그 본질에 따라 시적"(4, 281)이다. 시문학으로 표출되기 원하는 정신은 신성 그 자체다. 달리 말하면, 시인이 자신의 시가 행하기를 원하는 것은 신성의 실현이다. 그가 느낌을 가진 인간에게 신의 매개체 역할을 부여할 때, 그의 시 구절에는 심오한 여러 요소들이 등장한다.

천상적인 것들
무엇인가를 필요로 한다면,
영웅들과 인간들
그리고 기타 필멸의 존재들이 그것이다. 왜냐하면
가장 복된 자들 스스로는 아무것도 느끼지 못하기 때문이다.
감히 말해도 좋다면
신들의 이름으로
참여하면서 대신으로 느껴야 하고
그 타인을 신들은 필요로 한다. (2, 145, 시 〈라인강〉, 제106~114행)

신에게는 그런 능력을 지닌 인간 존재가 필요하다. "왜냐면 천국적인 자들은 느끼는 가슴에 기꺼이 쉬려 하기 때문이다."(2. 110, 시 〈아르히페라구스〉, 235행) 우리 자신은 느끼는 능력을 통해 신성의 구체화 역할을 한다. 말하자면 우리는 신의 은유인 것이다. 신이 그 자신을 느끼지 못하면서 예민한 감각의 인간을 통해 자신을 실현하는 이 과정은 시의 창작이기도 한 전이—옮김이자 은유—의 행위와 유사하다는 사실은 횔덜린에게서 재론할 여지가 없다.

그러나 정신, 신 또는 신성은 인간과 인간의 예술을 통한 표현을 재촉하고 있다고 말하는 것은 다만 은유적일 뿐이다. 그렇다면 무엇에 대한 은유인가? 신을 동경하는 인간에 대한 은유다. 신의 부재는 모든 시의 전제다. 모든 시는 설계이며 기도(祈禱)다. 시의 진정한 내재성, 즉 완전히 실현되고 "느낄 수 있고 느껴질 수 있게"(4. 243) 되는 것은 바로 이 부재와 동경이다. 훗날 게오르게(Stefan George, 1868~1933년), 릴케, 첼란으로 이어지는 '사제(司祭)와 같은 역할을 하는(pontifikal)' 시인상은 횔덜린에서 출발한 것이다.[24)]

모든 시문학은 드러내는 행위이다. 그리고 시인들은 표현에 매료된다. 횔덜린은 시문학을 종교적인 지위에까지 끌어올리면서, 또 시가 신성 자체의 표현으로 기능하기를 원하면서 자연스럽게 시작(詩作)과 구체화에 관계시켰다. 하나의 시를 쓰는 행위를 통해 감정이 질료적인 등가물로 이전되는 것처럼, 순수한 정신은 또한 질료의 '비순수성' 가운데 실현된다. "순수한 것은 비순수한 것을 통해서만 표현될 수 있기"(4. 290) 때문이다. 그리하여 신 역시 그리스도라는 인물로 이전되

24) Frieder von Ammon, Über pontifikale und profane Dichtung. Hölderlin in der deutschen Lyrik des 20. Jahrhunderts, In: Friedrich Vollhardt (Hg.), *Hölderlin in der Moderne*, Berlin 2014, 153쪽.

고 그를 통해 신을 표현한다. 횔덜린의 절충주의적인 신화에서 그리스도는 그런 표상의 하나일 뿐이다. 디오니소스와 헤라클레스는 이에 더해지는 두 표상이다. 그런 의미에서 그는 제우스를 자유롭게 표현했다.

횔덜린은 시문학의 일상적인 목표를 질료와 이해가 가능한 사물을 통한 신성의 계시와 구체화에 결부시켰다. 사실 그 자신의 시적 사명감과 실천의 이상적인 개념에서 이 두 가지는 실질적으로 융합해 있었다. 이상적인 시 작품이 나타내고 있는 것은 신이다. 또는 신성이 내재하는 삶의 조건이다. 그러나 현실에서 그런 융합은 다만 동경의 대상일 뿐이다. 시적 표현과 신성의 구체화, 이 두 영역은 설득력 있는 유추로 표현할 수 있을는지는 모른다. 그러나 그것이 전부다. 시문학이 그렇게 아름다운 일체성을 표현하는 일은 사실 그것을 생성케 하려는 산고(産苦)와 같다.

물론 횔덜린의 시구에는 '실현'의 많은 순간이 있다. "노래가 성공을 거두고"(2. 119, 시 〈마치 축제일에서처럼〉) 이상적인 삶이 지금 바로 눈에 펼쳐지는 순간들 말이다. 그런 성공은 논고 〈시적 정신의 수행 방식에 관하여〉에서 회복의 한 행위로 표현되어 있다. 시적 언어는 "삽시간에 다른 이들 주변에서 잃어버린 삶을 더욱 아름답게 불러일으킨다, 그 삶이 근원적으로 느껴졌던 것처럼 그렇게 온전히 다시 느껴질 때까지."(4. 261) 시 〈사라져가라, 아름다운 태양이여…〉의 종결구가 정확하게 이것을 실행하고 있다.

샘물들은 더욱 생기 있게 흘렀고, 어두운 대지의
 만발한 꽃들 나를 사랑하며 향기를 내쉬었다.

또한 은빛 구름 너머로 미소 지으며

천공은 축복하며 허리를 굽혔도다. (1. 314, 제13~16행)

'신적 의미로 가득한' 삶에 대한 이런 이미지를 불러일으키는 것은 분명히 기술적 숙달의 문제다. 그러나 이 이미지들은 이미지일 뿐이다. 정확하게 말한다면 그런 삶에 대한 환상일 뿐이다. 그는 시학에서 가르칠 수 있는 시적인 수행 방식으로 신적인 것을 시로 밀어 넣을 수 있는 가능성을 추구했던 것이다. 그러나 실제로 그는 그런 일이 일어날 수 없다는 것을 잘 알고 있었다. 그리고 그런 일이 가능하리라고 생각하는 것조차 불경하고 어리석은 일임을 알고 있었다. 그가 자신의 시문학으로 이끌고 있는 것은 동경이다. 실현과 내재성의 순간들은 결코 영속적으로 실재하지 않는다. 그것들의 배경은 그것들이 환상이며, 회상되거나 계획되어 있을 뿐이라는 것을 그는 폭로한다. 신성은 완전히 분해될 수 없다. 신성은 존재할 것을 또 임재할 것을 강요받을 수 없다. 아름다운 이미지로 붙들 수 있는 것은 이에 대한 동경일 뿐이다.

횔덜린의 시학적 논고들은 이해하기가 매우 어려운데, 그 이유는 논의가 추상의 가장 높은 수준에서 전개되고 있기 때문이다. 이 논고들을 통해 그는 자신이 썼거나 쓸 수 있는 시가 아니라 이상적인 시의 작용을 세부적으로 성찰하고 있다. 이 세부적 성찰의 추상성이나 그것을 전개하고자 하는 포부는 다른 서구 시인들의 이론적 성찰에서 그 유례를 찾기 어렵다. 이것은 부분적으로는 당대의 독일 관념철학의 영향이기도 했을 것이다. 그가 상상하고 있는 수준에서 이상적인 시의 작용은 신의 몸통이 될 수 있으리라는 것이다. 그러나 그런 설계가 우리가 읽을 수 있는 실제의 시 작품에서 시도되는 일은 거의 일어나지 않는다. 각각의 시에서 우리는 감각적인 주제에 따라, 즉 뚜렷이 보이는 주제에 따라 말을 건네받는다. 우리는 이 시는 쥬제테 공타르에 관한 시라든지, 하이델베르크를 노래한 시, 또는 아테네와 페르시아의 전쟁에 관한 시라고 말한다. 피할 길 없이 우리는 질료적인 주제에 영향을 받는다. 논고 〈음조 교체론〉의 원칙은 같은 이유로 실천에서는 이해하기 어렵다. 어떻게 우리가 어휘의 배열이 본질적으로 감지할 수 없고 말로 표현할 수 없는 그 무엇을 '장렬한', '소박한' 그리고 '이념적인' 음조의 등가물이라는 것을 확신할 수 있겠는가? 음악, 화성 조음과의 유추적인 설명은 깨우침을 주기는 하지만, 어휘는 순수한 소리가 아니다. 시적인 효과가 음에 따라 부분적으로 발생하기는 하지만, 여전히 두 사람의 독자가 문법적으로 배열된 어휘들의 특별한 연속적 음조에 의견 일치를 보일 수는 없을 것이다. 때로는 어느 한 시구 또는 시연의 평범한 사전적인 의미, 감각적인 주제도 이런저런 음조를 암시하고자 한다. 그리고 더 자주 우리는 어휘의 배후에서 영적인 무엇을, 시적 감흥을 들으려고 귀를 기울여야만 한다. 마치 이것이 음악이기라도 하다는 듯이 귀를 기울여 들으려고 애쓴다고 할지라도, 우리는 그 조음을 확실하게 따라갈 수는 없을 것이다.

엄격하게 말하면, 횔덜린의 시에서 감각적인 주제는 동경을 통해 이상적인 삶의 조건을 실현시키고자 하는 시의 본질적인 목적에 비추어 보면 부차적이다. 그 비범한 목적은 어떤 질료를 통해서든, 인간이 체험할 수 있는 육체적, 정서적, 또는 정신적인 재료의 어떤 것을 통해서든, 다양한 양식을 통해 추구될 수 있을 것이다. 우리가 읽는 동안, 우리를 끌어당기는 것은 표면적인 주제이다. 그것은 그것대로 훌륭하다.

그러나 종교적인 설계에 놓인 시를 따라잡으려면, 시가 그 특수성을 넘어서, 또는 그 배후가 어떻게 열려 있는가, 그리고 시를 생성케 하는 바로 그 동경에 의해 한계를 얼마나 넘어서는가를 살필 필요가 있다. 두 차원에서, 즉 추상적 차원과 구체적 차원, 일반적인 차원과 특수한 차원에서 읽고 생각할 필요가 있다는 것이 아니라, 횔덜린의 어떤 시에서 동경의 크기는 언제나 잠재적으로 무한하다는 것을 알아야 한다는 말이다. 시는 그 동경의 크기를 부풀리는가 하면, 또 움츠러뜨리기도 한다.

횔덜린이 서정적인 시를 '감정이 연속하는 하나의 은유'라고 말했을 때, 또는 시란 감정들을 알맞은 상관물로 이전시키는 구성 행위라고 말했을 때 그가 전념하고 있는 기본 토대를 이탈하지 않는다면, 우리는 횔덜린 시학을 제대로 이해할 수 있다. 우리가 종교적인 측면을 무시한다면 그를 왜곡하게 된다. 그러나 그의 종교적인 감각의 이해는 우리가 그의 시를 읽는 가운데 자연스럽게 생겨난다. 비록 세속적인 방식으로 그것을 읽는다고 할지라도, 또 그의 시들의 전반적인 목적이 개인적인 감정을 표현하는 것이라 할지라도 말이다. 프랑크푸르트나 홈부르크에서 쓴 디오티마 시편들이 그렇지만 그것들 자체는 영속하는 움직임의 법칙에 순응하고 있다. 시들은 어느 하나의 점에 고착됨 없이 표현하려고 분투한다. 어떤 갇힘도 없이 표현하려고 애쓴다. 이 시들의 원리는 유동성이다. 개인적 체험의 차원, 질료적인 주제를 벗어나는 유동성, 유연성, 유창함이다.

고착(固着), 횔덜린이 '실증적인 것(das Positive)'이라고 부르고 있는 고정적인 것에 대한 그의 증오는 많은 시인에게 영감을 불러일으킨다. 괴테가 《서동시집》에서 하피스를 향해 "그대는 끝을 낼 수가 없도다.

그 점이 그대를 위대하게 만들어준다"[25]고 한 말은 횔덜린이 하고자 한 말이기도 하다. 그의 시들은 물론 끝을 맺는다. 형식상 말이다. 많은 시가 그렇게 구조화되어 있고 형식상의 종결은 필연적인 것처럼 보인다. 동시에 그 시들은 열려 있는 것처럼 보이고 종결되지 않으려는 것처럼 보인다. 시가 향해 가고 있는 목표점, 즉 내재성의 조건—"완벽한 평온. 붉은 황금빛"(2. 253)—이 일단 얻어지면 특별한 형태의 평온이겠지만, 그것조차도 "단순한 조화"가 아니며, "죽은 그리고 죽이는 일치"(4. 252)가 아니다. 오히려 그것은 "신적인 순간"(4. 251)이며, 소설 《휘페리온》에서 격찬하고 있는 신적으로 "조화롭게 대칭되어 있는 것"(3. 83)이다. 그런 통일과 조화 안에는 브레히트(Bertolt Brecht, 1898~1956년)가 '아름다운 모순 관계'[26]라고 부르고 있는 것이 아직도 살아 숨 쉬고 있다. 횔덜린의 시들이 열망하는 휴식 내지 평온의 상태는 "모든 힘이 활발하게 움직이고 있는"(6. 305) 상태다. 만일 시들이 일으키는 모순과 차이와 긴장이 소멸된다면, 그것은 정체일 것이며, 단순히 형식적으로 '긍정적인' 평온일 것이다. 그리하여 죽음일 것이다.

횔덜린의 모토는 헤라크리트가 언급한 바 있는 "만물은 유동한다"이다. 그리고 그의 원리는 영원한 창조적인 투쟁이라는 헤라크리트의 교리이다.[27] 그는 시란 "생동하는 수천 가지의 지체로 이루어진 내면

25) Goethe, *West-Östlicher Divan*. In: Werke (Hamburger Ausgabe), Bd.Ⅱ, 23쪽.

26) Bertolt Brecht, *Arbeitsjournal*, Frankfurt/M. 1974, ⅰ, 274쪽.

27) 《소크라테스 이전 철학자들의 단편 선집》(대우고전총서 012) 243쪽, 플라톤이 《크라튈로스》 402a에서 인용한 "헤라클레이토스는 모든 것은 나아가고 아무것도 제자리에 머무르지 않는다고 말하고, 있는 것들을 강의 흐름에 비유하면서 '너는 같은 강물에 두 번 들어갈 수 없을 것이다'라고 말한다"로 표명된 만물유전론과 같은 책 238쪽, 아리스토텔레스가 그의 《니코마코스윤리학》 1155b4에서 인용하면서 헤라크리트의 언명이라고 소개하고 있는 "대립하고 있는 것은 한곳에 모이고, 불화하는 것들로부터 가장 아름다운 조화가 이루어진다. 그리고

적인 전체"(6. 306)이어야 한다고 말했다. 시는 그 부분들의 다툼으로 생명을 누린다. 요컨대 정신은 그것이 표명되는 수단인 형식과 투쟁하는 한편, 질료적인 주제는 교체, 병렬 그리고 대립을 통해 다루어진다. 모든 것은 연관 가운데 제시된다. 거짓과 더불어 진실, 비순수와 더불어 순수, 비시적인 것과 더불어 시적인 것, 이것들은 필연적이고 창조적으로 결합된다. 이것이 횔덜린의 장시들이 조직되는 원리인 것이다. 시는 과정이며, 그 자체의 본질적인 변증법에 따라 움직임을 계속한다.

이것은 존재와 해체에 이르는 과정, '형성'과 '소멸'의 과정, '소멸 중의 생성'—"몰락하는 조국…"으로 시작하는 논고에 대해 횔덜린 전집의 편집자 바이스너는 '소멸 중의 생성'이라는 제목을 붙이고 있다—의 과정이다. 횔덜린은 그의 사유 가운데 주어진 맥락이 해체되는 순간, 이 해체를 통해 "하나의 새로운 세계가 형성되는"(4. 282) 순간에 마음이 끌리게 되었다. 엄밀하게 말하면, 그 순간은 해체가 시작되면서 "새롭게 등장하는 것, 청년다운 것, 가능한 것이 느껴지기"(4. 282) 때문에 그의 마음을 끌었던 것이다. 실현은 현존하는 것과 존재하게 될 것의 바로 그 경계에서 발생한다. 비극 《엠페도클레스의 죽음》은 그런 접점에 무대를 두고 있다.

이 비극의 진술과 문화적·정치적인 장치는 지금까지 함축해왔던 것을 명백하게 해준다. 말하자면 고착과 고정에 대한 증오는 시학적인 문제만은 아니라는 것이다. 횔덜린의 시학적 용어들의 전용 가능성, 시에 대한 사유 아래 정치, 종교 그리고 사적인 삶과의 잦은 연계는 이미 알려진 현상이다. 전체 삶에서 도출되지 않고 또 그것과 맞물리지

모든 것은 투쟁에 의해 생겨난다." 참조.

않은 시학은 초라한 시학일 터이다. 이 명령들은 매우 절실한 것들이다. 타성에 대한 그의 증오는 그에게 그가 숭배하고 사랑하는 고대 그리스인에 대해 저항을 선언하도록 촉발하기도 했다. 그들의 예술 형식이 오로지 형식일 뿐이며, 현대에서는 감각을 둔화시킬 수 있다는 두려움 때문이었다. 그러므로 법칙은 "결코 죽은 형식에 안주하지 말라" 이다. 지극히 혁명적인 정치도 그것에서 추론할 수 있을 것이다.

제7장
《엠페도클레스의 죽음》
혁명과 비극적인 것에 대한 새로운 탐구

《엠페도클레스의 죽음》의 소재와 작품 생성 –〈프랑크푸르트 계획〉

시인 횔덜린은 자신의 문학 이론에서 '서사적인 것'도 집중적으로 성찰한 바 있다. 그러나 장편의 서사시를 쓴 적은 없다. 다만 기법상 매우 복합적이고 실험적인 소설 《휘페리온》을 남겼다. 앞에서도 자세히 살펴본 것처럼 이 소설은 당대 독자층의 기대를 충족시킨 작품이라기보다는 당대 철학적 경향을 서정적 문체로 옮겨놓은 서한체 소설이다. 이 소설은 350부가 인쇄되었는데 대부분이 수년이 지나도록 팔리지 않았다. 당대 초기 낭만주의 작가 슐레겔이 완벽한 소설은 "현대적, 철학적, 윤리적, 시적, 정치적, 사회적이며, 자유롭고, 보편적이어야만 한다"고 했지만, 이에 해당하는 완벽한 소설인 《휘페리온》은 너무 일찍 태어났던 것이다. 횔덜린 자신도 노고를 다 바친, 7년 이상의 집필 기간을 거친 《휘페리온》이 출간되고 나서는 더 이상 소설이나 산문 형식의 단편을 쓸 계획을 세우지 않았다.

그러나 소설 《휘페리온》의 집필을 끝내고 난 뒤 시학적 고찰의 중심에 들어선 '비극적인 것'에 횔덜린이 보인 관심의 정도는 매우 달랐다. 이미 1794년부터 그는 "그리스 드라마의 이상을 따라 소크라테스의 죽음에 대한 비극을 쓰려고"(6. 137, 1794년 10월 10일, 노이퍼에게) 계획했으나 실현되지 않았다. 그 대신 그는 1797년 여름, 그러니까 소설 《휘페리온》 제1권이 출판되고 제2권을 집필하는 사이 시칠리아 출신의 소크라테스 이전 철학자 엠페도클레스에게 바치는 5막의 비극 집필을 위해 이른바 〈프랑크푸르트 계획〉을 세운다. "나는 그 소재가 나를 매혹시키는 한 편의 비극에 대해 아주 자세한 계획을 세웠다."(6. 247, 1797년 8월, 의붓동생 카를에게) 멘델스존(Moses Mendelssohn, 1729~1786년)이 당대에 많이 읽힌 대화록 《파에톤 또는 영혼의 불멸성에 관하여》를 통해 새롭게 부각시킨 소크라테스와는 달리, 아그리겐트(Agrigent)의 엠페도클레스(Empedokles, 기원전 495?~435년?)는 당시 문학적으로 거의 형상화된 적이 없는 고대 그리스의 인물이었다. 그의 주저인 두 편의 교훈시 〈자연에 관하여(Peri physeōs)〉와 〈정화(淨化, Katharmoi)〉는 단편적으로만 전해진다. 그러나 엠페도클레스가 에트나 화산에 몸을 던져 최후를 마쳤다는 전설은 큰 관심을 불러일으키고 있었다. 이에 대해 고대 그리스 후기의 저술가 디오게네스 라에르티오스(Diogenes Laërtios, 기원후 3세기경)는 자신의 저서 《저명한 철학자들의 생애와 생각들(*Leben und Meinungen berühmter Philosophen*)》 제8권에 서술해놓고 있다. 호라티우스는 자신의 저서 《시학(*Ars Poetica*)》 끝부분에서 '불사의 신으로 취급되기를 바라는 열망'이 엠페도클레스를 에트나 화산에서 자살하도록 몰아갔다고 하면서 엠페도클레스의 오만을 조롱한 바 있다. 이와는 달리 루크레티우스(Lukretius, 1세기)는 교훈시 《대자연(*Dererum natura*)》의 첫 번째 노래에서 엠페도클레스의 신적 출생과 신적 영감을 아무런 의심 없이 드러냈다.

휠덜린은 1798년 성탄절 전야에 징클레어에게 보낸 편지에서 "나는 요 며칠 동안 자네가 준 디오게네스 라에르티오스의 책을 찬찬히 읽었다네. 나는 이 책에서도 내가 이미 여러 번 만났던 일, 말하자면 인간의 사상과 체계의 스쳐 지나가고 있는 것과 변화가 더욱 비극적으로 내 시선을 끈다는 것을 알게 되었다네"(6. 300)라고 피력했다. 휠덜린은 자신의 비극에서 조합과 강조로 나름대로 방향을 달리한 견해를 펼쳐 보일 수 있는 요소들을 라에르티오스의 책에서 이끌어냈다. 예컨대 엠페도클레스는 시인이자 철학자이며, 수사학자이자 정치가 그리고 기적을 불러오는 자라는 것, 또 엠페도클레스는 비밀을 폭로함으로써 사제로서 그리고 철학자로서 사회적인 지위를 배반했다는 사실, 아그리겐트 시민들에게 정치에서 평등을 요구하도록 설득했다는 사실, 오만으로 편향되어 있었으며 신적인 존경을 추구했고 또 그것을 얻기도 했다는 사실을 라에르티오스의 저서에서 취했던 것이다. 엠페도클레스는 사랑과 불화의 힘에 의해 영속적으로 결합하고 또 분리되는 4개 원소가 있다고 가르쳤다. "그것들의 계속되는 변화는 결코 끝나지 않는다"고 엠페도클레스는 말했다. 이것은 휠덜린이 문학을 성찰할 때 매우 공감해 마지않았던 교훈이다. 엠페도클레스가 왜 에트나의 분화구에 몸을 던졌는지 라에르티오스는 오직 하나의 의견을 제시했을 뿐이다. 즉 엠페도클레스 자신이 '하나의 신이 되었다는 기록을 확인해놓기 위해서'라는 것이다. 그러나 횔덜린은 다른 가능성도 유의했다.

횔덜린의 엠페도클레스 상은 《엠페도클레스의 죽음》에 대한 최초의 개요인 〈프랑크푸르트 계획〉에 명료하게 그려져 있다. 〈프랑크푸르트 계획〉에 따르면 이 극은 5막의 비극으로 계획되어 있었다. 이 비극을 쓰려고 여러 번 시도하는 동안 횔덜린은 이렇게 계획된 기본 틀을 벗어나지 않았다. 프랑크푸르트에서 그는 5막 모두의 내용을 약술하고 몇몇 장면을 스케치했다. 줄거리를 요약하면 이렇다. 가정의 불화에 이어 동료 시민들에게서 공격을 당한 엠페도클레스는 에트나 화산의 정상으로 향한다. 거기에 먼저 제자가 찾아오고 뒤이어 가족이 찾아와서 집으로 돌아오라고 그를 설득한다. 그는 아그리겐트로 돌아오지만, 다시 모욕을 당하고 추방을 당한다. 다시 그는 에트나 화산으로 돌아가 죽을 채비를 한다. 횔덜린은 "엠페도클레스는 자신의 죽음을 준비한다. 자신의 결심에 대한 우연한 동기들은 이제 그에게서 완전히 지워진다. 그는 그 결심을 자신의 가장 깊은 내면에서 얻어진 하나의 필연으로 생각한다"(4. 148)고 적고 있다. 엠페도클레스는 분화구에 몸을 던진다. 그러나 실제로는 이 같은 줄거리의 대부분을 포기할 수밖에 없었다. 다만 엠페도클레스의 마지막 결단의 정신적인 밑바탕은 이 비극에 그대로 남겨졌다. 또한 횔덜린이 〈프랑크푸르트 계획〉의 서두를 열고 있는 엠페도클레스의 불만에 대한 긴 성격 규정도 그대로 유지되었다.

> 엠페도클레스. 그는 자신의 기질과 철학 때문에 벌써 오래전에 문명을 혐오하게끔 숙명 지워졌고, 모든 결정된 일들을 경멸하고, 이런저런 대상을 향한 모

든 관심을 경멸하도록 운명 지워져 있다. 모든 일방적인 존재의 불구대천의 적대자, 그리고 특별한 관계라는 단순한 이유로 실제 아름다운 관계조차 불만스럽게 여기고, 안절부절못하고, 고통스러워한다. 오로지 살아 있는 모든 것들과의 위대한 화음 가운데서만 자신이 완전히 충만되었음을 느끼는데, 언제나 모든 곳에 편재하는 가슴으로, 마치 신처럼 내면적이며 자유롭게 그리고 신처럼 넓게 펼쳐 그것 안에 살고 사랑할 수 없기에, 자신의 마음과 사유가 현전하는 것을 붙들자마자, 자신이 연장(延長)의 법칙에 묶이기 때문에 불만스럽고, 안절부절못하고, 고통스러워한다. (4. 145)

사실 이 비극 집필에서 횔덜린이 겪는 어려움의 핵심은 엄밀하게 바로 이 지점에 들어 있다. 즉 주인공의 성격 규정에 놓여 있는 것이다. 엠페도클레스는 모든 특수성에 반감을 가지고 있다. 단순히 그것이 특별하다는 이유로 말이다. 엄밀하게 말하면 그가 행복을 느낄 수 있는 인간 세계의 환경은 존재하지 않는다. 인간적인 삶 자체는 특수하다. 개인으로서 인간은 전체가 아니며, 또 이 전체에서 분리되어 있는 것이 진실이다. 인간이 살고 있는 문화는 특수성을 강조한다. 각 문화는 각각의 특성과 일방성으로 말미암아 특수한 것이다. 엠페도클레스는 그것에 특별히 분개한다. 그러나 사실 그의 거부는 모두 개별화를 향해 있다. 따라서 그의 문제는 존재론적일망정 사회적인 것은 아니다. 그의 사고방식에 따르면 그는 어느 누구의 어떤 개입 없이도 자살을 행할 이유를 가지고 있다고 할 수 있다.

그렇다면 엠페도클레스의 곤경이 어떻게 하나의 극을 구성해낼 것인가? 어떤 일이 일어나더라도 다만 우발적일 수 있다는 의미에서 그 곤경은 하나의 구실이다. 그가 아내와 불화를 겪고 있다는 첫 번째 구실은 터무니없이 진부하다. 그러나 무슨 일이 일어나더라도 그것은 실제 이유가 아니다. 실제의 이유일 수도 없거니와 실제의 이유로 받아들일 필요도 없다. 횔덜린이 가정불화 같은 진부한 이유를 제기하고 있다면, 횔덜린은 우스꽝스러운 불일치를 만들어내고 있는 것이다. 또 만일 횔덜린이 아그리겐트에서 추방당하는 것과 같은 의미심장해 보이는 이유를 제기하고 있다면, 횔덜린은 엠페도클레스가 자신의 의지를 관철하려고 할 때 외부에서의 어떤 이유도 필요하지 않다는 기본적인 사실관계를 애매하게 만들어버릴 모험을 행하고 있는 것이다.

〈프랑크푸르트 계획〉 제4막에서 엠페도클레스의 적수들은 그의 동상을 넘어뜨리고 그를 도시에서 추방한다. 횔덜린은 이렇게 서술하고 있다. "이제 자살을 통해 무한한 자연과 일체를 이루고자 하는 벌써 오래전부터 그의 내면에서 가물거렸던 결심이 굳어진다."(4. 147) 이 이유는 우발적이다. 그리고 그것은 에트나에서 작동하지 않는다.

이 극의 첫 번째 개요에는 그의 죽음이 일종의 속죄로 보이게 하는 엠페도클레스의 어떤 죄업에 대한 암시는 없다. 그뿐만 아니라 그의 죽음이 그 자신 이외에 어느 누구를 위한 것이라는 암시도 없다. 세 개의 초고를 통해 횔덜린은 주인공의 행동에 타당한 동기를 부여하려고 애썼다. 그는 단순한 외적인 이유들을 배제함으로써 극 자체를 모두 잃어버리는 위험에 봉착했다. 그는 오로지 단 하나의 매혹적인 행동, 즉 자살만이 있는 세계에 발을 들어놓은 것이다.

이 비극 말고도 횔덜린이 엠페도클레스에 관심을 가졌음을 알려줄 두 개의 다른 기록이 있다. 하나는 〈프랑크푸르트 계획〉을 쓴 해에 쓴 시 〈엠페도클레스〉의 첫 초고가 그것이다. 이 초고에서 엠페도클레스의 행위는 〈프랑크푸르트 계획〉에서와 마찬가지로 묘사되어 있다.

불길 속에서 그대는 생명을 찾고 있네.
그대의 마음이 명령하며 뛰고 있고
그대는 이를 따르네. 그리하여 그대는
바다없는 에트나에 몸을 던지네. (1. 554)

이 시가 끝머리에 회한 같은 것을 조금 드러내기는 하지만, 엠페도클레스 자신은 '용감하고 또 선하다'고 마무리 짓고 있다. 그리고 시인은 사랑이 아니라면—"감미로운 사랑이 나를 붙잡지만 않는다면"—기꺼이 그를 따르리라고 노래한다. 2년 뒤 완성한 이 시의 최종본도 이런 태도에 그대로 머물러 있다. 다만 엠페도클레스를 '시인'으로 부르고 있는 것이 다를 뿐이다.

두 번째 기록은 소설《휘페리온》제2권의 마지막 부분에서 언급된 내용이다. 디오티마가 죽고 나서 휘페리온은 시칠리아에서 노타라에게 이렇게 쓴다.

어제 나는 저 위쪽 에트나산에 올랐네. 거기서 위대한 시칠리아인이 머릿속에 떠올랐네. 한때 시간을 헤아리는 것에 싫증이 나고 세계의 정신에 친숙해져 과감한 생명욕을 안고서 찬란한 불꽃에 몸을 던진 그 위대한 시칠리아인 말일세. 그 냉정한 시인은 불에 몸을 덥힐 수밖에 없었노라고 어떤 조롱하는 자가 그의 어법을 모방해 말했었네.
오, 얼마나 그런 조롱이 나에게 던져졌으면 했는지! (3. 151)

언제 이 부분을 썼는지는 정확하지 않다. 제2권은 1799년 10월에 발간되었는데 출판사는 이보다 앞서 원고를 받았을 것이다. 이 대목에서 횔덜린이 엠페도클레스에 대해 갖는 인상은 〈프랑크푸르트 계획〉

에서와 다르지 않다. 즉 자살은 '시간 헤아리기', 인간적 삶의 기계적인 작동, '연속의 법칙'에서 벗어나기 위해 자연의 총체성과 합일하라는 과감한 명령이다. 여기에는 어떤 사회적 이유가 없다. 휘페리온은 분명히 자신의 고통 속에서, 엠페도클레스의 행위에 매혹을 느꼈을 것이다. 휘페리온은 절망 속에서 자살의 유혹을 느꼈다. 그러나 이 역시 살아 있는 모든 것과 일체가 되고자 하는 그의 욕망 때문이었다. 자살은 단순한 소멸로, 그리고 최후의 성취로 그를 유혹한다. 이런 의미에서 휘페리온 역시 엠페도클레스를 닮았다고 할 수 있다.

제1초고와 제2초고

두 개의 막으로 이루어진 이 비극의 제1초고는 〈프랑크푸르트 계획〉에서 상당히 벗어난다. 그 사이의 18개월 또는 그 이상의 시간 차이가 의미 있음을 말해준다. 관점과 강조점의 많은 부분에 중요한 변동이 있었기 때문이다. 완성된 장면들에서는 엠페도클레스의 아내와 가족에 대한 언급은 하나도 없다. 그는 아그리겐트를 떠나게 되는데, 그 이유는 추방이었다. 그렇게 횔덜린은 첫 초고에서 〈프랑크푸르트 계획〉에서 세웠던 첫 세 개의 막을 버리고 제4막부터 시작한다. 그리고 그 전의 소재와 엠페도클레스에 대한 인식에 두 가지 중요한 사항을 추가한다. 엠페도클레스의 죄업과 선지자와 사회 개혁자 역할이 그것이다.

극이 시작하면서 엠페도클레스는 이미 특권을 누리던 신분을 잃게 된 것을 괴로워한다. 은총을 받던 신분을 상실한 것이다. 극작술의 측면에서 보면 하나의 좋은 방향 전환이다. 극의 줄거리가 분명한 목적을 가지고 있다는 것을 의미하기 때문이다. 〈프랑크푸르트 계획〉에 서술되어 있는 절대 존재론적인 고통—엠페도클레스의 모든 개별성에 대한 거부—이라는 일반적인 고통에 하나의 특별한 이유가 제시된 것이다. 엠페도클레스는 신의 호의를 입고 있었다. 이제 그 자신의 과오 때문에 이 호의를 잃고 말았다. 그의 자살이 이런 상실을 회복하는 방법이 될 예정이다. 물론 줄거리는 여전히 개인적이다. 그것은 그의 개인적 운명이기 때문이다. 외부에서의 모든 관여, 심지어 추방까지도 본질적으로는 관계가 없다. 추방은 그가 겪는 소외의 원인이 아니다. 다만 사건이 끝난 뒤 이 소외의 한 연관으로 드러날 뿐이다.

은총을 받는 지위를 상실했으나 다시 회복할 수 있다는 희망을 안고 사는 삶, 이는 횔덜린 작품 가운데 형식을 달리하며 나타나는 특별한 주제다. 특히 이 비극은 상실을 통해 은총을 받는 상황과 그 은총의 실현을 절실하게 환기시키고 있다.

제1초고에서 엠페도클레스는 개인적인 오만(Hybris)으로 말미암아 파멸하는 것처럼 보인다. 그는 신적인 자연과의 내면적인 공동체로부터 내쫓기고 신의 상실이라는 고통으로 내몰린다. 그 고통을 속에서 그는 죽음으로 자연과 다시 결합하려고 한다. 실제로 엠페도클레스는 사제 헤르모크라테스가 제기하고 시민들도 동의한 아그리겐트로에서의 추방을 신의 심판으로 받아들인다.

> 슬픕니다! 그대 신들이시여, 저는 추방되었나이다!
>
> 그대들 천상에 계신 분들이시여, 그대들이 저에게 행하신 바를
>
> 사제가, 소명도 받지 않은 자가, 영혼도 없이 따라 행한 것입니까?

그대들은 저를 외롭게 버려두고 있습니다. 그대들을 얕보았던 저를 말입니다. (제1초고, 제928~931행)

우선 그는 스스로를 질책하면서 자신을 신격화한 오만에 대한 속죄로 죽음을 계획하고 있는 듯하다. 제자 파우사니아스 앞에서 그는 비탄한다.

제가 그것을 발설하지 말았어야 했나이다, 성스러운 자연이여!
모든 거친 감각에서 달아나는 순결한 이여!
저는 그대를 업신여겼고 저만을 홀로
주인으로 세웠습니다. 저는 오만한
미개인이었습니다! 저는 그대들을 그대들의 단순함으로만 생각했었습니다.
그대들 순수하고도 언제나 청년 같은 힘들이여!
그대들 저를 환희로 기르고, 기쁨으로 먹였습니다.
또한 그대들 언제나 변함없이 저에게로 돌아오기 때문에
그대들 착한 이들이여, 저는 그대들의 영혼을 공경하지 않았습니다!
저는 그 사실을 알았습니다, 그것을 충분히 깨쳤기 때문에.
자연의 생명, 그것이 나에게 여전히, 그 옛날처럼
성스럽다는 것을. 그러나 신들은 저에게 이제
복종할 만하게 되었고, 저 홀로
신이었습니다. 그리고 그것을 무례한 오만 가운데 발설했던 것입니다 —
오 나를 믿어 달라, 내가 태어나지 않았더라면
얼마나 좋았을까! (제2초고, 제466~481행)

여기서 마지막 외침 "내가 태어나지 않았더라면 / 얼마나 좋았을

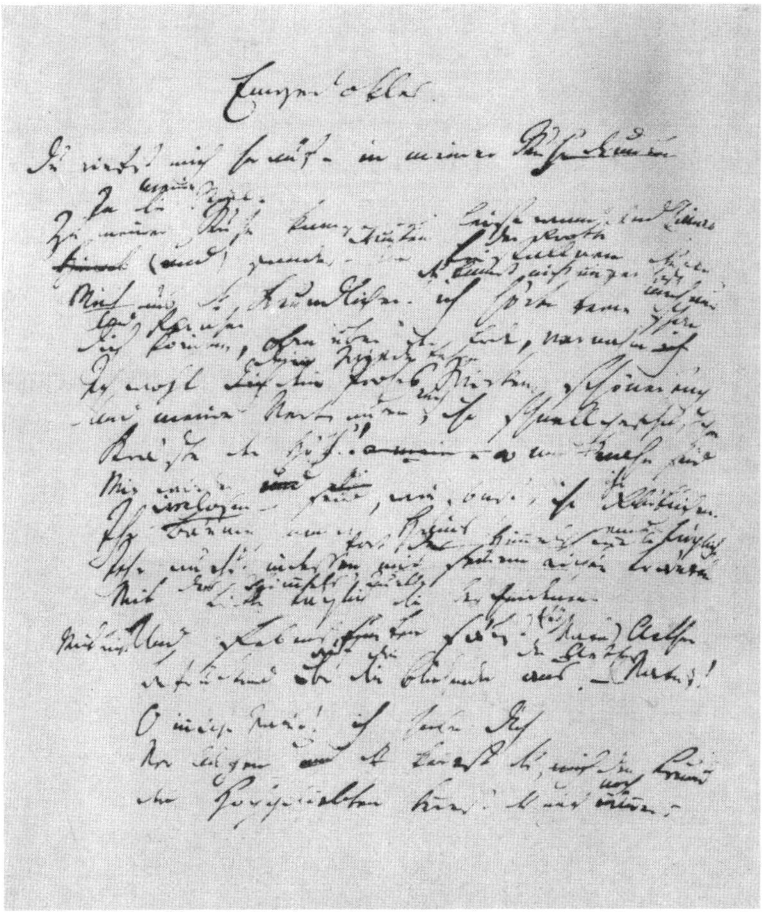

비극 《엠페도클레스》 가운데 엠페도클레스의 독백 육필 원고

까!"는 소설 《휘페리온》 제2권의 권두어로 제시된 소포클레스의 언명, 즉 "태어나지 않는 것—그것이 가장 바람직한 일이다! / 그러나 길이 빛의 세상으로 이어졌다면 가능한 한 가장 빨리 그 길로 되돌아가라. / 그것이 태어난 이후 최선이다"(3. 92)를 회상케 한다. 엠페도클레스는 죽음을 향한 동경에 굴복한다. 자기 스스로를 치켜세운 '한마

디 말 때문에' 그렇게 절망하느냐는 제자의 물음에 그는 다음과 같이 대답한다.

한마디 말 때문이냐고? 그렇다네. 그리고
신들은 그들이 나를 사랑했던 것처럼 나를
파멸시키고 싶어 한다네. (제1초고, 제482~484행)

이 답변에서는 엠페도클레스가 죽음을 선택한 것이 속죄를 의미하는 것으로 들리지 않는다. 오히려 그런 해석은 엠페도클레스가 아니라, 파우사니아스가 피력한다.

정말 그렇습니다.
경이로우신 분이시여! 어느 다른 누구도
그처럼 친밀하게 영원한 세계와
그 세계의 정령과 힘들을 사랑하고 바라다보지 않았습니다. 결코,
선생님처럼 말입니다. 그리고 그 때문에 선생님만이
과감한 말을 했던 것이며, 그 때문에 선생님은 또한
그렇게 절실히 느끼셨던 것입니다, 그리하여 선생님께서 한마디 당당한 말씀으로써
모든 신들의 가슴에서 자신을 떼어내셨고
사랑하는 가운데 그들에게 선생님을 희생시키고 있는 것입니다,
오, 엠페도클레스여! — (제1초고, 제487~494행)

엠페도클레스의 죽음을 향한 동경은 가장 깊은 고뇌의 표현일지언정 자기 처벌에 대한 갈망은 아니다. 그런 갈망은 복수로 화해에 이

르고자 하는 신적 세계의 이념을 전제한다. 엠페도클레스는 마치 신들과 같이 식탁에 앉았던 탄탈로스처럼, 한때 신적인 생명을 자신의 내면에서, 그리고 자신의 밖에서 느꼈으나 이제는 자연에서 소외되고 더 이상 그런 신적 생명을 친숙하게 여길 수 없기 때문에 죽고자 할 뿐이다.

엠페도클레스는 이렇게 말한다.

내 안에
내 안에, 너희들 생명의 샘물
세계의 심연에서 솟아났고
목마른 자들 나에게로 왔었도다. 그러나 이제
나는 메말라버렸다. 사람들은 결코
나를 반가워하지 않는다.
[…]
나는 사랑 받았도다, 그대들 신들로부터
[…]

오, 환상이구나!

지나갔도다!
그리고 그대는 홀로, 숨기지 말라! 그대는
그것을 스스로 범했도다, 불쌍한 탄탈로스
그대는 신성한 곳을 더럽혔으며
파렴치한 소망으로 아름다운 유대를 두 조각내었도다. (제1초고, 제299~304행, 제321행, 제326~330행)

여기서 엠페도클레스가 비탄하는 것은 자신의 인간적 실존 외에 다른 것이 아니다. 그는 '중심을 벗어난 궤도'로 교양 충동을 따랐고 자연과의 불화를 거쳐 이제 비탄 가운데 소외의 단계에서 옛 상태를 되돌아보고 있다. 횔덜린은 '그의 죄는 원죄'라고 나중에 첨가된 한 논고의 난외주(欄外註)에 기록한 바 있다.

전체 드라마의 관점에서 볼 때, 엠페도클레스의 그럴듯한 신성모독의 죄악은 존재하지 않는다. 자신의 신격화라는 말을 통한 죄업, 더 엄밀하게 말해 사상을 통한 죄업은 도덕적인 과오가 아니며, '우리 내면에 있는 신(Gott in uns)'이 절대화되는 역사적으로 필연적인 인식 단계와 상황의 표현일 뿐이다. 엠페도클레스는 객관적으로 자연에 어떤 죄악을 범한 것이 아니다. 따라서 그의 죽음은 어떤 속죄의 죽음일 수가 없는 것이다. 그는 자연과 화해한 뒤 비로소 죽는다. 이를 통해 이 드라마는 프로메테우스적인 인간 본성을 복원시키고 있다. 엠페도클레스는 이렇게 말한다.

인간은 침착하게 행동해야만 하네.
깊이 생각하고, 자신의 주변에
생명을 펼치면서 그것을 북돋고 쾌활하게 해야 한다네.
왜냐면 높은 의미로 가득 채워지고
침묵하는 힘으로 가득하여
위대한 자연은
예감하는 인간을 품에 안아
그가 세계를 형성하게 하고
그가 자연의 정신을 불러일으키게 하며,

가슴 안에 염려와 희망을 지니게 만들기 때문이지.
깊이 뿌리를 내리면서
강렬한 동경이 그에게 솟구쳐 오르지.
그는 많은 것을 할 수 있고 그의 말은
찬란하며, 그의 손아래에서
세계는 변한다네. (제2초고, 제530~543행)

여기서 중단된 엠페도클레스의 진술은 제2초고에만 등장하는데, 제1초고에도 포함되어 있었거나 포함할 예정이었는지는 확실하지 않다. 이 텍스트만을 놓고 판단하면 제2초고에서는 사상적으로 새로운 계획이 대두되었던 것은 아니고 제1초고에 이미 사상적으로 구상되었던 것의 정밀화가 중요했던 것으로 보인다. 제2초고에서는 표제 인물의 실질적이며 주관적인 죽음의 동기도 제1초고에서보다 더 예리하게 부각되어 있다.

하늘의 아들들에게도
그들이 넘치게 행복할 때는
각자의 저주가 주어지는 법이다. (제2초고, 제452~454행)

여기서 〈프랑크푸르트 계획〉의 기본 사상을 읽어낼 수 있다. 엠페도클레스의 비극성은 완성을 향한 그의 과잉된 노력에 있다는 사실이다. 이 과잉은 불완전한 삶 안으로 순응해 들어가지 못하는 무능력에서 폭로된다. 엠페도클레스는 한층 더 위대한 사람으로, 자신이 격렬하게 느끼는 고뇌로 말미암아 파멸한다. 제1초고의 제2막에 부치고 있는 극작술적인 노트에서 횔덜린은 "여기서 그가 겪는 고통과 비방이 그가 되돌아가는 것을 불가능하게 만들었고, 신들에게로 가야겠다는 그의 결심이 그저 자의적이라기보다는 불가피한 것으로 내비치도록 묘사되어야만 한다"(4. 504)고 쓰고 있다. 엠페도클레스에게 다른 선택의 여지는 없다. 사상과 감정에서 진실로 위대한 자이자, 한번 신적인 삶을 경험한 자는 무한함을 그리워하도록 비극적으로 심판을 받는 법이다. 이것이 그의 몫으로 주어진 저주인 것이다.

위대한 자가 스스로 선택하는 죽음은 우상숭배와 전제적인 폭력을 저지하고 살아 있는 자들에게 그들이 역사적 실현을 위해 함께 힘써야 할 완성의 표상을 남긴다.

아그리겐트의 세 번째 시민이 이렇게 말한다.

슬픕니다! 우리들이
옛사람들처럼 사투르누스의 시대에 살고 있다면 얼마나 좋겠습니까.
우리 가운데 평화롭게 드높은 분 살아계시고
각자가 자신의 집에서 기쁨을 만끽하며
모든 것이 만족스러웠던 그때 말씀이오.
[…]
그리고 우리의 자손들은, 그들이 성장했을 때,
신들이 우리에게 보내신 그 사람을 우리가
죽였다고 말하게 될 것입니다. (제1초고, 제1372~1376행, 제1379~1381행)

이 아그리겐트 시민은 추방된 엠페도클레스를 다시 데려오려고 이렇게 말하고 있다. 그러나 이로써 그는 엠페도클레스에게 죽음을 언도하고 있는 것이다. 〈비극적인 것에 관하여〉(=〈엠페도클레스에 대한 기초〉)에서 엠페도클레스는 이 말을 통해 자신의 아그리겐트 사람들을 '인식하게' 되었다고 언급하고 있다. 그들은 엠페도클레스를 통해 사투르누스의 황금시대를 되찾고, 이로써 자신들은 정치적 행동에서 해방되리라는 망상을 품는다. 그렇지만 엠페도클레스는, 또 그와 함께 횔덜린은 사회적 관계의 근본적인 변혁을 통해서만 자유의 새로운 나라가 실현될 수 있으리라고 굳게 믿고 있다.

그는 왕위를 내주겠다는 제안을 단호히 거부한다.

> 지금은 더 이상 왕의 시대가 아니다. (제1초고, 제1418행)

> 아직도 왕을 원하고 있다는 것을 부끄럽게 생각하라. 그대들은 너무도 낡았다.
> [···]
> 여러분 스스로가 자신을 돕지 않으면
> 여러분은 도움을 받을 수 없다. (제1초고, 제1430~1433행)

정치적 혁명을 촉구한 것이 엠페도클레스의 유언이다. 아그리겐트 시민들을 향한 엠페도클레스의 위대한 요구를 통해 횔덜린은 소설 《휘페리온》에서 토로했던 대로, '황금시대'의 재귀로 은유되는 사회적인 상태가 등장하려면, '모든 것이 근본부터 달라지지' 않으면 안 된다는 견해를 반복하고 있는 것이다.

> 인간들에게는 스스로가 회춘하려는
> 거대한 욕망이 주어져 있다.
> 인간 스스로가 제때 선택하는

정화의 죽음을 통해서 마치 아킬레우스가
스틱스 강에서 그러했듯 민중들은 되살아나는 법이다.
오 자연이 그대들을 데려가기 전에 자연에게 그대들을 내주어라! —
[…]
그러니 감행하라! 그대들이 상속받은 것, 그대들이 얻은 것,
조상들의 입이 그대들에게 전하고, 가르친 것,
법칙과 습속, 옛 신들의 이름
그것들을 과감하게 잊으라, 그리고 새로 태어난 자들처럼,
신적인 자연을 향해서 눈을 들어라. (제1초고, 제1497~1502행, 제1506~1510행)

낡은 종교적, 사회적 및 정치적인 질서와 제도는 총체적으로 제거되지 않으면 안 된다. 그렇게 해야만 새로운, 좀 더 나은 사회질서가 생겨날 수 있다. '회춘'은 혁신과 다르지 않으며, 그것은 낡은 것의 해체로만 가능한 것이다.

엠페도클레스는 새로운 질서에서 시민의 자유만을 요구하고 있지 않다. 그는 소유의 평등이라는 기본적인 사상 위에 경제적인 혁신 또한 요구한다.

그러면
그대들 서로 다시 손을 내밀고, 말을 건네며 재산을 나누어라,
오 그러면 그대들 사랑하는 친구들이여 — 행동과 명성을 나누어라.
마치 충실한 디오스쿠렌처럼. 각자는
모든 다른 이들과 평등한 법이다 — 마치 날씬한 기둥 위에서인 양,
올바른 질서 위에 새로운 생명은 쉬며

법은 그대들의 유대를 단단히 묶어줄 것이다. (제1초고, 제1524~1530행)

시민들을 향한 엠페도클레스의 이와 같은 요구에는 횔덜린 자신의 체험에서 우러나오는 뼈저린 외침이 숨겨져 있다. 평등은 신적 자연에 뿌리를 두고 있는 법칙임에도 횔덜린이 살고 있는 18세기 독일 사회는 태생적 신분이나 직업상의 신분 차별로 보편적인 평등의 원칙은 찾아볼 수 없었다. 1798년 봄 횔덜린은 프랑크푸르트에서 가정교사로 일하면서 누이동생에게 이렇게 쓰고 있다.

너의 행복은 진정한 행복이다. 너는 그렇게 많은 부유한 사람들, 그렇게 많은 고상한 사람들 또 그렇게 많은 귀족들이 있지 않은 환경 가운데 살고 있으니까 말이야. 그리고 황금빛 중용이 깃들어 있는 공동체 안에서만이 행복과 평화와 진심과 순수한 생각을 발견할 수 있는 것이다. 내 생각에는 그렇단다. 여기는, 예를 들면, 극소수의 순수한 사람을 제외하면 순전히 무시무시하다고 할 만큼 풍자적인 인물들을 보게 된다. 대부분의 사람에게 그들의 재산이 영향을 미치지. […] 그들은 몰상식하고, 현기증을 일으키게 하고, 거칠고 오만하기 때문이란다. (6. 270)

프랑스 혁명의 평등(l'Êgalitê)의 외침은 1789년 〈인권과 시민권 선언(Déclaration des droits de l'homme et du citoyen)〉을 통해 법적으로 정립되었다. 이 선언은 모든 시민의 평등권과 함께 사회적인 차등은 오로지 공동의 이익에 근거해야만 한다고 덧붙이고 있다. 엠페도클레스의 평등 요구는 프랑스 혁명의 이상을 독일의 현실과 대비해 성찰하려는 횔덜린의 의지와 결부되어 있다.[28] 여기서 표명되고 있는

28) Hermann Uhrig, *Hölderlins "Empedokles" und die Französische Revolution*,

급진적인 평등 요구는 횔덜린을 '사회주의를 향하는 길목에 서 있는 [⋯] 신자코뱅파'로 보이게도 한다. 물론 정치적인 선언에 횔덜린을 모두 개입시켜 바라보는 것은 문제가 없지 않다. 그러나 프랑스 혁명에 대한 횔덜린의 공감은 이 비극에서 분명히 드러난다. 횔덜린 연구가 베르토에 따르면 1797년 5월 세인의 시선을 끈 재판 끝에 사형을 언도받고 교수형에 처해졌던 '평등한 공화국'이라는 혁명적 이념을 전개한 바뵈프(Gracchus Babeuf)에게도 횔덜린은 공감을 표했다. 횔덜린은 자신의 작품 《엠페도클레스의 죽음》을 일종의 '축제극(Festspiel)'으로, 기대했던 슈바벤 공화국에 대한 전망 아래 썼을 것이라고 베르토는 추측한다.[29)]

횔덜린은 첫 번째 홈부르크 체류 기간 동안 공적 공간에서 활동하려고 노력했다. 그는 비극 《엠페도클레스》를 자신이 발간하려고 했던 잡지 《이두나》에 발표하려고 생각했다. 만일 이 비극이 축제극으로 계획된 것이었다면 그것은 성취를 경축하기 위해서가 아니라, 지배 관계의 단순한 역전을 넘어서는 혁명적인 실행을 촉구하기 위해서였을 것이다.

> 나는 지금까지의 모든 것을 낯 뜨겁게 만들어줄 사상들과 표상 방식들의 미래에 있을 혁명을 믿고 있소. (6. 229, 1797년 1월 10일, 에벨에게 쓴 편지 중에서)

횔덜린에게 이 미래를 향한 혁명은 사회공동체에서 삶을 실질적으로 새롭게 형성하기 위한 단순한 예비적 단계가 아니라, 그것의 필수

Nordhausen 2016, 124쪽 이하 참조.

29) Pierre Bertaux, *Hölderlin und Französische Revolution*, Frankfurt/Main, 1969, 109~110쪽.

적인 요소이다. "왜냐면 조국으로의 회귀는 모든 표상 형태와 형식의 전도(顚倒)이기 때문이다."(5. 271, 〈안티고네에 대한 주석〉)

혁명의 요구와 함께 엠페도클레스의 자발적인 죽음은 초개인적, 역사적인 의미를 얻게 된다. 그 죽음은 예시적인 행위로 한편으로는 쇄신을 향한 신호탄이고, 다른 한편으로는 그 쇄신의 조건이다. 그 죽음은 아그리겐트 시민들의 눈앞에 모든 죽음 안에는 새로운 생성이, 그리고 모든 생성 가운데는 옛것의 소멸이 들어 있다는 사실을 보여줌으로써 등대 역할을 한다. 이런 암시로 전래되는 제2초고의 마지막은 막을 내린다. 엠페도클레스를 존경하고 있는 판테아가 이렇게 말한다.

> 오, 성스러운 우주여!
> 살아 있는 것이여! 친밀한 것이여! 그대에게 감사를.
> 그리고 그가 당신의 증인이 되기를, 그대 죽음을 모르는 이여!
> 그 용감한 이는 미소를 머금은 채
> 자신의 진주를 그것이 떠나온 바다로 던집니다.
> 그렇게 일은 일어날 수밖에 없습니다.
> 그렇게 정신은 그것을 원하고
> 또한 익어가고 있는 시간도 그것을 원하고 있습니다.
> 왜냐면 한 번쯤은
> 우리 눈먼 자들 기적이 필요할는지 모르기 때문입니다. (제2초고, 제724~733행)

엠페도클레스는 자신을 희생함으로써 집단적으로 생성되는 이상적인 삶의 징표가 되는 가운데, 인간들이 개인을 둘러싼 우상숭배로 말미암아 역사적인 숙명을 놓치지 않도록 지켜내고자 한다.

횔덜린의 엠페도클레스는 프랑스 혁명가에 가깝다. 그러나 이런 측면은 이 극이 가지고 있는 모순된 시각을 더욱 드러내줄 뿐이다. 이 극은 분명 두 개의 노선을 가지고 있다. 개인적인 노선과 사회적 종교적 노선이 그것이다. 이 두 노선은 이 극에서 서로 융해되지 않는다. 단지 이 텍스트 안에 두 개의 가능성으로 공존하고 있을 뿐이다. 그리고 이 두 노선은 확연하게 구분된다. 한편으로 엠페도클레스는 민중들 사이에서 높은 지위를 부여받았으며 급진적인 의견을 제시하는 것을 통해 사회적 종교적 혁신자로 나타난다. 그러나 다른 한편 그는 자신의 실존적인 위기의 길을 추적한다. 그리고 그의 마지막 행위, 그의 자살은 제1초고에서 그 자신 말고는 어느 누구에게도 특별한 의미가 없다. 이 자살은 이 무대에서 민중과 시대를 위한 대속의 희생으로 이해될 수 없는 일이다. 우리가 말할 수 있는 최선의 해석은 시민들에게 각자가 스스로 돕기를 촉구하는 그의 유언이 그가 떠났다는 사실보다 더 효과적일 것이라는 점이다. 그럼에도 그는 스스로의 생명을 버릴 필요가 있는 것인가? 그 대신 그는 아그리겐트 시민들이 염려하는 것처럼 그리스나 이집트로 떠날 수도 있을 것이다. 우리는 엠페도클레스의 자살은 오로지 그 자신의 사건일 뿐이라고 결론지을 수밖에 없다. 만일 이 자살이 의미를 갖는다면 그것은 민중들이 더 선하게 살 수 있도록 만들었을 것이라는 정도이다. 하지만 이것은 덤으로 얻어진 것일 뿐이다.

횔덜린은 엠페도클레스와 그의 죽음에 대한 그런 엇갈리는 견해들을 불만스럽게 생각했을 것이다. 바로 그런 이유로 극을 다시 시작했을 것이다. 도시에서의 추방이 두 가지 관심, 즉 개인적인 관심과 사회적인 관심을 동시에 불러일으킨다는 점은 사실이다. 그러나 그것은 외관상으로 일뿐 본질에서는 그렇지 않다. 횔덜린의 난점은 이것이었다. 즉 그는 엠페도클레스의 자살이 필연적이라는 것을 보여주기를 원했다. 그리고 그가 생각했던 과정을 "모든 우발적인 것의 거부"(6. 339, 1799년 7월 3일, 노이퍼에게 쓴 편지 중에서)의 하나로 성취할 수 있기를 바랐다. 그 행위에 대한 단순히 우발적인 구실을 모두 걷어버리고 말이다. 엠페도클레스와 파우사니아스가 에트나에 도착했을 때의 장면에서 횔덜린은 원고의 가장자리에 주를 달고 있다.

> 여기서 그가 겪은 고통과 비방이 그가 다시 되돌아가는 것을 불가능하게 만들었고, 신들에게로 가야겠다는 그의 결심이 그저 자의적이라기보다는 불가피한 것으로 내비치도록 묘사되어야만 한다. (제1초고, 제2막에 대한 원주)

이 언급은 동기부여의 문제점을 드러내고 있다. 그러나 이 문제는 풀리지 않았다. 분명히 횔덜린은 개인적인 관심과 사회적·종교적인 관심의 더욱 긴밀한 연관을 원했다. 그러나 앞의 난외주가 보여주고 있는 대로 추방 자체가 자살을 강요했으리라는 걸 용납하는 것은 심각한 모순이었을 것이다. 횔덜린이 비극적인 필연성을 엠페도클레스 자신의 내면에 위치시키려고 열망하면 할수록, 자살에 조금 더 광범위한 의미를 부여하기가 그만큼 더 어려워졌다. 그 점에 바로 극적인 문제가 자리하고 있는 것이다.

〈비극적인 것에 관하여〉(=〈엠페도클레스에 대한 기초〉)와 제3초고

횔덜린은 이 극을 다시 쓸 수 있는 방도를 찾기 위해서 논고 〈비극적인 것에 관하여〉(판본에 따라서는 '엠페도클레스에 대한 기초'라는 제목으로 수록되어 있음)를 썼다. 이 논고는 횔덜린이 홈부르크 시절에 쓴 다른 논고들, 예컨대 〈시정신의 수행 방식에 관하여〉나 〈몰락하는 조국…〉(판본에 따라서는 〈소멸 가운데서의 생성〉)과 같은 계열의 글이다. 그 가운데 이 〈비극적인 것에 관하여〉를 가장 나중에 쓴 것으로 보인다.

이 논고는 〈시정신의 수행 방식에 관하여〉에서 사용된 것과 아주 유사한 용어들을 가지고 상실과 더 높은 차원에서의 회복 과정, 그리고 전체성의 조건을 우선 서술하고 있다. 그리고 이어서 엠페도클레스의 운명을 통해 이런 과정과 조건의 특별한 예를 제시한다. 그 난해한 내용을 여기서 다 밝힐 수는 없다. 요약하면 잃어버리게 되는 이상적인 상태는 예술과 자연이 조화로운 대칭을 이루면서 공존하는 상태다. 이 상태는 다만 느낄 수 있을 뿐이며, 지각에는 명백하게 와닿지 않는다. 따라서 이 상태를 "인식 가능하게"(4. 152) 만들려고 시도하는 순간 이 상태는 소실되고 만다. 두 원리, 즉 예술과 자연은 우선 자기 자신을 극단으로까지 주장하고 나서, 각기가 그 반대편으로 접근해 착각을 일으키는—왜냐면 오로지 순간적이기 때문에—화해의 상태로 되돌아간다. 횔덜린이 "망상"(4. 154)이라고 부르는 이 상태가 해체될 때만, 초월적인 차원에서의 잃어버린 이상적인 상태의 참된 회복이 가능하다는 것이다.

그런 과정이 횔덜린이 엠페도클레스의 시대와 그 공간에서, 그리고 특별히 또 비극적으로 엠페도클레스의 내면에서 작동하고 있다고 믿었던 과정이었다. 그런 "결합의 순간"(4. 154)이 개별자 엠페도클레스다.

> 그렇게 해서 엠페도클레스는 그의 하늘과 시대, 그의 조국의 아들이며, 세계가 그의 눈앞에 모습을 나타내 보였던 자연과 예술의 강렬한 대립의 아들이다. (4. 154)

그는 논고와 제3초고에서 탐색하는 인간 정신의 이념을 대변한다.

> 따라서 엠페도클레스의 내면에서 그의 시대는 개별화된다. 그리고 그의 시대가 그의 내면에서 개별화되면 될수록, 또 그의 내면에서 수수께끼가 더 만족스럽게, 더 시실적으로 그리고 더욱 기시적으로 풀리는 듯이 보이면 보일수록, 그만큼 그의 파멸은 더욱 필연적이게 된다. (4. 158)

엠페도클레스의 내면에서의 예술과 자연의 표면상의 대립 해소는 그의 인식을 향한 집중적인 노력의 결과다. 횔덜린은 해석학적인 과정을 주체와 대상의 실질적인 상호 침투로 파악한다. 엠페도클레스는 그렇게 대단한 탐구 정신의 소유자이기 때문에 "그는 전적으로 자연을 포용하고 이해하며 그 자연을 의식하려고 노력하지 않을 수 없었다." 다시 말하면 "그는 자연과의 동질성을 찾으려고 온갖 노력을 다해야만 했고," "항상 자신의 대상을 지나칠 만큼 꿰뚫어 볼 수밖에 없었던 그는 그 대상 안에서, 마치 심연에서인 것처럼 그 자신을 잃고 말았다. … 그리고 대상은 그에게서 개성이 될 수밖에 없었다."(4. 159) 자연스럽게 비유기적인 것(횔덜린은 자연을 가리켜 이렇게 칭했다)의 형식과 힘을 넘겨받은 인식의 노력은 결국 자연 스스로가 엠페도클레스의 입을 통해 말하는 데까지 이르게 된다.

> 자연은 자신이 가지고 있는 모든 멜로디를 통해 이 사람의 정신과 입에 나타났고 그처럼 내면적이고 따뜻하고 직접적이었다. 마치 그의 마음이 자연의 마음이라도 되는 것 같았고, 원소의 정신이 인간적인 형상체로서 인간들 사이에 깃들어 있는 것 같았다. (4. 159)

여기서 '신과 인간이 짝을 이루는 것과 같은 무서운 일'이 일어난다. 횔덜린이 번역한 소포클레스의 《오이디푸스왕》에 붙힌 주해에 따르면, 여기에 본질적으로 '비극적인 것의 표현'이 근거한다. 이런 '한계가 없는 일체됨'은 〈오이디푸스왕에 대한 주해〉에서 그렇게 불리고, 《엠페도클레스의 죽음》에서도 계획되어 있는 것처럼, "무한한 결별을 통해서" (5. 201) 정화되어야만 하는 것이다.

엠페도클레스는 인간의 '중심을 벗어난' 삶의 궤도로부터 그를 건져 내주는 완성의 단계에 도달했다. 송시 〈삶의 행로〉가 인간적으로는 불가능하다고 읊고 있는 완성 말이다.

> 그대 역시 더 위대해지려 했으나 사랑은
> 　우리 모두를 지상으로 끌어 내리고, 고뇌가 더욱 강하게 휘어잡네. (2. 22)

우리와 더불어 우리 곁에 있는 것에 대한 사랑은 본질적으로 인간적인 것에 해당한다. 그 사랑은 추구하는 자의 무한을 향한 충동을 지상의 현세적인 것으로 조정하고 그가 "스스로 너무도 아름답다"고 여기는 것을 막아준다. 또한 현세에서의 절대적 진리의 '먼 곳'을 향한 노력 가운데 쇠진해지는 것을 막아주면서, 그 노력하는 자를 '슬프도록 흔쾌하게' 만들어준다. 사랑은 고유한 완결을 향한 충동이 '가라앉을' 때 비로소 가능하다. 횔덜린에게 이것은 '지다(niedergehen)'와 같은 의미를 가지고 있다. 무한한 것으로 출발하는 자는 사랑의 생동하는 충동에 의해 인간의 현재로 던져진다. 송시 〈하이델베르크〉는 이렇게 노래한다.

내 거기를 넘어갈 때, 신들의 사자인 듯
마법은 한때 그 다리 위에 나를 부여잡았고
매혹하는 먼 경치 나에겐
산속으로 비쳐드는 듯하였으며,

젊은이, 강물은 평원을 달리고 있었네,
슬프도록 흔쾌히, 자신에겐 너무나도 아름다워
사랑하면서 파멸하고자
시간의 물결에 몸을 던진 마음처럼. (2. 14)

역설적으로 그가 사랑하지 않았다는 것이 엠페도클레스의 위대함을 형성하고 있으며, 동시에 그것이 그의 비극적인 죄업이다.

나는 젊은 시절부터 많은 죄악을 저질렀다.
사람들을 사람답게 사랑한 적이 없었고
물이나 불이 다만 맹목적으로 이바지하듯, 그들을 섬겼을 뿐이다. (제3초고, 제35~37행)

냉정한 태도가 그의 위대함의 조건이다. 그가 아그리겐트 시민들 앞에 나서는 "마법"(4. 159)도 이 냉정함의 덕분이었다. 그렇지만 사랑은 그가 자신 안으로 받아들였던 자연의 근원적인 힘이기 때문에, 그를 마침내 파멸에 이르게 하는 것도 사랑이다. 이웃들에 대한 사랑 때문에 그는 "종교적 개혁자"이자 "정치적 인간"(4. 161)이다. 사랑이 그에게 "생동하는 것을 질서 짓도록"(4. 160~161) 한다. 말하자면 사회 현상에 개입하도록 하고, 그 현상을 조화로 이끌도록 한다. "그는 애정을 가지고 또한 반감을 가지고 이를 행한다."(4. 161)

그가 자연과 예술의 일치성을 지나치게 '사실적으로' 표현하기 때문에 그는 이미 세계 가운데 최선의 세계를 지니고 있기라도 한 듯한 환상을 불러일으킨다. 그러나 이것은 그릇된 해석이다. 왜냐면 새로운 세계는 총체적인 삶이 연관된 공통의 혁신을 통해서만 탄생하기 때문이다. 세계로부터 환상을 제거하기 위해서는 완성이라는 환상의 상징이 세계에서 떠나야만 한다. 즉 사회의 혁명을 위해서라면 인간을 향한 사랑에서 엠페도클레스는 스스로를 희생시켜야만 하는 것이다.

> 예술은 자연의 꽃이고 자연의 완성이다. 자연은 여러 가지 서로 다른 형태의, 그러나 조화로운 예술과의 결합을 통해 비로소 신적인 것이 되는 것이다. … 한가운데는 개별자의 죽음이 놓여 있다. (4. 152~153)

역사의 완성은 그 완성의 시간에 앞서 개별적인 완성이 이미 발생하기를 요구한다고 횔덜린은 말한다. 이 개별적인 사건들이 전체로 받아들여지지 않고 다만 역사적 완성의 완전한 현실화에 대한 동경을 일깨우고 지켜보게 하는 상징으로서 등장하도록 염려의 대상이 되어야 한다는 것이다.

제3초고에서 엠페도클레스의 죽음은 진부하고 고루한 현세로부터의 즐거운 도피가 아니라, 희생의 죽음이다. 엠페도클레스는 도취의 상태에서나 쾌락으로 이 지상을 떠나서는 안 된다.

> 당신은 그걸 원하고 있으니 그렇게 되기를! 그렇지만
>
> 당신답지 않게 생각도 없이 나를 버리고 하계로 가면 안 됩니다.
>
> … 취한 친구여! (제3초고, 제355~357행)

'생각도 없이' 그리고 '취한 자'로 죽어서는 안 된다고 제3초고 제3장에서 이집트에서 온 노인 만네스가 경고한다. 전해지고 있는 3개의 초고의 마지막 부분—그리고 전체적으로 볼 때 가장 중요한 부분—을 차지하고 있는 것은 표제의 인물인 엠페도클레스와 만네스의 대화이다. 이 대화에서는 엠페도클레스가 오로지 순수한 동기에서 죽음을 추구하고 있는지의 문제가 중심을 이룬다. 만네스는 엠페도클레스와 마찬가지로 운명의 예언자이며 신비하게도 그에게 낯익은 인물이다. 죽은 자들로부터 온 사람—만네스(Manes)라는 이름은 로마인들 사이에서는 사자(死者)의 영혼을 뜻한다—만네스는 아직 살아 있는 자가 돌아가고 싶어 하는 지하세계로부터 온 살아 있는 자 자신의 투영체다. 이런 구도는 대화를 "극적인 자기 성찰로, 내면적인 대화로" 비치게 한다.[30] 만네스는 시대의 고통이 "한 존재"에 의해서, "새로운 구원자"(제3초고, 제372행)에 의해서 치유될 수 있다는 사실을 알고 있다.

---

30) É. Kocziszky, Die Empedokles-Fragmente als Übersetzung, in: *HJb.* 1988/89, 160쪽.

신들과 인간들을 화해시키고 결국에는 "자신에겐 너무도 행복한, 자신의 행복을 깨부숴야만 하는"(제3초고, 제385행) 그 구원자에 의해서 말이다.

만네스와 엠페도클레스는 자신의 재귀를 걱정하는 사투르누스 신의 서로 돕는 신뢰의 친구들이다. '먼 나일 강'에서 노인이 온다는 사실은 '황금시대'의 재귀에 대한 믿음이 이집트의 호루스(Horus) 신화에까지 거슬러 올라간다는 것을 암시하는 것처럼 보인다. 이 드라마의 집필에는 이르지 못한 〈제3초고의 계속을 위한 스케치〉에 나타나는 바에 따르면, "모든 것을 체험한 사람, 예언자인 만네스는 엠페도클레스의 연설에 그리고 그의 정신에 놀라워하면서, 엠페도클레스는 소명받은 자, 죽이고 살리며, 그를 통해 하나의 세계가 해체되며 또 새로워진다"(4. 168)고 말할 참이었다. 또한 거대한 혁명적인 진술이 제3초고에 예정되어 있었던 것으로 추측된다. "이어 사투르누스 축제에서 그[만네스]는 에페도클레스의 마지막 의지가 무엇이었는지 그들에게 고지하려고 한다."(4. 168)

횔덜린은 제3초고를 위해서 5막 극으로 대강을 스케치하고 몇몇 특기사항을 기록해놓았지만, 실제는 단 세 개의 장면만을 썼을 뿐이다. 이 미완의 제3초고에 엠페도클레스의 개인적인 죄업에 대해 기록된 것은 아무것도 없다. 해명을 제공하고 있는 논고에도 마찬가지다. 그 대신 엠페도클레스는 한 시대를 마감하고 새로운 시대를 시작하게 되는 통로 역할을 감당하는 인물이 되었다. 그런 의미에서 그의 희생은 다른 혁명적인 전환의 영웅인 소크라테스나 예수 그리스도의 희생과 그 의미가 크게 다르지 않다.[31] 그러나 스스로 택한 죽음이라는 의

31) Pierre Bertaux, *Hölderlin und Französische Revolution*, Frankfurt/M. 1969, 127쪽.

미에서 엠페도클레스의 희생적 죽음은 예수 그리스도의 행로에 담긴 모티브와는 다르다. 엠페도클레스는 어떤 분노에 찬, 현세를 초월한 신성을 달래기 위해서가 아니라, 몰락하고 두려움에 떠는 신성, 그 나라가 현세의 역사인 그 신성을 다시 복권하기 위해서 죽는 것이다.

앞서 언급한 대로 횔덜린과 동시대인들은 천년설에 의한 구원의 희망과 두려움을 강하게 느끼고 있었다. 그리고 세기의 전환이 이 제3초고에서 엠페도클레스에 대한 맥락을 형성해주었다. 횔덜린이 이 작품을 새로운 슈바벤 민주주의의 막을 열기 위해서 쓰고자 했으며, 그런 정치적인 희망이 무너지자 자신의 길을 잃거나 포기했다고 믿고 있는 베르토는 아마도 너무 멀리 나간 것 같다. 그러나 적어도 우리는 세기가 끝나면서 혁신에 대한 강렬한 갈망이 횔덜린에게 이 작품 쓰기를 재촉했을 것이라고 말할 수 있다. 이 극의 많은 구절, 특히 제2초고의 구절들은 시의 구절들과 마찬가지로 유난히 절박하게 움직인다. 이 극이 주는 교훈은 죽은 형식들은 벗어 던진다는 것이다. 엠페도클레스를 몰아가고 있는 것은 "실증적으로 되는 것에 대한 두려움"(4. 161)이다. 정확하게 당시의 시학적 논고들은 유동성에 대한 선호와 고착에 대한 공포로 채워져 있었다.

제2초고에서 극의 배후에는 하나의 개괄적인 설계가 있다. 그리고 이 설계의 문화적 내지 종교적인 범주는 매우 야심적이다. 그럼에도 이 계획에는 하나의 개인적인 중심이 담겨 있는 것처럼 보인다. 횔덜린이 항상 자살을 깊이 생각했었다는 증거는 없지만, 그의 삶이 폐허를 향해 기울어지고 있었을 때, 엠페도클레스의 전설에 오랫동안 열중했다는 사실은 분화구가, 그 심연이 그의 마음을 끌어당기고 있었던 것은 아닌가 생각하게 한다. 그는 논고 〈비극적인 것에 관하여〉에서 비극적인 시가 살아 움직이고 진실해지려면, 시인 자신의 경험에서 우러나오지 않으면 안 된다고 주장하고 있다. 시인이 시를 쓸 때, 그는 이 경험을 자신에서 멀리 밀고 나가서 합당한 상관물에 투입하고자 한다. 그러나 완성된 비극은 여전히 그 근원에 모순을 일으켜서는 안 된다. 죽음에 대한 엠페도클레스의 소망 가운데 한 요소는 처음에는 아주 간단하게도 절망, 수치심, 불명예를 겪고 난 후의 굴욕감 같은 것이다. 횔덜린은 자신의 주제에 대한 사유의 흔들림 가운데 순전히 개인적인 그 동기를 계속 멀리 밀쳐냈다. 그리고 마침내는 어쩌면 그 같은 개인적 동기를 놓아버리고 말았는지 모른다.

횔덜린이 행한 엠페도클레스 시대에 대한 분석에서 우리를 슬프게 하는 것이 있다. 다시 말하지만, 그 시대는 문학도 행동도 필요하지 않았으며, 다만 희생을 요구했다는 사실이다.

> 그의 시대의 운명, 그가 그 가운데 자랐던 강력한 극단은 노래를 촉구하지 않았다. [···] 그의 시대의 운명은 직접적으로 작용하고 도움을 주는 확실한 행동을 역시 요구하지 않았다. [···] 시대들은 전체적 인간이 실제적이고 가시적이 될 때 그의 시대의 운명이 해소되는 것처럼 보이는 일종의 희생을 요구했다. (4, 156)

횔덜린은 이미 "우리는 시인의 천후에 살고 있지 않다"(6, 264)고 자신의 고통을 피력한 바 있다. 횔덜린은 엠페도클레스를 한 형제로, 시 〈시인의 용기〉에서 칭송해 마지않았던, 그러나 파멸하고 만 자들의 하나로 생각했던 것이 틀림없다. 세계의 역사는 예컨대 횔덜린이 존경해 마지않았던—"그는 참으로 훌륭한 인물이시다."(6, 47, 1789년 말 노이퍼에게 쓴 편지 중에서)—1796년 라인강에 투신자살한 슈토이들린

같은 지성인들이나 천재적이고 영웅적인 사상가들이 가지는 역사적 과정의 의미를 해석하려고 힘을 쏟지 않는다면 그 성공적인 목표에 이를 수 없다. 세계 역사는 작품이나 작가들이 대립의 단순한 화해를 통해 이미 모든 것이 행해졌다는 환상을 불러일으키는 한, 완성에 도달할 수 없다. 문학으로 대체할 수 없는 '실질적인' 실천에 대한 횔덜린의 '주장'은 비교할 수 없는 결단으로 현실을 떠나 문학으로 회피하려는 유혹을 거부하려고 한다.[32] 1799년 새해 첫날 횔덜린은 동생 카를에게 "어둠의 제국이 강제로 밀어 닥치면, 나는 펜을 책상 아래로 던져버리고, 어려움이 제일 큰 곳으로 … 신의 이름을 빌어 갈 것이다"(6. 307)라고 쓴 바 있다. 그해는 《엠페도클레스의 죽음》의 집필에 몰두한 때였다.

소멸 가운데에서의 생성, 논고 〈몰락하는 조국…〉

비극 《엠페도클레스의 죽음》 집필을 중지하고 나서, 아니 집필을 끝내고 나서 쓴 것으로 보이는 단편적인 논고 〈몰락하는 조국…〉—바이스너와 피게노트의 편집에서는 〈소멸 가운데에서의 생성〉—에서는 역사와 문학의 관계가 중요한 관심사다. 여기서 횔덜린은 《학문론(*Die Wissenschaftlehre*)》에 피력되어 있는 피히테의 사상, 즉 '현실에서 교체의 특징적인 형식은 […] 소멸을 통한 생성'이라는 것, 그러나 이때에도 "실체는 […] 교체에 이르지 않는다"는 주장을 수용하고 있다. 이것

32) Gerhard Kurz, *Mittelbarkeit und Vereinigung*, Zum Verhältnis von Poesie, Reflexion und Revolution bei Hölderlin, Stuttgart 1975, 168쪽.

은 제1초고를 통해 전해지는 엠페도클레스와 아그리겐트 시민이 나누는 대화의 기본 모티브다. 이 변함없는, 변화시킬 수 없는 실체는 여기서 생명이다. 제2초고에서 말하고 있는 대로 "고통을 먹고 사는", 그리고 "죽음의 술잔을 행복하게 느끼며"(제2초고, 제697~699행) 마시는 생명이 바로 그 변함없는 실체이다. 자연과 인간의 역사는, 그것들이 쇄신과 계속되는 발전을 위해 죽음을 필요로 하는 한, 하나의 비극적 법칙 아래에 서 있다.

횔덜린은 이 논고에서 현존하는 생명 형식의 해체는 생동하는 전체의 재생산이라는 자신의 견해를 반복해서 언급한다. 그는 역사를 그 변혁들 가운데에서 총체적인 역사적 사건의 의미를 숨기고 있는 절대적인 것을 체험하게 되는 과정으로, 즉 이념적인 목적(Telos)에 이르는 과정으로 이해한다. 그것은 "모든 세계의 세계, 그 언제나 존재하는 모든 것 중의 모든 것은 오직 시간 가운데—또는 소멸 혹은 순간 가운데, 또는 보다 더 기원적으로 시간과 세계의 순간과 시초의 형성 가운데 스스로를 표현하기 때문"(4. 282)이다. 이념적인 목적을 달성하려면 역사는 예술—횔덜린은 이때 예술의 최고 형식으로 비극을 생각하고 있다—이 필요하다. 그리고 그 반대로 예술은 실질적인 역사를 통한 자극이 필요하다. 그러니까 예술과 정치는 일종의 상호 의존관계에 있는 것이다.

변혁의 단계에서 횔덜린이 자신도 포함시키고 있는 새로운 것의 힘들은 행동뿐만 아니라 느낌과 성찰의 주체가 된다. '부정(否定)으로 변화된' 낡은 것은 작용의 가능성과 함께 일어난 일에 대한 해석의 가능성도 잃는다. "그러나 실제가 해체되면서 실제로 들어설 가능성이 작용하게 되고, 이것은 해체의 지각과 해체된 것에 대한 회상으로 작용한다."(4. 283) 새로운 힘들만이 혁명의 완전한 비극적 의미를 파악할 수 있는 위치에 있다. 그 힘들이 죽음 가운데 새로운 생명을 감지하기 때문이다. 사멸해가는 힘들은 다만 보편적인 죽음과 소멸만을 볼 때, 새로운 것은 한 시대가 침몰하고, 그것이 회상의 대상으로, 다시 말해 이념적으로 되며 다른 시대가 떠오르는 것을 포착한다.

비극은 새로운 것, 생성되고 있는 것의 편에 서 있다. "그 때문에 모든 순수하게 비극적인 언어의 철저히 원형적인 것, 지속적으로 창조적인 것이 생겨난다. … 무한한 것에서 개별적인 것의 생성, 또한 양쪽 모두에서 개별적으로 영원한 것의 유한하게 무한한 것의 생성, 그것은 파악이 불가능하거나 불운하게 되어버린 것이 아니라, 오히려 파악 불가능한 것의 파악, 해체라는 불운에서의 생성이다. 그리고 죽음 자체가 지닌 투쟁의 파악이자 소생이다. 이것은 조화로운 것, 파악 가능한 것, 생동하는 것을 통한 파악이며 활성화이다."(4. 283) 영원한 것 안에서—그러니까 '무한한 것'에서—하나의 새로운 상태가, 개별적인 것이나 무한한 것의 산물, 즉 무엇인가 개별적인 것, 횔덜린에 의해서 '유한하게 무한한 것' 또는 '개별적으로 영원한 것'이라고 불리는 새로운 상태의 형성 과정들이 바로 역사적이며 문학적인 드라마인 것이다.

비극은 생명의 관점에서 모든 혁명이 불러일으키는 강제적인 부정의 기능을 포착하는 가운데, 그것을 정화하고 이와 함께 정치적 작용을 실현한다. "존재와 비존재 사이의 상태에서 그러나 가능성은 도처에 실질적이다. 그리고 실질적으로 이념적이다. 이것이 자유로운 예술의 모방 가운데 하나의 두려우나 신적인 꿈인 것이다."(4. 283) 두려운 것 그리고 염려스러운 것의 문학적인 형상을 통해 사건의 역사적인, '신적인' 의미가 공공연해져야 한다. 처음에는 무질서만이 보이고 저주하던 지점에 이제는 구조가 보인다. 즉 새로운 것이 오고, 낡은 것은 간다. 그리고 회상 가운데 이념이 온다. 이것들에 대한 해석을 통해 비극은 두려움에서 풀려난 역사관의 주도자가 된다. 횔덜린이 '이념적인 해체'라고 부르는 두려움에서 벗어난 역사관은 역사적 과정이 완성될 수 있는 조건이기도 하다.

> 필연적인 것으로서의 해체는 이념적인 회상이라는 견지에서 볼 때, 새롭게 전개되는 생명의 이념적 대상이 된다. 이것은 해체의 시발점부터, 새로운 생명의 기초 위에서 해체된 것에 대한 회상이 추적될 수 있는 지점에 이르기까지의 도정을 되돌아보는 눈길이다. 거기서부터 새로운 것과 지나간 것 사이에 발생하는 틈과 대비의 해명과 통합이, 해체 자체의 회상이 이루어질 수 있다. 이런 이념적인 해체는 두려움이 없다. 시발점과 종결점이 이미 정해져 있고, 발견되었고, 확보되었기 때문에 이런 해체는 더욱 확실하고, 막힘이 없으며, 더욱 과감하다. (4. 283~84)

역사 해석은 해석자에게 "전체적인 삶의 감정"(4. 284)을 마련해준다. 이런 가운데 세계 안에는 '기계적인 운행' 이상의 것이 존재한다는 의식이 이해 가능해진다. 해석자에게 역사의 의미가 뚜렷하게 나타난다. 그리고 그는 이제 의식적으로 새로운 역사적 상태를 유도할 수 있다. 성찰을 시작하기 위해 첫 번째의 실질적인 해체가 필요했던 것처럼, 실제 역사를 그것의 이념적인 목표에 부단히 접근시키기 위해 성찰 과정은 필요하다. 비극적인 역사의식이 형성되기 전에는 혁명은 그저 '하나의 실질적인 무(無)'로 나타났고, 현존하는 상태는 영원한 것으로 나타났다. 전체에 대한 비극적 의식은 몰락을 일종의 창조적이고 생산적인 활동으로 보이게 한다.

> 이 행위의 본질은 이념적으로 개별적인 것과 실질적으로 무한한 것을 결합시키는 것이며, 이 행위의 산물은 이념적으로 개별적인 것과 결합된 실질적으로 무한한 것이다. 이때 무한히 실질적인 것은 개별적으로 이념적인 것의 형상을, 그리고 이 개별적으로 이념적인 것은 무한히 실질적인 것의 생명을 취한다. 그리고 이 둘은 하나의 신화적인 상태에서 결합되는 것이다. 여기에서 무한히 실질적인 것과 유한하게 이념적인 것의 대립과 함께 이행 역시 중지된다. 무한히 실질적인 것이 생명에서 얻는 것을 유한하게 이념적인 것은 이런 휴지(休止)로부터 얻는다. (4, 286)

횔덜린의 현재에서 "이념적·개별적인 것"은 사투루누스 시대이며, "무한히 실질적인 것"은 끝나지 않는 "무한한" 지금이다. 이 끝나지 않는 지금은 이념의 형식을 취할 것이고, 사투루누스 시대는 현재의 생명을 취한다. "무한히 새로운 것과 유한하게 낡은 것의 이런 비극적인 결합에서 새롭게 개별적인 것이 전개된다."(4, 286) 오늘의 관점에서 역사의 성공적인 완성으로 나타나 보이는 '신화적 상태'가 전개되는 것이다. 이 신화적인 상태가 객관적인지 아닌지에 대해서는, 본래 역사 이론적인 성찰에서 혁명적인 순간의 함축적인 의미를 밝히는 것을 중요한 논점으로 삼고 있는 이 논고는 대답 없이 여지를 남기고 있다. 이 논고는 다만 '비극적인 결합'의 '신화적인 상태'에서 구체적인 해체 과정이 휴지에 이른다는 사실만 언급하고 있을 뿐이다. 말하자면 진행 중인 역사의 종말에 대해서는 여기서 따로 언급이 없다. 현재의 관점에서 '신화적 상태'는 의심의 여지없이 어떤 완결과 종료를 표현한다. 그렇지만 횔덜린은 오늘 우리가 완벽하다고 생각하고 있는 것이 실현된 어떤 상태에서 새로운 유토피아적인 지평이 열린다는 점을 부인하지는 않는다.

요약하면, 횔덜린에게 실제적인 역사가 사실적인 경악과 실제적인 파멸의 역사인 한, 그것은 비극적이다. 〈안티고네에 대한 주석〉에서 횔덜린은 "영원히 인간 적대적인 자연의 운행"(5. 269)을 언급하고 있다. 인류의 역사적인 진행 과정은 숙명적으로 개별적인 것의 몰락을 요구한다. 횔덜린은 '신화적 상태'의 새로운 종합 역시 비극적이라고 한다. 왜냐면 이 종합은 앞선 삶의 형식을 몰락시키기 때문이다. 그러나 이런 파괴가 모든 것의 종말은 아니다. 이런 파괴는 새로운 것과 좀 더 나은 것의 시작이기도 하기 때문이다. 비극적인 시인의 과제는 인간들에게 이런 사실을 알리고, 이들에게서 역사 변혁 앞에서의 두려움을 거두어내는 일이다. 비극은 시대의 공포를 파악하고 그것을 생명의 필연적인 조건으로 해석한다. 비극은 이런 정화 효과를 통해 새로운 시대를 이끌 생명력을 강화하는 것이다.

비극 《엠페도클레스의 죽음》은 단편적인 논고들과 함께 횔덜린의 작품들 가운데 가장 다루기 어려운 작품으로 알려져 있다. 이 비극은 작가의 여러 측면에서의 좌절의 기록물인가? 이 작품의 수용사나 연구사는 그런 측면을 많이 시사한다. 그러나 비르켄하우어(Theresia Birkenhauer)는 최근 《횔덜린 편람(*Hölderlin Handbuch*)》의 《엠페도클레스의 죽음》 항목 서술에서 이 작품을 벽장에서 끄집어내어 이 비극의 특별한 가치를 찾아내고 있다. 이 드라마가 서정적인 후기 작품으로 가는 도중에 있는 '의고전주의적 중간 교량'이 아니라는 것이다.[33] 오히려 쓰존디가 횔덜린의 서정시에 대한 평가에서 '의고전주의의 극복'을 말했다면[34] 그런 극복이 바로 이 비극 작업에서도 일어나고 있다는 것이다. 다시 말하면 우리는 《엠페도클레스의 죽음》을 소포클레스나 셰익스피어, 쉴러나 괴테의 드라마에서 취할 수 있는 표준에 따라 판단해서는 안 되리라는 것, 오히려 횔덜린이 그의 시학적 텍스트에서 '비극적인 것'으로 파악하고 노고에 가득 찬 집필 과정을 통해 도달하고 있는 것에 비추어 그 드라마를 평가해야 한다는 주장이다.

《엠페도클레스의 죽음》은 낡은 기준에 따르면 미완의 작품이다. 그러나 창조의 무한한 잠재력 앞에서 이른바 완성된 작품은 미완성 작품과 우연한 경우를 제외하고는 구별할 수 없는 것으로 남는다.[35] 그럼에도 미완이 사실이라고 주장한다면 이 비극 《엠페도클레스의 죽음》은 적어도 하나의 토르소(Torso)라고 할 수 있다. "그의 몸뚱이가 커다란 촛대처럼 여전히 불타오르고 있는"[36] 릴케의 〈고대 아폴로의 토르소〉처럼 말이다. 또한 철학이 문학이 되고 문학이 철학이 되는 분화 이전의 문학의 생태를 복원하려는 횔덜린의 시도는 서정적 소설인 《휘페리온》으로 '전인미답의 땅'에 첫발을 디딘 것과 같은 새로운 형식의 소설을 낳았듯이, 《엠페도클레스의 죽음》은 명백한 인물 구성 대신에 자기 성찰적인 언술을 우선시키는 '포스트드라마의 때 이른 선구자'[37]이기도 하다.

33) Johann Kreuzer(Hrsg.), *Hölderlin Handbuch*, Leben-Werk-Wirkung, Stuttgart 2002, 222쪽.

34) Peter Szondi, *Hölderlin-Studien*, Frankfurt/M. 1970, 95쪽 이하.

35) 조르조 아감벤, 《불과 글》, 유병언 옮김, 책세상, 2014, 148쪽.

36) Rainer Maria Rilke, *Werke in drei Bänden, Band 1*, Insel-Verlag Frankfurt/M. 1962, 313쪽.

37) Dieter Burdorf, *Friedrich Hölderlin*, München 2011, 91쪽.

제8장

슈투트가르트, 하우프트빌, 보르도

(1800~1802년)

편력과 회귀, 횔덜린 문학의 절정기

1800년 6월에서 1802년 5월 사이, 그러니까 홈부르크에서의 귀향과 남부 프랑스 보르도에서의 귀향 사이, 쥬제테 공타르와의 헤어짐과 그녀의 죽음 사이에서 매우 불안정했던 2년이 횔덜린의 생애에서 문학적으로 가장 생산적인 기간이었다는 것은 역설적이다. 홈부르크에서 보낸 수개월은 하나의 예비 기간이었으며, 새로운 경지를 향하는 문지방이었다. 반면에 보르도에서의 수개월은 종말의 시작이었다. 이 중간의 시간, 비록 시련과 불안의 시간이기는 했지만, 횔덜린은 자신의 재능을 분명히 깨닫고, 송가, 비가, 그리고 찬가들을 썼다. 이 시기의 이 작품들은 횔덜린의 가장 뛰어난 작품들로 평가받고 있다. 그는 시 〈운명의 여신들에게〉의 첫 연에서 이렇게 노래했다.

오직 한 여름만을 나에게 주시오라, 그대들 힘 있는 자들이여!
또한 나의 성숙한 노래를 위해 한 가을만 더,

하여 내 마음 더욱 흔쾌하고, 감미로운

유희에 가득 채워지거든 그때 스러지도록. (1, 241)

이처럼 그는 “한 여름만을”을 요구했지만, 그에게는 두 여름이 주어졌던 것이다. 이 두 해 동안 그의 시문학은 괄목할 만한 일관성을 이루고 있다. 하나의 시 세계를 구성하고 있는 것이다. 그러나 보르도 이후 이 세계는 확대되면서 해체되기 시작한다. 횔덜린이 1806년 정신병원으로 강제 이송되었을 때, 그의 주변은 모든 것이 폐허에 놓였다. 그러나 이 해체를 완전히 파괴적인 과정으로 생각할 것은 아니다. 여러모로 그것은 결코 시적 쇠락이 아니었다. 1800~1802년 사이 시적 세계는 확장을 경험했고, 이미지들의 쇄도는 다 담을 수가 없었다. 시 세계의 안정과 일관성은 언제나 불확실했다. 그런데 일관성의 불확실성은 오히려 하나의 구성 요소였으며, 특수한 역동성을 지니고 있었다. 횔덜린의 완숙한, 가장 고전적인 시작(詩作)의 대부분에서 그런 사실이 드러난다. 그의 끊임없는 자기 전복은 올바르게 인식되고 평가되어야 한다. 그러나 일치성을 위한 노력도 주목할 일이다. 홈부르크와 보르도 사이의 2년 동안, 횔덜린은 하나의 통일된, 그에게 깊숙하게 정신적으로 동화된 심상에서 시작했다. 그는 시적 허구를, 일종의 신화를 창조했다. 그는 자신의 관심들—개인적, 정치적, 문화적 그리고 종교적인 관심사들—을 확고한 이미지 안에 구체화했다. 이 이미지들이 공감을 이끌어내는 힘은 그것들이 일치된 연관을 이룸으로써 강화되었다.

이 두 해에 이룬 성취는 사실 놀라운 것이다. 개인적인 안정과 만족의 세월에 이루어졌다고 해도 놀라운 성과일 터인데, 이 시기의 비탄과 함께 환희와 축제로 가득 찬 작품들은 그가 자신에 대한 희망을 완전히 포기했다고 말할 만큼 삶이 파탄을 겪는 가운데에서 쓴 것들이다. 그의 삶의 알레고리는 그가 홈부르크와 쥬제테를 떠날 때 결정적으로 분명해지기 시작했다. 그 자신도 이런 사실을 인식하고 있었던 것으로 보인다. 이 시기에 쓴 편지들에서 그는 신화나 비극의 등장인물들에 대한 설명에나 알맞을 초연하고 격앙된 어조로 자신에 대해 말하는 구절이 증가하고 있다는 것이 이를 증명한다.

횔덜린은 시적 사명감을 확고히 간직한 채, 그밖에는 아무런 다른 계획 없이 홈부르크를 떠나 귀향했다. 그의 귀향은 5년 전 예나에서 자립에 실패한 후의 귀향과 닮은꼴이었다. 그는 어머니가 있는 뉘르팅엔으로 1800년 6월 초에 돌아왔다. 4년 반 만의 귀향이었다. 그는 귀향과 동시에 가능한 빠른 시일 안에 다시 떠날 것을 생각했다. 그는 고향을 "내 마음의 피난처"(6. 412)라고 말했지만, 이는 사실 고향을 멀리 두고 있을 때의 생각이었을 뿐이었다. 6월 말이 채 되기도 전에 그는 슈투트가르트에 있는 그의 좋은 친구 란다우어의 집에 하숙객으로 들어갔다. 슈바프에 따르면, 그의 몸과 정신은 쇠약해진 상태였다.

> 그의 정서는 위험해 보였다. 벌써 그의 외모가 그의 존재가 지난 시간에 겪은 고통으로 인한 변화를 증언해주었다. 그가 홈부르크에서 돌아왔을 때, 사람들은 마치 허깨비를 보는 듯 느꼈다. 그처럼 내면적인 투쟁과 고통이 한때 피어오르던 그의 육신을 약화시켰던 것이다. 더욱이 그의 영적 상태의 과민성이 눈에 확연했다. 우연한, 악의가 전혀 없는, 그와는 아무 관계가 없는 한마디 말도 그를 흥분시킬 수 있었다. 이럴 경우 그는 참석한 모임을 떠났고 그 모임에는 다시 나타나지 않았다. (6. 1023)

남쪽에서 바라본 슈투트가르트
에밍거(E. Emminger)의 밑그림에 채색 석판화

그러나 횔덜린은 란다우어의 집에서 동정적이고 심신의 회복을 돕는 교제를 나누었다. 그들은 예나에서 만났고 프랑크푸르트에서 좋은 친구로 사귀었다. 란다우어는 부유하고 공손했으며, 계몽된 인물이었다. 그는 횔덜린의 공화주의적인 정치 신념에 뜻을 같이했고, 쥬제테도 알고 있었다. 네 편의 시—〈시골로의 산책〉, 〈영면한 사람들〉, 〈선조의 초상〉, 〈란다우어에게〉—는 그와 그의 감탄할 만한 손님 접대와 밀접하게 관련된 작품들이다. 그해 여름과 가을 동안 횔덜린은 더 많은 마음의 빚을 졌는데, 란다우어는 글을 쓸 수 있는 조건과 환경을 그에게 제공했다.

횔덜린은 언제나 그랬듯이 어머니에게 자신이 경제적인 필요를 충족시킬 수 있으리라는 점과 친구들이나 어머니에게 짐이 되지는 않을 것이라는 점을 알려 안심시키려고 했다. 그는 다시 한 번 종무국의 압

란다우어의 초상
작자 미상의 석판화

박을 모면했다. 란다우어의 묵인이 유효했다. 아마도 란다우어가의 자녀들을 가르치는 가정교사로 일한다는 명분을 주었던 것으로 보인다. "여기서 평화롭게 시간을 보내면서, 방해받지 않고, 지금까지처럼 내 일상의 일을 할 수 있으리라"(6. 395)는 그의 희망, 어쩌면 지극히 겸손한 희망은 실현되어가는 듯했다. 그러나 피할 길 없이 그의 생에는 개인적인 불행의 역류가 있었다. 이것은 1800년 9월 말 누이동생에게 보낸 한 편지에, 반복해서 일어나는 우울증과 같이 울리고 있다(6. 400). 그의 두 여름 중 첫 여름의 끝머리인 그해 10월에 그는 개인 교습과 같은 벌이로는 경제적으로 궁핍을 면할 수 없다는 생각을 하게 되자, 입주 가정교사 자리를 다시 찾아야겠다고 결심했다. 그의 환경 혹은 그의 불안증이 그에게 다른 곳으로의 편력을 피할 수 없도록 했는지는 단언할 수 없다. 그가 란다우어의 집에서 상당히 소외되어 있었다고 생각해봄 직도 하다.

그가 하우프트빌에 일자리를 얻었을 때, 슈투트가르트의 친구들은 함께 있기를 간청했다. 그의 고향에 보낸 편지들, 특히 누이동생에게 보낸 편지에서 그는 때때로 비이성적인 그리고 건강에 해로운 강박관념에 사로잡힌 모습을 보인다. 그는 반복해서 사람들 가운데 존재해야 할 필요성과 쓸 만한 작업을 가져야 할 필요성, 운명을 따르며, 의무를 충족시켜야 할 필요성에 대해 쓰고 있다. 그는 고립을 두려워했고, 사랑과 우정을 원했다. 애정 어린 누이동생의 편지에 고마움을 표하면서 그는 이렇게 쓰고 있다. "이것이 마지막에는 너무도 자주 엄청난 고독 가운데 그 목소리를 잃고 우리들 앞에서 모습을 감추고 말 내 가슴을 지켜주고 있구나."(6. 402~403) 그렇지만 그는 가족들과 친구들을 멀리하고 타향으로, 낯선 사람들 가운데로 다시 떠났다. 왜 그랬을까? 누이동생에게 말하고 있듯이 그는 평화를 원했기 때문이었다. "나는 내 마음 안에 평온과 고요함에 대한 깊고도 절실한 필요를 품고 있다." 그리고 그는 타향에 사는 것과 낯선 이들 가운데 있는 것이 이것을 가능하게 해주리라고 믿었던 것 같다. 그해 12월 11일자의 같은 편지는 횔덜린이 튀빙엔의 탑 방으로 향하는 과정의 한 단면을 드러내는 병적인 자기 분석을 포함하고 있다.

> 나는 다른 많은 사람처럼 나 역시 청춘 시절보다 우리의 내면을 에워싸고 감각을 마비시키는 불안이 쌓이고, 거기서 빠져나오기 위해 그렇게 냉정하고 지극히 말짱한 정신이 되어 마음의 문을 닫아야만 한다는 생각을 견뎌낼 수가 없다. 그리고 실제로 나는 나 자신을 얼음처럼 느끼는데, 내가 어떤 더 조용한 휴식의 장소를 마련하지 않는 한 그렇게 느끼는 것은 피할 수 없는 일이다.

(6. 404)

하우프트빌로 출발하기에 앞서, 횔덜린은 잠깐 고향의 집에서 보냈다. "너희들이 있는 곳에서 며칠간의 평온한 날들이, 너희들 귀중한 사람들이여! 나의 세 번째 먼 여행길에 축복이 될 것이 분명하구나." (6. 406, 1800년 성탄절 직전, 누이동생에게 쓴 편지 중에서) 성탄절을 맞아 프랑스와 오스트리아 사이의 적대 행위는 중단되었고—실질적인 평화협정은 다음 해 2월 9일에 맺어졌지만—지속적인 평화의 전망도 밝아 보였다. 새해를 맞아 언제나 그러했듯이 횔덜린의 희망과 어조도 밝아졌다. 그는 카를에게 자신의 촉박한 출발에 대해 이렇게 썼다. "작별은 맞아서 내 마음의 조용한, 그러나 말로 다 할 수 없는 기쁨을 너의 가슴 안으로 받아주기 바란다." 그리고 곧 다가올 더 좋은 시대에 대해 말했다.

… 우리의 시대가 가까이 있다는 것, 지금 형성되고 있는 평화가 우리에게 바로 그 평화만이 가져다줄 수 있는 것을 가져다주리라는 것, 왜냐면 평화는 많은 사람이 희망하는 많은 것들을 가져다줄 것이고, 또 소수의 사람이 예감하는 것도 가져다줄 것이기에 말이다.

어떤 하나의 형식, 어떤 하나의 의견이나 주장이 승리하는 것이 아니라는 것, 그것이 나에게는 그 평화가 주는 선물의 가장 본질적인 것이라고 생각된다. 그러나 어떤 모습을 한 자기중심주의도 사랑과 선의의 지배 앞에서 굴복하게 된다는 것, 공동의 정신이 모든 것을 넘어서 모든 것 안으로 들어선다는 것, 그리고 이런 천후에서 독일의 심장이 이 새로운 평화의 축복 아래 맨 먼저 떠오르고, 마치 성장하는 자연처럼 소리도 없이 자신의 신비한, 멀리 이르는 힘을 펼치게 되리라는 것, 그것을 내가 말하는 것이고, 그것을 내가 알고 또 믿

고 있다는 것이다. 이것이 무엇보다도 내 나머지 반평생을 쾌활하게 내다보게 하는 근거이다. (6, 407)

이 여러 주일에 걸쳐 쓴 편지들은 모두 비슷하게 고양된 어조를 띄우고 있다. 이 편지들은 가족들을 향한 감사와 경건심으로 가득 채워져 있다. 또한 그를 영원한 순례자로 표현하고 있다. 앞으로 고용주가 될, 아직은 낯선 사람인 곤젠바흐(Anton von Gonzenbach, 1748~1819년)에게 그는 "행복은 견뎌낼 모든 덕목 가운데서 가장 어렵고도 가장 아름다운 덕목"(6, 409)에 대해 썼다. 이것은 그 자신의 시 〈라인강〉의 시구—"불행을 견디기는 어렵지만 / 행복을 견디기 더욱 어려운 탓이다"(2, 148, 제204~205행)—를 앞당겨 표현하고 있다. 편지와 시를 통해 함께 표현해내는 것은 1800년 이후 그가 소통을 멈출 때까지 횔덜린의 글쓰기 특징이다. 이 점은 전적으로 적합한 접근방식이며, 사적인 것과 개인을 넘어서는 시학의 비상을 나타내는 한 표지다.

하우프트빌로 향한 횔덜린의 여정은 대부분 도보 여행이었다. 그의 슈투트가르트 친구들이 튀빙엔까지는 동반해주었다. 그 후 그는 홀로 지그말링겐을 향해 알프스 고원을 넘었고 콘스탄츠 호수를 건너 스위스에 들어섰다. 그는 맑고 쾌활한 정신으로 1801년 1월 14일 콘스탄츠에서 집으로 편지를 썼다. 그리고 다음 날 하우프트빌에 도착했다. 하우프트빌에서 고향집에 보낸 첫 편지에서 그는 만족과 자신감을 표하고 있다. 매번 새로운 일자리에 임할 때마다 처음에는 늘 그래 왔듯이 말이다. 그는 곤젠바흐가의 14세와 15세 두 딸의 가정교사가 되었다.

하우프트빌의 작은 성과 상점
작자 미상의 수채화(1830년 무렵)

그러나 그 가정교사직은 석 달을 넘기지 못했다. 유감과 우정의 충정을 담은 정중한 어투로 곤젠바흐는 그해 4월 둘째 주에 횔덜린에게 해고를 통고했다. 그가 어떤 식으로 자신의 의무를 다하지 않았는지 아무런 지적도 없었다. 간단히 말하면, 고용주의 형편이 바뀌었고 가정교사가 더 이상 필요치 않게 되었다는 것이었다. 횔덜린은 자신을 지탱할 어떤 대책도 없이 그곳을 떠났다. 그의 타향으로의 탈출은 실패였다. 그는 다시 고향으로 돌아갈 수밖에 없었다. 그런데 더 중요한 의미에서 횔덜린의 짧은 하우프트빌에서의 체류는 헤아릴 수 없을 만큼 유익했다. 그는 알프스를 닿을 듯 가까이에서 보았던 것이다. 알프스의 산기슭들은 바로 곤젠바흐의 정원에서 솟아오른 듯 보였다. 이 정경들은 경탄과 경이로움으로 그의 가슴을 채워주었다. 또한 그의 신화적인 정경을 문학의 한 중심에 세워주었다.

그해 2월에 횔덜린은 두 장의 편지를 썼다. 첫 편지는 누이동생에게, 두 번째 편지는 란다우어에게 쓴 것이었다. 이 두 편지는 특별히 순수하게 그의 상상력의 활발한 움직임을 보여준다. 2월 9일 프랑스와 오스트리아 사이에 협정이 체결되었다. 횔덜린은 새로운 평화의 소식, 이른바 르네빌(Lunéville) 평화협정 소식이 그에게 전해진 그날 여동생에게 편지를 썼다. 그가 그 좋은 소식을 들었을 때, 그 큰 기쁨의 순간 그는 할 말을 잃었다. 그 대신 그는 자연 풍경으로 말머리를 돌렸다. "가까운 알프스의 위에 펼쳐진 밝은 하늘의 푸른빛과 순수한 태양이 이 순간에 내 눈에 그렇게 사랑스러울 수가 없었단다. 왜냐면 그렇지 않았다면 내가 나의 환희 가운데 어디로 눈길을 주어야 할지 몰랐을 것이니까 말이다."(6. 413) 태양, 푸르른 하늘, 그리고 알프스의 산정들은 그의 환희의 구체적인 관련물들이다. 그는 산에 대해 계속 서술한다.

> 너도 나처럼 이들 반짝이고 있는, 영원한 산들 앞에 서게 되면 충격을 받게 될 것이라고 생각한다. 신께서 지상의 어디에 권세의 왕관을 씌우신다면, 그것은 이 장려한 봉우리들의 위다.
>
> 내가 밖에 나오면 마치 어린아이처럼 그저 거기에 서 있을 수밖에 없다. 그리고 놀라워하면서 조용히 제일 가까운 언덕에서 기쁨을 누릴 수 있다. 그리고 천공에서 산의 정상들 모두가 사방 자신의 곁을 사철 푸른 소나무들로 장식하고 있는 이 다정한 계곡에 이르기까지 가깝게 내려온다. 그리고 깊숙한 곳에는 호수와 시냇물들이 흘러내리고 있다. 그곳에, 내 방 창문 아래 풀밭과 수양버들이, 모두가 고요하고 내가 맑은 별들이 반짝이는 하늘을 보면서 시를 떠올리고 깊은 생각에 젖는 밤마다 내 맘에 들도록 찰랑대는 맑은 물가에 서 있는 정원 가운데 나는 살고 있다. (6. 414)

본질적으로 파악이 불가능한 내면의 상태에 대해서 정경에 상응하는 연관을 조명할 수 있다는 것은 시인으로서 횔덜린이 가진 위대한 재능의 하나다. 그 점을 여기 한 편지에서 내보이고 있는 것이다. 이 편지 서술에는 그의 성숙한 시문학의 이미지를 하나의 통일된 세계로 들어서도록 명령하는 이념화의 경향이 여실히 나타나 있다. 알프스의 산들은 신의 성좌이며, 시 〈라인강〉에서처럼 그들 시대의 올림포스다. 신은 인간과 직접 소통하지 않으며, "계단처럼"(2. 747) 단계를 거쳐 소통한다.

> 또한 숨길을 들고
> 쌍둥이별 아래위로 오르내린다,
> 다다르기 어려운 층계를 따라서, 천국적인 성으로부터
> 산들이 멀리 끌어당길 때 (2. 224, 시 초안 〈그러나 천국적인 자들이…〉)

횔덜린의 뛰어난 시상, 그의 신화는 정밀한 관찰에서 이끌어낸 것이라는 사실은 강조할 만하다.

횔덜린의 평화에 거는 희망은 수포로 끝났다. 유럽은 오래지 않아 다시 전쟁으로 빠져들었다. 그러나 누이동생에게 보낸 편지에서 그는 그가 믿고 있는 세계가 지금 예고되고 있다는 점을 환기시키고 있다.

> 나는 세계 내에 일들이 이제 정말 잘되리라는 것을 믿는다. 나는 가까운 혹은 오래전에 흘러간 시간을 음미하기를 좋아한다. 모든 것은 나에게 드물게 보이는 날들, 아름다운 인간성의 날들, 확고하고 두려움 없는 선의 날들, 그리고 깊은 사유를 불러일으키는 것 같은 생각이 든다. 성스럽고도 유쾌한, 그리고 숭

고하면서도 단순한 나날들 말이다. (6. 413~14)

그리고 란다우어에게 이렇게 썼다. “내가 생각하기로는 전쟁과 혁명과 더불어 도덕적인 북풍도, 질시의 정신도 그치게 될 것이네. 좀 더 아름다운 교제가 오로지 견고한 시민의 교류로서 성숙하게 될 걸세.” (6. 417) 횔덜린의 상상력, 그리고 시구를 통해 황금빛의 신적 현현을 연이어 불러내는 능력이 그의 시 작품들을 밝히는 요체이며, 절망의 역습을 극복하는 보루다. 시 〈평화의 축제〉는 르네빌 평화협정을 계기로 한 그의 희망에서 직접적으로 유래된 작품이지만, 거기에는 그 이전의 평화와 이상적인 공동체에 대한 전망이 담겨 있다.

횔덜린이 최선의 조건과는 다른 조건으로 말미암아 고용주와 헤어지게 되었다는 증거는 없지만, 1801년 3월 란다우어와 카를에게 쓴 두 장의 편지는 침울한 심정의 횔덜린을 보여주고 있다. 이 편지들은 르네빌 소식으로 의기양양했던 것의 바로 뒤를 잇고 있다는 점에서 자료로서 주목할 만하다. 하우프트빌에서 보낸 횔덜린의 편지들이 많이 전해지지 않았는데, 전해지지 않은 그 편지들에서 실제 개인적인 슬픔을 표면화시키는 것이 아마도 쉽지 않았을 것이다. 그만큼 그의 가족들 가운데 누구도 횔덜린의 믿음을 사지 못했던 것이 사실이다. 그러나 란다우어는 달랐다. 그해 2월에 란다우어에게 이 봄이 과거 3년 가운데 “자유로운 영혼과 싱싱한 감각으로” 즐기고 있는 첫봄이라고 썼던 그가 한 달이 지나자 “몇 주 전부터 내 머리가 조금은 어지러워졌다”(6. 417)고 하면서 그로부터는 아주 극소수의 사람들이나 들었음 직한 솔직한 어조로 편지의 끝을 맺고 있다.

오! 자네는 알 거야, 내가 오랫동안 침묵하고 있으면 그럴수록, 더 강하게 다시금 그것이 나를 엄습하고 있다는 사실을 자네에게 말할 때, 자네는 내 영혼을 들여다보지. 내가 하나의 심장을 내 안에 지니고 있으나, 무엇을 위해서인가를 알지 못할 때, 나는 아무에게도 나를 알릴 수가 없고, 아무에게도 나를 온전히 표현할 수가 없다네.

나에게 말해주게나, 이것은 축복인가 아니면 저주인가, 내 천성이 숙명으로 지워준, 그리고 나 자신을 발견하려고 숙고하는 가운데 내가 처할 위치를 적절히 선택했다고 믿으면 믿을수록 더욱더 거역할 수 없이 내가 되돌아가고 마는 이 고독 말일세! — 내가 하루라도 그대들 곁에 있을 수 있다면 얼마나 좋을까! 그대들에게 손을 내밀어 악수를 청할 수 있다면 또 얼마나 좋을까! — 이를 데 없이 착한 친구여! 그대가 프랑크푸르트에 가게 되면, 나를 생각해주게나! 그렇게 하겠지? 희망하건대 나는 언제나 나의 친구들에게 가치가 있는 사람이 될 거야. (6. 417~18)

의붓동생에게 거의 같은 분위기에서 편지를 쓰면서 그는 처음으로 충격적일 만큼 솔직했다. "나는 우리가 오래전부터 서로를 더 이상 사랑하고 있지 않다는 것을 느끼고 있다." 그러나 그다음은 홈부르크 시절 동안 그 사랑의 상실이 어떻게 진행되었는지를 반복해서 설명하는 가운데 이 말의 본래 의미는 애매모호해지고 만다. 이 편지는 반복적이고, 강한 어조를 띄우고 있으며 또한 불투명하다. 하우프트빌에서 보낸, 순수하고 분명한 앞선 편지와는 확연하게 대조를 이루고 있다. 그러나 고충의 핵심에는 란다우어에게도 털어놓았던 뿌리 깊은 고독이 자리하고 있다. "한 구성원이 다른 구성원에게 자신을 알리는 수단이 자주 결여되어 있다. 매우 자주 사람들 사이에 기호와 어휘가 부족

하다."(6. 418, 420)

횔덜린의 감정은 심하게 동요하고 있었다. 그것은 너무도 명백했다. 의기양양은 상응하는 심각한 의기소침으로 대가를 치렀다. 뒤집어 말하면 비애는 점증하는 그리고 어떤 의미에서는 위험한 기쁨으로 극복되었다. 이런 심리 과정은 란다우어가와 곤젠바흐가 같은 좋은 환경에서도 작동되었다. 그는 자신이 활용할 수 있는 모든 수단을 가지고 절망을 밀어내고 있었던 것이다. 그 가운데 주된 수단은 찬양과 환희의 표현 매체인 그의 문학이었다. 그리고 그의 문학의 주제처럼, 그의 삶의 실제는 부재한 사랑이었다. 이 부재의 감정은 증대되고 있었다.

1801년 횔덜린의 귀향에 대한 시적 기록은 시 〈귀향(Heimkunft)〉이다. 이 작품은 하나의 기록물로, 등장하는 지형—횔덜린은 귀향길에 실제로 린다우(Lindau)를 통과했다—에서나 분위기에 걸쳐 신뢰할 만하다. 왕성한 의기와 넘치는 감사가 이 시를 지배하고 있다. 그러나 일단 고향에 돌아오자 그는 호구지책을 강구하려는 피곤한 일을 다시 시작했다. 이를 증거하는 기록은 쉴러와 니트함머에게 보낸 편지다. 이 편지들에는 같은 의도가 피력되어 있었는데, 예나의 학자 동아리로 다시 들어가는 것을 보장해달라는 것이었다. 그는 거기서 그리스 문학을 강의하면서 자립을 꾀하고자 했던 것이다. 1801년 6월 초 쉴러에게 보낸 편지—쉴러에게 쓴 그의 마지막 편지이자, 회답을 받지 못한 편지—는 거기에 나타나는 난처해하면서 수줍어하는 자세나 요구를 볼 때, 횔덜린이 개인적, 사회적 독립에 얼마나 미숙했었던지를 보여주는 하나의 증거다.

그가 자립할 자리를 찾아서 애쓰고 있었던 그해 여름, 횔덜린의 문학적 명성이 오르고 있다는 징후가 나타나고 있었다. 《시 연감》의 편집자 페어메렌(Bernhard Vermehren, 1777~1803년)이 두 차례에 걸쳐 기고를 요청하는 편지를 보내왔고, 하우프트빌에서 횔덜린은 그에게 비가 〈디오티마에 대한 메논의 비탄〉과 송가 〈알프스 아래서 노래함〉을 보냈다. 다른 근작들, 그중 비가 〈귀향〉과 찬가 〈편력〉이 코타 출판사의 계간지 《플로라(*Flora*)》 1802년판에 실려 발표되었다. 소설 《휘페리온》은 튀빙엔의 카를 필립 콘쯔에게서 호의적인 평가를 받았고, 이 고무적인 평가의 필사본이 하우프트빌에 있는 횔덜린에게 전해지기도 했다. 그해 8월에는 코타 출판사가 다음 해 부활절 또는 미카엘 축일에 그의 시 작품들을 발행하고 싶다는 제안을 해왔다. 소설 《휘페리온》 출판 때보다 훨씬 나은 조건을 함께 제시했다(7/2. 178, 189). 하지만 왜 이런 제안이 무산되고 말았는지는 알려진 것이 없다. 아마도 횔덜린이 이 제안을 열성적으로 수행하지 않았던 것으로 보인다. 그러나 이 제안은 1801년, 그의 창작 의욕이 정점에 이르고 또 한편으로는 회복할 길 없이 병들어가는 시점에 횔덜린에게 시인으로서 입지를 굳힐 수 있는 기회가 적지 않았음을 말해주고 있다. 비평가들, 특히 슐레겔(A. W. Schlegel)과 같은 이들은 횔덜린의 시에 찬사를 아끼지 않았으나, 또 다른 이들은 무시하거나 내키지 않는 찬사로 모욕을 주기도 했다. 그러나 적어도 수수하게나마 그의 문명은 널리 알려지고 있었다.

그러나 이런 일련의 호평은 제때 이루어지지 않았거니와 그에게 경제적인 안정을 마련해주지도 못했다. 그는 일자리가 필요했다. 만일 예나에서의 강의가 성사되지 않는다면 다시 가정교사로서라도 일할 생각이었다. 1801년 가을에 들어서 횔덜린의 궁지는 바로 전해 가을의 궁지와 유사했다. 이 가을에 쓴 한 편지는 이렇게 맺고 있다. "나는 그것이 어떤 방식이든 의존적인 삶으로 들어갈 수밖에 없다. 아이들을 가르치는 일이 지금은 특별히 행복한 일인 것 같다. 그 일은 그만큼 무죄한 일이니까."(6. 424)

그해 10월 말에 이르기까지 그는 슈투트가르트와 뉘르팅엔을 오가며 다른 가정교사 자리를 마련했다. 그의 이 마지막 가정교사 자리는 남부 프랑스의 보르도 주재 독일 영사 마이어(Daniel Christoph Meyer, 1751~1818년) 가정이었다. 그는 다시 또 하나의 겨울 여행을 준비했다. 그의 마지막이자 가장 힘들고 먼 여정이었다. 그는 의붓동생 카를과 친구 뵐렌도르프에게 고별의 편지를 썼다. 비감으로 가득했지만, 어느 때보다 침착하고 단호했다. "나는 지금 작별의 감정으로 가득하다. 나는 오랫동안 운 적이 없었다. 그러나 이제 내 고국을 그것도 어쩌면 영원히 떠날 것을 결심하니 씁쓸한 눈물을 흘리게 되는구나. 도대체 이 세상에 더 바람직한 일이 무엇이겠느냐? 그러나 그들은 나를 필요할 리가 없지."(6. 427~428) 그의 심정은 망명하는 자의 심정이었다. 그러나 카를에게 그는 자기의 결단을 조금은 다르게, 어떻게 보면 모순되게 설명하고 있다.

> 나는 이렇게까지 고백해도 되겠구나. 나는 내 인생을 통해 조국에 그렇게 단단히 뿌리를 내린 적이 결코 없었으며, 생활에서 내 가족과의 교분에 그렇게 크게 가치를 두거나 그것을 유지하기를 원했던 적이 결코 없었다는 사실 말이다! 그러니 고향 밖에서 사는 것이 나에게는 훨씬 낫겠다는 느낌이 드는구나. (6. 424)

보르도로 떠나기 전 1801년 12월 4일 뵐렌도르프에게 쓴 편지(6.

425~428)는 고대와 현대, 그리스와 서구의 필연적인 관계에 대한, 또한 우리가 그것을 다시 뒤돌아볼 필요에 대한 횔덜린의 진술을 담고 있는 중요한 문서다. 열정(Pathos)과 냉정(Nüchternheit)의 변증법, 즉 1년 전 누이동생에게 쓴 작별의 편지에서 피력했던 것과 같이 한쪽에는 격정과 다른 한쪽에는 얼음 같은 냉정함의 변증법이 제기되어 있다. 그는 뵐렌도르프에게 프랑스에서 보낼 자신의 앞날을 생각하고 있다고 하면서 그러나 "상당히 정신을 한데 모아야만 할 것이다"라고 썼다. 또한 자신의 종말을 진지하게 우려하는 가운데 자신을 "소화할 수 있는 것보다 더 많이 신들에게서 받은" 탄탈로스와 견주고 있다(6. 427).

그는 그해 12월 10일경 스트라스부르를 향해 길을 떠났다. 짐작건대 슈바르츠발트의 크니비스 고개를 넘어갔던 것으로 보인다. 프랑스는 아직 정세가 불안한 상태였고, 외국인들은 의심을 사고 있었다. 스트라스부르의 당국자는 횔덜린을 2주 동안 감금하고 나서 리용을 거쳐 여행을 계속하도록 지시했다. 1802년 1월 9일 횔덜린은 그곳에서 어머니에게 편지를 썼다. "제가 여기까지 거쳐 온 여행길은 어렵고도 위험한 길이였습니다."(6. 428) 그러나 가장 험난한 길, 오베르느 고원의 통과가 아직 남아 있었다. 보르도에 무사히 도착한 뒤 그해 1월 28일 횔덜린은 그 과정을 요약해서 어머니에게 이렇게 썼다.

> 저는 마지막 며칠은 한 아름다운 봄날 가운데를 걸었습니다. 그러나 그 바로 직전에는 오베르느의 무섭도록 눈이 쌓인 고원을, 폭풍과 들짐승의 한가운데를, 얼음처럼 차가운 밤에 거친 잠자리에서 장전한 권총을 곁에 놓은 채 거쳐 왔습니다. 그때 저는 제 일생에서 지금까지 최선이며, 제가 결코 잊지 못

프랑스 보르도항
베르네(Joseph Vernet)의 회화(1758년)

할 간절한 기도도 올렸답니다. 저는 견뎌냈습니다. 어머님 감사드립니다! (6. 429~30)

이 보고는 신화의 힘과 단순성을 품고 있다. 그가 다시 귀향해서 뵐렌도르프에게 쓴 편지는 똑같은 단조롭고 신비적인 표현 방식을 계속 밀고 나가고 있다. 설명의 배경을 이루고 있는 힘겨운 현실은 거의 상상을 초월한 것이었다. 오베르느의 얼음과 망명의 외로움은 무섭도록 절절하게 연결되어 있다.

보르도에서 횔덜린이 보낸 시간에 대해서는 사실 알려진 것이 하나도 없다. 횔덜린은 그곳에 1802년 1월 28일에 도착했고, 그곳에서 다시 스트라스부르를 향해 떠나기 위한 그의 여권은 그해 5월 10일 발행된 것이었다. 석 달 남짓 보르도에서 머물면서 쓴 횔덜린의 편지는 두 통만이 남아 있다. 모두 어머니에게 쓴 편지인데, 한 통은 그곳에 도착한 날 쓴 것이고, 다른 한 통은 외할머니의 부음을 듣고 성금요일에 쓴 것이다. 그는 이 두 통의 편지에서 자신이 처한 상황에 대해 어떤 불만도 표현하지 않았다. 그럼에도 왜 그가 보르도를 떠났는지 알려진 것은 없다. 가정 예배의 주관과 같은 일은 목사 자격을 가진 가정교사에게 요구될 만한 일이지만, 이에 반발한 것은 아닌지 추측해 볼 수 있을 뿐이다. 그가 보르도와 그 주변에서 보았던 것, 특히 그가 처음 대했던 바다의 광경은 그의 후기 시에 풍요로움을 더했다.

이제 이 시기에 쓴 그의 시 작품들을 개괄하며 살펴볼 차례다. 횔덜린의 시 세계 전반에 대한 비교적 상세한 고찰은 다음 장에 제시하겠다. 여기서 이 2년에 걸친 기간에 쓴 시들을 별노로 개관하고자 하는 것은 시 〈시인의 사명〉, 비가 〈빵과 포도주〉, 〈편력〉과 같은 작품들이 보여주는 시 세계가 그의 이전 시문학에는 없었던, 그리고 이후에는 해소되고 마는 어떤 일치성을 공유하고 있기 때문이다.

1800~1802년 사이의 시, 특히 비가와 찬가들은 거대한 구성적인 시상과 이미지의 실체를 공유하고 있다. 즉 이 시상과 이미지들이 함께 하나의 시적 신화를 형성하고 있는 것이다. 여기서 신화라는 용어는 종교적인 신앙의 어떤 체계로 이해되어서는 안 된다. 그것은 횔덜린의 관심사의 광범위하고 다양한 은유를 의미한다. 이런 신화 내지 은유의 요소들은 대체로 1800년 이전에 횔덜린이 활용했던 것들인데, 1800년 이후에도 그의 시문학에서 계속 활용되었다. 그러나 1800~1802년 사이 그의 시작에서는 이것들이 가장 통일적으로, 또 가장 설득력 있게 활용되었다.

'신화'라는 용어 자체에는 애매모호한 점이 있다. 문학의 기능과 그 수월성을 강조한 그의 〈종교에 관하여〉에서의 신화 개념을 떼어 놓고, 그것을 임의대로 사용하는 데는 위험이 따른다. 횔덜린은 그의 '사상', 그의 '철학', 그의 '신화' 또는 그것들의 변형을 시문학 자체로 제시했던 비평가들 때문에 심하게 왜곡되어왔다. 횔덜린의 사상은 그의 선배 시인들이나 동시대 시인들의 사상들과 비교하여 관심을 더 끌거나 덜 끄는 것이 아니다. 헤르더, 헤겔, 셸링 그리고 피히테에게서 부분적으로는 사상을 끌어내기도 했고, 어떤 경우에는 그들과 사상을 공유하기도 했다. 그러나 횔덜린이 이들과는 달리 시인이라는 점에서 월등했다. 그의 사상이 여기서 우리의 관심을 끄는 것은 그의 시문학의 구성 요소로서이다. 이렇게 말하면서 우리는 다른 극단적인 의견에 즉시 당면하지 않을 수 없다. 극단적인 의견이란 시문학이 어떤 추상적인 의미, 어떤 '메시지' 또는 교훈과 같은 것을 내포하는 것이 아니라는 것이다. 횔덜린이 교훈적인 문학을 싫어했다는 것은 사실이다. 또 그가 그의 예술의 순수한 수법에 매료되어 있었다는 것도 사실이다. 그러나 우리가 그가 언어로 표현하는 것을 온전히 구조적인 장치만으로 격하시키거나, 시 외부에서의 작용을 모두 부정하게 된다면, 그를 정당하게 평가하는 것이 아닐 것이다.

횔덜린의 문학적 신화의 전제는 우리가 밤으로 접어든 시대에 살고 있다는 사실이다. 무한한 우주적인 밤의 시대 말이다. 과거에는 한낮의 빛이 있었다. 그리고 미래에도 그 빛이 다시 비칠 것이라고 그는 주장한다. 그의 시문학의 가장 큰 관심은 이 중간의 시간에 어떻게 살아남는가이다. 이런 궁지에 대한 몇몇 측면들 또는 표지들이 있다. 종교적인 언어를 빌어 말하면, 신은 스스로 자리를 떠났다. 신께서 자신의 얼굴을 돌리신 것이다. 그리하여 우리는 신이 부재한 시대에 살고 있다. 이 비정통적인 신학에서 그리스도는 신이 임재했던 시간을 닫아버린다. 그리고 신 없이 우리가 존재해야 하는 시간을 열고 있다. 종교적인 용어를 빌어 제기된 이런 진단은 동시에 문화적인 진단이기도 하다. 왜냐면 우리의 소외되고 단편화된, 그리고 사실 야만적인 문화적 상황의 주된 이유는 바로 우리의 신의 상실이기 때문이다. 그러므로 한낮의 빛이라는 표상 아래 일어나는 충만한 상황은 기본적으로 신성의 내재에 의한 것이다. 개인적 차원에서는 사랑의 소유와 상실이다. 신이 떠난 중간기에서 우리 사회의 생존에 대한 개인적인 등가물은 사랑했던 이의 부재 가운데 사랑하는 자의 생존이다. 요약하면 부재한 사랑이 횔덜린의 곤경이자 그의 주제인 것이다. 이런 상황의 구조는 쥬제테의 사랑을 찬미하고 그 사랑의 상실을 비탄하는 시들을 읽는 가운데 친숙하게 울리는 세 갈래 구조이다. 그러나 비가 〈빵과 포도주〉에서는 일종의 전환이 일어난다. 이 전환은 홈부르크 이후 대부분의 시 작품의 특징을 이루고 있다. 그것은 개인적인 것에서 보편적인 것으로의 전환, 즉 비가적인 분위기 가운데 자리하는 희망으로의 이동이다. 3단의 구조—이상적인 과거, 어둠이 깃든 현재, 이상적인 미래에 거는 희망—는 18세기 유럽의 사상과 시문학에서 하나의 상투적 현상이었다. 그렇지만 그것은 횔덜린에게 특히 잘 들어맞는 구조였다. 그의 시가 상당히 정밀하게 작용하는 데 결정적으로 역할을 한 심리적으로 진지한 양식이었던 것이다.

개인적인 삶에서 상실된 이상은 디오티마라는 시적 인물상, 쥬제테 공타르의 시적 형상화를 통해 가장 잘 그려질 수 있었다. 그리고 그녀의 '마땅한' 고향, 고대 그리스는 문화적, 종교적 삶에서 총체성과 신의 내재성이라는 동일한 이상에 대한 횔덜린의 은유였다. 횔덜린에게 한낮의 시대는 고대 그리스 시대다. 그에게 현재는 한밤의 시대다.

횔덜린의 헬레니즘은 대규모의 찬가와 비가를 쓰기 전에 이미 세워졌다. 그는 출발부터 고대 그리스에 매료되었다. 그가 처음에는 다른 지역들, 예컨대 스위스나 옛 독일 땅을 이상적인 삶의 장소로 받아들였다면, 쥬제테 공타르와의 만남과 소설 《휘페리온》의 집필 시절부터는 고대 그리스가 그의 상상적 세계 안에서 유일하고도 뛰어난 이상적인 장소가 되었다. 충만한 삶을 향한 동경을 강조하기 위해 가장 일치적이고 효과적인 이미지는 고대 그리스에서 가져와야 한다는 것은 1800년에 이르러서는 자명한 일이 되었다. 그는 소설 《휘페리온》에서 시작된 과정을 계속 이어가고 또 강화해나갔다. 그리고 그리스의 지형도에 그의 동경을 정밀하게 그리고 열성적으로 배치시켰다. 이것을 두고 아주 노골적인 의미에서 우리는 횔덜린 시문학의 '세계'라고 말해도 될지도 모른다. 단순하게 말하면, 그의 시들은 환기된 찬미의 대상이며 동경의 대상인 지역들로 가득하다. 고대 그리스, 엄밀하게는 그의 그리스가 그의 시들에 그런 장소로 자리하고 있다. 비가 〈빵과 포도주〉, 〈편력〉 그리고 횔덜린의 시 작품 가운데 가장 긴 〈아르히펠라구스〉를 읽는 독자는 대번에 이런 사실을 알게 될 것이다. 많은 시 작품들이 이상이 구체화되어 있는 공간을 향한 상상 속의 여행과 비상(飛上)으로 현실성 있게 노래하면서 강렬하게 시각적이며 확정적인 이상을 환기시킨다. 1800~1802년의 횔덜린 시문학을 관통하는 일치성은 고대 그리스의 저명한 장소들에 대한 그의 부단한 인용과 언급에 근거를 두고 있다.

횔덜린의 신화의 착상과 이미지에는 비가적 성격 자체가 들어 있다. 과거, 현재, 미래라는 간결한 삼단의 구조는 시문학을 끊임없이 창조적인 변주로 이끌어 간다. 시의 역동성은 동경이며, 동경은 야누스의 얼굴을 가지고 있다. 뒤로는 잃어버린 이상을 향하고, 앞으로는 그것의 부활과 회복을 향하고 있는 것이다. 우리의 시대에는 밤이 깃들어 있다. 그러나 우리의 어두운 밤이 전부이고, 과거에 대한 모든 기억이 어둠에 가려져버리고 만다면, 우리의 상황은 고착될 것이고, 우리에게 개선이 필요하다는 사실을 알지 못하게 될 것이다. 그리고 어떤 비교도 할 수 없게 될 것이다. 과거와 현재의 비교는 결정적이다. 살아 있는 존재로 생존하기 위해서 말이다. 횔덜린에 따르면, 시인의 책무는 동시대인에게 이상을 되새기게 하고 그것을 잊지 않도록 지켜나가게 하는 일이다. 밤의 어두움이 인간들의 자연스럽고 피할 길 없는 조건이 아니라는 사실을 그들에게 설득하는 것이 시인의 할 일이라는 것이다. 그는 그들로 하여금 한낮이었던 시대를 바라다보도록 반복해서 환기해 보임으로써 그런 책무를 행할 수 있다. 시인들은 깨어 있어야 한다. 그리고 잠자고 있는 동시대인들을 계속 깨어 있도록 만들어야 한다.

그러나 이상을 응시하는 데는 위험이 숨겨져 있다. 이상은 동시에 과거이기 때문이다. 이상의 경험은 마땅히 활기를 찾게 하고, 영감을 불러일으키는 경험이어야만 한다. 그러나 위험은 그 결과로 얻어지는 것이 단순한 향수로서의 동경일 수 있으며, 이상을 지니고 있는 사람이 스스로 의욕을 잃을 수 있다는 점이다. 횔덜린은 그러나 "참된 동경은 항상 생산적이다"라는 점을 믿었다. 이상을 향한, 그리스를 향한 동경이 파괴적인 것이 아니라, 오히려 생산적이라는 것을 어떻게 보증

할 것인지가 횔덜린이 그의 시문학에 걸고 있는 과제의 하나다. 이것이 그가 시에 특별한 성격을 부여하는 긴장이다. 이상의 매력은 거의 저항할 수 없다. 그것은 상실되고 만 것에 대한 사랑인 슬픔과도 같은 것이다. 사랑이 크면 클수록, 슬픔 또한 크다. 이것은 단순하면서도 치명적인 등식이다. 이상이 아름다우면 아름다울수록, 그 인력(引力)은 그만큼 더 강해지고 쉽게 물리칠 수 없게 된다. 확고한 표현과 시의 언어를 통해 고대 그리스가 아름다운 색채와 다양성을 띠고 그 장소들의 매혹적인 연상과 더불어 상상 속에서 떠오르게 되면, 그곳에 가고 싶은 동경은 저항할 수 없을 만큼 강하게 일어난다. 시는 이런 동경에 이끌린다. 그러나 거기까지다. 그다음에는 반사광처럼 그것은 우리 자신의 현재로 되돌아온다. 과거를 향한 동경은 현재에 대한 충실로 맞세워진다. 우리가 현재에 대해 나타낼 의무가 있는 충실은 현재가 결국에는 미래를 향해 과거만큼 행복하게 흘러갈 수 있다고 믿는 일이다. 횔덜린은 한 초기 시에서 "내 마음은 죽은 자들의 것이기에!"(1. 180. 시 〈그리스. St.에게〉)라고 노래하면서 그리스를 향한 동경으로 끝내고 있다. 시간이 흘러감에 따라서 그의 동경은 더욱 부풀어갔을 뿐이었다. 그러나 그는 지금 여기에 대한 충실로 향수에 맞서고자 하는 결심도 역시 더욱 굳어갔다. 초기의 이 범주에 속한 시구에 대응하는 후기 시에서의 반응은 "그러나 나는 머물 생각하지 않는다"(2. 141, 시 〈편력〉, 제91행)나 "내 영혼 뒷걸음쳐 달아나지 않으리라"(2. 149, 시 〈게르마니아〉, 제12행)와 같은 돌연한 상기(想起)의 신호들이다. 비가 〈빵과 포도주〉는 태양과 빛을 사랑하는 그리스 찬양자 하인제에게 바친 작품으로, 친구에게 우리의 상황은 어둠이 깃든 상황이라는 사실과 만일 우리가 그렇지 않은 체한다면 우리의 책임을 회피하는 것이라는 사실을 상기시키려고 하고 있다.

횔덜린은 시인 가운데 가장 도피를 모르는 시인이었다. 그는 물론 도피의 유혹을 모르지는 않았다. 한 가지 도피는 시간으로의 도피다. 과거에 대한 단순한 향수가 그것이다. 다른 하나는 전향적인 도피다. 미래세대로의 도피가 그것이다. 횔덜린은 미래의 행복을 생생하게 그려내는 데 능통했다. 하우프트빌에서 쓴 편지들이 이에 대한 증거다. 또한 그의 시들은 반복해서 가장 아름다운 신의 현현을 그려내고 있다. 그는 그 자신이 젊은이로서 자신은 "다가오는 세기의 세대를"(6. 92) 사랑한다고 말했었다. 그리고 그는 그런 사랑이 어쩌면 누구의 현재와의 관계를 해칠지도 모른다는 점을 인식하고 있었다. 그러나 그의 성숙기의 시문학에서 미래의 호출은 언제나 현재 상황에 대한 충실한 관찰로 내실을 갖추고 그것에 뿌리를 두고 있다. 이상적인 미래의 매력은 한밤처럼 어두운 현재에 대한 충실한 관심을 통해 현재와 과거 사이를 보완하는 일종의 긴장을 형성하는 것이다. 횔덜린은 그렇게 부재를 전도시켰다.

이제 횔덜린이 편지와 시에서 그처럼 열정적으로 희망하고 그린 이상적인 미래를 좀 더 가까이 살펴볼 필요가 있다. 이상적인 과거는 명백하게 고대 그리스다. 고대 그리스는 이상적인 과거에 대한 가장 훌륭한 실현 또는 그것의 표상이다. 그렇다면 미래는 재생·부활한 고대 그리스인가? 이에 대한 답변은 '아니다'이다. 그러나 그 확정적인 답변은 정당성의 증명을 요구한다. 횔덜린의 현재에 대한 불만과 인간의 조건이 현재 우리의 것일 수밖에 없다는 생각에 대한 거부는 그리스적인 이상적인 과거를 심사숙고하는 가운데 도출되거나 확인된 것이다. 그렇다면 이상적인 미래의 달성은 과거의 회복 문제로 보일 수도 있다. 횔덜린과 그의 동시대인들에게 그것을 믿고 싶은 유혹은 적지 않았다. 횔덜린은 매우 열렬한 고대 그리스 숭배의 시대에서 시를 쓰고 있었다. 그는 현대인에게 있어서 위대성을 이룩하기 위한 유일한 길은 고대 그리스를 모방하는 것이라는 빙켈만의 견해를 잘 알고 있었다. 그는 유럽 여러 곳의 문화에서 그런 증거들을 보았다. 복고 사상은 여행자들이나 고고학자들이 이탈리아, 그리스, 터키의 고대를 발견하거나 발굴하는 것과 더불어 더욱 설득력을 얻었다. 휘페리온은 그의 조국의 과거에 대해 간절한 향수를 지닌 현대의 그리스인으로서 회복과 부활의 상상에 숙명적으로 매료되어 현대의 땅 위에 고대 그리스를 재건하려고 시도한다.

그러나 횔덜린은 과거였던 것은 그것이 아무리 걸출한 것이라 할지라도 이미 지난 과거이며 소생시킬 수 없다는 것도 잘 알고 있었다. 과거의 이상을 그것의 과거 형식에 따라 부활시키려는 시도는 간단히 말하면 죽음의 길이다. 횔덜린의 논고 〈우리가 고대를 바라볼 때 기점으로 삼아야 할 관점〉에 등장하는 문구대로 말하면 "사자(死者)들의 구체적인 되살림"(4. 222)이 그렇다. 현재가 과거에서 취해야만 할 것은 그것의 정신일 뿐, 그것의 형식이 아니다. 새로운 미래는 그 정신의 새로운 구체화여야 한다는 것이다.

사유하는 가운데 이런 전환이 일어나면 과거에 대한 우리들의 관계가 단순히 향수에 젖으며 감상적인, 골동 취향이고 역사적인 경향을 취할 위험은 훨씬 줄어든다. 과거를 숙고하면, 형식의 다양성 가운데 표현되어 있는 정신을 식별해내는 것이 가능하다. 정신은 형식을 취하고 있는 것이 분명하다. 그렇지 않다면 그것을 이해할 수 없을 것이다. 그러나 형식에 집착하는 것은 실수다.

빙켈만은 고대 그리스 예술사를 쓰면서 그 형식과 현상들을 분석했지만, 그리고 그 생성의 조건들을 주목했지만, 여전히 고대 그리스인들의 성취를 절대화시켰다. 있는 그대로 그것은 모방이 가능하리라는 것이다. 이런 사고에 따르면 고대 그리스인들이 그들의 시대, 그들의 공간에서 이룩한 것은 영원히 어떤 곳에서도 유효하다. 이것은 '고전적'이라는 어휘의 한 의미이기도 하다. 이것은 규범적인 것을 의미한다. 이것은 '하나의 참된 양식'을 의미하며, 일단 도달한 후에는 개선될 여지도 없으며, 그것에서 벗어날 필요도 없다. 후속되는 시대는 재발견과 복구 외에는 더 잘할 일이 따로 없다. 그렇다면 현대는 고대 그리스를 복제하기 위해 그것을 바라볼 뿐이다.

그러나 헤르더는 자신의 윤회설에서 급진적으로 이런 사상을 생산적인 노선으로 재설정했다. 그는 고대 그리스인들은 그들의 환경에 조화를 이루는 방법을 통해 문화의 꽃을 최고로 피웠으며, 다른 모든 문화도 그 자신의 전성기를 이루어낼 수 있는 것이 분명하다고 말했다.[38] "그대는 그대인 그대로의 그대가 되어야 한다"[39]는 니체의 정언적 명령을 이론적으로 가장 먼저 제기한 사람이 바로 헤르더다. 누구에게나 본질적인 것이 이룩되어야 한다는 명령은 한 민족의 삶에서도 유효하다. 그리고 개인의 삶에서의 한 요구로서도 이것은 매 시대 도전의 촉구로 변함없이 유효하다.

횔덜린은 자기 정체성과 민족의 정체성에 깊은 관심을 가지고 있었

---

38) David J. Constantine, *The significance of locality in the poetry of Friedrich Hölderlin*, London 1979, 44쪽.

39) Nietzsche, *Die Fröhliche Wissenschaft*, In: *Werke* in drei Bänden, 2. Band, München 1966, 159쪽.

다. 그의 관심 분야에는 하나의 중심이 있는데, 그것은 쉴러와의 관계가 고대 그리스와 서구의 관계에서 그가 구분하는 것과 닮아 있는지를 설명해주는 핵심이다. 두 상황에서 다 같이 그 핵심은 정체성의 문제, 예속과 독립, 자기 상실과 자기주장의 문제다. "고대의 섬뜩한 찬란함이 나를 엄습하듯이 그 누구를 엄습할 때, 그리고 강건하게 하는 자신감을 얻어낼 수 있는 요소가 나에게 결핍되어 있을 때, 그 찬란함을 누가 견뎌내며, 마치 폭풍이 어린 숲을 쓰러뜨리듯이 그 찬란함이 쓰러뜨리지 못할 자 누구이겠는가?"(3. 18)라고 휘페리온은 묻고 있다. 횔덜린은 어떻게 고대를 바라볼 것인가에 대해 쓴 논고에서 이 점을 열정적으로 제기하고 있다. "받아들여진 것, 그리고 실증적인 것, 또는 강제된 적응을 통해 얻은, 주어진, 실증적인 모든 것에 생동하는 힘으로 맞세워진 것에 의해 압박을 받는 길 외에는 다른 선택의 여지가 없어 보인다."(4. 221) 1797년 6월 20일 쉴러에게 쓴 편지에서 그는 처음으로 자신의 완전한 종속을 언급하고 있다. "저는 당신에게 넘어설 수 없을 만큼 의지하고 있습니다." 그리고 앞의 논고를 선취하는 듯한 어투로 전통과 개인적 재능의 전반적인 문제를 계속 거론하고 있다(6. 241~242). 그는 쉴러와의 관계를 특수한, 그리고 그에게는 한 원형적인 투쟁의 잠재적인 예로 이해했다. 1년 뒤 그는 고백한다. "제가 때로는 당신의 창조적인 정신에서 저의 자유를 구해내기 위해 그 정신과 남모르는 싸움을 벌이고 있다는 사실, 그리고 당신에게 철저히 지배당한다는 두려움이 제가 흔쾌한 마음으로 당신에게 접근하는 것을 벌써 여러 차례 방해했다는 사실"(6. 273)을 고백했다. 그가 쉴러의 창조적 정신에 대항해 자신을 주장하고자 했던 것처럼, 현대인의 한 사람으로서 횔덜린은 고대 그리스의 인력(引力)에 맞서 자신과 자기 조국의 정체성을 발견하고 지켜내려고 싸웠다. "고대의 세계에 대한 / 대칭 가운데 서구의 세계를 / 규정하는 것"(2. 876)이 보르도에서 귀향한 이후 그의 후기 시문학의 선언이 되었다.

헤르더는 "인간성의 정령은 그 자신의 형상들을 통해 항상 회춘하며, 피어오르고, 환생하면서 민족들과 세대들과 혈족들 사이를 계속하여 이동하고 있다"[40]고 윤회론을 간명하게 표현했다. 횔덜린은 시 〈독일인의 노래〉에서 이런 생각을 이렇게 노래한다.

그러나 아직 봄처럼, 정령은 나라에서
　나라로 방랑하는도다. (2. 4, 제37~38행)

정령이 표현되는 한 형식으로서 아테네는 쇠퇴했고 몰락했다. 그러나 그 정신은 아직 존재하며 방랑을 계속하고 있다. 횔덜린은 이 정신이 독일에 안착해 독일의 형식으로 번창하는 때가 오리라는 믿음이 확고했다. 그의 희망은 이해할 만한 것이다. 혁명과 전쟁의 한가운데 맞이한 세기 전환은 많은 당대인, 특히 경건주의자들이 치우치기 쉬운 일종의 천년설에 따른 구원 사상을 촉진하고 있었기 때문이다. 시 〈독일인의 노래〉의 이념은 몇몇 비가와 후기 찬가의 구조적인 논쟁과 맥락의 전제로 읽을 수 있다. 독일의 조건에 관심을 가지게 되면, 전망 가운데 그리스의 예를 발견할 수 있기 때문이다. 그리하여 〈독일인의 노래〉에서 그리스가 중심에 자리한다. 독일은 그 고전적인 나라의 정신을 이어받고자 한다. 그리고 그 자신의 환경에 대한 적합한 태도 가

40) Herder, *Sämtliche Werke*, Hildesheim(복사판) 1967, viii. 353(《옛 시대와 새 시대에 있어서 민족들의 미풍양속에 대한 문학예술의 영향》).

운데 이것을 실감 나게 표현한다.

> 어디에 그대의 델로스 있는가, 어디에 우리 모두
> 지극한 축제에 함께할 그대의 올림피아 있는가? (2. 5, 제57~58행)

과거의 매력에 대한 대항으로 필요한 현재에 대한 충실은 엄밀하게는 현재의 특별한 요구에 대한 주목으로, 그리고 알맞은 형식을 통한 전개 노력으로 이해될 수 있다. 그리하여 미래는 단순한 재현이거나 반복이 아니라, 새로운 실현이기를 바라게 된다.

문명의 정신이 샘물처럼 이 나라에서 저 나라로 흘러가는 것이라는 사고는 횔덜린의 시 세계에서 구조적인 중요성을 지니고 있다. 그것은 가장 설득력 있는 상상으로 설명된다. 즉 장소의 상상적 표현으로 설명된다. 그리스의 정경들이 강렬하고도 구체적으로 환기된다. 이 정경들은 횔덜린의 세계의 한 극단을 형성하고 엄청난 매력을 발휘한다. 이 정경들은 북쪽과 서쪽 지역, 즉 횔덜린의 영역에 마주 세워진다. 그리하여 과거와 현재 사이의 긴장은 신화적인 지리의 영역에 구체화되고 있다. 차례차례로 시들은 이 세계의 충만에 몫을 다한다. 횔덜린은 지도를 좋아했다. 홈부르크에 있던 그의 거실은 지도를 벽지 삼았다고 전해진다. 그의 시문학의 주도적인 이미지는 사실 지도로 그려질 수 있는 하나의 세계를 지어내고 있다.

성숙기의 시문학에서 집중적이며 정밀하게 시각화된 실제 장소의 이미지로 표현된 횔덜린의 고유한 비가적 성격은 특별한 시적 적용을 지향하고 있다. 그의 상상의 양식은 단순할지라도, 그리고 그의 주제가 불변하고 한정적이라 할지라도, 그것의 표현은 방대하고 다양하다. 사고와 감성은 실제의 맥락으로, 마치 옛 지도 위에 산정이 우뚝 서 있는 것을 보여주기라도 하듯 하나의 세계로 주어져 있다. 그 맥락은 횔덜린의 필요에 순응한다. 그는 이 맥락 안으로 당대의 사건들은 물론 그의 가장 개인적인 관심들을 옮겨놓을 수 있다. 그는 전쟁을 고대 신화에서의 혼돈의 힘으로 삼기도 한다. 비가 〈방랑자〉의 시적 화자를 통해 그는 자신의 고뇌를 자신이 살고 있는 시대의 전형적인 고뇌로 표현하고 있다. 사랑하는 자들이 혼돈 가운데서도 하나의 천국을 스스로 재창조함으로써 그들은 기적적인 생존자들이거나 한때의 그리고 미래적 이상의 새로운 실현이다. 횔덜린의 이단적인 견지에서 그리스도는 한낮 빛의 시대를 마감하고 밤의 어두운 시대를 예고한 신이다.

횔덜린은 자신의 시적 세계가 무너지기까지 그리스도의 이미지와 씨름했다. 튼튼한 신화적 의미를 형성하는 방식으로 결국 그는 그리스도를 디오니소스와 결합시켰다. 그는 이 둘을 모두 화해시키며 위로하는 인물상으로 그렸던 것이다. 횔덜린은 기독교인으로 성장했고, 교회의 목사로 교육을 받았다. 그러나 그의 시 작품을 읽어보면, 거기에는 그의 신학이 무엇이었는지 캐물을 만한 단서가 거의 없다. 그러나 그의 진지함이나 경건성은 의심의 여지가 없다. 또한 그가 시적 신화를 지어낼 때 여러 종류의 신앙 요구를 자신 안에 수용하려고 애쓰고 있었던 것은 아닌지 생각해볼 수 있다. 횔덜린은 자신이 좋아하는 것을 고대 그리스 신화와 기독교에서 취했다. 이 둘은 모두 신성의 발현이라고 믿었던 것이다. 그리고 그는 내심 대담하게 그런 태도를 취했다. 그의 경건성이 그를 구속했던 것이 틀림없다. 말하자면 그의 경건한 신앙심은 매번 그가 시적인 움직임을 신중하게 다루게 한 것이 분명하다. 횔덜린의 시구에는 수줍음과 머뭇거림, 심지어는 놀라움의 많은 요소가 들어 있다. 이 요소들은 그의 성격과 과업의 심각성을 매우 정확하게 표현해주고 있다. 우리가 마음에 꼭 새겨두어야 할 것은 횔덜린의 생각으로는 시 자체가 일종의 종교적 행위라는 사실이다. 그리스도, 디오니소스, 헤라클레스, 세례 요한은 모두 그런 행위의 재료일 뿐이다. 우리는 이들이 시 밖에서 어떤 의미 또는 지위를 지닐 수 있는지가 아니라, 시 안에서 어떤 기능을 하는지 정확하게 알 필요가 있다. 똑같은 원리가 다른 세부적인 표현, 힘, 인물 그리고 횔덜린의 일치된 시 세계의 모든 지리적 위치에도 적용된다. 도나우강이 횔덜린에게 무엇을 의미하는가라는 물음에 대한 답변은 시의 특별한 맥락에서 이 강이 무슨 역할을 하는지를 관찰하는 것에서 가장 쉽게 얻어낼 수 있는 것이다.

그런 재료에서 횔덜린은 일종의 신화를 꾸며냈다. 이 신화라는 용어는 이제 비판적으로 살펴볼 필요가 있다. 우선 이 문학적 신화(Mythe)는 횔덜린이 자신의 것으로 만들어낸 용어다. 이 신화는 그의 시대에 보편적으로 쓰인 사상을 담고 있다. 이것은 당시 널리 퍼져 있던 고대 그리스에 대한 열광으로 고무되었다. 이것의 고대 그리스와 기독교적인 참조의 틀은 당대 독자들에게는 친숙했을 것이다. 그러나 문학적 신화는 횔덜린 자신의 것이다. 특별한 구성과 의미에서 이 신화는 그에게 유일한 것이라는 점을 잉태하고 있다. 횔덜린 읽기에 어려움을 겪는 이유 가운데 하나는 그가 친숙한 재료에서, 그리고 잘 알려진 인물상이나 정경에서 독특한 신화를 형성해낸다는 점이다. 우리가 횔덜린의 세계에 들어서면 자칫 오도될 위험이 있다. 우리는 그의 명명(命名)을 익히지 않으면 안 된다. 어쩌면 횔덜린의 독특한 우주가 어떤 것인지를 인식하는 데 한참이 걸릴 수도 있다. 그 재료의 친숙성이 처음에는 우리를 속일 수도 있기 때문이다.

횔덜린이 친근한 재료에서 독특하고 낯선 무엇을 창조해낸다는 사실은 그 자체로 특별히 놀라운 일은 아니다. 대부분의 시인들이 그렇게 하고 있기 때문이다. 그러나 그 자신의 꾸며낸 것인 이 신화를 마치 그것이 공동체의 재산이기라도 하다는 듯이, 그 자신은 공동체를 대신해 이것의 연출자일 뿐이라는 듯이 제시하고 있는 것이다. 이렇게 추정할 수 있는 능력을 지닌 시인으로서 횔덜린의 몸짓은 매우 솔직하고도 대담하다. 그는 암시하고, 설명하며, 그리고 온전히 자신의 참조의 틀을 소유하고 있는 청자들을 향해 주석을 달고 있다. 그는 이것을 추정하고, 연출한다. 그러면서도 그는 자신의 생과 자신의 시대에 이를 위한 아무런 토대도 가지고 있지 않다는 것을 너무도 잘 알고 있다. 공동체는 없었다. 그에게는 청중도 없었다. 그리고 그의 신화는 그것의 표면적인 친밀성에도 불구하고 그의 철저히 외로운 창작이었다. 그렇다고 그가 자신과 아울러, 그때의 몇 안 되는 독자와 지금까지의 많은 독자를 속였던 것은 절대 아니다. 가공(架空)은 상당히 선명하고 이것의 지각은 전체 시문학을 밀고 나가는 동력이다. 여러 번 말하지만 횔덜린의 일치되고 실질적이며 세부적인 세계의 토대는 동경이다. 아름다운 이미지들이 진실한 것이어야 한다는 것과 시인의 몸짓이 실제에서 정당성을 인정받아야 한다는 것에 대한 동경인 것이다.

동경은 하나의 창조적인 힘이다. 횔덜린의 시는 그 시들이 미리 전제로 삼고 있는 것—공동체, 신성의 접근, 보편적이며 소통이 가능한 신화—을 가장 자신 있는 결실을 통해 실현시키려는 시도들이다. 동경에서 시들은 그 이상적인 조건들을 투사한다. 그리고 이 투사 자체가 너무도 아름다워서 그것들은 또 다른 동경을 낳는다. 그의 세계는 일치하고 있기는 하지만, 정체된 것은 아니다. 그는 일치적이면서 실질적인 이미지로 누적된 동경을 상세히 그린다. 그 이미지의 빛을 보면서 우리는 우리 밤의 어두움을 본다. 그 이미지들의 현혹은 열정과 동경을 자극한다.

다시 말하지만 공동체는 없었다. 횔덜린이 가지고 있었던 모든 것은 몇 안 되는 뜻이 맞는 친구들과의 사귐과 부재중에도 계속된 쥬제테 공타르와의 사랑이었다. 친구들에게 바친 그의 장시 몇 편은 단순함과 친밀함을 일깨우는 순간들을 내포하고 있다. 각 시편이 지닌 전체적인 간결성의 견지에서 이런 요소들은 폭넓은 간청과 한층 보편적인 희망들 사이에 조심스럽게 배치되어 있다. 이런 것이 실패했을 때는 현재의 우정이 남아 있다. 위로로, 그러나 또한 그것들이 예외일 수 없는 미래에 대한 동경의 본보기이자 그 창조자로 남아 있는 것이다. 횔덜린의 초기 시문학에서도 자주 등장했던 고통의 이미지는 과감하게 이상적인 공동체를 선취하고 있는 찬가와 비가에서 더욱 의미를 더하고 더욱 사무치도록 작용한다.

홈부르크 이후와 보르도에서의 귀향 이전 사이에 횔덜린이 쓴 시문학은 그 주제와 표상이 일치한다. 개개의 시 작품들이 횔덜린의 관심의 일관성에 힘입어 함께 하나의 세계를 구성하고 있다. 이런 관심들을 표현하려고 횔덜린이 즐겨 사용한 영상들이 구체적이고 시각적이며, 어떤 경우 지지(地誌)에 의지하는 경우도 있었기 때문에 그만큼 더 일치적이다. 우리는 성숙기의 횔덜린 시문학을 일치적인 세계라고 생각할 수 있다. 그러나 그것에서 어떤 신학적, 철학적, 문화적인 체계를 추출하려고 시도해서는 안 될 것이다. 나아가 우리는 횔덜린의 세계의 일치성은 어떤 완결을 수반하고 있지 않다는 사실을 알 필요가 있다. 오히려 이와는 반대로 횔덜린이 실질적이고 설득력 있게 내보이는 것은 쉼 없는 동경의 조건이다. 비가와 찬가는 일치성을 겨냥해 광범위한 시도를 하고 있으며, 공동체에 대한 가장 설득력 있는 의사를 표현하고 있다. 그러나 이것을 움직이게 하는 것은 그것들이 자체에 가지고 있는 가공(架空)이라는 비애이며 그것들의 영상을 현실화하고자 하는 동경이다.

횔덜린의 이 시기는 대체로 방랑의 시기였다. 하지만 그는 그 시기 중간 뉘르팅엔에 머물렀던 시간을 포함해 틈나는 대로 시 쓰기에 전력을 다했다. 대표적인 그의 작품들이 대부분 이 시기에 쓴 것이다. 〈빵과 포도주〉, 〈귀향〉, 〈슈투트가르트〉, 나중에 〈디오티마에 대한 메논의 비탄〉으로 개작된 〈비가〉, 〈시골로의 산책〉 등 비가와 아울러, 〈라인강〉, 〈평화의 축제〉, 〈파트모스〉, 〈유일자〉의 초고, 〈편력〉 등 찬가가 이 시기 작품들이다. 송시 〈시인의 사명〉과 〈백성의 목소리〉도 빼놓을 수 없다. 다음 장에서 상론하겠지만, 각각의 시 작품을 읽고 음미하면 앞서 말한 일반적인 해석이 어느 정도 타당한지 가늠할 수 있을 것이다.

이 시기에 쓴 많은 비가와 찬가를 관통하는 일치성을 잘 보여주는 작품은 시 〈아르히펠라구스〉이다.

시 〈아르히펠라구스〉

시 〈아르히펠라구스〉(2. 103~112; 번역/2. 71~88)는 횔덜린이 홈부르크에 머물렀던 1800년 초에 쓰기 시작해 초가을 슈투트가르트에서 완성한 것으로 알려진 6운각 시행(Hexameter)의 시다. 모두 296행에 달하는 이 시는 목가 〈결혼식을 앞둔 에밀리에〉를 제외하고 횔덜린의 시 작품 가운데 가장 길다. 6운각 시행은 서사적 특징을 가지고 있는 운율이다. 6운각 시행은 시 〈아르히펠라구스〉과 같은 방대한 규모의 시가 서정적이면서도 서사적인 표현을 가능하게 해준다.

'아르히펠라구스'는 군도(群島)를 의미한다. 그러나 본래 섬이 많은 에게해 지역을 가리키는 고유명사로 사용되었다. 횔덜린은 이 시에서 이 본래 의미에 따라 에게해와 에게해의 섬들, 나아가 그리스의 해안과 그리스의 속령인 소아시아까지를 포함한 지역을 가리키고 있다. 이 시는 바다의 신 포세이돈으로 의인화되어 있는 바다에 바쳐져 있다.

이 시는 길이가 일정치 않은 여러 부분으로 이루어져 있는데, 주제별로는 세 개 그룹으로 나누어볼 수 있다. 첫 부분은 제1~61행이다. 이 첫 부분은 삼라만상을 포함하고 조화롭게 결합시키고 있는, 총체적 자연의 총화 초봄의 아르히펠라구스가 소환되고 있다.

두루미들 그대에게로 되돌아오며, 그대의 해변을 향해
배들은 다시금 항로를 찾고 있는가? 편안해진 밀물이
그대의 반가운 대기를 숨 쉬고, 돌고래는 유혹을 못 이겨
심해에서 올라와 신선한 햇빛을 등에 쬐고 있는가?
이오니아는 활짝 피어나는가? 지금이 그때인가? 왜냐면
언제나 봄이 되고, 살아 있는 자의 가슴이 새로워지며, 사람들에게
첫사랑이 일깨워지고, 황금시대의 회상도 되살아날 때면
나는 그대에게로 와 그대의 정적(靜寂) 가운데 그대에게 인사드리기 때문이다.
옛 해신(海神)이시여! (제1~8행)

이 시는 명백히 허구적인 의미가 문자 그대로 진실한 것이 되리라는 소망으로 시작한다. 아르히펠라구스는 모든 생명과 존재의 집합체가 된다. 두루미는 되돌아오고, 배들은 항해를 시작하며, 돌고래는 물결 타기를 한다. 소망은 이것들이 암시하고 있는 영적, 문화적 쇄신이 이제 실제로 일어나는 것이다. 이런 촉구의 세부가 이 시를 낳는다. 이 세부는 과거의 설화를 자극하고 회복을 향한 더욱 커지는 동경을 부추긴다. 이제 역사적으로 잘 알려진 지명들이 등장한다. 살라미스, 델로스, 테노스와 키오스, 카라우레나, 카이스터, 메안더와 나일강 등이 그것들이다. 이것들은 섬들이 아직 살아 있고 강들도 여전히 흐르고 있다는 믿을 수 없는 사실들로 기쁨 가운데 소환된다. "이 모든 것들 아직 살아 있다."(제19행) 이 시의 첫 부분은 재생의 희망을 준다. 이어지는 두 시연도 생존의 증서들을 노래한다. 이 모두는 희망의 바탕을 이룬다. 이것들은 이 허구적인 신호들이 문자 그대로 진실이 되기를 바라는 동경을 강화시킨다.

하지만 "그러나"(제54행)로 분위기가 일시에 변한다. 형용사 "슬퍼하는"(제39행)과 시구 "그전처럼"(제40행)으로 예고되었던 분위기다. 현재의 정경은 부재를 구체화한다. 정경 자체가 상실을 마음 아파하고 있는 것처럼 보인다. 이것은 시인 자신의 상황을 표현해주기도 한다. 이중의 의미에서 그가 자신의 상실을 여실히 보여주는 것은 정경을 통해서다. 고대 그리스의 사람들은 떠나버렸다. 이상적인 지역에 사람들이 살고 있지 않다. 포세이돈과 함께 모든 '축성의 요소들'은 이 부재를 마음 아파하는 매개체로 표현되고 있다. 그들은 '느끼는 인간들의 가슴'을 필요로 한다고 서술되고 있다.

그러나 그대는 스스로 고독하다 생각하는지도 모르겠다. 침묵하는 한밤중에
바위는 그대의 탄식을 듣고 때로는 분노하면서
필멸하는 자들에게서 떠나 날개 단 물결이 하늘을 향해 그대를 벗어나기도 한다.
왜냐면 그대를 공경하며 언제나 아름다운 성전과
도시들과 함께 그대의 해변을 장식할
고귀한 연인들 더 이상 그대와 더불어 살고 있지 않기 때문에.
언제나 그대를 찾으며 아쉬워하고, 영웅에게 화관이 필요하듯
느끼는 인간들의 가슴은 영광을 위해 축성의 요소를 필요로 한다. (제54~61행)

고대 그리스인들은 신성이 실현되는 매개체였다. 그들의 부재 가운데 이상적인 시가 동경으로 영감을 얻어 그 기능을 충족시킬 것이다. 이것이 내재성을 재창조할 것이다.

두 번째 부분은 제62~199행이다. 아테네의 위대한 문화, 페르시아 전쟁에서의 패배와 전쟁 후의 더욱 아름다운 새로운 번영을 회상한다. 이 과정에서 두 개의 해상 활동이 불현듯 병렬되어 그려진다. 무역과 해전이 그것이다. '고독한 젊은이'는 살라미스 해전에서 아테네 사람들에게 스스로를 믿고 바다로 나가기를 설득하고 마침내 아테네에게 승리를 안겨준 테미스토클레스다. 그렇게 하는 가운데 그는 민주주의를 북돋았다. 낮은 계층의 사람들이 새로운 해군의 수병이 되었고, 살라미스 해전 이후 그들은 자신들의 발언권을 얻었기 때문이다. 횔덜린은 이런 역사를 잘 알고 있었으며, 그것이 이 시의 한 부분을 이루고 있다. 이 시를 움직이는 희망의 실질적인 형식이 급진적으로

민주적인 희망이라는 사실은 의심의 여지가 없다. 수년 전 횔덜린은 아테네와 페르시아의 전투를 공공연하게 프랑스와 이에 적대적인 유럽 세력의 전투와 관련시킨 적이 있었다.

아테네인들의 약탈당했던 도시로의 귀환은 비가 〈방랑자〉에서의 서정적 자아, 방랑자 시인의 귀환과 유사하다. 제139~145행의 확장된 직유는 이들의 귀환을 의미하는 고유한 은유를 부연할 뿐이다. 이 은유는 시인 자신의 귀환, 즉 상상으로, 시로, 지금은 비어 있는 자리로 그의 이상의 귀환을 반영한다.

아테네는 재건되었다. 역사적으로 이것은 사실이다. 그러나 여기서는 시가 회복의 은유로, 열정적인 동경의 표현으로 그것을 제시한다. 아테네의 재건은 그 생존과 자기 재생의 힘을 과시해왔던 자연과의 완전한 일치로 그려지고 있다. "활짝 피어난다"(제180행)와 같은 시어는 이런 승리의 작용을 서술해준다. "보라! 그 창조하는 자에게 숲은 봉헌한다. 다른 산들과 더불어 / 펜텔리콘산은 대리석과 철광석을 손가까이에 건네준다."(제184~185행) 시는 예술작품으로 이런 영상들을 이상적인 생산의 빛나는 영상으로 재창조해낸다.

> 샘물이 솟아오르고 언덕을 넘어서 순탄한 길로 인도되어
> 원천은 반짝이는 저수지로 서둘러 간다.
> 거기를 에워싸고 마치 축제의 영웅들
> 공동의 술잔 곁에 모여 있듯이 집들이 열을 지어 반짝인다.
> 시의 의사당 높이 솟아 있고, 김나지움들은 열려 있으며,
> 신전들이 서 있고, 성스럽게 과감한 생각
> 불사하는 자 가까이에, 제우스의 신전이 성스러운 임원에서

천공을 향해 솟아 있다. 그리고 또한 많고 많은 천국적인 전당들도!
어머니 아테네, 당신을 향해 비탄을 뚫고
당신의 찬란한 언덕 당당하게 자랐고, 오래전에
파도의 신과 그대에게 꽃 피웠다. 또한 그대의 사랑하는 이들
기쁨에 차 수니온 곶에 모여 그대에게 감사의 노래를 불렀다. (제188~199행)

그러나 이것은 백일몽 가운데 하나의 영상일 뿐이다. 시는 어쩔 수 없이 방금 마법으로 불러 내어진 공상의 아름다움과 맞먹는 비탄과 동경으로 말머리를 바꾼다. 이 시의 세 번째 부분(제200~296행)은 더 이상 서사적으로 과거를 환기하지 않는다. 이제는 시대 의식이 지배적으로 등장한다. 현재를 고대 그리스의 과거와 분리하는 거리 두기의 의식이 드러나는 것이다. 그리하여 고대 그리스를 회상하면서 시인을 가득 채워주었던 감동은 비애로 바뀐다. 감동이 비탄의 노래로 발전하지만(제200~221행), 시인은 살아 있는 자들에게로 돌아간다.

축복받은 자 그때에는 많은 것을 그대들에게 물으리라, 그대들 죽은 자들이여!
그대들, 살아 있는 자들에게도, 그대들 하늘의 드높은 힘들에게도 물으리라.
(제221~222행)

왜냐면 자연은 영원히 변함없는 자로서 의미를 체험하게 하고 삶의 용기를 전해주며, 모든 무상함을 넘어 고양시키기 때문이다. 자연에 대한 새로운 인식에서부터 단순한 개별적인 위안 이상의 것이 이어진다. 새롭게 피어나는 도시국가와 문화에 대한 희망이 솟아나는 것이다. 그러나 충만한 미래를 향한 이런 전망 앞에는 부정적인 현재의 표상이 가로놓여 있다. 충만한 미래를 향한 전망은 파괴적인 반박과 싸

워야만 한다. 폐허, 신탁의 죽음, 버려진 아르히펠라구스의 슬픔과의 대결이다. 미래의 어떤 이상 사회도 우리 삶의 방식에 대한 비난 가운데 가장 신랄한 고발로 반박되고, 사실상 무효화되고 만다.

그러나 슬프도다! 한밤중에, 신성도 없이 우리 인간은
떠돌며 마치 하계에서인 양 살고 있도다. 자신의 충동대로
이들 혼자 단련되어 광란하는 일터에서
각자는 제 소리만 들을 뿐, 거친 자들
쉼 없이 힘찬 팔로 많은 일을 하나 언제나
복수의 여신들처럼, 팔뚝의 노고는 결실을 얻지 못한다. (제241~246행)

소설 《휘페리온》에 나오는 이른바 질책의 연설이라는 결정체가 아테네 사람들의 도시 재건을 위한 아름다운 노고 앞에 놓여져 있는 것이다.

그러나 변함없는 자연의 순환과 고대 그리스의 봄에 대한 기억은 현재의 인간에게 현재를 바로잡으라고, 그리고 빛나는 미래를 선취하라고 명한다. 그리고 기다릴 힘을 부여한다.

두려운 꿈에서 깨어나 영혼이 인간들에게
젊은이처럼 즐거워하며 떠오르고, 사랑의 복된 숨결
옛날처럼 자주 헬라스의 피어나는 자손들에게 다시 터져 나오며
새로운 시대와 더욱 자유로운 우리의 이마 위로
멀리에서 다가오는 자연의 정신이 불어오고, 다시
조용히 머물며 황금빛 구름 안에 신이 나타날 때까지는. (제247~252행)

시 〈아르히펠라구스〉는 봄을 노래하면서 열렸다. 그리고 봄을 통해 고무되었다. 봄의 이미지는 자연스럽게 부활의 이미지를 불러온다. 횔덜린 시대에 고대 그리스인들은 인류의 봄으로 생각되었다. 상상으로 그려진 회복은 단순한 반복이거나 단순한 모방이 아니라 가을의 이미지를 부여받고 있다. 부활과 완성이 동시에 한꺼번에 이루어지는 것이다. 이 작품의 배경에는 일종의 종말론적인 설계가 들어 있는 것도 사실이다. 거칠게 말하면 원초적인 소박한 성취의 감상적인 완성이라는 쉴러 식의 설계가 숨어 있다. 그러나 이런 설계가 횔덜린의 일치적인 세계라는 지형에서는, 그리스 지역 아르히펠라구스의 상세한 환기를 통해, 그리고 무엇보다도 오늘날의 관점에서 바라다보는 가운데 구체적으로 표현되어 있는 것이다.

시 〈아르히펠라구스〉는 횔덜린 문체의 한 특징인 '그러나(aber)'로 그 종결구를 열고 있다. 봄은 왔으나 다만 문자를 통해서일 뿐이다. 우리는 기다리며 우리의 새로운 삶을 희망해야 한다. 이런 사실은, 그 승리에 찬 생성이 이 시의 중심 은유이기도 한 문명의 역사적인 통과에 대한 횔덜린의 함축적인 설명으로 강조되어 있다. 아테네는 쇠퇴하고 몰락하며, 밤의 시대가 시작된다. 시가 시작될 때 그리고 이제 종결될 때, 시인은 바다를 부른다. 그의 행보는 포세이돈의 총아인 테미스토클레스의 것과 같다. 그의 과제는 다른 시대, 다른 방법이지만 테미스토클레스의 것과 유사하다. 그에게는 열정과 원기와 확고한 신념이 필요하다.

그러나 그대, 영생을 누리며, 비록 그리스의 합창이 이미
그대를 옛 그때처럼 찬송하지는 않으나, 그대의 파도로부터, 오 해신이시여!

내 영혼으로 때때로 울려오기를, 그리하여 그 물결 너머
두려움 없이 약동하며 정신이, 헤엄치는 자처럼, 신선한 행복의
강함을 익히고, 신들의 말씀, 변화와 형성을
이해하게 되기를. 또한 낚아채 생채기 내는 시대가
너무도 세차게 나의 머리를 엄습하고, 필멸의 인간들 사이 궁핍과 방황이
내 필멸의 삶을 뒤 흔들 때는 나로 하여금
그대의 심연 가운데서 정적(靜寂)을 회상토록 허락해주시라. (제288~296행)

이 시의 마지막 세 번째 부분에는 세 개의 시간을 관통하고 있다. 사라져버린 고대 그리스에 대한 회상으로서의 과거, 불완전한 상태에 놓여 있는 현재, 그리고 마치 아테네인들처럼 다시금 자연을 향한 열림에서 솟아오르는, 그러나 이제는 정신화된 미래의 나라가 노래되고 있는 것이다. 마지막 구절은 다시 한 번 자연의 변함없는 생명의 근거를 찬양하고 영생을 누리는 아르히펠라구스를 통해 신화화한다. 이로써 위대한 문명의 부흥에 대한 희망도, 위협받고 위태로워 보이는 개별적 현존재의 구원 가능성도 확인된다. 우리 현 존재는 총체적인 자연의 위대한 연관에 함께 깃든 존재로 스스로를 느낄 수 있게 된다. 이렇게 해서 이 길고 긴, 그 형식이 매우 독특한 이 시는 횔덜린의 방대한 찬가나 비가의 계열에 놓인다. 이 시는 그 자체로, 그리고 이 찬가나 비가들과 함께 횔덜린의 일치적인 시적 세계의 탁월한 구성 요소다.

제9장
비가문학
비탄에서 환희로

비가(Elegie)라는 명칭은 라틴어 'elegia'에서 유래한다. 'elegia'는 그리스어 elegeía(다수의 2행 시구 'elegeîon'으로 이루어진 시)와 내용상 만가(輓歌)나 조시(弔詩)를 의미하는 'élegos'의 결합어다. 비가는 '에로틱한 비가'로서 사랑의 주제를 그리고 '애도의 비가'로서 비탄과 슬픔의 대상을 다룬다. 형식으로서 비가의 이런 이중적인 취급의 융통성은 폭넓은 주제의 다양성을 허락한다. 따라서 비가는 교훈적인 장르로서 권선징악의 훈계나 정치적인 평가를 다룰 수 있다. 중세를 거쳐 바로크 시대에 다양한 형태로 가꾸어졌던 고대 그리스의 장르인 비가가 18세기 말에 이르러 독일에서 비가적 2행 시구(Distichon)라는 엄격한 형식으로 재발견되었다. 비가적 2행 시구의 운율 틀은 6운각 시행과 5운각 시행(Pentameter)으로 이루어진다. 그리고 폭넓은 리듬상의 가변성을 보여준다. 6운각 시행은 중간 휴지(Zäsur)의 위치가 일정하지 않으며, 5운각 시행은 중앙에 고유한 고정된 휴지를 가지고 있다. 6운각 시행에서는 강약약격(Daktylus)이 강강약격(Spondeus)으로 대체될 수 있으며, 5운각 시행에서는 시행의 전반부에서만 이것이 허락된다. 이런 2행 시구를 재발견한 선구자는 클롭슈토크다. 1748년에 그는 나중에 '미래의 연인'이라는 제목을 붙인 〈비가〉를 썼다. 괴테가 1780년대 말에 쓴 〈로마의 비가〉를 1795년에 처음 《호렌》지를 통해 발표했을 때 이것은 독일어로 된 고대 그리스 문학 양식 모방의 징후를 알리고 있었다. 쉴러는 1795년 선언적인 의미를 가진 시 〈비가〉—훗날 〈산책〉으로 개제함—를 썼을 뿐만 아니라, 역시 1795년과 1796년 《호렌》지에 실린 논문 〈소박문학과 감상문학에 관하여〉를 통해 철학적으로 문학 장르로서 비가의 개념을 정의했다. 18세기 후반 클롭슈토크와 헤르더 이래 문학적 담론에 자주 등장한 비가에 대한 이론적 사변과 함께 실천적인 비가문학도 활발히 전개되었고, 세기말 수년 동안에는 독일 시인들이 이 고대적 시 형식을 집중적으로 활용했다.

독일 의고전주의의 정점에서 시 형식으로서의 비가의 매력은 한편으로는 이 장르가 가지고 있는 상당한 다의성에서 비롯되었는가 하면, 다른 한편 에피그램(epigram, 경구 또는 짧은 풍자시)에 대한 변증법적인 연관에서 비롯되기도 했다. 무엇보다도 짧게 요점을 강조하는 형식인 에피그램은 괴테와 쉴러의 1795년 합동 작품인 〈크세니엔〉에서 문학적 논쟁의 수단이 되었다. 에피그램은 본래는 일종의 '표제' 내지는 '명문(銘文)'이다. 에피그램은 격언과 묘비명의 전통을 이어받고 있는 것이다. 횔덜린도 이런 의미의 에피그램을 수용했다. 세 개의 2행 시구로 이루어진 〈영면한 사람들〉(2. 113)이 그 예다. 그러나 횔덜린은 몇몇 에피그램을 통한 단시(短詩)의 논쟁적인 표현 방식도 시험하고 있다. 그 가운데 하나는 1796년 11월 24일자 편지를 통해 횔덜린에게 '감각 세계에 더 가까이' 머무르라고 충고한 쉴러를 직접 겨냥한 에피그램이다.

> 알고 있어라! 아폴론은 신문기자의 신이 되었도다!
> 그에게 사실을 충실하게 설명하는 자 그의 부하이도다. (1. 229, 〈서술하는 문학〉)

횔덜린은 에피그램을 쓰기 시작하면서 대규모의 비가 문학으로 첫 발걸음을 내디뎠다.

1800년 이후 시 작품을 수록하고 있는 《슈투트가르트판 횔덜린 대전집》 제2권에는 비가적 2행 시구로 이루어진 비가 모두가 함께 실려 있다. 형식에 따른 개념 정의는 기본적이며, 횔덜린의 경우에는 정서와 주제에 따른 개념 정의가 이것에 가미되어 있는 것은 자연스러운 일이다. 횔덜린의 비가 가운데 어느 한 편도 개인의 죽음을 비탄하고 있지 않다. 그의 생애를 통해 보면 그런 비가를 쓸 만한 경우가 없지 않았음에도 말이다. 비가 모두는 상실에 대한 비탄으로 채워져 있다. 가장 찬양의 분위기가 돋보이는 비가 〈슈투트가르트〉와 〈귀향〉조차도 이 찬양의 분위기에 맞세워질 슬픔의 강한 역류가 흐르고 있다. 횔덜린은 쉴러 못지않게 감상적인 유형의 시인이다. 그는 자신의 소설 주인공 휘페리온과 마찬가지로 비가적 성격을 지니고 있으며, 비가라는 장르는 그에게 특히 잘 어울린다. 그의 비가에서 쉴러의 비가에서보다 우리 시대에 더 잘 어울리는 이 장르의 성향을 느낄 수 있다. 형식에서 그의 비가는 고전적이며, 그 언술과 표상의 대부분도 고전적이다. 그러나 그 비가들에 깃들어 있는 정신에서만은 현대적이고 감상적이라고 할 수 있다.

물론 횔덜린의 비가적 성격이 드러나는 것은 비가라는 장르에 국한되어 있는 것은 아니다. 마찬가지로 그는 그 장르 안에서도 좁은 의미로 볼 때 오히려 비가적이지 않다. 때때로 그는 찬가적인 열정으로 이를 넘어선다. 또한 비가의 정서와 목소리가 찬가에서 완전히 억제되는 일도 없다. 이 찬가들도 거의 언제나 비탄의 가장자리에 놓인다. 송가들도 마찬가지로 비가의 피할 수 없는 요소를 자주 동반한다. 시행의 상승과 하강을 가진 송가의 대칭적인 구조가 비가의 요소에 잘 어울리기도 하기 때문이다.

비가적 성격 안에 주어져 있는 역동성은 성숙기 횔덜린 시문학의 일치적인 세계를 움직인다. 그 세계에 일치성을 부여하는 것은 시적 상상을 통한 비탄과 찬양 사이의 끊임없는 왕래다. 표상들은 그 자체가 일치적인 신화를 형성하는 가운데 이 연속적 왕래의 상관물이다. 이것들의 작용을 비가들에서, 특히 〈디오티마에 대한 메논의 비탄〉과 〈빵과 포도주〉에서 가장 분명하게 볼 수 있다. 상실에 대한 슬픔은 상실된 풍경의 찬양으로 넘어간다. 그리고 그 찬양은 시구의 몰아적인 상승 가운데 노래되면서 이상의 실현 또는 허구적인 회복으로 승화한다. 이번에는 자기 자신이 운명적이며 피할 수 없는 과정에서 하나의 환상으로서 스스로를 들어내고 시는 마치 부서지는 파도처럼 비탄으로 되돌아간다. 〈디오티마에 대한 메논의 비탄〉에서의 사랑하는 여인과 〈빵과 포도주〉에서의 사랑하는 장소와 문명은 상실과 함께 격렬한 고통의 원천이다. 그리고 그것들의 매력은 그것들 없이는 어떤 현존도 거의 견뎌낼 수 없다는 점이다. 횔덜린이 장송곡을 썼던 것은 아니지만, 그의 동경은 고통스럽게 어떤 부재에 이어 나타나고 있는 것이다.

횔덜린의 비가에서 묘사되고 있는 고통, 예컨대 〈디오티마에 대한 메논의 비탄〉, 〈빵과 포도주〉, 그리고 〈방랑자〉의 나중 초고에 묘사된 고통은 절망적이다. "이 궁핍한 시대에 시인은 무엇을 위해 사는 것일까(wozu Dichter in dürftiger Zeit)?"(2. 94, 〈빵과 포도주〉, 제122행)처럼 감성적인 탄식은 처절하다. 여러모로 우리 현대 글쓰기의 전제들과 다를 바 없이 처절하다고 할 것이다. 그러나 강조할 것은 이 시들이 궁극적으로 우리에게 남겨주는 지배적 감정은 환희라는 점이다.

삶의 핵심은 실제로 사랑하는 인물 자체에게서 먼저 일어났기 때문에, 그 인물의 부재 가운데 삶은 다시금 "신적 감각으로 충만케"(2. 111, 〈아르히펠라구스〉, 제267행) 되어야만 한다고 요구하고 있나. 이것은 과거에서 실질적 내용을 끌어내야만 이루어질 수 있다. 그러나 이렇게 행하는 가운데 슬픔에 젖어 있는 연인은 헛된 동경 가운데서 자기 자신의 소멸을 건다. 그렇지만 자신이 살아남고자 한다면, 그 근원에서 실질적인 내용을 얻어내야만 한다. 살아남는 길은 잃어버린 이상적인 과거와 부단히 접촉하는 일이다. 그런 과정에서 그 과거의 매혹은 미래 시간을 향한, 이상적인 미래에 있을 그것의 회복을 향한 무한한 투사로 대응될 수밖에 없다. 현재는 중간 지점의 불확실한 시공간이다. 거기에는 간신히 발판만 있을 뿐이다. 횔덜린의 시구에 등장하는 모든 신적 현현, 삶이 다시금 의미와 아름다움으로 채워진다는 의기양양한 모든 확언은 기대와 희망일 뿐이며, 환상으로서, 뛰어나게 설득력 있는 시 덕분으로 존재하고 있을 뿐이다. 시가 끝나는 지점은 휴식의 장소다. 그 지점의 선취가 그렇게 아름다운 것은 필연적으로 그 안에 환상이라는 사실에 대한 인식과 비탄의 흔적을 지니고 있기 때문이다.

이제 《슈투트가르트판 횔덜린 대전집》 제2권에 〈비가〉라는 별도의 구분 아래 수록되어 있는 횔덜린의 비가 작품들을 간략하게 살펴보기로 한다.

〈방랑자〉

횔덜린이 1797년 6월 20일 6운각의 시 〈천공에 부쳐〉와 함께 그가 쓴 첫 번째 비가 〈방랑자〉(2. 80~83; 번역/2. 106~112)를 《호렌》지에 실릴 것을 희망하면서 쉴러에게 보냈다. 그것은 당시의 활발한 문학적 상황에 동참하면서 쓰기 어렵고 이론적으로도 다루기 까다로운 장르를 통해 자신의 문학적 역량을 증명해 보이려 했기 때문이다. 활발한 활동을 전개하고 있는 시인으로 인정받는 길은 쉴러를 통해 잡지 《호렌》에 작품이 실리는 것이었다. 1797년 그 잡지에 횔덜린의 비가 〈방랑자〉가 실렸다. 그러나 정작 시인의 이름은 빠진 채였다.

쉴러가 횔덜린의 이 작품의 몇몇 구절에 가필, 수정하면서 개입했다는 것은 의문의 여지가 없어 보인다. 쉴러가 이 시의 작자를 일부러 게재하지 않은 이유의 하나이기도 하다. 전해지고 있는 이 시의 초안과 정서본에는 "아! 여기에는, 솟아오르는 샘물처럼, 끝없는 숲 / 울리는 대기 가운데 호화롭고도 찬연하게 솟아오르지 않았다. / 여기에는 처녀처럼 순수한 계곡으로 희망하고 사랑하면서 / 서둘러 흘러내리는 시내들, 그 젊은이들 환호하지도 않았다"라는 구절이 들어 있다. 쉴러는 《호렌》지에 이렇게 수정해 실었다. "아! 그늘 짓는 숲은 여기서 *생기 돋우는 초록빛을 하고 / 살랑대는* 대기도 무성하고도 찬란하게 솟아오르지 않았다. / *시냇물들은 산맥부터 여기서 선율 아름다운 폭포를 타고 / 은빛 강물 휘감으며 피어나는 계곡을 뚫고 떨어지지 않았다.*" 저자가 이탤릭체로 표기한 부분이 추측건대 쉴러가 수정, 가필한 부분이다. 휠덜린은 《호렌》지에 실린 이 시를 베껴 1801년 〈방랑자〉를 다시 쓸 때 바탕으로 삼았다.

처음 초안에서 《호렌》지 수록을 거쳐 이 판본의 필사와 이를 기초로 한 완전한 수정에 이르기까지 5년에 걸친 이 비가의 생성사는 텍스트 생성의 비판적 읽기의 한 범례를 이룰 만하다. 이 새로 쓴 비가 〈방랑자〉(2. 80~83; 번역/2. 106~112)는 1801년 문학잡지 《플로라》에 실려 발표되었다. 이 비가의 최종적인 형태는 전체 54개의 2행 시구로서, 여섯 개의 동일한 길이로 된 시연으로 나누어져 있다. 같은 해에 쓴 비가 〈귀향〉과 〈슈투트가르트〉도 같은 형태다.

이 비가의 여러 판본은 첫 3분의 1에서 '북쪽의 극지'에 맞세워진 '아프리카의 메마른 평원'와 같이 낯선 곳에서의 극단적인 대칭을 드러낸다. 이어서 바로 이 극단의 체험을 통해 시적 표현에 이르게 된 알맞은 기후지대인 고향으로의 귀환이 다시 한 번 대칭을 이룬다. 이 기후지대의 표현을 통한 외양상의 도식은 괴테가 1797년 6월 28일 쉴러에게 보낸 편지에서 표명하고 있는 비판의 빌미가 되었다. "말할 나위없이 아프리카의 메마른 평원과 북쪽의 극지는 감각적인 직관이나 내면적인 직관을 통해 그려진 것이 아닙니다. 오히려 그 두 개의 표현은 부정(否定)으로 묘사되어 있습니다. 왜냐면 이 두 표현은 의도가 그랬을지는 몰라도 배경을 이루는 독일적이고 아름다운 영상들과는 충분히 대비를 이루고 있지 않기 때문입니다."(7/2. 96) 그런데 텍스트를 엄밀하게 고찰해보면 대비를 이루고 있는 정경들은 시적 주체의 내면적인 상황에 대한 알레고리로 쉽게 인식해낼 수 있다. 첫 번째 2행 시구의 최초 초고는 '내 안에'와 같은 구절을 통해 이런 전의(轉義)를 아주 직접적으로 표현하고 있다.

"남과 북이 내 안에 있다. 이집트의 여름은 나를 뜨겁게 하고 / 북극의 겨울은 내 안의 생명을 죽인다."(1. 513) 여기서 방위(方位)는 지리적인 지역이나 계절과 상관이 없을 뿐만 아니라, 첫 초고의 이어지는 문맥을 고려한다면 '이집트의 여름'은 역사적인 과거를 함축하고 있으며, '북쪽'은 의식 이전의 미래를 함축하고 있음을 알 수 있다. 이 비가의 첫 시구에 등장하는 극단적인 기후대의 시적인 표현은 따라서 '방랑자'의 내면적인 사유체험의 전개로 해석된다. 이 사유의 체험이 이제 비로소 생각해볼 수 있는, 그러니까 시적으로 표명 가능한 근원으로의 귀환 가운데 표현에 이르게 된 것이다. 따라서 횔덜린의 비가 〈방랑자〉는 일종의 시학적 선언을 시화한 것이라고 할 수 있다. 이 시의 결구에 거의 다 이르러, 1800년 무렵 정치적, 혁명적인 의미를 가지고 있었던 한 독서에 대한 회상 가운데의 확인은 지극히 의미심장하다. '방랑자'는 어린 시절을 보낸 장소로 돌아와 회상한다.

> 내 한때 시원한 수풀 가운데, 한낮의 고요 가운데
> 오타히티스의 해변 또는 티니안에 대해 읽었던 그 시냇가를, (1. 520)

이 구절은 최초의 초고와 정서본에는 나타나 있으나 《호렌》지 게재본에는 빠져 있다. 쉴러에 의한 이 명백한 편집상의 개입은 이중으로 의미가 있다. 우선 이 개입은 철저히 정치적인 의미를 내포하고 있는 공간 요소를 이 텍스트에서 제외시키고 있기 때문이다. 포르스터(Johann Georg Forster, 1754~1794년)와 엔슨(George Anson, 1697~1762년)의 여행기를 통해 잘 알려지게 된 낙원과 같은 남해의 섬 타이티와 티니안은 당대의 사회적 이상향 사상의 상상 세계를 가리키고 있었던 것이다. 쉴러는 개입을 통해 이런 시인의 의도를 인식하지 못하도록 만든 것이다. 그러나 횔덜린은 그 사이에 《호렌》지 게재본의 바로 이 구절을 수정해 전혀 다른 결구를 썼다. 당초의 정치적이며 동시에 시의 구조적 사유는 다시 복원되었다.

혹은 저 아래 시냇가로 나를 정원에서부터 이끌어간다.
그곳 내 누워, 사나이들의 명성, 예감에 찬 사공들의 명성에
내 마음 용기를 얻었던 곳, 그대들의 전설들이
내 바다로 떠나고 황량한 곳으로 가도록 해주었다. 오, 그대들 힘찬 자들이여!
(2, 82)

'방랑자'는 이 첫 번째 초고와 여러 차례 수정된 비가에서 횔덜린의 시적 방향을 제시하는 등장인물로 읽힌다. 이 인물상은 상실과 자기 자신으로의 복귀라는 비가적인 기본 태도만이 아니라, 낯선 곳의 체험과 주저하는 자기 확신에 대한 철학적 열정을 체현하고 있다. 철학적으로 추상하는 태도와 시공을 가로지르는 묘사, 그리고 자신의 고유한 것을 낯설게 인식하는 자세는 정밀한 시적인 표현을 통해 현실성을 얻는다. 그런 의미에서 비가 〈방랑자〉는 일종의 시학적 텍스트이기도 하다.

〈디오티마에 대한 메논의 비탄〉

1798년 9월 이후 횔덜린의 비가문학은 시 〈아킬레우스〉나 시 〈나의 존경하는 할머니에게-72회 생신을 맞이하여〉와 같은 길이가 길지 않으면서 시학적으로도 그렇게 무겁지 않은 비가적 시도와 함께, 쥬제테 공타르와의 작별 체험을 맴돌고 있다. 이런 사실은 예컨대 비가적 단편인 〈신들 한때 거닐었다…〉에도 드러난다. 이 비가적 단편은 횔덜린의 규모가 큰 사랑의 비가 〈디오티마에 대한 메논의 비탄〉(2. 75~79; 번역/2. 97~105)과 폭넓은 연관 아래에 있다. 〈디오티마에 대한 메논의 비탄〉은 처음에는 본보기답게 '비가'라는 제목이 붙어 있었으나 전체적인 교정 작업을 거치고 나서 새로운 제목 아래 《1802년 시 연감》에 실렸다. 이 《시 연감》의 발행인 페어메렌은 횔덜린의 원고를 받고 나서 1801년 5월 4일 "당신께서 이번에 나의 작업에 영광의 관을 얹어 주셨듯이 항상 그렇게 해주십시오"(7. 7/1. 160)라고 회답했다.

비가 〈디오티마에 대한 메논의 비탄〉은 전형적인 비가다. 이 비가는 쉴러가 그의 〈소박문학과 감상문학에 대하여〉에서 피력한 고전적 비가의 개념 정의에 상응하고 있으며, 어떤 측면에서는 이를 능가하고 있다.

> 문학적인 비탄의 내용은 결코 외적인 대상일 수 없으며, 항시 내면적이고 이념적인 대상일 수밖에 없다. 그 비탄이 현실에서의 상실을 슬퍼하는 것일지라도 그 상실을 우선 이념적인 상실로 바꾸어야만 한다. […] 비가적인 시인은 자연을 추구한다. 그러나 하나의 이념으로서 그리고 그것이 존재한 적이 없는 완전무결함 가운데서 추구한다. 그가 마치 한때 존재했으나 이제는 잃어버린 무

엇을 슬퍼하기라도 하듯이 말이다.[41)]

마치 쉴러의 요구를 문자 그대로 실현하기라도 하듯이 횔덜린의 비가는 '자연'을 찾는 것으로 시작한다.

나날이 나는 밖으로 나가 언제나 다른 그 무엇을 찾는다,
　셀 수 없이 많은 나날 나는 이 땅의 모든 길을 그들에게 물었다.
저기 서늘한 고원, 모든 그늘을 나는 찾는다,
　또한 샘터도 찾는다. (2. 75)

비가적 시인이 자신을 '화살에 맞은 들짐승'으로 비유하고 있는 첫 연에서는 그의 상실은 치유할 수 없는 육체의 상처로 보인다. 날카롭게 대비를 이루는 두 번째 시연에는 사랑의 체험을 알아차리기 위해 죽음에 대한 사유가 등장한다. "사랑의 빛"(제29행)을 통해 이상화된 자연을 넘어서 시인은 제3연에서 자신의 회상을 통해 사랑의 확신과 '디오티마'라는 이름을 재발견한다(제42행). 그녀와 함께 시적 자아는 "만족하게 어울린다."(제43행) 디오티마와의 이렇게 회상된 일치는 제3시연 끝부분에 등장하고 이로써 3연 1단(Triade)으로 이루어지는 비가의 구성 원리를 분명히 한다. 네 번째 시연은 회상 가운데의 첫 결합은 역시 허구라는 것을 밝힌다. 사랑의 목가적인 현재화 안으로 갑자기 상실의 의식이 들어서기 때문이다.

그러나 집은 이제 나에게 황폐하고 그들은 내 눈을
　앗아갔으며 또한 그녀와 더불어 나 또한 잃었노라. (제53~54행)

---

41) Friedrich Schiller, *Sämtliche Werke*, München 1993, Bd.5, 729~730쪽.

다섯 번째 시연은 이 비가의 한가운데 고독을 의식하고 있는 시인을 보여준다. 그리고 정확하게 이 비가의 한가운데(제65~66행) 이 비가가 이상의 긍정으로 돌아서는 것을 보여주는 역설적인 영상이 위치한다.

이 떨리는 가슴속에서는 영감에 찬 태양도 밤 가운데 빛처럼
차갑게 그리고 결실도 없이 가물거리는 탓이다.

그런 빛의 역설로부터 여섯 번째 시연에서는 윤회 사상이 움튼다.

일곱 번째 시연은 '그러나 오 그대'라고 디오티마를 향한 부름으로 마지막 3연 1단의 첫 행을 연다. 이렇게 해서 이 비가는 연인의 이상적인 현존으로 옮겨 간다. "슬픈 꿈"(제14행) 가운데 시간의 끊임없는 변동 아래 내던져졌던 것이 시의 진행을 통해 불변하는 이상으로, 디오티마의 영속하는 재귀로 변용하는 것이다.

이렇게 하여 비가는 '디오티마'라는 이름의 전개로서도 읽히게 된다. 그녀의 이름 디오티마는 '신에게서 존중받고 또 신을 공경하는 여인'을 의미하기 때문이다. 디오티마는 그녀의 이름으로 공경의 주체이자 대상이며 결국 공경 자체로 나타난다. 횔덜린의 작품에서 디오티마가 강조해 이름으로 불린 것은 여기가 마지막이다.

물론 디오티마는 플라톤의 《향연(*Symposion*)》에 나오는 문학적 상상의 인물이다. 거기서 소크라테스는 사랑의 교사로 그녀를 언급한다. 소크라테스는 자기에게 디오티마가 에로스에 대해 무엇을 가르쳐 주었는지를 보고하고 있다. 이 보고는 《향연》에서 에로스에 관한 대

화의 정점을 이루고 있다. '디오티마'라는 이름이 소크라테스의 에로스에 관한 대화에 연관되어 있는 반면에, '메논'이라는 이름은 플라톤의 동명의 대화록과 관련된다. 대화록 《메논》은 《파이돈》이나 《파이드로스》와 나란히 플라톤의 상기론(想起論)과 회상론, 영혼 불멸설을 제기하는 가장 중요한 저술 가운데 하나다. 횔덜린의 다른 시 작품들 어느 것도 그의 이 사랑의 비가만큼 '메논'이나 '디오티마'라는 이름으로 플라톤에 대한 보편적인 연관을 공공연하게 보여준 적이 없다.

그렇게 보면 이별의 고통을 겪는 시간 가운데서의 소멸을 머무름과 영원으로 지양하려는 이 비가의 흐름에서 횔덜린이 이 비가의 제목을 '디오티마에 대한 메론의 비탄'이라고 한 이유가 분명해진다. 비탄하는 자가 사랑의 체험을 회상하면서 그것에 몰두하는 동안, 그는 이 사랑의 체험을 영원하게 해주는 힘을 깨닫게 된다. 이로써 사랑은 영원히 머무는 그 어떤 것으로, 사랑하는 자는 영원히 머물도록 숙명 지워진 자로 나타난다. 이런 이유로 마지막 시구들은 열정적으로 반복해 '머무름'의 모티브를 강조하고, 그것이 영원이라는 표상으로 이어지도록 노래하고 있는 것이다. 이것이 이별의 아픔을 낫게 하는 영약이다.

오라! 꿈과 같았도다! 피 흘리는 날개는
　벌써 다 나았고, 희망들도 회춘하여 생동한다.
위대함을 찾아내는 일 많고, 아직도 찾을 것 많이 남아 있도다. 또한
　그렇게 사랑했던 자신들에 이르는 길을 가고, 가야만 하리라.
그대들 성스러운 시간들이여! 우리와 함께 가며
　그대들 진지하고 청청한 자들이여! 오 멈추어라, 성스러운 예감
그대 경건한 소망들이여! 사랑하는 자들 곁에

기꺼이 머무는 감동과 모든 정령들이여,

우리 공동의 땅 위에 설 때까지 그렇게 우리와 함께 머무르라. (제115~123행)

〈시골로의 산책-란다우어에게〉

이른바 4편의 헌정 비가 가운데 〈시골로의 산책〉(2. 84~85; 번역/2. 113~115)은 유일하게 미완으로 남겨진 작품이다. 슈투트가르트의 상인이자 친구인 란다우어에게 바친 이 비가는 시구들이 복잡하게 얽혀 있는 하나의 초안, 몇몇 비망록 그리고 단편적인 정서본으로 전해지고 있다. 횔덜린의 여섯 편에 달하는 규모가 큰 비가 가운데 완전한 정서본으로 정리되어 있지 않은 유일한 이 비가의 텍스트 구성은 원고의 판독에서 극히 복잡한 문제를 일으켰다. 이 비가 텍스트는 판본에 따라서 그 길이가 다르며, 시행의 순서도 다르게 나타난다. 가장 보수적인 텍스트 구성은 40행으로 끝난다. 이 편찬은 이 비가의 단편이 내용으로도 그 한도 내에서 종결되어 있다는 오해를 불러일으키는 부작용을 낳기도 한다. 근래의 편집은 길이를 좀 더 길게 잡아 이런 인상을 바로잡고, 계획된 비가의 내면적이며 우회적인 의미의 가능성을 제시하고 있다. 그러나 〈시골로의 산책〉은 어떤 알맞은 편집상의 텍스트 구성이 따로 있을 수 없다. 이 비가는 예컨대 〈신들 한때 거닐었다…〉처럼 전승된 단편이라기보다는 완성에 이르지 못한 하나의 초고인 것이다. 필적의 분석은 이 비가는 내면적인 그리고 시학적인 근거에서 완성될 수 없었다는 사실을 지적하고 있다. 이 시에 대한 횔덜린의 마지막 기록은 초안 원고의 좌측 여백에 기록되어 있는데, 그것은 이렇게 읊고 있다.

> 나는 가벼운 노래 부르려 했으나, 한 번도 이루지 못했네.
> 왜냐면 나의 행복은 내 말을 가볍게 해준 적이 없기에. (2. 583)

이 2행 시구가 〈시골로의 산책〉에 해당된다는 것에 대해서는 두 가지의 해석이 가능하다. 하나는 계획된 텍스트의 한 부분으로서 해석하는 것인데, 이 비가의 종결구로 해석될 수 있다는 것이다. 다른 하나는 이 구절은 하나의 독립적인 에피그램으로 완성되지 못한 비가의 좌초를 표명한 것이라는 해석이다. '행복'이 '가벼운 노래'를 성공하게 하지 않는다는 역설이 폐부를 찌르는 가운데 이 2행 시구는 횔덜린이 이미 에피그램 〈소포클레스〉에서 언명한 "많은 사람들이 가장 기쁜 것을 기쁘게 말하고자 하나 부질없도다. / 여기 그것은 끝내 나에게 비극 가운데서 자신을 표현하도다"(1. 305)라는 변증법적인 진술의 역전으로 보인다. 그렇지만 이 시학적인 역설은 〈시골로의 산책〉의 실패에 대한 이 2행 시구가 포함하고 있는 덜 명백한 몇몇 모순을 숨기고 있다. 그리하여 왜 의도된 '가벼운 노래'가 비가라는 형식을 지녀야만 하는지, 또는 왜 여기서 '노래'와 '말'이 언뜻 보기에 동의어로 사용되었는지와 같은 물음이 제기된다. 마지막으로 '나의 행복'이라는 표현이 '한 번도 … 한 적이 없는'과 같은 단어로 언급될 수 있도록 시의 다른 편에 위치하는 것이라면, 그 '나의 행복'이라는 구절을 어떻게 이해해야만 하는지 의문이 아닐 수 없다.

이 마지막 질문과 함께 이 초안을 언제 쓴 것인지의 물음이 제기된다. 문학 밖의 어떤 '행복', 매우 강렬하여 시인의 언어를 벗어나는 '행복'이 무엇이라고 확인할 수 있는가? 횔덜린의 후기 비가들의 생성 시기에 대한 여러 가정에서 이 비가 초안은 1800년 가을이거나 1801년 초에 쓰인 것으로 추정되고 있다. 여러 생성 시기에 대한 논쟁을 엄밀하게 검토한 결과 나중 시기가 더 타당하다는 결론이 내려졌다. '행복'이라는 개념이 여기서는 1801년 2월 9일 맺어졌고, 횔덜린의 정치에 대한 커다란 희망을 일깨워준 르네빌 평화협정과 관련되어 있다는 사실은 고려할 만하다. 찬가 〈평화의 축제〉는 직접적으로 이 평화협정과 연관되어 있으며, 찬가 〈귀향〉에서도 특별히 "성스러운 평화의 무지개"(제79행)라고 읊고 있기 때문이다. 짜틀러가 새롭게 제시한 생성 시기로는 1801년 봄에 쓴 것으로 보이는 비가 〈슈투트가르트〉는 "다시 행복 하나 맛보았네"로 시작하고 이어서 마치 〈평화의 축제〉의 첫 시연에서처럼 뇌우가 그친 분위기를 묘사하고 있다는 점에서 추정할 수 있다. 그 첫 시연이 시골로의 출발 때의 날씨를 노래하고 있는 비가 초안 〈시골로의 산책〉의 배경이 1801년의 정치적 상황이라는 넓은 지평에 놓여 있다고 생각해볼 수 있다는 것이다. 이 비가는 비가 〈귀향〉의 종결구처럼 정치적인 사건이 구원사적인 차원에서 파악될 수도 있는 조건들과 관련을 맺고 있다고 생각된다. 그리하여 1801년 2월 횔덜린이 란다우어에게 쓴 것처럼 "단순하게 명예로운 시민의 친교보다는 더 아름다운 친교가 무르익기를"(6, 417) 바랄 수 있게 된다.

계획된 비가 〈시골로의 산책〉에 대한 첫 메모는 비가 〈빵과 포도주〉에 대한 첫 번째 초안의 3쪽에 기록되어 있다. "그러나 나는 그대에게 무엇을 말하려고 했을까? / 오라, 내가 그대에게 털어놓을 수 있도록"(2, 575) 유난히 친밀감이 느껴지는 이 메모는 이미 본래 의도된 것을 말할 수 없는 비가 초안의 시학적 문제성을 포함하고 있다. 그러나 그것은 행복의 부족 때문이 아니라, 체험된 행복의 넘침 때문에 일어난 일이다. 따라서 휠덜린이 여기서 새로운 정치적 현실을 시학적 문제로 '파악'하는 데 있어서 비가가 알맞은 '그릇'이 아니라는 것을 인식했다고 말할 수 있다.

첫 번째 시연은 1801년에 쓴 3편의 비가의 구성 원리와 같다. 즉 3개의 2행 시구가 세 번 등장한다. 즉 18행으로 구성되어 있다. 그리고 시상은 세 단계로 진행된다. 즉 흐린 날씨(제1~6행), 소망의 충족에 대한 믿음(제7~12행) 그리고 천국적인 것과 인간의 일치에 대한 희망(제13~18행)이 그것이다. 첫 시연은 '활짝 트임'—비가 〈빵과 포도주〉 세 번째 시연에도 등장한다—이라는 시적 표상을 전개한다. 이 개념은 "오라! 탁 트인 들판으로, 친구여!"라는 요청으로 시작하여 시연의 마지막 시행 '탁 트인 시야에서 불빛 비치는 자'가 나타나기를 희망하는 구절에 이르기까지를 주도한다. '탁 트임'의 시적 진술을 통해 자연의 체험—처음에는 흐렸던 하늘의 갬—은 정치적 희망과 한 덩어리가 된다. 제6행의 '납처럼 무거운 시간에 놓인 듯한'이라는 표현은 회색 하늘이라는 자연 표상을 통해 정치적, 역사철학적인 연관을 들어내고 있다. 자연과 역사의 우의적(寓意的)인 상응은 세 번째 제2행 시구에서 성찰되고 압축된다.

때문에 내 감히 희망하나니, 우리가 소망하는 바를 말하기
　시작할 때 우리의 혀가 풀리기를
하여 말이 찾아지고 또한 가슴이 열리며,
　취한 이마로부터 더욱 높은 사유가 솟아오르고 (제13~16행)

앞서 언급한 바대로 이 시는 '단순하게 명예로운 시민의 친교보다는 더 아름다운 친교'를 통한 평화의 실현에 대한 믿음으로 새겨져 있다. 두 번째 시연에서는 지을 집이 노래된다. "좋은 말로 땅을 축성하고"(제25행), 이렇게 하여 끝에 이르러 "지붕의 꼭대기에서 목수가 평결을"(제33행) 내릴 수 있게 된다. 상상 속에서 손님을 맞을 집의 건축은 우정의 시 생성 자체로 경험할 수 있게 된다. '집'의 은유는 횔덜린에게 하나의 압축된 시적 암호다. 이 암호는 비가에 등장할 때마다 시인의 실존적 문제를 환기시킨다.

이 비가 초안의 중간 부분, 그러니까 중단된 채 남겨진 마지막 부분은 몇 되지 않은 메모와 시행 분절로 남아 있다. 이것의 계속과 보충에 대한 어떤 참고점도 존재하지 않는다. 다만 직접적인 임재 가운데 천국적인 자의 현현을 표현하려고 한 의도만은 알아볼 수 있다. 짜틀러가 편집한 마지막 시연 초안의 제61행은 이런 점을 각성케 한다.

> 그러나 한 가지 나에게 묻는다, 신들은 손님맞이 집에서 무엇을 해야 하는가?

이 비가의 추측할 수 있는 종결 시연은 〈빵과 포도주〉 중간 부분의 큰 주제가 되고 있는 인간 공동체로의 신들의 귀환을 위한 조건들을 맴돌지 않았을까 싶다.

〈귀향-근친들에게〉

비가 〈귀향-근친들에게〉(2. 96~99; 번역/2. 143~149)는 횔덜린의 문학 가운데서 특별히 많은 주목을 받고 자주 해석의 대상이 된 작품이다. 이 작품의 폭넓은 철학적 의의는 하이데거가 인정하고 해명했다.[42] 횔덜린의 마지막 3편의 비가 중 첫 번째 비가인 이 작품은 스위스 하우프트빌에서 보낸 단 3개월간의 가정교사 생활을 정리하고 1801년 4월 11일 귀향한 직후에 탄생했다. 어쩌면 귀향 도중에 착상했을 수도 있다. 1802년 이 비가는 송가 〈시인의 사명〉과 〈백성의 목소리〉, 그리고 찬가 〈편력〉과 함께 《플로라》지에 실려 발표되었다. 이 비가는 횔덜린의 수기로 작성된 두 편의 정서본이 전해지고 있다. 두 번째 정서본은 1802년 인쇄 후 완성된 것으로 보이고, 이른바 〈홈부르크 2절판 원고철〉의 맨 앞에 놓여 있다. 이 비가는 훗날 어쩌면 1803년에 그 원고철에 뒤이어 필사되어 있는 비가 〈빵과 포도주〉와 〈슈투트가르트〉과 함께 다시 한 번 철저한 퇴고의 과정을 거쳤다.

비가 〈귀향〉은 각각 아홉 개의 2행 시구를 가진 여섯 개의 시연으로 이뤄져 있다. 이로써 마지막 세 개의 비가에 적용되고 있는 3연 1단의 구성 원칙을 따르고 있다. 〈귀향〉은 스위스를 떠나 보덴 호수를 건너 슈바벤 고향으로의 귀향길을 묘사하고 있다. 따라서 실러의 의미에서의 비가적인 〈산책〉, 그리고 나아가 횔덜린의 〈방랑자〉에서 귀향하는 자의 내면적인 움직임과 유사하다. 〈귀향〉은 고향으로 돌아오는 "방랑자"(제52행)가 정확하게 제4연의 첫 시행에서 "고향의 대지"(제55행)에 발을 딛는 순간인 시의 한가운데에 인상적인 휴지를 보여준다.

이 비가는 알프스의 장엄한 광경의 묘사로 시작한다. 횔덜린은 직접 알프스를 보았고 1801년 2월 중순 란다우어에게 그 광경을 서술한

42) Martin Heidegger, *Erläuterungen zu Hölderlins Dichtung*, Frankfurt am Main, 1971, 9~32쪽.

편지를 썼다.

> 나는 알프스를 앞에 두고 충격을 받은 채 서 있네. 나는 그런 인상을 정말 경험한 적이 없다네. 알프스는 우리의 어머니 대지의 영웅적인 청춘 시절의 경이로운 전설과 같고, 평온한 가운데 아래를 내려다보며, 그 산들의 푸르른 빛깔의 눈[雪] 위로 태양과 별들이 밤과 낮으로 반짝이면서 형성의 옛 혼돈을 환기시키고 있다네. (6. 416)

첫 시연은 이런 알프스의 경험을 숭고함의 공간적인 상징으로 서술하는 가운데 비가의 끝에 이르기까지 가시적인 여행 과정과 밀착되어 있다. 이 비가는 한편으로는 일종의 자연 문학으로 읽힌다. 이런 점에서는 괴테가 횔덜린의 문학은 '감각적인, 그리고 내면적인 관찰을 통해 그려질' 필요가 있다고 한 충고에 따르고 있는 것처럼 보인다. 그러나 다른 한편으로 이 〈귀향〉은 형상마다 새로운 방식의 묘사로 해명될 수 있다. 문학적 언어의 조건과 근원에 대한 시적 비유의 중심에는 디오니소스적 심상의 하나인 '환희'가 자리하고 있는 것이다.

> 알프스산맥 한가운데는 아직 투명한 밤이거니와 구름은
> 환희를 엮어가며 그 안에서 입 벌리고 있는 계곡을 뒤덮고 있다. (제1~2행)

시는 이 환희로 출발해 이 환희로 향하고자 한다. 다섯 번째 시연에는 첫 시연에서 "바쿠스처럼"(제8행)이라고 특징된 이런 상태를 보기 드문 양가성으로 표현하고 있는 두 개의 시구가 있다. "내 어리석게 말하고 있구나, 그것은 나의 즐거움인 것."(제81행) '어리석은 말'은 여기서 시인의 내면에 "성스러운 무지개"(제79~80행)를 일깨웠으며, 시

인이 이것을 고향에 알맞게 전할 수 없을지도 모른다고 두려워하는 정치적 희망에 연관된다. '어리석은 말'은 그러니까 고향과 '근친들'에 대한 기대에 찬 기쁨에서 촉발된 디오니소스적인 도취의 징후다. 그러나 이것은 미숙함으로의 퇴행에 대한 징조이기도 하다. 다섯 번째 시연의 첫머리에 "어머니, 내 도시의 목소리여!"라고 읊고 있는 것이다. '환희'의 작용에 대한 언급을 통한 예술적인 다의성의 등장은 이 시연의 문맥을 통해 다시금 시적 언술의 근원에 대한 표현으로 이 시를 해석할 수 있도록 한다. 마찬가지로 비가의 끝에는 귀향의 실행을 강조하는 가운데 일종의 주저가 드러난다. 또한 비가 〈방랑자〉의 경우에서처럼 고향에서의 소외의 경험도 드러나고 있다.

> 우리는 때로 침묵할 수밖에 없다, 알맞은 성스러운 이름 없는 탓으로
> 마음은 크게 두근거리나 말하기를 주저하는가? (제101~102행)

고향에서 그의 '근친들'의 언어 상실은 그의 시적인 전망과 함께 자기 자신으로 돌아가게 한다. 그의 시는 이상적인 시적 언어의 상실에 대한 비가적 탄식으로서 자신을 발견한다. 그리고 〈귀향〉의 종결구는 매우 신비하게 '염려'에 대해 말한다. '다른 이들이 아니라' 오로지 '가인(歌人)'만이 "영혼 가운데 / 지녀야"(제107~108행) 할 '염려'를 말하고 있는 것이다. 이것은 고향에 대한 실존적인 염려만이 아니다. 이것은 핀다르의 시적 신중함이라는 개념으로서 회상 가운데 거슬러 올라가는 자세를 말하기도 한다. 〈귀향〉의 끝에 등장하는 시인의 직접적인 '염려'에 대한 통찰로써 이 비가에서 비가가 '침묵할 수밖에 없는' 것을 바로 비가가 진술하고 있다는 모순이 현실화된다. 고향으로 가는 방

랑길에서 체험한 정경의 묘사가 이 비가를 관통하고, 문학적 언어의 근원과 목적에 대한 시적인 회고와 르네빌 평화협정 이후 그것의 공동체에 대한 정치적 의미를 사색하고 있는 것은 이 비가를 시적으로 고차원에서 성찰된 그리고 동시에 선언적인 텍스트로 만들어주고 있다. 시인이 결구에서 거의 남아 있지 않은 염려조차도 시인이 짊어져야 하며 다가오는 신들의 날을 예비하는 책임을 다른 이들에게 맡길 수 없다고 읊고 있다. 그것은 종교적인 믿음이라기보다는 시인이 지닌 좀 더 좋은 날에 대한 확신을 뒷받침하는 개인적 신념이다.

> 신은 걸맞지 않은 일을 싫어하나니
>   그를 붙들기에 우리의 기쁨은 너무도 빈약하다.
> 우리는 때로 침묵할 수밖에 없다, 알맞은 성스러운 이름 없는 탓으로.
>   마음은 크게 두근거리나 말하기를 주저하는가?
> 그러나 현금은 매시간 바른 소리를 내어서
>   다가오는 천국적인 것 어쩌면 기쁘게 할지도 모른다.
> 탄주를 예비하라, 또한 기쁨 중에도 놓여 있던
>   걱정할 일도 거의 남지 않았다.
> 이를 좋아하거나 아니거나 간에, 한 가인은 그의 영혼 가운데
>   이런 염려 자주 지녀야 하지만, 다른 이들이 지닐 일 아니다. (제99~108행)

〈빵과 포도주-하인제에게 바침〉

160행으로 이루어진 비가 〈빵과 포도주〉(2. 90~95; 번역/2.

132~142)는 여섯 편의 비가 가운데 가장 길고, 동시에 횔덜린의 시 작품 가운데 가장 널리 알려진 작품이다. 횔덜린 전집을 내고 특히 후기 시의 가치를 맨 처음 제기한 헬링라트는 이 비가는 "횔덜린의 사상을 파고들기 위한 가장 좋은 바탕으로 계속 남아 있을 것이다"라고 말한 적이 있다. 횔덜린 관련 2차 문헌의 웬만한 작업에서 이 시 작품과의 관련 없이 수행된 것은 거의 없다. 이 작품에 '횔덜린의 사상이 두루 갖추어져 통합되어' 있기 때문이다. 그처럼 이 비가는 횔덜린의 사상 시의 일종의 총화로 평가를 받았고 아직도 그렇게 평가되고 있다. 그런 관찰은 비가라는 장르의 견지에서 보아도 정당하다고 할 수 있다. 그러나 학설을 정리하는 듯한 해석은 언어 예술작품인 〈빵과 포도주〉의 본질적으로 시적인 의의를 간과하게 할지도 모른다.

횔덜린은 비가 〈빵과 포도주〉를 오늘날 우리가 보고 있는 정서(正書)된 상태로 출판에 넘긴 적이 없다. 1807년 첫 시연만이 저작권 허락 없이 인쇄되었다. 이 한 개의 시연은 낭만주의 시인 브렌타노(Clemens Brentano, 1778~1842년)에게 잊지 못할 인상을 남겨주어 〈횔덜린의 밤의 속편〉을 쓰기까지 했다. 그리고 예단의 평가를 내렸다. "이것은 내가 접하고 예술작품의 본질이 뚜렷해진 몇 되지 않는 작품의 하나"(7/2. 407)라는 것이다. 그러나 19세기 말까지도 시 전체는 알려지지 않았다. 19세기 말 세기 전환을 얼마 남기지 않았을 때, 라스타트(Müller Rastatt)가 쓴 작은 《횔덜린 전기》(1894년)에 처음으로 전체가 수록되었다. 2년 뒤 펫졸트(Emil Petzold)가 이 비가에 대한 단행본의 연구서를 처음 출판했다. 이 저서는 횔덜린 연구의 기본서로 인정받았고, 1967년에는 바이스너가 재판을 발행했다. 횔덜린 연구가인 슈미트(Jochen Schmidt)는 1968년 이 시에 대한 두 번째 단행본

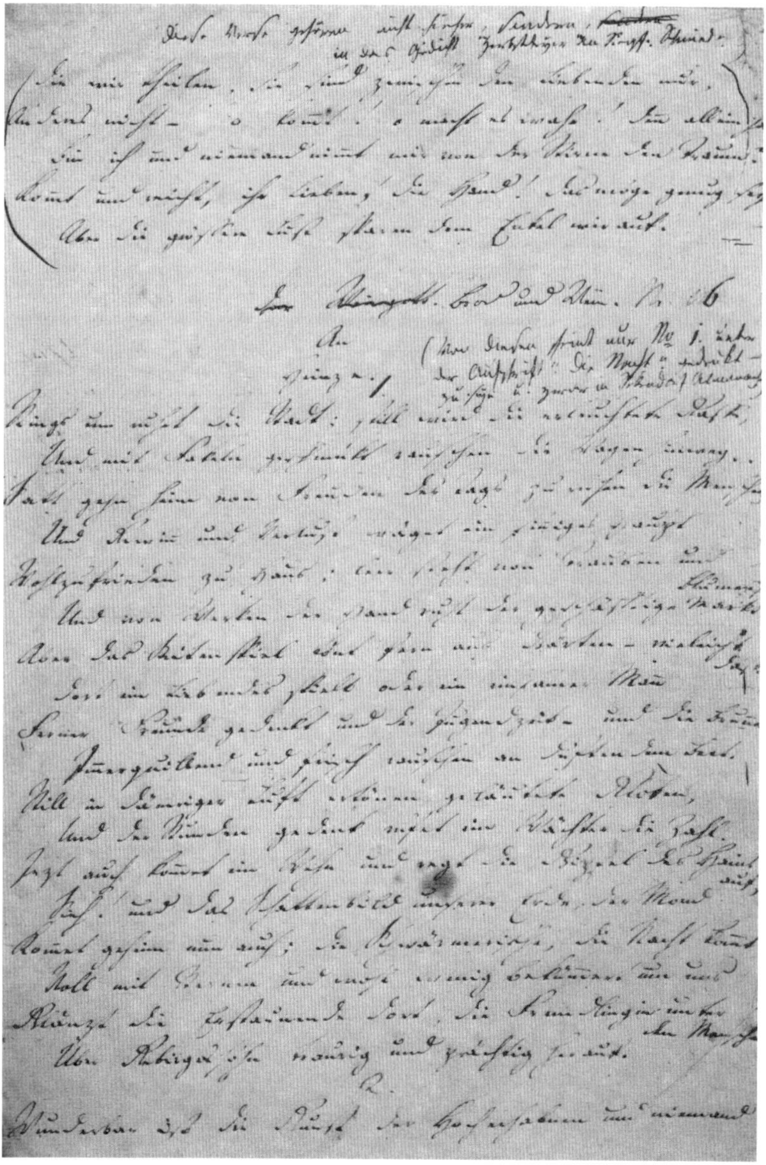

비가 〈빵과 포도주〉의 육필 원고

을 발표했다. 2012년에는 그로덱크(Wolfram Groddeck)가 《횔덜린의 비가 '빵과 포도주' 또는 '밤'》이라는 방대한 저서를 냈다.

처음부터 비가 〈빵과 포도주〉의 초고는 횔덜린 자신보다 한 세대 위인 작가 빌헬름 하인제에게 헌정되었다. 횔덜린이 하인제를 만난 것은 프랑스군의 침공을 피하려고 쥬제테 공타르와 함께 카셀에 머물 때였다. 이 헌정은 따라서 횔덜린의 '디오티마'와의 관계와 같은 환유적으로 숨겨진 생애기적 암시와 하인제의 소설 《아르딩헬로》에 대한 예술 이론적 연관성을 포함한다. 이 비가의 첫 초고와 첫 정서본은 '주신(Der Weingott)'이라는 표제를 달고 있었다. 이 표제로 말미암아 이 시는 주신(酒神) 디오니소스에게 바쳐진 것이라는 사실이 명백해진다. 그리하여 이 시는 비가일 뿐만 아니라, 디튀람부스(Dithyrambus), 즉 디오니소스 송가이기도 하다는 주장이 제기된다. 〈빵과 포도주〉의 이중적 특성, 즉 형식상으로는 비가이지만 내용으로는 디튀람부스인 특성은 연구에서 반복해 확인되고 있다. 이런 사실은 고대 그리스를 모방한 형식과 자유 운율의 이른바 '조국적 찬가' 사이 경계에 있는 이 비가의 위치를 설명해주기도 한다.

이 비가의 첫 초고는 정서본과 비교할 때 이 시의 중간에까지 미치고 있다. 초고는 '그러나 그들 진실 가운데 모습을 나타내고'에서 중단되고 있다. 이것은 이 시의 정중앙에 위치한다. 이 시구가 정서본의 제81·82행으로 시행이 이월되어 "그러나 그들 자신이 / 진실 가운데 모습을 나타내고"로 자리하고 있기 때문이다. 이 시의 두 번째 부분에 대한 초고는 보존되어 있지 않다. 첫 정서본은 이미 160행을 담고 있다. 이 첫 정서본은 두 번의 퇴고를 거쳐 새로운 제목인 '빵과 포도주'

를 달게 된다. 이 두 번의 퇴고에서 텍스트의 중요한 시학적 요소들은 거의 건드리지 않았다. 제41행 "터져 나오려고 한다. 그러하거늘 오라! 하여 우리 우리들의 것을 보자"가 "터져 나오려고 한다. 그러하거늘 오라! 하여 우리 탁 트인 천지를 보자"로 고친 것이 가장 눈에 띄는 수정이다. 또한 결정적인 수정은 처음 정서본의 제155·156행 2행 시구의 수정이다.

"그러나 그사이, 환희의 전령으로, 포도주의
　신적으로 보내진 정신 우리의 어둠 가운데로 내려오도다"가
"그러나 그사이 지고한 자의 아들, 시리아 사람
　횃불을 든 자로서 우리의 어둠 가운데로 내려오도다"로 수정된

것이다.

이 새로운 시구 수정은 '주신'이라는 제목이 '빵과 포도주'로 바뀐 것과 내용상 연관이 있다. 이제 이 비가의 디오니소스와 그리스도에 가지는 이중적인 의미가 결정되었다. '지고한 자의 아들, 시리아 사람'은 그리스도와도 그리고 디오니소스와도 관련되기 때문이다. 그것은 "다시 돌아오리란 징표"(제131행)인 빵과 포도주에도 적용된다.

빵은 대지의 열매이지만 빛의 축복을 받고
　천둥 치는 신에게서 포도주의 환희는 나오는 법이다. (제137~138행)

두 번째의 정서본으로 비가 〈빵과 포도주〉는 구성상 매우 고심한 결과의 형태에 이르게 되었고, 이 비가 안에는 후기 비가문학의 구성 원리가 완벽하게 실현되어 있다. 그런데 이 비가가 숫자로 본 계획에

비춰볼 때, 전체적으로 하나의 2행 시구가 부족하다는 사정은 형식적인 구성의 관점에서 하나의 난점을 포함한다. 이 비가는 비가의 구성 원칙상 81개의 2행 시구를 가져야 하는데, 실제는 80개의 2행 시구만으로 이루어져 있는 것이다. 이 부족한 하나의 2행 시구는 신과 멀어진 현재의 결핍이 직접 진술되고 있는 바로 그 시연, 즉 제7시연에 해당한다. 이 제7시연은 "이 궁핍한 시대에 시인은 무엇을 위해 사는 것일까?"(제122행)라는 유명한 구절이 들어 있는 시연이다. 이 형식 구성상의 '결핍'은 그러니까 철저히 형식 의미의 지시로 읽을 수 있고 또 그렇게 해석할 수 있게 된다. 비가는 '이상적으로는' 81개의 2행 시구를 지니는 것이지만 '현실로는' 다만 80개의 2행 시구만을 지니게 되었다는 것이다. 결핍이 호소되고 있는 시연의 결핍된 2행 시구, 그 형식이 내용을 증언하고 있는 셈이다.

비가 〈빵과 포도주〉는 철학적으로 심오하게 성찰하는 시다. 이 시의 대상은 우선 가까이 있는 신으로 충만한 시대였던 고대 그리스에 대한 비가적인 회상이다. 이 비가는 그러나 단순히 앞서 주어진 철학적 내용을 전달하고 있는 것이 아니라, 시 자체가 시적인 표현을 통해 이제 비로소 생각할 수 있고 느낄 수 있게 되는 철학적 성찰 과정의 수단이 된다. 그러므로 이 비가에서 내용을 분리하여 요약할 수 없다. 왜냐면 그 내용이라는 것은 이 시의 시적 진행과 분리될 수 없기 때문이다. 이 비가의 사상적인 풍요로움은 관조하고 있는 시인의 내면적 움직임에서 유래한다. 그는 첫 시연에서 일을 끝낸 저녁, 도시의 깃들어 오는 어스름과 모든 제약을 초월하는 떠오르는 밤을 묘사한다. "우리를 놀라게 하는 것"으로서, 또는 "낯선 여인"(제17행)으로서 밤이 도래하여 두 번째 시연으로 이어진다. 여기서는 '밤'은 "경이롭게"(제19행) 체험된다. 바로 놀라움과 경이로움에 철학의 시발점이 놓여 있다는 것은 유명한 플라톤의 사상이기도 하다. "왜냐면 이것은 지혜 있는 한 친구의 마음의 상태, 즉 경이로움이기 때문이다. 그렇다, 이것 이외 다른 철학의 시초는 존재하지 않는다."[43] 두 번째 시연은 밤의 디오니소스적인 특성과 망각과 기억에 대해 철학적으로 성찰하는 확신이다. 세 번째 시연에서는 이런 확신이 친구 하이제에게, 디오니소스의 고향인 이상적인 그리스를 향해 "부수고 나오라"(제41행)는 요청으로 이어진다. 이 비가의 중간부가 시작되는 네 번째 시연에서는 이상적인 그리스의 정경이 "모든 천국적인 것들의 집"(제55행)으로 뚜렷하게 나타난다. 암시적인 은유인 "장중한 홀이여! 바다가 바닥이구나! 산은 또한 식탁이도다"(제57행)는 찬가 〈평화의 축제〉 첫 번째 시연에서와 마찬가지로 자연과 문화를 하나의 기대에 찬 자연 형상으로 결합시킨다. "아버지 천공"(제65행)의 환기를 통해 신들의 도래에 대한 예비로 고대 그리스인의 언어와 문화가 생성된다. 다섯 번째 시연은 상상으로 임재하고 있는 신들의 활동에 바쳐진다. 여섯 번째 시연에서는 유일하게 말바꿈표가 나오고 그 뒤에 이상적인 고대 그리스의 상상은 갑자기 중단된다. "하지만 그들 어디에 있나?"(제99행) 이 시연의 마지막 2행 시구는 위안을 주는, 그렇지만 분명하지는 않게 그리스도를 암시하면서, 그러나 또한 디오니소스와 연관시키면서 이 시의 중간 부분을 마친다.

어쩌면 인간의 모습 띠고 그 스스로 나타나

43) Platon, *Theatitetos*, 155D. In: *Werke VI*, hrsg. v. Gunther Eigler, Darmstadt 1970, 45쪽.

손님들을 위안하며 천국의 축제를 완성하고 마무리 지을지도 모른다. (제107~108행)

일곱 번째 시연은 회상을 불러일으키는 상상의 증인이었던 친구를 다시 부르는 호출로 시작한다. 신들의 떠남에 대한 의식화는 시인의 의미에 대한 의구심으로 이어진다. 그러나 친구는 디오니소스의 성스러운 사제로서의 사명을 지시하면서 의기소침을 떨치도록 돕는다.

그러나 친구여! 우리는 너무 늦게 왔다. 신은 살아 있지만
우리의 머리 위 다른 세상에서 그들은 살고 있다.
[…]
그러나 방황도 졸음처럼
도움을 주며 궁핍과 밤도 우리를 강하게 만든다.
[…]
그렇게 언제나 기다리며 그사이 무엇을 하고 무엇을 말할지
나는 모른다, 이 궁핍한 시대에 시인은 무엇을 위해 사는 것일까?
그러나 시인들은 성스러운 한밤에 이 나라에서 저 나라로
나아가는 바쿠스의 성스러운 사제와 같다고 그대는 말한다. (제109~110행, 제115~116행, 제121~124행)

여덟 번째 시연은 시인이 이제 남겨진 신들의 '징표', '빵과 포도주'를 생각하는 가운데 친구의 이 위안을 해석한다. 이 '징표' 안에 그리스도교의 성만찬 사상과 디오니소스와 쎄레스의 고대 선물이 결합된다. 디오니소스는 이제 신들의 날을 주최하는 자로, 밤과 낮의 화해자로 나타난다. 그의 정신 가운데는 평온을 되찾은 화해의 분위기 속에서

비가가 울린다. 이것은 되돌아가 이 시의 출발 상황, 도시의 저녁에 깃든 평온을 다시 환기시킨다.

아버지 같은 친구 하인제를 비가의 사유 과정에 참여시킴으로써 이 시는 대화의 특성을 가지게 된다. 이 특성은 문학 동지들 사이의 대화 가운데 시적으로 체험된 것에 대한 회상을 살아 있게 하고, 동시에 이 시의 텍스트를 이해의 대화로 열어주고 있다. 시인의 대화는 평화라는 보편적 언어의 인도자이다.

〈슈투트가르트-지그프리트 슈미트에게〉

비가 〈슈투트가르트〉(2. 86~89; 번역/2. 125~131)는 횔덜린의 친구이자 동료 시인인 슈미트에게 바친 작품이다. 횔덜린은 1797년에 그를 만났고 자주 편지를 주고받는 관계였다. 1801년에는 그의 요청에 따라서 횔덜린은 그의 희곡 《여장부》에 대한 서평을 쓰기도 했다. 비가 〈슈투트가르트〉는 대부분의 판본에서 1800년 가을 또는 겨울에 쓰인 것으로 기록되어 있으나, 짜틀러는 1801년 여름을 생성 시기로 보고 있다. 이렇게 늦게 생성 시기를 잡는 데는 시 〈시골로의 산책〉에 대한 초고가 실려 있는 원고에 "지그프리트 슈미트에게 / 전쟁 후를 환영함"이라는 메모가 적혀 있고 이것은 1800년 4월 15일 오스트리아군에서 석방된 슈미트와 관계가 있을 것이라는 주장에 근거한다. '행복'이라는 시어가 강조되고 있고 쾌감을 불러일으키는 '조국적인' 희망이 이 비가를 르네빌 평화협정이라는 상징적인 시점(1801년 2월 9일)과 연관시켜준다는 것이다. 그러나 근본적으로 이 비가의 정확한 생성 시기에 대한 명확한 근거는 없다. 다만 분명한 것은 이 비가가 주제와 구성으로 보아 비가 〈귀향〉과 〈빵과 포도주〉와 밀접하게 연관되어 있다는 점이다. 비가 〈슈투트가르트〉의 초고는 없다. 그러나 세 개의 정서본이 전해지고 있으며, 첫 인쇄본은 '가을의 축제'라는 제목을 달고 있었다. 아마도 오늘날 전해지지 않은 네 번째 정서본이 인쇄된 것으로 보인다.

이 작품은 우선 비가 〈귀향〉과 확연하게 일치한다. 형식의 측면에서 108행으로 이루어진 점이 일치하고, 내용에서는 "그 땅의 경계에 이르기까지" 그리고 시인의 "탄생지"(제39행)로 가고 있는 '방랑자'의 인물상이 이 비가 〈슈투트가르트〉에 등장하기 때문이다. 한편 〈슈투트가르트〉의 〈빵과 포도주〉에 대한 연관은 무엇보다도 디오니소스를 통해서다. 시적 내용에서 보면 〈슈투트가르트〉는 〈빵과 포도수〉에서 노래한 '주신'의 시적 현재화를 전제하고 있다.

〈슈투트가르트〉의 제1연은 앞의 두 비가에서처럼 시적 현현의 놀라운 작품으로 자신을 보여주고 있다. 비가는 "다시 하나 행복 맛보았네"라는 시구로 시작한다. 이 시구에 이어 새들이 다시금 공중으로, "노래의 나라로"(제6행) 날아오르는, 뇌우 후의 자연의 분위기를 불러낸다. 이 시연의 중간 부분은 노래의 "우아함"(제11행) 가운데 "신적인 정신"(제12행)의 표현인 자연의 자유로운 노래라는 심상을 제기한다. 마지막 부분은 디오니소스적인 표징들을 잘 갖추고 마을에서 마을로 환호성을 울리는"(제16행) "방랑자들"(제13행)을 노래한다. 여기서 우리는 〈빵과 포도주〉의 울림을 다시 듣는 듯하다. 〈빵과 포도주〉에서 "궁핍한 시대의 시인들"에게 모범으로서 "한밤에 이 나라에서 저 나라로 / 나아가는 바쿠스의 성스러운 사제"(〈빵과 포도주〉, 제123~124행)

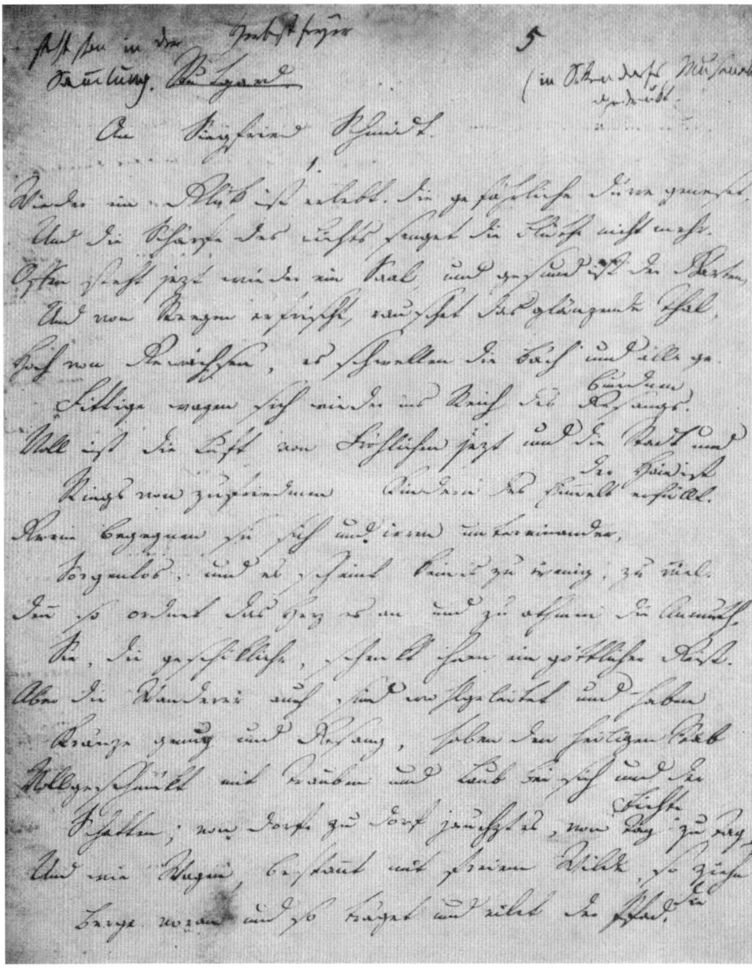

비가 〈슈투트가르트〉의 육필 원고

를 노래하고 있기 때문이다.

제2연은 "가을의 오랜 미풍양속을" 기리는 축제, 즉 디오니소스 축제를 열 것을 요구한다. 이 축제에서는 "공동의 신"(제31행)이 제각각 뿔뿔이 흩어진 "각기 자신의 것"을 좀 더 높은 공동체의 체험으로 고양시킨다. 제3연에서는 친구를 맞기 위해 시인은 "그 땅의 경계에까지" 이르고, 자기 자신의 과거와 고향의 '영웅들'의 과거를 회상한다. "달리 깨어나라! 나는 이 땅의 영웅들을 호명하며 불러야 하겠네 / 바르바로사! 그대도 역시, 선한 크리스토프, 그리고 그대 콘라딘!"(제50~51행)

이 시 한가운데, 즉 제3시연에서 제4시연으로 넘어가는 지점은 기억의 순간을 분명하게 말한다. 그 기억의 순간은 제4시연에서 고향의 자연에 대한 자세한 묘사로 넘어간다. 두 친구가 "마치 옛사람들, 신적으로 길러진 / 환희에 찬 시인들처럼"(제57~58행) 이 고향의 자연을 두루 거닌다. 그리하여 제5연에서 고향의 도시 "복된 슈투트가르트"(제80행)의 마중을 받게 된다.

> 왜냐면 성스러운 나뭇잎으로 치장하고 찬미 받는 자, 도시는 벌써
> 저기 반짝이면서 그의 위풍 어린 머리를 쳐들었기 때문에. (제75~76행)

도시 '슈투트가르트'를 바쿠스의 알레고리로 그리는 데서 핀다르의 도시 예찬을 느끼게 한다. 또한 디오니소스적인 것의 등장은 정치적인 유토피아의 징표로 읽힌다. 미래에 대한 정치적인 희망은 "조국의 천사들"(제91행)로 상징되고, 제5연의 마지막 3분의 1에서 제6연의 처음 3분의 1에 이르는 긴 시구로 그려지고 있다.

3편의 비가 가운데 유일한 시연 이월(제5연에서 제6연으로)을 내포하고 있는 열정적인 도약은 "그러나 밤이 다가온다!"(제97행)는 경고로 진정되고, 시 〈슈투트가르트〉를 이제 비로소 진지하게 비가로 변화시키는 체념의 결구로 되돌려 놓는다.

도대체

나는 진정 홀로이며 아무도 내 이마로부터 거친 꿈을 떼어가지 않는단 말인가?
오라, 그대들 사랑하는 이들이여, 와서 손을 내밀어라! 그것으로 충분하리라,
그러나 우리 한층 큰 기쁨은 자손들을 위해 아껴두세. (제105~108행)

비가 〈슈투트가르트〉는 쾌감을 불러일으키는 횔덜린의 정치적 희망을 노래하고 있다. 또한 세 편의 비가들의 맥락에서 시인의 사명에 대한 그의 표상을 말하고 있다. 동시에 시인은 자신의 시적인 이상향은 시대에 맞지 않는다는 비가적인 의식을 여기서도 떠나지 못하고 있다.

제10장
송가문학
도취와 냉정의 변증법

송가(頌歌, Ode)는 그리스 문학의 전통에서 기원한다. 그리스 어휘인 'odê'는 고대에서는 일반적으로 노래(Gesang)를 의미하는 어휘였다. 즉 개별적인 가인(歌人, aoidós)이 반주와 함께 낭송하는 모든 것을 일컫는 어휘다. 훗날 라틴어에서 'oda'는 더 자주 사용되었던 'carmen'과 나란히 가요(Lied)의 의미로 사용된다. 18세기 후반에 들어와 송가는 독일에서 '서정적 문학'의 중심을 이루었다. 예컨대 헤르더는 송가를 덜 까다롭고 품위가 낮은 가요와 구분하고 무엇보다 양식적 특성에 따라 정의하였다. 즉 한층 고양된 음조가 강렬한 감정과 뜻깊은 내용의 표현을 북돋는다는 것이다.

독일 송가의 역사는 17세기에 시작한다. 독일 계몽주의 시학은 송가에 큰 관심을 기울이고 있었다. 송가는 유럽의 다른 국민 문학에서는 선구자가 없는 가운데 독일인이 뛰어난 재능을 발휘했던 장르이기도 하다. 송가로 명성을 날린 클롭슈토크는 훗날 괴테에 견줄 만한 숭배의 대상이 되었다. 고전주의나 낭만주의는 송가에 큰 관심을 두지 않았지만, 이 장르에 대한 토론은 횔덜린의 시대에도 널리 알려져 있었다. 횔덜린의 송가문학은 18세기 독일 시인들 사이에서 가장 많이 시도되고 논의되었던 장르인 서정시와 맥락을 같이한다. 횔덜린의 송가는 독일어로 된 송가문학 발전사에서 그 정점에 이르렀던 것으로 평가된다. 적어도 고대 그리스 시연 형식의 적용에 관한 한 그런 평가는 타당해 보인다. 송가문학은 횔덜린 작품의 거의 모든 단계에 걸쳐 생성되었다. 송가문학은 횔덜린 문학의 가장 의미 있는 모티브들을 포함하고 있으며 형식적인 형상화의 정밀성도 보여준다. 사실 당대인들에게 횔덜린이 시인으로 인정받게 된 것도 1799~1806년 사이에 쓴 비교적 많은 송가 때문이었다. 그는 이 송가로 이해와 공감을 사고 시인으로 문명을 널리 알리는 성과를 얻어냈는가 하면, 여전히 몰이해와 의도적인 무시에서 끝나기도 했다.

송가는 이처럼 일종의 '고양된' 장르로 다양한 대상들, 주로 직접적인 체험을 그 주제로 할 수 있다. 또한 송가는 열정적이면서도 숨김없는 감정의 토로를 그 특징으로 하는데, 이런 이중적인 태도로 시인은 개성적인 자아와 외부 세계의 교류를 그려내는 것이다. 이때 대상은 자신의 명백한 형상을 그대로 유지한다. 횔덜린이 튀빙엔을 떠나면서 빠져버렸던 서정적 위기를 벗어나려 했을 때, 바로 송가의 이런 특성이 그 돌파구를 마련해주었다. 횔덜린의 시적 위기는 그의 초기 시들이 보여주는 대로 넘치는 열정으로 인한 대상 상실이 그 주요 원인이었기 때문이다. 오로지 이념적 대상을 통해서만 점화되는 찬가적인 감동, 자신의 체험이라기보다는 철학적 세계관과 정치적 시대정신을 기폭제로 하는 시작(詩作)은 오랫동안 시인을 추상성 안에 가두어놓고 있었다.

마울브론과 튀빙엔 시절 횔덜린은 18편의 송가를 썼다. 그런 다음 6~7년 동안 그는 송가를 쓰지 않았다. 그러나 그 뒤 프랑크푸르트 시절을 대표하는 횔덜린의 문학적 소산은 소설 《휘페리온》과 짧은 양식의 송가들이다. 횔덜린의 특징적이며 성숙한 송가는 초기 찬가 문학 이후에 소설 《휘페리온》과 병행해 쓴 것들이고, 한동안의 시적 창작의 공백 기간을 거치고 시학적 논문들을 쓰면서 다시 한 번 그의 송가문학은 절정에 달하게 된다.

발터스하우젠이나 예나에서의 철학적 탐구는 한편으로는 철학에의 편중된 관심으로 촉구된 것이기는 하지만, 다른 한편으로는 자신의 초기의 문학적 입장에 대한 반성으로 이어졌다. 그가 주체로부터 발현하는 대상성의 설정에 대해 피히테를 비판하고 있다면, 그 비판은 자기 자신의 철학적 찬가에 대한 비판을 동시에 의미하기 때문이다. 소설 《휘페리온》의 집필도 주관적인 감동과 대상의 고유한 법칙성 사이의 변증법에 대한 그의 성찰을 재촉했다. 《휘페리온》을 쓰고 있을 때인 1794년 4월 친구 노이퍼에게 보낸 편지에서 그는 "그 외에도 내가 나의 온 정신을 잃어버렸던 추상의 영역에서 이제 상당히 빠져나오고 있다"(6. 113)고 말하고 있다.

이런 인식이 어떤 확실한 서정적 형식에서 문학적으로 실천되기까지는 많은 시간이 걸렸다. 프랑크푸르트 시절에도 횔덜린은 아직 운율을 갖춘 찬가 형식을 그대로 답습하고 있었다. 쥬제테와의 사랑 체험을 읊고 있는 송가 〈디오티마〉가 아마 그 대표적인 예일 것이다. 그러나 그 내용은 이미 튀빙엔 시절의 '이념적 찬가'와는 구분할 수 있을 만큼 대상성이 드러난다. 그것은 사랑이라는 구체적인 체험을 노래하고 있기 때문이다. 송가들에서 특별히 중요성을 띠게 되는 사랑이라는 새로운 주제는 시인으로 하여금 필연코 그 이전의 찬가적인 태도를 변화시키도록 했다. 왜냐면 사랑은 올바르게 인지된 일치성 추구의 한 범례이며, 상대를 융해해 소멸시켜버리는 것이 아니라 자신과 상대방의 '자주성'을 보장하는 일치의 본보기인 까닭이다. 주관적 열정은 사랑을 통해 상대방의 자율적인 개성을 체험한다. 서정적 자아는 자신의 주관성에 정당성을 부여하는 신격화된 개념을 통해 존재하는 것이 아니라, 상대방의 자율적 의지와 더불어 공존해야만 하는 것이다. 이처럼 초기의 튀빙엔 찬가에서 성숙한 서정적 형식으로의 전환에는 문학적 관점뿐만 아니라, 시인의 심리적 변화 과정이 그 밑바탕에 깔려 있는 것이다.

횔덜린의 좀 더 객관적인 내용의 시 양식으로의 변환은 튀빙엔 시절의 찬가적인 각운 시연(Reimstrophe)의 포기로 실현된다. 그러나 그가 송가 양식에 전적으로 기울어지기 전 여러 다른 형태의 운율이나 시연 형식들을 실험하고 있다. 5보격과 6보격 운율의 2행 시구, 약강격의 5각 무운 시행(Blankvers), 그리고 6보격의 찬가 운율과 변형된 2행 시구 등을 실험한 것이다. 〈떡갈나무들〉과 같은 송가는 6보격의 고대적 운율을 사용한 형식적 실험인데, 그 내용에서는 대상성에 차분하게 머무르는 데 성공하고 있다.

> 너희들 가운데 아무도 인간들의 학교에 다닌 적 없고
> 오직 즐겁고 자유롭게 힘찬 뿌리에서
> 서로들 가운데로 솟아 올라와, 독수리가 먹이를 채듯

힘차게 팔을 뻗어 공중을 움켜쥐고, 구름을 찌르듯이
너희들의 햇빛 받은 수관을 즐겁고 당당하게 쳐들도다.
너희들 각자가 하나의 세계이며, 하나의 신이지만
마치 하늘의 별들인 양, 모두 자유로운 동맹으로 함께 살도다. (1. 29)

그러나 1798년 횔덜린은 일련의 짧으면서도 새로운 주제, 즉 주관적인 이상성과 객관적 현실성의 대립을 잘 드러내 보여주는 양극적인 송가들을 썼다. 이런 짧은 형태의 송가들은 훗날 절정기 송가문학의 디딤돌이 된다. 이 짧은 형태의 송가들이 지니는 형식적인 특성은 〈삶의 행로〉와 같은 송가에 전형적으로 나타나 있다.

내 영혼은 높이 치솟았거늘, 사랑은
 아름답게 그것을 끌어내렸다. 고뇌가 더욱 힘차게 그를 굴복케 한 탓이다.
  그리하여 나는 삶의 호(弧)를 따라서
   내 떠나왔던 곳으로 되돌아간다. (1. 247)

이 송가의 시적 형상을 통해 횔덜린은 사랑과 고뇌를 대비시키며, 초기 찬가의 열정적이며 대상을 잃었던 비약을 아래로 향하는 움직임을 통해 약화시키고 있다. 정신과 감각성의 대립된 운동 방향의 궁극적인 결합이 활의 휘어진 '호(弧, Bogen)'라는 상징을 통해 심미적으로 표현되어 있다. 이 시가 말해주는 짧은 송가들의 대립적 구성은 쉴러가 자신의 이념적 찬가를 모방한다고 생각하고 이를 말리면서 횔덜린에게 충고한 바 있는 "감동 가운데의 냉정(Nüchternheit in der Begeisterung)"(7/1. 46)에 횔덜린이 성공하고 있음을 보여준다. 횔덜린에게 창조적 위기의 극복이자 서정적 발전의 계기를 그의 송가문학에서 찾게 되는 것은 바로 이런 사실에 근거한다.

프랑크푸르트 시절 말기에 쓴 짧은 형태의 송가들은 양극적인 구조로 이루어져 있으나, 이제 홈부르크나 슈투트가르트 시절에 들어서면 좀 더 복합적인 양식으로 확장되어 나간다. 이런 양식의 하나인 이른바 '비극적 송가(tragische Ode)'를 횔덜린은 〈비극적인 것에 관하여〉(=〈엠페도클레스에 대한 기초〉)라는 글에서 서술하고 있다. 이에 따르면 비극적 송가는 '순수한 내면성'이라는 원초적 체험을 극단적 대립의 '갈등'을 경과해서 "원초적인 음조가 다시금 그리고 심사숙고를 수반해서 자리 잡는"(4. 155) 데까지 이끌고 간다는 것이다. 비극적 송가는 근원적인 일치성의 체험에 이르러야 한다는 것이며, 이의 표출에 있어 순수한 감각성과 초감각성, 그리고 실재성과 이상이 요소이며 수단이다. 비극적 송가는 가상적이며 과도적인 갈등의 배후에 그런 갈등이 발생했고, 또 그것이 다시 넘어가게 될 일치성의 제시를 궁극적인 목표로 삼는다고 말할 수 있다. 이런 갈등과 일치성은 심미적 형식으로 전달될 수 있는데, 횔덜린이 말하는 음조의 교체는 이런 전달의 시학적 체계다. 짧은 형태의 송가들이 그 양극적 구성을 넘어 확장되는 것은 이런 시학적 관점에서 불가피한 것이었다. 우리는 〈저녁의 환상〉과 같은 송가에서 가상적 갈등과 그 서로 다른 분위기의 혼합 내지는 교체를 읽어볼 수 있다.

농부는 오두막 앞 그늘에 편안히 앉아 있고
그 만족한 자 아궁이에는 연기가 솟는다.
평화로운 마을에선 저녁 종소리
손님을 반기며 나그네에게 울려온다.

이제 어부들도 만족하여 항구로 돌아오고
먼 도시에서는 장터의 떠들썩한 소리
흥겹게 사라져 가면, 조용한 정자에는
어울릴 만찬이 친구들을 기다려 차려져 있다.

그런데 나는 어디로 가나? 뭇 사람들
일과 그 보답으로 살고, 애씀과 쉼을 번갈아
모두가 즐거운데, 어찌하여 내 가슴에서만은
그 가시 결코 스러지지 않는가?

저녁 하늘에는 봄이 피어오른다.
장미꽃 수없이 피어나고 황금빛 세계
고요히 빛난다. 오, 저곳으로 나를 데려가다오.
진홍빛 구름이여! 하여 저 드높은 곳

빛과 대기 가운데 내 사랑과 고뇌도 사라지려무나!
허나 어리석은 간청에 놀란 듯, 석양은
도망쳐 간다. 하여 하늘 아래, 옛과 다름없이
사위는 어두워지고, 나는 외로워라.

이제 그대 오려무나, 달콤한 잠이여! 마음은
너무 많이 원하노라. 허나 끝내, 청춘이여! 타오르라,
그대 쉬임 없고 꿈꾸는 자여!
하여 노년은 평화롭고 유쾌하리라. (1. 301)

이 송가는 첫 두 개의 시연이 소박하고 목가적인 정경의 묘사로 시작되어, 시인의 운명에 대한 결정적이며 장렬한 물음으로 이어졌다가 피어오르는 저녁 황혼의 이념적인 영상으로 맞물린다. 인간 운명의 격정적인 체험과 이상의 상실이라는 부정적 극단은 마지막 두 개의 시연에 이르면 성찰적인 목가로 전환된다. 본래의 소박성은 체념적이면서도 의식된 소박성으로 결말에 이르고 있다. 거의 극적이라고까지 할 시적 음조의 변화와 서두의 주제가 성찰된 음조 가운데 다시 제기되는 구성은 횔덜린이 쓴 많은 송가의 전형을 이룬다.

횔덜린의 송가문학이 가지는 또 하나의 특성은 여러 송가 시연을 구사했던 클롭슈토크와는 달리, 짧은 실험 기간을 끝내고 나서는 거의 전적으로 두 개의 대표적 고대 그리스 시연에 의존하고 있다는 사실이다. 알케이오스 시연(alkäische Strophe)과 아스클레피아데스 시연(asklepiadeische Strophe)이 그것이다. 이 송가 시연들의 공통된 특징은 첫 1~2행에 휴지를 가지고 있다는 점이다.

아스클레피아데스 시연은 휴지의 전후가 다 같이 강세 음을 가지고 있기 때문에 그 충돌로 말미암아 한층 어둡고 무거운 분위기를 자아내면서 내용상으로 양극적인 것을 두드러지게 나타내 보인다. 앞서 언급했던 송가 〈삶의 행로〉가 바로 아스클레피아데스 시연으로 구성되어 있다.

Hōch auf strēbte mein Gēist, āber die Liēbe zōg
Schōn ihn nīeder, das Lāid bēugt ihn gewāltiger;
Sō durchlāuf ich des Lēbens

Bōgen und kēhre, woher ich kām. (1. 247, Lebenslauf)

이 아스클레피아데스 시연의 운율 도식은 아래와 같다(—: 강세음, ‿: 약세음, ‖: 휴지).

—‿—‿‿—‖—‿‿—‿—

—‿—‿‿—‖—‿‿—‿—

—‿—‿‿—‿

—‿—‿‿—‿—

알케이오스 시연은 휴지의 전후가 관세음과 약음으로 교차되도록 되어 있기 때문에 가볍고도 충돌 없이 진행되는 반면, 1·2행과 3·4행에서의 병렬이 용이해 시연 전체가 두 개의 대립하는 주제를 교차적으로 전개시키는 데 알맞은 형식이다.

In jungen Tāgen / wār ich des Mōrgens frōh

Des Ābends wēint ich; / jētzt, da ich älter bīn,

Begīnn īch zwēifelnd mēinen Tāg, doch

Hēilig und hēiter ist mīr sein Ēnde. (1. 246, Ehmals und Jetzt)

젊은 날 나는 아침마다 즐거웠고

저녁이면 흐느껴 울었도다. 이제 내 나이 들어

의구에 차 한 날을 시작하나, 그 종말은

성스럽고 흔쾌하여라. (시 〈옛적과 지금〉)

이 알카이오스 시연의 운율 도식은 다음과 같다. 여기서 휴지는 쉼

표, 또는 읽기에서의 자연적인 호흡 정지로 이루어진다.

◡—◡—◡|—◡◡—◡—
◡—◡—◡|—◡◡—◡—
◡—◡—◡—◡—◡
—◡◡—◡◡—◡—◡

이 송가에서 첫 행 초입의 '젊은(jung)'과 두 번째 행 끝부분의 '나이 든(alt)', 그리고 첫 행 끝부분의 '즐거운(froh)'과 두 번째 행의 '울다(weinen)'는 격자로 대립해 있어, 1·2행의 내용적 대립을 나타내며, 3·4행에서도 마찬가지로 '시작하다(beginnen)'와 '종말(Ende)', '의심스러워하다(zweifeln)'와 '성스럽고 흔쾌한(heilig und heiter)'의 대립을 통해 3행과 4행의 내용적 대립이 확연하다. 이처럼 이 송가 시연들은 다 같이 운율상으로 두 개의 횡단면을 가지고 있고, 그런 형식에 힘입어 내용적인 대립과 지양의 진행을 잘 표현해준다.

한 개 혹은 두 개의 시연으로 이루어진, 에피그램에 가까운 프랑크푸르트의 송가들은 그 간결성으로 예술적인 응집력을 보여주기는 하지만, 반립적인 구조를 위주로 하고 있기 때문에 모티브의 자유로운 전개를 제약하기도 한다. 형식적인 정밀성의 강조는 '형이상학적 분위기'의 추상성을 균형으로 이끌어가는 데 크게 기여하고 있지만, 좀 더 의미 있는 송가에는 이르지 못하고 그 밑바탕을 형성해주는 데 멈추고 있다.

횔덜린은 두 번에 걸쳐 집중적으로 이런 불만족스러운 초기 송가들을 확충하고 수정한다. 그 첫 번째 수정과 보완은 1800년 여름 슈투트가르트에서 이루어진다. 횔덜린은 이때 프랑크푸르트 시절의 짧은 송가들을 좀 더 긴 작품으로 확장시켰다. 양극적인 구조는 한층 융통성을 지니게 되었고, 〈저녁의 환상〉에서 보았듯이 다양한 음조들이 혼합되었다. 하나의 시연으로 된 짧은 송가인 〈삶의 행로〉는 4개 시연으로, 3개 시연의 〈그녀의 회복〉은 5개 시연으로 확장되었다. 〈연인들〉은 1800년에 9개 시연을 가진 〈이별〉로 확장되었고, 3개 시연의 〈독일인들에게〉는 14개의 시연을 가진 동일한 제목의 송가로 확장되었다. 〈우리들의 위대한 시인들에게〉가 1800~1801년 〈시인의 사명〉으로 개작되었다. 2개 시연으로 된 〈백성의 목소리〉도 1800년 7개 시연의 같은 제목의 송가로 확장되었다.

두 번째 수정 시기는 후기 작품에 속한다. 1803년 출판업자 빌만스(Friedrich Wilmans, 1764~1830년)가 펴낼 예정인 시집에 싣기 위해 횔덜린은 자신이 "밤의 노래들"이라고 칭한 아홉 편의 시를 보냈는데, 이 가운데에는 1801년에 쓴 것을 다시 손질한 세 편의 송가가 들어 있다. 그것은 〈눈먼 가인〉을 고쳐 쓴 〈케이론〉, 〈시인의 용기〉를 다시 쓴 〈수줍음〉, 그리고〈묶여 진 강〉을 수정한 〈가뉘메데스〉다. 이 세 편의 수정은 짧은 형식의 송가를 확장시켰던 첫 번째 수정 시도와는 전혀 다른 의미를 가지고 있다. 그것은 횔덜린의 후기 작품 세계 전반에 걸친 완전히 새로운 경향을 예견케 해주기 때문이다. 그 이전까지 횔덜린의 문학 세계에서 가장 두드러진 모티브와 주제의 전개는 한계 초월에 대한 동경, 통일을 향한 추구, 그리고 탈개성화의 추구라고 한다면, 이제 이 세 편의 수정된 송가는 그런 경향을 과감히 철회하고 있는 것이다. 이제는 문학의 규칙성 그리고 확고한 경계선의 부여가 두드러지게 나타나기 시작한다. 그 이전 의도의 '취소'인 이런 반대적 경향은 횔덜린이 자신부터 의식하고 있었던 혼돈의 징후에 대한 반응으로 보인다. 파괴적이며 과잉된 한계 초월의 체험과 용해의 체험을 그는 자신의 정신적 파탄의 첫 징후로 의식하고 사고의 확실한 규칙과 창작의 법칙 부여를 통해 이런 체험들로부터 자신을 지키려 했던 것과 무관하지 않다. 후기의 송가들은 신적 절대성과의 대립을 형상화하고 있는데, 후기 찬가 문학에서도 신의 직접적 체험은 위험한 것으로 회피되고 있으며 형식적인 전달 수단을 통해 바꿔 표현하고 있는 것이다. 횔덜린은 후기의 송가문학에서 한계를 그으며 개성화시키는 원리를 강조하고 이를 통해 객관성을 유지하려고 시도한다. 처음에는 보편적인 현상을 대상으로 노래했다가 '케이론'이나 '가뉘메데스'의 신화적 전거를 따라 고쳐 노래한 것도 이런 '거리 두기'의 본보기이다. 또한 당초 '시인의 용기'로 노래했으나 그것을 반대적인 표제인 〈수줍음〉으로 바꿔 쓰고 시인의 '두려운 가운데에서의 머뭇거림'으로 이어진 것 역시 마찬가지의 의도이다.

횔덜린은 16~17세의 소년기부터 송가를 쓰기 시작해 정신분열의 최후기까지도 송가를 썼던 만큼 송가문학은 그의 애환을 가장 잘 반영하고 있다. 그런 송가문학이 생애의 변전과 함께 어떻게 전개되었는지는 시기별 대표적인 송가 작품을 통해 읽어볼 수 있다.

마울브론과 튀빙엔 시절의 송가, 〈케플러〉

청년기에 해당하는 1786년 가을부터 1789년 10월까지, 마울브론 수도원 학교와 튀빙엔 신학교의 학생으로서 그는 열여덟 편의 송가를 썼다. 수도원 학교 시절에 쓴 송가들은 18세기 아나크레온파의 송가 문학이 그러했듯이 우정, 사교, 사랑과 같은 주제를 다루고 있다. 사랑의 송가를 쓰게 된 실제 동기를 제공한 사람은 루이제 나스트였다. 마울브론 수도원 관리인의 딸인 그녀에게 횔덜린은 '스텔라'라는 이름을 붙여 시를 바쳤다. 형식은 무운각의 호라티우스의 송가 전통을 이어받았다.

1788년 여름 횔덜린은 자신의 초기 시 작품들을 이른바 '마울브론 4절판'이라고 하는 원고철에 정리해 넣었다. 거기에는 〈스텔라에게〉, 〈나이팅겔에게〉, 〈나의 B에게〉(이상 1786년작), 〈나의 여자 친구들에게〉, 〈나의 결심〉(1787년작), 〈영혼의 불멸성〉(1788년작)이 수록되어 있다. 횔덜린이 마울브론 시절에 벌써 공개적인 시인으로 등장하고 있다는 것과 영웅적인 송가의 전통을 답습하고 있다는 점은 그가 뷔르템부르크의 공작 부인 프란치스카가 수도원을 방문했을 때 그녀에게 바친 한 편의 시가 증명하고 있다. 1787년에 쓴 〈나의 결심〉에서 '핀다르의 비상'과 '클롭슈토크의 위대함'에 도달하리라는 포부를 노래한 만큼, 초기 송가들은 고대 그리스에 근거하는 조국이라는 주제와 핀다르의 송가에서 전형을 보이는 3부 구성을 지향하고 있다. 1789년 초 튀빙엔에서 쓴 송가 〈케플러〉(1. 81~82; 번역/1. 149~151)는 세 개 시연이 3회 반복하는 형식, 즉 3연 1단 형식을 취하고 있으며, 그 운율은 클롭슈토크의 송가 시연을 모범으로 삼고 있다. 첫 3연 1단은 깊이 생각하는 정신 그리고 이 송가가 노래하고 싶어 하는 "그 사람 영국의 사상가를 / 한밤중에 하늘을 엿보는 자를 / 더 깊은 관찰의 들판으로 이끌었던" 인물에게 바쳐지고 있다. '장엄한 템스강의 자랑'인 유명한 영국인을 통해 케플러의 위대성이 조명된다. 두 번째 3연 1단은 완성한 사람 뉴턴을 시작한 사람 케플러와의 관계 아래 부르고 있는 것이다.

이 송가의 문맥에서 여기서 하나의 의미 층위가 젊은 시인이 그 선배 시인들과 가지는 관계에 놓여 있음을 알게 된다. 가장 명백하게는 궤도, '길'이라는 상징으로 제시되어 있다. "고독하고 / 또한 대담하게, 길은 끄떡없는 걸음을 명령한다."(제3~4행) "왜냐면 그대의 길은 / 진지하고 위대하며, 황금을 비웃고, 보람을 가졌기 때문에."(제23~24행) 이 시기에 쓴 다른 송가에서도 '길'은 여러 차례 고유한 시인의 길을 의미하고 있다. 이방인의 눈을 거쳐서 체험되는 자기의 고유한 것이 중요하다는 사실을 뉴턴이 케플러를 향해 던지는 말 붙임이 제시한다. "슈바벤의 아들이여!"(제16행) 그리고 그 유명한 인물이 자기의 조국에서 유래하고 있는—"내 조국이 / 그대를 낳았던 것인가? 템스강이 찬미했던 그를?"(제25~26행)—현상에 바쳐진 성찰적인 세 번째 3연 1단이 더 상세히 노래한다. 송가는 마지막으로 슈바벤을 "성실한 자의 어머니시여!"(제33행)라고 부르는 가운데 그 명성을 노래하며, "그대 겸손한 이여!"(제34행)라고 특성을 부여한다.

'자랑'과 '겸손'의 혼합이 이 시절 송가들의 전반적인 특징이다. 송가 장르에 특유한 열정을 대변하는 "영겁의 시간이 그대에게 환호하리라"(제34행)와 같은 과장된 표현도 그렇다. 게르만 전통의 신화에서 신들의 이름을 취하는 것도 그렇지만 당대의 취향에 따르는 요소들과 더불어 송가 〈케플러〉는 횔덜린의 문학을 특징지을 수 있게 될 구성 원리와 주제를 앞서 보여주고 있기도 하다. 시상의 3연 1단식의 전개, 묘사 방식의 교체, 말 붙임과 성찰, 이질적인 것을 거치는 과정을 통한 자신의 고유성에 대한 관찰, 그리고 이렇게 윤리적으로 정당성을 인정받은 '겸손한' 권위를 바탕으로 모범이 될 수 있는 '조국'에 대한 성찰적인 견해가 그것이다.

프랑크푸르트 시절 송가, 〈태양의 신에게〉와 〈일몰〉

횔덜린이 송가를 더 이상 쓰지 않은 지 약 7년이 흐른 뒤 프랑크푸르트에서 다시 송가 형식의 시를 쓰기 시작했을 때, '조국'을 위해 '정당한 사람들'의 전투를 내용으로 한 시 초안 〈전투〉를 썼다. 첫 시연이 빠지고 시인이 인정하지도 않은 '조국을 위한 죽음'이라는 제목을 단 송가가 노이퍼가 발행하는 1800년판 《교양 있는 여성들을 위한 소책자》에 실려 발표되었고, 이 시제가 훗날 나치 독일에서 정치적으로 이용되어 이 텍스트에게 오명을 안기는 일이 일어나기도 했다. 나치 치하에서는 그런 오용의 가능성에 맞서는, 역사적 맥락을 충분히 고려한 사려 깊은 주석이 거의 불가능했던 것이다. 그러나 송가 〈조국을 위한 죽음〉이 국수주의의 늪에 빠지지 않아도 되었을 근거는 멀리 있지 않다. 맨 먼저 쓴 이 시의 초안이 그 근거이다.

오, 조국을 위한 전투,
 독일인의 불타며 피 흘리는 아침노을
  태양처럼, 깨어 있는 자

이제 더 이상 머뭇거리지 않는 자, 이제
 더 이상 어린아이가 아닌 자, 독일인.

왜냐면 그에게 스스로를 아버지라 불렀던 자들

그들은 도적들,

독일인들에게서 훔쳐 가

아이의 경건한 마음을 속이고

길들인 짐승처럼, 부렸던 자들. (1. 605)

이 초안은 군주국가의 '아버지들'을, 그러니까 국가의 아이들을 그들의 권력 과시용 비용을 조달하기 위해 외국에 팔아넘긴 그 '아버지들'을 환기시키고 있다. 이를 통해 횔덜린은 나라의 아버지인 군주, 나라의 아이들인 신하라는 개념에 대해 계몽주의적이며 혁명적으로 예리하게 문제를 제기하고 있는 것이다. 이것은 17세기 말 존 로크(John Locke, 1632~1704년)에서 시작되어 루소를 거쳐 칸트와 '자코뱅파'인 포르스터에 이르는 사상가들의 핵심적인 논쟁 대상이었다. 논쟁에 따르면 아버지와 아들과 같은 개념들은 전제정치를 자연이 부여한 것처럼 정당화시키고 백성은 근본적으로 미개한 상태에 있다고 치부해버리는 데 이용되었다는 것이다.

그러니까 이 송가는 혁명에의 외침, 자신의 나라 안에 있는 압제자에 저항하는 전투로의 부름인 것이다. 이런 점에서 횔덜린은 이 송가에서 단순히 영토나 민족을 기준으로 정의된 조국 개념이 아닌 다른 조국을 의미하고 있다는 것이 드러난다. 공화주의자의 조국, 민권에 의해 결정되는 조국, 그리고 이를 위해 참여하는 시민이라는 뜻으로 애국자가 의미되고 있다. 이런 조국은 다른 민족들에 대한 폭력 행사의 주체로서의 조국이 아니라, 제 나라 안에 있는 독재자에 대한 해방전쟁을 통해 이룩하게 될 조국이다. 즉 자유, 평등, 우애의 조국을 의미하는 것이다.

프랑크푸르트 시절 송가문학의 다른 주제들은 성공적인 노래에 대한 청원과 이제 횔덜린에게 이상적인 인물상이었던 디오티마가 쥬제테 공타르라는 여인을 통해 현실이 되어버린 '성스러운 삶'이 분열적이고 야만적인 주변 환경에 대한 관계였다.

그런 형태의 긴장 어린 대립과 관계들을 한 연 또는 두 연으로 된 송가들에서도 주제로 삼았다. 이렇게 짧은 송가는 프랑크푸르트 시절의 특징이기도 하다. 이 송가들은 앞서 소개한 것처럼, 첫 두 행에서 대립적인 것을 요약해 병립시키고 서로를 마주 세우는 아스클레피아데스 시연을 활용하고 있다. 프랑크푸르트 시절의 짧은 송가의 경우 내용상의 진술과 그것의 운율을 통한 요약은 어렵지 않게 관찰할 수 있다. 간결성과 선언적인 진술은 경구와 같은 송가를 주목하게 한다. 앞서 횔덜린의 전체 송가에 대한 개관에서도 언급한 것처럼, 앞서 쓴 짧은 텍스트의 대부분이 확장본으로 바뀌 써지게 된다. "그대 침묵하고 참고 있네…"로 시작하는 송가 〈디오티마〉, 〈삶의 행로〉, 〈고향〉, 그리고 〈그녀의 회복〉은 2년 뒤 상당한 길이로 확장되었다. 마찬가지로 1798년에 쓴 다른 여러 편의 송가도 1800년에 새로 썼다. 〈연인들〉이 〈이별〉로, 〈독일인들에게〉가 〈루소〉로, 〈용납할 수 없는 일〉이 〈사랑〉으로 다시 쓰였다. 그리고 〈우리의 위대한 시인들에게〉는 1800년 여름에 〈시인의 사명〉으로 확장되었다. 이런 판본들의 비교는 시사하는 바가 많다. 송가의 시연 형식이 갈수록 더욱 정확하게 활용되고 있어 각 주제가 적합한 표현에 이르게 된다는 점도 그 비교를 통해 알 수 있다.

〈젊은 시인들에게〉, 〈우리의 위대한 시인들에게〉, 그리고 〈성인인 척하는 시인들〉과 같은 텍스트들에서의 선언적인 진술들은 "디오티마"-시편들에서 추구되는 이상에 대한 긍정적인 진술과 병존하는 명백한 요구로 나타난다. 오성과 믿음의 대비를 〈성인인 척하는 시인들〉은 이렇게 표현한다.

그대들 냉정한 위선자들이여! 신들에 대해 말하지 말라!
그대들은 이성을 지녔을 뿐! 그대들은 헬리오스를 믿지 않으며
천둥의 신과 바다의 신도 믿지 않는다.
우리의 대지는 죽어 있으니, 누가 그 대지에 감사한단 말인가?

위안 받으시라, 신들이시여! 아직도 노래가 그대들을 치장하고,
비록 그대들의 이름에서 영혼은 사라져버렸고
위대한 말 한마디 아쉽기는 하지만
어머니 자연이여! 사람들 그대를 기억하고 있노라. (1. 257)

신앙과 지식의 대립은 18세기 무렵의 문화에서는 하나의 폭발적인 주제로 잘 알려져 있다. 횔덜린은 교훈적인 에피그램식 송가를 쓰기 전에 이미 송가 〈태양의 신에게〉(1. 258; 번역/1. 390)를 통해 태양의 신 '헬리오스'에 대한 믿음의 문제에 하나의 해답을 제시했다.

그대 어디 있는가? 내 영혼은 그대의 환희에
취하여 가물거린다. 바로
황금빛 음향으로 가득 채워 매혹의 청년
태양의 신이 항해에 지쳐

젊은 곱슬머리 감는 것을 내가 본 탓이다.
　또한 이제 내 눈은 저절로 그를 향해 바라보노라.
　　그러나 그는 아직도 그를 공경하고 있는
　　　경건한 백성들에게로 멀리 가버렸도다.

나는 그대를 사랑하노라, 대지여! 그대는 나와 더불어 비탄하고 있도다!
　또한 우리의 슬픔, 마치 어린아이들의 아픔처럼,
　　잠으로 바뀐다. 또한 바람이 팔랑거리며
　　　장인의 손가락이 더 아름다운 소리를

그로부터 이끌어낼 때까지 현금의 연주 가운데
　속삭이는 것처럼, 우리를 에워싸고
　　안개와 꿈들이, 사랑하는 자가 되돌아오고
　　　삶과 정신이 우리들 안에 불타오를 때까지, 유희하도다. (1. 258)

이 시는 "그대 어디 있는가?"라는 직접적인 물음 뒤에 신적 형상으로 보였던 자연 현상의 덧없는 흐름의 경험을 주제로 삼고 있다. 현재의 시점에 '매혹의 신적인 청년'은 더 이상 이곳에 없다. 그리고 '영혼' 가운데 막연히 여운을 남기고 있다. 지나가 버림은 일상적인 현상으로 받아들여지지 않는다. 오히려 신이 "아직도 그를 공경하고 있는 / 경건한 백성들에게로 가버렸다"는 의미를 포함하고 있는 것이다. 따라서 신의 임재는 받아들이고 인지하는 자들의 '경건한' 자세에 달려 있다.

두 번째 말 붙임의 대상은 대지다. 역시 신의 부재를 슬퍼하는 자로서 그리고 신이 부재하는 밤을 잠으로 이끌어가고 있는 자로서의 대지를 향하고 있는 것이다. 오랜 전통을 가지고 있는 영혼의 현금 연주에의 비유는 태양의 신을 '장인(匠人)'으로 인식할 수 있게 만든다. 태양의 신은 예술가처럼 불분명한 것, '안개와 꿈들'을 형상화하고 '아름다운 소리'를 찾아내어 '삶과 정신이 우리 안에서 불타오를 때까지' 연주한다. 이 시는 그렇게 하여 하나의 소박한 믿음을 논쟁으로 삼고 있는 것이 아니라, 계몽된 인식이 좀 더 높은 계몽이 되었을 때, 신적인 것이 다가오게 되는 필연성을 주장하고 있는 것이다.

이 시의 나중 판본은 제목을 자연 현상인 〈일몰〉(1. 259; 번역/1. 391)로 하고 있어서 태양의 신을 좀 더 구체적으로 등장시킨다.

> 그대 어디 있는가? 내 영혼은 그대의 환희에
> 취하여 가물거린다. 바로
> 황금빛 음향으로 가득 채워 매혹의 청년
> 태양의 신, 그의 저녁 노래
>
> 천국의 칠현금에 실어 타는 것을 내 귀담아 듣는 찰나인 탓이다.
> 그 소리 숲과 임원을 향해 울린다.
> 허나 그 태양의 신, 아직 그를 공경하는
> 경건한 백성들을 향해 멀리 사라져 가버렸도다. (1. 259)

한두 개 시연의 확장과는 달리 이 송가는 오히려 4개 시연의 앞선 송가를 두 시연으로 압축하고 있다. 첫 초고의 현금 연주 모티브를 그대로 받아들이고 이제는 시각적이 아니라 청각적으로 경험되는 신적 현현이라는 틀 안에 이를 세우고 있다. 현금을 타는 젊은 태양의 신은 아폴론이나 오르페우스와 같은 신화적인 특성에 정확하게 상응한다.

숲이나 임원의 반향은 신적인 저녁 노래의 지상을 향한 '황금빛 음향'의 효과를 더욱 확고하게 해주며, 비애의 시각 없이도 체험이 가능하게 된다. 이를 통해 '태양의 젊은 신'의 스쳐 지나감은 필연적으로 일어나는, 일상적인 시각에서는 '일몰'로서, 그러나 경건의 시각에서는 '황금빛 음향'의 현현이자 그 반향의 현현으로서 인지되는 과정으로 나타나는 것이다.

첫 번째 홈부르크 시절의 송가, 〈마인강〉

횔덜린의 첫 번째 홈부르크 체류 시절은 시인으로서 자신의 능력에 대한 고심과 이론적 성찰 그리고 비극 《엠페도클레스의 죽음》 집필로 요약된다. 이에 따라 이 시기의 송가문학은 자기 성찰의 특성을 보여준다. 물론 명백하게 표출된 것은 아니지만, 전체 문맥으로 보아 그렇게 말할 수 있다.

연대기로 볼 때 홈부르크 시절 시작 시점에는 〈조국을 위한 죽음〉의 마지막 퇴고와 앞서 소개한 송가 〈일몰〉의 작업이 있었다. 뒤이어 〈백성의 목소리〉 첫 초고가 쓰였는데, 이 초고는 슈투트가르트 시절 두 번째 초고로 수정되었고, 1801~1802년에 이 시의 세 번째이자 마지막 초고가 완성되었다. 송가 〈변덕스러운 자들〉로 시인의 감정의 흔들림과 '거장'이신 자연에의 이런 감정 변화의 의존이 노래된다. 〈시대정신〉은 신적으로 체험되는 시대에 대한 시인의 관계를 주제로 삼고 있다. 시인의 자기의 고유한 위치에 대한 물음을 송가 〈나의 소유물〉이 세밀하게 그리고 시종일관 제기한다. 그러나 이런 주제는 나중에 두 번째 원고를 거쳐 〈수줍음〉으로 고쳐 쓴 〈시인의 용기〉에 강조되어 다루어지고 있다. 일련의 송가들과 송가 초안들이 디오티마에게 바쳐지고, 다른 몇몇 송가들이 홈부르크의 친구이자 초대자인 징클레어에게 바쳐지고 있다. 송가 〈에뒤아르에게〉는 징클레어에게 바친 작품인데, 이 작품의 처음 초안은 '충성스러운 동맹-징클레어에게'라는 제목을 달고 있었다. 이 시편들에서 가인(歌人)이 영웅에 대해 가지는 관계는 고대 그리스의 상징적인 인물상—예컨대 아킬레우스 또는 디오스쿠렌 등—을 통해 강조되어 있다.

시대의 큰 주제들은 일련의 초안들이 있는 송가 〈평화〉와 〈독일인의 노래〉에서 다루어지고 있다. 이 시편들은 '조국'에 바쳐지고 조국의 우월함과 더불어 그 문제점들을 과거의 그리스와 비교하는 가운데 제기한다. 〈홈부르크의 아우구스테 공주님께. 1799년 11월 28일〉은 이 시기에 쓴 한 편의 헌정 송가다.

《영국식 여성용 월력 1800년》에 실린 알카이오스 시연의 송가 〈마인강〉(1. 303~304; 번역/1. 422~424)은 같이 실린 〈저녁의 환상〉이나 〈아침에〉보다 이른 1799년 여름에 쓴 작품이다. 송가 〈아침에〉는 《여성용 월력》에 실린 동판화 〈아침〉에 연관하여 실린 것으로 보인다. 앞에서 읽은 〈저녁의 환상〉은 그 구성이 그가 《엠페도클레스의 죽음》에 대한 이론적 논고의 맥락에서 언급한 극적인 구조를 분명히 보여준다. 〈마인강〉 역시 이런 의미에 따라 이해할 수 있다. 이 시의 첫 번째 미완의 초고는 '네카강'이라는 제목을 달았다가 '마인강'으로 수정되었고, 1801년에 발표했지만 계속 수정·보완된 초고는 '네카강'에 바쳐져 따로 '네카강'이라고 제목이 달리게 되었다.

프랑크푸르트에서 시인을 손님으로 반겨 맞아주었던, "손님을 반기는"(제33행) 마인강을 향하고 있는 이 시는 첫 여섯 시연에서 '그리스 사람들의 슬픈 땅'에 대한 두 개의 환상으로 시작한다, 이와 함께 소망의 먼 목적지에로의 접근 과정이 그려진다. 첫 번째 환상은 "수니움의 해변"(제9행)과 '올림피온'의 "지주들"(제10행)을 향한다. 이 환상의 바탕에는 "이제는 없어진"(제15행), 다만 남겨진 것들에서 예감하면서 알아볼 수밖에 없는 이 세계의 과거에 대한 의식이 놓여 있다. 이 고대 그리스의 과거에 대한 눈앞에 전개되는 듯한 묘사에 맞서, 당대의 터키 점령 아래에 놓인 그리스의 천후와 초목들을 "오 또한 / 너희 이오니아의 아름다운 섬들"(제15~16행)이라고 부르고 있는 두 번째 환상이 일어난다. 그러나 "가난한 백성"(제19행), "미망에 젖은 모두"(제21행)는 "황금빛 가을"(제19행)에 이상적인 상태에 도달한다. 이 이상적인 상황은 "노래"(제20행)와 "미로와 같은 춤"(제24행)으로 상징된다. 이런 방식으로 그들은 모두 이상적인 고대 그리스의 과거로 되돌아간다.

이런 시상이 제6연에서 정점에 이르자, 송가는 제7연의 급전(急轉)과 함께 "고향을 잃은"(제25행) 시적 자아의 자기 인식으로 급변한다. 그는 고향을 잃은 방랑자로서 "낯선 곳에서 낯선 곳으로"(제27행) 떠돌고 있다. 그는 "조국"(제29행)을 아쉬워한다. 그 조국 대신 "자유로운 대지"(제28행)를 떠다니고 있는 중이다. 다시 말해 고대 그리스의 이상을 통해 표상되었던 공동체를 찾지 못한 채 방랑하고 있는 것이다. 이런 소외된 삶에 대한 통찰은 죽음을 생각하게 되는 계기가 된다. "그리고 그 가인이 죽을 때."(제30행) 그러나 이런 생각은 곧장 멈춘다. 시는 "손님을 반기듯"(제33행), "낯선 이방인"(제34행)을 맞아주었던 강에 대한 회상으로 말머리를 돌린다. 이로써 '당당한 자'로 손님을 반기며 제 몸짓으로 언어의 행로를 가르치는 강의 완전함에 들어 있는 또 다른 이상이 그려진다. "그대 당당한 자여! / … / 고요히 이어지는 노래들 / 그대는 나에게 가르쳤고 소음 없는 삶도 가르쳤노라." (제33~36행) 강의 완전함은 강이 자연의 다른 요소들과 화음을 이루는 가운데 흐르며, 마침내는 전체 안으로 넘어간다는 데 담겨 있다.

오, 별들과 함께 평온하게, 그대 행복한 자여!
아침에서부터 저녁으로
그대의 형제, 라인강으로 흘러가, 그와 함께
기쁨에 차 대양으로 흐르고 있구나! (제37~40행)

이 자기 고유성과 보편성의 관계는 강으로 하여금 시의 언어에 대한 모범이 되게 하고, 따라서 "아름다운 마인강"(제31행)에 대한 기억을 잊을 수 없게 만들어준다.

슈투트가르트, 하우프트빌 시절의 송가, 〈선조의 초상〉, 〈알프스 아래에서 노래함〉

1800년 6월과 7월 사이 먼저 뉘르팅엔을 들러 슈투트가르트로 향했던 횔덜린의 뷔르템베르크로의 귀향은 1800년 6월에 쓴 송가 〈귀향〉의 주제다. 고향은 "성스럽고도 / 고통을 견디는 이"(제11~12행)라 불린다. 시인은 고향을 그동안 인고의 시간을 견디고 있는 자신의 처지에 상응하는 것으로 받아들인 것이다. 이미 오랜 시간을 두고 숙고했던 한 송가 〈엠페도클레스〉가 징클레어를 향한 시에서 전개하고 있는 영웅과 가인의 관계와 유사한 문제를 3개의 시연에 담고 있다. 이런 주제범주에서 1800년 가을, 송가 〈에뒤아르에게〉가 생성되었다. 이 시의 첫 번째 초안은 1799년 가을에 쓴 것으로 보이는 〈충성스러운 동맹-징클레어에게〉이다. 또 더 긴 시간에 걸쳐 송가 〈하이델베르크〉의 여러 초안이 시도되었고 마지막 초고가 1801년에 인쇄되었다. 역시 1801년 잡지 《아그라이아(*Aglaia*)》에 수록되어 발표된 송가 〈신들〉도 1797~1798년까지 생성기가 거슬러 올라간다. 반면에 새롭게 〈네카강〉이라고 표제된, 송가 〈마인강〉을 완전히 고쳐 쓴 작품은 뷔르템베르크 고향으로 돌아온 후에 쓴 것이 분명하다.

헌정 시 〈데사우의 아말리에 태자빈께〉는 1800년 3월에서 5월까지 홈부르크에 머물렀던 아말리에 태자빈에게 바친 시로, 회상을 위해 삼시 동안 신들이 인간들에게 보낸 형상이자 기억의 표상으로 그녀를 그려서 경의를 표하고 있다. 다섯 시연을 가진 송가 〈디오티마〉("그대 침묵하고 참고 있노라…"로 시작하는 송가)에서도 완벽한 인물에 대한 이런 기억을 다루고 있다. 이제 계속해서 짧은 초고로부터 상당한 길이를 가진 여러 시편이 생성되었다. 〈그녀의 회복〉, 〈백성의 목소리〉, 〈독일인들에게〉가 그런 작품이다. 이 마지막 아스클레피아디스 시연의 송가에서는 별도의, 그러나 미완성의 알카이오스 시연의 송가 〈루소〉가 파생되었다. 1798년에 쓴 2연의 〈우리의 위대한 시인들에게〉는 이제 2년이 지난 후 16연의 송가 〈시인의 사명〉으로 확장 개작되었다. 이 선언적인 시에서 횔덜린은 시인을 '젊은 바쿠스'라 부르고, 현재에 이르기까지의 경험 앞에 그의 과제를 말하고 있다.

또한, 한낮의 천사여! 그대는 아직도 잠자고 있는 이들
깨우지 않는가? 우리에게 법칙을 부여하고, 우리에게
생명을 주어라, 승리하라, 거장이여, 오로지 그대만이
그 바쿠스 신과 마찬가지로 정복의 권리를 가지고 있노라. (〈시인의 사명〉, 제5~8행)

2년 뒤 이른바 "밤의 노래들" 안에 한데 묶인 〈가뉘메데스〉, 〈케이론〉과 〈수줍음〉으로 각각 개작된 송가들 〈묶인 강〉, 〈눈먼 가인〉, 〈시인의 용기〉를 쓰고 나서 횔덜린은 1800년 11월 초여름에 썼던 송가 〈격려〉를 정서했고, 〈자연과 기술 또는 사투루누스와 유피테르〉를 구상했다. 이 송가는 "시간의 / 한 아들"(제26~27행)로서 '크로니온'을 부르고 있다. 그는 "우리처럼"(제26행), '자연' 또는 '사투루누스'와 같은 어휘들이 대변하고 있는 무명의 영역에서 탄생했으며, 그는 "법칙을 부여하며 성스러운 여명이 / 숨기고 있는 것"(제27~28행)을 알린다. 크로니온을 향하는 시선은 사투루누스적인 무의식 세계, 언어가 존재하지 않는 평온하기만 한 세계로부터 예술로의 관심 전환을 의미한다. 그러나 사투루누스의 추락은 정당하지 않다. 이 송가의 마지막 4개 시연은 유피테르의 아버지 사투루누스에 대한, 그러니까 예술의 자연에 대한 의존관계를 또한 그리고 있다.

그렇거늘 내려오너라! 아니면 감사드림을 부끄러워 말라!
그대가 그 자리에 머물려거든 나이 든 신에게 봉헌하고
가인들이 신들과 인간들 모두에 앞서
그 신을 칭송하도록 용납해주어라! (〈자연과 기술 또는 사투루누스와 유피테르〉, 제13~16행)

이런 사상은 알케이오스 시연의 송가 〈선조의 초상〉(2. 30~31; 번역/2. 116~119)의 주제이기도 하다. 이 송가는 〈자연과 기술 또는 사투루누스와 유피테르〉에 잇대어 육필로 기록되어 있을 뿐만 아니라, 슈투트가르트의 친구이자 초대자인 크리스티안 란다우어 가정의 젊은 세대와 선대의 관계를 관찰하고 있다. 란다우어의 아버지는 1800년 8월 21일 세상을 떠났다. 횔덜린은 이 시를 그해 12월 11일 아들의 31회 생일을 맞아 전했던 것으로 보인다.

횔덜린에 의해 만들어진 제사(題詞) "어떤 덕망도 꺼지는 일 없기를(Ne virtus ulla pereat)" 아래 이 시는 조부 게오르크 프리드리히 란다우어에서 1796년에 태어난 손자 구스타프 란다우어에 이르기까지의 세대를 이어온 현재의 가족상을 그리고 있다. 이 가족상은 조상의 초상과 "사랑하는 여인"(제9행)으로서 어린 아들의 말과 오성을 놀라워하며 받아들이고 있는 어머니의 눈길에서 전개된다. 동시에 그녀가 남편의 당당함에 "순종"(제15행)이 더해지고, 그가 두 배로 사랑받는 자가 되는 전제를 이루었던 신혼의 나날을 회상하면서 지금의 상황이 이루어진 과정을 회상한다. 제6연에서 "평온하신 분"(제25행)으로 불리는 조상은 "불멸하는 분"(제23행)으로서 "생명이 / 그 집 위에"(제25행) 내리게 하고 그 집의 희망에 찬 초목들의 열매를 영글도록 하는 수호신이 된다. 횔덜린은 이 시에서 로마의 풍습 두 가지를 결합시키고 있다. 하나는 선조의 초상을 집의 현관에 걸어두는 관습, 또 하나는 각 가정에 조상들의 영혼과 동일시되는 수호신을 모시는 관습이다. 가정의 신(lar familiaris)은 가정의 중요한 일, 예컨대 탄생이나 결혼과 같은 일에 밀접하게 관련되어 있었다. 가정의 수호신은 가정의 번영을 지켜보는 신이며(이 시의 제1~7연), 나아가 가정 주위의 소박한 번영을 지켜주는 신이었다(제7~10연). 제8연은 이런 가정과 농사의 번성을 "나무들이 집을 에워싸고 팔을 활짝 벌리고 있는"(제30행) 광경을 통해, 그리고 제9연은 "기쁨에 찬 포도나무"(제34행), "취함"(제36행)이라고 부름으로써 재배의 영역을 이 시에 연관시키는 디오니소스적인 자줏빛 열매를 통해 그 번영을 보여주고 있다.

이 디오니소스적 재배의 영역은 아들이 "축제를 위해서"(제39행) 아껴 보관해온, 선조가 담근 포도주를 통해 보존되고 있다. 가족들에게 익숙한 신적인 것으로서 선조의, "순수한 불길"(제40행)의 가치를 잘 알고 있기 때문에 아들은 그 포도주를 아껴 보관해온 것이다. 이 순수한 불길은 친구들 간의 과거와 미래에 대한 대화로 시작해 노래로 끝나는 "밤중의 식사 때"(제41행) 자신이 있어야 할 장소를 발견한다. 노래는 선조의 초상에 임하고 있는 수호신을 감사하면서 회상하는 계기가 된다. 과거와 미래의 연속성은 마지막 연에서 어머니가 아이에게 "오늘 처음으로 / 축제에 대해 알기를 바라면서"(제50~51행) 선조의 포도주를 건네는 것을 통해 형성된다. 친구에게 그의 방해 받지 않은 삶의 이미지를 선사하고자 하는 이 비교적 무난한 시는 구체적으로 전달되는 앎이라는 이런 표상과 더불어 횔덜린 문학의 의미있는 모티브들을 포함하고 있다. 현재적인 것의 근원과 형성의 전개, 재배하는 자로서 디오니소스적인 것의 상징, 노래의 이상과 대화의 중심적 의미 그리고 마지막으로 감사로서 강조되는 기억과 회상이 그것들이다.

1801년 1월 15일에서 4월 13일경까지 하우프트빌에 체류하는 동안 횔덜린의 유일한 사포 시연(Sapphische Strophe)의 송가 〈알프스 아래서 노래함〉(2. 44~45; 번역/2. 162~163)이 쓰였다. 이 시는 인식과 인식된 것의 고지(告知)를 위해 인간과 신들에게 "가장 귀엽고 가장 친밀한"(제2행) 성향을 의인화한 "성스러운 순결"(제1행)의 형상체를 불러내고 있다. 인간적인 경험과 지식은 물론 하늘의 놀라운 미지의 것이 순결에 의해 순수하게 받아들여진다. 순결은 자연과 친밀한 관계에 있기 때문에 "위대한 아버지"(제14행)의 현현을 고지할 우선권을 가지고 있다. 성스러운 순결이라는 신화적인 형상은 그렇게 하여 이 시에서 말하고 있는 시적 자아의 모범이 된다. 이 시적 자아는 '알프스의 아래'라는 특수한 상황에서 천국적인 힘들과 자연 현상들과만 오로지 함께하고 있다. 이런 상태에서 그는 천국의 말씀들을 해석하고 노래할 수 있다. 이런 일을 허락받는 것을 시는 시적 자아의 소망으로 강조한다. 시는 조금 변형된 사포 시연 형식을 통해 이를 행하고 있다. 운율과 발음의 연속을 통해 결구의 "뜻 새기고 노래하리라"는 바로 앞의 "천국의 말씀들"에 메아리처럼 응답하고 있는 것이다. 언어의 형상화가 정확하게 어휘의 내용에 대응하고 있다.

하여 천상적인 힘과만 함께하고 빛이
스쳐 지나갈 때, 또한 강물과 바람 그리고
시간이 서둘러 자리를 찾아갈 때, 그들 앞에서
　　여일한 눈길과 함께할 일.

그밖에 더 축복됨을 내 알지 못하며 원치도 않노라,
수양버들처럼, 홍수가 나를 또한 떠메어 가지 않는 한.
하여 아늑히 들어 올려져 잠자는 듯 물결에 몸 실어
　　거기로 흘러가야만 하리.

그러나 충실한 가슴속에 신성을 지니는 자, 기꺼이
제 집에 머무는 법. 하여 내 자유롭게, 허락되는 한
그대 모두, 천국의 말씀들이여! 그 모두를
　　　뜻 새기고 노래하리라. (제17~28행)

뉘르팅엔에서의(1801년 6~9월) 송가, 〈백성의 목소리〉

1801년 4월 하우프트빌을 떠나 고향에 돌아온 뒤, 1801년 8월 횔덜린은 1802년 부활절을 기해서 코타 출판사가 계획하고 있는 시집 발간을 위해 작품을 정서하기 시작한다. 이와 연관해 프랑크푸르트 시절부터 써놓았던 짧은 송가들을 확장 개작하는 작업이 이루어졌다. 〈고향〉, 〈사랑〉, 〈삶의 행로〉, 〈이별〉 그리고 "그대 침묵하며 참고 있노라…"로 시작하는 〈디오티마〉가 이에 해당한다. 계획된 시집 발간을 위해 작업을 했지만, 1802년 마지막 분기에 잡지 〈플로라〉에 게재되어 발표된 작품이 〈우리의 위대한 시인들에게〉를 고쳐 쓴 규모가 상당히 긴 〈시인의 사명〉과 두 개 시연의 초고를 확장해 쓴 〈백성의 목소리〉다.

〈백성의 목소리〉의 첫 초고는 노이퍼가 발간한 1799년판 《교양 있는 여성들을 위한 소책자》에 여러 편의 짧은 송가와 함께 수록되었다. 이 송가는 1800년 13개 시연으로 처음 확장되었고(첫 번째 원고, 2. 49~50; 번역/2. 178~180), 1801년 18개 시연으로 다시 확장되었다(두 번째 원고, 2. 51~53; 번역. 181~185). 이 마지막 원고가 〈플로라〉에 수록된 것이다.

확장된 두 원고는 다 같이 짧은 첫 초고에 등장하는 고대 로마의 격언 “백성의 소리는 신의 소리다(vox populi, vox Dei)”를 그대로 반복하면서 시작한다. “그대는 신의 음성이라고, 성스러운 젊은 시절 / 나는 그렇게 믿었다네. 그래 그리고 아직 나는 그렇게 말한다네!”(제1~2행) 이와 나란히 고유하고도 정당한 행로를 가고 있는 낯설지만 생동하면서 소리 내며 흐르는 강물의 현상을 세우고 있다. 백성의 소리는 신의 소리라는 진리의 정당성을 강조하는 것이다. 첫 번째 원고는 서둘러 바다로 가는 강물과 유사하게 다른 피조물들도 그처럼 자신을 잊고 가장 짧은 행로로 “우주로 되돌아가고자”(제13행) 하는 표상을 붙들고 있다. 이것을 천상에 있는 자들이 어렵게 한다. 횔덜린은 ‘활처럼 구부러진 행로’를 따라 비상하고 있는, ‘서두는 가운데 머뭇거리는’ 독수리의 이미지를 활용한다. 그리고 ‘평온한 목소리’이지만 신들과 인간들을 위해 ‘너무 즐겨 항상 쉬지 않을’ 목소리라고 ‘백성의 목소리’를 향한 시인의 고백으로 끝을 맺는다.

그러나 확고하도다, 그리고 그들보다 더 위대하고 더 많이
　모든 이에게 모두인 것, 어머니에게는
　　서두는 가운데 머뭇거리며, 독수리의
　　　욕망과 함께 활처럼 구부러진 행로를 갈 가치 있도다.

그렇기 때문에 그 행로 경건하며, 민중의,
　그 평온한 목소리를 너무도 사랑하여 나는 신들을 공경하노라.
　　그러나 신들과 인간들을 위해서
　　　그 목소리 너무 즐겨 항상 쉬지는 않기를. (첫 번째 원고, 제45~52행)

그런데 이 첫 번째 원고는 제5연에서 같은 날에 고원에서 낮은 대

지로 되돌아오는 구름의 이미지를 심연으로 쏟아져 흐르는 강물의 이미지로 보충하고 있는 것이 눈에 들어온다. "같은 날 / … / 구름은 태어난 곳으로 되돌아가네."(제18~20행) 이런 연관 안으로 백성의 "죽음의 충동"(제21행)이 들어서는 것이다. 다시 말해 인간이 만든 것을 다시 파괴하려는 어떤 성향이 제기되는 것이다. 인생의 "긴 예술"(제25행)이 대지와 별들의 영원한 순환에 따라 정복되는 것이다. 인간 자신이 드높은 자들을 공경하고자 스스로의 손으로 자신의 작품을 부수었다(제7연).

"드높은 자들"이 "인간의 행로"를, 가능한 한 빨리 근원으로 되돌아가려는 성향을 "막아서는"(제32행) 것, 그리하여 "인간이 빛살 속에서 오랫동안 기뻐하게 되는 것"(제31행)은 드높은 자들의 인간에 대한 사랑에 해당한다. 근원에 머물고자 하는 성향에 맞서 둥지에서 내동이쳐진 "독수리의 새끼들처럼"(제33행) 우리들 역시 내몰렸다고 읊고 나서, 삶의 변천을 "독수리의 / 욕망과 함께"(제47~48행) 가게 되는 "활처럼 구부러진 행로"(제48행)에 비유하고 있다. 에피소드처럼 이어지는 영상을 통해 이 송가는 시초의 표상과 "때 이르게 쓰러진 이들"(제38행)의 알맞은 행로의 표상 사이를 회상한다. 그리고 삶의 전 행로가 다 끝나기도 전에 "평안을 찾아 떠난 이들"(제37행)을 고대의 전통에 따라서 제물이 된 "수확의 만물"(제39행)과 비교하고 있다.

이 지점에서 횔덜린은 두 번째 원고를 통해 크산토스인들의 죽음에의 충동에 대한 "기이한 전설"(제47행)을 가지고 시를 확장시키고 있다. 그는 이 전설을 플르타크 《영웅전》 가운데 브루투스의 생애에서 발견해내었다. 크산토스 사람들의 자살은 이 도시가 왜 더 이상 "한낮의 / 성스러운 빛" 가운데 있지 않는지에 대한 이유이다. 이 자기 파괴는 포위하고 있던 "브루투스의 자비"(제49행)에도 죽음의 욕망이라는 도취적인 상태에서 일어났었다. "그들 모두는 제정신이 아니었네."(제57행) 그러나 그보다 앞서 이런 자포자기의 예가 없었던 것은 아니었다. 페르시아 전쟁에서 적들에게 포위를 당한 크산토스의 사람들은 그들의 도시에 불을 지르고, 불타는 도시를 버리고 달아났던 적이 있었던 것이다. 이 자포자기의 두 사건을 횔덜린의 시는 근원으로의 자발적인 귀환으로 해석한다. "불길은 성스러운 천공으로 날아오르며, 집과 사당을 / 그리고 사람들을 그곳에서 데려갔네."(제67~68행) 조상들은 페르시아에게 정복당하기보다는 도시를 불태우고 말았던 것이다. 이 행위는 패배의 인정이기도 하지만 승리의 측면도 없지 않다. 적들은 "텅 빈 곳"(제66행)을 발견했을 것이고, 도시는 "성스러운 천공으로"(제67행) 날아올랐기 때문이다. 이 시의 난해함은 마지막 시연에까지도 계속된다. "이 전설은 좋은 것이네, 왜냐면 그것은 / 지고한 것에 대한 회상이기 때문에."(제70~71행) 그러니까 크산토스의 사람들이 그들의 조상의 행위를 기억하는 것은 옳고도 경건한 일이라는 것이다. "그러나 또한 / 이 성스러운 전설 해석하는 일 하나는 필요하네."(제71~72행) 그들이 그 선조들처럼 행동했을 것이라고 이어 노래하지는 않는다. 다시 말해 횔덜린은 그들이 선조를 따라서 했다고도 읊지 않는다. 다만 그는 그들 행위의 길이 꼭 필요한 길이 아니었다고 말하려고 한다. 횔덜린은 핀다르의 모범을 따라서 '전설'을 취하고 있다. 그리고 역시 그의 모범을 따라서 '전설들'을 지고한 것의 회상으로 이해하고, 해석의 필연성을 의식 안으로 불러내면서 이 송가를 마치고 있다.

결론적으로 이 송가는 무엇을 노래하고 있는 것인가? 혁명적 시대의 인력(引力)에 대한 인식, 궁극적으로 뚜렷해 보이는 혼돈이 의미심장한 것으로 증명되리라는 주장, 그리고 주의와 억제에 대한 호소가 그 숨겨진 내용이다. 그러나 이 시 자체에서는 그런 논쟁의 구조가 작동하고 있지 않다. 그 대신 무제약을 향하는 경향을 그려 보이고, 가능한 한 그런 두려운 순간에 맞서고 있는 것이다. 핀다르를 따라서 전설을 인용하고 그것에 해석을 가하는 전개 과정이나 주제로 보아서 이 송가는 찬가에 가까이 접근하고 있다. 그런 측면에서 이 송가는 송가의 본래의 한계를 넘어서고 있다고 할 것이다.

보르도 이후 두 번째 홈부르크 체류 시절(1802~1806년)의 송가, 이른바 "밤의 노래들" 중 〈케이론〉, 〈수줍음〉, 〈가뉘메데스〉

이 시기의 송가는 이른바 "밤의 노래들" 9편에 포함된 〈케이론〉을 비롯한 6편의 송가를 대표작으로 들 수 있다. 특히 〈케이론〉(2. 56~57; 번역/2. 186~189), 〈수줍음〉(2. 66; 번역/2. 196~197), 〈가뉘메데스〉(2. 68; 번역/2. 198~199)는 각기 앞서 쓴 송가 〈눈먼 가인〉, 〈시인의 용기〉, 〈묶인 강〉의 개작으로 생성된 작품이다. 따라서 이 송가들은 개작의 의미와 함께 음미해보는 것이 이해에 도움이 될 것이다. 다음 장(제12장)에서 여러 수정 작업과 함께 살펴보고자 한다.

1806년 이후 튀빙엔에서의 송가, 〈치머에게〉, 〈매일을 모두…〉, 〈하늘에서부터…〉, 〈저 멀리에서부터〉

1806년 9월 횔덜린은 튀빙엔의 아우텐리트 정신병원에 강제 입원되었다. 그 뒤 이른바 '횔덜린 탑(Hölderlinturm)'의 방에서 성구 제작 목수인 치머와 그 가족들의 보살핌 아래 인생의 절반, 마지막 반평생을 지내게 된다. 이 기간에도 횔덜린은 작품을 썼다. 이때 쓴 5편의 알케이오스 시연의 송가는 주로 다른 이들의 필사본으로 전해졌고, 쓴 날짜는 정확하게 기록되지 않았다. 그런데 1808년 횔덜린이 《휘페리온》 제3권으로 생각하고 썼던 단편(斷片)과 연관해서 쓴 〈저 멀리에서부터…〉(2. 262; 번역/2. 424)는 횔덜린의 육필 원고로 남겨졌다. 다른 작품 〈하늘에서부터…〉(2. 269; 번역/2. 432)는 뫼리케의 필사로 남아 있는데, 1824년 이전, 짐작건대 1810년에 쓴 것으로 보인다. 슈바프의 필사로 전해지고 있는 "들녘에는 새로운 매혹이 움트고"로 시작하는 〈봄〉은 1841 이전에 쓴 것이다. 다른 두 편의 송가는 치머가 필사해 전해온다. 〈치머에게〉(2. 271; 번역/2. 434)는 1810년에 쓴 것으로 보이고, 〈매일을 모두…〉(2. 280; 번역/2. 447)는 치머가 1835년 한 편지에 인용하여 전해지고 있는데, '몇 년 전에' 쓴 것이라고 언급한 것으로 보아 1830년 무렵에 쓴 것으로 짐작된다.

두 개 시연으로 된 송가 〈치머에게〉는 길지 않은 시구를 통해 "선하고 / 현명한" 인간에게 무엇이 필요하겠는가, 그리고 '뜻하는 것'으로서 '진실'은 무엇에 대한 것인가라는 질문을 던진다. "친구는 자주 연인이다, 예술은 / 많다." 그리고 마지막 시구 "다이달로스의 영혼과 숲의 정령"으로서 수신자에게 그 답변이 돌려진다.

휠덜린의 마지막 송가 〈매일을 모두…〉는 1835년 12월 22일 치머가 쓴 한 편지에 포함되어 있었는데, 1830년 무렵 자신이 처한 상황에 대한 소박한 단상을 담고 있다.

> 매일을 모두 가장 아름다운 날이라고 부르지 않는다, 그는.
> 친구들이 그를 사랑해주었던 때,
> 사람들이 그 젊은이에게 호의를 가지고
> 머물렀던 때, 그때로 기쁨 중에 돌아가고 싶어하는 그는.

〈하늘에서부터…〉의 도입부에서는 "하늘에서부터"의 "해맑은 환희"(제1행)가 "인간들"의 "환희"(제2행)와 조응한다. 휠덜린의 이전의 생각들과 영상들과의 화음을 통해, "감탄하면서"(제4행) 받아들이고 있는 사람을 향해 "멋지게 사랑스러운 노래가 울린다."(제5행) 이에 뒤따라 전개되고 있는 정경의 영상은 유독 상투적인 장면들로 연결되어 있어서 인위적으로 구축된 인상을 준다. 이런 정경에서 관계들은 전적으로 구분할 수 있는 방향을 통해 발생한다. "높은 곳에서 / 아래를 향해 있고"(제21~22행), "그러나 물줄기는 졸졸 아래로 흐르고"(제25행) 등으로 방향을 취하고 있는 것이다. 인간들은 이 정경에 등장하지 않는다. "그러나 그 경내의 장소들은 / 오후 내내 편안히 쉬며 침묵한다."(제27~28행) 동시에 이것은 보여진, 그리고 보면서 형상화된 영상이라는 것이 분명해진다.

슈바프가 전하고 있는 시 〈봄〉 역시 "봄에 새롭게 움트는 매혹"(제1행)과 이에 조응하는 인간들의 기쁨을 주제로 삼고 있다. 이 봄의 영상 안에서 인간은 "고독한 자"(제5행)로서 기뻐하는 듯이 보인다. 그러나 "우정 어린 웃음도 먼 곳에 있지 않다."(제8행) "새로운 매혹"의 광경을 묘사하고 있는 제1연에 대해 상응하는 상황과 마음가짐의 인간을 가리키면서 제2연이 응답하고 있다.

《휘페리온》의 단편들과 관련되어 있으면서 유일하게 횔덜린의 육필로 남겨진 한 편의 시 〈저 멀리에서부터…〉는 일종의 역할 시로서 횔덜린의 송가 중 예외적인 위치에 있다. 이 시에서는 디오티마가 시적 화자로서 "멀리에서"(제1행) 노래하고 있는 것이다. 화자의 위치는 "성스러운 원초적 세계의 강가"(제8행)이다. 이곳으로부터 화자는 "내 고통의 동반자"(제3행)에게 "그 정원 안에서"(제7행) 얼마나 그를 기다릴 수 있는지를 묻는다. 여기서 맥락으로 볼 때 말 걸음의 상대인 휘페리온은 "언제나 꼭 닫힌 사람, 우울한 // 모습을 하고"(제12~13행) 있는 사람으로 그려지고 있다. 그는 지나간 일을 "편지로"(제18행) 그녀의 기억 속으로 불러내고자 하며 그의 눈길 가운데는 "몇몇 선한 일도 있었다."(제9행) 시적 화자는 먼저 불확실하게 기억되는 과거를 돌이켜 불러낸다. "그때가 봄이었나요? 여름이었나요?"(제21행) 그리고는 공원의 경치, 옛 시절 만남과 대화와 행복의 순간을 떠 올린다. 그녀의 품에서 새롭게 살아났던 젊은이는 "기이한 장소들의 이름과 // 그가 지닌 모두 아름다운 것들을"(제36~37행) 그녀에게 알려 주었다. "이 복된 강변"(제38행) 디오티마가 "나에게도 매우 귀중한 것"(제38행)이라고 말하고 있는 그 강변은 "무엇인가 슬픔을 가지고"(제34행) 회상하게 되는, 과거의 그리스를 의미할 것 같다. 흘러간 아름다움에 대한 회상에 이렇게 슬퍼하면서 침잠하는 것에 맞서서 그녀는 말 걸음의 상대에게 경고한다. "또한 아직도 만족해하는 여인을 생각하세요, 그것은 / 매혹적인 한낮이 우리를 비추고 있기 때문입니다, // 그 한낮 회상과 더불어 혹은 굳은 악수로 / 떠오르고 우리를 결합시킵니다." (제43~46행) 그러나 확실한 회상으로 만족하고 만족을 통해 "슬픔"을 떨쳐버리자고 하는 이런 촉구 역시 과거의 의식 때문에 바뀔 수밖에 없다. "그러나 아! 슬픕니다! / 그때는 아름다운 나날이었습니다. 그러나 / 한스러운 어스름이 그 뒤를 따랐습니다."(제46~48행) 이 시는 "사랑하는 이"(제50행)가 당당하게 자신의 고독을 주장하고 있는지 의문을 남긴 채, 완성되지 못한 시연으로 중단되어 있다.

《휘페리온》 단편들과의 맥락을 넘어서 디오티마의 시적 발화는 횔덜린의 앞선 작품과 여러 측면에서 연관을 맺고 있다. 디오티마의 발화는 특히 회상 대상을 중심 주제로 취하고 있으며, 횔덜린이 몇 해 전에 송가 〈이별〉 두 번째 원고를 끝맺음하면서 읊은 자신의 상황을 다시 붙들고 있는 것이다.

놀라워하며 나 그대를 보고, 목소리와 감미로운 노래
옛 시절에서부터 울리는 듯 나는 현금의 탄주 들으며,
나리꽃 황금빛으로
개울을 넘어 우리에게 향기 뿜으리라. (2. 27, 제33~36행)

제11장
후기 찬가
횔덜린 문학의 심장, 핵심 그리고 정점

> 나는 이 글을 그저 너그럽게 읽어주기를 바랍니다. 그렇게 되면, 분명 뜻이 파악될 수 있을 것이며, 거슬리는 바도 훨씬 줄어들 것입니다. 그럼에도 몇몇 사람들이 그런 말들이 극히 전통적이지 못하다고 생각하게 된다면, 나는 그들에게 달리는 어찌할 수 없노라고 고백할 수밖에 없습니다. 어느 좋은 날, 거의 모든 노래의 양식이 저절로 알아들을 수 있게 되고 그 출발한 자연이 그것을 다시 받아들일 것입니다.
>
> 저자는 독자 대중에게 *그런 노래*를 모두 묶어서 제시하고자 생각하고 있으며, 여기 이것은 일종의 본보기라 해야 할 것입니다. (3. 532)

이 인용문은 시 〈평화의 축제〉(3. 531~538)에 시인이 붙인 서문이다. 이 시는 1954년에 그 정서본이 영국의 런던에서 처음 발견된 12개 시연으로 이루어진 작품으로, 일반적으로 '조국적 찬가(Vaterländische Gesänge)'라고 불리는 후기 작품의 하나다. 이 서문에서 "그런 노래"라고 횔덜린이 지적하고 있는 부류의 노래가 횔덜린

전집 편찬에서 '조국적 찬가'로 분류된 것은 1803년 12월 횔덜린이 출판업자 빌만스에게 보낸 편지에서 유래한다. 이 편지에서 횔덜린은 빌만스에게 자신의 소포클레스 번역 원고를 보내면서 그가 발행할 사화집을 위해 몇 편의 시를 보낼 생각임을 밝히고 있다. 이른바 "밤의 노래들"을 소개하고 나서, 몇 해 전부터 자신이 집중적으로 매달렸던 '다른' 작업에 대해 짧고 모호한 내용의 힌트를 덧붙이고 있다. "… 조국적 찬가들의 드높고 순수한 찬미는 다른 어떤 것이다."(6. 436) 역시 빌만스에게 이보다 며칠 전에 쓴 편지에서 횔덜린은 이 노래들을 "개별적이며 서정적이고 상대적으로 규모가 큰 시들"이라고 예고하고, 이들의 "각개가 특별히 별도로 인쇄"되어야 할 터인데, 그것은 "내용이 직접적으로 조국 또는 시대에 관계를 가져야만 하기 때문"(6. 435)이라고 했다.

이 편지들에 나타나는 개념 규정과 설명은 1800년 무렵 횔덜린이 개진했던 공적·정치적 그리고 예언적인 요구를 동시에 수행하는 문학에 대한 시학적 개념에 완전히 부합한다. 횔덜린의 이런 문학관은 사실 당대에 통용되었던 문학 개념과는 근본적으로 다른 것이었다. 횔덜린은 빌만스에게 보낸 편지에서 자신의 문학관에 상응하는 유일한 예이자 모범으로서 클롭슈톡크의 "메시아스와 몇몇 송가의 예언적인 내용"(6. 436)을 들고 있다. 그러나 더욱 중요한 모범은 횔덜린이 1800년 무렵 홈부르크에서 번역에 몰두했던 핀다르의 송가와 찬가들이었다. 핀다르 서정시의 숭고하고 '객관적인' 음조에 맞추어서 횔덜린이 염두에 둔 '다른' 문학은 사적이며 주관적인 것을 지향하는 체험 문학, 즉 "사랑의 노래의 지친 날갯짓"(6. 436)을 극복하고자 했다. 새로운 문학은 인본적인 작업으로서 신적 운명으로 파악했던 거대한 역사

과정을 본래적인 주제로 삼아 텍스트 중심으로 옮겨놓아야 했던 것이다. 그러나 새로운 문학은 동시에 고전적 문학의 모방에서 벗어나야만 했다. 즉 "그리스 문자에의 복무"(6. 422)에서 해방되어야만 했다. 이런 해방은 1801년 말 횔덜린이 뵐렌도르프에게 보낸 편지에서 그리스와 현대 예술 사이의 관계에 대해 현대 예술이 배워야 할 "가장 어려운" 것은 "자신의 것을 자유롭게 사용하는 것"(6. 426)이라고 피력한 것과 같은 맥락이다. 이 원리는 철저히 역사철학적으로 기초된 미학을 위해 필요했다. 1802년 말경 뵐렌도르프에게 쓴 두 번째 편지에서 횔덜린은 '고유한 것이 아닌' 그리스의 자연과 예술과 '고유한' 서구적인 자연과 예술 사이의 교차 관계에 대한 이전의 생각을 계속 피력하면서 보르도 여행과 혁명적인 프랑스의 강렬한 인상을 결부시키고, 이어서 〈평화의 축제〉 서문에서 선언적으로 예고했던 새로운 시학을 시급한 과제로 다시 한 번 언급하고 있다.

> 나는 우리 시인들은 우리의 시대에 이르기까지 주석을 달지 않게 될 것이며, 오히려 노래의 방식 자체가 하나의 다른 특성을 취하게 될 것이라고 생각한다. 또한 그리스 사람들 이래 우리가 조국적으로 그리고 자연스럽게, 본질적으로 독창적으로 노래하기를 다시 시작하기 때문에 우리가 우발적으로 그렇게 하는 것은 아니라고 생각한다. (6. 432~433)

이 "조국적이며 자연스러운" 노래 방식의 "다른 특성"이 결코 그리스 문학을 배척하는 것이 아니라, 고전주의를 맹종하는 의고전주의의 극복 또는 이런 의고전주의에 대한 비판이라는 사실을 소포클레스의 비극 번역이 우선 증언해준다. 괴테와 실러와 같은 동시대인들에게는

"거슬리는" 그리고 "이해할 수 없는" 번역의 언어를 횔덜린 자신은 얼마나 "이제 더 많이 자연의 의미에서, 또 더 많이 조국의 의미에서 쓸 수"(6. 434) 있게 되었는지에 대한 증거로 생각했던 것이다. 핀다르 송가의 번역도 다르지 않았다.

횔덜린의 후기 찬가는 헬링라트가 20세기 초 발견하고 전집에 실어 발행한 이래, 그가 평가한 대로 '횔덜린 작품의 심장이며, 핵심이자 정점'[44]으로 인정되었다. 이 수수께끼 같고 읽어내기 어려운, 그리고 여러 형태의 초안이나 초고의 육필 원고로 전해진 이 시들이 언제나 새롭게 '조국 또는 시대에 관계하고', 따라서 현실성 요구와 변화 요구를 내포하고 있다는 점이 횔덜린의 전형적인 현대성을 뒷받침하고 있다. 자기만족과 자율성을 중심으로 생각하는 존재로서의 주체라는 근대적 개념 파악에 대한 횔덜린의 비판도 가장 중요한 근거의 하나일 것이다. 첫 번째 근거와 더 밀접하게 관계되는 또 다른 근거는 이런 존재의 근원적이며 지울 수 없는 언어 사용에 대한 날카로운 통찰이다. 시적, 신화적, 종교적 그리고 철학적 담론들이 하나의 다성적 상호담론으로 압축되고 있는, 그리하여 '신적' 연관을 표현하고 있는 후기 찬가의 독특한 복합성은 문학사 이외의 영역에서 횔덜린 작품의 수용을 강하게 촉진했고, 특히 문학과 철학 사이의 학제적 대화의 한 범례를 만들었다. 다만 아도르노는 "횔덜린 후기 문학은 사상시나 체험시와는 아무런 공약수가 없다"[45]면서 횔덜린의 시의 철학적 의미소 또는 신학적인 의미소로의 환원을 경고하고 이 시들의 언어 구사, 기술된 것 또는 문학성을 이 시들을 성찰하는 고유하고도 환원 불가한 토

44) Norbert v. Hellingrath, Vorrede, In: *Hölderlin, Sämtliche Werke*, 4.Bd, Berlin 1943, XI.
45) Th. W. Adorno, Parataxis. Zur späten Lyrik Hölderlins, In: Ders, *Noten zur Literatur III*, Frankfurt/M. 1965, 177쪽.

대로 강조한다.

그렇다면 어떤 시들이 횔덜린의 후기 찬가에 해당하는가? 더 정확하게 말해 '조국적 찬가'에 해당하는가? 작품 생성 연대, 주제 또는 형식으로 이것에 해당하는 일단의 작품을 구분해낼 수 있는가? 횔덜린이 빌만스에게 보낸 편지에서 언급했던 '조국적 찬가'의 발행은 실제로 일어나지 않았기 때문에 근거를 찾기가 쉽지 않은 것이 사실이다. 그런 가운데 바이스너는 그가 편찬한 《슈투트가르트판 횔덜린 대전집》의 제2권 《1800년 이후의 시》에서 다음의 시들을 '조국적 찬가'의 범주 아래 수록했다. 1800년에서 1803년 사이에 쓴 작품들이다.

〈어머니 대지에게〉

〈노나우의 원천에서〉

〈그대 믿기지 않았던 화해자여〉(3개의 초고)

〈편력〉

〈라인강〉

〈게르마니아〉

〈유일자〉(3개의 초고)

〈파트모스〉

〈회상〉

〈이스터강〉

〈므네모쉬네〉(3개의 초고)

그리고 1954년에 발견된 찬가 〈평화의 축제〉를 이 부류의 작품으로 판단하면서 전집의 제3권 부록으로 추가하여 수록했다.

이와 같은 전집 제2권의 게재 순서는 바이스너가 추정하고 있는 생성 연대에 따른 것이다. 그러나 이어 게재된 "찬가 초안들(hymnische Entwürfe)"이라는 다른 텍스트 그룹과의 선 긋기는 항상 분명한 것은 아니다. 바이스너 자신도 때로는 초안과 완결된 시편 사이를 오고 갔다. 예컨대 〈독일의 노래〉(2. 202~203)는 미완성의 작품이면서 완성된 '조국적 찬가'로 분류된 〈어머니 대지에게〉와는 반대로, 그리고 〈도나우의 원천에서〉와는 주제상의 유사성에도 불구하고 찬가 초안으로 분류되고 있는 것이다. 전반적으로 바이스너의 구분의 기준은 재구성이 가능한 정도에 머문 것으로 보인다.

다른 횔덜린 전집인 짜틀러의 《프랑크푸르트판 횔덜린 전집》은 바이스너가 '조국적 찬가'로 분류한 작품들을 〈찬가들(Gesänge)〉이라는 그룹으로 분류하고 있다. 이때의 '찬가들'은 '개별적 서정적, 규모가 상대적으로 큰 시 작품들'을 의미한다. 이와 같은 분류는 빌만스에게 보낸 앞의 편지에서 언급한 설명적인 장르의 명칭이 '찬가들'이라는 개념으로서 대략 1800년 이후에 쓴 자유 운율의 후기 찬가를 전체적으로 의미하는 것이라는 추정에 이르게 한다.

근래, 특히 제2차 세계대전 이후 횔덜린 수용의 관용적인 경향에서는 좀 더 학술적인 장르 개념인 '후기 찬가문학(Späthymnik)'을 선호하게 되면서 바이스너의 '조국적 찬가'라는 장르 개념은 거의 축출되고 말았다. 아마도 '조국적인 것'—"직접적으로 조국 또는 시대에 관한 것이어야만 한다."—에 대한 정밀한 내용의 규정을 두고 일어난 여러 혼동과 논란 때문인 것으로 보인다. 그런 사정에도 불구하고 단순한 '찬가들'이라는 구분 명칭은 횔덜린이 의심할 여지없이 의도했던,

1800년 전후의 거의 자명한 혁명적인 여운을 근래의 독일 역사에서 불거진 국수주의적인 '조국적인 것' 때문에 지나치게 정치적으로 매몰시키고 있는 것은 아닌가 생각된다. 아도르노도 독일인들에게 '조국(Vaterland)'이라는 개념은 "이 시가 쓰인 지 150여 년이 지나는 동안에 그 순수성을 잃고 타자에 대한 증오로 전개되는 나쁜 경우로 변화되었다. 그리고 이것은 이 어휘에서 지워지지 않았다. 횔덜린에게서는 어떤 흔적도 찾을 수 없는 민족주의로 흠뻑 젖어버리고 만 것이다"[46]라고 지적한 바 있다. 찬가라는 보편적인 장르 개념으로의 단순한 소급은 조국적인 것이라는 주제와 결부되어 있는 '찬가적' 경향이 송가나 비가의 퇴고 작업에도 스며들고 있다는 사실, 또한 후기 찬가에는 비가적인 음조가 스며들어 있다는 사실을 간과한다. 따라서 '찬가문학(Hymnik)'이라는 표현은 실제로 횔덜린의 후기 찬가들의 가장 본질적인 측면들을 숨겨버릴 위험성을 내포한다. 우리는 공공연하게 '조국적 찬가'라는 장르 명칭을 고집할 필요는 없다고 할지라도 그의 1800년 무렵의 비교적 규모가 큰, 다음성의 시 작품들을 횔덜린의 '후기 찬가(Späthymne)'라고 부르고자 한다.

후기 찬가의 서주, 〈마치 축제일에서처럼…〉

후기 찬가라는 공개적인 작품군 안에 조금 세분된 작품 그룹을 구분할 수 있다. 대부분 주제에 따라서 또는 생성 시기에 따라서 그런 느슨한 형태의 구분이 실제 있어왔다. 그러나 '개별적이고 서정적이며

46) Theodor. W. Adorno, 앞의 책, 169쪽.

상대적으로 규모가 큰 시'를 쓰겠다는 횔덜린의 선언적인 계획은 그 자신이 그런 연작 형태의 연결을 우선해서 생각하지는 않았다는 사실을 암시한다.

찬가 〈마치 축제일에서처럼…〉(2. 118~120; 번역/2. 43~47)은 후기 찬가의 기본 모델로 평가된다. 대부분의 후기 찬가와는 달리 이 축제일 찬가는 홈부르크 체류기에 쓴 것이 아니라 슈투트가르트 2절판 원고철에 수록되어 전해지고 있음에도 바이스너는 "조국적 찬가 이전의 이 시는 하나의 특별한 위치를 차지하고 있다"(2. 677)고 평가한다. 1799년 말에 쓴 것으로 보이는 이 찬가를 통해 횔덜린은 핀다르의 퓌티아 송가와 올림피아 송가의 번역 기간 동안 습득한 핀다르 식의 시연과 운율 형식을 처음으로 실험하고 있는 것이다. 횔덜린이 이 시에서 핀다르의 모범을 따라 엄격하게 3연 1단의 구조로 된 찬가를 쓰려는 시도는 이어진 후기 찬가에서 부분적으로 포기되기도 했다. 그러나 후기 문학, 특히 후기 찬가에서 핀다르의 의미는 결코 과소평가되어서는 안 될 것이다. 이 시에서 시도된 3연 1단의 시연의 그룹 짓기의 원리는 어느 정도 유지되었다. 마찬가지로 이 시의 모티브와 주제들은 본질적이다. 이 주제와 모티브의 전개는 후기 찬가 전체에서도 추적이 가능할 만큼 확연하다. 예컨대 뇌우라는 영상을 통한 역사 또는 혁명과 자연의 은유적인 적용이 그것이다. 그렇지만 무엇보다도 사회공동체, 즉 역사와 성스러움의 '역사적' 내재성, 즉 언어를 통해 번역되고 전달되어야 할 초월성 사이의 중재자로서 시인의 자기 위치 설정은 매우 전형적이다. 또한 이런 중심 담론의 모티브 핵심에 내포된, 그리고 깊이 성찰된 시인의 좌초는 후기 찬가의 실제적인 서막인 것이다.

프랑스와 오스트리아 사이의 연합전쟁이 이 찬가의 역사적 동기를 이룬다. 그러나 넓은 의미에서 프랑스 혁명에서 유래하는 보편적인 혁명의 분위기가 이 시는 물론 이어지는 후기 찬가의 배경을 이루고 있다. 한밤의 뇌우, 자연의 뇌우이자 역사의 뇌우에 이어지는 초봄과 같은, 창조의 날을 회상시키는 출발의 분위기는 자연의 동면(冬眠)을 깨뜨릴 뿐만 아니라, 문화사적인 동면 역시 깨뜨린다.

그러나 이제 동이 튼다! 나는 기다렸고 이제 그것이 오는 것을 보았다.
그리고 내가 보았던 것, 성스러운 것은 나의 말이 되어라.
왜냐하면 그 자신, 시간들보다 오래고
동양과 서양의 신들보다 더욱 높은 자
자연은 이제 무기의 소리와 함께 깨어나기 때문이다. (제19~23행)

새로워짐은 뇌우를 통해 느끼고 감지할 수 있도록 해준다.

공중에 떠도는 뇌우에서 그리고 또 다른 뇌우에서 자라나니
그 뇌우 시간의 깊숙이 오래 두고 예비 되어
더욱 뜻 깊고 더욱 잘 들릴 수 있도록
하늘과 땅 사이를, 백성들 가운데를 떠다니는
공동정신의 사념인 것,
조용히 시인의 영혼 안에 만족할 자리 찾는다. (제39~44행)

병렬적으로 연달아 세워진 "하늘", "땅 / 초목", "백성들"의 배치는 문명사와 자연사가, 역사적이며 우주적인 진행이 연결은 되어 있지만 통합되어 있지는 않은 비유적인 시공간을 드러내 보이고 있다. 따라서 각기 다른 영역들은 더욱 의미 있는 하소연을 알아듣고 이를 전달해

야 하는 이 시의 중심적 시적 자아, "시인의 영혼"(제31행, 44행)과 관련을 맺는다.

이 초안은 확장된 도입부의 비유 전개와 실행으로 구조화되어 있다. 이 비유로 은유적인 자연 및 역사의 뇌우 가운데 시인의 위치가 결정되어 있다.

뜨거운 한밤으로부터 서늘하게 하는 번개 밤새도록 떨어져 내리고
멀리에서는 아직도 천둥소리 들리며
강물은 또다시 그 둑을 따라 흐르고
대지는 싱싱하게 푸르며
하늘에서부터 내린 기쁨의 빗방울로
포도 줄기 이슬 맺고 반짝이며
고요한 태양 아래 임원의 나무들 서 있는
이른 아침에, 한 농부 들판을 살피러 가는
축제일에서처럼,

그와 같이 지금 은혜의 천후 가운데 그들 서 있다. (제1~10행)

여기서 "그들"은 "포도나무 줄기"와 "임원의 나무들"에는 물론 "시인들"에도 연관되어 있다. 일곱 번째 시연에서 시인과 관련해서 "서 있다"라는 동사를 반복 사용함으로써 증명되는 이 은유적인 동일화는 그러나 이미 두 번째 시연의 끝머리에서 동면이라는 모티브를 계속 이끌고 있는 더욱 명백한 비유를 통해 뒷받침되었다.

그러므로 연륜의 시간에 자연이 하늘 가운데에서나

초목들 사이 또는 백성들 사이에 잠자고 있는 듯 보일 때
시인들의 얼굴에도 슬픔이 어리고
그들 홀로 있는 듯 보이지만 그들은 항상 예감하고 있다. (제14~17행)

"시인들의 슬퍼하는 얼굴"은 포괄적인 자연 현상의 거울이자 모상(模像)으로 그려져 있다. 자연 현상에 대해 그들, 시인들과 포도나무 줄기는 교육과정에서 "거장"에 대해 가지는 관계와 마찬가지의 관계를 가지고 있다. 그러나 잠과 예감이라는 인간화된 모티브가 우선 시인과 자연의 영역을 결합시키고 아직은 "예감된", 신적인 임재에 기초를 두고 있는, 고립과 무기력의 경험을 종결시킬 연관의 토대를 이룬다.

슬픔과 예감은 '더 이상 존재하지 않음'과 '아직은 존재하지 않음'의 상반된 감각의 경험을, 회상과 선취의 상반된 가치의 공존을 의미한다. 쾌감과 불쾌가 이 예감하는 슬픔에 혼합되어 있다. 횔덜린은 한 송가에서 "또한 예감하는 것 감미로우나, 하나의 고통이기도 하도다"(송가 〈독일인들에게〉, 제17행)라고 노래한 적이 있었다. 이미 세 번째 시연에서 이런 언어 현상은 소망의 접속법을 빌어, 기도의 양식으로 일깨워지고 있다. "그러나 이제 동이 튼다! 나는 기다렸고 이제 그것이 오는 것을 보았다, / 그리고 내가 보았던 것, 성스러운 것은 나의 말이 되어라."(제19~20행) 이 소망 어법 "되어라"는 실제 어휘와 신적인 것의 상응을 간청한다. 이 상응은 주관적이지 않은—성령 강림이나 디오니소스적인—언어 현상으로서의 재림에 대한 횔덜린의 생각에 가장 가까이 놓여 있다. 그러나 이런 재림은 아직은 다만 전망에 놓여 있을 뿐, 닿을 길 없는 목표로 언급되고 있다.

이어지는 3연 1단들에서는 이런 언어 현상을 통해 정점에 달하게

될 전체 시적인 과정이 수행되고 있다. 우선 이 과정의 수용적인 요소가 제기된다. 시인은 요구받는다. 아니 더 정확하게는 "신적인 표징, 세계의 행위들"(제30행)에 의해, 다시 말해 이미 상징적으로 전달된 역사적 사건들에 의해 영감을 받도록, 즉 "불길이 당겨지도록" 용납해야 할 요구 앞에 선다. 그가 이 사건들 안에서 숨겨진 그리고 이제는 거의 공개된 시적 작용의 표징을 볼 만큼 영감을 받아야 한다는 것이다. 문명사적인 발전 과정이 "종복의 모습"을 하고 작용하는 "더 없이 활기찬 이들, 뭇 신들의 힘"(제36~37행)의 비교적(秘敎的)인 활동으로 다시 인식된다는 것은 다만 예수 그리스도의 인간으로 태어남에 따른 신성의 포기나 아드메토스 왕의 종복이자 목자로서의 아폴로의 역할뿐만 아니라, 찬가 〈유일자〉에서 그리스도와 헤라클레스와 나란히 "일에서 숨을 돌리고 자신의 머리를 드러내는"(2. 164, 제95~96행) 디오니소스를 암시한다. 그러나 신들의 인식은 노래로 전달된다. "노래 속에 그것들의 정신은 나부끼고"(제37행) 그 정신의 징표는 "하늘과 땅사이를, 백성들 가운데를" 떠다니는 "공동정신의 사념인 것, / 조용히 시인의 영혼 안에 만족할 자리 찾는다."(제43~45행) 이런 수용의 순간에 이어서 시의 고유한 탄생이 따른다. 이를 위해 시인의 영혼은 "성스러운 빛살에 점화"되어야만 한다.

> 영원한 자는 오래전부터 알려져 있었으되,
> 이제 갑자기 성스러움 맞은 시인의 영혼은
> 회상으로 전율하며 성스러운 빛살로 점화되어
> 사랑 중에 열매를 맺는다. 하여 신들과 인간들의 작품
> 노래는 이루어지나니, 그 노래 이 둘을 증언하는도다. (제45~49행)

사랑 중에 맺은 열매인 '지상의 아이들'이 신화적인 희생을 통해 '원죄'에서 구원받은 것으로 노래된다. "그 때문에 이제 지상의 아이들 / 위험 없이 천국의 불길을 마신다."(제54~55행) "강건한 자의 고통 / 함께 나눔으로써" 그들의 마음은 "신이 다가올 때, 높이에서 떨어지는 폭풍우 속에서도 동요하지 않는다."(제64~66행) 우선 신적 고통을 함께 나눈다는 조건—나중에 이어지는 후기 찬가에서 하나의 중요한 모티브—은 그렇게 이해된 중재자의 역할을 드러낸다.

> 그러나 우리는 신의 뇌우 밑에서도
>
> 그대 시인들이여! 맨머리로 서서
>
> 신의 빛살을 제 손으로 붙들어
>
> 백성들에게 노래로 감싸서
>
> 천국의 증여를 건네줌이 마땅하리라.
>
> 우리의 마음 어린아이들처럼 오로지 순수할 뿐이고
>
> 우리의 손길 결백하기 때문이다.
>
> 아버지의 순수한 빛살은 그런 마음을 태워버리지는 않는다. (제56~63행)

"맨머리"는 경건한 겸손의 자세로 읽힐 수도 있고, 순수한 마음과 결백한 손길은 "주님의 성전에"(《시편》 제24편) 설 수 있는 조건일 수도 있다.

그러나 앞에서 이미 언급한, "일로부터 숨을 돌리고 / 맨머리가 되는 농부"로서의 디오니소스에 대한 암시는 맨머리라는 모티브를 신과의 적나라한 동일화로서 경건한 수동성에는 역행하는 것으로 보이게 한다. 횔덜린은 제65행 이하에 대한 산문 초안에서 좌초의 한층 깊은 이유를 스스로 밝혔다. "그러나 스스로 낸 상처로 내 심장이 피를 흘린다면, 그리고 평화가 심각하게 상실되고 검소한 만족이 사라진다면, 불안과 결핍이 나를 신적인 것의 넘침으로 몰고 갈 것이다."(2. 669~670) 스스로 낸 상처는 시인의 영혼이 순식간에 얻어맞았다고 한 신의 고통에 대한 공감을 자기도취적인 자탄(自歎)과 구분시킨다. "시인을 단지 봉사하는 자로서만 알고 있는 찬가의 영역에서 추방되고 있는 것이 바로 개인적 고통의 순간이다."[47] 우선 성스러움을 자기 것으로 삼고, 이것을 나누기 위해 영혼 가운데 내면화시키는 대신에 공동체의 나누어진 언어로 명확히 드러내 보여야 하는 지점에서 축제일-찬가는 중단되고 있다. 소명의식과 그 의식에 동반되는 주제넘음의 인식, 그 충돌에서 유래하는 이 좌초를 통해 이 찬가는 "경고의 노래"(제72행)가 되고 만다. 그 위치에서 시인은 찬가를 쓴다.

찬가 초안 〈어머니 대지에게〉와 찬가 〈도나우의 원천에서〉

조국적 찬가의 계획을 형식으로나 주제로서 형상화하고자 하는 첫 번째 시도에 해당하는 작품은 〈어머니 대지에게〉(2. 123~125; 번역/2. 299~303), 〈독일의 노래〉 그리고 〈도나우의 원천에서〉(2. 126~129; 번역/2. 203~207)이다. 1801년 초에 쓴 것으로 보이는, 3연 1단의 구조를 가진 이 작품 가운데 마지막 작품만이 완성된 작품이다. 후기 찬가의 몇몇 중심적인 주도 동기가 여기서 울려 나오기 시작한다. 우선 그냥 두면 "이름도 없이"(〈어머니 대지에게〉, 제57행) 머물고 말 신적인 것

47) Peter Szondi, 앞의 책, 61쪽.

의 전달자로서 독일의, 그러니까 서구의 현대 시인들의 과제가 주도 동기의 하나다.

> 천후의 불꽃 성스러운 아버지가 가지고 있을지라도
> 　　실로 그가 이루 다 표현할 수 없을는지 모르고
> 또한 어느 곳에서도 살고 있는 자들 가운데 저 자신을 찾지 못할는지 모르기 때문에
> 공동체가 노래를 위한 가슴을 지니고 있지 않을 때에는. (2. 123, 〈어머니 대지에게〉, 제17~20행)

아직은 형성 중인 "공동체의 합창"(〈도나우의 원천에서〉, 제35행) 또는 "백성의 합창"은 이상향을 의미하는 "다른 어떤 것"으로서 아직은 전망 아래 있으며, 내용을 이루는 표상을 벗어나 있다. 시인은 사칭 그 합창의 대리인이다.

> 열린 공동체를 대신해 나는 노래 부르노라.
> 그렇게 즐거운 손에 의해
> 시험 삼아 건드려진 듯, 한 가락 현이
> 처음부터 울린다.
> [⋯]
> 그러나 하프의 울림과는
> 다르게
> 노래는
> 백성의 합창이 된다. (2. 123, 〈어머니 대지에게〉, 제1~4행, 제11~14행)

세 개의 목소리가 교차적으로 노래하도록 계획된 〈어머니 대지에게〉의 주체는 여기서 대리하고 있는 자아인 "거장"에서 "하프"와 "소리" 자체로 이미 옮겨지고 있다. 이로써 이미 합창이나 노래라는 모티브에 포함된 다른 중심 모티브가 울리게 된다. 그것은 발화(發話) 주체의 처분에 맡겨져 있지 않은 언어의 신화적인 원초성이다. 발화 주체에 의해 이용되는 대신에 언어가 이 발화 주체를 비로소 구성한다.

그러나 바위가 처음 생긴 것처럼
그리고 그늘진 작업장에서 대지의
강철 같은 요새들이 벼리어졌듯이,
그처럼 그는 벌써 천둥소리 울리며
순수한 법을 만들고
순수한 소리를 세웠도다. (2. 123~124, 제23~30행)

신의 최초 창조 내지 창립 행위는 일상적인 의미의 우주진화론으로서가 아니라 하나의 상징적 질서 세우기로 표현된다. 기표(記標) 이전의 언어로 해석될 수 있다. 이런 언어에 대해 〈도나우의 원천에서〉는 이렇게 읊고 있다.

그처럼
동방에서 말씀이 우리에게로 오네,
또한 파르나소스의 절벽과 키타이론에서 나는
오 아시아여, 그대의 메아리를 듣나니, 또한
카피톨리움에서 꺾이어 알프스로부터 급격히

한 낯선 여인
우리에게로 오네, 잠 깨우는 여인,
인간을 기르는 목소리. (2. 126, 제35~42행)

전래의 모티브와 동쪽에서 서쪽을 향하는, 또는 고대 그리스에서 서구를 향하는 문화 변천의 모티브는 헤겔이 말하는 세계정신의 전개를 회상케 한다. 그러나 역사를 비유적으로 표현하는 횔덜린의 지리는 결코 논리적인 인식 행위가 아니라 하나의 언어화 과정이다. 더 훗날의 찬가들과 찬가 초안들 그리고 1803~1804년 이후의 수정 작업에서는 구체적인 표시와 흔적의 등장을 용납하지 않는 기호로 점점 더 물러선다. 이 기호적 특성은 '표현, 기호, 재현'으로서 전체의 숨겨진, 과정상의 연관성을 표시하고 보존하고자 한다.

그 어떤 것이 아니라,
그럴듯한 한 징표가 필요하다. 그렇게 하여 그것은 해와
달을 마음 안에, 갈라짐 없이 품고,
계속해 간다, 한낮과 밤도 역시, 그리고
천국적인 자들 서로를 따뜻하게 느끼고 있다. (2. 191, 〈이스터강〉, 제50~54행)

〈도나우의 원천에서〉는 그 산문 초고에서 심지어 '영웅들'이라고까지 불렀던 고대와 구약성서의 '시인들'과 '예언자들'도 불러낸다. 그것은 신적인 것을 대면하는 이들의 힘을 현대 시인들의 불확실성과 의구심에 대비시키기 위해서다.

오 아시아여, 그대의 강한 자들의, 오 어머니여!

두려움 없이 세계의 징후 앞에서

하늘과 모든 운명을 어깨에 짊어지고

며칠이건 산 위에 뿌리박고서

맨 처음

홀로 신에게

말하는 것을 깨우쳤던 낙원들. 이제 편히 쉬고 있네. (2. 128, 제80~86행)

그들의 반대편에는 "독일의 시인"이 서 있거나 "깊은 그늘에 앉아 있고", "고독한 회당에서 깊은 생각에 빠져 있다."(《독일의 노래》, 제13, 15, 17행) 그러나 전해져 오는 징표들, 성소들 그리고 성서는 사라져버린 신들의 흔적을 현재에 새겨 놓고 있다. 이 흔적들은 보존되고 앞으로도 계속 전해져야만 한다. 신들이 물러난 뒤에 '고아'로 남겨진 서구 시인들의 영혼 안에 보존되어야만 하는 것이다.

또한 우리의 영혼 가운데로

충실이 주어진 것 부질없는 일 아니네.

우리에게만 아니라, 그대들의 것 그것이 보존하고 있고

성전들에는, 말의 무기

더욱 미숙한 자들인 우리에게

그대들 운명의 아들들이 헤어지며 남겨주었네.

그대들 선한 정령들이여, 거기 그대들도 있네. (2. 128, 제98~104행)

서로 다른 두 세계의 시인에 대한 이해를 한데 묶어주는 것은 고독한 중재자로서의 영웅적 행위다. 바로 이 공공의 담론에서 유리된, 나

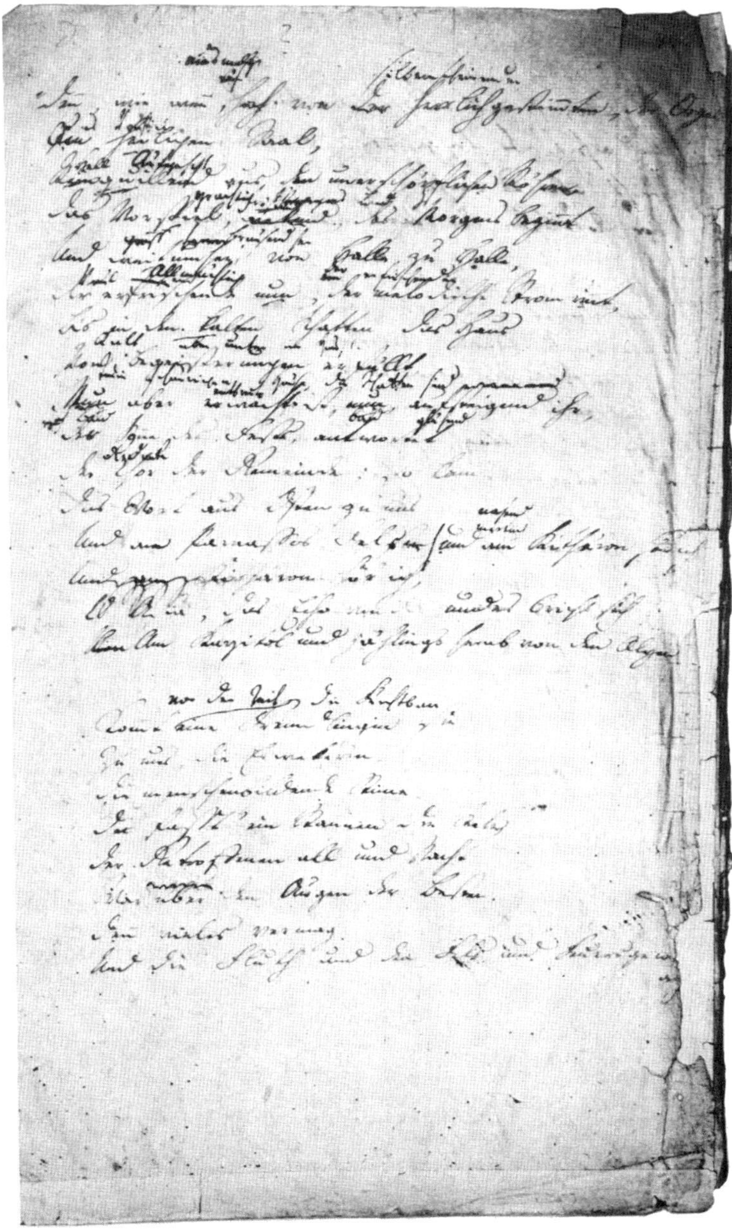

찬가 〈도나우의 원천에서〉의 육필 원고

중에 나누어주기 위해 먼저 '공동의 것'을 선취하고 있는 고립된 대리인의 앞선 내면화가 축제일 찬가의 시적 자아를 '거짓된 사제'로 만들었다. 이 사제는 또는 적어도 그의 언명은 그가 언어를 통해 대응하려고 한 '성스러움'의 중력 아래서 깨지고 만다. 이어지는 후기 찬가들에서도 개인적 인간적 그릇은 완전히 깨진다. 시어의 철저한 간접성, 외면화 그리고 다성음이 이상주의적인 주관의 절대성 요구에 맞선다. 언어의 선험성이 개별적인 시적 자아의 신적인 직접성을 향한, 다시 말해 성스러움과 동일화시키는 중재를 향한 동경에 저항하는 것이다. 이처럼 휠덜린의 시구에 표현되고 있는 신적 현현에 대한 동경과 이상적인 삶의 의기양양한 선취는 수줍음, 더 나아가 두려움의 요소들과 혼재한다.

〈편력〉

찬가 〈편력〉(2. 138~141; 번역/2. 208~213)의 지형도는 찬가 〈도나우의 원천에서〉와 유사하다. 찬가 〈편력〉은 고향 슈바벤을 찬미하고 중심을 이루는 은유인 도나우를 따라 슈바벤을 벗어나서 흑해에 이르는 여행을 노래한다. 〈도나우의 원천〉처럼 이 작품 역시 두 영역, 즉 현재와 과거, 서구와 고대 그리스, 알프스의 북쪽과 남쪽을 연결하는데 관심을 두고 있다. 한편으로는 시급한 문화적 물음에 대한 답변의 차원에서, 다른 한편 감성적이며 종교적인 요구를 표현하기 위해서다. 위안을 주며 용기를 북돋는 연결의 이미지들이 많이 등장한다. 동방에 원산지를 두고 있는 과실나무들, 별들의 운행, 5월 지중해를 건너

오는 제비들의 도착이 그것들이다. 그러나 동경과 분리의 이미지들도 없지 않다. 그리고 이 작품은 희망 없이 끝나지는 않는다. 그러나 여전히 대기하고 있다. 투명하게 구분되는 날카로움의 시행들이 있는가 하면, 복잡하게 얽힌 시행들도 있다. 이 시는 그 형식에서 분명히 핀다르를 따르고 있다. 3개의 3연 1단으로 구성되어 있고, 매 3연 1단은 12, 12, 15행의 시연으로 이루어져 있다. 표현의 방향은 찬양, 설명 그리고 성찰로 급격하게 변화되고 그때마다 음조도 변한다. 언제나 그러하듯이, 이런 변화를 논쟁적으로 분석하기보다는 이 움직임을 감각적으로 느끼는 편이 더 낫다. 횔덜린의 장시들은 이런저런 방식으로 느낌을 전한다. 장시들은 망설이는 듯한 리듬의 인상을 남기는 것이다.

〈편력〉은 사랑하는 고장, 슈바벤에 대한 찬양으로 시작한다.

지복(至福)의 슈에비엔, 나의 어머니,
더욱 반짝이는 그대의 동생 저 위의
롬바르디아와 같이
수많은 시냇물 거쳐 흐르는 그대여!
나무들도 울창하고, 하이얀 꽃 피우며 빨갛게 물들이고
또한 더욱 짙은 색깔로 거칠게, 검푸른 잎사귀들 무성하고
또한 스위스의 알프스산맥이 이웃하여
그대에 그늘 드리워주고 있다. 집의 아궁이 가까이
그대 깃들고, 그 안에서
신에게 바쳐진 은빛의 그릇으로부터
순수한 손길에 의해 흩뿌려져
샘물 솟는 소리에 귀 기울이는 탓이다. (2. 138, 제1~12행)

슈바벤은 "지복"하고, "수많은 시냇물이 여기를 거쳐 흐른다." 알프스의 다른 쪽 롬바르디의 형제가 되어 이 시가 복구하고자 하는 그리스 영역에 가까이 접해 있다. 이런 개막의 정경묘사는 구체적인 정경과 상상의 정경 사이를 오가며 전개한다는 점에서 비가 〈귀향-근친들에게〉, 찬가 〈라인강〉, 또는 〈파트모스〉의 서두와 유사하다. 지형도는 사실에 근거하고 있지만, 상상의 신적 접근으로 조명되고 있다. 그리하여 우리는 더 은유적인 또는 덜 은유적인 지형도 사이를, 특히 녹아내리는 얼음과 강물에 대한 세부적인 묘사 가운데서 가까이 또는 멀리 이동하게 된다. 이런 문체 양식의 장치는 고대 그리스 세계에서 한때 실제로 현존했던 것으로 표현되고 있는 이상적인 삶의 조건을 다시 그려내고자 하는 이 시의 알맞은 장치다.

슈바벤은 어느 누구도 떠나고자 하지 않는 고장이라고 방금 확언하고 나서 등장하는 "그러나 나는 카우카소스로 가련다!"(제25행)는 매우 돌연하다. 그러나 이런 충격은 필요하다. 그렇지 않으면, 아름다운 환상에 묶인 채 이 시는 그 출발선에서 헛되이 멈추고 말 것이기 때문이다. 그리하여 핀다르와 같은 방식으로 편력은 시작된다. 과거 "독일 민족의 … 태양의 아이들과의" 만남과 씨족 간의 혼례(제32~36행)에 대한 전설은 근거가 알려져 있지는 않으나, 이 시가 절실하게 찾고 있는 재결합이라는 맥락에서 명백히 목적에 부합한다. 〈도나우의 원천〉에 나오는 오르간과 공동체의 비유처럼 이 전설은 하나의 본보기를 제공한다. 그 결과로 생기는 종족은 "인간 스스로를 인간이라고 부르기 이전과 이후의 / 그 모든 것보다 더욱 아름답다"(제58~60행)고 서술된다. 그리고 이것은 이 시가 열망하고 있는 결합을 통한 바로 그 아름다움의 조건이다. 그러나 〈평화의 축제〉에서처럼 여기에도 정체성에 대한 짜증스러운 의문이 제기된다. 우리는 제68행 "거기에 그대들도 역시 있었고…(dort wart auch ihr)"를 "거기에 역시 그대들 있었고…(dort wart ihr auch)"로 읽지 않음으로 여기서 일컫는 사람들이 앞 제58~60행에서 기술된 사람들과 같은 사람들이 아니라는 것을 짐작하게 된다. 이것은 그럴듯해 보인다. 제64~78행이 포함하고 있는 것은 그리스 영역을 환기시키며, 횔덜린이 "그대들 아름답기 이룰 데 없는 것들"(제68행)이라고 부르고 있는 것은 그리스 사람들을 의미하기 때문이다. 그렇다면, 즉 두 민족이 구분되는 것이라면, 이 최상급 "아름답기 이를 데 없는 것(=최고로 아름다운 것)"(제68행)은 앞선 슈바벤을 향한 극찬을 무색하게 만들어준다. 그러나 이런 논리적인 추궁은 부질없는 일이다. 전설적인 본보기를 따라 다시 결합하는 것이 이 작품의 목적인 한, 이 시는 그런 어휘의 통사적인 용법을 간단히 무시하고 있는 것이다.

고대 그리스는 이오니아에서 아테네와 스파르타에 이르기까지 공간적 시간적 거리를 통틀어 찬미되고 있다. 슈바벤에 바친 찬미와 다름없이 열정적인 찬미다.

거기 해변가 이오니아의 나무들 아래
카이스터의 평원 가운데
천공을 즐기며 학들
멀리서 가물거리는 산들로 둘러싸인 곳.
거기 아름답기 이를 데 없는 것들이여! 그대들 있었고,
포도로 장식되고
노래로 가득하게 울리는 섬들 돌보았었다. 또 다른 이들

타이게토스 곁에 살고 있었고 널리 찬미된 히메토스 곁에
마지막으로 그들 번성했었다. 그러나
파르나소스의 샘에서부터 트몰로스의
금빛으로 반짝이는 개울들에 이르기까지
하나의 영원한 노래 울렸다. 하여 그때
숲들과 모든
현금의 탄주들 함께
천국의 온화함으로 감동되었도다. (2. 140, 제64~78행)

슈바벤에 대한 찬양과 그리스에 대한 찬양은 다 같이 이상적인 삶을 기원하고 있다. 그리고 시인이 매혹적인 슈바벤에서 갑자기 마음의 동요를 느끼게 되었듯이—"그러나 나는 카우카소스로 가련다"(제25행)—이제 "그러나 내 머물 생각하지 않는다"(제91행)면서 그리스로부터도 갑자기 마음을 돌린다. 시인은 현재에, 그리고 이상적인 곳이 아니라 오히려 "공손하지 않으면 마음 사기 어려운"(제92행)이라고 표현되는 장소에 속해 있다. 이제 이 작품의 몸짓은 성급한 라인강의 이미지 이후에 한층 겸손해진다. 자비의 여신들이 독일을 방문하기를 초대받는다. 공손한 간청이다.

그러나 내 머물 생각하지 않는다.
내 도망쳐 온 닫힌 이, 어머니,
공손하지 않으면 마음 사기 어렵다.
그의 아들 중 하나, 라인강
힘으로 그녀의 가슴에 뛰어들려 했으나

물리침을 당한 그자 멀리, 어딘지 아무도 모르는 곳으로 사라져갔다.
그러나 내 그렇게 그녀로부터 사라져버리기 원치 않았으니
오로지 그대들을 여기에 초대코자 원하여
그대들 그리스의 자비의 여신들이여
그대들 천국의 딸들이여, 내 그대들에게로 갔었노라.
하여 길이 그리 멀지 않다면
그대들 우리에게 와도 되리라, 그대들 사랑스러운 이들이여! (2. 141, 제91~102행)

시인은 아무것도 채울 수 없다. 그는 오로지 그의 편력의 끝에 이르러 자비가 그것을 몹시 필요로 하는 사람들에게 베풀어지기를 기도할 수 있을 뿐이다. 그것이 이 시가 어떻게 잘못된 행위와 믿음, 겸손, 그리고 희망의 징후를 함께 끝을 맺고 있는지 알게 해준다.

그러나 천국의 시녀들
마치 모든 신적인 태생처럼
신비롭도다.
누군가 그것에 살며시 다가가면
그는 제 손으로 꿈을 붙들게 되지만
힘으로 필적하려 할 때 벌을 내린다.
미처 생각하지 못했던 자를
신적인 태생은 놀라게 만드는 것이다. (2. 141, 제110~117행)

〈라인강-이작 폰 징클레어에게 바침〉

찬가 〈라인강〉(2. 142~148; 번역/2. 214~224)은 횔덜린의 이른바 '강(江)의 시' 가운데 가장 규모가 큰 작품이다. 찬가 〈파트모스〉의 섬처럼, 강 자체는 이 시를 쓰게 만드는 데만 역할을 하며, '실제' 주제가 일단 제기되면 강은 어떤 역할도 하지 않게 된다. 사실 우리는 이 시의 제95행 "또한 젊음의 순수한 목소리도 잊어야 하기 때문"에서 라인강을 떠난 것이나 마찬가지다. 그러나 이 시는 전 과정에 걸쳐서 강의 묘사를 이어간다. 횔덜린의 시에서는 어떤 것도 저버림을 당하지 않는다. 어떤 것도 어떤 목적을 위해 버려도 될 수단에 지나지 않는 것은 없다. 형식과의 힘에 넘치는 투쟁으로서, 사랑의 싸움으로서 강에 대한 횔덜린의 이해가 이 시를 온통 활기차게 하고 있다. 핀다르는 일반적으로 위대한 강에 비유되었는데, 횔덜린도 그의 찬가를 통해 그런 비유에 이를 만하다. 강은 하늘에서 내려와 바다에서 소멸하며 다시 하늘로 올라가는 순환을 통해, 그리고 대지의 형성자로서 횔덜린을 매혹한다. 그러나 무엇보다도 부딪침을 통해 존재를 드러내는 에너지로서 그를 매혹하는 것이다.

하나의 강으로 이 긴 시를 생각하는 것이 이 시를 즐겁게 읽는 데 도움이 된다. 출발부터 끝날 때까지의 전 과정은 한꺼번에 일어나기는 너무도 길다. 갑작스러운 진로의 변경과 빠르기의 변화가 있다. 이런 변화들은 그것들이 발생할 때마다 느끼게 되기를 원한다. 이 변화들은 이 시의 금언과 같은 진술과 똑같이 이 시의 의미를 구성하고 있다. 우리가 움직이면서 이 시에 대한 우리의 모든 지각을 유지하기란 쉽지 않다. 만일 우리가 읽기 과정에서 발생하는 모든 것을 유기적으로 완전히 연결할 수 없다 해도, 그것을 그렇게 크게 실망할 일은 아니다. 그 과정에서 상상은 환기되었다가 또 풀리기도 하기 때문이다. 다른 한편 이 시는 혼돈 상태가 아니다. 결코 그렇지 않을 뿐만 아니라 오히려 강의 질서처럼 에너지의 매우 엄격한 정리정돈이다. 이 작품은 모두 15개의 시연, 5개의 3연 1단으로 구성되어 있다. 횔덜린은 이 작품 〈라인강〉에 대해 간단한 난외 주석을 붙여놓았다. 이 찬가의 시학적 음악적인 규칙에 관한 것이다.

> 이 찬가의 규칙은, 처음 두 개의 파트는 형식상 전진과 후퇴로 대립되어 있지만, 그 소재에 따라서는 같으며, 이어지는 두 개 파트는 형식상으로는 같으면서 소재에 따라서는 대립되며, 마지막 파트는 그러나 철저한 메타포로서 모든 것을 균형 있게 하는 것이다. (2. 722)

그러니까 이 시는 그것의 법칙적 계산을 가지고 있다는 말이다. 다만 모호하게 설명하고 있을 뿐이다. 본질적으로 더 이상 요약할 수가 없다. 강의 진실도 이 시의 진실도 우리가 간단히 집어 올릴 수 있도록 차려져 있지 않다. 우리는 진실의 얼마만큼을 알아차린다. 매번 읽는 과정에서 어떤 때는 많이 또 어떤 때는 덜, 그리고 매번 같은 모습도 아닌 채 알아차리게 되는 것이다.

원기 왕성한 분투에 큰 관심을 두고 있는 찬가 〈라인강〉은 〈편력〉이 희망 가운데 끝나고 있는 장소와 같은 축복받은 고장에서의 은총의 순간으로 서두를 열고 있다.

> 나는 어두운 담쟁이덩굴 속 숲의 입구에
> 앉아 있었다. 바로 그때 황금빛 한낮

샘을 찾으며, 알프스산맥의
계단에서 떨어지고 있었다,
나에겐 신성하게 지어진 성
옛사람들의 생각으로는
천국적인 것들의 성인 알프스,
그러나 거기에서 비밀스럽게 결정되어
더 많은 것이 사람들에게 이른다. (2. 142, 제1~9행)

같은 상황은 나중에 (제131~134행) 다시 한 번 실감나게 표현된다. 시인이 이 발단에서 경험하고 있는 것은 라인강의 천성에 대한 깨달음이다. 라인강은 곳트하르트에서 독일의 평원에 이르는 흐름을 통해 이 시의 80행(제16~95행)까지의 진행을 채우고 있다. 이 부분은 서두에서 주어진 시혜(施惠)의 요소들—"떨어져 내리다", "도달하다", "소리를 듣다"—을 증폭시키고 있다. 이 안의 강 자체는 시적 리듬에 따른다. 특히 제16~31행과 제61~75행과 같은 긴 시구에서 강은 율동하며 출렁인다. 그리고 이런 전력을 반추하면서 마음은 "허나 운명 앞에서 소망이란 / 어리석은 것"(제38~39행)이라는 통찰에 이른다.

표면상의 주제로서 라인강은 제95행—"또한 젊음의 순수한 목소리도 잊어야 하기 때문"—에서 이 시를 떠난다. 그러나 이 시는 강이 남긴 명상 가운데 강과 함께하기를 계속한다. 이 명상은 우선 오만의 지점으로 떠밀린 에너지와 자기 확신을 성찰한다. 라인강에서부터 루소에게로의 심사숙고의 이행은 실제로 매우 자유로우며, 또한 독자의 내면에 개방적이며 공감하는 상상을 요구한다. 예컨대 횔덜린은 오만한 행동과 그것에 대한 응징을 전통적이며 익숙한 말로 표현한다. 그러나 그는 이런 표현들 사이에서 우리의 알맞은 역할에 대한 매우 독특한 자신의 관점을 피력한다.

천상적인 것들
무엇인가를 필요로 한다면,
영웅들과 인간들
그리고 기타 필멸의 존재들이 그것이다. 왜냐하면
가장 복된 자들 스스로는 아무것도 느끼지 못하기 때문이다.
감히 말해도 좋다면
신들의 이름으로
참여하면서 대신으로 느껴야 하고
그 타인을 신들은 필요로 하는 것이다. (2. 145, 제106~114행)

이 사상은 횔덜린의 종교적 시학의 핵심에 자리한다. 이 시는 그가 쓰는 동안 엄밀하게 신들을 감각하는 수단이기를 시도한다. 그러나 여기서 강조점은 수동성과 겸손이다. 감각의 수단이 되는 과정에서 보탬이 되기를 기다리는 데 그 강조점이 놓여 있는 것이다.

그러고 나서 복되게 겸손히 그는 쉰다.
그가 원했던 모든 것
천상적인 것, 스스로 거리낌 없이
에워싸기 때문이다. 그가 쉬고 있는 지금,
그 대담한 자 미소 지으면서. (2. 146, 제130~134행)

시는 라인강 자체 안에 체현되어 있는 명상의 가능성들 가운데서 정신이 자극을 주는 한 움직인다. 따라서 제135행의 "내 이제 반신들을 생각한다"는 갑작스러운 구절은 아시아를 향하라는 명령과 모든 제약을 당할 때의 조급성에 표현되어 있는 강의 강력한 촉구에 견줄 만한 새로운 출발은 아니다. 루소는 반신이 아니다. 그러나 그는 거의 영웅적이면서 위험한 힘을 가지고 있다. 그리고 여기 다시, 능동적인 기세에 잇대어 순수한 수혜의 몸짓이 따른다. 영웅적인 음조에 뒤이어 목가적인 음조가 우세한 감미로운 구절을 통해 받아들임의 몸짓이 표현되고 있는 것이다.

그리고 그다음 성스러운 잠에서
일어나 숲의 서늘함에서부터
깨어나, 이제 저녁
따스한 빛살을 향해 나아가는 것 멋지도다.
산들을 세웠고
강들의 길을 그었던 이가
미소 지으면서 또한
인간들의 분주한 삶
그 연약한 숨결의 삶을, 돛을 부풀리듯
자신의 대기로 조종하고 나서
휴식을 또한 취할 때 그리고 이제 그 여제자에게로
창조하는 자 악함보다는
선함을 더 많이 발견하면서
한낮 오늘의 대지로 몸을 굽힐 때. (2. 147, 제166~179행)

신은 주고 인간들은 받아들인다. 평화, 화해, 균형, 그리고 결합이 황혼의 이미지 가운데 실현된다. 이 순간의 심오한 우주적인 의미가 진술된다. 이것은 현세적이며 친숙한 언어로 표현되어 있다.

그때 인간들과 신들은 결혼 잔치를 벌이니
모든 살아 있는 이들 잔치를 열도다.
또한 한동안
운명은 균형을 이룬다. (2. 147, 제180~183행)

"결혼 잔치", "한동안 균형을 이루는 운명"이 친숙해지고, 명상을 낳는다. 그리고 우리는 이것으로 충만해진다. 이것이 바로 시문학 안에서 일어나는 신적 내재성인 것이다.

독특하게 이 시는 여기서 끝나지 않는다. 이 순간은 유지될 수 없다. 적어도 인간들에게는 그렇다. "영원한 신들은 항상 / 생명으로 차 있다."(제198~199행) 그러나 그런 상태—생명으로 충만함—는 우리가 자주 얻을 수 있는 것이 아니다. 설령 얻는다손 치더라도 우리는 그것을 붙들고 있을 수 없다. 이어지는 구절에서 우리가 지녀야 할 자세로, 향연의 자리에서 자신의 감각을 '깨어 있도록' 유지했던 소크라테스가 암시되는 것은 이런 이유에서다.

불행을 견디기는 어렵지만
행복을 견디기 더욱 어려운 탓이다.
그러나 한 현자 있어
한낮에서 한밤에 이르기까지
그리고 아침이 반짝일 때까지

맑은 정신으로 잔치에 남아 있을 수 있었다. (2. 148, 제204~209행)

찬가 〈라인강〉은 횔덜린의 투쟁적인 친구 징클레어에게 바친 작품이다. 이 시의 결구에서 그에게로 말머리를 돌리면서 이 시는 혼란스럽고 위험한 시대에 무모한 투쟁의 상황을 환기시킨다. 이 투쟁은 평화의 아름다운 환상을 버리게 한다. 그러나 징클레어는 명쾌한 투시력을 가지고 있다. 그는 우리의 상황이 어떻든 신의 미소를 구분해낼 수 있다.

이 작품은 거대한 강과 그 강의 무서운 에너지에 대한 통찰로 시작했다. 그리고 파괴와 혼란에 대한 사유로 끝나고 있다. 목적지향과 평화의 이미지를 통한 이 강의 흐름을 거쳐 그 끝에 이른 것이다. 마지막 시어 "혼돈"(제221행)은 오직 문자로만이 시의 마지막 시어이다. 사실은 아직 마지막 어휘는 없다. 만일 진정한 마지막 어휘가 있다면, 그리고 그것을 횔덜린이 그려낸다면, 그것은 "결혼 잔치"이거나 "완벽한 평온. 붉은 황금빛"(2. 253, 〈…바티칸…〉, 제45행)일 것이다. 그 사이 "비로소 / 모든 순수한 것 역시 연마되는"(제81~82행) 투쟁이 있다.

〈게르마니아〉

찬가 〈게르마니아〉(2. 149~152; 번역/2. 225~231)는 기묘하게 느껴지는 시다. 이 시의 내면적인 모순들과 망설임은 고지의 과감한 몸짓에도 불구하고 끝에 이르러 이 시의 진전을 거의 완벽하게 방해한다. 이 작품은 히틀러 치하의 독일에서 비극적으로 오독되었다. 이 시의 의미는 똑같은 길이를 가진 7개 시연 가운데 첫 시연에 표현되어 있다. 논쟁은 일련의 대비를 거치면서, 그리고 스스로에 대한 경고를 통해 방향을 바꾼다.

복된 자들, 그들 나타났던 바
옛 나라에서의 신들의 모습들
그들 나는 더 이상 부르지 않으리라. 그러나
그대들 고향의 강물이여! 이제 그대들과 더불어
마음속의 사랑을 비탄한다면, 성스럽게 슬퍼하는 것
달리 무엇을 원할 수 있을까? 기대에 차
이 땅은 놓여 있고 뜨거운 한낮에
그대 동경하는 자여! 하나의 천국
여기에 내려와 오늘 우리에게 그늘 짓는다.
그 천국 약속으로 가득하며, 또한 나에겐
두렵게 보인다, 그러나 나 그에게 머물리라
그리고 내 영혼 뒷걸음쳐 달아나지 않으리라
나에게 너무도 사랑스러운 지나간 것들이여! 그대들을 향해 달려가지 않으리라.
왜냐하면 옛대로인 양 너희들의 아름다운 면전을 바라보는 일
내 두려워하며 또한 죽음에 이르는 일이기 때문
또한 죽은 자들 일깨우는 일 용납되지 않기 때문이로다. (2. 149, 제1~16행)

그런 들뜸과 지속적인 대비 가운데 이 시는 동경과 억제 사이의 싸움으로 느껴질 수 있다. 이에 대한 은유는 고대 그리스로의 도피 욕구와 독일을 향한 충성으로 나타나는 그런 욕구의 철회다. 동경은 정

경 자체에 표현되어 있다. 정경은 열망으로 가득 채워져 있다.

전체 시의 특징인 우유부단은 두 번째 시연에서도 계속된다. 신들은 사라졌다. 아니면 알아보기 쉽지 않게 되었다. 현재의 화자는 그런 사실에 감연히 맞서야만 한다. 그는 "시간이 끝나고 한낮이 꺼져버렸을 때"의 있음 직한 일에 대한 강렬한 이미지를 통해 이를 표현하고 있다. 이 이미지는 현대의 곤궁함을 절실하게 표현하려는 그의 의도의 결과이다. 그러나 이 시는 너무 낙관적이지도 너무 비관적이지도 않으려고 한다. 그리고 이런 관점에서 이 시는 완전한 절망으로부터는 뒷걸음질 치고 있다. 우리는 "황금빛 연기, 이것의 전설"(제25행)로 남겨진다. 이 전설은 그 자체가 새로운 새벽으로 구체화되는 것으로 대체된다. "이제 의심하는 우리의 머리를 에워싸고 가물거린다"(제26행)라는 시구는 바로 그 매우 덧없는 희망을 정확하게 표현하고 있다. 이 시연은 애매모호함으로 균형을 이루며 마무리 짓는다. 신들은 사라졌다. 마지막 구절들은 하늘이 신들도 없이 텅 비어 있다고 읊고 있지만, 그들의 귀환이 임박했다고는 말하지 않는다. 이 시의 의미는 바로 그런 주저함 가운데 들어 있다.

찬가 〈게르마니아〉는 이제 고지(告知)를 향해 나아간다. 준비 태세와 예상을 표현하는 시행에 이어 이 시의 현재의 긴장은 미래의 감각으로 방향을 옮겨 간다. 그리고 시는 자신이 동경하는 대상을 시사한다. 독수리의 등장이 그것이다. 이 독수리의 경로—인도, 파르나소스, 이탈리아, 알프스—는 동쪽에서 서쪽을 향한 문화이동의 경로 바로 그것이다. 우리가 그 친숙한 의미를 깨닫는 순간 우리는 긴장을 푼다. 독일이 그다음 차례라고 횔덜린은 확언한다.

횔덜린이 게르마니아, 독일의 여신을 다음 차례에 알맞다고 하면서 게르마니아에게 부여하고 있는 특성들은 일반적인 애국자들이 좋아하는 그런 특성은 아니다. 게르마니아는 순결하고 스스로 물러설 줄 안다. 게르마니아의 힘은 믿음과 사랑이다. 게르마니아는 대지 자체의 수동적이며 인내하는 탄력을 지니고 있다. 나치가 횔덜린을 오용한 하나의 특수한 사례는 이 시의 마지막 시구에서 "무장도 갖추지 않은 채(wehrlos)"라는 어휘를 빼버린 빈더의 인용이다.[48] 횔덜린의 애국은 결코 호전성을 띄우고 있지 않았다. 그는 자신의 조국이 유럽의 심장에서 사랑과 정신의 힘을 증명해주기를 바랐을 뿐이다.

게르마니아를 향한 독수리의 부름, 독일이 선택받았다는 그의 고지가 이 시의 후반부를 모두 차지하고 있다. 이 시가 시작되었을 때 수반했던 머뭇거림과 주저함으로 이 시가 감염되었던 것만큼 당돌하고도 결정적으로 하나의 몸짓이 일어나고 있는 것을 보는 것은 놀라운 일이다. 우리는 이미 두 개의 이동에 도달해 있다. 이 시는 현실에서는 마냥 동경의 대상일 뿐인 고지를 선물로 표현하고 있다. 독수리는 이어서 게르마니아에게 미래의 역할을 명한다. 독수리의 의사 표명은 그가 과거를 관련시킬 때 가장 분명해진다.

오, 아침의 바람을 마시라,
그대 열릴 때까지,
또한 그대 눈앞에 있는 것 이름 부르라,
더 이상 말해지지 않은 것
신비로 남아 있어서는 안 된다,
오래전에 이미 베일에 가려진 것이라 해도.

48) Hermann Binder, *Deutschland, Heilig Herz der Völker. Lebenswerte in deutscher Dichtung*, Stuttgart/Berlin 1940, 169쪽.

부끄러움이 필멸의 우리 인간에 마땅한 것이고
대부분의 시간에 대해 그렇게 말하는 것
역시 신들의 현명함이기 때문이다.
그러나 순수한 샘물보다도
황금이 더욱 넘치며 하늘에서의 분노 진지해지는 곳에
낮과 밤 사이
한 번쯤 참됨이 나타나야만 하리라.
이제 그대 그것을 삼중으로 고쳐 쓰라.
그러나 말해지지 않은 채, 그대가 발견한 채로
순수 무구한 자 그대로 남아 있게 하라. (2. 151~152, 제81~96행)

이 시구는 자기모순과 솔직함 사이를 오가고 있다. 그것은 확신과 의구심 사이의 흔들림이다. 이것은 정확하게 이 시의 실질적인 곤경을 나타내주고 있다. 고지의 전체 몸짓은 훼손된다. 독수리는 모순과 애매성을 표명하며 우리들로 하여금 이 시가 시작했던 지점으로 돌아가도록 한다. 징후는 있다. 재림은 박두했다. 그러나 그러는 도중에 있다. "그러나 시간의 한가운데"(제103행)에 있다. 우리는 더 이상 나가지 않는다. 이 시는 처음의 감각을 확인한다. 대체로 이 시는 믿음과 희망의 필요성을 재확인하는 것에 성공하고 있다. 찬가 〈게르마니아〉는 휠덜린의 진정한 자기모순에 대한 고전적인 사례의 하나다. 그는 자신이 정직하게 언급할 수 있는 것 이상으로는 말하고자 하지 않는다. 고지가 행해지고, 검증되며 또 모두 취소되는 데 이 시의 신랄한 의미가 놓여 있다.

그리스도 찬가

횔덜린의 후기 찬가 가운데 일단의 '그리스도 찬가'로 분류되는 세 편의 찬가인 〈평화의 축제〉, 〈유일자〉, 〈파트모스〉보다 더 첨예한 논쟁의 대상이 된 다른 작품은 없다. 이 찬가들에서 문제의 핵심은 역사 안에서의 신체공현(神體公現)의 사건으로서 신적인 현현을 시적으로 표현하고 있다는 점이다. 신적 현현이 피안으로 초월되거나 지양되는 대신에 그 현세성이 세계 내 재림의 핵심을 이루게 된다는 말이다. 그렇지 않아도 〈평화의 축제〉의 한가운데에서 시대의 조용한 신은 역사의 과업에 참여하고 나서 자신의 '일터'에서 밖으로 나온다.

그러나 한때 신 역시 한낮의 일을 택하고자 하니
사멸하는 자들처럼 모든 운명을 함께 나누고자 한다. (3. 535, 제81~82행)

이 재림이 언어의 저편에서 개별적인, 신화적인 체험으로서가 아니라, 사회적으로 추론이 가능한 유토피아로, 특히 〈평화의 축제〉에서 환기되고 강조되고 있는 것처럼 "모두가 모이는" "축제의 날"에 참여하는 집단의 성령 강림에 비견되는 언어의 유토피아로 이해된다. 이것은 후기 찬가의 기본 사상에 해당된다. 합창과 노래, 축제와 잔치와 같은 모티브는 일종의 역사적인 유토피아로서 어떤 지배도 없는, 사회적 종교적인 소통의 정치적, 신학적 공동체의 전망을 계시한다. 시간의 종말에 전개되는 유토피아로서 아니라, 역사 자체의 유토피아로서 말이다.

바로 이런 요점이 후기 찬가들 그리고 또한 횔덜린 후기 문학에서 신과 인간이 한데 묶여 있는 기본적인, 그리고 근원적인 의존 구조 또는 연관 구조를 증명해준다. 신도 인간의 전달에 참여할 필요가 있다. 그리고 이런 목적을 위해 이들은 서로 필요하다. 찬가 〈파트모스〉의 잘 알려진 서두 "가까이 있으나 / 붙들기 어려워라, 신은"(2. 165)을 나중에 수정한 "재화로 가득 차 있다. 그러나 아무도 / 홀로 신을 붙들지 않는다"(2. 173)는 구절은 이런 선험적이며 동시에 유토피아적인 관계 구조를 가장 잘 표현하고 있다. 아울러 〈유일자〉의 경구와 같은 마지막 시구 "시인들은 또한 정신적인 자들로서 / 세속적이어야만 하리라"(2. 156)는 정신적이면서 신적인 것에 봉헌하고 있는 시인의 필연적인 "현세주의"를 표현하고 있다. 시인들의 현세지향과 자기 억제는 피안을 향한 파괴적인 열정에 대칭을 이룰 뿐만 아니라, 자신이 불러온 상처로 고통받는 마음도 포기하라는 계명에 상응한다.

〈평화의 축제〉

바이스너는 그가 편집한 《슈투트가르트판 횔덜린 대전집》 제2권에 "화해자, 그대 결코 믿기지 않았던 이여…"로 시작하는 한 작품의 세 개 판본을 수록해서 출판했다. 이 판본들은 1954년 시 〈평화의 축제〉(3. 531~538; 번역/2. 231~240)가 발견되자, 이 시의 전 단계 작품임이 밝혀졌다. 바이스너는 이 〈평화의 축제〉를 《슈투트가르트판 횔덜린 대전집》 제3권의 부록으로 추가하여 발행했다.

초고들을 포함해 이 찬가 〈평화의 축제〉는 1801년 2월 프랑스와 오스트리아 사이에 체결된 르네빌의 평화협정을 그 계기로 삼고 있다. 이 협정은 캄포 포르미오 평화협정(1797년)에 따라 잠시 멈추었다가

1798년 재발한 제2차 연합전쟁의 종식을 확정함과 동시에 당대인들에게 유럽의 평화 질서에 대한 희망을 일깨워주었다. 그 희망은 1792년 이래 거의 끊임없이 독일과 스위스에서 펼쳐졌던 전쟁의 종결과 함께 이제 그 실현이 목전에 이른 것으로 보였다. 더욱이 수개월에 걸친 준비와 많은 비용을 들여 파리에서 개최된 1801년 7월 14일 평화축전 전야에 나폴레옹이 발표한 한 선언문은 이런 평화에의 희망을 더욱 밝게 해주었다. "불화는 침묵하고, 파당은 한데 합쳐졌다. … 대륙의 평화는 절제를 통해 맺어졌다. 우리의 힘과 유럽의 이익이 이 대륙에서의 지속적인 평화를 보장할 것이다." 의심할 여지없이 횔덜린은 이 선언문을 알고 있었을 것이다. 많은 인사가 이 거대한 평화축전에 참여하기 위하여 파리로 갔다. 클라이스트(Heinrich von Kleist)도 1801년 7월 18일자 슈리벤(Kalorine von Schlieben)에게 보낸 편지에 "나는 7월 14일 바스티유 감옥의 파괴 기념일 행사에 참석했었습니다. 그날은 되찾은 자유에 대한 축제와 평화의 축제가 같이 열렸습니다"[49]라고 썼다.

평화축전과 그런 축전을 기회로 삼은 문학들은 유럽 문학에서 벌써 수 세기에 걸친 전통을 가지고 있었다. 괴테도 일련의 편지에서 평화축전에 대해 그리고 자신이 원하는 평화축전에 대한 철학적·문학적 기여에 대해 언급하고 있다. 1795년 칸트가 발표한 《영구 평화론(*Zum ewigen Frieden*)》은 세기를 넘어서 평화에 관한 후세들의 많은 저술과 문학으로 이어졌다.

횔덜린이 르네빌 평화협정 이전에 쓴 편지들과 작품들은 아직도 여전히 역사적인 징조들이 전쟁의 계속을 신호하고 있는 시점에서도 그

49) Heinrich von Kleist, *Sämtliche Werke und Briefe*, Zweiter Band, München 1983, 664쪽.

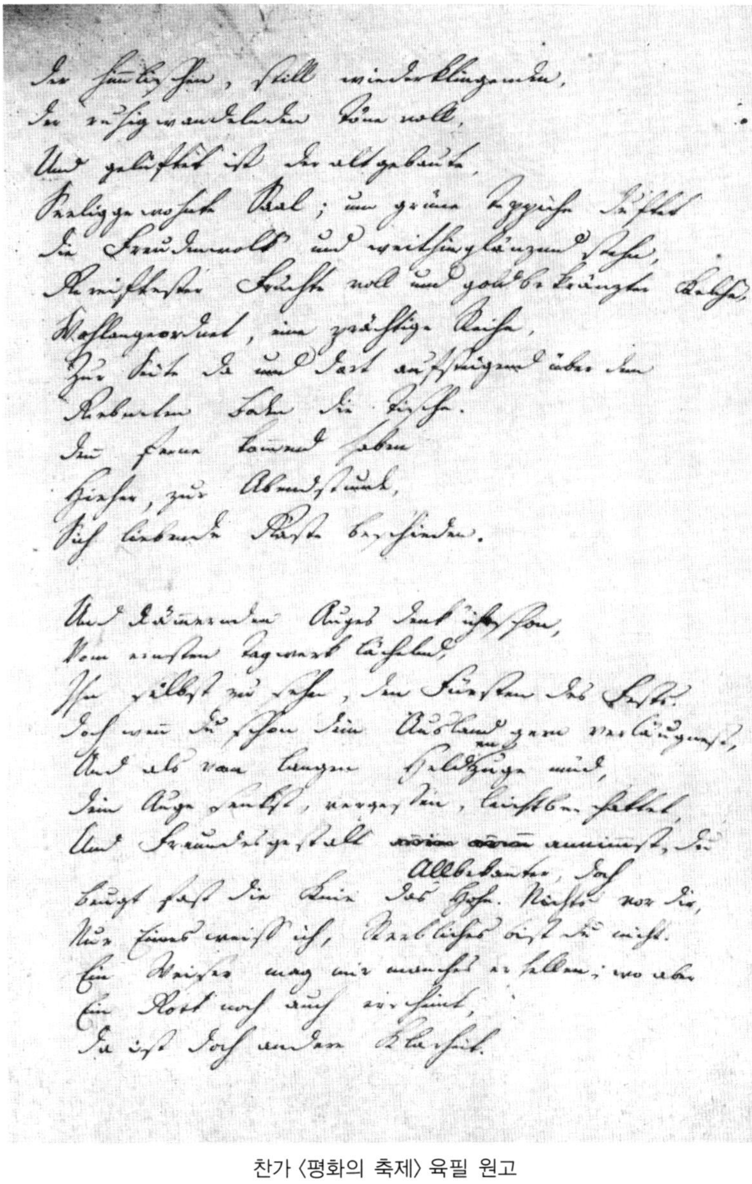

찬가 〈평화의 축제〉 육필 원고

가 얼마나 집중해서 새로운 평화 시대의 도래를 기대해왔는지를 잘 보여준다. 그가 희망했던 평화가 그에게는 정치적인 안정 이상의 것을 의미했다는 사실, 그 평화가 무엇보다도 "사고와 표상 형식들의 완전한 혁명"(1797년 1월 10일, 에벨에게 보낸 편지, 6. 229)을 약속해주기 때문에 그가 그것에 기대하고 있었다는 사실이 이 증언들로부터 명백해 진다. 앞에서도 인용한 것처럼 르네빌 평화협정이 체결되기 전인 1800년 12월 말 횔덜린은 의붓동생 카를에게 이렇게 쓰고 있다.

> 어떤 하나의 형식, 어떤 하나의 의견이나 주장이 승리하는 것이 아니라는 것, 그것이 나에게는 그 평화가 주는 선물의 가장 본질적인 것이라고 생각된다. 그러나 어떤 모습을 한 자기중심주의도 사랑과 선의의 지배 앞에서 굴복하게 된다는 것, 공동의 정신이 모든 것을 넘어서 모든 것 안으로 들어선다는 것, 그리고 이런 천후에서 독일의 심장이 이 새로운 평화의 축복 아래 맨 먼저 떠오르고, 마치 성장하는 자연처럼 소리도 없이 자신의 신비한, 멀리 이르는 힘을 펼치게 되리라는 것, 그것을 내가 말하는 것이고, 그것을 내가 알고 또 믿고 있다는 것이다. 이것이 무엇보다도 내 나머지 반평생을 쾌활하게 내다보게 하는 근거이다. (6. 407)

이런 성취와 충족의 사건으로 인식되는 역사의 지평에서 찬가 〈평화의 축제〉는 생성되었다. 시제(詩題) 없이 쓴 초고 〈너 믿기지 않던 화해자…〉가 르네빌 평화협정의 소식을 접한 감동의 순간, 직접적인 평화의 인상 아래 쓴 것으로 보이는 반면, 찬가 〈평화의 축제〉는 앞서 언급한 것처럼 1801년 7월 14일 파리에서 개최된 대규모 평화축전에도 연관성을 가지고 있어 보인다. 따라서 1954년 런던에서 발견된 찬가 〈평화의 축제〉의 정서(正書)된 원고는 1802년 이전에 쓴 것으로 보이지는 않는다.

찬가 〈평화의 축제〉의 지배적인 이미지는 "세계의 정신"이 된 "아버지"가 역사의 종점에 역사의 완성을 향해, 평화를 기리기 위해 우리에게 내려와 모습을 나타내는 일이다. 그는 평화의 축제의 "영주(Fürst)"이다. 시인은 이 축제를 맞아 "화환"과 "만찬"을 준비한다(제39행). 그리고 손님을 초대한다. 이를 통해 횔덜린은 "신의 영접"이라는 고대 그리스의 전통을 재현하고 있다. 즉 신들과 인간들이 함께 축제의 만찬을 나눈다는 표상의 전통을 따르고 있는 것이다. 시인이 바로 이런 만찬에 참여를 권유하며 초대한다는 것 역시 고대 그리스의 전래적인 풍속에 해당한다. 횔덜린은 전래되는 이런 신의 영접과 초대의 표상을 시인의 역사적인 과제에 대한 은유로 삼고 있다. 즉 시인의 예감으로 총체적인 화해라는 완성을 상상하고 이를 통해 시적 방식으로 이를 실제로 유발하는 시인의 과제에 대한 은유로 삼고 있는 것이다. 송가 〈루소〉의 결구에서 횔덜린은 이런 과제를 읊은 적이 있다.

> 그는 첫 징후에서 벌써 완성을 알고 있으며,
> 용감한 정신은 독수리가 뇌우를 앞서 날듯이
> 다가오는 신들을, 앞서,
> 예언하면서 날아오르는 것이다. (2. 13, 제36~39행)

시인은 완성의 국면을 앞서 보기 때문에 그는 특별히 역사 형성의 의식 능력을 지니고 있다. 이런 의식의 힘으로 무정형의 시대에 분리되고 고립되어 있는 것을 하나의 의미 있는 역사적 연관성으로 옮겨놓을 수 있기 때문에 시인은 시대의 어두움 가운데서 사라져버렸던 위대한 형상들과 힘들을 한자리에 소환한다. 찬가의 은유적인 언어를 통해서다. 시인은 현실적인 시간 가운데 활동했던 신적인 개별자와 힘에게 초대의 말을 건넨다. 그는 그들 모두를 시간의 종말에 평화의 축제로 부르는 것이다. 이때 시인은 누구보다 먼저 그리스도를 생각한다. 왜냐면 다른 이들은 "그들이 매달려 있는 / 그들의 가장 사랑하는 자"(제108~109행)인 그와 함께 전체를 이루는 가운데 나타나기 때문이다. "한 아들"이며, 역사적으로 중재하며 활동했던 그리스도에 이끌리어서, 역사 가운데 "아버지"를 위해 활동했던 모든 이들이 노래 가운데 이 아버지의 주위로 집결한다. 이 아버지는 "세계의 정신"(제77행)으로서 역사의 종말을 고하는 정신화를 통해 내려왔으며, 이들과 함께 평화의 축제를 거행하기 위해 "영주"로서 모습을 나타낸 것이다.

찬가 〈평화의 축제〉의 중심 사상은 시간의 종말에 따르는 역사적인 완성이 바로 눈앞에 임박해 있다는 사상인데, 이 사상은 18세기 천년설에 그 뿌리를 두고 있다. 초기 기독교 전통에서 유래하는 이 천년설은 특히 독일 뷔르템베르크의 경건주의 신앙에 가장 생생하게 전파되어 있었다. 횔덜린은 이런 환경에서 태어났다. 이 천년설은 레싱의 논술 〈인류의 교육(Die Erziehung des Menschengeschlechts)〉(1780년)과 칸트의 〈세계시민의 관점에서 본 보편적 역사에 대한 이념(Idee zu einer allgemeinen Geschichte im weltbürgerlicher Absicht)〉(1784년)에서도 그 세속화된 형태로 확인된다. 레싱은 세계의 역사를 세 부분으로 분할하고, 이성적으로 해석된 긍정적 미래에 대해 "새로운 영원한 복음의 시대가 틀림없이 도래하리라"[50]라고 했다. 칸트는 종교적

50) Gotthold Ephraim Lessing, *Werke und Briefe: Werke 1778-1781*, Die Erziehungh des

천년설과 철학적 천년설을 구분했다. 그는 "영원한 평화의 상태, 세계 공화국으로서 민족들 간의 유대에 근거하는 평화를 희망하는" 철학적인 천년설을 전 인류의 완결된 도덕적 개선을 고대하는 "신학적 천년설"과 구분하고 있다.[51] 이런 천년설 사상은 유토피아적이 아니다. 오히려 종말론적이다. 그리고 완성의 단계를 피안에 맡기고 있는 기독교의 정통 교리와는 다르게 완성은 실제로는 시간의 종말에 세계 내재적으로 일어나게 된다는 이념에 이끌리고 있다. 역사의 모든 불의와 불행이 극복되는 새로운 황금시대에 그 완성은 일어난다는 이념에 경도되어 있는 것이다. 이렇게 하여 천년설은 독일 이상주의를 역사철학적으로 세속화시키는 사고에 결정적인 동기를 부여했다.

찬가 〈평화의 축제〉는 천년설에 뿌리를 둔 역사관의 몇몇 특징을 시적으로 표현하고 있다. 첫째, 종말의 때 완성은 '평화의 제국'으로 표명된다는 사상, 둘째, 신정론(神正論)에 따르는 역사 해석, 따라서 어둡고 부정적인 시대 역시 그 위에 위치하는 역사의 총체적인 연관에서는 의미 있는 것으로 나타난다는 생각이 그것이다. "모든 천상적인 것 / 그처럼 빠르고 무상하다. 그러나 헛됨도 없도다"(제51~52행) 셋째, 특별히 경건주의적·천년설 전통 안에 살아 있는, 오리게네스(Origenes, 185~254년)에게서 유래하고, 〈사도행전〉 3장 20절 이하와 〈고린도전서〉 15장 28절에 결부되어 있는 시간의 종말에 있을 만물의 회복, 즉 종말에서 모든 것의 화해로 이해되는 회복 사상, 그리고 마지막으로 총체적 역사 과정의 종말론적인 시각과 그것의 구조화다. 교회의 정통 교리에 대립하고 있는 이런 가르침의 구원 보편주의는 다르

Menschengeschlechts, Ernst und Falk, Zur Geschicht und Literatur v/vi, Deutscher Klassiker Verlag, Frankfurt/M. 2001, §86.

51) Immanuel Kant, *Gesammelte Schriften(Akademie-Ausg.)*, Bd. 6, 33쪽.

게 생각하는 자를 이단시하는 독단론을 넘어서서 보편적인 관용과 조화라는 사고를 촉진하는데 알맞은 것이었다. 이런 가르침은 횔덜린의 세대에 범신론적으로 고취된 사랑의 보편주의라는 특징을 띄우게 된다. 〈평화의 축제〉의 사상적 중심은 모든 것의 화해에 근거하는 종말에서의 평화이기 때문에 모든 것의 화해로 규정되는 "만물의 회복"을 소급해 파악하는 것이 어렵지 않다. 즉 모든 역사적으로 존재했던 것들은 종말에 이르러 화해의 축제일에 다시금 모습을 나타낸다. 그리스도는 그 자신이 이미 역사 내재적으로 역사의 종말에 이르러 보편적으로 가치가 인정되는 사랑과 화해의 이념을 가장 두드러지게 대표하는 한에서 특별한 역할을 감당한다.

이제 거장(巨匠)이 자신의 영상을 완성하여 일을 마치고
스스로 그것을 후광 삼아, 시간의 말 없는 신, 일터로부터 나오면,
오직 사랑의 법칙
아름답게 균형케 하는 것, 여기로부터 천국에 이르기까지 효능 있으리라.

아침부터
우리는 하나의 대화이며 서로 귀 기울인 이래
인간은 많은 것을 경험했다. 그러나 우리는 곧 합창이어라.
[…]
끝내 너희들, 성스런 모든 힘들
너희를 위해, 너희들 아직 있음을 증언하는
사랑의 징표, 축제일,

모두를 모이게 하는 축제일이어라, 천상적인 것은

기적을 통해 나타나지 않으며, 천후 가운데 예측 못할 바도 아니었다.
그러나 노래 있음에 서로 반기며
합창 가운데 모습 나타내니, 성스런 수효 이루도다.
축복받은 자들 그처럼
함께 자리하고 그들 모두 매달려 있는
그들의 가장 사랑하는 자 역시 빠짐이 없도다. 하여 내 불렀노라.
만찬으로, 예비 된 그 만찬으로
그대를, 잊을 수 없는 자, 그대를 저녁의 시간에
오 젊은이여, 그대를 축제의 영주에게로 불렀노라. 또한
그대들 불린 자 모두
그대들 불멸하는 자 모두
그대들 천국을 우리에게 말하며
우리의 거처에 모습을 보일 때까지
우리 인류 잠들어 눕지 않으리라. (제87~117행)

그리스도를 필두로 모두가 모이는 축제일, 그러나 그리스도는 종말에 이르러 만물의 화해에 집결하는 역사적 형상들 가운데 하나일 뿐이다. 이 점에서 독일 이상주의의 계몽주의적·범신론적 유산이 극명하게 드러난다. 횔덜린은 기독교의 구원사의 한계를 걷어내고 있다. 역사적으로 분리되어 있는 것들이 화해를 경험하게 되는 보편사적인 관찰을 위해 기독교적 구원사의 한계를 넘어서고 있는 것이다.

이제 뒤에서 살펴볼 찬가 〈유일자〉와 〈파트모스〉는 그리스도의 모습을 강조하여 그리고 있다면, 〈평화의 축제〉에서는 다만 암호화되어 암시되고 있을 뿐이다. 인격화와 정체성의 문제는 시 텍스트의 수사(修

辭)가 불러일으킨 측면이 강하다. 〈평화의 축제〉에서 '축제의 영주'가 누구를 지칭하는가는 한때 독문학계에서 뜨거운 논쟁거리의 하나였다. 그럼 '축제의 영주'가 누구인가를 결정하지 않으면 이 시를 읽을 수 없는가? 사실 이 정체성의 문제는 아직 결론이 나지 않았다. 정치적 역사적으로 지칭될 수 있는 인물인 나폴레옹, 신화적인 측면에서 제시된 헤라클레스나 디오니소스, 그리고 신학적인 견지에서 본 그리스도가 다 나름대로의 논리에 따라서 '축제의 영주'로 해석되었다. 다른 해석자들은 이 '축제의 영주'는 평화 또는 시간의 신이 의인화한 것이라는 추상적이고 비유적인 해석을 내놓기도 했다. 많은 환칭(換稱)으로 이 논쟁의 해결점을 찾고자 한다면 그것은 횔덜린의 신적인 것에 대한 복합적이고 역동적인 개념과 이것의 시학적 역사철학적인 개념에 대한 후기 찬가들의 관계를 간과하는 일이 될 것이다. 이 찬가에서 직접적으로 이름으로 부를 수 있는 형상체는 없다. 노자의 가르침을 빌어 말하면 "이름 지을 수 있는 이름은 영원한 이름이 아니기[명가명비상명(名可名非常名), 《도덕경》 제1장]" 때문이다.

앞에서 언급한 것처럼 〈평화의 축제〉는 역사적으로 날짜를 밝혀 제시할 수 있는 구체적인 사건인 르네빌의 평화협정과 횔덜린의 평화를 향한 열렬한 희망으로 일어난 "축제의 날"에 대한 시적인 소환 사이의 긴장에서 생성된 것이다. 이 축제의 날은 찬가 〈라인강〉에서 노래했듯이 인간과 신들, "살아 있는 모두"가 잔치를 벌이는 "결혼 잔치"(2. 147, 제181행)의 날이며, 이날에는 "신들과 인간들 사이 어디에서도 지배를 찾아볼 수 없다."(〈평화의 축제〉, 제27~28행) 이 〈평화의 축제〉 자체를 구조화시키고 있는 긴장은 제10연에서 역사적 현실 의식과 그 역사적인 현실에 내포되어 있는 약속, 그리고 이를 통해 촉발된 희망을 가장 명백하게 진술하는 방식으로 주제화되고 있다.

삶의 향료 천국에서
예비되었고, 그 수고로움 또한
행해졌도다.
이제 모든 것 만족하고
그중 만족한 것은
간결함이라, 왜냐하면 오랫동안 찾았던
황금빛 열매
오래고 오랜 가지부터
뒤흔드는 폭풍 가운데 떨어져 내린 까닭이다.
그러나 이제, 가장 소중한 제물로서, 성스러운 운명 자체로부터
감미로운 무기로 감싸 막으니
그것은 바로 천상적인 것의 형상이도다. (제130~141행)

찬가 〈평화의 축제〉가 노래하고 있는 것은 평화에 대한 동경이며, 피안에서가 아니라 현재 여기의 신적 내재성과 공동체적 평화 복구에 대한 동경이다.

〈유일자〉

홈부르크 2절판 원고철에 기록되어 전해진 이 작품의 첫 번째 원고를 휠덜린은 1801년 보르도로 떠나기 전에 쓰기 시작해 1802년 가을

에 탈고한 것으로 보인다. 이 첫 번째 원고는 불완전하다. 제6연은 다섯 번째 시행의 가운데에서 중단되어 있고, 제7연은 첫 시행 하나만 기록되어 있다.

찬가 〈유일자〉(2. 153~164; 번역/2. 241~245, 246~251)는 전체적인 지평에서는 〈평화의 축제〉 및 〈파트모스〉와 같은 반열에 위치한다. 이 찬가들의 각각은 그리스도의 형상에 획기적인 의미를 부여하고 있다. 그러나 동시에 다른 신적 형상들도 그와 나란히 등장한다. 이를 통해 그리스도의 예외적인 지위 부여는 취소된다. 그리고 세 편의 찬가 모두에는 최고의 위치에 신성의 아버지가 등장한다. 이 아버지 신성과는 그리스도만이 부자 관계로 맺어져 있지 않다. 다른 신적인 또는 반신적인 존재들이 이 아버지의 아들들로 그려져 있다. 다시 말해 이들은 역사에서 역사 초월적인 전체성의 실행자들로 등장하는 것이다. 이 전체성에서 그들은 출발했고 이 전체성으로 다시 이어져 있는 것이다. 찬가 〈평화의 축제〉는 그리스도를 특별한 지위로 끌어 올리고 있었다. 이 찬가는 그리스도를 신과 인간들 사이뿐만 아니라, 원칙적으로 볼 때 자신과 동일한 위치에 있는 다른 신적 형상체들 사이에서도 이상적인 중재자로 그리고 있다. 그리하여 그를 총체역사적인 통합의 인물로 세웠던 것이다. 찬가 〈파트모스〉는 그리스도의 죽음을 일반역사의 정신화 과정의 시발로 해석한다. 그의 죽음은 모든 실증적으로 고정된 것의 지양으로 이어지고, 따라서 기록 가운데 보존되어 있는 '정신'이라는 원리를 통해 구상적인 형상이라는 고대 그리스의 지배적인 원리를 해체시킨다.

찬가 〈파트모스〉 직전에 생성된 찬가 〈유일자〉는 고대 그리스 시대에서 기독교 시대로의 이행을 구상적인 것에서부터 정신적인 것으로의

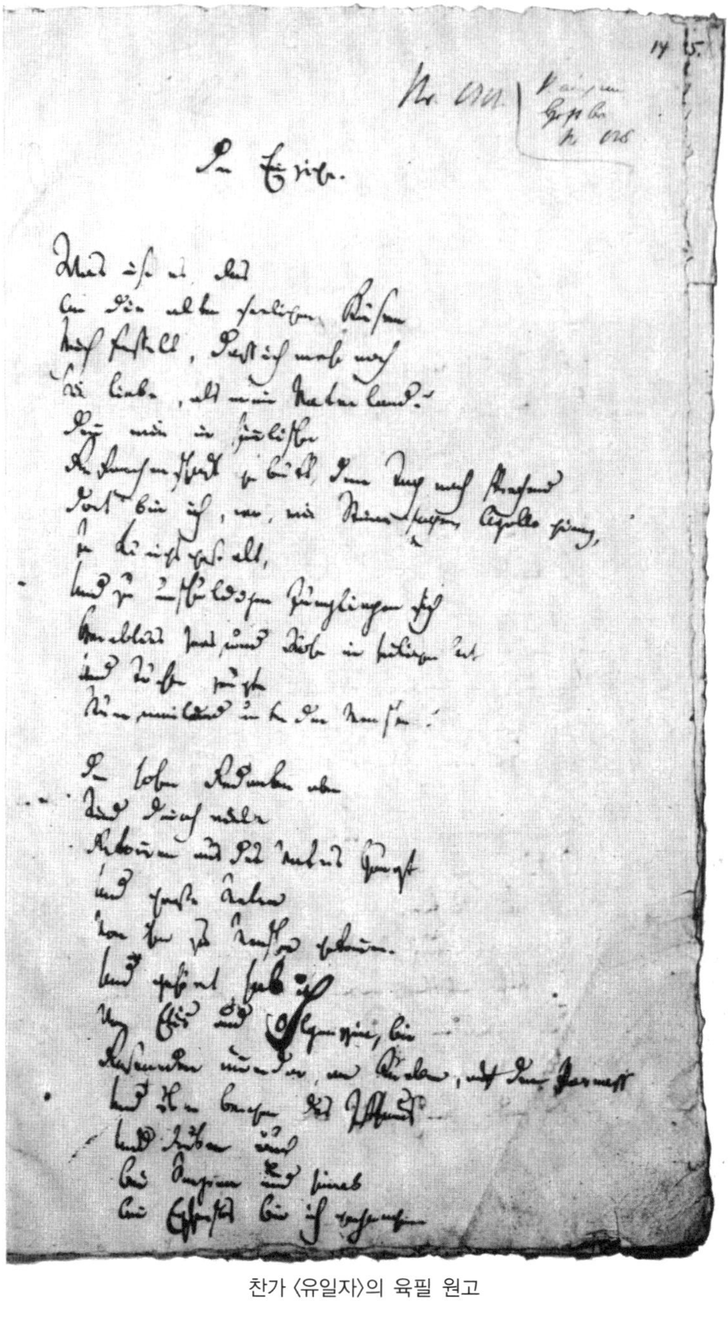

찬가 〈유일자〉의 육필 원고

이행으로 파악하는 가운데 그리스도는 특별한 지위에 이르고 있다. 그러나 그리스도가 고대의 반신인 헤라클레스와 디오니소스와 마찬가지로 세속적인 것과 정신적인 것 사이, 사실적인 것과 이상적인 것 사이의 중간 위치이자 동시에 긴장 가운데 서 있는 것을 보며, 끝에 이르러 이들에게 시인의 과제로 제시되는 중재의 과제를 부여한다. 정신적인 것과 세속적인 것 사이의 긴장과 중재라는 이런 관점—그리스도가 정신적인 것에 더 가까이 근접해 있다는 점에서 '유일자'로 나타나기는 하지만—에서 그리스도와 다른 반신들, 헤라클레스와 디오니소스는 결국 동일해 보인다. 이렇게 해서 끝에 이르러 '유일자'라는 시제상의 주제, 그러니까 '비교할 수 없는 자'라는 주제는 취소된다. 벌써 이 찬가의 시작 부분에서 아버지에게서 유래하는 신적 형상들의 다양성이 강조되는 가운데 이 취소는 제기되고 있다.

> 많은 아름다운 것을 나는 보았고
> 인간들 사이에 살아 있는
> 신의 형상을 나는 노래했도다.
> 그러나 그대들 오랜 신들
> 그리고 신들의 모든 용감한 아들들
> 나는 그대들 가운데 내가 사랑하는
> 일자(一者)를 아직 찾고 있노라. (《유일자》, 첫 번째 원고, 제25~32행)

동시에 그리스의 가시적인 형상의 세계와 시인이 "아직 찾고 있는" 불가시적이며 숨겨진 그리스도 사이의 대립이 3개의 첫 시연들을 관통하고 있다. 조형 원리의 신인 아폴로의 "왕의 모습"(제8행)과 더불어 고대 그리스의 신적 세계의 빛으로 가득 찬 형상이 소환된다. 두 번째 시연이 환기시키고 있는 그리스의 정경과 성스런 장소의 아름다움처럼 의미 있는 신의 "형상"(제26행)에 의해 이 진술은 강조되고 있다. 시인이 두 번째 시연과 세 번째 시연의 서두에서 자신의 고유한 그리고 구체적인 경험의 깊은 인상을 제기하고 있는 것은 우연이 아니다. 시인은 엘리스와 올림피아에 대해 "들었고"(제19행), "파르나스 위에 섰으며"(제20행), "이스트모스의 산을 넘어"(제22행) 갔으며, 많은 "아름다운 것을 보았다."(제25행) 그리고 마지막으로 신의 형상을 노래했으며, 그리하여 감각적으로 인식이 가능한 아름다움의 이런 세계가 시인에게는 적합하다는 것을 인식하기에 이른다.

3개의 시연 모두에서 고대 그리스의 신적 형상들은 피안으로 벗어나 있는 것이 아니라, 현세에 결부되어 있다는 표상에 접합되어 있다. 이들은 인간적인 현존에 적합해 보인다. 그렇기 때문에 그리스 신들의 인간적인 근친은 세 차례나 강조해서 울리고 있다.

첫 시연의 마지막 결구에서 "그리고 순진한 젊은이들을 향해 / 제우스가 내려오고 성스럽게 / 그 드높은 자, 아들과 / 딸들을 사람들 사이에 낳게 한 곳 어디인가?"(제10~12행)라고 읊고, 두 번째 시연에서 "위대한 영혼 / 그로부터 인간에게로 온다"(제16~17행)라고 읊는가 하면, 제3 시연에서는 "인간들 사이에 살아 있는 신의 형상"(제26~27행)을 노래하고 있는 것이다. 신적인 것의 현세적이며 인간적인 것으로의 이런 중재를 통해 신적인 것은 형상과 영상으로 인지 가능하게 된다. 바로 신적 현상 세계의 이런 형상성이 시인을 지극히 매료시켜 그가 그 복된 그리스의 해변을 사랑하지 않을 수 없게 한다. 시인은 마치 "천국의 감옥 안으로 팔려간 것"처럼 느낀다.

그것은 무엇인가,
오래고 복된 해변에
나를 붙들어 잡아, 내가
내 조국보다도 그 해변을 더 사랑하게 만드는 것은?
왜냐면 마치 천국의
감옥 안으로인 것처럼 내가
그곳에 팔려갔기 때문. (제1~7행)

횔덜린에게는 그리스도 역시 그리스 고대의 반신에 속한다. 시인은 제3연의 끝에 그리스도를 반신들 가운데 "마지막인 자"(제33행)이며 "가문의 보물"(제35행)이라고 부르며 그리스도로 말머리를 돌리고 있다. 그리니 이런 가능성에도 불구하고 그리스도는 고대 그리스의 다른 신적인 형상들과는 구분된다. 고대 그리스의 신적 형상들이 빛에 다 드러난 모습을 하고 있는 데 반해 그리스도는 시인에게 "숨겨진"(제35행) 신성의 하나다. 고대 그리스의 신들은 그리스도에 비해 "세속적인 사나이들"(제61행)이다. 복음서의 기록에 따르면 그리스도의 나라는 "이 세상"이 아니며, 그리스도의 영적인 본질은 첫 3개 시연이 그리스 고대의 신들에게 부여했던 구체적인 형상체의 세속적인 것과는 대조를 이루고 있다는 말이다. 이어지는 시연들은 이런 대립을 지양하려고 시도한다. 왜냐면 이 대립은 통일적인 역사 이해와 총체 역사적으로 규정된 의미의 경험을 위험에 빠뜨리기 때문이다. 그리스도, 헤라클레스와 디오니소스가 중재라는 중심적인 시각에서 신적인 것과 인간적인 것의 중재자들로서 "형제들"인 한 그들은 상호 비교가 가능해진다. 그리고 처음에 제기되었던 그들의 비교 불가능성의 어려움은 제거된다.

그러나 나는 알고 있도다, 그것은
나 자신의 잘못임을! 왜냐면,
오 그리스도여! 그대에게 내가 너무도 매달렸기 때문.
또한 과감히 고백하면,
헤라클레스의 형제인 것처럼
그대는 또한 에비어의 형제이도다. (제48~53행)

비교를 수행하기 위해 횔덜린은 다섯 번째 시연에서 고대 그리스 후기부터 전해지고 있는 구세론적인 예정설로 거슬러 올라간다. 이 예정설에 따르면 헤라클레스와 디오니소스가 구원의 반신들로 재해석되고 문명의 촉진자, 평화의 구현자, 제식(祭式)의 기초자 그리고 신에 대한 예배의 창시자로 나타난다. 에비어(Evier)는 디오니소스의 제식상의 호칭이다. 그들이 그리스도와 나누고 있는 공통의 특징들은 횔덜린에 의해 디오니소스를 통해 우선 개진된다.

마차에 범을 묶어
이끌게 하고
인더스 강에 이르기까지
환희의 봉사를 명하면서
포도밭을 일구고
백성들의 분노를 길들였던 이. (제54~59행)

여기서 구세론적인 자질은 디오니소스의 활동에서 범례적으로 파악되고 있다. 기독교적인 구원관에서 그리스도의 결정적이며 초월적인 측면은 여기서 제외되고 있다. 다시 말해 다섯 번째 시연은 세계내적인 구원 행위를 말하고 있을 뿐, 현실 세계를 초월해 지향하는 구원을 말하고 있지 않다.

그러나 횔덜린은 구분의 새로운 의식 가운데 제6연은 "세속적인 사나이들"을 그리스도와 비교한 "부끄러움"의 고백으로 시작한다. 이로써 대립이 새삼스럽게 재현될 뿐만이 아니다. 이 대립은 아주 유사한 방식으로 다시 효력을 발휘한다. 앞서 제4연과 제5연에서처럼 마지막 직전의 시연 한가운데에 이르기까지 새롭게 그리스도를 향한 편애와 다른 신적 형상들 역시 함께 참작해야 할 필연성 사이에 변증법적인 동요가 반복된다.

그러나 사랑은
일자에 매달려 있다. 이번에는
말하자면 본래의 마음에서
노래는 너무도 아쉽게도 떠났다,
내가 다른 노래를 부르게 되면
잘못을 고쳐놓으리라.
내 소망대로 나는 한 번도
정도를 맞히지 못했다. 그러나 신이
오시면 내가 원하는 것 최선의 것을 아시리라. (제83~91행)

마지막 아홉 번째 시연으로 이런 변증법은 하나의 종합으로 수렴된다. 시가 이런 종합을 실현한다. 시는 이 종합을 이제 열린 채 있는 시적 문제와 연관 짓는 것이다. 시는 '세속적인 것'과 '정신적인 것' 사이의 긴장에 찬 대립은 시인 자신의 내면에 있는 현존의 긴장과 다르지 않음을 알린다. "왜냐면 스승처럼 / 지상에는 / 붙잡힌 독수리가 거닐었고"(제92~94행)와 "그처럼 영웅들의 영혼 갇혀 있다"(제103행)는 시구는 문장론적으로나 사상적으로 연관을 맺고 있다. 이 시행들은 천상적인 것과 세속적인 것, 사실적인 것과 이상적인 것 사이의 긴장이라는 관점 아래 그리스도와 고대 그리스의 영웅들—헤라클레스와 디오니소스—사이의 동일화를 불러일으킨다. 그처럼 그리스도가 자신의 신적인 천성 때문에 붙잡힌 독수리가 되어 이 지상을 걸었던 것처럼, 헤라클레스와 디오니소스 역시 인간인 어머니와 신적인 아버지 사이의 아들들로서 이 지상에서 마치 붙들린 것처럼 느꼈다. 그들이 신적인 것을 세속적인 것 안으로 중재했지만, 그들의 가장 깊은 의향은 세속적인 것을 벗어나 천상적인 것을 향해 있었던 것이다. 사실적인 것과 이상적인 것 사이의 바로 이런 현존의 긴장에 이상적인 것을 세속적인 것 안으로 중재하는 자인 시인도 역시 내맡겨져 있는 것이다. 이 시의 마지막 두 행의 과감하면서도 잠언과 같은 시구는 이런 현존의 긴장을 드러내 보인다.

> 시인들은 또한 정신적인 자들로서
>
> 세속적이어야만 하리라. (제104~105행)

시인들은 그리스도처럼 '정신적'이다. 그들이 자신의 가장 깊은 내면에서 이상적인 것을 향하고, 세속적인 것이나 사실적인 것 이상의 것을 향하는 경향을 따르는 한에서는 그렇다. 이런 경향이 그들로 하여금 세속적이며 제약적인 것을 초월하도록 부추긴다. 그러나 다시금 그리스도와 다른 '영웅들'처럼 시인들은 '정신적인 자들로서' 역시 세속적이기 위해 짐을 지지 않으면 안 된다. 그들은 세속적인 것을 중재해야 할 대상인 현실 안에 머물러야만 하고, 신적·이상적인 것의 매개체로서 그 현실성 안으로 작용하지 않으면 안 된다.

따라서 종결 시구는 이상적인 것에 일방적으로 열광하지 말아야 한다는 시인의 자신을 향한 경고일 뿐만 아니라, 이를 넘어서 이런 이상적인 것을 현실적인 영역 안으로 중재하는 일을 게을리해서는 안 된다는 자신을 향한 경고를 내포하고 있다. 이 마지막 시구는 시인을 그리스도와 고대 그리스의 다른 반신들 곁에 세우는 가운데 시인의 사명에 특별히 높은 의미를 부여하고 있다. 그러나 동시에 시인의 운명은 비극적인 운명이라고 시인은 말하고 있다.

찬가 〈유일자〉는 유일자를 노래한다기보다는 유일자에 대한 노래가 얼마나 어려운 일인지를 가장 절실하게 호소하는 작품이다. 그렇게 노래하는 과정에서 신과 신적인 것은 망각의 위험에 처하지만, 살아 움직이며 그것도 지극히 강력한 힘으로서 바로 오늘의 현실 가운데서도 체험이 가능하다는 것을 우리에게 환기시킨다. 무엇보다 신화 속에 석고화된 헤라클레스나 디오니소스를 근대인의 믿음 가운데 살아 있는 그리스도의 형제로 부름으로 그들을 재생시키고 있다. 이로써 고대 그리스 신들의 죽음을 노래한 쉴러의 고전적인 사고는 극복된다. 그리고 클롭스토크의 유일신에 대한 환호도 상대화된다. 화해와 평화를 위해 우리에게 필요한 것은 "상상력과 예술의 다신론"(4, 298)이다.

〈파트모스〉

후기 찬가 가운데 가장 긴 찬가 〈파트모스〉(2. 173~187; 번역/2. 252~263, 264~269)는 횔덜린이 홈부르크의 방백(方伯)에게 헌정하기 위해 1803년 1월 깨끗하게 정서한 정서본으로 전승되고 있다. 육필로 전해지고 있는 이전에 쓴 몇몇 원고가 이 정서본으로 이어졌다. 헌정본 이후 수정되고 역시 정서된 나중 판본도 있다. 횔덜린은 더 훗날이 나중 원고에 대해 새롭게 수정을 가하려고 거의 해체 수준으로 가공한 원고도 전해지고 있다.

횔덜린이 이 찬가를 쓰게 된 동기에는 작은 곡절이 있다. 1802년 홈부르크의 방백은 친구 사이였던 클롭슈토크에게 당시 계몽주의적인 성서 해석에 대응하는 시 한 편을 써주기를 간청했다. 방백은 경건주의로 각인된 성서의 경건성을 지키고자 했던 것이다. 방백은 클롭슈토크에게 이렇게 간청했다.

> 내 마음 가운데 한층 드높은 사념이 일깨워질 때면, 내가 우울한 기억과 또 우울한 전망으로부터 회복되고, 나를 둘러싸고 있는 폐허들로부터 등을 돌리고 싶을 때면, 나는 메시아의 노래들을 읽는다오. 그럴 때 동방의 언어를 모르는 나에게 가슴으로 한 생각이 떠오르게 되오. 즉 오늘날의 철학자들, 계몽주의자들, 해석자들이 언어지식을 구실로 삼아 성서와 신학을 약화시키고 있다는 생각을 하게 되는 것이오. 우리들 가운데 이 언어를 모국어처럼 이해하는 누군가가 있다면, 근래의 해석자들보다 이 언어를 훨씬 깊이 천착하고, 그 언어들의 가장 깊이 숨어 있는 정교함을 아는 사람이 있다면, 그것은 바로 클롭슈토크일 것이오. (…)

나는 이제 감히 우리 시문학의 호머와 네스토르, 아니 호머 이상으로 우리의 성스러운 시문학의 아버지인 당신에게, (…) 당신의 전체 시문학에게 마지막 왕관을 씌워줄 한 편의 시, 한 편의 송가를 통해 새로운 해석자가 되어주시길 간청합니다.[52)]

당시 78세의 연로한 클롭슈토크는 1802년 4월 2일 이런 요청을 받아들일 수가 없을 것 같다고 회신했다. 횔덜린은 이런 과정을 알고 있었을 것으로 보인다. 1802년 가을 〈파트모스〉를 쓰기 직전 횔덜린은 레겐스부르크에서 방백을 만났으며, 찬가 〈파트모스〉 중에는 클롭슈토크의 《메시아》의 시구로부터 울려 오는듯한 많은 여운이 담겨져 있다는 사실이 이를 뒷받침한다.

경건주의자인 방백의 계몽주의적인 성경 비평에 대한 다툼 요청은 결코 개인적인 생각에만 따른 것이 아니었다. 이 요청은 18세기 들어서 점점 더 가파르게 대두된 계몽주의와 종교적인 전통 사이의 전선을 반영하고 있다. 이 전선은 성서에 대한 역사적·비판적 내지 철학적 방법의 적용 자체에서라기보다는 그것의 신학적 귀결, 즉 성서에 기록되어 있는 계시의 진실성 파괴에서 생겨났다. 함부르크의 히브리어와 동양어학자이자 신학 교수인 라이마루스(Hermann Samuel Reimarus, 1694~1768년)는 사후 레싱이 펴낸 《볼펜뷔텔의 익명 인사의 단편(*Fragmente des Wolfenbüttelschen Ungenannten*)》에서 역사적 사건으로서의 예수 그리스도의 부활을 격렬하게 논박했다. 그는 전래되는 보고서들에서 수많은 의견의 불일치를 보았던 것이다. 또

52) Heinrich Jacobi, Landgraf Friedrich V. von Hessen-Homburg und Klopstock, in: *Mitteilungen des Vereins für Geschichte und Altertumskunde zu Bad Homburg vor der Höhe 16*, 1925, 176쪽.

한 신앙의 중심적인 진리들뿐만 아니라, 신적 영감 그리고 이와 함께 성서의 계시적인 특성에도 의심을 표명했다. 특히 요한계시록을 문제 삼았다. 요한계시록은 그것의 특수한, 영감에 대한 전통적으로 진지한 수용으로 말미암아 성서의 이상적인 유형으로 평가되어왔었다. 그러나 맨 처음 젬러(Johann Salomo Semler, 1725~1791년)에 의해 사도 요한에 의한 계시록 저술이 부정되고, 이를 넘어서 〈요한복음〉의 저자와 계시록의 저자가 잘못 동일시되는 일이 격렬한 논쟁으로 이어졌었다. 이 논쟁에 튀빙엔의 신학자들이 여러 차례 개입했다. 라이스(Friedrich Reiß, 1696~1748년)가 〈요한계시록의 변호〉로, 횔덜린의 스승이 된 슈토르(Gottlob Christian Storr, 1746~1805년)가 〈요한계시록을 위한 새로운 변론〉으로 이 논쟁에 나섰던 것이다. 신학적 논쟁과는 다른 한편에서 이런 공세는 경건주의적인 성서 신앙의 핵심에 타격을 주었다. 계시록의 해석과 계시록의 요한복음과의 결부는 경건주의에 깊이 각인되어 있는 전통적인 구원사적인 사고와 연결되어 있었다. 이 전통은 최후의 심판의 예언으로서 계시록의 비전으로부터 자양분을 취하고, 그 비전의 특성에서 성서 가운데 계시록의 특별한 지위를 인정하고 있었던 것이다. 계시록의 가르침에서 역사 전체와 성서의 연관성이 인식가능하게 되며, 또 명료해질 수 있다는 것이 뷔르템베르크 경건주의 창시자인 벵엘의 기본 사상이었다.[53)]

횔덜린은 이런 역사적 배경 아래서 성서의 경건성에 대한 암호를 시제에 담아 찬가 〈파트모스〉를 썼다. 그러나 이를 통해 횔덜린이 방백의 소망을 그대로 다 따랐던 것은 아니었다. 방백은 클롭슈토크에게 "이 새로운 해석자들을 당신의 증언을 통해 부끄럽게 만들거나 그

53) Jochen Schmidt, *DKV*, Bd. 1, 971~972쪽 참조.

들의 해석을 통한 꿈을 땅바닥에 내동댕이치도록" 해달라고 요청했던 바 있다. 횔덜린은 이런 방백의 소망에 대해 훨씬 더 넓은 사고의 지평에서 답변했다. 그는 바로 그 계몽주의적인 파괴과정을 의미 있는 사태로 파악했던 것이다. 그는 이 사태를 점증하는 정신화 과정 내에서의 모든 실증적 고정관념의 단절로 이해했다. 횔덜린은 이 파괴 과정을 하나의 거대한 역사 내지 철학사적인 발전과 연관시켜 해석했던 것이다. 횔덜린이 이때 자신의 텍스트를 수많은 성경 인용과 요한의 전래에 대한 인용 성격의 여운들을 통해 효과를 냈다는 사실은 그의 시작(詩作)이 헌정을 위한 행위만은 아니었음을 의미한다. 방백은 〈요한복음〉과 〈요한계시록〉을 잘 알고 있었다. 그럼에도 횔덜린이 성서를 인용하거나 요한의 복음과 계시록을 암시하는 시구를 시작에 응용한 것은 성서의 전통 안에서 자신의 이상주의적인 사색을 작품에 펼치려는 의도에서 비롯된 것으로 보인다.

횔덜린의 거의 모든 후기 찬가들처럼 〈파트모스〉 역시 그 구조에서 3연 1단이라는 핀다르 모범을 따르고 있다. 첫 두 개의 3연 1단(즉, 첫 6개 시연)은 찬란한 형상성의 고대 그리스 세계와 그리스도가 연 영적 내면성의 시대 사이의 대립을 노래하고 있다. 역시 핀다르의 모범에 따라서 상상을 통한 편력에서 시인은 동방 그리스의 찬란한 세계에 와 있는 자신을 발견한다. 모든 것이 빛나며, 반짝이며 생동하는 매혹적인 아름다움이다. 현혹된 시인은 찬가 〈평화의 축제〉의 서두에서처럼 신적인 것의 현현 공간으로서 열정적으로 찬미되는 전경 가운데서 개별적인 것들을 낱낱이 인식해내려고 한다. 두 번째 3연 1단에서 요한의 섬 파트모스 역시 이런 고대 그리스 세계의 지평에 위치한다. 왜냐면 파트모스 섬도 그리스의 섬들 가운데 하나이기 때문이다.

그러나 이 섬은 다른 그리스의 섬들과는 전혀 다른 어떤 섬이다. 이 섬은 정신이 깊이 스며든 내면성의 섬으로서 "어두운 동굴"(제55행)을 대표적 장소로 가지고 있는 섬이다. 파트모스 섬은 그리스와 터키 사이에 있는 바위로 덮인 작은 섬이다. 면적은 울릉도 절반에도 미치지 못한다. 로마 시대부터 이 섬은 정치범을 격리시키기 위한 유배지였다. 사도 요한은 도미티아누스 황제 때 귀양 와서 1년 반을 이 섬에서 살았다. 전해지는 바에 따르면 사도 요한은 섬의 항구인 스칼라 마을과 섬의 중심지인 호라 마을 사이에 있는 동굴에서 성서 〈요한복음〉과 〈요한계시록〉을 썼다고 한다. 이 대비는 고대 그리스로부터 잘 알려진 대로 감각적인 사랑과 아름다움의 여신 아프로디테의 고향인 풍요로운 섬 사이프러스와 비교해보면 완벽하게 드러난다. 사이프러스와는 대조적으로 파트모스는 "한층 가난하다."(제62행) 그러나 이 파트모스 섬은 시인으로 하여금 그곳을 그리워하게 만든다. 왜냐면 시인은 이 섬의 가난 가운데 한층 심오한 정신적 층위를 발견하기 때문이다.

그러나 아시아의 문을 에워싸고
불확실한 대양의 평원에는
이리저리 뻗어나가면서
그늘도 없는 바닷길은 수없이 웅얼거린다,
그렇건만 사공은 섬들을 알고 있다.
하여 가까이 있는 섬들의 하나
파트모스라는 것을
내 들었을 때,
내 그곳에 찾아들어 그곳

어두운 동굴에 다가가고픈 마음
참을 수 없었다.
왜냐하면 사이프러스처럼
샘이 많은 섬도 아니며 혹은
다른 섬처럼
파트모스 멋있게 자리 잡지도 못한 때문이다,

그러나 그 섬
더욱 가난한 집에서
여전히 손님을 반기며
난파를 당하거나
고향 혹은
세상을 떠난 친구를 슬퍼하면서
낯선 자 하나 그 섬에 다가오면
기꺼이 이를 들어준다, 또한 그 섬의 아이들
뜨거운 임원의 목소리들,
모래가 떨어지고 들판이
갈라지며 내는 소리들
그의 탄식을 들어주고 사랑스럽게
이 모두 그 사나이의 반향하는 탄식으로 다시 울린다. 그처럼
한때 이 섬 신이 사랑했던
예언자를 보살펴주었다. (제46~75행)

두 번째 3연 1단의 마지막 시연인 제6연으로 넘어가면서 요한을 향

해 말머리를 돌리면서 이 찬가의 중심 문제가 드러난다. 인지 가능한 형상성, 구상성이라는 그리스적인 원리에서부터 고대 그리스 이후 그리스도교적인 정령의 영역으로의 역사적인 이행이 암시되고 있는 것이다. 횔덜린은 이 두 측면이 요한의 생애에 예시되어 있음을 발견한다. "복된 청년 시절"(제75행) 요한은 역사적인 예수의 제자들 가운데 그에게 가장 가까이 있었으며, 확고한 사건에 대해 누구보다도 더 확실한 증언자였다. 이 확고한 사건을 그는 몸소 "보았던" 것이다.

그 예언자 복된 청년 시절

지고한 자의 아들과 함께
떨어질 수 없도록 길을 갔었다.
왜냐하면 뇌우를 지니고 있는 분 그 제자의
순진함을 사랑하셨고 그 주의 깊은 사람
신의 얼굴을 정확하게 보았기에. (제75~80행)

그러나 노년에 이르러 요한은 내면적으로 관조하는 전망에 따라 그 감동으로 계시록을 썼다. 횔덜린은 요한이라는 인물을 통해 그리스도의 죽음이 시대를 경계 짓는 세계사적인 사건임을 고지하고 있는 것이다. 횔덜린이 반복해서 읊고 있는 믿음에 따르면—"오 그리스도여! … / 또한 과감히 고백하면 / 헤라클레스의 형제인 것처럼 / 그대는 또한 에비어의 형제이도다."(《유일자》 제31~35행)—그리스도 자신은 여전히 고대 그리스의 반신적 인물에 속하기 때문이다. 그의 죽음과 더불어 비로소 좀 더 자유롭고, 보편적인 전개를 향해 소환된 정신의 새로운 시대가 시작된다. 이 죽음은 형상성과 가시성을 해소하고 정신의 차원으로 이행한다는 점에서 본질적인 의미를 갖게 된다. 그럼으로 그 죽음에 대한 구절은 매우 짧은 반면에 정신의 예고와 성령 강림의 선포를 의미하는 예수의 고별과 유언이 제6연과 제7연의 중심을 이룬다.

그때, 포도나무의 비밀스러움을 곁에 두고,
만찬의 시간에 함께 앉았을 때,
그 위대한 영혼 가운데, 조용히 예감하면서
주께서 죽음과 최후의 사랑을 선포하셨다. 그것은 그때
주께서 자비에 대해서도
세계의 분노를 보고 달래줄 말도
충분히 지니고 있지 못했던 까닭이다.
왜냐하면 모든 것이 좋은 것이기 때문에. 그리고 그는 죽었다.
그 일에 대해 할 말은 많으리라. (제81~89행)

이 새로운 시대는 역사적인 의미 있는 증거의 상실로 말미암아 다시 반복해서 고통의 시간으로 체험된다. 제7연에서 제12연까지가 이 고통의 체험을 읊는다. 왜냐면 믿음의 지속성은 감각적이며 인간적으로 체험 가능한 것을 통한 자기 확신을, 구상적인 것과 아름다움의 구체적인 증거를 필요로 하기 때문이다. 그러나 제자들은 이미 그것으로부터 작별을 고해야만 한다. '정신'의 기초를 위해서다. 따라서 그들은 오로지 고통을 통해서만 그들이 매달려 있는 그리스도의 면전에서 떨어질 수 있다. 시인 역시 '정신'을 위해 그 형상성과 아름다움에 붙들려 잡혔던, 역사적으로 고착된 상태에서 떨어져 나와야만 한다.

죽음 이후의 시대에 대해 모두를 대신해 발언할 수 있기 위해서다.

제9연과 제10연은 이런 사건의 의미를 위협하는 특성에 관심을 돌린다. 제9연의 끝부분에 그어진 하나의 짧은 직선이 옛것의 완전한 소멸과 새로운 시대의 운명 사이에 간격을 짓고 나서 제10연은 형상성과 아름다움 가운데 스스로 완결된 가시성이라는 주도 동기를 다시 한 번 제기한다.

그러나 그다음에
아름다움이 지극히 매달려 있었던
그가 죽어서 그의 모습 가운데
한 기적 일고 천상적인 자들 그를 가리켰을 때,
또한 하나의 수수께끼 영원히 이어져
기억 속에 함께 살았던
그들이 서로를 이해할 수 없고, 모래나
버들만을 휩쓸어갈 뿐만 아니라
신전들도 덮쳐버릴 때,
반신과 그 종족의
명예도 바람에 날리고,
지고한 자
얼굴조차도 돌려버리실 때,
천국의 어디에서도
또는 푸르른 대지 위에서도 불멸하는 것 더 이상 찾을 수 없으니,
이것이 무엇이란 말인가? (제136~151행)

여기서 더 이상 그리스도의 사실적인 죽음만이 아니라, 역사를 통한 그의 계속적인 사라짐을 의미하고 있다. 확고하게 고정될 수 있는 모습에 대한 회상의 소멸 말이다. 그리고 이런 과정은 바로 근대에서도 그치지 않고 있고 있다. 이 과정은 은유적인 어법을 통해 암시되고 있는 교회 기관들과 그 기관들에서 수행되는 그리스도나 그 사도들에 대한 예배를 포함하고 있다. 이 과정은 넓은 의미에서 성경 비판의 근대적인 계몽 과정을 통한 그리스도 상의 파괴를 포함한다.

횔덜린이 이런 계몽 과정을 외형상으로는 위협적인 해체 과정으로 해석하면서, 사실에 있어서는 총체 역사적으로는 필연적인 해체 과정으로, 그리고 종말론적으로 작용하고 있는 '정신'의 관점에서는 오히려 의미 있는 해체 과정으로 보고 있다. 이런 사실이 이 작품의 이상주의적인 어법을 특징짓고 있다. 이런 관점이 키질하는 사람이라는 성서에 나오는 비유로 거슬러 가는 가운데 제11연을 열고 있다.

> 그가 키를 들고 밀을 떠올려
> 타작마당 위로 흔들면서 깨끗한 곳을 향해
> 흩뿌릴 때 그것은 씨 뿌리는 이의 파종이다.
> 쭉정이는 그의 발 앞에 떨어지지만
> 알맹이는 끝에 이른다.
> 또한 몇몇 낟알이 잃어 없어지고 말씀에서
> 살아 있는 소리가 사라져버려도
> 나쁠 게 없다.
> 신적인 일도 우리들의 것과 전혀 다르지 않고
> 지고한 자 모든 것을 한 번에 원하지 않기 때문이다. (제152~161행)

시인이 키질하는 사람의 비유로써 말하고자 하는 것은 역사란 일종의 정신화 과정이라는 것이다. 그리고 파과적인 시간 내적인 사건에도 불구하고, 아니 바로 그 파괴적인 작용 때문에 그 안에는 역사의 의미가 놓여 있다는 것이다. 왜냐면 '실증적인 것', 고착된 것, 형상성의 파괴가 정신화의 조건이기 때문이다. 그러나 횔덜린은 우선 현재 일어나고 있는 일에 대한 고통을 강조한다. 이상주의적으로 그리고 종말론적으로 해석되는 역사의 완성에 대한 인식은 항상 어두운, 파괴 지향적인 고통의 체험에 부딪혀 반사하기 때문이다. 이런 사실로부터 세 번째 및 네 번째 3연 1단이 시상의 흐름을 막아선다. 여기서 시적 사유의 흐름이 깨지게 되는 것은 역사적 실존의 문제성에서부터이다.

이런 문제성과는 무엇보다도 개별화의 경험이 같이한다. 횔덜린은 세 번째 3연 1단의 마지막 시연, 즉 제9연의 서두에서 그런 경험을 " 여기저기 / 무한히 살아 있는 것 신께서 흩뿌리심"(제121~122행)처럼 "두려운 일"이라고 읊고 있다. 신의 '정신'은 보편적으로 역사의 빛 안으로 들어서지 않는다. 오히려 역사의 어둠 안으로 물러선다. 본래 제자들의 작은 모임으로부터 점점 더 넓게 확장된 공동체가 그 내부에서 분열한다. '기록'을 수단으로 한 정신의 경험만이 근거를 보존한다. 정신은 역사적인 어두움과는 관계없이 한밤중의 빛처럼 그 기록에 몰두하고 있는 자에게는 변함없이 인식 가능하다. 이런 사실로부터 파트모스 찬가에서 '기록'은 특별한 의미를 가진다. 또한 마지막 3연 1단에서는 이런 위안만이 노래되는 것이 아니라, "또한 천상적인 것들 이제 / 내 믿는 바대로 나를 사랑한다면 / 얼마나 더욱 그대를 사랑하랴"(제197~199행)라고 직접적인 말 붙임으로 방백에게 위안을 역시 약속한다.

다만 이런 기록으로의 소급으로 소박한 성서 신앙으로의 복귀가 곧장 의미될 수는 없다는 것은 시인에게 명백한 일이다. 횔덜린은 방백과는 달리 근대적인 성서 비판적인 계몽 과정을 통한 소박한 성서 신앙의 극복을 불가피한 것으로 전제하고 있다. 그렇기 때문에 이 대신 다시 한 번 주도적인 사유 진행의 종결을 향하는 먼 우회가 시작된다. 횔덜린은 우선 하나의 중재의 심급(審級)이라는 의미로서 기록의 의미를 제기한다. 기록의 의미는 그 '빛'이 눈을 부시게 하지 않은 채 '많은 겁먹은 눈들'을 뜨게 한다. 이 기록의 의미는 '자연의 책'—"하느님은 두 권의 책을 썼다. 그 한 권은 성서이고, 다른 하나는 자연이다." [존 스토트(John Stott)]—이랄지 역사와 같은 전달의 다른 수행에 비해 가장 순수하며 동시에 가장 확실하게 정신화의 경향을 진술하고 있다는 점에서 우월하다. 이로써 횔덜린은 이어지는 시구에서와 같이 여전히 경건주의적인 성서 이해의 범주 안에 머물고 있다. 그가 기록의 작용을 조용한 눈길에서, 즉 읽고 해석하면서 "스스로 익히고 있는" 독자들에게 미치는 "조용히 빛나는 힘"이라고 읊고 있을 때, 그는 경건주의자들의 정서에서 중심적인 표상을 이끌어내고 있는 것이다. 경건주의자들은 그들의 성서에의 집중으로 말미암아 세속의 소란으로부터 떠난 내면성 자체를 "이 땅에서의 고요"라고 부르기도 했다.

그러나
많은 겁먹은 눈들
빛을 보려고 기다리고 있다. 그 눈들
날카로운 빛살에 피어나려 하지 않는다.
그들의 용기를 억누르고 있는 것이 황금의 재갈이지만,

그러나 마치
부풀어 오르는 눈썹에
세계를 잊어버리기라도 한 듯
조용히 빛나는 힘이 성스러운 기록에서 떨어지면
은총을 누리면서 그 눈길들
조용한 눈빛을 스스로 익힌다. (제186~196행)

이상주의로 고취된 이 시의 전체적인 지평에서 이런 표지는 의미의 확장으로 이어진다. 정신화의 성서적인 힘을 겨냥하는 것과 똑같은 강도로 그 표지는 읽기의 정신화 역량을 겨냥한다. 횔덜린이 앞서서 역사를 정신화의 과정으로 해석하고 나서 이제 정신화의 원리를 기록의 해석으로 응용한다. 그리고 이 원리를 역사의 과정에서 해석 실천의 기본 원리로 삼는다.

기록으로 관심을 전환하는 가운데 시인의 과제에 대한 성찰을 주된 동기로 삼아 마지막 3연 1단(제13~15연)은 시작된다. 그리고 이 성찰로써 이 3연 1단은 종결된다. 이미 제162~166행에서 "말하자면 광맥이 철을 지니고 있고 / 에트나 화산이 이글거리는 송진을 지니고 있듯이 / 그처럼 나도 하나의 동상 지어 가지고 / 본래의 모습과 비슷하게 / 그리스도를 볼 만큼, 재산을 지니고 있는지도 모른다"고 자신의 시인으로서의 능력을 노래하였고, 이로써 성서의 권위를 위해 시적으로 옹호해 달라는 방백의 소망에 반응했었다. 그러나 이런 갈망은 스스로 부여한 금지 가운데 거두어지고 만다.

그러나 한 사람 제 스스로 채찍질하고

슬프게 말하면서, 도중에, 내 무방비 상태일 때
나를 덮쳐서 놀라워하며 하나의 종복인
내가 신의 모습을 모방하고자 했을 때 —
분노 가운데 명백히 내
천국의 주인들을 보았으니, 내 무엇이 되지 않고 오히려
배워야 함을. 그들은 자비롭지만 그들의 지배가 계속되는 한
그들이 가장 싫어하는 것은 거짓이다, 그리고 그때
인간적인 것 더 이상 인간들 가운데 효험이 없다. (제167~175행)

횔덜린이 이 시구에서 암시하고 있는 것은, 설령 이런 소망이 이루어진다고 할지라도, 그것으로는 머물러 있지 않는 역사의 지평에 거짓이 생기게 된다는 것이다. 이제 횔덜린은 '노래'와 '기록'의 결합으로부터 '형상'과 '표상'에의 고착에서가 아니라, 역사적으로 완성하는 '정신'에 기초를 두고 있는 문학의 새로운 규정을 이끌어 낸다. "아래로 지시해 보이면서"(제183행), "노래의 지휘봉"(제182행)은 "더 높이" 이르고 있는 천상적 "승리의 행진"(제180행)에 응답한다. 다시 말해 신적인 것의 "징표"(제203행)로 채워진 역사적 충만의 사건과 아직은 역사 내적으로 갇힌 인간의 의식 사이에 행해지고 있는 중재의 실행으로 응답하는 것이다. 이로써 전체 마지막 3연 1단은 중재와 중재 자격의 필연성과 그 본질에 대한 포괄적인 성찰임이 드러난다. 요한처럼 환상적인 조망을 통해서가 아니라, 역사에 대한 해석자로서 그는 역사철학적인 설계 가운데 완성의 상태를 선취하고 그 지평에서 아직 충족되지 않은 현재를 이해할 수 있다.

현재로의 이런 복귀가 에필로그의 음조를 띄우고 있는 종결 시연

을 마무리한다. 정신화 과정에 놓여 있는 역사 진행의 결과로 완성은 결정적으로 가까워졌지만, 피상적으로 완성은 여느 때보다 더 멀리 떨어져 있는 것처럼 보인다. 왜냐면 "너무도 오래, 이미 너무 오래 / 천상적인 것들의 영광은 눈에 비치지 않았기"(제212~213행) 때문이다. 이것이 바로 시대의 모순이다. 그러나 이 점에서 역사철학적인 찬가의 정신적인 형식은, 따라서 찬가 〈파트모스〉는 고유한 문학적인 정체성을 보존하고 있다. 이런 영적, 기독교적인 세계의 인간들은 신적인 의미가 명료하게 빛나는 가운데 형상으로 모습을 드러냈던 그런 시대에서처럼 더 이상 신적인 것을 향한 명료한 접근통로를 가지고 있지 않음으로, 문학은 자신이 가지고 있는 역사철학적인 총체적 전망을 통해 위안조차 상실하고 혼란을 겪고 있는 사건을 좀 더 높은 연관으로 정리 정돈할 수 있다. 이를 통해 경험과 동떨어진 낙관주의에 빠지지 않은 채 사건을 의미 있는 것으로 증명해 낼 수 있다. 이런 의미에서 찬가 〈파트모스〉는 하나의 위안의 찬가이다. 그리하여 신약성서에서 항상 반복해서 '위안을 주는 자'라고 부르는 '정신'에 상응하게 된다. '독일의 노래'가 가야 할 길을 강조하면서 이 찬가는 끝을 맺는다.

> 그러나 아버지
> 삼라만상을 다스리시는 그분
> 가장 좋아하시는 것은 확고한 문자
> 가꾸어지고, 현존하는 것이 훌륭하게
> 해석되는 일이다. 독일의 노래 이를 따라야 하리라. (제222~226행)

이 정곡을 찌르는 마지막 구절을 횔덜린이 그의 시작 활동의 마지막 단계에 이르러 성서의 간접적인 해석을 자신의 과제로 삼았음을 의미한다고 보는 사람들도 있었다. 신적인 것 자체와의 만남은 더 이상 가능하지 않으며, 그것을 더 이상 기대하거나 의도할 수 없게 되었다는 것이다. 횔덜린은 체념했거나 심지어 절망했으며, 따라서 그의 시작의 높은 목표는 좌초되고 말았다는 것이다.[54] 그러나 지금까지 살펴 본 바로서는 이런 해석은 완전한 오해로 드러난다. 우리가 이 찬가 전체의 맥락에서, 그리고 이 단계의 다른 찬가들을 함께 고려한다면, 여기서 "확고한 문자"는 오히려 노래, 찬가의 확고한 문자라는 것이 틀림없어 보인다. 모든 천상적인 것이 봉헌을 받아야 한다는, 하늘과 땅이 하나라는 법칙의 확고한 문자이기 때문이다.[55] 횔덜린은 성서라는 그리스도교에 한정된 의미의 기록을 시에서 드러내지 않았다. 순수한 "기록(Schrift)"만을 여러 사례에 걸쳐 입술에 올리고 있을 뿐이다. "확고한 문자(Der feste Buchstab)"는 더욱 원초적으로 이제 쓰게 될 노래의 문자를 의미한다. 그것으로 현존하는 것을 훌륭하게 해석하여 위안을 노래하겠다는 것이다. 나아가 핀다르 단편의 번역과 해석에서 확고한 문자의 가꿈이 어떤 것인지를 횔덜린은 몸소 보여준다(보론 2 참조).

그리스도 찬가가 한결같이 시인의 과제로 수렴되는 것은 횔덜린의 고유한 시학적, 철학적 관점의 반영이다. 횔덜린은 소설 《휘페리온》의 〈최종원고 직전단계(Vorstufe der endgültigen Fassung)〉에서 휘페리온의 입을 통해 "성스러운 것은 비밀이어야만 한다. 그리고 성스러움

---

54) Hans Gottschalk, *Das Mythische in der Dichtung Höderlins*, Stuttgart 1943, 270~272쪽 및 Robert Thomas Stoll, *Hölderlins Christushymnen*, Basel 1952, 224쪽.

55) Detlev Lüders, *Die Welt im verringerten Maasstab, Hölderlin-Studien*, Tübingen 1968, 94쪽 및 102쪽.

을 발설하는 자는 그것을 죽인다"(3. 277)고 피력하고 있다. 그는 시에서 살리기 위해 오히려 구체적으로 형상화할 수 없는 성스러운 것은 스스로 알아차리는 독자의 직관에 맡기고자 한다.

제12장

보르도 이후:
뉘르팅엔과 두 번째 홈부르크 체류 시절
(1802~1806년)

정신분열의 비극에 맞선 마지막 불꽃

제8장에서 많은 우회를 거쳐 다시 생애기로 돌아가 보자. 횔덜린이 무슨 이유로 가정교사직을 버리고 보르도를 떠나게 되었는지 정확하게 알려진 것은 없다. 그가 하고 싶어 하지 않는 일, 예컨대 설교를 요구받았기 때문이라는 하나의 추측이 있다. 베르토는 횔덜린의 의붓동생 카를 고크의 증언을 들어 횔덜린을 귀향하도록 한 것은 프랑크푸르트의 쥬제테에게서 온 한 통의 편지 때문이라고 했다. 그 이유야 무엇이든지 그는 용의주도한 준비를 거쳐 그곳을 떠났던 것으로 보인다. 그는 1802년 5월 10일 자로 여권을 직접 발급받았고, 여비도 미리 챙겼던 것이다. 횔덜린의 좋은 친구 란다우어는 훗날 횔덜린이 보르도에서 말썽을 일으켰다는 소문에 맞서기 위해 보르도의 고용주에게 편지를 썼고, 그에게서 "최고의 긍정적인 증언"(7/2. 198)을 얻어냈다.

프랑스를 거쳐 온 여름 여행의 기묘한 상황들은 그가 귀향해 쓴 시 작품들에 표현되어 있다. 그리고 뵐렌도르프에게 쓴 편지에도 역시 들어 있다. 그가 파리를 거쳐 왔으며, 그곳에서 그가 나폴레옹이 이탈리아에서 훔쳐 온 고대 그리스의 조각 작품들—벨베데레의 아폴로, 라오콘 군상(群像), 카피톨의 비너스—을 보았다는 것은 거의 확실해 보인다. "고대 그리스의 유물을 직접 본 일은 나에게 그리스인들을 더 잘 이해할 수 있도록 할 뿐만 아니라, 예술의 최고 경지 자체를 이해할 수 있도록 깊은 인상을 주었다"(6. 432)라고 쓴 바 있기 때문이다. 그러나 그가 얼마나 그 작품들을 깊이 이해했었는지는 우리는 잘 알지 못한다. 그 경험은 너무 늦은 것이었다는 사실만을 우리는 확인할 수 있을 뿐이다. 뵐렌도르프에게 보낸 편지도 프랑스에서 보낸 그의 생활에 대해, 그리고 귀향길에 대해 우리에게 알려주는 것이 거의 없다. 이 편지는 마치 시를 쓰듯이 말하고 있다. 그리고 이 편지는 애매한 시적 표현으로 서서히 기울고 있었던 횔덜린의 편지쓰기의 결정판이다. 하우프트빌에서 누이동생에게 쓴 편지나 보르도에서 어머니에게 쓴 편지(6. 414, 429)도 똑같은 경향을 보여주고 있다. 당시 뵐렌도르프도 불안정한 심리 상태에 놓여 있었고, 광기와 자살 시도의 기미를 보이고 있었던 만큼 어쩌면 잘 이해했을는지 모른다.

> 나는 그 사이 프랑스에 가 있었고 슬프고 고독한 대지를 보았다네. 남부 프랑스의 목동들과 낱낱의 아름다움, 애국적인 의문과 굶주림의 공포 가운데 성장한 남정네들과 여인들을 보았던 것이네.
>
> 힘찬 요소, 천국의 불길과 인간들의 정적(靜寂), 자연 안에서의 그들의 삶 그리고 그들의 빈궁(貧窮)과 만족이 나를 줄곧 붙잡았다네. 영웅을 따라서 말

하면, 아폴로가 나를 내리쳤다고 말할 수 있겠네. (6. 432)

6월 7일 스트라스부르에서 횔덜린은 프랑스를 떠나는 비자를 발급받았다. 고단했을 그달의 나머지 동안 그의 동선은 불분명하다. 슈바프의 설명은 이렇다.

> 1802년 부활절 이래 그의 가족은 시인에게서 더 이상 아무 소식도 듣지 못했다. 이런 불확실 때문에 그해 7월 초 횔덜린이 불현듯 뉘르팅엔의 어머니 집에 나타났을 때, 가족들은 충격을 받았다. 어리둥절하게 만드는 표정과 광란하는 거동을 하고, 정신분열을 극히 의심케 하는 상태로 그리고 도중에 강도를 당했다는 것을 확인해주기라도 하는듯한 차림을 하고 나타났던 것이다. 그는 예기치 않게 빠른 시간인 6월에 보르도의 자기 일터를 떠났다. 파리를 포함해 프랑스를 가장 뜨거운 한여름 이 국경에서 저 국경으로 걸어 지나왔고, 슈투트가르트의 친구들과 그들 중 당시 그곳에 머물고 있었던 마티손에게 아주 잠깐 모습을 보이고 나서 고향에 왔던 것이다. (7/2. 223)

쥬제테 공타르는 6월 12일에 중병에 걸려 열흘 뒤인 22일 세상을 떠났다. 그녀는 풍진에 걸린 자녀들을 간호하다가 자신이 병에 걸렸다. 그런데 이때의 감염으로 그녀가 세상을 떠나게 되었는지는 의문이다. 그녀는 적어도 전해 겨울부터 폐결핵을 앓고 있었다. 그 외에도 횔덜린이 떠난 순간부터 그녀는 절망의 수렁에 빠져 있었다. "저는 당신 없이는 내 생명이 시들어 서서히 죽어가는 것을 생생하게 느꼈답니다."(7/1. 90) 그리고 횔덜린은 썼다. "디오티마가 죽는 것은 내 탓이다."(6. 370)

베르토는 횔덜린이 그녀가 죽기 전에 한 번 더 그녀를 만났다고 믿고 있다. 그러나 베크는 이것을 받아들이지 않는다. 슈바프가 뉘를팅엔에 휠덜린이 도착한 시점을 잘못 기록하고 있다는 점을 들어서 휠덜린에게 주어졌던 시간이 이를 허용치 않았다고 간단히 결론을 내리고 있는 것이다. 6월 30일 징클레어는 휠덜린이 아직 보르도에 있는 줄 알고 쥬제테의 죽음을 알리는 편지를 썼다. 휠덜린이 징클레어도 모르게 프랑크푸르트에 올 수 있었겠는가? 베크는 그 점을 의심한다.[56] 일반적으로 알려진 이 사건의 전말은 휠덜린이 프랑스를 벗어나 정신분열의 상태로 집에 도착했고, 그다음 슈투트가르트에서, 좀 더 구체적으로는 란다우어의 집에서 징클레어의 편지가 그에게 전달되었으며, 그것으로 쥬제테의 죽음을 그가 알게 되었다는 것이다. 베르토의 다른 주장은 휠덜린이 프랑크푸르트를 거쳐서 정신이상 상태가 아니라 다만 슬픔에 잠겨 귀향했다는 것이다.[57] 아무래도 전자가 가능성이 더 높아 보인다. 그리고 그 경우가 더 비극적으로 보인다.

휠덜린이 뉘를팅엔에 이르렀을 때, 광기에 어려 어머니와 누이동생을 집밖으로 내쫓았다는 이야기가 있다. 그에게는 아마도 그럴 만한 이유가 있었던 것 같다. 그의 어머니는 휠덜린보다 먼저 보르도에서 도착한 짐 가방을 열었고, 거기서 비밀 포켓에 간직된 쥬제테의 편지들을 발견했다. 이것이 그녀가 휠덜린의 연애 관계를 처음 알게 된 계기가 되었고, 두말할 나위도 없이 그녀는 이 사실을 두고 심하게 그를 질책했다. 이 일화는 이들 모자 관계를 상당히 정확하게 설명해준다.

슈투트가르트를 지나 고향으로 향하는 도중 그는 길을 되돌려 슈투트가르트로 가 잠시 란다우어와 함께 지냈다. 언제나 그랬듯이 란

---

56) Adolf Beck, Hölderlin im Juni 1802 in Frankfurt? Zur Frage seiner Rückkehr von Bordeaux, in: *Höldrlin Jahrbuch 1975-1977*, 458~475쪽.

57) Pierre Bertaux, *Friedrich Hölderlin*, Frankfurt/M. 1978, 541쪽 이하.

다우어의 집에서 그는 극진한 보살핌을 받았다. 란다우어는 7월 3일 횔덜린이 "차츰 안정을 되찾고"(7/2. 229) 있다고 말하고 있다. 그러나 그때까지도 쥬제테의 죽음의 소식이 그에게 도달하지 않았을 것이다. 그는 그 후 곧장 뉘를팅엔으로 돌아왔다. 이 귀향은 현세에서의 그의 마지막 귀향이었다. 이어진 타향으로의 마지막 편력 후 그가 돌아온 곳은 어머니가 있는 고향 뉘를팅엔이 아니라 튀빙엔의 정신병원이었던 것이다.

횔덜린에게 보낸 징클레어의 6월 30일자 편지는 새로운 우정 관계를 너그럽게 제안하면서 끝맺고 있다. 3주가 지나도 회답이 없자, 그는 다시 편지를 썼다. "그대는 지금 나에게 더 가까이 와 있지요. 그래서 이제 그대를 더 만나고 싶고 차지하기를 바라고 있어요."(7/1. 173) 좋건 궂건 횔덜린이 1806년 9월 홈부르크로부터 튀빙엔의 정신병원으로 강제로 이송될 때까지 이 두 사람은 충심으로 결합했다. 그들은 1802년 9월과 10월 사이 2주 이상을 레겐스부르크에 같이 가 머물렀다. 누구의 말을 들어보더라도 이 막간의 동행은 횔덜린에게 상당히 좋은 영향을 미쳤던 것이 분명하다. 징크레어는 방백(傍白)과 함께 외교적인 업무로 그곳에 갔었다. 르네빌 평화협정의 결과를 두고 벌이는 협상에서 헤센-홈부르크라는 작은 공국의 요구사항을 제시하기 위해서였다. 횔덜린은 그의 초청과 비용 부담으로 그곳에 가게 되었던 것이다. 9월 28일 그는 혼자서 여행을 할 수 있을 만큼 건강 상태가 좋았다. 횔덜린은 그 날자로 뉘르팅엔에서 발급된 여권을 소지하고 있었다. 이 여권에는 그가 176센티미터의 키에 넓은 어깨를 가지고 있고 수염을 기르고 치아는 변색되어 있다고 기록되어 있는데 아마도 흡연 때문인 것으로 생각된다.

레겐스부르크에서 횔덜린은 수년 전의 교우 관계를 새롭게 재개하고 그의 소포클레스 번역의 발간도 협의하기 시작했다. 그의 정력과 자기 확신의 지표로서 이 마지막 사실은 다소 흥미롭다. 징클레어는 횔덜린의 모친에게 횔덜린이 레겐스부르크에서 보낸 몇 주 동안에 보여주었던 것보다 "더 큰 정신력과 영혼의 힘"(7/2. 254)을 보여준 적이 없었다고 확실하게 말하고 있다. 그러나 자신의 친구의 정신 건강에 대한 징클레어의 이런 선언은 주의 깊게 읽을 필요가 있다. 그는 많은 사람들이 횔덜린이 정신이상이라고 생각하고 있다는 점을 시인하려 했기 때문이다. 그리고 상당한 시일이 지난 다음, 어쩌면 이기적인 이유로 회고적으로 레겐스부르크에 체류했던 때를 언급했던 것이다. 이제 그의 한층 너그러운, 아니면 낙관적인 증언이 더 무게를 가진다. 횔덜린의 어머니가 이를 뒷받침하고 있기 때문이다. "레겐스부르크에로의 여행을 통해 … 그는 한동안 평온한 상태에 놓여 있었다." (7/2. 242)

1802년 10월 하순경 뉘르팅엔으로 돌아오고 나서, 1804년 6월 홈부르크로 주거를 옮기기 전에 횔덜린은 두 번 나들이를 했다. 그중 한 번은 1803년 6월 셸링을 방문하기 위해 슈투트가르트의 북동쪽에 있는 무르하르트로의 나들이였다. 셸링은 이때 만난 횔덜린에 대해 헤겔에게 그의 "정신은 완전히 혼란 상태에 있다"는 점과 "구역질이 날 정도로"(7/2. 262) 외모를 전혀 돌보지 않고 있다는 사실을 알렸다. 횔덜린은 이듬해 초에 슈투트가르트의 제컨도르프(Leo von Seckendorf, 1775~1809년)를 만나려고 두 번째 나들이에 나선다. 그러나 그의 집을 찾지 못하고 말았다.

그렇다면 자신의 성년기 가운데 가장 오래 고향에 머물렀던 이 시기에 횔덜린은 혼자서 무엇을 했을까? 그는 일했다. 깊은 개인적인 불행 가운데 그리고 피할 수 없는 정신 쇠약을 버터 내면서 그는 2년 동안 지극히 생산적이었다. 몇몇 기록적인 성취가 있다. 그는 찬가 〈파트모스〉를 완성해서 방백에게 헌정하도록 1803년 1월 13일 징클레어에게 쓴 편지에 동봉해 보냈다. 1803년에서 1804년으로 넘어가는 겨울에는 빌만스가 펴내는 1805년판 소책자 《사랑과 우정에 바침》에 실릴 아홉 편의 이른바 "밤의 노래들"을 준비했다. 1803년 12월 8일자 빌만스에게 보낸 편지에서 횔덜린은 자신이 가지고 있는 원고들 가운데서 "《시 연감》에 실릴 만한 작은 규모의 시들을 찾아보고 있다"(6. 435)고 썼다. 그러니까 이 시점에서 이미 완성되었거나 완성에 임박한 작품들을 의미했을 것이다. 같은 달 두 번째 편지에서는 "당신이 펴낼 《시 연감》에 실릴 몇몇 밤의 노래들을 점검하고 있다"(6. 436)고 했다. 이 말은 인쇄에 회부하기 위해 다시 한 번 가필 또는 수정하고 있음을 의미한다. 횔덜린이 여기서 언급하고 있고, 실제 빌만스의 《시 연감》에 실린 "밤의 노래들"에 속하는 작품은 〈케이론〉, 〈눈물〉, 〈희망에 부쳐〉, 〈불카누스〉, 〈수줍음〉, 〈가뉘메데스〉, 〈반평생〉, 〈삶의 연륜〉과 〈하르트의 골짜기〉이다. 앞의 여섯 편은 송가의 운율에 따르고, 나머지 3편은 자유 운율로 썼다. 이들 중 〈케이론〉, 〈수줍음〉과 〈가뉘메데스〉는 각기 전작인 송가 〈눈먼 가인〉, 〈시인의 용기〉, 〈묶인 강〉을 대폭 수정한 작품이다. 이 수정은 그 내용상 거의 개작에 가까운 것으로 매우 의미가 있는 작업이다. "밤의 노래들"과 같은 비교적(秘敎的)인 총칭은 횔덜린이 다른 경우에도 자신의 한 갈래의 시편에 대해 사용한 적이 있다. 예컨대 빌만스에게 보낸 편지에서 횔덜린은 "조국적 찬가들"에 대해 언급했었다. "밤의 노래들"이라는 개념은 18세기 널리 알려졌던 에드워드

영(Edward Young, 1683~1765년)의 《밤의 사색들(*Night Thoughts*)》을 연상시킨다. 횔덜린은 "밤의 노래들"에서 충족되지 않은 부정적인 시대로서 역사적인 밤을 반복해서 표상하고 있다. 같은 기간에 그는 소포클레스의 비극 《오이디푸스왕》과 《안티고네》 번역을 퇴고하고 각기에 대한 주석을 썼다. 이른바 〈핀다르 단편들〉도 이즈음에 작업했던 것으로 보인다. 이 〈핀다르 단편들〉은 주제와 양식에 걸쳐 "밤의 노래들"과 밀접하게 연결되어 있기도 하다. 그는 이른바 조국적 찬가로 분류되는 〈회상〉, 〈이스터강〉 그리고 〈므네모쉬네〉를 또한 썼다. 찬가 〈파트모스〉를 해체하고 새롭게 개작하려고 집중적인 작업을 벌리기도 했다. 첫 원고에서는 미완으로 남았던 〈유일자〉에 대해서도 똑같은 작업을 벌였다. 많은 시의 초안들, 예컨대 〈마돈나에게〉, 〈거인들〉, 〈가장 가까이 있는 것〉 등을 뉘르팅엔에서 썼다. 비가 〈귀향〉, 〈빵과 포도주〉 그리고 〈아르히페라구스〉에 대한 개작도 시도되었다. 모두 2년 반에 이루어진 작업들이다. 이들 대부분은 매우 신선하고도 아름답다.

그의 어머니가 징클레어에게 보낸 무안하게 고분고분한 편지들을 통해 자주 언급한 바가 있어서 우리는 횔덜린이 집에 머무는 시간에 그런 글쓰기 작업을 했다는 사실을 안다. 그녀에 따르면 〈파트모스〉를 끝내는 일은 일종의 몸부림이었다. 그가 아무것도 할 수 없고 다만 기분이 나아지기를 기다리는 날들도 있었다. 그러나 글을 쓸 수 있을 때에는 글쓰기가 그를 기진맥진하게 했다. 그는 무섭게 노력했다, 그리고 기지맥진 했다. 그녀는 1804년 1월 홈부르크의 공주에게 감사의 시를 한 편 썼으면 하는 그의 소망과 그 일로 3주 동안 심하게 고뇌하여 이제는 몰라보게 쇠약해지고 거의 사고력을 잃을 지경에 이른 일에 대해 징클레어에게 썼다(7/2. 271). 그녀는 그의 주치의와 마찬가지로 일 자체가, 시 쓰기가 그의 치유를 막고 있다고 생각했다. 아래는 이에 관해 그녀가 징클레어에게 쓴 편지의 일부이다.

> 나는 이 착한 사람이 더 이상 마음의 압박을 받아가며 일하지 않게 되기를 바라고 있어요. 1년 전부터 그런 가운데의 일을 단념할 수 있기를 우리 모두가 간절하게 그에게 간청하고 있답니다. 그의 마음 상태가 나아진다면 얼마나 좋을까요. (7/2. 265)

> 내가 당면하고 있는 가장 슬픈 일은 의사들이 나에게 회복에 대한 희망을 거의 말하지 않는다는 사실이랍니다. 그가 자신의 일을 그렇게 벌여 왔고 그 작업들로 말미암아 자신에게 그렇게 심한 마음의 부담을 준 때문이랍니다. (7/2. 270)

> 그리고 그가 자기가 좋아하는 공부를 포기하거나 정도껏 조절하는 데 생각이 미치지 않기 때문에 의사들은 그에게는 어떤 치료 방법도 어떤 약도 효과가 없을 것이라고 말하고 있어요. (7/2. 277)

그의 건강 상태에서 그녀가 가장 명백하게 본 것은 엄청난 피로였다. 그가 어떻게 하는 일을 조정하는가는 그녀의 능력 밖의 일이었다. 그녀는 "낙담하면서 그를 점점 더 쇠약하게 만드는 것은 유난히 심한 긴장"(7/2. 277)이라는 사실을 알고 있었다. 일을 그만두어야만 한다는 그녀의 간청에 대한 그의 답변은 간단했다. 자신은 일을 해야만 한다는 것이었다. 그것도 더욱더 열심히 일해야 하는데, 왜냐면 지금까지 이루어 놓은 것이 많지 않기 때문이라는 것이다. "그의 표현에 따르면 자기의 약해진 사고력 때문에 많은 것을 내보일 수 없기 때문"

(7/2. 265)이라는 것이다. 일하지 않는 것이 긴장의 완화를 낳는 것은 아니었다.

> 4주 전부터 그는 거의 작업을 하지 않고 종일 들녘으로 나가곤 합니다. 그러나 이전에 일이 그를 긴장케 했던 것과 똑같이 기진맥진해서 집으로 돌아옵니다. 이 피로도 역시 그의 정신을 쇠약하게 만듭니다. 어떤 회복도 뒤따르지 않으니까요. (7/2. 265)

이것이 그의 집에서의 피난 생활이 어떠했는지를 말해주고 있다. 피로, 권태, 그리고 무감각, 그런 가운데 영웅적인 노력으로 그는 여전히 글쓰기를 해내고 있었다.

이 시기 동안에 횔덜린은 더러 편지를 쓰기는 했지만—이때의 편지들은 대부분 분실되었다—그 횟수는 줄었고 많은 내용을 담고 있지 않았던 것으로 보인다. 그는 상처입고 불행한 자신의 세계로 물러서고 있었다. 그에게 배려를 아끼지 않았던 란다우어는 불만의 편지를 썼다.

> 자네 무얼 하면서 지내고 있나? 모르긴 해도 하루 종일 그리고 밤에 까지도 일을 하고 있겠지. 그래서 자네 소식을 하나도 알리지도 않고 나한테는 이제 더 이상 오지 않는 것 같네. 여보게 친구, 자네 친구들에게 자네의 소식을 알리려고 노력할 가치도 없을 만큼 그들이 자네에게 아무것도 아닌 것으로 보인다는 것에 내 생각이 미칠 때는 자주 나에게 고통스럽게 아픔을 준다는 것을 고백하네. (7/1. 178)

뉘르팅엔에서 어머니와 누이동생과 함께 지내면서도 횔덜린은 참으로 "집에 있으나 집에 없는 사람"이었다. 그의 어머니의 편지들 가운데는 그와 그녀의 관계가 얼마나 피폐하게 되었는지에 대한 고통스러운 많은 징후가 들어 있다. 그녀가 징클레어, 란다우어, 빌만스에게 자주 편지를 썼다는 사실은 그녀의 편에서 보자면 그에 대한 근심어린 관심을 증명하는 것이긴 하지만, 한편으로는 그의 고립을 확인하고 그것을 더 깊게 만들어주었다. 횔덜린 자신은 알지도 못하는 사이에 다른 사람들에 의해 점점 더 구설의 대상이 되었다. 편지들은 자주—그녀의 간청에 따르면—그에게 비밀이 되어야 할 자세한 내용들을 담고 있었다(7/2. 231, 271, 273). 그것은 주로 금전에 관한 사항들이었다. 여기저기에서 진 부채를 언급하고 있었다. 우리는 그녀의 편지들에서 그가 더 이상 현존하는 어떤 인물로서가 아니라, 처치가 곤란한 그리고 쓸모없는 인물로 취급되고 있음을 느끼게 된다.

그가 어떤 사람으로 변해가고 있었는지는 의문의 여지가 없다. 그의 외모를 보고 충격을 받았다는 셸링이 특별히 괴팍한 성품의 소유자는 아니었다. 횔덜린은 앓고 있었고, 슬픔에 잠겨 있었으며, 시를 써야 한다는 의무감에 사로잡혀 있었다. 그는 완전히 점령을 당한 상태였다. 그는 자신의 사명, 자신의 운명을 아직은 끌어모을 수 있는 한 모든 힘은 다해 좇고 있었다. 그의 어머니의 편지들은 노력과 피로를 기록하고 있다. 그리고 이 두 해 반의 시 작품들이 이런 노력의 결과이자 성취다.

쥬제테 공타르가 세상을 떠나자 징클레어는 즉시 횔덜린을 가까이 살게 하려고 자기 근처로 데려왔으면 하는 의사를 표명했다. 그리고 경제적 지원을 제공했다. 레겐스부르크에서 두 사람 사이에는 횔덜린이 가능한 빨리 홈부르크로 거처를 옮기기로 결정을 내렸던 것이 틀림없다. 그의 어머니는 한 번 이상 징클레어에게 얼마나 그가 거처를 옮기기를 기대하고 있는지 말하면서도, 덧붙여 자신의 생각으로는 그가 그렇게 하기에는 적당하지 않다고 했다. 그가 마침내 친구 징클레어와 함께 뉘르팅엔을 떠났던 1804년 여름, 그는 사실 그렇게 하기에는 적합하지 않은 사람이었다. 그를 치료했던 의사들은, 물론 다른 좋은 수가 없어서였겠지만, 홈부르크에서 만나게 될 환경의 변화와 지적 기분 전환이 그에게 좋은 영향을 미칠 것이라고 말했다. 그러나 그의 고향을 떠난 마지막 출발은 불운한 것이었다. 간단히 말하면 징클레어는 모호한 성격의 소유자였다. 그는 친구를 향해 관대하고 애정어리게 행동했지만, 이번에는 일부러 무시하거나 주의를 기울이지 않는 듯한 태도를 보였다. 그가 1804년 6월 횔덜린을 뉘르팅엔에서 데리고 갈 즈음, 그는 한 사건에 정신없이 휩쓸리고 있었다. 여섯 달 후 그는 대 반역죄로 심판대에 오르게 되었다. 그는 홈부르크로 가는 길에 슈투트가르트에서 그의 음모 가담자 일당과 배신자 블랑켄슈타인(Alexander Blankenstein)을 횔덜린이 동참한 가운데 만났다. 그는 횔덜린이 이런 음모에 관심을 가질만한 지적 능력을 가지고 있다고 믿었던 것인가? 징클레어 자신은 열정적으로 가담했으나, 그 병든 친구가 가담하려 하거나 말거나 관심 없이 그저 대동했다는 편이 더 그럴 듯하다. 횔덜린의 어머니는 그들이 떠난 다음 징클레어에게 횔덜린의 건강 상태에 대해 걱정스러워 견디지 못하겠다는 것과 그가 얼마나 자기 돈 관리에 무능한지를 깨달도록 하는 편지를 썼다. 징클레어가 남부 독일에서 발생한 혁명과 선제후의 암살 음모에 관여하고 있었을 때였던 만큼, 그가 횔덜린 모친의 편지를 끝까지 다 읽을 수 있었는지는 의문이다.

홈부르크에서 횔덜린은 공국의 사서라는 직위를 부여받았고 봉급도 받게 되었다. 그 봉급은 징클레어의 급료에서 공제되었다. 그는 성(城)과 징클레어의 집 가까이에 있는 한 시계공의 집에 방을 얻었다. 이후 방백 부인이 그에게 피아노를 마련해주었다. 그의 정신 건강이 나빠졌을 때, 그는 그 피아노를 사정없이 두들겨 망가뜨리고 말았다. 그는 어머니에게 아주 드물게 편지를 썼다. 그것도 어머니를 더욱 혼란시키는 어투의 편지였다. 그녀와 징클레어 사이의 편지 왕래는 그 전과 마찬가지로 계속되었다. 여전히 횔덜린을 제쳐놓은 채였다. 징클레어는 그녀에게 그의 아들이 "온전히 건강하며 만족스러워" 한다고 확인해주고 횔덜린이 "본질적으로 광기에 빠져 있는 것이 아니라, 일에 미친 듯이 빠져 있다"고 견해를 밝히기도 했다. 징클레어는 "저 뿐만이 아니라, 그와 알고 지내는 여섯 여덟의 사람들도 그가 보이는 정서상의 혼란은 그 자체 이상 아무것도 아니며, 광기는 지나치게 깊이 생각한 나머지 내린 견해의 하나에 지나지 않는다고 믿고 있다"(7/2. 229)고 썼다.

횔덜린은 뉘르딩엔에서 했던 대로 홈부르크에서도 일하기를 계속했다고 알려져 있다. 어떤 비평가들은 홈부르크에서 보낸 이 두 번째 체류 기간이 특히 생산적이었다고 말한다. 문제는 간단히 이른바 '홈부르크 2절판 원고철'에 수록되어 있는 시 가운데 얼마나 많은 작품이, 또 '찬가 초안'들 중 얼마나 많은 초안이 뉘르딩엔에서 씌어진 것이며, 얼마나 많이 1806년 9월 홈부르크를 떠나기 전 몇 달 동안에 썼는가이다. 이런 물음에 답하는 것은 쉽지 않아 보인다. 베르토에 이어서 횔덜린이 광기에 빠졌다는 사실을 부정하는 비평가들은 그가 홈부르크에서 보낸 2년 반 동안 내내 그 이전의 에너지를 가지고 글쓰기를 지속했다는 점을 설득하려고 한다. 그러나 뉘르팅엔을 떠난 후 횔덜린의 글쓰기는 차츰 줄어들었다는 것이 사실일 것이다. 홈부르크에서 쓴 그의 편지들 가운데 남아 있는 것은 없다. 그가 서너 통 이상의 편지를 썼으리라고는 믿어지지 않는다. 실제 편지 쓰기를 포함해서 그가 많은 글을 썼다는 증거는 거의 없다. 시 작품 자체도 확실하게 이 시기를 생성 시점으로 결론 내리기 어렵게 한다. 바이스너가 편집한 《슈투트가르트판 횔덜린 대전집》 제2권 《1800년 이후의 시》에 단편 제85로 수록되어 있는 지명이나 가문들의 나열은 두 번째 홈부르크 체류기에 쓴 것으로 보인다. 그러나 그것이 제시하고 있는 내용은 창작이라기보다는 그가 한 백과사전에서 따서 기록한 것일 수 있다. 이 기간 동안에 횔덜린은 서너 차례 무명의 문인 게르닝(Johann Isaak von Gerning)을 방문했다. 게르닝에 따르면 횔덜린은 문학에 관해 의견을 피력하였고 더 중요한 것은 핀다르에 대한 작업을 계속하고 있다는 사실을 밝혔다는 것이다. "언제나 절반쯤은 정신분열에 빠져 있는 횔덜린은 … 핀다르를 밭을 갈듯 파고 있다."(7/2. 287) 어쩌면 퓌티아 승리가의 몇 편을 그렇게 하고 있었을 것이다. 그리고 〈핀다르 단편들〉도 이때 번역하고 주해했을 것으로 생각된다.

1805년 1월 29일 블랑켄슈타인은 선제후에게 징클레어를 밀고했다. 그 후의 심문에서 그는 고발 내용을 상세히 설명했고, 징클레어는 2월 26일 체포되었다. 블랑켄슈타인이 발설한 대로, 횔덜린이 음모 모임에 참석했었기 때문에 그 역시 투옥이 예상되었다. 3월 법원은 슈투트가르트의 종무국과 뉘른베르크의 행정 당국자들에게 그에 관해 보고해줄 것을 요청했다. 모두 3개의 증언은 그는 선한 성품의 소유자이고 정신이 온전하지 않다는 점에 의견을 같이하고 있었다. 1799년부터 횔덜린의 우울증을 치료했던 뮐러(Friedrich Müller) 박사는 상당히 단정적이었다.

> 지금 그의 상태는 광기가 발광으로 넘어가는 단계에 있으며, 그의 말은 절반은 독일어이면서 절반은 그리스어, 또 절반은 라틴어처럼 들려서, 도대체가 더 이상 이해하지 못할 정도이다. (7/2. 337)

뮐러와 방백의 생각이 그를 정신이상자로 설명함으로써 횔덜린을 보호하려는 것이었다면, 일단 그 계획은 성공적이었다. 법원은 더 이상 그에게 관심을 보이지 않았기 때문이다. 7월 9일 징클레어에 대한 혐의가 해소되었고 그는 석방되었다. 그러나 횔덜린은 주변부에 머물렀음에도 불구하고, 소송절차의 진행에 따라서 매우 심하게 자극을 받았다. 그는 계속해서 "국왕 만세" 그리고 "나는 자코뱅 당원이 아니다"(7/2. 339, 342)라고 외쳤다고 전해진다.

징클레어가 감옥에 있는 동안 횔덜린은 시계공의 집을 나와서 한 마구 제작자의 집으로 거처를 옮겼다. 이때는 그의 정신 상태가 정상이 아니기도 하거니와 그가 분열 증세까지 보이고 있다고 사람들이 생각했던 것은 의심의 여지가 없다. 그의 피아노 연주는 악명을 떨쳤다. 9월 징클레어는 거의 넉 달간 베를린으로 가 머물렀다. 홈부르크에서 보낸 횔덜린의 시간에 대한 기록 중 남아 있는 어느 것 하나 그가 외로웠으며, 마음이 불안했고, 소외되어 있었다는 사실, 그리고 그의 건강 상태가 계속 악화되고 있었다는 사실을 전하지 않는 것이 없다.

분명히 뉘르팅엔에서 그리고 어쩌면 홈부르크에서도 횔덜린은 자신의 작품을 출판하려고 계속 노력했다. 보르도에서 돌아온 후 튀빙엔의 탑 방에서 지내게 되기까지의 기간에 몇몇 중요한 그의 시 작품들이 빛을 보았다. 예컨대 찬가 〈귀향〉, 〈아르히펠라구스〉, 〈편력〉과 〈알프스 아래에서 노래함〉이 그것들이다. 제컨도르프는 자신이 발행하는 《사화집》 1807년판과 1808년판 두 호에 걸쳐 비가 〈빵과 포도주〉의 첫 시연과 〈편력〉, 〈슈투트가르트〉, 〈라인강〉, 〈파트모스〉 그리고 〈회상〉을 실어주었다. 횔덜린은 이 출판에 대해 아무것도 모르고 있기는 했지만, 이 작품들을 그 자신이 징클레어의 요구를 따라서 또 그를 통해 발행 3~4년 전에 보냈던 것으로 보인다. 1803년 12월 빌만스에게 보내려고 그가 준비했던 "밤의 노래들"처럼, 찬가 〈슈투트가르트〉는 출판의 기회가 있었기 때문에 수정·보완되었다.

문학잡지에 이런 등장은 자신의 정성을 다한 소포클레스 번역과 마찬가지로 거의 예외 없이 비웃음의 대상이 되었다. "밤의 노래들"에 대해 어떤 비평가는 이렇게 썼다.

> 횔덜린의 이 아홉 편의 시를 이해했다고 정말로 자랑할 수 있는 보기 드문 인간을 위해서는 상당한 상금을 걸어야만 할 것이다. 그리고 우리는 이 시를 쓴 사람 자신도 경쟁자에서 제외하지 않을 것이다. 오만불손과 짝을 이루고 있는 허튼소리보다 더 불쾌함을 일으키는 것은 없다. (7/4, 22)

카를 필립 콘쯔처럼 그가 잘되기를 바랐던 사람들조차 찬탄보다는 동정심을 더 느꼈다. "정신과 가슴 사이의 한때 아름다웠던 결합이 깨진 파열음처럼 들린다."(7/4, 23) 소포클레스의 번역은 셸링에게는 횔덜린의 정신이상에 대한 결정적인 징후로 보였다. 그러나 그의 판정과 자기 확신을 가장 잘 기억해둘 만한 사람은 나이가 비교적 젊은 포스

(Heinrich Voss)다. 그는 친구 아베켄(Bernhard Rudolf Abeken)에게 이렇게 썼다.

> 자네는 횔덜린의 소포클레스에 대해 어떻게 말하겠는가? 그 사람이 광란하고 있거나, 또는 그런 시늉을 하고 있는 것인가? 그리고 그의 소포클레스가 형편없는 번역가에 대한 하나의 은밀한 풍자인가? 최근 저녁에 내가 괴테의 집에서 쉴러와 함께 앉아 있었을 때, 나는 그것으로 두 사람을 즐겁게 해주었다네. 그렇지만 안티고네의 네 번째 합창을 읽어주자, 쉴러가 얼마나 소리 내어 웃었는지, 자네가 그를 보았어야 하는 건데…. (7/2. 303~304)

횔덜린은 주의를 끌기 시작했으나, 그에게 도움이 되기는커녕 오히려 해가 되는 방향으로 주목을 받았다. 예언자이자 정신이상자로서 말이다. 1806년 샤를로테는 장 파울에게 그에 대해 바로 그렇게 썼다. "이 사람은 이제 격렬하게 정신분열을 일으키고 있습니다. 그렇지만 그의 정신은 신에게서 생명을 부여받은 한 영시자(靈視者)만이 누릴 수 있는 높은 경지에 올라 있습니다."(7/2. 351)

횔덜린의 홈부르크로부터의 마지막 고별은 그렇게 큰 놀라움을 일으키지는 않았다. 그러나 갑자기 이루어진 것만은 사실이다. 헤센-홈부르크가 독립 국가의 지위를 잃게 되자, 그는 홈부르크를 떠날 수밖에 없게 된 것이다. 1806년 8월 3일 징클레어는 횔덜린의 어머니에게 이렇게 썼다.

> 유감스럽습니다! 방백의 신분에 관련해서 일어난 변화들이 방백께서 운신의 폭을 제한할 수밖에 없게 하고 있습니다. 그리고 저의 지위조차 최소한 부분

적으로라도 해지될 것이 분명합니다. 그리하여 정신분열이 매우 높은 정도에 이른 나의 불행한 친구가 앞으로도 보수를 받으면서 이곳 홈부르크에 머무르는 것이 더 이상 가능하지 않습니다. 저는 어머님께 그를 여기서 데려가 주실 것을 부탁드리라는 임무를 부여받았습니다. 그의 정신분열이 오합지졸들로 하여금 그에게 매우 화를 내게 만들어서 내가 자리를 비우는 경우 그의 신상에 아주 나쁜 일이 일어나지 않을까 우려되는 상황입니다. 그리고 그의 길어지는 방임 자체가 대중에게 위험을 불러일으킬 수도 있을 것 같습니다. 그를 이곳에서 격리시키는 일은 공공의 준비가 요구되지만, 여기에는 그런 기관이 없는 실정입니다. (7/2. 352)

그녀는 필요한 조치를 취했고, 9월 11일 횔덜린은 튀빙엔으로 이송되었다.

방백의 부인 카로리네는 딸 마리안네에게 그날 횔덜린 이송의 광경을 이렇게 적어 보냈다.

불쌍한 횔덜린이 오늘 아침 그의 가족에게 돌려보내려고 이송되었단다. 그는 마차에서 뛰어내리려고 온 힘을 다했지만, 그를 책임진 사람들이 그를 안으로 밀어 넣었어. 횔덜린은 소리 내어 외치고 무장된 사람들이 그를 넘어뜨리고 있었다. 그는 다시 맞서 싸웠고, 엄청나게 긴 그의 손톱으로 그 사람을 할퀴어서 그의 얼굴은 온통 피투성이가 되었단다. (7/2. 353~354)

그 후 그의 어머니도, 징클레어도 횔덜린을 영영 다시 만나지 않았다.

〈파트모스〉를 고려하지 않으면, 1802년에서 1806년 사이 찬가 양식의 시는 단 3편만이 완성되었다. 〈회상〉, 〈이스터강〉(=도나우강) 그리고 〈므네모쉬네〉가 그것이다. 이 세 편의 시는 보르도 이전에 쓴 찬가들보다 길이가 짧고 3연 1단의 원칙이 적용되지 않았다. 이른바 "찬가 초안들" 가운데는 매우 방대한 계획들도 있다. 어떤 것은 〈라인강〉에 못지않은 규모로 초안이 세워졌다. 그러나 모든 초안은 훨씬 작은 규모에서 종결되었다. 이렇게 된 것은 아마도 횔덜린의 육체적 정신적 피로 때문인 것으로 보인다. 아니면 압축의 의도 때문일 수도 있다. 〈회상〉과 〈므네모쉬네〉는 그 상대적으로 간결한 표현 가운데 더 할 수 없이 풍부한 내용을 담고 있다.

찬가 〈이스터강〉(2. 190~192; 번역/2. 273~276)은 횔덜린의 강을 읊은 시들과 강이 중요한 은유의 역할을 맡고 있는 다른 시들과 마찬가지로 격정의 가능성과 한계 사이에서 노래한다. 그리고 유독 이 시에서만 한계와 안정이 단순한 정체(停滯)로 변하는 위험에 놓인다. 이 시의 끝에 나타나는 이런 당혹은 그러나 하나의 겸손의 표현이다. 이 시의 첫머리 "이제 오너라, 불길이여! / 우리는 한낮을 보기를 / 갈망하고 있도다"(제1~3행)라는 당돌한 외침은 끝에 이르러 신중하고 겸손한 종결구 "그러나 그 강이 무엇을 하는지 / 아무도 알지 못한다"(제71~72행)에 이른다. 또한 이 시는 우리에게 힘의 필요성을 남기고 있다. "그러나 바위는 찌름을 필요로 하고 / 대지는 쟁기질을 필요로 한다."(제68~69행) 이럴만한 정열이 없는 삶은 죽음일 뿐이다. 이것이 이 특별한 시의 가장 큰 관심사이다. 그리고 이 반대편의 위험은, 하나의 파괴적인 힘으로서 여기서는 서늘함과 그늘을 찾아 북방으로 오고 있는 헤라클레스의 이미지를 통해 간단히 언급되고 있을 뿐이다. 그런 관점에서 이 시의 문화적, 신화적인 도식은 다시 분명해 보인다.

이 시는 이러는 사이에 그 자신이 무감동과 정신의 위축에 맞서 투쟁하는 가운데 우리의 감정에 영향을 미친다.

횔덜린은 보르도 이후 수년 동안 회상에 몰두했다. 개인의 삶에 있어서 회상은 자기 정체성을 붙들기 위한 하나의 수단이다. 횔덜린의 좀 더 큰 문화 도식에서 회상은 밤이 깃든 현재에 있어서, 모든 일들은 언제나 그래왔고 그렇기 때문에 다시 더 좋게 바뀌리라는 것을 우리가 확인하는 수단이다. 두 편의 시 〈회상〉과 〈므네모쉬네〉는 이 두 목적을 위해 회상으로 눈길을 돌리고 있다.

시 〈회상〉, 〈므네모쉬네〉

1803년 고향 뉘르팅엔에서 쓴 〈회상〉(2. 188~189; 번역/2. 270~272)은 횔덜린의 시 가운데 〈반평생〉과 더불어 가장 아름다운 시 중 하나다. 이 시는 그가 이 작품을 쓰기 1년 전 약 반 년을 가정교사로 가서 머물렀던 보르도를 회상하고 있다. 그러나 이런 회상이 단지 목가적인 정경의 드러냄에 끝나지 않고 인간의 문제에까지 깊숙이 맥락을 짓고 있다는 점에 이 작품의 아름다움이 있다. 이 시의 내면적 구조를 결정짓고 있는 것은 장렬한 영역과 목가적이고도 소박한 영역의 조화 있는 대립과 결합이다. 제1연에서 북동풍이 부는 방향을 따라서 시인의 생각은 어느덧 "아름다운 가롱 강"이 흐르는 땅과 "보르도의 정원"에 가 닿는다. 그 가운데 시인은 "떡갈나무와 백양나무"처럼 고독한 한 쌍이 아니라 인간의 활동 영역인 "물레방아"와 인간의 살림인 "마당""에 결합되어 있다. "마당에는 그러나"에서 "그러나"는 자연으로 자라고 있는 느릅나무의 숲과 가꿈의 터전 사이에 조화로운 상호 침투에 축을 이루고 있다.

북동풍이 분다,
불타는 영혼과 탈 없는 항해를
사공들에게 약속함으로써
나에겐 가장 사랑스러운 바람.
그러나 이제 가거라, 가서
아름다운 가론강과
보르도의 정원에 인사하거라.
거기 가파른 강변에
작은 오솔길 넘어가고 강으로는
시냇물 깊숙이 떨어져 내린다. 그러나 그 위를
떡갈나무와 백양나무 고귀한 한 쌍이
내려다보고 있다.

지금도 잘 기억하고 있거니
느릅나무 숲의 넓은 우듬지
물레방아 위에 머리 숙이고
마당에는 그러나 무화과나무 자라고 있음을. (제1~16행)

이 시구의 "느릅나무 숲"과 "마당"의 격자 배열은 이런 상호 침투를 예술적으로 잘 표현해주고 있다. 인간적 삶의 영역이라는 장렬한 영역과 목가적이며 소박한 자연의 영역과 함께 이 두 영역의 총화로 '사랑'

128

Andenken.

Der Nordost wehet,
Der liebste unter den Winden
Mir, weil er feurigen Geist
Und gute Fahrt verheisset den Schiffern.
Geh aber nun und grüsse
Die schöne Garonne,
Und die Gärten von Bourdeaux
Dort, wo am scharfen Ufer
Hingehet der Steg und in den Strom
Tief fällt der Bach, darüber aber
Hinschauet ein edel Paar
Von Eicheln und Silberpappeln;
Noch denket das mir wol und wie
Die breiten Gipfel neiget
Der Ulmwald, über die Mühl',
Im Hofe aber wächset ein Feigenbaum.
An Feiertagen gehn
Die braunen Frauen daselbst
Auf seidnen Boden,
Zur Märzenzeit,
Wenn gleich ist Nacht und Tag,
Und über langsamen Stegen,
Von goldenen Träumen schwer,
Einwiegende Lüfte ziehen.

Es

129

Es reiche aber,
Des dunkeln Lichtes voll,
Mir einer den duftenden Becher,
Damit ich ruhen möge; denn süss
Wär' unter Schatten der Schlummer.
Licht ist es gut,
Seellos von sterblichen
Gedanken zu sein. Doch gut
Ist ein Gespräch und zu sagen
Des Herzens Meinung, zu hören viel
Von Tagen der Lieb',
Und Thaten, welche geschehen.
Wo aber sind die Freunde? Bellamin
Mit dem Gefährten? Mancher
Trägt Scheue, an die Quelle zu gehn;
Es beginnet nemlich der Reichtum
Im Meere. Sie,
Wie Mahler, bringen zusammen
Das Schöne der Erd' und verschmähn
Den geflügelten Krieg nicht, und
Zu wohnen einsam, jahrlang, unter
Dem entlaubten Most, wo nicht die Nacht
durchglänzen
Die Feiertage der Stadt,
Und Saitenspiel und eingeborener Tanz nicht.
Nun aber sind zu Indiern
Die Männer gegangen,
Dort an der lustigen Spiz'

9

《1808년 시 연감》에 실린 찬가 〈회상〉

을 제기하고 있는 것이 제3연이다. "사랑"은 결국 시인의 현존 양식으로의 진전을 예비한다. 전체 5연의 이 작품 한가운데인 제3연 전체는 이런 사랑과 시인으로서의 현 존재에 바쳐지고 있다. 이 제3연은 시인을 다른 두 영역을 초월해 있는, 말하자면 두 영역을 반영하는 존재로 그리고 있다. 시인은 "사랑의 나날"(제35행)과 "일어난 행위"(제36행)를 생각한다. 이 회상 행위는 쉼과 "그늘 아래에서의 감미로운 한잠"(제29행)을 향한 유혹을 물리칠 만큼 강렬하다.

그러나 나에게

짙은 빛깔로 가득 찬
향기 나는 술잔 하나 건네어달라,
그것으로 내 쉬고 싶으니,
그늘 아래에서의 한 잠 감미로울 터이기에.
영혼도 없이
죽음의 사념에 놓이는 것은
좋은 일이 아니다. 그러나
하나의 대화 있어 진심 어린 뜻을
말하고
사랑의 나날과
일어난 행위에 대해 많이 들음은 좋은 일이다. (제25~36행)

제3연이 시적 회상과 성찰을 하나의 과정으로 그리고 있다면 이 작품의 마지막 결구는 이 성찰의 결과를 요약하는 것이다. 마지막 시구는 행동의 영역, 사랑의 영역 그리고 시인의 영역을 그것의 확고함, 머무름에 따라서 평가한다. 행동의 영역은 그 부단한 사건들로서 영원한 부침(浮沈) 가운데 "기억을 주고 또 뺏기도 한다."(제57행) 어떤 머무름도 부여하지 않는다. 이런 행위 영역의 비극적이며 동시에 공허한 지평은 제4연과 제5연의 전반부에 그려져 있다. 사나이들은 싸움 가운데서 그리고 부질없는 노력 가운데서 "대지의 아름다움을 모으려 한다."(제43~44행) 그러나 그들 스스로가 먼 곳으로 사라져 가고 마는 것이다. "또한 사랑은 부지런히 눈길을 부여잡는다."(제58행) "부여잡는다"라는 단어는 영속적인 것, 머무는 것에 관련되는 단어다. 사랑이 눈길을 부여잡고, 고정시킴으로써 사랑하는 자의 눈길은 그 대상에 머무르게 한다. 그렇게 말하는 가운데 마지막 시구, 하나의 경구에 이르게 된다.

그러나 머무는 것은 시인들이 짓는다. (제59행)

이 핀다르적인 표현인 "그러나"로 사랑의 영속적인 것과의 관련은 시인의 총체적인 지평으로 넘겨진다. 인간의 행동과 사랑은 한순간, 개별적인 것에 집착하는 데 반해 시인의 지평은 의미의 성취와 머무는 것의 촉진을 나타내는 것이다. 행위자는 하나씩 떨어져 나가고, 사랑하는 자들은 무상한 개별적 존재로 가라앉고 만다. 소설 《휘페리온》에서 행위의 영역을 나타내는 인물 알라반다나 사랑의 화신 디오티마가 시인이 은둔 가운데서 회상하는 현 존재로 지양되고 있는 것은 이 〈회상〉에서의 의식과 같은 것이다. 이 〈회상〉은 정경(情景)과 인간이라는 양 주제의 각개에 대립된 한 쌍의 영상을 엮어 넣음으로써 그 최후의 결합인 시인의 총체적 지평을 부인할 수 없을 만큼의 든든한 토대 위에 올려놓고 있다. 나중에 아도르노에게 논박당하기는 했지만, 하이데거는 이 결구를 근원적이며 직접적인 존재의 진술이라는 시학적인 자체 주제화로 이해했다.[58] 주제, 이미지 그리고 분위기의 교차에 상응해 언어수단이 또한 예술적으로 선택되고 있는 것도 이 작품의 아름다움을 더해주고 있다.

므네모쉬네는 기억의 여신이었다. 키타이론 산 곁의 그 여신의 도시 엘레우테라이의 소멸은 이 여신의 이름을 딴, 1803년 가을에 쓴

58) Martin Heidegger, *Erläuterungen zu Hölderlins Dichtung*, Vierte, erwiterte Auflage, Frankfurt/M. 1971, 144~145쪽.

시 〈므네모쉬네〉(2. 193~198; 번역/2. 277~279)의 끝머리에서 호머의 서사시에 등장하는 영웅들의 죽음에 이어서 노래되고 있다. 키타이론 산은 자주 횔덜린의 시적 주목을 끄는 지역이다. 특히 비가 〈빵과 포도주〉에서 디오니소스와 연관해서 간절히 노래되고 있다(제49~54행 참고). 바이스너는 매우 엉클어진 육필원고로부터 3개의 판으로 정리해 냈다. 그리고 횔덜린의 마지막 찬가로 판정했다. 슈미트는 바이스너의 이 3개 이본(異本)에서 하나의 시편으로 재편집하여 그의 독일 고전주의 출판사 판 《횔덜린 전집》에 수록했다. 마지막 찬가로서 이 시는 거의 최종적인 비애를 향해 이끌려 가는 듯이 보인다. 〈빵과 포도주〉에서 선언되고 대결했던 그 밤의 도래는 충분히 불길한 것이지만, 기억의 잠은 더욱더 나쁜 징후이다. 밤으로 에워싸인 상태에서 살아남는 것은 오로지 기억을 통해서만이, 기억을 통해 일어나는 깨어남을 통해서만이 가능하기 때문이다.

이 시에서는 상반된 움직임이 혼재한다. 이 혼성의 환기는 첫 시행에서 가장 격렬하게 느껴진다. 재촉하듯 짧은 시구, 명령조의 시장(詩章) 그리고 "그러나", "그렇지만"으로 일어나는 갑작스럽게 변화되는 주장을 통해서다. 배경은 가을이다. 이 배경은 생생하지만 어려운 시어를 통해 그려지고 있다. 붕괴는 임박해 있다. 혼돈을 향하는 인력(引力)이 있다. 그리고 그것에 대항하는 자세가 두 번에 걸쳐 노래된다.

> 또한 많은 것은
> 어깨 위에 올려진
> 장작더미의 짐처럼
> 지켜져야 한다. (제6~9행)

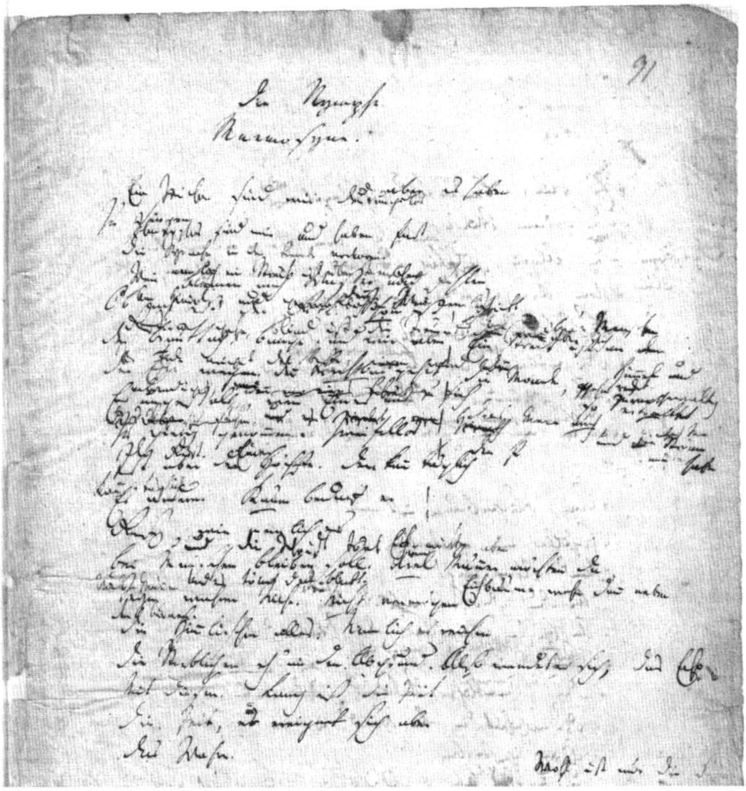

시 〈므네모쉬네〉의 육필 원고

그러나 많은 것은

지켜져야만 한다. (제13~14행)

이것은 사실 이 시에서뿐만 아니라 후기 시의 대부분에서 주제구(主題句)이자 주요한 명령이다. "또한 충실함은 필연이다."(제14행) 우리에게는 붙들어 잡을 믿음이 필요하다. 충실이 필요한 것이다. 그러나 상황은 문제의 시연을 이렇게 끝내도록 일깨워준다.

그렇지만 우리는 앞으로도 뒤로도

보려 하지 않는다. 마치 호수의

흔들리는 배 위에서인 양 우리를 흔들리게 맡긴다. (제15~17행)

이 상황은, 시 〈회상〉의 "한잠"과 유사한 것이지만, 여기서 참된 선택의 여지는 아니다. 그것은 모두 노력의 포기나 중지와 너무도 닮아 있다. 이제 두 번째 시연은 이에 맞선다. 긴장은 횔덜린 시학의 핵심이다. 그리고 후기의 시들은 절박감과 불안감을 안고 이 긴장의 상실과 싸우고 있다.

제18행에서 제22행에 노래되고 있는 세부적인 광경은 구체적이며 현세적이라서 시 〈회상〉의 나무들처럼 하나의 중심으로서 그리고 주의를 끌기 위한 버팀목으로서 역할 한다. 그 세부 광경은 더 많은 것을 요구받고 있다. 영혼이 천상의 신들을 부정함으로써 상처를 입었을 때, 이 "한낮의 표지"가 더 필요한 것이다.

마지막 시연은 트로이에서의 그리스 영웅들의 죽음을 되돌아본다. 호머의 작품에 등장하는 영웅들, 특히 아킬레우스는 횔덜린의 신화 가운데 진정으로 횔덜린이 사랑하는 영웅이다. 상실과 비탄은 강하게 개인적이다. 이것이 용납되자마자, 그리고 시행 자체가 그것을 느끼게 만들자마자, 상실과 비탄은 이제 맞서야 할 "무제약으로의"(제13행) 동경으로 변한다. 시 〈눈물〉에는 넘치는 비탄으로의 비슷한 유혹이 있다. 여기서는 그 영웅들 자신이 무제약으로 비판의 대상이다. 그리고 그들이 불러일으킨 슬픔도 과도한 것으로, 또 위험한 것으로 제시되고 있다. 어쩌면 그들에게는 다른 선택의 여지가 없었는지도 모른다. "그렇지 않을 수 없다."(제50행) 그럼에도 그들의 의무는 스스로를 아끼는 것이었다. 그런 주장은 감정적으로만 읽힐 수 있다. 정해진 절차는 유사하다. 즉 과거는 회상되어야 한다, 왜냐면 그것은 잃어버린 이상을 포함하고 있기 때문이다. 과거와 미래 사이의 중간 상태에서 기억의 소멸은 살아 있는 죽음이다. "유지하는 것, 지키는 것"은 이제 기억의 붙듦을 의미한다. 그러니까 유혹에 맞서서 여기 지금에의 지속과 머무름이다. 시 자체는—므네모쉬네는 뮤즈의 어머니였던 만큼—한 번에 그리고 동시에 깨어 있는 삶의 증거이자 그 삶의 잠재된 힘인 동경을 생성시킨다.

〈므네모쉬네〉는 〈회상〉과 같은 사상적 기반을 가지고 있다. 다만 회상의 공간적, 시간적 거리에 차이가 있다. 〈회상〉이 가까운 자신의 체험에 기반하고 있다면 〈므네모쉬네〉는 더 먼 시절 그리고 더 먼 장소에까지 나아가고 있다. 모든 목가적인 유혹이나 사랑과 영웅적인 가치에 대한 긍정적인 수용에도 불구하고 여전히 회상이라는 시제에 부응해 오로지 시인들만이 머무는 것을 짓는다고 한 시 〈회상〉에서처럼, 여기서도 서정적 자아는 혼란과 어둠의 시대에 자신과 인간들을 계속해서 끌어당기는 죽음과 무제약에 몸을 맡기고 싶은 유혹에 맞서려고 애쓴다. 그처럼 기억에서 받은 모든 허무를 넘어서 비탄을 벗어나고자 하는 시인의 결단이 많은 기억의 편력으로부터 생성된다. 이 작품 이후 횔덜린은 정신이상자로 살면서 간간이 격정에서 벗어난 시를 쓴다.

찬가 초안들

하나의 집합으로서 그리고 개별적으로 이른바 찬가 초안들은 독자에게 풀기 어려운 많은 문제를 제기한다. 우선 명칭 자체가 의문의 대상이다. "찬가 초안들"이라는 표제 아래 바이스너는 "규모가 상대적으로 크거나 좀 더 중요한 의미를 가지고 있는 내용을 통해 다른 계획이나 단편들과는 구분되는" 초안들을 한데 모아 편집했다. 그러나 그는 모든 초안이 찬가로의 완성을 지향하고 있다는 조건을 이 구분에 적용하지는 않았다. 〈마돈나에게〉, 〈콜럼버스〉와 〈거인족들〉은 의심의 여지없이 완성된 찬가를 지향하고 있지만, 다른 초안들은 이른바 '조국적 찬가'의 구조를 잠재적으로라도 지니고 있어 보이지 않는다. 상대적으로 짧은 초안들의 어떤 것들은 규모가 큰 찬가로 진척시키겠다는 의도로 쓴 것은 결코 아니라고 보는 것이 타당해 보인다. 오히려 지금 있는 그대로가 완성된 것이거나 거의 완성된 것으로 볼 수 있다. 1803~1804년 겨울에 쓰거나 수정된 이른바 "밤의 노래들" 가운데 3편의 시—〈반평생〉, 〈하르트 협곡〉, 〈삶의 연륜〉—는 횔덜린의 앞선 시작품의 어느 것과도 유사하지 않다. 지금은 횔덜린의 아름다운 시 가운데 하나로 널리 읽히고 있는 〈반평생〉—예컨대 《장석주 시인의 마음을 흔드는 세계의 명시》(2017년)에도 실려 있는 시—은 1804년 빌만스가 펴낸 1805년판 《소책자》에 수록되어 발표되었으나, 1826년 울란트(Ludwig Uhland, 1787~1862년)와 슈바프가 펴낸 《횔덜린 시 전집》 초판에는 실리지 못했다. 당대의 독자들에게는 낯선 시였기 때문이다.

초안 가운데 〈고향〉, 〈노란 나뭇잎 위에〉, 〈새들이 천천히 이동하는 것처럼…〉과 다른 몇 편은 이 새로운 형식으로 완성되었거나 거의 완성된 작품으로 볼 수 있다. 횔덜린의 1802~1806년 시절은 매우 생산적인 시절이다. 찬가 형식 자체가 변경을 맞게 되는 풍부하게 창조적인 분해가 이때 일어난 것이다. 앞서 언급한 3편의 완성된 찬가가 벌

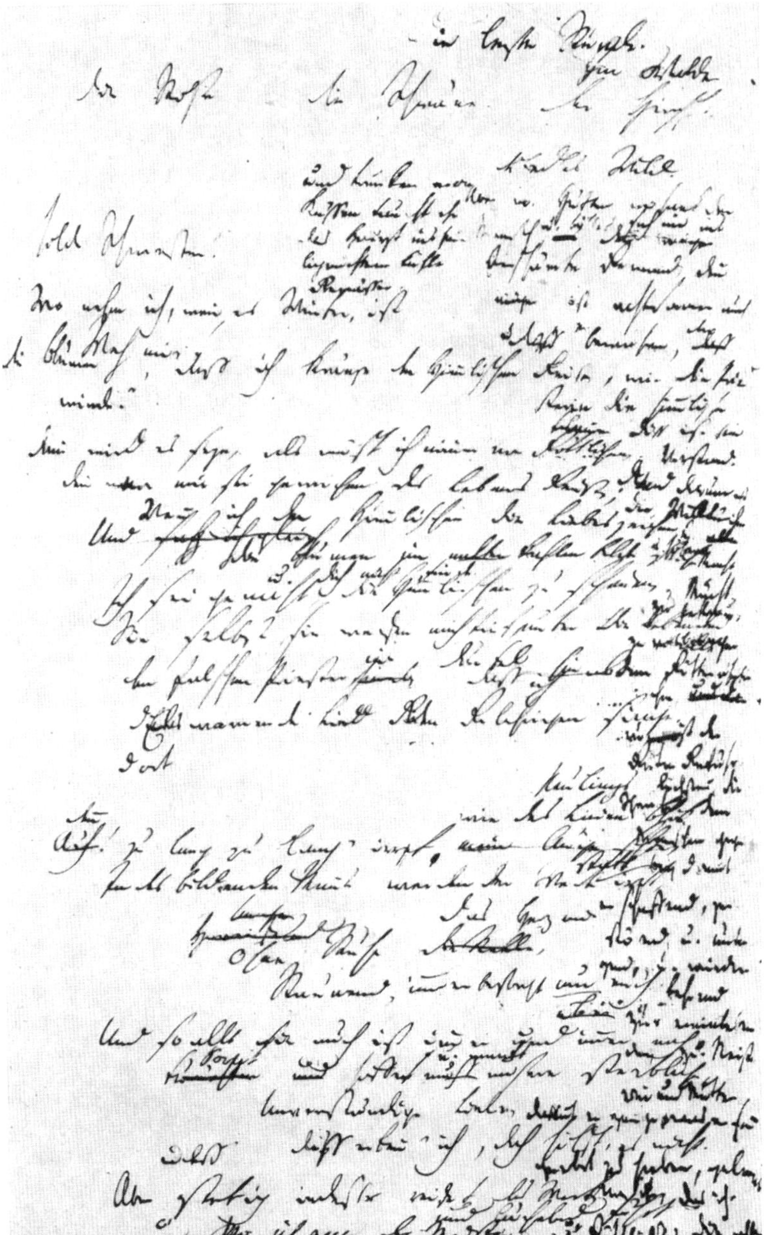

시 〈반평생〉 초안이 포함된 여러 시편의 초안 원고

써 이 앞에 쓴 찬가들에 비해 훨씬 짧은 것을 볼 수 있다. 횔덜린의 시학에서 형식 자체는 부단히 전복되고 파괴되어야 한다는 것은 본질적이다. 이전의 웅장한 찬가 양식도 보르도 이후 분해되고 해체되기 위한 단계로 생각된다. 이 분해가 무엇을 결과했는가는 확실하게 말할 수 없다. 그러나 단순한 단편화(斷片化)는 아니다. 이전의 찬가들보다 한층 더 농축된 그 무엇이다.

이처럼 보르도 이후 횔덜린의 시 세계는 확장되고 또 분해되었다. 확장은 상당히 물리적인 조건에서 관찰될 수 있다. 지평의 확대로서 볼 수 있다는 말이다. 이에 대해 가장 잘 어울리는 이미지는 항해자의 출항이다. 서부 해안에서 신선한 바람을 따라 항해에 나서는 선원도 그렇다. 시의 주제와 의도는 변함이 없다. 그러나 그 소재들은 풍부해지고 다양해 졌다. 그의 문화적 관심과 자연에 대한 그의 관점 그리고 시의 목적에 대한 관점은 변함없이 남아 있는 데 반해 더 많은 주제를 취하고 온갖 시도에 새로운 경향과 강조점을 부여했다. 그의 시 〈콜럼버스〉의 표현에 따라 말하면, "옛사람들의 궤도와는 대칭을 이루는 서구적인 궤도를 결정하기 위해서"(2, 876)였다. 다시 말하면, 고대 그리스의 매력에 맞서고, 그리스도 이후의 시대에 더 많은 주의를 기울이기 위해서였다. 일종의 문화적인 기도로서 이것은 현재에 대한 충실의 강조된 확인이자, 고전적 과거의 넘치는 미덕에 맞서려는 의도의 확인이다. 좀 더 개인적인 조건에서 말하면 이것은 정체성의 유지를 위한 시도이다. 비탄, 향수, 점증하는 "무제약으로의" 표류에 맞서기 위한 시도인 것이다. 이것은 지적이며 상상을 통한 노력인데, 횔덜린은 스스로가 이를 온전히 의식하고 있었다.

〈마돈나에게〉와 〈콜럼버스〉는 앞에서 언급한 명백한 의도를 수행하려는 야심 찬 시도들이다. 이 두 편의 시는 모두 핀다르의 수법을 따라 썼다. 말하자면 그 형식을 통해서는 고대 그리스에 대한 휠덜린의 관계가 명백히 드러나면서도 그 소재와 주장은 현재, 이곳의 정체성을 확인하고 있는 것이다. 마리아는 현시대 서구의 신성으로 찬미되며, 콜럼버스는 서구의 영웅으로 찬미된다. 마리아는 '모든 것을 잊게 하는 사랑'의 화신으로, 현시대의 어두움 가운데 기도와 호소의 대상이다.

그리고 미래의 성스러운 밤에
누군가 회상하고 근심 없이 잠들어 있는 자들을 위해
걱정하고 있을 때
당신은 미소 지으면서
한창 피어나는 아이들에게로 오셔서, 여왕이신 당신께서
계시는 곳에 무엇을 두려워하는지 물으시나이다. (2. 212, 〈마돈나에게〉, 제 48~53행)

콜럼버스는 그의 부지런함과 모험심을 통해 과거와 미래의 중간에 놓인 시대를 특징짓는다. 그는 많은 인물 가운데 한 사람이다. 휠덜린은 이 시의 첫 초안을 채워나가기 시작했을 때, 다른 인물들과 유사하게 특출한 활동들을 목록으로 기록했다. 매우 서구적인 성향을 담고 있는 다른 시 〈유일자〉의 수정 원고도 이와 유사하게 하나의 목록을 통해 확장하고 있다.

또한 전쟁의 소음들, 영웅의 역사들, 적나라한 숙명을 보존한다.
그리스도의 태양, 고해자의 정원 그리고

순례자들과 민중의 방랑과 파수꾼의

노래와 음유시인의

또한 아프리카 사람들의 문자가, 그리고 명성도 없이

숙명이 그를 붙잡는다. (2. 159, 〈유일자〉, 두 번째 원고, 제79~84행)

시 〈파트모스〉(나중 원고의 단편) "그리고 지금 / 나는 예루살렘을 향한 고상한 사람들의 편력을, / 또한 카노사에서 방황하는 고통과 / 하인리히를 노래하고 싶다"(2. 180, 제61~63행)도 마찬가지다.

그런 관점에서 확장과 분열은 같은 현상이다. 일치된 시적 목적을 추구하면서 횔덜린은 새로운 소재를 발견하고 그의 완성된 시 〈파트모스〉를 깨부수고 열어 이 소재를 수용하기 시작한 것이다. 우리는 시행이 길게 늘어지는 것과 시가 그 형체를 잃고 있는 것을 보게 된다. 미완의 시에서 완성으로 나아가는 글쓰기의 상식이 여기서는 완성에서 분해로 전도되고 있는 것이다. 보르도 이후에 쓴 대부분의 시가 미완인 채 남겨져 있다. 1801~1802년에 쓴 찬가와 비가의 높은 수준에 비추어보자면, 이것은 하나의 실패로 생각할 수밖에 없다. 그러나 이 미완의 시편은 어떤 측면에서는 그 이전의 어떤 것보다 더 풍요롭다. 그리하여 우리는 횔덜린의 필력이 그의 상상 세계가 확장됨에 따라 쇠잔해지고 있다고 느끼지는 않게 된다. 다만 거의 견디기 어려운 상상의 흥분 상태를 추정하게 된다. 위대한 실패라고나 할까.

물리적인 표현으로도 횔덜린의 시 세계는 확장되었다. 찬가 초안 〈티니안〉에 노래되고 있는 남쪽 바다가 대표적인 경우이다. 그 이전의 지역 내에서도 그 세계는 더욱 풍부해지고 그의 관심이 쏠리는 데 따라서 더욱 다채로워졌다. 가톨릭 로마(《…바티칸…》), 알프스를 넘어가는 순례길, 또는 그의 개인적인 삶이 가장 영향을 많이 받았던 프랑스와 독일의 여러 장소들이 그것들이다. 이것이 확장과 풍요를 이해하는 간단한 방법의 하나다.

프랑크푸르트는 그러나 자연의 모습
인간의 형체를 따라
말할 수 있다면, 이 대지의
배꼽이다. (2. 250, 〈말하자면 심연으로부터…〉, 제13~16행)

그러나 내가 원하는 것이 온다,
만일
그 때문에 환호성 울리는
찌르레기들처럼, 가스코뉴에, 많은 정원이 있는 곳, 장소들에,
올리브의 나라에서, 그리고
사랑스러운 외지에서, (2. 237, 〈가장 가까이 있는 것〉, 세 번째 착상, 제7~12행)

이 시들의 시어는 유사한 현상을 드러내고 있다. 횔덜린은 그의 이전의 작품의 언어상의 동질성을 파괴하기 시작했다. 그는 더 많은 어휘들을, 낯설고 기묘한, 그리고 비시적인 어휘들을 때로는 지극히 정확하고 분명한 용법으로, 또 때로는 일상적인 어휘들을 지극히 색다른 용법으로 사용했다. 보르도 이후 그의 시문학은 대체로 놀랄 만큼 감각적이다.

아니면 첨탑의 꼭대기 주변에서

부드러운 제비들의 우짖는 소리 들린다. (2. 249, 〈그리고 삶을 함께 느끼고 자…〉, 제17~18행)

그러나 깊숙이
평평한 세계의 바다 놓여 있다, 달아오르면서. (2. 255, 〈그리스〉, 첫 번째 착상, 제30~31행)

그 도시에는
고통에 이르기까지 그러나 레몬의 향기
코로 올라오고 올리브 기름, 프로방스로부터의 (2. 250~251, 〈말하자면 심연으로부터…〉, 제27~29행)

그런 순간들은 우리의 눈에는 불투명한 문맥 가운데서 반짝인다. 이 역시 확상이면서, 시적 표현의 강화다. 그러나 동시에 분열이자 해체다. 우리는 아직은 우리 나름대로 어떤 시의 그런 대로 친숙한 시상에 만족해야 할지도 모른다. 그런 시상이 그나마 우리의 접근을 가능케 해주기 때문이다. 그러나 반짝이는 직감의 순간들은 다른 모든 것을 능가한다. 그것들은 어떤 의미에서는 순수한 내재성이라는 시의 최고의 의도를 충족시키고 있는 것이다. 아도르노가 병렬문체(Parataxis)로 높게 평가하면서 일치적인 의미의 추구를 비판한 것은 이런 특성에 근거하는 것이다.[59)]

거친 언덕은 그러나 내 정원의
비탈 위에 서 있다. 버찌나무들. 날카로운 숨은 그러나
암벽의 구멍들을 에워싸 불고 있다. 모든 곳에 나는

---

59) Theodor W. Adorno, Parataxis, Zur späten Lyrik Hölderlins, in: *Noten zur Literatur III*, Frankfurt/M. 1965, 156쪽 이하.

모든 것과 함께 있다. 경이롭게
그러나 샘물들 위로 한 그루의
호두나무 날씬하게 고개 숙이고 자신을. 산호처럼,
딸기가 나무의 홈통 위로 줄기에 매달려 있다. (2. 250, 〈말하자면 심연으로부터…〉, 제18~24행)

송가 〈눈먼 가인〉 등의 개작

보르도 이후 몇 년간 횔덜린은 강박관념에 사로잡힌 듯 그 자신의 원고로 되돌아가곤 했다. 미완의 시에 대한 그의 부단한 작업은 특기할 만하다. 그러나 더욱 특기할 만하고 더욱 혼란스러운 것은 횔덜린이 자주 취한 기존의 완성된 시에 대한 수정이다. 앞서 언급한 것처럼 이른바 "밤의 노래들"을 써내려고 〈시인의 용기〉, 〈눈먼 가인〉과 〈묶인 강〉을 각기 〈수줍음〉, 〈케이론〉과 〈가뉘메데스〉로 다시 썼다. 이 수정은 한층 더 과격한 언어와 더 깊은 은유로의 번역과 같다. 〈눈먼 가인〉의 개작을 하나의 본보기로 살펴봄으로써 이들 작품의 수정·개작의 의미를 음미해보고자 한다.

"밤의 노래들"의 첫 시인 〈케이론〉은 1801년 초에 쓴 것으로 보이는 송시 〈눈먼 가인〉에 대한 대폭적인 수정으로 생성되었다. 이렇게 개작된 〈케이론〉은 매우 가파른 문장구조, 비범한 시어의 위치 그리고 낯선 이미지들을 통해 횔덜린의 후기 문체를 전형적으로 보여준다. 또한 전작(前作)인 〈눈먼 가인〉과는 달리 철저한 신화화가 두드러지게 나타나 있다. 이 역시 후기 문체의 특징적인 현상이다. 〈묶인 강〉이 〈가뉘메데스〉로 개작된 것도 이것에 해당한다. 원래 〈겨울〉이라고 표제하려든 작품도 〈불카누스〉로 개제(改題)되었다. 횔덜린의 후기 시의 이런 신화화 경향은 초기 낭만주의적인 지향점과 일치한다. 초기 낭만주의는 낭만적으로 무한을 향하는 이상을 형상으로 구체화시키려고 신화를 수용했다. 슐레겔(F. Schlegel)은 1799년 《아테네움(*Athenäum*)》에 실린 〈시문학에 관한 대담〉을 통해 하나의 "신화에 대한 강연"을 행하고 있다. 그는 신화는 낭만적인 시문학에서 의도하고 있는 무한성과 총체성을 구체적인 표상과 결합시켜야만 할 것이고 그렇게 "확고한 정지점"을 형성해야 할 것이라고 말하고 있다. 횔덜린 자신은 신화적인 것을 "지적, 사적"(4. 280)이라고 개념적으로 규정한 바 있다. 이렇게 해서 슐레겔의 "감각적, 정신적"[60]이라고 부르고 있는 예의 융합에 조응하고 있다. 개별성과 보편성의 융합, 그러니까 당대의 상식개념에 아주 가까이 신화의 개념을 옮겨놓고 있는 것이다. 이렇게 볼 때 횔덜린의 시 작품들 가운데 〈케이론〉만큼 시종일관 '신화'를 향해 형성되고 신화적인 연관성으로 결정된 다른 작품은 없다.

〈눈먼 가인〉(2. 54~55; 번역/2. 174~177)의 개작을 통해 〈케이론〉(2. 56~57; 번역/2. 186~189)은 사상적으로도 새로운 내용을 역시 표현하고 있다. 체험적이고 직접적인 것 대신에 성찰이 앞에 나서고 있는 것이다.

그대 어디 있는가, *청춘의 사자(使者)여! 아침마다*
시간이 되면 나를 깨우던 이, 그대 어디 있는가, 빛이여!
가슴은 깨어나건만, 한밤은 여전히 성스러운 마법으로

60) Friedrich Schlegel, *Kritische Schriften und Fragmente [1798-1801]*, hrsg. v. Ernst Behler und Hans Eichner, Studien Ausgabe, Bd. 2, Paderborn 1988, 204쪽.

나를 붙잡아 매고 부여잡고 있도다. (《눈먼 가인》, 제1~4행)

그대 어디 있는가, *사려 깊은 것이여! 때마다*
언제나 나를 비켜가야만 하는 것, 그대 빛이여, 어디 있는가?
참으로 마음은 깨어 있으나, 나를 격분케 하며 지금도
항상 그 놀라게 하는 한밤은 나를 가로막고 있도다. (《케이론》, 제1~4행)

〈케이론〉에서 "빛"은 더 이상 "청춘의 사자"가 아니라 "사려 깊은 것"이다. 빛은 더 이상 그것의 매혹적인 "아름다움"(《눈먼 가인》, 제10행)을 통해 모습을 나타내지 않으며, 오히려 "충고하면서"(《케이론》, 제10행) 다가온다. 직접적인 체험을 나타내는 "아침에" 나를 깨우던 빛은 "때마다", 즉 때가 되면 다가와 비켜 간다. 추상적으로 거리를 두면서 내면적인 경험에 대한 유효한 주기성의 법칙을 지적하는 어법이다. 〈눈먼 가인〉에서는 "빛"이 기쁨 가운데, "모든 것을 기쁘게 하면서"(제9행) 다가오지만, 〈케이론〉에서는 이런 체험의 과잉과는 거리를 둔다. 이제 "빛"은 "오히려 너무도 재빠르게"(제8행) 왔다고 읊고 있는 것이다.

이에 상응하여 성찰과 의식화의 과정이 강조된다. 〈눈먼 가인〉에서 서정적 자아의 분출하는 감동과 열정이 그 바탕을 이루는 음조였다면 〈케이론〉에서는 좀 더 논리적인 역사 성찰이 나타나고 있다. 이 시는 조금 뒤에 나온 헤겔의 《정신현상학》(1807년)과 유사하게 역사적인 인간 정신의 주요 선언을 기획하고 있는 것이다. 이 시의 첫 3개 시연에 환기되는 잃어버린 자연의 원초적 상태에 이어 두 번째 3개 시연에는 자연에 대한 지배와 자연과학으로의 이행이 노래된다. 자연과학은 무엇보다도 전통적인 분과인 천문학을 통해 제시된다. "또한 별들의 차가움에서 내 배웠었노라”(제15행)처럼 말이다. 다음 단계는 현존의 주체와 대상으로의 과학적인 분리에 대해 응답하는 가운데 예술적인 상상력의 새로운 종합을 향해 진력하는 행동을 노래한다.

허나
이제 나 홀로 말없이 이 시간에서
저 시간으로 앉아, 내 마음은
싱싱한 대지와 사랑의 구름으로 형상을 짓나니 (제18~21행)

분리 의식으로 이미 촉발된 종합을 향한 노력은 분리되어 있는 형상체들의 결합에서, 즉 “싱싱한 대지”와 “사랑의 구름”의 결합에서 생성된다는 사실에서 그 상징적인 표현을 발견한다. 케이론은 반인·반마의 존재인 켄타우어로서 이런 분열 상태를 대표한다. 예술적 또는 이론적인 표상은 그 단순한 상상 가운데의 화해를 통해 잃어버린 자연의 조화에 대한 대용으로서 그리고 미래에 있을 정신적인 중재의 앞선 예시로서, 다시 말해 잠정적인 성과로 나타난다. 이념화시키는 표상들로부터, 즉 “생각”이 지어낸 “형상체들”로부터 하나의 새로운 감수성이 생겨난다.

또한 멀리 내 귀 기울여 한 친밀한 구원자
어쩌면 나에게 다가올는지도 몰라 엿듣고 있노라. (제23~24행)

이 감수성은 더 이상 근원적인 자연 상태의 감수성처럼 소박한 것이 아니라, 성찰적으로 승화되어 있다. “천둥치는 자”(제25행)의 소리를 듣는 가운데 자신의 은유를 발견하는, 무아경으로까지 격앙된 체험은 이 감수성에 해당한다. 이것은 종교의 경지이다. 이것은 새로운 체험을 향한 돌파의 단계로서 표현된다. 그러나 단순한 피안 상태의 하나로서 충만된 상태에 대한 이런 무아경적인 지각은 인간적이자 현세적인 삶에는 적합한 것이 아니다. 그런 지각은 사실 위험을 동반하고 또한 파괴적이다. 이것은 하나의 피안의 기적처럼 체험된 것의 인간적 현세적인 삶으로의 통합에 달려 있다. 마치 찬가 〈평화의 축제〉에서 이렇게 노래하고 있는 것처럼 말이다.

> 천상적인 것은
> 기적을 통해 나타나지 않으며, 천후 가운데 예측 못할 바도 아니었다.
> 그러나 노래 있음에 서로 반기며
> 합창 가운데 모습 나타내니, 성스런 수효 이루도다.
> 축복받은 자들 그처럼
> 함께 자리하고 그들 모두 매달려 있는
> 그들의 가장 사랑하는 자 역시 빠짐이 없도다. (3. 536, 제103~109행)

"천상적인 자들"은 "기적을 통해서" 나타나지 않으며, "천후 가운데 예측 못할 바"도 아니었으나, 노래 가운데 "우리들의 거처에" 모습을 나타내는 한 현상으로 완성이 표현되고 있는 것이다. 이것은 오직 의식형성적인 성찰을 통해서만 일어난다. 시 〈케이론〉의 제8~12연은 철학적인 상태의 생성을 전개시킨다. 이런 의식 상태에는 어떤 피안의 신도 더 이상 존재하지 않는다. 오히려 초월적인 것이 이제 "그 자신의 고향에 나타난다."(제39행) 그리고 충만함이 이제는 더 이상 피안 또는 피안으로 향한 무아경의 경험에 있지 않으며, 현세 자체가 이제는 완성되고, 온전한 것이다. “이 지상은 (이제) 다르다.”(제44행) 이리하여 인간은 다시 그 자신과 일치를 이룬다. 그리고 이것도 더 이상 소박 자체가 아니라, 최고조의 의식 상태에서 이루어진다. 예술과 종교는 아직은 정신화가 필요하고 동시에 이 정신화에 이미 기여하고 있는 것은 예술 형식들이다. 자아의식의 사유는 지고한 것이다. 그렇기 때문에 불행한 “밤”의 오랜 기간이 지나고 나서 구원의 낮으로 호출된다.

한낮이여! 한낮이여! 다시 한 번 그대들 숨 쉴 수 있도다.
너희들 나의 시냇가 버드나무들이여! 이제 마시라,
하나의 밝아진 눈빛을, 그리고 바른 발걸음 행하며
한 지배자로서 박차를 달고 그대 자신의 처소에

한낮의 행성, 그대 모습 나타낼 때, (제41~45행)

마지막으로 정신은 행동과 연결된다. 신화의 전통에서 현명함으로 두각을 나타내고 있는 케이론은 신화에서 이미 부여된 그리스 영웅의 훈육자 역할에 걸맞게 성장한 이 영웅을 행동으로 이끈다.

이제 말을 타고 갑옷을 입고 가벼운 창을
들어라. 오 소년이여! (제49~50행)

그렇지 않아도 이런 사유와 행동의 결합, 시인과 영웅의 결합은 횔덜린의 특징 중 하나다. 이처럼 신화를 향한 시각 전환으로 개작된 시편은 확고한 토대 위에 관념적 시상에 단단한 형체를 갖추게 된다.

후기 수정 작업

이 시절에 횔덜린은 비가 〈귀향〉, 〈슈투트가르트〉, 〈빵과 포도주〉의 수정에도 본격적으로 착수했다. 이 수정들은 보르도 이후의 작품에서 일어나고 있는 일치성의 파괴를 완벽하게 보여주고 있다. 예컨대 〈슈투트가르트〉의 한 구절의 수정이 이를 증언한다. "대양은 / 자신의 구름을 보내며, 찬란한 태양을 함께 보내주네"(2. 88, 제65~66행)를 "대양은 / 몸서리쳐지는 것을 보내며, 앓고 있는 태양을 함께 보내주네"(2. 587)로 수정하고 있다. "몸서리쳐지는 것", "앓고 있는 태양"은 전후 맥락에서 이탈과 더불어 일치성의 해체를 낳고 있다. 우리는 시 전체 읽기를 중단하고 이 두 시어에 몰두할 수밖에 없게 된다. 수정된 새로운 시구들이 시적으로 열등하다는 것은 아니다. 오히려 보르도 이후의 대부분의 시들처럼 그것들은 자체의 질적 가치를 지니고 있다. 바로 그것들의 이런 특이성 때문에 그것들은 이전의 문맥에 일치할 수 없는 것이다. 그것들은 하나의 이질적인 언어이며 시의 앞서 이룩한 통일성을 넘어버리거나 파괴하게 된다. "찬가 초안들"에서는 선명하게 감각적인 세부 묘사들을 통해 그러했듯이, 여기서는 전체를 능가하는 인상적인 장면을 통해 분열은 일어나고 있다. 횔덜린은 자기가 행하고 있는 것을 알고 있었을 수도 있다. 그러나 그가 알지 못했거나 그에게는 관심의 대상이 아니었을 가능성이 더 크다.

확장과 일치성의 파괴가 동시에 일어나는 과정은 〈유일자〉와 〈파트모스〉에 대한 횔덜린의 작업에 가장 선명하게 드러난다. 〈유일자〉는 보르도 이전에 시작되어서 몇 단계의 수정 작업을 거쳤으나 완성에 이르지 못했다. 〈파트모스〉는 역시 보르도 이전에 시작해 1803년 2월에 탈고하고 완벽하게 정서되기까지 했으나, 해체되고 몇 차례 수정이 시도되었다. 그러나 개작은 완성에 이르지 못했다. 〈유일자〉의 수정은 그리스도 상에 몰두하면서 이교도와 기독교인의 적응 가능성에 대해 우려하는 가운데 시도되고 있다. 〈파트모스〉도 〈유일자〉와 마찬가지로 수정이 시도되었다. 다만 〈파트모스〉는 완성된 초고가 있기 때문에 나중 수정과 개작 시도들을 비교 음미하기 훨씬 용이하다. 횔덜린의 정서본의 몇 구절에 대한 수정 시도는 어순의 변경 정도에 끝나고 있어 강박관념에 사로잡힌 간섭 이외 다른 것이 아닌 것으로 보이기도 한다. 그러나 이 수정의 진정한 시적 질감은 횔덜린이 자신의 원 텍스트에서 벗어나 전적으로 새로운 방향 또는 확장으로 나아가는 순간에 증강되고 더욱 상승하게 된다. 바이스너와 슈미트가 '나중 원고의 단편'이라고 부제를 달고 있는 판본의 제136~145행(슈미트 편집에서는 제38~47행)이 그 예다.

요르단에서 그리고 나사렛에서
그리고 호수로부터 멀리, 카파르나움에서,
그리고 갈릴리에서 대기(大氣), 그리고 카나로부터.
잠시 나는 머물 것이라고 그는 말했다. 그러니까
물방울로 그는 빛의 한숨을 달래고, 그런
나날에 목마른 들짐승 같았다,
죽임을 당한 작은 어린아이들이, 고향 같은 우아함이
죽어가며 시리아를 애통해했던 나날에.
또한 세례자의 머리 꺾이어 시들지 않는 문자처럼
머무는 쟁반 위에서 볼 수 있었다. (2. 181, 〈파트모스〉, 나중 원고의 단편, 제

136~145행)

이 새롭게 삽입된 짧지 않은 신비로운 시행이 〈파트모스〉의 주제로부터 파생되는 것은 하나도 어색하지 않아 보인다. 이 시행은 그리스도 사제를, 그리스도의 죽음 이후의 혼돈을, 그리고 시인 자신의 의무를 곰곰이 생각하고 있다. 그러나 맥락을 이탈하고 있으며, 앞선 시에 다시 수렴될 수 없다. 가능성은 확대되지만 융합의 실현에 이르지 못한다. 우리는 단편적으로 읽을 수밖에 없다. 그리고 우리는 분리된 현란한 시구에 집중하기를 요구받는다. 왜냐면 전체성은 사라지고 시는 파편화되었기 때문이다. 그러나 이런 파편화가 현대시의 한 현상이라는 점을 잊어서는 안 된다. 뵈크만(Paul Böckmann)이 횔덜린의 시를 앞세워 논하고 있는 〈현대 서정시의 표현 방식〉에서 세계의 파편화, 이에 상응하는 조립의 기술, 개인적 존재의 분열과 세계의 분열을 현대시의 배경으로 들고 있다[61]는 사실을 기억하고자 한다. 프리드리히(Hugo Friedrich)는 그의 《현대 서정시의 구조》에서 현대시를 설명할 수 있는 시학적 용어들로 '방향 감각의 상실', '친숙한 표현의 해체', '일관성의 상실', '단편성', '병렬문체', '난시(亂視)와 같은 관점', '낯설게 하기' 등을 제시한다.[62] 이런 현대시를 설명하는 요소들을 두 세기 전 횔덜린의 시 쓰기에서 발견할 수 있다는 것은 놀라운 일이 아닐 수 없다. 나아가 핫산(Ihab Hassan)이 그의 글 〈오늘의 탈현대〉에서 열거하는 탈현대의 양식적 특징들인 '단편화', '불확정성', '자아 상실', '표현 불가능성'[63]조차도 횔덜린의 후기 시, 특히 찬가 초안들과 앞선 시 작품

61) Paul Böckmann, Die Sageweise der modernen Lyrik, in: *Zur Lyrik-Dikussion*, Darmstadt 1974(1952), 75~114쪽.

62) Hugo Friedrich, *Die Struktur der Modernen Lyrik*, Hamburg 1992(1956), 22쪽.

63) Ihab Hassan, Postmodene heute, in: Wolfgang Welsch(hrsg.), *Wege aus der Moderne*,

들에 대한 후기 수정 작업에서 어렵지 않게 만날 수 있다.

핀다르와 소포클레스 작품 번역

횔덜린의 문학 세계에서 그리스 문학 번역이 차지하는 비중은 결코 그의 창작에 뒤지지 않는다. 문학적 전성기에 그리스 작품 번역이 집중적으로 이루어졌다는 것은 창작과 번역의 연관을 충분히 뒷받침해준다.

횔덜린은 라틴 문학보다는 그리스 문학에 훨씬 더 관심을 두었고, 특히 핀다르와 소포클레스에 대한 관심이 두드러진다. 튀빙엔 신학교 졸업 논문 중 〈그리스인들의 미적 예술의 역사〉에서 핀다르의 찬가들을 '문학 예술의 총화(Summum der Dichtkunst, 4. 202)'라고 칭하고 있으며, 소포클레스를 그리스 문명의 절정기였던 페리클레스 시대의 대표적 시인으로 서술하고 있다. 횔덜린은 이 두 시인의 작품들을 독일어로 옮겼으며, 그 번역 작품들은 바로 그의 작품의 한 부분으로 평가된다. 핀다르의 번역은 후기 찬가의 창작에 모범을 제공했고, 소포클레스의 두 개의 비극 《오이디푸스왕》과 《안티고네》의 번역은 비극적 장르를 통해 절대성을 표출하고자 하는 그의 원대한 포부의 한 부분이기도 하다. 횔덜린의 그리스 문학 번역은 고대로부터 고차원적인 문학 장르인 비극과 찬가의 모델을 얻어내고자 하는 시도의 하나였다고 결론을 내릴 수 있다.

문헌학적 기준에 따른다면 그의 그리스 작품 번역은 정확한 것은

Weinheim 1988, 47~56쪽.

아니다. 그러나 바로 이 점에서 그의 번역은 횔덜린 자신의 시학적 견해가 투영되어 있는 중요한 문헌이 된다. 그는 출판업자 빌만스에게 쓰기를 "나는 우리에게 낯선 그리스 예술을 그 예술이 부정해 오고 있는 동양적인 것을 더욱 드러내 보이고, 드러난 예술적 결점들을 보완함으로써 일반적으로 독자들에게 제시해 보이는 것보다는 더욱 생생하게 제시하기를 희망한다"(6. 434)고 했다. 요컨대 고대 그리스 문학의 특성을 꿰뚫고 그들이 부정해도 소용없는 천성과 그 천성에 결부된 오류를 보완하겠다는 뜻이다. 횔덜린의 해석적인 번역은 문자 그대로의 축자 번역에 국한시키는 행간 번역술과는 전혀 성격이 다르다 할 것이다.

횔덜린의 해석적 번역은 그 유명한 《안티고네》 제2막 첫 합창가의 번역에서 그 전형을 찾아볼 수 있다. 1799년에도 부분적으로 번역했던 이 합창가 첫머리를 횔덜린은 이렇게 고쳐 번역했다.

> 몸서리쳐지는 것은 많기도 하도다. 그러나
> 사람보다 더 몸서리쳐지는 것은 따로 없다.
> 왜냐면 바다의 밤을 넘어
> 남풍이 북을 향해서 불어올 때
> 날개를 달고 솨솨 소리 내는 기세를 타고
> 그가 항해에 나서기 때문이다.
> 신적인 것들의 숭고한 대지
> 무해하고, 지치지 않는 대지를
> 그는 애써 쟁기로 생채기를 낸다,
> 해를 거듭해가면서,

그는 노새를 타고 길을 터 왕래한다.

또한 가볍게 꿈꾸는 새들의 세상을

옭아 감싸 그것들을 잡는다.

또한 야생의 동물 무리

폰토스의 짠물에 생동하는 자연을

얽은 그물로 감싸 잡는다,

노련한 사나이가.

또한 산에서 밤을 새우고 여기저기를 떠도는

들짐승을 온갖 술책으로 붙잡는다.

또한 갈기가 멋대로 자란 말과 산을

떠도는 길들지 않은 황소의 목에

그는 멍에를 씌우기도 한다. (5. 219)

소포클레스의 원문에 'δεινον'이라고 되어 있는 첫 단어를 횔덜린은 "몸서리쳐지는 / 섬뜩한(ungeheuer)"이라고 번역했다. 횔덜린은 당초 원문에 충실하게도 "막강한(gewaltig)"(5. 42)이라고 번역했던 바 있다. 사실 소포클레스의 이 합창가는 막강한 힘을 가지고 육지와 바다 그리고 하늘의 삼라만상을 제멋대로 탐하고 조정하는 인간을 그리고 있다. 도너의 원문에 충실한 번역에도 역시 "막강한, 힘센"[64] 으로 되어 있다. 그러나 횔덜린은 이 단어가 《안티고네》의 전체적 전개와 의미로 볼 때, 인간의 사회적 태도에 관련된다는 점에 주목했다. 인간은 위대함의 다른 한편에 주제넘음을 지니고 있고, 따라서 인간의 활동 가운데는 심상치 않은 면모를 숨기고 있다는 것이다. 횔덜린은 이 점

64) PSophokles, *Tragödien*, Übertragen von J. J. Ch. Donner, München. 이하 인용은 122~124쪽.

을 드러내기 위해 '막강한' 것으로 번역하기를 피하고 마치 그 합창가의 시제인 양, '몸서리쳐지는' 따라서 '섬뜩한'이라고 번역해서 첫머리에 놓았던 것이다. 도너의 번역에 인간이 농사를 짓기 위해 땅을 가는 형상을 '파 뒤집는다(umwühlen)'라고 되어 있지만, 횔덜린은 '생채기 낸다(aufreiben)'라고 번역함으로써 그 자유의지로 내주려 하지 않는 연약한 대지의 껍질을 단단한 쟁기로 상처를 내는, 몸서리쳐지는 행위로 옮기고 있다. 도너가 인간은 "신속한 새들의 경쾌한 무리를 그물로 잡는다"고 번역한 자리에, 횔덜린은 "가볍게 꿈꾸는 새들의 세계를 인간은 옭아 휩싸버린다"고 했다. 날랜 새들을 꾀를 내어 잡는 인간의 능란한 솜씨를 도너의 번역이 두드러지게 나타내고 있다면, 횔덜린은 새들의 꿈, 자연의 꿈을 '얽어 싸는' 행위를 돋보이게 함으로써 새를 붙잡는 행위와 순진하고 꿈꾸는 삼라만상을 미끼로 속여 붙잡는 인간의 온갖 간악함을 결부시키고 있다. 언뜻 살펴본 합창가 한 편에서 이런 의도된 오역을 볼 수 있다. 이처럼 횔덜린의 번역은 표현의 극단화, 의미의 이중적 구성, 모호한 부분의 구체화가 그 특성을 이루며, 횔덜린의 번역에 대한 독특한 견해를 보여준다. 돌이켜볼 때, 출판업자 빌만스에게 보낸 편지에서 피력했고, 그가 추구했던 시적 명징성의 한 귀중한 전거로서 그의 번역의 중요성은 명백하다고 하겠다.

소포클레스의 번역은 1799년 작업에 착수해 1800년과 그 이듬해 집중적인 작업을 통해 완결되었다. 비가와 송가의 창작과 함께 진행된 소포클레스의 번역은 발행을 앞두고 마지막 손질이 가해져 1803년 가을 인쇄에 들어갔다. 1804년 부활절에 프랑크푸르트의 빌만스 출판사에서 《오이디푸스왕》과 《안티고네》가 발행되었다. 그는 이 책을 후원자이며 열렬한 애호가였던 홈부르크의 아우구스테 공주에게 헌

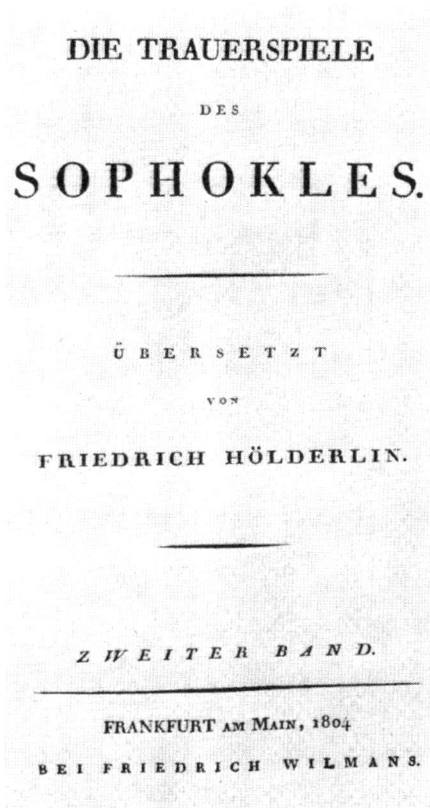

DIE TRAUERSPIELE

DES

SOPHOKLES.

ÜBERSETZT

VON

FRIEDRICH HÖLDERLIN.

ZWEITER BAND.

FRANKFURT AM MAIN, 1804

BEI FRIEDRICH WILMANS.

번역서《소포클레스의 비극들》
제2권 표지(1804년)

정했다. 이 책의 제목이 '소포클레스의 비극들(Die Trauerspiele des Sophokles)'이었던 것으로 보아 그는 소포클레스의 모든 비극을 번역하고자 했던 것으로 보인다.

두 편의 번역된 비극에 횔덜린은 각기 주석을 붙이고 있다. 이 주석은 횔덜린의 비극관을 해명해준다. 이 주석은《엠페도클레스의 죽음》과 연관해서 개진되었던 그의 비극 이론을 다시 한 번 상기시킨다. 즉 절대적인 일치성은 비극을 통해 상징적인 현실성의 파괴로 베일이

벗겨진다는 것이다.

〈오이디푸스왕에 대한 주석〉에서 횔덜린은 비극의 내용을 인간과 절대자의 일치로 규정한다. 이 일치성으로 현실성은 허물어진다. 이런 현실성의 붕괴는 '분노(Zorn)' 가운데 발생한다. '분노'는 그의 후기 작품 전체에서도 나타나는바 절대성의 직접적인 체험이다. 비극은 "신과 인간이 어떻게 짝을 이루고 자연의 힘과 인간의 가장 내면적인 분노 가운데 이들은 무한히 하나가 되며, 이 무한한 일치가 무한한 구분을 통해 정화된다"(5. 201)는 사실을 제시하는 것이다. 횔덜린은 이런 비극관을 집중적으로 다루기 위해 소포클레스가 《오이디푸스왕》을 통해 제시하고자 했던 인간의 현실적인 실존 문제를 제쳐놓고 오로지 인간과 신 사이의 수직적 관계에만 관심을 집중하고 있다. 따라서 그의 주석은 오이디푸스의 신탁에 대한 의심에서부터 눈멀기까지에 집약되며, 그 이전의 전개 과정이나 마지막 장면은 고찰에서 제외하고 있다. 그는 오이디푸스의 진실에 대한 절망적이며 자기 파괴적인 추적을 '분노'라는 형식으로 해석한다. 인간의 의식 한계를 넘어서는 광적인 돌파로, "앎이 그 제약을 넘어설 때, 그것이 감당하거나 파악할 수 있는 것보다 더 많이 알고자 충동을 받게 됨으로써 놀랍도록 분노하게 되는 호기심"(5. 198)으로 해석하는 것이다. 사실 오이디푸스왕은 그에게 연관되어 있는 엄청난 진실을 향해 돌진하며, 끝내 그 자신이 부친 살해와 근친상간을 저지른 것을 알게 되면서, 자기도 모르게 신탁의 의미를 인식하기에 이른다. 신적인 것의 이런 인식은 그러나 오이디푸스의 파멸과 더불어 일어난다. "직접적인 신"은 그에게 "죽음의 형상을 띠고"(5. 269) 나타나는 것이다.

〈안티고네에 대한 주석〉에서 횔덜린의 비극 이론은 하나의 역사철학적인 전향을 보인다. 《안티고네》의 사건 진행 형식을 횔덜린은 "폭동(Aufruhr)", "조국적 회귀(die vaterländische Umkehr)", "모든 사고 형태와 형식의 회귀"(4. 295)와 비교하고 있다. 통치자 크레온의 정적(政敵)으로서 사형된 남동생을, 엄한 명령에도 불구하고 장례를 지낸 안티고네와 역시 국법을 내세워 그녀를 처형하려고 하는 크레온을 횔덜린은 사회적인 두 개의 원리로 해석한다. 안티고네는 "신적인 뜻 안에서, 신에게 거슬리고 있는" 태도를 취하며, 크레온은 "신의 명예, 확정된 신의 명예"(5. 271)에 편들고 있다. '조국적 회귀'는 일종의 비극적 과정 가운데 수행된다. 불복종·거부, 좀 더 높은 의미에서 신의 뜻을 인식하는 가운데 신성에 대한 표면적인 거슬림이라는 원리—안티고네의 '격식 없음(das Unförmliche)'의 원리—는 신을 법칙이라는 의미로밖에는 해석하지 못하는 크레온의 실증적인 원리인 '지나치게 형식적인 것(das Allzuförmliche)'에 의해 촉발된다(5. 271). 횔덜린은 이 두 개의 원리 사이의 갈등의 결말을 '이성 형식(Vernunftform)' 가운데에서 발견한다. 이 이성 형식은 "정치적, 다시 말해 공화적이다. 왜냐하면 크레온과 안티고네 사이, 격식과 반 격식 사이에는 균형이 동등하게 유지되기 때문이다"(5. 272)라고 그는 설명한다.

이런 근대적이며 심미적인 해석에 덧붙여 횔덜린은 《안티고네》에서 조국적 회귀 가능성을 3개의 층위로 보고 있다. 그것은 정치적·종교적 및 윤리적인 사고방식의 혁신 가능성이다. 크레온이 "테베는 바로 짐이다"라고 말할 때, 아들 하에몬은 "어느 한 사람에게만 속한 나라는 이미 국가가 아니다"(5. 235)라고 대답한다. 또 안티고네는 신들의 "씌어져 있지 않은 법칙들"(5. 223)을 외친다. 그녀는 이 말로 교리에 얽매인 종교를 현대적인 양심의 종교라는 불빛 안으로 밀어 넣고 있다. 크레온은 이와 대조적으로 신을 어떤 고착된 법칙으로 숭배할 뿐 신과의 교류는 이미 단절하고 있다. 적에게 오빠의 시체를 내주는 것은 모든 인간이 죽음의 나라에서 편히 쉴 권한이 주어져 있다는 인간적인 윤리에 비추어볼 때 인정할 수 없다는 주장은 윤리적으로 타당하다. 횔덜린은 이 세 개의 층위가 동시적으로 갖추어진 조국적 회귀를 꿈꾼다. 그는 어떠한 정치적인 의식 변화의 이상도 충분한 종교적·윤리적 근거 위에 서 있지 않다면 맹목에 불과하며, 순전한 권력욕은 무정부적인 광기의 발로라고 규정하고 있는 것이다.

이 주석들에 나타나는 그리스적인 것과 서구적인 것의 관련에 대한 언급은 횔덜린의 역사철학적 입장을 밝히는 데 매우 중요해 보인다. 고대 그리스적 예술과 삶의 형식이 서구, 즉 근대의 그것들에 어떤 관련을 가지는 것인가를 그는 주석들에서 표명한다. 함께 고려해야 할 것은 소포클레스의 번역과 함께 쓴 후기 찬가들에서는 이전 소설 《휘페리온》과 같은 데서 우세하게 대두되었던 고대 그리스적 주제 대신에 조국적인 것이 전면에 등장한다는 사실이다. 횔덜린이 무슨 이유로 이런 전향을 보이는지는 친구 뵐렌도르프에게 보낸 두 차례의 편지에 나타난다. 특히 1801년 12월 4일 뉘르팅엔에서 쓴 편지에서 횔덜린은 고대 그리스인들에게 "천상적 불꽃(das Feuer des Himmels)"이 그러하듯 서구인들에게는 "표현의 명료성(Klarheit der Darstellung)"이 근원적이며 자연스럽다고 말하고 있다. 그런데 고대 그리스인들은 천성적인 유산으로서 명료성을 소유하지 않고 있었기 때문에 오히려 "표현의 재능에 뛰어나며", 이와 반대로 근대인들은 고대 그리스인들에게는 자명한 예술적 요소인 "성스러운 열정"을 배워야만 한다는 주장을 내세운다. "본래 민족적인 것은 교양의 진전에 따라서 차츰 보잘것없는 특성이 되어버린다." 즉 한편으로는 자신의 천성을 되찾으면서, 한편으로는 자신의 것을 습득하는 것은 다른 것을 배우는 것보다 어렵다고도 한다(6. 425~426). 횔덜린의 이런 조화의 실천 의지는 홈부르크의 시학에서 '기본 음조'와 '예술 특성' 사이의 변증법적인 〈음조교체론〉의 연장과 다르지 않다. 그는 〈안티고네에 대한 주석〉에서 이런 연관을 신화적 형태를 빌어서 표현한다. 고대 그리스 신화에서 최고의 신인 제우스는 한계의 돌파나 자기 파멸의 경향에 대립하는 명료성과 제약의 신으로 해석된다. 제우스신의 특성이라면 '이 세계를 벗어나 다른 세계를 향하려는 지향을 다른 세계로부터 이 세계로 향하도록 바꿔놓는 데'에 있다. 그런데 근대인은 고대 그리스의 제우스신보다도 "한층 단호하게 지상으로 향하도록 강요하는"(5. 268) 자신의 고유한 제우스의 지배 아래 있다는 것이다. 그 때문에 근대인들은 걱정 없이 그리고 파멸의 위험 없이 '다른 세계 속으로의 길', 절대자를 향한 길을 떠날 수 있다고 말한다. 고대 그리스인들은 "자기 스스로를 붙잡을 수 있는" 성향을 지니지만, 때로는 그것이 지나칠 적도 있기 때문에 소포클레스가 부정하고 있는 '동방적인 것'을 부각시키는 가운데 자신은 소포클레스의 원전을 개선시키기를 감행하게 된다(6. 434, 1803년 9월, 빌만스에게 쓴 편지).

횔덜린은 분명히 그리스적인 예술 성향의 모방보다는 근대적·서구적인 예술의 편을 들고 있다. 1687년 프랑스 문학사에서 페로에 의해서 촉발된 '신구 논쟁(Querelle des Anciens et des Modernes)'의 독일에서의 재현에 가담했더라면, 그는 분명히 근대의 편이었을 것이다. 횔덜린의 이런 사고에서 나타나는 자아의식은 '서구적인 회귀(回歸)'[65]

65) Wilhelm Michel, *Hölderlins Abendländische Wendung*, Weimar 1922.

라고 요약된 바 있다. 그렇게 해서 횔덜린의 후기 작품에서는 의고전적인 요소는 극복된다. 그러나 이런 '의고전주의의 극복'[66]이 횔덜린의 고대 그리스로부터의 완전한 등 돌림을 의미하지는 않는다. 〈오이디푸스왕에 대한 주석〉에서 예찬되고 있는 고대 그리스 예술의 시적 "신빙성", 그 "법칙적 계산"(5. 195)은 근대적 예술에도 모범을 제공한다는 것이다. 다만 이런 고대 그리스 예술의 특성들이 이제는 초시간적인 타당성을 지니는 것이 아니라, 역사적인 것으로 살펴지고 또한 다분히 상대화되어 고찰되고 있다.

소포클레스 비극의 번역과 더불어 빼놓을 수 없는 횔덜린의 다른 번역 작업은 핀다르의 〈승리가〉와 단편(斷片)의 번역이다. 1800년 아직 홈부르크에 머물고 있을 때 그는 〈퓌티아 송가〉—핀다르가 델피의 경기에서 승리한 자들을 노래한 송가들—12편 중 10편을 번역했고, 14편의 〈올림피아 송가〉 가운데 7편을 번역했다. 이 송가들의 번역은 "고대 예술작품들의 확고한, 그리고 철저히 규정적이며 사려 깊은 걸음걸이"(5. 195)에 대한 수업으로서, 외국어로 된 텍스트의 대조와 분석을 통해 자신의 표현 가능성의 확대를 모색하고자 한 시도였다.

횔덜린은 소포클레스의 번역에 주석을 첨가시키고 정리하고 있었던 1803년에 핀다르의 단편들 가운데 9편을 번역했다. 횔덜린은 낱낱의 단편 번역에 이해를 돕는 주해가 아니라 거의 시적 감상이라고 해야 할 주해를 달고 있다. 그것은 일종의 명상이자 영적인 교감을 드러내 준다. 이 주해에서 횔덜린의 고대 그리스 문학을 보는 주관적 관점

66) Peter Szondi, Überwindung des Klassizismus, in: *Hölderlin-Studien*. Mit einem Traktat über philologische Erkenntnis, Frankfurt/M. 1970, 95~118쪽.

은 극치에 이르며, 심지어 핀다르의 작품에 담겨 있다고 생각되고, 적어도 그 작품의 내재적 구성을 근거로 해석할 수 있다고 믿는 상식적 이해를 전복시킨다.

핀다르의 번역은 횔덜린의 후기 찬가에 중요한 자극제가 되었다. 핀다르의 작품 번역이 횔덜린의 예술적 표현에 얼마큼 영향을 미쳤는지는 후기 시의 외적인 형식들 가운데 명백히 드러난다. 3연을 한 단위로 하는 시연의 배열(3연 1단), 시행의 잦은 도약(시 행 이월), 잦은 휴지, 단어와 문장의 도치, 그리고 짧고 긴 시행의 부단한 교차와 파격적인 시어의 결합은 핀다르의 번역에서 그 근원을 찾을 수 있다. 헬링라트는 이런 형식적 특징을 고대 수사학자 디오니시오스(Dionysios von Halikarnassos)의 용어를 따라서 "거친 / 딱딱한 구조(harte Fügung)"[67]라고 칭했거니와 오늘날에는 시적 수법에 대한 보편적인 개념으로까지 확대되었다. 최근 횔덜린의 후기 찬가 문학에는 그 형식에서뿐만 아니라, 핵심적인 모티브들조차 핀다르의 영향을 받고 있음이 차츰 밝혀지고 있다. 더욱이 핀다르가 사제에 버금가는 직분으로서 시인의 위치를 이해하고 신들과 영웅들에 대한 찬미, 일어난 일, 도시들 그리고 여러 정경들에 대해 제시한 신화적 해석은 횔덜린의 사명 의식 및 그 내용 구성과 일치하고 있다. 횔덜린 서정시의 두 개의 유형을 구분하면서 "언제나 지친 날개"인 "사랑의 노래"와 "높고 순수한 비상"인 '조국적 찬가'를 말했을 때(6. 436), 그는 후자로서 핀다르에게서 볼 수 있는 서정적 문학 형태를 의미했던 것이다.[68]

핀다르 작품 번역과 주해 작업은 횔덜린의 '새로운 신화'의 생성 과

67) Norbert von Hellingrath, *Hölderlin-Vermächtnis*, München 1944, 28쪽.

68) 횔덜린의 핀다르 수용에 관해서는 천병희, 《횔덜린의 핀다르수용에 관한 연구》(서울, 1986)에서의 깊이 있는 고찰 참조.

정과도 연관된다. 이어지는 보론에서는 횔덜린의 〈핀다르 단편들〉 중 〈생명을 주는 것〉에 대해 살피면서 횔덜린의 핀다르 수용과 그의 고유한 '문학적 신화' 개념을 함께 살펴보겠다.

보론 2
횔덜린의 〈핀다르 단편들〉과 〈생명을 주는 것〉에 관하여

새로운 신화 해석과 의고전주의 극복

횔덜린의 〈핀다르 단편들〉이 가지는 의미

횔덜린은 청년 시절부터 그리스 시인 핀다르의 문학에 대해 찬사를 보내고 자신의 모범으로 삼고자 했다. 그는 초년의 시 〈나의 결심(Mein Vorsatz)〉에서 "핀다르의 비상(飛翔)을 뒤따르는 비약"과 "클롭슈토크의 위대함을 향한 노력"을 자신의 글쓰기 원동력으로 노래했음은 전술한 바와 같다. 이 시를 쓴 시점에서 그가 핀다르의 문학에 대해 깊이 있는 탐구를 했다거나 폭넓은 독서를 했다는 증거가 있는 것은 아니지만, 이 시구에서 횔덜린의 핀다르 문학에 대한 평생에 걸친 관심과 천착의 첫 신호를 읽을 수 있다. 그는 20세에 쓴 석사 논문 〈그리스인들의 미적 예술의 역사〉에서 핀다르 문학의 위대성을 이렇게 요약하고 있다.

나는 그의[핀다르의] 찬가를 문학예술의 총화라고 말하고 싶다. 서사문학과 희곡은 그 규모가 더 크기는 하지만, 그런 사실이 그것들을 핀다르의 찬가문학에 이르게 하지는 못한다. 그가 간결한 축약으로 서사문학의 서술과 비극의 열정을 결합시키고 있어 그의 영혼 속에서 그의 강력한 힘이 펼쳐지기를 원하는 독자에게 많은 역량과 노력을 요구하는 것이다. (4. 202~203)

횔덜린의 핀다르에 대한 이런 관심과 경탄은 핀다르 작품의 번역으로 이어진다. 횔덜린은 1800년 이른바 〈핀다르 대번역〉에 착수했다. 전술한 것처럼 이 번역에 포함된 핀다르 작품은 올림피아 송가 7편과 퓌티아 송가 10편이며, 시행 수로는 거의 2천 행에 달한다. 이 대규모 번역은 단시간에 이루어진 것으로 보인다. 이 〈핀다르 대번역〉은 횔덜린이 핀다르의 언어를 통해 자신의 언어를 단련하려는 듯한 인상을 강하게 풍긴다. 행간 번역을 통해 시어 대 시어의 정확한 독일어 번역을 시도하면서 핀다르의 문체를 집중적으로 탐색하고 있기 때문이다. 자신의 "언어를 위한 건강에 유익한 체조"(6. 125)라고 횔덜린 자신이 말하고 있다. 그러나 횔덜린이 이 번역을 통해 단순히 형식적인 것만을 취한 것은 아니며, 내용에서도 깊은 영향을 받았다. 해리슨(R. B. Harrison)은 횔덜린의 그리스에 대한 관념에는 두 시인 사이의 '영적 친화 관계'[69]가 드러나 있으며, 횔덜린이 자신의 창작이나 다른 번역—특히 소포클레스 번역—에서 '신들에게 경의를 표함'이라는 주제를 우선적으로 다루고 있듯이, 핀다르 송가들을 선별하는 데서도 이 기준을 그대로 적용시키고, 선택적으로 번역 대상을 정했던 것을 그 근거로 들고 있다. 네메야 송가나 이스트모스 송가와는 달리 제우스 신과

69) R. B. Harrison, *Hölderlin and Greek Literature*, Oxford 1975, 281쪽.

아폴로 신을 노래하고 있는 올림피아 송가와 퓌토 송가를 번역의 대상으로 삼고 있는 것이다.

핀다르 송가의 대번역에 이어 1803년 말에서 1804년 초에 횔덜린은 핀다르의 단편 9편을 번역한다. 이 9편의 〈핀다르 단편들〉은 1. 지혜의 불충실(Untreue der Weisheit), 2. 진리에 대하여(Von der Wahrheit), 3. 안식에 대하여(Von der Ruhe), 4. 돌고래에 대하여(Vom Delphin), 5. 가장 높은 것(Das Höchste), 6. 노년(Das Alter), 7. 끝없음(Das Unendliche), 8. 휴식터(Das Asyle), 9. 생명을 주는 것(Das Belebende)이다.

이 〈핀다르 단편들〉의 텍스트는 각기 제목, 핀다르 단편의 독일어 번역, 그리고 이에 대한 번역자 횔덜린의 주해의 세 부분으로 구성되어 있다. 다만 〈지혜의 불충실〉은 주해 부분에 또다시 핀다르의 송가를 번역, 인용하고 있어 예외적으로 네 부분으로 이루어져 있다고 볼 수 있다.

이 번역은 핀다르의 원본에 충실하게 따랐던 송가 번역의 전례를 그대로 반복하는 경우도 있지만, 그리스어로 된 대본이나 본래의 문맥 구성에서 거리가 먼 독자적인 번역 예도 나타나고 있다. 횔덜린이 각 단편에 붙이고 있는 주석은 우리가 생각하는 대로 단편에 대한 단순한 해설이 아니다. 오히려 단편에 대한 자유로운 해석, 혹은 그 단편으로 촉발된 주제에 대한 변주라고 부르는 것이 더 타당해 보인다. 물론 부분적으로는 전통적인 방식을 따라 주석이 번역된 텍스트를 설명하면서 진행되기도 하지만, 어떤 부분들은 대본에서 동떨어져 원문과의 관련성을 찾기가 불가능해지기도 한다.

이렇게 하여 횔덜린의 〈핀다르 단편들〉은 번역과 이에 대한 해설이라기보다는 우리가 비로소 해석해야 할 대상언어로 우리 앞에 놓여 있다. 다시 말하면 횔덜린의 〈핀다르 단편들〉과 같은 작품은 그 의미의 애매성 내지는 다양성, 그리고 개방성과 양면성으로 말미암아 독자들은 자신의 표상에 따라 해석할 뿐만 아니라 자신의 연관성과 의미 자체를 처음 창조해낼 자유이자 과제를 떠맡게 된다. 횔덜린은 독자들에게 이런 과제를 의식적으로 제시하고 있다고 자이페르트(Albrecht Seifert)는 주장한다.[70] 횔덜린은 또한 〈핀다르 단편들〉을 통해 시적 신화의 의미와 기능에 물음을 던지고자 했다. 이 물음의 제기는 그에게 전혀 새삼스러운 일이 아니다. 그는 창조를 통해서나 시학 이론을 통해 정신분열에 이르기 전까지 자신의 전 생애에 걸쳐 이 문제에 매달려온 것이 사실이기 때문이다.

아래에서 〈핀다르 단편들〉 가운데 마지막 텍스트인 〈생명을 주는 것〉을 통해 횔덜린의 그리스 문학, 특히 핀다르 수용 방식과 그것에 반영된 횔덜린의 사유 흔적을 찾아보고자 한다.

생명을 주는 것

켄타우로스들은
남자들을 제압하는 꿀처럼 달콤한 포도주의
힘을 배우고 나자
갑자기 두 손으로
하이얀 우유를, 식탁을 쓸어버리고, 스스로

70) Albrecht Seifert, Die Asyle, in Christoph Jamme u. Otto Pöggeler(hrsg.), *Jenseits des Idealismus*, Bonn 1988, 177쪽.

은빛 뿔잔으로 마시면서
마음을 빼앗겼도다.

켄타우로스에 대한 개념은 강물의 정신에 대한 개념이라고 할 수 있다. 그것은 그 정신이 본래 길이 없는, 위쪽으로 자라나는 대지 위에 힘으로 갈라 경계를 만들기 때문이다.

그것의 형상은 따라서 자연의 위치에, 그곳 바위들과 동굴들이 많은 강변이 있는 곳에, *특히 원천의 강물이 산맥들의 연쇄를 떠나고 그 방향을 가로질러야만 했던 그런 장소에 존재한다.*

켄타우로스들은 그렇기 때문에 또한 근본적으로 자연과학의 교사다. 바로 그 관점에서 자연은 가장 잘 관찰되는 것을 허락하기 때문이다.

그런 지역에서 본래 강물은 길을 그어내기 전에는 헤맬 수밖에 없었다.

이렇게 해서 마치 연못에서처럼 촉촉한 초원들과 동굴들이 젖을 빠는 짐승들을 위해 지상에 형성되었고, 켄타우로스는 오디세이아의 퀴클롭스처럼 거친 목동이었다. 물길들은 애타게 그들의 갈 길을 찾았다. 그러나 양쪽 강변 중에서 더욱 메마른 쪽이 단단히 형성되면 될수록, 단단히 뿌리박은 나무들과 풀숲들과 포도나무로 길의 방향이 더욱 견고하게 형성되면 될수록, 자신의 움직임을 강변의 모습에서 얻은 강물은 그만큼 더 방향을 얻을 수밖에 없어서 마침내는 그 근원에서 떠밀리어 자신을 가두고 있었던 산들이 가장 허술하게 한데 달려 있는 장소에서 뚫고 나오기에 이르렀다.

그처럼 켄타우로스들은 꿀같이 달콤한 포도주의 힘을 배웠던 것이다. 그들은 단단히 형성된, 나무들이 많은 강변에서 움직임과 방향을 취했고, *하얀 우유와 식탁을 손으로 밀쳐버렸으며,* 모양을 갖춘 물결은 고인 물의 안식을 쫓아내었다. 또한 강변에서의 생활방식도 변화되었다. 숲의 갑작스러운 기습은 폭풍

우와 확고한 숲의 제왕들과 더불어 숲의 안일한 삶을 뒤흔들었다. 정체하고 있는 물길들은 그처럼 오랫동안 가파른 강변에 의해 뒤로 밀쳐져 *그것이 마침내는 팔을 얻었으며*, 그렇게 해서 자신의 방향을 가지고 *은빛 뿔잔으로 마시면서* 길을 만들고 하나의 목적지를 취했던 것이다.

오시안의 노래들이 특별히 참된 켄타우로스의 노래들이며, 아킬레우스에게 현금의 탄주를 가르쳤던 그리스의 케이론에 의해서이듯 강물의 정신 더불어 노래 불렸던 것이다. (5. 289~290, 이탤릭체는 《슈투트가르트판 횔덜린 대전집》에 강조된 것으로 판독되어 수록된 부분을 표시함)

《프랑크푸르트판 횔덜린 전집》에 실려 있는 슈테파누스 판본에 따른 행간 번역과 비교해보았을 때 이 핀다르 단편 번역 자체는 전혀 문제될 것이 없어 보인다. 횔덜린은 그리스어 텍스트에 충실하게 머물고 있으며, 어휘의 순서와 구문까지를 그대로 보존하고 있기 때문이다.

주해에 나타나는 켄타우로스의 표상

횔덜린의 핀다르 단편 번역에 문제가 없고, 읽기에 어려움을 주는 어휘나 구절이 없는 만큼 핀다르 단편의 내용에 따로 덧붙일 주석은 없어 보인다. 이제 살펴보려는 것은 이 단편에 횔덜린이 붙인 주해다.

횔덜린이 이 단편에 붙인 주석을 통해 보면, 핀다르 단편이 다루고 있는 것은 켄타우로스와 라피텐 사이의 다툼이다. 이 다툼은 호머의 《오디세이아》 21번째 권과 《일리아스》의 첫 번째 및 두 번째 노래에 등장한다. 이 설화는 라피텐족의 페이리로스가 아름다운 휘포다메이와의 결혼식에 지금까지 적대적 관계에 있었던 켄타우로스를 초대했고, 거기서 벌어졌던 켄타우로스의 난동을 묘사하고 있다. 잔치가 열리는 동안 포도주를 많이 마셔서 취한 켄타우로스가 신부와 초대자 집안의 여인들에게 폭력을 가해 그것이 광란의 싸움으로 이어지게 된 것이다.

이것을 노래하고 있는 핀다르의 소박한 단편에 대해 횔덜린은 그 주해의 첫 세 문단에 걸쳐 해석하고 있다. 이 문단은 켄타우로스의 개념과 영상을 규정한다. 그러나 횔덜린은 이런 규정이 다른 표지를 통해서만이, 즉 강의 개념과 영상을 통해서만이 가능하다고 생각한다.

켄타우로스가 왜 강을 통해 설명되어야만 하는가? 그 자체로서가 아니라, 그러니까 자체의 신화적 이야기나 계몽적 신화의 유사한 피조물로서가 아니라 강을 통해 설명되어야 한단 말인가. 원래 신화적인 기초라는 것은 유사어 반복은 아닌가. 그러나 횔덜린은 전혀 다른 생각을 가지고 있는 듯하다. 그는 제우스나 디오니소스 같은 그리스 신화 속의 여러 신이나 켄타우로스와 같은 여러 영웅이 속해 있는 신화적인 상징들은 그 자체로는 공허하다는 것, 그것의 호소력은 없어져버리고 말았다는 종래의 견해를 그대로 유지하고 있다. 이 전래의 신화적인 표징은 일종의 매개를 필요로 한다. 〈안티고네에 대한 주석〉에서 언급하고 있는 대로 이 조정을 통해 신화가 "언제 어디서나 증명 가능하게"(5. 268) 표현되어야 하는 것이다. 즉 번역자는 옛 신화적 표상을 현대적이며 서구적인 표상 형태로 바꾸어 옮겨야 하며, 그때 번역자가 해야 할 일은 옛 영상의 근원적인, 숨어 있는 의미를 발굴해내는 일이다.

이런 처리 방식에 대한 자세한 이해와 우리가 보고 있는 텍스트 적용에 대한 열쇠를 첫 문장의 아주 눈에 띄는 첫 문구가 제공한다. "켄타우로스에 대한 개념은 강의 정신에 대한 개념이라고 할 수 있다." 여기서 '강의 정신'을 'der Geist eines Stromes'라고 하면서 'Stromgeist'로 적지 않은 것은 정신(Geist)의 독자적인 의미를 강조하려는 의도로 보인다. 횔덜린에게 '정신'은 가끔 '반신(半神)', '초월적 힘'을 의미하지만, 또한 '뜻(Sinn)', '의미(Bedeutung)', 어떤 기호나 개념의 본질을 의미하기도 한다. 예컨대 횔덜린은 논고 〈문학 형태의 구분론〉에서 "시의 정신(Geist des Gedichts)"(4.267)이라는 용어를 사용하고 있다. 이 용어는 논의 맥락에서 볼 때 논고 〈시적 정신의 수행 방식에 관하여〉에서 사용한 "시의 의미(Bedeutung des Gedichts)"(4. 244)와 같은 뜻를 가지고 있다. 이 두 용어는 "시 작품에 그것이 가져야 할 진리를 부여하는 본질적인 것"(4. 245)을 의미한다. 그렇게 본다면 이 문구는 켄타우로스의 개념이 그 의미로부터, 강의 본질로부터 이해될 수 있다는 것을 말해준다. 이 개념이나 상은 그것들의 근원적인 장소로 되돌려 옮겨졌을 때 의미와 형상을 취할 수 있다. 이런 근원적인 장소와 요소, 즉 켄타우로스 개념이 귀속되는 그런 장소와 요소는 바로 바위와 동굴이 많은, 이제 막 생겨나는 강기슭[江岸]이다. 그러니까 '근원적으로 강이 산맥의 연쇄를 떠나고 그 방향을 가로질러야만 했었던' 그런 지리적 지역인 것이다. 이런 '지리 지형학적'인 횔덜린의 기호해석은 문학 장르이론에서 동력을 얻는다.

횔덜린의 생각에 따르면, 문학적인 표지·표현은 대체로 "그것의 취약점을 통해서", 즉 무엇인가 다른 것을 통해 나타나야만 하는 것이지, "그 강함을 통해서" 직접적으로 드러나서는 안 된다는 것이다(4. 274). 횔덜린의 논고 〈시 형식의 혼합〉이나 〈문학 형태의 구분론〉에서 우리는 '문학 형식의 변증법적·보완적 구조'를 읽어볼 수 있다. 횔덜린은 〈문학 형태의 구분론〉에서 소박한 의미와 이념적인 외양을 가지고 있는 서정적 문학을 논하면서, '장렬한 기본 음조와 소박한 외양'을 지닌 핀다르의 〈검객 디아고라스에게〉도 서정시의 하나라고 말하고 있다(4, 266).

이런 그의 시학을 통해 보면, 서정적 문학장르에 속한 핀다르의 단편에서 켄타우로스를 술을 많이 마시고 광란하는 반인·반마적인 존재로 서술하고 있는 신화 요소의 소박한 표현은 횔덜린이 강의 개간 작용과 병치시키고 있는 일종의 장렬한 기본 음조를 지니게 된다. 사실 켄타우로스와 강의 관련은 횔덜린에게 새삼스러운 것이 아니다. 고대 사람들은 들짐승이 거주하고 있는 곳은 산림이 우거진 곳이라고 생각했고, 눈 녹는 계절이 되면 불어나 세차게 흐르는 물줄기가 아래쪽으로 소리 내어 흐르면서 마치 도망치는 짐승이 수풀을 그렇게 하듯 나무들과 덤불들을 쓰러뜨린다고 생각했다. 베르질리우스의 《아이네이스》에서 두 명의 아르고스 영웅의 돌격을 묘사하면서 이 설화를 인용하고 있다.

그 모습은 마치 구름에서 태어난 두 명의 켄타우로스가
높은 산꼭대기에서 내려오고 호몰레와 눈 덮인 오트뤼스를
질주하며 떠나오면 큰 숲이 다가오는 그들에게 길을 내주고
덤불들이 우지끈 부러지며 뒤로 물러설 때와도 같았다. (《아이네이스》, 천병희 옮김, 숲 출판사. 320~321쪽, 제674~677행)

횔덜린이 켄타우로스를 강에 연관시킨 것은 잊힌 채 단지 문헌상으로 남아 있는 근원적이며 신화적인 사실성들을 감지해내고, 그것

이 본래의 이미지로 새로운 생명을 얻게 만들어주고 있는 것이다. 횔덜린은 또한 어원에 따른 수사법을 통해 켄타우로스와 강의 작용에 일치성을 확고히 하고 있다. 켄타우로스 어원의 한 부분이 '찌르다(stechen)'를 뜻하는 그리스어 κεντεὶν이므로 강이 바위를 뚫는 작용이 이와 다르지 않다고 찬가 〈이스터강〉에서도 노래하고 있다.

> 그러나 바위는 찌름이 필요하고
> 대지는 쟁기질이 필요하다.
> 머무름 없이는 깃들 만한 곳 못 되리라. (2. 192, 제68~70행)

무한한 황야를 뚫고 문명의 시발점을 형성하는 첫 번째 자연이 바로 강이다. 그 강을 횔덜린은 신화 형성적인 상상을 통해 영웅 근처로 옮겨놓고 있는 것이다. 이스터강(도나우강)이 신화화되고 켄타우로스에 대한 소박한, 그리고 문헌으로 석고화된 신화적 표상은 새로운 의미를 얻고 부활한다.

이어 세 번째 문장에서 횔덜린은 켄타우로스를 '자연과학의 교사'라고 부른다. 이것은 케이론을 지칭하는 가운데 도달한 확언이다. 이런 지칭이 없다면 '켄타우로스'라는 기호의 일방적인 규정은 불완전한 채로 남겨질 것이다. 앞에서 암시된 대로, 켄타우로스의 개념을 규정하는 것은 강의 의미, 강의 '정신'이다. 그리고 그 영상은 강의 건설적인 활동에 그 근거를 두고 있다. 켄타우로스의 영상은 강의 활동을 비유적으로 표현하고 있다. 켄타우로스는 자연 안에 숨겨진 것에 대한 가시적인 기호다. 이 기호의 해석이 둘 사이의 경계를 지양시키고 있는 것이다. "켄타우로스는 그 때문에 근본적으로 자연과학의 교사다. 바로 이 관점에서 자연은 가장 잘 관찰되는 것을 허락하기 때문이다.” 어떤 관점에서란 말인가. 소박한 ‘영상’에 따르면 위에서, 그러니까 산정(山頂)에서 바라보는 관점이다. 정신에서, 즉 자연의 숨겨진 정신이 가시화되는 관점, 그것이 기호가 되는 관점에서라는 말이다. 강의 찌름을 통해 만들어진 동굴 안에, 바위들 곁에 강의 정신은 위치하고 있다. 신적인 켄타우로스인 케이론도 파괴할 수 없는 동굴 안에 거주했다. 〈핀다르 단편들〉 가운데 첫 단편인 〈지혜의 불충실〉에서 횔덜린이 인용하며 번역하고 있는 핀다르의 퓌토 송가 제4번도 이 일을 노래했었다. 켄타우로스의 제자 이아손은 아버지의 권좌를 강탈한 펠리아스 앞에서 이렇게 노래하고 있다.

> 나는 믿거니와
> 나는 케이론의 가르침을 지니고 있노라. 말하자면
> 카리클로에와 팔뤼라의 곁 동굴에서 나는 왔노라.
> 그곳 켄타우로스의 딸들, 그 성스러운 자들
> 나는 길러주었다. …
> …
> 그리고 나는 고향으로 왔도다,
> 내 아버지의 통치권을 되찾기 위해서. (5. 281)

앞서 《아이네이스》 인용에서 언급한 대로 켄타우로스는 그곳에서 강물처럼 아래로 서둘러 내려왔었다. 켄타우로스는 먼 시야를 가졌던 것이 분명하고, 자연을 통찰했던 것이 분명하다. 그 때문에 켄타우로스는 자연과학에 능통했던 첫 번째 영웅이었던 것이다.

퀴크롭스와 켄타우로스-우유와 포도주, 야만에서 문명으로

이어지는 두 개의 문단, 네 번째와 다섯 번째 문단은 다시 한 번 사고의 종합을 꾀하고 있다. 이 두 문단은 개념 규정과 유사한 과정을 거치면서 한층 높은 차원에서 강과 켄타우로스의 은유적인 병렬을 반복하면서 전개시킨다.

> 그런 지역들에서 강은 길을 그어내기 전에는 근원적으로 헤맬 수밖에 없었다. 이렇게 해서 마치 연못가에서처럼 촉촉한 초원들과 동굴들이 젖을 빠는 짐승들을 위해 지상에 생겼고, 켄타우로스는《오디세이아》에 그려진 퀴클롭스처럼 미개한 목자였다.

휠덜린의 이 시 문학적·지리적인 묘사에서 우리는 네 번째로 '본래, 근원적으로'라는 단어를 만나게 된다. 이 단어는 아직 강이 이루어지기 전의 강의 원초적인 상태에만 관련된 것이 아니라, 켄타우로스의 원초적인 모습, 그러니까 아직은 켄타우로스가 아니고 퀴클롭스, 다시 말해 유아적이고 우유를 마시며 살고 있던 미개한 목동이었을 때의 원초적 상태에 연관되어 있기도 하다. 휠덜린은 강조하여 '오디세이아의 퀴클롭스'라고 말하면서 자기 표상의 분명한 근거를 제시하고 있다. 즉 오디세이아가 이 족속의 특징을 노래하고 있는 증언의 장면을 지시해 보이고 있는 것이다.

> 그곳으로부터 [···] 항해를 계속하여
> 오만불손한 무법자들인 퀴클롭스들의 나라에 닿았소.
> 그들은 불사신들을 믿고 아무것도 제 손으로

심거나 갈지 않았소. (《오디세이아》, 천병희 역, 도서출판 숲, 195쪽)

여기서 문제는 횔덜린이 호메로스의 이야기에서 퀴클롭스와 켄타우로스의 본질적인 차이를 어떤 점에서 보고 있는가이다. 호메로스의 경우 퀴클롭스들은 아직도 어머니 대지의 품 안에서 살고 있으며, 어떤 경작술이나 돌봄의 방식을 배우지 못한 채 어머니 대지가 양육하고 있을 뿐이다. 그들은 공동체를 이루지 못하고, 법칙도 없이 그리고 신들을 알지 못한 채 아내와 아이들과 더불어 흩어져 살아가고 있다. "우리 퀴클롭스들은 아이기스를 가진 제우스도, 지복한 신들도 아랑곳하지도 않아…"(같은 책, 202쪽)라고 폴뤼펨은 오디세이아에게 말하고 있다.

횔덜린이 보기에는 이 서사적 묘사가 담고 있는 세 개의 주제 동기가 결정적이다. 즉 짓고 돌봄이 없는 소박하고도 가꾸어지지 않는 생활, 그리고 공동체 감각과 진정한 공동체 형태의 결여에 따르는 비사회성, 또 신성에 대한 무지에서 오는 신의 부재가 그것이다. 이 세 가지 특징은 신적인 것의 참된 장소인 자연과는 아직 중재되지 않은 소박성을 지적해 보여준다. 퀴클롭스의 목동으로서 삶의 특성은 시인에게 정체되고 있는, 목적지도 없고 확고한 경계를 가지고 있지 않은 채 흩어져 흐르는 물줄기를 상기시킨다. 그 때문에 횔덜린은 단순한 병렬적 접속사인 '그리고'를 써서 마치 연못처럼 가야 할 방향도 없이 정체된 물의 묘사를 퀴클롭스의 생활방식과 결합시키고 있다. 횔덜린이 보기에는 정체되고 있는 물과 같은 이 퀴클롭스와는 달리, 켄타우로스들은 산에서 아래로 방향을 취하고 있는 강과 같아 보인다. 강과 켄타우로스의 동질성 설정은 옛 신화에 비판적으로 대치된 것이기도 하다. 즉 켄타우로스는 물길이 바위를 뚫고 있는 곳에서 눈에 드러나는 자연의 살아 있는 힘을 대변한다. 그곳에 켄타우로스에 대한 표상이 깃들어 있다. 물길이 장애를 돌파해 광활한 평원으로 들어서고 강이 궁극적으로 방향을 취해 고유한 본질을 생성하는 그런 현장의 표상으로 전환된다. 그런 곳에 강의 정신이 살고 있으며, 거기에 바로 결정적인 작용이 있다는 것이다.

퀴클롭스에서 켄타우로스로의 발전과 함께 세 개의 변화가 일어나고 있다. 첫째로는 미개한 우유 대신 포도 재배가 등장하고, 둘째로는 개별과 자의성은 국가와 법률로 대체되며, 셋째로는 원시적이고 자연적인 삶이 신성의 인식에 의해 추방된다. 횔덜린의 문학은 어떻게 포도 재배가 판(Pan)의 미개함에 맞서 변화의 모든 특징들을 하나로 결합하고 사회 지리적, 정치적, 미학적 내지 종교적인 의미에서 문명의 시발을 의미하는지에 대한 수많은 예를 제시하고 있다. 원초적인 충동에 맞서고 있는 그리스도와 헤라클레스, 디오니소스를 노래하고 있는 〈유일자〉에서 “마차에 범을 묶어 이끌게 하고”, “포도밭을 일구는”(2. 154), 그러니까 포도나무의 “언짢은 방황을 옳게 잡아주는” 디오니소스의 활동이 사나운 짐승에게 마차를 끌게 한, 따라서 야생의 힘을 제어한 문명화의 상징적 행위로 노래되고, 포도나무에 버팀목을 세워 체계적으로 재배가 가능하게 한 행위로, 근본적인 의미에서 문화의 기초를 닦은 행위로 그려지고 있다. 고대 그리스 예술작품들은 자주 켄타우로스들을 바커스의 시중을 드는 무녀나 시종들과 함께 그리고 있다. 포도주를 마시고 빠지게 되는 도취 때문에 몇몇 신화는 켄타우로스를 디오니소스의 시종 무리에 넣기도 한다. 이 재배의 결과로 생성되는 포도주는 공동체를 세우게 하고, 자연과 역사 속에서 모든 것을 생동하게 만들며, 그 안에는 문학의 정신이 숨 쉰다. 디오니소스적인 생명 불어넣기는 자연과의 소박하고 사투르누스적인 일체에서 벗어나 영활하게 된 자를 위해 교육과 시작(詩作)으로 향하는 길을 열어준다.

자연과의 일치로부터의 이탈, 이와 더불어 시작되는 문명화의 첫 단계는 켄타우로스 손의 움직임으로 상징화되어 있다. 켄타우로스는 손으로 '하얀 우유'와 '식탁'을 밀어내고, '은빛 뿔잔'으로 뻗쳐 결국 '취하고 만다'. 또한 켄타우로스, 즉 강의 정신에 대해서는 "그것이 마침내는 팔을 얻었으며, 그렇게 해서 자신의 방향을 가지고 스스로가 은빛 뿔잔으로 마시면서 길을 만들고 하나의 목적지를 취했다"고 서술하고 있다. 팔의 움직임으로 켄타우로스는 퀴클롭스적인 유년기에서 벗어난다. 여기서는 손을 통해 손을 수단으로 행해진 자기 결정이 중요하다. 손은 괴물을 자연 상태에서 벗어나게 한다. 왜냐하면 사람만이 손을 가지고 있는 존재이기 때문이다. 아니면 더 정확하게 말해 사람이 손을 가지고 있는 것이 아니라, '손이 사람의 본질을 소유하고 있기' 때문이다. 따라서 하이데거는 "오로지 말하는, 다시 말해 사고하는 존재만이 손을 다룰 수 있다. 그리고 조정을 통해 손의 과제를 완성할 수 있다"[71]고 말한다. 퀴클롭스는 아직도 손을 가지고 어떤 작업도 수행한 적이 없으며, 따라서 이런 의미에서 손을 가진 적이 없다. 손의 획득은 주로 그 이름 안에 '손'이라는 뜻을 함께 지니고 있는 켄타우로스, 즉 케이론의 특성을 의미하고 있다. 팔과 손이 창조하며 활동하는 사람에 대한 '전체를 가르키는 부분'[대유(代喩)]'이기도 하다면, 현명하고 치료를 행하며 문명을 촉진시키는 케이론이 그리스어 cheir(χεἰς,

71) Martin Heidegger, *Gesamtausgabe, Bd. 54, Parmenides*, Frankfurt/M. 1992, 118쪽.

손)을 그 이름의 근원으로 하고 있다는 것은 매우 의미심장한 일이다. 본래 테살리아의 지하 동굴의 신이었던 케이론은 그의 손의 노련미에 따라서 이름 붙여졌다. 그러므로 손은 자연에 질서를 부여하고 현금을 연주하며 인간을 치료하는 의술, 그리고 헤라클레스와 아킬레우스의 지극히 현명한 교사인 케이론을 상징한다. 횔덜린은 손과 팔의 의미를 더욱 확대시켜 '팔'이 마침내는 땅을 경작할 수 있도록 만들어주는 강의 지류를 의미하기에 이른다. '은빛 뿔잔'은 켄타우로스가 포도주를 마신 뿔로 만든 잔을 의미하는 것이지만, 주해의 연관성에서 보면 이 뿔잔은 마치 은빛 뿔처럼 대지를 꿰뚫고 있는 빛나는 수면을 가진 강의 지류로 읽히는 것이다.

주해의 마지막 문구는 우리를 다시금 켄타우로스로 인도하는 듯하다.

> 오시안의 노래들은 특별히 참된 켄타우로스의 노래들이며, 아킬레우스에게 현금의 탄주를 가르쳤던 그리스의 케이론에 의해서이듯 강의 정신과 더불어 노래되었던 것이다.

그러나 이 주해가 우리를 놀라게 하는 것은 갑자기 오시안에 대해 언급하고 있기 때문이다. 이를 통해 앞의 주해에서는 강과 켄타우로스라는 주제를 다루고 있다면, 이제 '노래'라는 요소가 추가되고 있음을 알 수 있다. 그는 음유시인 오시안과 그의 노래들, 그리고 동사 '노래 불렀다'와 케이론이 아킬레우스에게 가르쳤다는 '현금 탄주'를 거론함으로써 이 '노래'를 강조하고 있다. '노래'는 그리스의 케이론과 켈트

족인 오시안을 언급하고 있는 마지막 문단에 결론적인 요소로 도입되고 있는 것이다. 케이론에 대해 횔덜린은 신화를 응용하고 있다. 신화에 따르면, 이 현명한 켄타우로스는 청년 아킬레우스를 문학과 노래로 인도하고 넓은 의미에서 문명의 촉진자가 된다. 케이론의 노래들이 진정한 강의 정신을 가지고 불러졌다는 의미에서 켄타우로스의 노래들이다. 이와 함께 명백하게 이름으로 불러지고 추상적인 원리와 결부되어 있는 한 시인이 등장한다. 북구의 오시안이 그 시인이다. 고대 그리스 설화에 나타나는 케이론과 음유시인 오시안은 여러 가지 측면에서 대조적이다. 오시안의 고향, 켈트의 북쪽은 신화의 배경지인 고대 그리스의 남동부와 지리적으로 대칭된다. 켈트의 음유시인과 음악 교사 케이론은 서로 다른 예술 장르에 배속된다. 케이론은 그리스를 대변하고, 횔덜린의 표현에 따르면 "호메로스의 위대한 경쟁자"(6. 16)인 오시안은 서구를 대변한다.

의고전주의 극복

〈핀다르 단편〉의 텍스트 흐름에서 야만과 문명의 양극이 문제시되었다면, 이제는 서구와 그리스라는 양극이 주목의 대상이 된다. 오시안과 케이론을 통해 예술의 서로 다른 발생 토대가 대립되어 있는 것이다. 횔덜린은 뵐렌도르프에게 보낸 편지에서 그리스 사람들의 "성스러운 열정"과 "서구적 주노적인 명징성"(6. 426)으로 이 대립적인 생성 영역을 개념적으로 파악한 바 있다. 서로 대칭을 이루는 이 예술 원리는 생동하는 교환관계를 통해 서로 작용하는 하나의 예술작품으로 통합될 필요가 있다. 횔덜린은 고대 그리스 시인들을 천착하는 가운데 자신의 시학을 발전시키고 있다. 이런 열중이 횔덜린에게 "고전에 등 돌리지 않은 채 의고전주의를 극복하도록"[72] 했고, 서구적인 문체 양식에 대한 그의 작업을 유발시키고 있다.

고대 그리스 시인들의 텍스트를 비판적으로 읽은 횔덜린은 외래적인 것의 모방과 고유한 것의 자발적·창조적 힘 사이의 변증법을 생성한다. 자신의 논문 〈우리가 안티케를 바라보아야 할 관점〉에서 횔덜린은 고대 그리스의 모방이 서구 예술이 가야 할 유일한 길이라는 생각에 대해 항변하고 있다. 그는 자신의 작품들을 통해 독창성을 보여야 할 필연성을 강조한다. 고대 그리스적 텍스트의 모범적 성격은 보존되어야 할 것이지만, 이 경우에도 단순한 재생산적 역량으로 위축되어서는 안 된다는 것이다. 이런 요청은 고유한 싹도 고대 그리스의 모방을 위해서는 제물이 될 수밖에 없다고 하는 의고전주의에 대칭된다. 횔덜린의 이상적인 시인상은 '자신의 것을 자유롭게 사용하려고' 노력하며, 자신의 근원적인 특성을 드러낼 수 있고, 자신과 대칭해 있는 낯선 것을 배워 깨우칠 수 있는 시인이다. 횔덜린이 보기에 이런 역할을 잘 수행한 사람은 호메로스다. 그는 '자신의 아폴론 제국을 위해 서구적인 명징성을 습득하고 진지하게 외래적인 것을 자신의 것으로 만들기에 충분할 만큼 영혼이 넘친 시인'이었다. 달리 말하면 그리스인들은 서구의 시인에게 '필수 불가결하다'. 왜냐하면 서구의 시인은 그리스인들의 예술 가운데에서 외래적인 것으로서 자신의 고유한 근원을 만나기 때문이다. "외래적인 것처럼 자신의 것도 잘 배워야만 한다."(6. 426) 그러나 이것은 시인에게 자신의 것으로 나 있는 길을 가리켜 보

72) Peter Szondi, 앞의 책, 110쪽.

이는 명령이 아니다. 더구나 외래적인 것의 희생을 가리키는 것도 아니다. 횔덜린의 '회귀', 또는 '방향 전환'을 이렇게 이해해서는 안 된다. 횔덜린이 한 말의 강조점은 '자신의 것'에 놓여 있는 것이 아니라, 배워야만 하는 것이 '외래적인 것'이라는 사실에 놓여 있다. 이런 배움의 목적을 이 편지의 앞선 문장은 이렇게 표현하고 있다. "우리가 민족적인 것을 자유롭게 사용하는 것을 배우는 것보다 더 어려운 일은 없다". 또 다르게는 "가장 어려운 것은 자신의 것을 자유롭게 사용하는 일이다."(6. 426) 현대 서구 시인들이 배워야 할 것은 그리스인들이 배워서 습득한, 서구 시인들의 고유한 본래 재능인 명징성과 아울러, 분리와 구분인 것이다.

"선량한, 눈먼 오시안은 언제나 내 머릿속에서 어슬렁거린다"(6. 16)라고 나스트에게 보낸 한 편지에 횔덜린은 쓴 적이 있다. 횔덜린은 송가 〈눈먼 가인〉을 1801년에 썼고, 1803년 이른바 "밤의 노래들"의 하나인 〈케이론〉으로 개작하여 소책자 《사랑과 우정에 바침》을 통해 발표했다. 이렇게 해서 북구의 눈먼 음유시인과 그리스의 케이론이 관계를 맺는다. 케이론은 송가 〈케이론〉에서 횔덜린이 모든 문명의 촉진자들, 특히 시인들에게 부여하고 있는 자질들을 체현하고 있다. 노래에 적대적이며 위협적인 밤을 극복하고 새로운 낮으로 인도하는 활동 말이다.

케이론과 오시안은 이처럼 각기 다른 시대와 문화의 시인을 대변하고 있다. 횔덜린은 이 두 인물을 〈핀다르 단편들〉 끝에 배치하면서 텍스트의 관계들을 열고, 뵐렌도르프에게 보낸 편지에서 전개한 시학적인 개관에 상응해서 문학이 움직일 서구적인 것과 그리스적인 것이라는 두 개의 극단을 제시하고 있다. 여기서 켈트인과 그리스 신화상의 인물 사이를 연결시키는 요소는 '노래'다. 오시안의 노래들은 강의 정신을 가지고 불린, 그리고 그리스의 케이론이 부른 것과 같은 참된 의미의 켄타우로스 노래들이다. 횔덜린은 자기의 번역과 주석을 통해 이미 기능이 전환되고 강조되고 있는 고대 그리스 신화의 지평을 확대하고, 북구의 시인과 더불어 전혀 다른 연관을 이끌어내고 있다. 켄타우로스라는 혼성된 형상체는 '켄타우로스의 노래들'을 단지 케이론만이 아니라, 호메로스와 대등한 시인이자 서구의 대표인 오시안도 불렀다는 사실로 강화된다. 그런 '켄타우로스의 노래들'은 고대 그리스와 변증법적으로 결합되어 있는 새로운 서구적 문학이라는 횔덜린의 구상을 실현시킨다. 〈생명을 주는 것〉에서 횔덜린은 '강의 정신'과 '켄타우로스의 노래들'과 같은 표현을 통해 개념과 이미지를 결합시키고, 이것을 생동하고 유동적인 형식으로 표현하며, 고대 그리스 원전을 현재화하고 생동하게 만들고 있다. 이런 관계에서 보면 '생명을 주는 것'이라는 제목은 횔덜린이 제시된 소재를 그 맥락에서 떼어내어 거리를 두게 하고 갈아엎으며, 소도구들을 자신의 시대와 관련성을 지니는 '새로운 신화'로 편성하는 역동성을 부여하는 것으로 이해할 수 있다.

횔덜린의 〈핀다르 단편들〉은 이처럼 원전을 바탕으로 삼으면서 원전에 접합하기도 하고 원전에서 멀어지기도 한다. 번역에서 원전을 벗어나는 작은 이탈은 독창적이고 주관적인 해석으로 이어지면서 원전의 생명을 확장시키고 강화시킨다. 이미 소포클레스의 비극 《안티고네》의 번역과 주석에서도 드러난 바 있지만, 〈핀다르 단편들〉을 통해 횔덜린은 모방적인 의고전주의를 완전히 벗어나고 있는 것이다. 〈핀다르 단편들〉은 이처럼 고정된 신화(Mythos)와는 본질적으로 다른 새로운 문학적 신화(Mythe)가 생성되는 현장이다.

제13장
다시 튀빙엔, 그리고 영원한 귀향
(1806~1843년)

"오, 노래여, 순수한 것이여, 나는 / 죽으나, 그래도 그대는 / 다른 길을 가고"

홈부르크를 떠난 지 4일이 지난 1806년 9월 15일 횔덜린은 튀빙엔 신학교와 지척의 거리에 위치한 아우텐리트 병원에 강제로 입원했다. 1805년 5월에 개원한 이 병원은 아우텐리트(Johann Heinrich Ferdinand von Autenrieth, 1772~1835년)가 진료를 맡고 있었다. 그는 원래 정신과 의사가 아니라 해부학, 생리학, 외과 의술, 조산술을 강의하는 교수였다. 이 병원은 12개의 입원실에 15개의 병상을 갖추고 일반 환자뿐만 아니라 정신이상을 보이는 환자도 받았다. 입원한 정신이상자들은 1803년에 라일(Johann Christian Reil, 1759~1813년)이 제안한 '정신 치료'를 받도록 되어 있었다. 이 치료 방법은 "교육, 휴식 그리고 인간의 선한 심성의 작용에 대한 믿음에 뿌리를 두고 있었다."[73] 따라서 친절하고도 인간적인 보살핌, 종교적인 수련, 산책, 악기

73) Uwe Henrik Peters, *Hölderlin. Wider die These vom edlen Simulanten*, Hamburg 1982,

연주, 놀이, 정원과 밭 가꾸기로 치료 프로그램이 짜여 있었고, 가능한 한 육체적인 강제 수단은 쓰지 않았다. 그러나 정신질환자도 칭찬과 질책 그리고 경우에 따라서는 매질도 정상적인 생활로 이끌 수도 있다는 일종의 교육학에 대한 믿음도 담고 있었다. 아우텐리트 자신도 "완전한 치유는 환자의 자기 의지 포기, 자기 앞에 앉아 있는 인물의 의지에 순종하는 것도 해당된다고 본다"[74]고 기록한 적이 있다.

이 아우텐리트 병원에서 횔덜린은 8개월을 머물렀다. 그는 '엄격한 감시' 아래 있었지만, 그해 10월 21일부터는 동반자와 함께하는 산책이 허락되었다. 그는 불안해하기는 했지만 다른 사람에게 위험한 행동을 하지는 않았기 때문이다. 한마디로 말해 의지를 잃은 수동적인 삶, '꼭 필요한 것' 외에는 찾을 것이 없는 삶이었다.

그러나
불친절하게 정원을 꿰뚫고 미로는
두렵게 꿈틀거린다,
그 눈을 잃은 자, 거기 순수한 손길로는
사람은 출구를 거의 찾아내지 못한다. 그는 간다, 보내어져,
그리고 찾는다, 짐승처럼,
꼭 필요한 것을. (2. 223, 〈그러나 천국적인 자들이…〉, 제43~48행)

병원의 약품을 통한 치료는 횔덜린의 육체적인 고통 완화를 목표로 삼았다. 그런데 이런 치료는 효과가 없었고, 그렇다고 부작용을 일

46쪽.

74) Dietrich Uffhausen, 》Weh! Närrisch machen sie mich.《 Hölderlins Internierung im Autenriethschen Klinikum als die entscheidende Wende seines Lebens. In: *Hölderlin Jahruch*, 1984/85, 336쪽에서 재인용.

으키지도 않았다고 기록되어 있다. 횔덜린의 치료를 주로 담당했던 의학도이자 시인인 케르너(Justinus Kerner, 1786~1862년)의 증언에 따르면 횔덜린은 '어리둥절케 하는 쓸데없는 말'을 되뇌었으며, 그가 무엇을 말하려고 하는지 거의 또는 전혀 알 수 없었다. 병원에서 그에게 부과했던 '성경 읽기'가 그에게 '매우 좋지 않은' 영향을 미쳤다고 슈바프는 확언했다. 1805년 11월 마지막 주에 홈부르크로 횔덜린을 방문했던 제켄도르프는 레겐스부르크에서 케르너에게 이렇게 썼다.

> 횔덜린의 운명은 나에게 매우 가까이에서 보는 듯 느껴진다오. 그러나 이 세상에 아무런 교류도 없이, 감독도 없이, 우정의 위안을 통한 고통 어린 심정의 평화 없이 그가 어떻게 정상을 찾을 수 있겠소? 매우 슬픈 일이오. 죽음을 불러오는 고독, 끝없는 숙고가 그를 그처럼 파괴하고 말았소! 그가 기억할 만하면, 나의 진심 어린 안부 인사를 전해주기 바라오. 그가 알아듣거나 관심을 나타낼 정도는 되는 거요? 그는 자신의 시 가운데 몇 편이 《시 연감》에 인쇄되어 나온 것에 대해 아무것도 모르고 있소. 나는 그 시들을 매우 조심해서 다루었지만, 뜻을 불어넣기 위해 몇몇 군데를 고쳐야만 했다오. (7/2. 381)

헤겔은 횔덜린의 안부를 징클레어에게 물었다. 그러나 징클레어는 1807년 5월 23일 횔덜린이 지금 튀빙엔의 아우텐리트 병원에서 요양 중에 있다는 사실만을 알고 있을 뿐—사실 횔덜린은 이미 병원에서 퇴원했을 때인데도 불구하고—"그 결과가 어떤지는 알고 있지 않다"고 답했다. 동시에 징클레어는 헤겔에게 제켄도르프의 《시 연감》에 실린 횔덜린의 마지막 시들을 언급하면서 "내가 비교할 수 없다고 생각하는"(7/2. 382) 특별히 우수한 점을 강조했다. 횔덜린이 병원에 입원하기 반년 전 제켄도르프는 비가 〈슈투트가르트〉, 〈편력〉과 〈빵과 포도주〉의 첫 시연을 '밤'이라고 표제해 《시 연감》에 실어 발행했던 것이다. 징클레어는 횔덜린을 더 이상 도울 수 없었다. 다만 그는 횔덜린의 시를 위해 여러 사람에게 알리면서 꾸준히 활동하며 열렬히 옹호했다. 그는 헤겔과는 편지로 계속 접촉하면서 제켄도르프를 통해서는 횔덜린의 안부를 계속 추적했다.

1807년 5월 3일 이미 금치산 선고를 받은 횔덜린은 불치의 환자로, 그러나 "해를 끼치지는 않을"(7/2. 366) 사람으로 퇴원을 허락받았다. 사람들은 횔덜린의 정신착란 증세를 확인했지만, 그의 이런 '정신이상(Verrückung)' 또는 '광기(Wahnsinn)'에 대한 엄밀한 의학적인 진단 없이—당시에는 물론 그 이후 오늘날까지 내려진 바 없지만[75)]—이루어진 병원 치료는 횔덜린에게 도움을 주었다기보다는 오히려 해를 끼쳤다. 횔덜린은 '기껏해야 3년을 더 살 수 있을 것'이라는 진단과 함께 성구를 제작하는 목수 치머의 보호에 맡겨졌다. 아우텐리트가 치머에게 횔덜린의 간병을 직접 청했다. 치머는 횔덜린보다 두 살 아래이고, 그 사회적 신분에 비추어 보기 드물게 교양을 갖춘 인물이었다. 그는 횔덜린의 소설 《휘페리온》을 알고 있었고, 목공일을 맡아 병원에 출입할 때 만난 횔덜린을 존경하고 있었다. 일부러 횔덜린을 찾아가기

75) 오스트리아의 정신신경과 의사인 나브라틸(Leo Navratil)은 1966년 '정신병자들의 예술에 대한 변호'를 위해 《정신분열과 언어(*Schizophrenie und Sprache*)》(dtv 355)라는 저서를 냈다. 그는 "횔덜린은 분명히 정신분열증을 앓았다(Sicher war Hölderlin schizophren)"(27쪽)고 단언하고 있다. 독문학자이자 심리분석학자인 쿠드주스(Winfried Kudszus)가 펴낸 《문학과 정신분열(*Literatur und Schizophrenie*)》(Tübingen, 1977년)의 곳곳에도 횔덜린을 언급하고 있다. 이들은 모두 1911년 블로일러(Eugen Bleuler)가 조기 치매(Dementia praecox)와 이와 유사한 증세를 통칭하여 명명한 '정신분열(E. Bleuler, *Dementia praecox oder Gruppe der Schizophrenieen*. Leipzig-Wien, 1911)'을 횔덜린의 정신이상에 적용하고 있다.

도 했던 것으로 보인다. 치머는 심하게 병든 시인을 맡기로 결심했다. 치머의 집은 병원 바로 아래의 네카 강변에 접해 있었다. 이 집은 13세기에 세워졌다가 무너진 튀빙엔 성벽의 기단 위에 축조된 탑 모양의 건축물—훗날 '횔덜린 탑'으로 불리는 팔각형 반원의 건축물—을 포함하고 있었다. 탑 형태의 이 건축물은 기존 가옥에 덧대어 18세기 말에 지어진 것으로 알려져 있다. 치머는 1807년 초 이 집을 구입했다. 횔덜린은 이 탑 2층의 다섯 개 창문을 가진 한 방에 기거하게 되었다. 네카강을 넘어, 목초지를 건너 남쪽으로 알프스 산들이 바라다 보이는 방이었다. 치머는 횔덜린을 자기 집으로 받아들이게 된 상황에 대해 28년이 지난 뒤 한 편지에 이렇게 피력하고 있다.

> 병원에서 그의 상태는 점점 더 나빠졌다. 당시 나는 그의 《휘페리온》을 궁정 제책공 브리퍼의 아내와 함께 읽었는데, 아주 내 마음에 들었다. 나는 병원으로 횔덜린을 방문했고, 그렇게 아름답고 찬란한 영혼이 파멸해야 한다는 것이 몹시 애석했다. 병원에서 횔덜린에게 더 이상 아무것도 할 수가 없었기 때문에 아우텐리트 원장이 나에게 횔덜린을 나의 집에서 맡아 달라고 제안했다. 다른 마땅한 곳을 알지 못한다는 것이었다. 횔덜린은 지금도 그렇지만 자연의 친구였다. 그는 자기 방에서 네카 계곡 전체를 건너다볼 수 있다. 나는 제안에 동의했고, 그를 받아들였다. 그가 내 집에서 산 지가 벌써 30년이 다 되었다. (7/3, 133~134)

그는 이 탑에서 생애의 절반인 36년을 살았다. 치머가 이 방을 특히 강조해서 말하고 있는 것은 그럴만한 이유가 있다. 다섯 개의 창문을 가진 이 밝은 공간은 횔덜린이 그렇게 좋아했던 탁 트인 개방감을 선사했고, 이 탑에서의 오랜 생활이 여러 어려움에도 불구하고 어느

네카강 건너편에서 본 튀빙엔의 횔덜린 탑
예린(M. Yelin)의 수채화(1850년 무렵). 이 건물은 1875년 화재로 크게 손상되었으나 곧 재건축되었다. 다만 탑 모양의 가운데 건물은 변형되어 오늘날 보이는 대로 둥근 타원형의 외양을 가지게 되었다.

정도는 활기 있는 삶이 되도록 기여한 것이 사실이기 때문이다.

치머와 그의 아내 그리고 나중에는 그의 딸 로테는 횔덜린이 여태껏 함께했던 어느 가족보다 가장 가까운 가족이 되었다. 그들은 36년간 동정심을 가지고, 또 훌륭한 분별력과 충성심을 가지고 그를 보살폈다. 그는 그들의 보호 아래서 세상을 떠났다. 그는 이보다 더 좋은 보살핌을 달리 받을 수 없었을 것이다.

횔덜린의 본가 가족은 이 동안에도 계속 인색하고 이기적인 태도를 보였다. 그가 튀빙엔 병원에 강제 입원되기 전부터, 그러니까 홈부르크 당국의 급여 지급이 중단되자마자 그의 어머니는 종무국에 그에 대한 지원금을 지급해 달라고 반복해서 요청했다(7/2. 359~362). 그녀의 요청은 받아들여졌다. 이후 횔덜린은 국가가 주는 은급과 아직 손대지 않은 자신의 유산에서 얻는 이자로 생활하게 되었다. 그의 생이 얼마 남지 않았을 때에서야 비로소 의붓동생 카를 고크와 여동생이 일상의 식사에 약간의 별식을 더할 수 있도록 치머 가족에게 별도의 돈을 보내주었다. 그러나 이 돈도 그의 시 작품 출판에서 얻은 수입의 일부였다. 그들의 어머니가 1828년 세상을 떠나자 궁정의 참사로 있던 카를 고크와 교수의 미망인인 여동생은 유산을 둘러싼 다툼에 연루되었고, 이 사건은 재판으로 판결을 받아야만 했다. 다툼은 카를 고크가 생각하기로는 너무 많았던 횔덜린의 몫에 관련되어 있었다. 그러나 법정은 횔덜린의 손을 들어주었다. 횔덜린이 세상을 떠났을 때 그는 부자였다. 그의 유산은 그때까지도 처분되지 않은 채였고, 거기서 생긴 이자가 다시 이자를 낳아 엄청난 규모가 되었던 것이다.

횔덜린의 모친은 한 번도 튀빙엔을 방문한 적이 없었다는 것이 거의 확실하다. 그리고 그의 여동생도 방문했을까 의문시된다. 카를 고크는 딱 한 번 방문했다. 횔덜린은 그를 아는 체도 하지 않으려고 했다. 치머는 횔덜린이 "그의 인척들을 견딜 수 없어 했다"(7/3, 134)고 전하고 있다. 이런 소원(疎遠)한 관계의 확실한 증언은 그의 어머니에게 쓴 67편의 편지다. 이 편지들은 치머의 설득과 권유에 못 이겨 쓴 것으로 보인다. 카를 고크와 누이동생에게 보낸 2통의 편지도 마찬가지다. 이 편지들은 읽기가 고통스러울 정도다. 짧게 쓰는데도 엄청난 노력이 필요했던 그가 어머니에게 보낸 모든 편지는 순종, 자식으로서의 동정, 그리고 소름 끼치는 공허와 반복을 거듭하는 더 잘해보겠다는 열망을 담고 있다.

가장 존경받으셔야 할 어머니!

저는 제가 이런 편지를 반복해 써서 어머니께 짐이 되지 않았으면 합니다. 어머니의 깊은 애정과 특출하신 선의는 감사의 순종을 일깨워줍니다. 그리고 감사의 마음은 하나의 덕목이지요. 저는 어머니와 함께 보냈던 시간에 대해 생각합니다. 많은 감사의 마음과 함께 말씀입니다. 가장 존경받으셔야 할 어머님! 덕망으로 가득한 어머님의 솔선수범은 멀리 떨어져 있지만, 저에게는 여전히 잊어서는 안 될 일입니다. 그리고 어머님의 지시를 따르라고, 또한 그렇게 덕망이 배인 모범을 본받으라고 저를 일깨워줍니다. 저의 올바른 순종의 고백을 여기에 더하고자 합니다.

당신의 순종하는 아들

횔덜린

저의 가장 귀중한 여동생에게 안부의 인사 전해주시기를 바랍니다. (6, 447)

그러나 그들 사이에는 곤경에 대한 치명적인 통찰의 순간들이 있다.

> 제가 어머니를 그렇게 즐겁게 해드릴 수 없는 것은 제가 어머니에게 당연히 갚아야 할 신념들에 너무도 많이 몰두하고 있다는 데 원인이 있습니다. (6. 446~447)

> 저를 표현하는 것이 제 삶 가운데서 저에게 거의 허락되지 않았습니다. 그것은 젊은 시절에는 제가 책에 몰두했고, 그 후에는 어머니와 멀어졌었기 때문입니다. (6. 448)

> 저는 가능한 한 어머니에게 불쾌함을 끼치지 않으려고 노력하고 있습니다. 그래서 제가 할 수 있는 한 자주 편지를 쓴답니다. (6. 460)

횔덜린과 그의 가족은 그런 관계였다. 치머는 횔덜린이 1828년 2월 어머니의 별세 소식을 듣고도 그렇게 크게 슬퍼하지 않았다고 전하고 있다.

탑 방에서 보낸 횔덜린의 세월은 어울리지 않게 잘 기록되어 있다. 이 기록의 대부분은 단순히 그를 방문했던 여행자들의 너무 자기중심적인 관찰과 선정적인 내용을 담은 기록들이다. 가장 믿을 만하고도 적절한 보고는 치머 자신과 나중에는 그의 딸 로테가 제공한 기록들이다. 이 보고와 기록으로 우리는 그 집에서 그가 겪었던 일들을 알아볼 수 있다. 예컨대 1812년 4월 치머의 아내가 해산을 바로 앞두고 있을 즈음, 횔덜린은 밤낮으로 열과 발한(發汗) 그리고 설사로 몹시 앓아서 온 가족이 그를 간호해야만 했다. 앓고 난 후 그는 한층 평온해졌다. 치머는 횔덜린의 모친에게 그의 전언을 편안하게 대하라고 말하면서 “제 처가 임신의 마지막 며칠을 잘 지냈습니다. 그녀는 당신의 아드님에게 모든 것을 직접 해줄 수 있었습니다. 엊그제 그녀가 해산을 했는데, 안타깝게도 어린아이가 몇 시간 후 죽고 말았답니다”라고 쓰고, 계속해서 이 일을 그의 불행한 하숙인 횔덜린과 관련지어 보고하고 있다.

> 시인으로서 그의 정신은 여전히 활발합니다. 그는 제가 그린 한 사원(寺院)의 그림을 보고는 목재를 써서 그렇게 만들어보라고 말했습니다. 저는 이 말에 대해 나는 밥벌이로 일해야지, 그처럼 철학을 하면서 편하게 살 만큼 행복하지는 않다고 대답했습니다. 그러자 그가 곧장 대꾸하기를, 아 나 역시 가난한 사람이요 하고는 연필을 들어 순식간에 한 널빤지 위에 다음 시구를 나에게 써주었습니다.
>
> 마치 길들처럼, 그리고 산들의 경계처럼
> 인생의 행로는 갖가지다.
> 우리 여기 있는 바를, 저기 한 신께서
> 조화와 영원한 보답과 평화로 보충해주시리라. (7/2. 423~424)

1822년 7월 횔덜린은 봐이프링어의 방문을 받기 시작했다. 횔덜린이 봐이프링어에게 준 영향은 획기적인 것이었다. 봐이프링어는 주인공을 이 ‘미치광이 시인’과 연계시킨 소설 《파에톤》을 쓰려고 만사를 제쳐놓았다. “이 횔덜린이 나를 흥분시켰다. … 횔덜린이 나를 잡아 흔들었다. … 광인(狂人)만을 나는 묘사하고 싶다.—내가 광인을 서술하지 않는다면 살 수가 없다”(7/3. 6)고 일기에 썼다. 1831년에 발행된 봐이프링어의 작은 책 《횔덜린의 삶, 문학 그리고 광기(*Friedrich*

Hölderlins Leben, Dichtung und Wahnsinn》는 많은 생애기적인 세부사항이 정확하지 않음에도, 탑 방에 갇혀 살고 있는 횔덜린에게서 알게 된 대로 쓴 민감하고도 동정적인 탐구다. 그는 그의 주제의 신빙성을 얻어내려고 일을 도모해나갔다. 그리고 때때로 외스터베르크에 빌려놓은 여름 별장으로 횔덜린을 데리고 갔다. 봐이프링어는 횔덜린이 자기를 방문하려고 온 사람 모두에게 인사로 건네는, 눈에 확연히 드러나는 형식적인 친절의 목적을 정확하게 이해하고 있었다. 그것은 바로 이들에게서 거리를 두려는 심정의 반영이었던 것이다. 그는 횔덜린의 대답과 독백에서 부정(否定)에 대한 애처로운 강박관념을 눈치채기도 했다. "그의 사고(思考)가 일어나는 과정에서 이미 그것을 지워버리는 이 불행한 저항을 나는 수없이 알아차릴 수 있었다. 그가 습관적으로 중얼거렸기 때문이다"(7/3. 75)라고 봐이프링어는 썼다. 끊임없는 독백은 횔덜린의 좋지 않은 건강 상태의 한 증상이었다. 그러나 언제나 동정적이었던 봐이프링어 앞에서는 때때로 중얼거림을 멈추기도 했다. 봐이피링어는 횔덜린이 실외에 있는 듯한 기분을 느낄 때 횔덜린의 상태가 얼마나 좋아지는지를 알고 있었다. 이는 1807년 여름에 쓴 것으로 추측되는 시 〈즐거운 삶〉이 확인해주기도 한다.

나 풀밭에 나서면,
그리하여 들녘에 서면,
가시에 생채기도 입지 않은 양
나는 길들여지고 경건한 사람이라.
내 옷자락은 바람결에 날린다,
정령이 명랑하게

흩어져 해답이 나타날 때까지
어디에 한층 내면적인 것 서 있는지 나에게 묻기라도 하는 양.

오, 푸르른 나무들 서 있는 곳
이 사랑스러운 영상 앞에서
마치 목로주점 간판 앞에서처럼
내 스쳐 지나갈 수 없네.
고요한 나날의 평온
나에게 똑바로 맞힌 듯 생각 들고
나 그대에게 대답해야 한다면
이 일을 나에게 묻지도 말 일이다.

그러나 아름다운 시냇가
쾌적한 정자의 안에 있는 양
기슭을 스쳐 거칠게 흙탕치며 흐르는 냇가를 향한
즐거운 샛길을 나는 찾나니,
그 계단을 넘어서
아름다운 숲 건너가면
바람도 계단을 감싸 불어오는 곳에,
눈길은 즐겁게 하늘을 바라보네.

(…) (2. 274)

휠덜린과의 만남은 봐이프링어의 짧은 생애에서 가장 값진 경험이었다. 그리고 그의 이 만남의 기록은 그의 저술 가운데 가장 훌륭한 작품이었다. 그가 횔덜린의 작품이라고 하면서 소설 《파에톤》에 삽입해넣은 〈사랑스러운 푸르름 안에…〉(2. 372~374; 번역/2. 483~485)는 만일 봐이프링어의 증언대로 저자를 횔덜린으로 본다면, 횔덜린의 유일한 산문시(散文詩)이자 그때까지 전례가 없는 새로운 형식의 시다.

다른 방면에서도 횔덜린에 대한 진지한 관심 있었다. 소설 《휘페리온》의 열성적인 독자들이 있었고, 최근 정기 간행물에 실린 시들—예컨대 〈밤의 노래들〉, 〈파트모스〉, 〈회상〉 등—의 몇몇 수준 높은 독자들도 있었다. 횔덜린의 친구 가운데 적어도 징클레어는 횔덜린의 작품들이 더 많이 빛을 보기 원할 만큼 충심을 다했다. 소설 《휘페리온》의 길게 이어진 재발행과 1822년 및 1826년의 시집 첫 편집 발행의 사연은 《슈투트가르트판 횔덜린 대전집》에 잘 기록되어 있다.

징클레어는 1815년 갑작스럽게 사망하기 전 횔덜린의 시를 프로이센의 장교인 디스트(E. W. von Diest, 1791~1824년)에게 넘겨주었고, 기묘하게도 그가 시집 발행을 처음 시도하게 되었다. 디스트는 1820년 출판사 코타에 출판을 제안하는 편지를 썼다. 그가 이렇게 관심을 가지게 된 것은 횔덜린의 시처럼 진기한 시구들이 대중에게 알려지지 않은 것을 묵과해서는 안 된다는 일반적인 관심의 문제이기도 했지만, 소설 《휘페리온》이 그에게 준 행복으로 말미암아 작가에게 진 빚을 갚는다는 개인적인 관심의 문제이기도 했다(7/2. 442). 디스트는 횔덜린의 시를 수집하는 한편 코타 출판사와 협상을 전개했다. 그러나 1824년 그는 한 결투에서 살해되었다. 다행스럽게도 그는 결투 전에 슈바벤 출신인 케르너와 울란트—이들은 타지 출신인 디스트가 첫 번째 인사로 횔덜린의 시집 출판을 시도한다는 것을 부끄럽게 생각하고 있

54세의 횔덜린
슈라인너(Johann Georg Schreiner)와 로바우어(Rudolf Lohbauer) 합작 연필화(1823년 7월 27일)

었다—그리고 슈바프(Gustab Schwab, 1792~1850년)에게 이 과업을 넘겨주었다. 소설 《휘페리온》은 그리스 독립전쟁을 둘러싸고 독일에서 그리스 숭배의 정서가 팽창하는 기운에 따라—횔덜린 자신도 그리스에서 진행되는 해방전쟁의 전황에 관심을 보였다(7/2. 379)—재판이 발행되었다. 시 작품들은 과하다 싶을 만큼 공을 들여가면서 기존의 시 연감이나 정기간행물에서, 그리고 친구나 가족들의 개인 소장에서 수집되었다. 편집자들은 극도로 조심스러워했다. 횔덜린의 정신이상의 징후가 느껴지는 작품들—예컨대 〈파트모스〉나 〈밤의 노래들〉—은 수록에서 제외했다. 이런 처분의 불합리성은 곧 느껴졌지만, 횔덜린이 세상을 떠나기 직전 슈바프 부자(父子)가 1842년판의 작업에 착수할 때에야 비로소 수정되었다. 이 슈바프 부자의 횔덜린 시집은 더 많은 시편과 함께 횔덜린의 생애를 소개하는 글도 실었다.

이 모든 과정에서 넘치는 무시와 무관심과 생색내기도 있었다. 예컨대 탑 방의 횔덜린에게서 원고를 가져갔으나 돌려준 적이 없는 카를 필립 콘쯔, 1838년 횔덜린의 누이동생에게서 전해 받고 '횔덜린의 원고 잡동사니…, 대부분 읽을 수 없고 극도로 하찮은 말짓'이라고 평가한 뫼리케의 언행이 그랬다. 의붓동생 카를 고크는 발작을 보고서도 아무런 위해도 가하지 않을 횔덜린에게 가족으로서의 동정을 표하는 것도 두려워했다. 그리고 의붓형의 우세한 경력에 대한 해묵은 적대감도 보였다. 그는 자신의 목적에 맞지 않는 자료들을 파기했음직도 하다. 형에 대한 카를의 적대감과 냉담을 보면서 횔덜린이 동생에 보인 충심어린 애정을 상기한다는 것은 매우 가슴 아픈 일이다. 횔덜린은 일찍이 의붓동생 카를의 장래를 충심으로 걱정하며 대학 진학을 권유했던 일도 그런 경우의 하나다.

> 너는 다른 사람들을 위해 살기 전에 자신의 삶을 살 수 있어야 한다. 이런 관점에서 나는 네가 대학에 갈 것을 제안한다. 내가 늘 하던 말과는 좀 다르지만, 신중하게 생각한 끝에 내린 나의 결론이다. 내가 처한 현 상황에서 나의 변덕스러운 운명이 그래도 나를 보호해준다면, 다음 겨울철이 끝날 즈음에는 200플로린은 족히 아낄 수 있을 것 같다. 그 돈을 너에게 보내주마. 그러니 예나로 가거라. 내 생각에는 매해 그 정도의 금액은 나에게 기대할 수 있을 것이고, 얼만큼은 조금 더 생각할 수도 있을 것 같다. (6. 209, 1796년 6월 2일, 동생 카를에게 보낸 편지)

횔덜린의 이 제안은 실현되지 않았다. 카를은 이런 형의 권유를 따르지 않았던 것이다.

노이퍼는 그 사이 속물주의로 깊이 빠져들어 때때로 그럴듯한 칭찬이나 늘어놓았다. 횔덜린은 계속해서 살고 있었다. 그리고 많은 시간 과거에 살고 있었던 사람으로 취급되었다. 그가 죽기 전해에 슈바프 편집의 시집 특별판이 그에게 증정되었는데, 생애에 대한 소개가 빠진 채였다.

그의 문학적 생명이 그를 대신해서 다른 이들에 의해 관리되는 이 시기 내내, 횔덜린은 작가로서 자신에 대한 강한 자부심을 유지했다. 어떤 기념품 절도범이 훔쳐가기 전까지 1826년판 시집 한 권과 소설 《휘페리온》이 항상 그의 방에 펼쳐져 있는 것을 볼 수 있었다. 그리고 소설의 구절을 자랑스러워하면서 큰 소리로 낭독하곤 했다. 1811년에는 《시 연감》을 발행하겠다는 생각에 따라 이를 위해 써놓았던 작품들을 마이어(August Mayer, 1792~1812년)에게 제시하기도 했다는 보고(7/2. 411)도 있다. 이런 자기주장의 한 측면은 자기 작품에 대한 간섭이나 자기 작품에 대한 타인들의 무시에 대해 보인 지나치게 민감한 반응이었다. 그는 제켄도르프가 그의 허락 없이 1807년에 〈파트모스〉를 비롯한 시들을 발행하자 격분했고, 4~5년 전에 제켄도르프에게 보낸 시들에 대한 금전적인 보상도 요구했다. 생의 끝머리 즈음에는 자신이 빌만스에게 어떻게 푸대접을 받았는지 불평을 토로했다. 자신의 소포클레스 번역을 출판하면서 많은 오자(誤字)를 남겼다는 것이었다. 자기 생애에 역할을 한 사람들을 횔덜린은 잊지 않았다. 쉴러에 대해 그는 기꺼이 언급했으나 괴테의 이름이 나오면 격분하는 반응을 보였다. 봐이프링어는 "내가 가끔 괴테에 대해 그와 이야기를 나누기 시작하면, 그는 도대체 그를 아는 척도 하지 않으려고 했다"(7/3.

59)고 전하고 있다. 횔덜린은 괴테에게 무시당하고 있다고 항상 느꼈었고, 냉정하거나 불쾌한 반응을 보았던 것이다. 그는 셸링을 주제로 삼는 것에 거부감을 보였으나 헤겔에 대해는 그렇지 않았다고 한다. 울란트와 슈바프가 그의 시를 편집하고 있다고 말하자, 그는 그들이라면 자신의 시를 완전히 잘 편집할 수 있으리라고 대답했다(7/2. 570). 그러나 1842년판 시집을 가리켜 "진짜가 아니다"(7/3. 315)라고 선언하기도 했다. 그것은 그가 방문객들에게 선사한 시 구절에 자신의 이름으로 서명하기를 거부한 자기 정체성에 대한 같은 주장의 한 부분인 것이 분명하다. 자신이 횔덜린이 아니라는 주장은 그런 상황에서 참된 자아에 대한 하나의 역설이었던 것이다.

횔덜린은 36년 동안 네카 강변의 '횔덜린 탑' 방에서 살았다. 이 세월은 어떻게 보면 상대적으로 행복한 시간이었는지도 모른다. 그리고 그의 원숙기라고도 할 수 있다. 그 기간에도 그는 글쓰기를 멈추지 않았다. 봐이프링어는 이렇게 전한다.

> 그는 많이 썼다. 사람들이 그의 손에 넘겨준 종이는 남김없이 가득 채워 썼다. 산문체의 편지, 또는 친애하는 디오티마에게 바치는 핀다르 식의 자유 운율의 시구, 자주 알케이오스 시연의 송가들이었다. 그는 철저히 특이한 문체를 취했다. 내용은 과거에 대한 회상, 신과의 투쟁, 그리스인들의 자유였다. (7/3. 63)

횔덜린은 1820년대에도 운율을 갖춘 시들, 그중에도 알케이오스 시연의 시를 썼다. 이렇게 쓴 〈저 멀리에서부터…〉(2. 262~263; 번역/2. 424~427)는 남겨진 시 가운데 가장 사랑스러운 시다. 나중에는, 우리가 아는 한, 그는 각운된 시연으로 한정했다. 요구에 따른 이런 시

쓰기는 횔덜린이 세상을 뜨기 바로 전에 그를 방문했던 피셔(Johann Georg Fischer, 1816~1897년)가 이렇게 서술하고 있다.

> 나의 마지막 방문은 1843년 4월에 있었다. 5월이면 나는 튀빙엔을 떠나게 되어 있어서, 나는 그에게 기념으로 몇 줄 써주기를 청했다. "영원한 존엄이 명하는 대로"라고 그는 말했다. "제가 그리스에 대해, 봄에 대해, 아니면 시대정신에 대해 써야 할까요?" 나는 '시대정신'을 청했다. 그는 젊은이 같은 열정으로 가득 찬 눈길을 하고 그의 입식 사면(斜面) 책상으로 다가가서는 한 원고지를 펴놓고 온전한 깃털이 달린 것처럼 보이는 펜을 꺼내서, 왼쪽 손가락으로 책상 위의 시구를 짚어가면서 써 내려갔다. 한 줄의 시행이 다 써지면 고개를 끄떡이며 만족스러운 듯 "음" 하고 또렷이 소리를 냈다. 아래 시가 그때 쓴 시다.
>
> 시대정신
>
> 인간은 삶을 위해 이 세상에 있다.
> 세월이 그러하듯, 시간들 더욱 높이 나아감 같다,
> 변화가 그러하듯, 참된 많은 것 남겨져 있어,
> 오랜 시간이 서로 다른 세월 안으로 들어선다.
> 완전무결함이 그처럼 이 삶 안에 하나가 되어
> 인간의 고귀한 노력 이것에 순응하는 것이다.
>
> 충성심을 다해서 소생
>
> 1748년 5월 24일 스카르다넬리(Scardanelli)
>
> (7/3, 294~295)

36년간 쓴 작품 중 살아남아 있는 것은 매우 적다. 탑 방에서 지내기 전 5년 또는 6년의 성취와 비교하면 특히 그렇다. 의심할 나위 없이 많은 것이 유실되었다. 남아 있는 것보다 없어진 것이 더 많을 것이다. 우리는 병원에서 풀려나온 뒤 수년에 걸쳐 횔덜린의 힘이 처음에는 서서히 빠지다가 마지막에는 거의 완전히 소진되었음을 알 수 있다.

1826년부터 횔덜린의 편집자들과 이들과 동반한 학자들은 점점 더 일반의 구미에 순응하여 작품을 선정했다. 모두에게 이익이었다. 그러나 횔덜린이 정신이상을 결코 보인 적이 없다는 베르토의 주장은 후기 튀빙엔 시절의 횔덜린에 대한 과대평가를 조장했다. 다투어볼 필요가 있는 두 개의 비판적 태도가 있다. 하나는 베르토의 태도다. 횔덜린은 마치 랭보(Jean Nicolas Arthur Rimbaud, 1854~1891년)처럼 자발적으로 침묵에 빠졌으며, 자신을 침묵 속으로 유리시켰다는 것이다. 다른 하나는 짜틀러의 태도다. 튀빙엔 시절 횔덜린은 자신의 창조적인 생애의 첫 절반 시기의 모든 형식과 현상들을 얻어낸 어린 시절을 통해 작품을 마무리 지으려고 했다는 것이며, 이 시기에 쓴 작품들은 "광기의 증언이 아니라 참된 감각의 증언"(FHA 9, 21)이라는 것이다. 이런 주장의 어떤 것도 우리에게 이렇다 할 공감을 불러일으키지 않는다. 두 주장 모두 횔덜린을 심각하게 왜곡하고 있다. 가지고 있는 온갖 힘을 다해 정신적인 붕괴에 맞서 싸웠던 시인이 고의로 침묵으로 빠졌다는 주장은 가장 잘못된 낭만적 시각에서 끌어낸 가정이다. 스카르다넬리라고 서명된 4행 시구가 어떤 의미에서든, 도덕적으로나 심미적으로나, 하나의 절정이라는 주장도 마찬가지다. 이런 가정들은 횔덜린의 작품 맥락에서도 불합리하다. 그의 창작 절정기는 튀빙엔의 정신병원에 강제 입원되기 전 5~6년이었음이 분명하기 때문이다.

1807년 이후 횔덜린의 정신력이 쇠약해지고 병들어간 것을 인정하지 않는 것은 묘한 망설임 때문이다. 이 튀빙엔 시절에 쓴 어떤 시들은 아름답고 또 감동을 준다. 어떤 시들은 앞선 시기에 쓴 시들이 이루고자 애썼던 순수하기 이를 데 없는 내재성의 요소를 포함하고 있다. 그러나 엄연한 경향은 하향의 길에 놓여 있었고 그 길로 계속 진행하고 있었다. 확실히 작품의 일단으로서 이 시들은 매력적이다. 시들의 반복적이며 공식적 특성에도, 이 시들은 우리의 사랑과 주목을 끌 만하다. 그러나 이 시들이 침묵 가운데 이룩한 최고의 지혜는 아니다. 이 시들이 지상에 실현된 하늘의 왕국은 아닌 것이다. 이 시들은 용기 있는 한 사람이 무너지면서 남긴 붕괴의 파편들이다.

앞에서도 언급한 바 있지만, 시 〈저 멀리에서부터…〉는 마지막 시들 가운데에서 독특한 시며 횔덜린의 시 어디에도 이와 같은 다른 작품은 없다. 소설 《휘페리온》의 제3권으로 계획되었던 것으로 보이는 《휘페리온 단편》의 남아 있는 원고에 기록되어 있는, 디오티마가 쓴 것으로 상정된 편지체의 송가다. 제5연은 그런 문맥을 암시한다. 그러나 전체적으로 이 시는 편지 분위기를 자아내지는 않는다. 오히려 신랄한 독백과 회상으로 표류하고 있다. 이 시는 문자 그대로 유령의 시다. 목소리는 부재의 다른 쪽에서 들려오기 때문이다. 허구의 디오티마도, 실존의 디오티마도 죽고 없기 때문이기도 하다. "언제나 꼭 닫힌 사람, 우울한 / 모습을 하고 있는"(제12~13행) 수신인은 이 시를 쓰고 있는 시인이다. 그는 자신에게 쓰고 있다. 사랑했던 죽은 이의 목소리를 빌어 지극한 고독과 소외감에 놓여 있는 자신을 향해 쓰고 있는 것이다. 이 시는 과거에 대한 기쁨과 허무와 상실에 대한 씁쓸한 비탄 사이를 오가고 있다. 시 〈이별〉(1800년)에서는 연인들이 천국적인 분위기 가운데 이루어지는 재회를 떠올리면서 단호하게 그들 각자의 길을 간다. 그러나 이 시에서는 죽음과 광기의 목소리 가운데 비애가 더욱 진실하게 강조되어 있다. 횔덜린이 시 〈시대정신〉을 써주었던 피셔가 그의 죽음이 임박했던 때 그에게 디오티마에 대해 물었을 때 횔덜린은 이렇게 말했다. "아! 나에게 디오티마에 대해 말하지 마시오. 그저 한 존재였어요! 그리고 알고 있습니까? 그녀는 나에게 13명의 아들을 낳아주었는데, 그중 한 명은 러시아 황제고, 다른 한 명은 스페인 왕이랍니다. 셋째는 술탄, 넷째는 교황 등등이지요. 그리고 당신이 또 아는 것이 있나요?" 그리고 심한 슈바벤의 방언으로 흥분해 말했다. "그녀는 미쳤다고요, 미쳤어요, 미쳤어요, 미쳤다고요."(7/3. 294) 봐이프링어는 프랑크푸르트로 가겠다는 그의 갑작스러운 충동을 기록하고 있다(7/3. 70). 슈바프는 "죽기 반년 전에 그는 한 번 자신의 연인 이름을 불렀다"고 메모로 남겼다.

〈저 멀리에서부터…〉는 명백한 개인적 슬픔의 시라는 바로 그 사실에서 다른 후기 시들을 닮지 않았다. 이런 관점에서 유일한 짝을 이루는 시는 치머의 집에 하숙하고 있던 신학교 학생 마이어가 횔덜린이 읽어보라고 건네준 시들 가운데 필사해두었던 다음의 시다.

> 나는 이 세상의 평안함을 누렸으니
>
> 청춘의 시간은 그 언제였던가! 오래전에 흘러갔고
>
> 4월과 5월과 6월은 멀고
>
> 나는 더 이상 그 무엇도 아니니, 내 이제 기꺼이 사는 것도 아니네! (2. 267)

다른 점에서 최후기 시문학의 분위기는 두드러지게 유쾌하다. 일인칭의 시적 자아는 아무런 불만도 표현하지 않는다. 그러나 대부분의 시들, 즉 스카르다넬리—짐작건대 스위스 알프스의 한 마을인 스카르다넬(Scardanel)에서 빌려온 가명—라고 서명된 시들과 이외의 다른 시들에는 1인칭의 시적 자아가 등장하지 않는다. 가명 아래 쓴 33편의 시에 1인칭의 시적 자아는 찾아볼 수 없다.

튀빙엔에서 쓴 최후기 시에는 호머의 시와 닮은 표현들이 몇몇 있다. 그리고 찬가 초안들에 산재해 있는 믿기 어려울 만큼 감각적인 일별(一瞥)보다는 전체적으로 그 밀도가 덜하기는 하지만, 그 표현들은 거의 같은 효과를 내고 있다. 그 표현들은 현재의 삶을 구체화한다. 그러나 이 마지막 단계에서 이것이 횔덜린이 할 수 있는 것의 전부였다. 봐이프링어는 이렇게 논평했다.

> 자연 관찰은 그에게 여전히 온전하게 명료했다. 횔덜린이 자신의 가장 건강하고, 가장 감동스럽고, 가장 참신한 시문학으로 찬미했던 성스럽고 생동하는 어머니 자연이 아직도 그에게 이해된다는 것은 고무적인 일이다. 단순한 그의 사유 세계가 불행한 혼란 가운데 침몰하고 순수하게 고립된 상태에서 추구할 아무것도 그에게 주어져 있지 않은 때인데도 말이다. (7/3. 73)

횔덜린은 봐이프링어가 매우 적절하게 "명료하고도 참된 많은 영상들"(7/3. 71)이라고 부르고 있는 작품들을 썼다. 시 〈하늘에서부터…〉는 그런 장면을 여럿 포함하고 있다. 앞서 읽어본 시 〈즐거운 삶〉도 그런 시 가운데 하나다. 그 결구를 읽어보자.

> 친밀한 정경이여! 복판으로
> 길이 평평하게 꿰뚫어 가고
> 창백한 달이 떠오르는 곳에

저녁 바람이 불어오며
자연은 간결하게 서 있고
산들이 숭고하게 서 있는 곳에
나는 끝내 집으로 돌아가네, 검약하게
거기서 황금색 포도주를 살피고자. (2. 275, 제33~40행)

모든 "오성과 지략"이 가져다주는 고통을 "친밀한 정경"에서 위로받고 아쉬운 듯 발길을 돌려 "끝내 집으로 돌아가"면서, 거기 자신의 몫으로 있지도 않은 황금색 포도주의 숙성을 살피겠다고 꿈꾸고 있다. 말수가 그렇게 적어진 것은 아니나 시상의 비약과 전개는 작은 원 안에 맴돌고 있다. 그러나 그 정경에 대한 애정은 마법적으로 표현되어 있다. 즐겨 샛길을 찾고, 계단을 감싸 불어오는 바람결에 즐겁게 하늘을 바라보는 눈길에서 순수하기 이를 데 없는 자연과의 합일을 읽을 수 있다.

봐이프링어가 자신의 《파에톤》에 횔덜린의 작품이라고 하면서 실은 〈사랑스러운 푸르름 안에…〉의 한 구절인 "그 영상들은 그처럼 단순하고, 그처럼 성스러워서 우리는 자주 그것을 서술하기조차 정말 두려워진다"(2. 372)가 이런 경지를 잘 표현해준다. 이 후기 시들에는 적나라한 자연 현상의 성스러움이 완벽하게 실현되는 순간들이 있다. 시 〈산책〉에서 읊고 있는 대로 "샘에서 솟구쳐 나온 근원적인 영상"으로서 말이다.

계곡에 있는 너희 사랑스러운 영상들,

예를 들면 정원과 나무
그리고 오솔길, 그 가느다란 오솔길,
시냇물은 겨우 보일 듯 말 듯
내 즐겨 온화한 날씨에 찾아가는
정경의 찬란한 영상은
쾌청한 먼 곳에서
얼마나 아름답게 한 사람에게 반짝이나.
신성은 다정하게 푸르름과 함께
처음에 우리에게로 이끌려 오고
그다음 구름으로 채비되어
둥글게 회색으로 모양새를 띠고
축복해주는 번개와 천둥의
울림, 또한 들판의 매력,
샘에서 솟구쳐 나온
근원적 영상의 아름다움으로. (2. 276, 〈산책〉, 제9~24행)

이것은 신적 현현 또는 구원의 순간은 아닐까. 지상의 삶에 생각이 깊어지는 것은 우리가 열렬히 바랄 일이다. 그러나 보르도 이후 그런 상황에 대한 동경은 때때로 절망의 경계에 달했다.

구체적인 표현의 가장 좋은 예들은 모두 횔덜린의 마지막 창조적인 시기 초반에 들어 있다. 시 창작 시점들이 불확실하기는 하지만 횔덜린은 생생한 순간들을 구체적인 시구로 표현해내는 능력을 차츰 잃었거나, 그런 시도 자체에 흥미를 잃었던 것이 확실하다. 최후기의 시들의 주제가 구체적인 것들—예컨대 계절—이였음에도 실제로 보이는 대로의 표현은 점점 줄고 있다. 일련의 최후기 시들에서는 시적 자아의 부재뿐 아니라, 봐이프링어가 찬미한 '명료하고 참된 영상'의 실종도 뚜렷해진다. 그 대신 추상이 우세하게 대두되어 있다.

추상과 구상의 관계는 필연적으로 시학의 한 부분이지만, 횔덜린의 시학에서는 결정적이다. 그는 시 형식을 통한 영혼의 실현을 이론적으로 주장하고 이것을 달성하려고 부단히 노력했다. 튀빙엔 시기 맨 처음 시들이 구체적인 세부 묘사에 집중했을 때는 그 자신의 말대로 '아폴로에게 얻어맞은' 사람의 심리적인 요구에 응답하고 있었던 것으로 보인다. 그러나 똑같이 그 이전의 중심적인 의도를 좇고 있었다. 신성의 내재성을 불러일으키려는 의도 말이다. 이렇게 하면서 거의 모든 추상적인 성찰을 벗어버리고, 문맥의 이미지 또는 문맥의 생생한 묘사를 돋보이게 했다. 생생한 묘사, 꾸밈없는 현상들은 그 자체가 목적이 되고, 시를 통한 그것들의 실현은 횔덜린이 할 수 있었던 것의 모두이자, 그가 언제나 하려고 했던 것이었다. 이 생생하고 꾸밈없는 현상들은 위안이자 성과다. 그러나 아무도 자기에게 떠맡겨지기를 바라지 않는 성과다. 파국 뒤에 오는 성과, 자기 신화의 폐허에 뒤따르는 성과이기 때문이다. 다시 말하면, 횔덜린의 시적 세계는 보르도 이후 급작스럽게 팽창했다가 붕괴하고 탑 방의 창문을 통해 바라보이는 광경으로 움츠러들었다고 할 수 있다. 이 제약된 시야 안에서 그가 항상 추구해 마지않았던 내재성의 순간에 도달했던 것이다. 이 순간들은 좁은 시야에서 이룬 짤막한 순간들이다. 이 순간의 어떤 것은 성취의 기쁨보다는 구원에 대한 감사의 마음으로 채색되어 있다.

최후기 튀빙엔 시들이 구체성을 멀리하면서 조화로운 각운의 추상으로 향한 경향은 계속된 집중력 상실의 탓으로 돌릴 수밖에 없다.

1832년 이전 어느 때인가 쓴 "인간이 만족하여…"로 시작하는 시 〈봄〉에서는 신성의 내재가 빛처럼 정경을 비치고 있다. 형체 없는 빛은 그 자체로 내재의 기쁨에 대한 가시적인 전달 매체다.

인간이 만족하여 들판에서 주위를 둘러보는 시간
다시 열리는 것 바라보는 일 얼마나 행복한가,
사람들이 스스로 건강을 물을 때,
사람들이 스스로 즐거운 삶을 향해 수양을 쌓아갈 때.
하늘이 아치 모양을 이루고 여러 갈래로 퍼지는 것처럼,
그처럼 평원과 집 밖에는 환희가 자리한다,
마음이 새로운 생명을 동경할 때면
새들은 노래하고 합창이 될 때까지 소리 높여 우짖는다.

마지막 시연의 오솔길과 작은 다리는 확장되는 행복의 가시적·구체적 상관물이다.

드높은 대기 안에 세워져 집이 찬란하게 드러나면
인간은 들을 더 넓게 지니고 길들은
멀리 뻗어나 있고, 일자(一者) 자신의 주위를 바라보도록,
냇물을 건너 잘 세워진 오솔길들 가고 있네. (2. 283)

이어지는 시 가운데 여러 편은 이런 요소들을 내포하고 있지만, 경향은 점점 실체를 잃어가는 추세다. 정경은 반복되는 구성 요소들로 단순화된다. '들녘', '시냇물', '계곡 / 골짜기', '언덕', '평원 / 들판' 등이 그것이다. 이것들은 불변하는 빛 안에 모습을 나타낸다. 횔덜린은 개별

적으로 구분된 현상에 관심을 기울이는 것을 중단하고, 그 대신 빛 가운데 나타나는 모습 자체로서의 현상, 이 지상의 현상을 바라다보고 있는 듯하다. 최후기 시들에는 확연히 어휘 수가 적고, 가장 자주 사용되는 어휘 가운데는 모습과 연관되는 어휘들이 많다. '보이다 / 나타내다', '나타나다'와 '광채', '반짝이다', '보이는 / 볼 수 있는'과 같이 출현과 외관을 의미하는 어휘들이 그것이다. 시 〈만족〉에 등장하는 한 시구는 가장 기억해둘 만한 구절이다. "생동하는 형상의 드러냄"(2. 279, 제41행), 그러니까 살아 있는 형상체의 가시성을 말한다. 이 구절은 그러니까 구체적인 것과 추상적인 것을 연결하고 있는 것이다. 그러나 더 늦게 쓴 시들에서는 살아 있는 형상들, 특히 구분된 살아 있는 형상들은 추상적인 빛 안으로 해체된다. 순수한 가시성으로 용해되는 것이다.

사물들의 모양, 그것들의 실제 모습은 차츰 특별히 환기시키는 힘을 잃는다. 외양은 추상으로 기울고 있다고 말할 수 있다. 횔덜린의 표현대로 "더욱 정신적으로"(2. 296, 시 〈겨울〉, 제8행) 변한다. 추상명사가 주목할 만큼 불어난다. 그가 좋아하는 어휘는 '영성(Geistigkeit)'이다. 이외에 '숭고함', '완벽, 완성', '찬란함 / 화려함', '심오함', '평온'과 같은 어휘들도 자주 등장한다. 이 어휘들의 사용은 때에 따라 세속적인 것의 추상과의 상호 침투를 매우 잘 표현한다.

> 변화와 화려함은 덜 펼쳐져 있고
> 거기, 강물이 서둘러 아래로 미끄러져 내린다,
> 평온의 정신은 그러나 찬란한 자연의
> 시간들 속에서 심오함과 결합되어 있다. (2. 305, 〈겨울〉, 제5~8행)

자연의 평온, 들판의 침묵은

인간의 영성과 같고 (2. 295, 〈겨울〉, 제5~6행)

탁 트인 들판들은 수확의 날에 있는 듯하다.

옛 전설은 영성과 더불어 사방에 널려 있다. (2. 306, 〈그리스〉, 제4~5행)

이것은 1806년 이전 시들의 지향, 즉 영적인 것의 사물로의 이행을 실질적으로 역전시키고 있다. 어떻게 보면 모든 시문학의 본질에 역행한다고도 할 수 있다. 드러냄과 내보임의 어휘들이 끊임없이 반복됨에도, 횔덜린의 최후기 시들은 결코 구상적이지 않다. 그 대신 이때의 시들은 사물들의 오직 사실로서의 겉모습에 맞선다. 그리고 실제적인 세계를 추상과 조화로 전환시킨다.

횔덜린이 자신의 창조적인 생애 먼 끝에 이르러 각운으로 돌아오고 있는 것만큼 인상적인 것은 없다. 시행을 운각으로 나누고 각운을 맞추는 일이 그에게는 하나의 즐거움이었다. 혼란과 모순 없이 대화를 나누는 것이 완전히 불가능한 것으로 보였던 사람이 각운을 갖춘 시를 쓸 수 있었던 것이다. 각운은 온전한 각운이다. 시 〈가을〉의 제3~4연의 각운이 한 예가 될 수 있다.

DER HERBST

…

…

In kurzer Zeit hat vieles sich *geendet*,

Der Landmann, der am Pfluge sich *gezeiget*,

Er siehet, wie das Jahr sich frohem Ende *neiget*,

In solchen Bildern ist des Menschen Tag *vollendet*.

Der Erde Rund mit Felsen *ausgezieret*

Ist wie die Wolke nicht, die Abends sich *verlieret*,

Es zeiget sich mit einem goldnen *Tage*,

Und die Vollkommenheit ist ohne *Klage*. (2. 284)

가을

…

…

짧은 시간 동안 많은 것들이 종말을 짓고

쟁기질을 뒤돌아보는 농부는

한 해가 즐거운 종말로 기울어가는 것을 보고 있다.

그런 영상들 속에 인간의 하루는 완성된다.

지구의 둥그러미 저녁이면 사라지는

구름들과 달리 바위들로 장식되어

황금빛 한낮에 그 모습 드러내니

그 완벽함은 슬퍼할 일 없도다.

이런 쌍을 이루는 각운은 여러 시에서 반복된다. 이런 반복, 조화로운 시행의 포위는 시적 관점의 제한 또는 한정에 대한 형식적 대체물

백발의 횔덜린
노이베르트(W. Neubert)의
밀랍 부조(1840년 무렵)

이다. 홈부르크 시절의 시학적 논고를 읽고 송가, 비가 그리고 후기 찬가에서 그 논고의 신념을 과감하게 실현하고 있는 것을 보고 난 다음 최후기 시의 조화롭고 형식적인 완전성을 외적인 것으로만 생각하기는 어렵다. 세계는 그때의 세계와 같지 않다. 그리고 그런 조화는 그 세계와 관여하지 않는 시에서만 가능하다. 이 연대의 해소, 추상으로의 전환, 그리고 '단순한 조화'는 방문객들에게 스카르다넬리라고 서명하고 써준 시의 특징이기도 하다. 그러나 다른 경우 운을 다듬고 성공적으로 각운을 다는 것이 사고의 진부함과 혼란을 겉으로 치장할 수도 있다. 규칙성과 듣기 좋은 음조가 만들어내고 있는 특별한 여운을

노년의 횔덜린
켈러스(Louise Kellers)의
철판화(1842년).
1843년에 발행된 시집 제2판
표지로 사용되었다.

격언조의 발언과 결합시키고 있는 몇몇 시구들은 어떤 정밀한 음미를 요구하는 깊이를 지니고 있지는 않다. 앞에서 원문으로 인용한 시 〈가을〉의 마지막 시행, "Und die Vollkommenheit ist ohne Klage(그 완벽함은 슬퍼할 일 없도다)"는 그 뛰어난 음향에도 불구하고 어떤 실질적인 의미를 제공하지 않는다. 순수하게 듣기 좋은 음향일 뿐이다. 추상적 사고의 시도들은 편지 쓰기에서 그러하듯이 시에서도 실패하고 있다. 그러나 구체적인 현실성 역시 그 예리함을 잃기 시작하고 단순히 화음과 형식 위주로 바뀐다.

〈저 멀리에서부터…〉 이후 앞서 인용한 적이 있는 〈즐거운 삶〉의 한

두 행만이 횔덜린의 실질적인 곤경을 은밀하게 암시하고 있다. 그는 결코 '사적' 시인은 아니었지만, 시란 시인 자신에게서 그 생명을 이끌어내야 한다고 믿었다. 일인칭의 시적 자아가 사라지고 있는 최후기 시들에서는 그는 더 이상 이런 믿음을 실행할 수 없었다. 최후기 시들은 그 자신의 표현도 아니며, 시대의 표현도 아니다.

슈바프는 횔덜린이 자신의 이전 삶이 생각날까 봐 얼마나 두려워했는지를 기록하고 있다. 그가 친척들이나 과거의 친구들을 모른 척한 것이나, 자신을 스카르다넬리 또는 부오나로티(Buonarotti)라고 서명한 것, 그리고 사람들이 너무 가깝게 접근하면 격분했던 것 모두가 똑같은 이유에서다. 잃어버린 세계에 희미한 광채가 드리워져 있는 최후기 시들은 내면의 피난처, 외딴 탑 방의 좁은 공간 안에 있는 또 다른 한 공간이다. 탑 방의 횔덜린은 오이디푸스나 탄탈로스처럼 전형적으로 두려움을 지닌 한 인물로서 두려움과 동정을 불러일으킨다. 그는 그런 가운데도 예감의 순간을 붙들 수 있었다. 1843년 6월 초 죽음을 며칠 앞둔 어느 날 횔덜린은 자신의 마지막 작품 〈전망〉을 썼다.

전망

인간의 깃들인 삶 먼 곳으로 향하고,
포도넝쿨의 시간이 먼 곳으로 빛날 때,
여름의 텅 빈 들녘 또한 거기에 함께 있고,
숲은 그 컴컴한 모습을 나에게 보인다.
자연은 시간의 영상을 메꾸어 채우며,
자연은 머물고, 시간은 스쳐 지나간다,

완성으로부터 천국의 드높음은 인간에게 빛나니

마치 나무들 꽃으로 치장함과 같구나.

충성심을 다해서 소생

스카르다넬리

1748년

5월 24일 (2. 312)

횔덜린은 스쳐 지나가는 시간을 영원한 자연은 '메꾸어 채운다'고 말한다. 시간에 떠밀려 자연의 품으로 다시 돌아가는 것, 그것은 고된 역경을 통해 완성에 다다랐음을 말하는 것이다. "천국의 드높음"이 비로소 인간에게 빛나고, 피우려고 자라난 나무에 "꽃"이 피어 치장함과 다르지 않은 것이 자연으로서 자연에게로 돌아감이다. 의붓동생 카를 고크가 1822년 노이퍼에게 횔덜린은 이미 현세의 생을 마쳤다고 썼다. 말년의 루소처럼 횔덜린도 홀로 지상에 남겨져 있었다. 그는 친구인 헤겔, 셸링, 노이퍼 그리고 징클레어에게조차 오래전에 실종된 인물이었고, 더 이상 이 세상에 존재하지 않았다.

1843년 6월 7일 밤 11시 횔덜린은 세상을 떠났다. "자연의 동맹 안에서 충실은 결코 꿈이 아닙니다. 우리는 한층 더 내면적으로 일치되기 위해 헤어지는 것입니다. 우리는 살기 위해 죽는 것입니다."(3. 148) 디오티마가 휘페리온에게 보낸 이 마지막 고별의 인사가 횔덜린의 유언처럼 들린다. 그는 그렇게 본향으로 떠났다.

임종 직후 로테는 카를 고크에게 횔덜린의 죽음을 다음과 같이 보고했다.

[…] 수많은 사람 가운데 당신의 사랑하는 형이 세상을 떠나듯이 그렇게 평온하게 세상을 떠난 사람이 몇 되지 않는다는 데 대해 감사드려야 할 것입니다. 당신을 볼 수 있으리라고 기대해봅니다만 당신의 건강이 여의치 않으시다면 장례에 대해 자세한 의견을 저에게 알려주시기를 기대합니다. 당신과 당신의 부인에게 존경심을 다해 인사드립니다.

당신의 충실한

튀빙엔 1843년 6월 7일 로테 치머

밤 12시

뉘르팅엔으로도 편지를 썼습니다. (7/3. 321)

이 통지에 카를 고크는 어떤 답변도 하지 않았다. 그해 6월 9일 현지의 《알게마이너 차이퉁》은 이 시인의 죽음을 간단히 알렸다. 그의 정신은 "잠깐의 불꽃처럼 피어올랐다가 어둠 속으로 사라져갔다"(7/3. 323)고 보도하면서 〈휘페리온의 운명의 노래〉 두 번째 연을 첨부했다.

그의 장례식은 6월 10일 튀빙엔 공동묘지에서 거행되었다. 약 백여 명의 신학교 학생들이 장례 행렬을 따랐다. 크리스토프 테오도르 슈바프가 추도사를 바쳤다. 장례식에 횔덜린의 여동생과 의붓동생 카를 고크의 모습은 보이지 않았다. 나중에 카를이 형의 묘비를 세웠다. 그 묘비에는 시 〈운명〉의 마지막 시연 첫 4행이 새겨져 있다.

폭풍 중 가장 성스러운 폭풍 가운데
나의 감옥 벽 무너져 내리기를,
또한 내 영혼 한층 찬란하게
그리고 한층 자유롭게 미지의 세계로 물결쳐 가기를! (1. 186)

튀빙엔 공동묘지에 있는
횔덜린의 묘
사진: 찐너(Sinner)

횔덜린의 운명과 소망을 잘 표현하고 있는 시구다. 그러나 횔덜린이 다가오는 세기를 향해 호소하고 있는 다음의 시구가 우리에게는 이 비명보다 더 절실하게 울려온다.

어찌 그들은 그대를 슬프게 하나
오 노래여, 순수한 것이여, 나는
죽으나, 그래도 그대는
다른 길을 가고, 시샘이
그대를 막으려 하나 헛되리라.

이제 다가오는 시간에
그대 착한 이를 만나거든

그에게 인사하라, 그러면 그는 생각하리라,

우리들의 나날 얼마나 행복으로 가득했고

또한 고뇌로 넘쳤는지를. (2. 215~216, 〈마돈나에게〉, 제130~139행)

횔덜린 연보

1770년

3월 20일: 라우펜에서 수도원 관리인 하인리히 횔덜린과 요한나 크리스티나 사이의 첫아들로 태어남.

1772년

7월 5일: 36세의 부친 뇌일혈로 사망.

8월 15일: 여동생 하인리케(Heinrike) 출생.

1774년

10월 10일: 모친, 나중에 뉘르팅겐의 시장이 된 고크(Johann Christoph Gock)와 재혼.

1776년

학교에 다니기 시작함.

10월 29일: 의붓동생 카를(Karl Gock) 태어남.

1779년

의붓아버지 사망함.

1780년

피아노 교습.

9월 중순: 1차 국가시험 치름.

1782년

뉘르팅겐 부목사인 쾨스트린에게 라틴어와 그리스어 개인 교습 받음.

1783년

셸링과의 첫 만남. 셸링은 당시 친척인 쾨스트린의 집에 2년간 머물렀음.

뷔르템부르크의 신교 수도원 학교에 입학할 자격을 주는 4차 국가시험을 치름.

1784년

10월 20일: 뉘르팅겐 근처의 덴켄도르프 초급 수도원 학교에 장학생으로 입학함. 이 장학금 수여로 목회자 이외 어떤 다른 직업에도 종사하지 않는다는 의무를 지게 됨.

모친, 1824년에 이르기까지 "프리츠(횔덜린)가 순종하지 않을 때는 공제하게 될 그에 대한 지출명세서" 작성하기 시작함. 횔덜린은 평생 지원금에 의존함. 마지막 부분만이 전해지는 첫 작품 〈사은의 시〉를 씀.

1786년

마울브론의 상급 수도원 학교에 진학.

수도원 관리인의 딸인 루이제 나스트에 대해 애정을 느끼게 됨.

1787년

종교적 직무 수행에 대한 첫 의구심을 내보임.

1788년

6월: 마차를 타고 브루흐잘, 하이델베르크, 슈파이어로 여행함.

10월 초: 덴켄도르프와 마울브론에서 쓴 시들을 이른바 '마르바하 4절판 노트(Marbacher Quartheft)'에 정서함. 이 안에는 1787년 쓴 〈나의 결심〉이 포함되어 있음.

루이제 나스트와 약혼함.

10월 21일: 튀빙엔 신학교에 입학. 슈투트가르트 출신의 장학생 가운데는 헤겔도 있었음.

겨울: 노이퍼와 우정 관계를 맺고 문학동아리를 만듦. 이들은 1791년에 이미 목사로 봉직하기 시작함.

1789년

3월: 루이제 나스트와의 약혼 파기.

4월: 출판인인 슈바르트와 슈토이들린과 교유.

7월 14일: 바스티유 감옥에서 폭동 발생.

여름: 맹인 두롱(Dulon)에게 플루트 교습받음.

11월: 카를 오이겐 대공의 신학교에 대한 더욱 엄한 감시 감독 시작됨. 튀빙엔 시민의 모자를 쳐 떨어뜨렸다가 학생 감옥에 투옥되는 처벌 받음. 얼마 후 모친에게 재차 신학 공부 면제를 하소연함.

송가 〈비탄하는 자의 지혜〉 초고.

1790년

9월: 석사 자격시험. 10월: 셸링이 신학교에 입학함.

횔덜린, 헤겔, 셸링 학습동아리 맺고 우정을 나눔.

신학교 명예학장의 딸인 엘리자베트 르브레에게 애정을 느낌. 이 애정 관계는 신학교 재학 내내 지속됨.

1791년

친구 힐러, 메밍어와 함께 라인 폭포에서 취리히에 이르기까지의 스위스 여행. 여행 중 4월 19일, 취리히의 신학자 라바터(Johann Kaspar Lavater, 1741~1801년), 피어발트슈테터 호수, 뤼틀리시부어 지역의 여러 곳을 방문함.

9월: 슈토이들린의 《1792년 시 연감》에 초기의 튀빙엔 찬가들 실림.

10월 10일: 1777~1787년 호엔아스페르크에 투옥되었던 슈바르트 사망함.

1792년

4월: 프랑스공화국에 대항하는 연합전쟁이 일어남. 이 전쟁은 1801년 2월까지 계속됨.

5월: 서간체 소설 《휘페리온》 계획. 같은 때 6운각 시행의 초고 〈봄에 부쳐〉 씀.

9월: 슈토이들린이 발행한 《1793년 사화집》에 횔덜린의 시 7편 실림(대표작 〈인류에 바치는 찬가〉).

1793년

9월: 헤겔이 가정교사로 베른으로 떠남. 횔덜린과 셸링 작별함. 홈부르크 출신의 법학도이자 단호한 민주주의자인 징클레어와 사귐.

10월: 쉴러가 샤를로테 폰 칼프가의 가정교사로 횔덜린을 추천함.

12월 6일: 슈투트가르트 종무국의 목사 자격 시험에 합격함.

12월 10일경: 튀빙엔을 떠나서 28일 발터스하우젠에 도착, 칼프가의 가정교사로 부임함.

1794년

칸트 철학을 학습하면서, 소설 《휘페리온》을 집필함.

11월: 제자 프리츠를 데리고 예나로 여행함. 쉴러가 간행한 《노이에 탈리아》에 《휘페리온 단편》 실림. 쉴러를 자주 방문함. 거기서 괴테를 처음 만남.

12월: 바이마르로 거처를 옮김. 헤르더 방문.

1795년

1월: 가정교사로서의 교육 시도 좌초되고 고용 관계 해지됨. 예나에 특별히 얽매이지 않은 상태로 머무름. 피히테의 강의를 듣고 그와 교류함.

3월: 쉴러의 추천으로 코타 출판사가 《휘페리온》 출판을 맡기로 함. 징클레어와 재회함.

5월 말: 징클레어가 개입된 학생소요가 일어남. 뷔르템베르크로의 갑작스러운 출발.

6월: 하이델베르크에서 에벨을 만났으며, 에벨이 프랑크푸르트의 은행가인 야콥 공타르가의 가정교사 자리를 소개함. 그의 부인 쥬제테 공타르는 《휘페리온》에서 이상적인 연인인 디오티마의 특성을 그대로 지니고 있어 횔덜린의 주목을 끌게 됨.

9월: 시와 번역물을 쉴러에게 보냄. 그 가운데는 〈자연에 부쳐〉가 포함되어 있었음. 쉴러는 횔덜린이 함께 보낸 서신에 답하지 않음.

연말까지 뉘르팅겐에 머물면서 《휘페리온》 집필 계속. 이 소설의 콜라주 기법 때문에 고전적인 서사 형식을 포기함.

마겐나우는 당시 횔덜린의 상태에 대해 "자기 동년배들과의 모든 감정에 무감각해졌었다. 살아 있지만 죽은 듯이 지냈다!"고 씀.

1796년

1월: 공타르가에 가정교사로 입주. 봄, 다시금 서정시를 쓰기 시작함. 〈디오티마〉 첫 번째 원고, 〈헤라클레스에게〉, 6운각 시행의 시 〈떡갈나무들〉을 썼으며, 쉴러의 논술문 〈심미적 습속의 도덕적 효용에 대해서〉에 답하는 〈현명한 조언자들에게〉를 씀.

6월: 6운각 시행 단편(斷片)인 〈안락〉을 씀.

7월: 쥬제테 공타르, 세 딸의 가정교사인 마리 렛쩌, 횔덜린 그리고 그의 제자 앙리는 전쟁의 혼란을 피해 카셀로 피난함.

8월: 쉴러가 횔덜린이 봄에 쓴 3편의 시를 받고서도 《크세니엔 연감(*Xenienalmanach*)》에 한 편도 실어주지 않음. 작가 하인제와 함께 드리부르크로 계속 여행함. 서간체 소설의 형태를 취한 《휘페리온》 제1권을 계속 집필함.

9월: 프랑스 공화파 군대의 퇴각, 슈토이들린 라인강에 투신자살.

10월: 카셀에 두 번째로 14일간 머물다가 프랑크푸르트로 귀가함. 가을 송가 초안 〈오 조국을 위한 전투…〉를 씀.

1797년

1월: 헤겔, 횔덜린이 소개한 프랑크푸르트의 포도주 상인이자 미술품 수집가인 고겔가의 가정교사로 부임함.

4월: 소설 《휘페리온》 제1권 출판.

8월 22일: 프랑크푸르트를 방문해 머물고 있던 괴테를 예방함. 괴테는 "규모가 작은 시를 쓰고 모든 사람들에게 인간적으로 흥미를 끌 수 있는 소재를 택하라"고 조언함. 괴테의 조언에 따라 간결하고도 날카로운 에피그램 형식의 송가들을 써 1798, 1799년 인쇄에 부침.

9월 초: 비극 《엠페도클레스의 죽음》에 대한 〈프랑크푸르트 계획〉을 씀.

1798년

봄: 송가 〈하이델베르크〉 초고를 씀. 노이퍼가 6월 12편의 에피그램 형식 송가, 8월에는 4편의 짧은 시편들을 받아서 거의 모두 《교양 있는 여성들을 위한 소

책자》에 실어줌. 쉴러 역시 5편의 송가를 받아 그중에서 두 편의 짧은 시를 그의 《시 연감》에 수록. 〈소크라테스와 알키비아데스〉와 〈우리의 위대한 시인들에게〉(훗날 〈시인의 사명〉으로 확장됨)가 그것임.

9월 말: 공타르가에서 소동이 있고 나서 횔덜린은 프랑크푸르트를 떠나 홈부르크의 징클레어 가까이에 거처를 정함. 홈부르크에 머무르는 동안 쥬제테 공타르와의 짧은 밀회, 서신 교환이 계속됨. 가을 《휘페리온》 제2권의 인쇄 회부용 원고 완성됨. 이 가운데는 〈휘페리온의 운명의 노래〉가 들어 있음. 《엠페도클레스의 죽음》 제1초고 집필 시작함.

11월 말: 라슈타트 회의에 징클레어와 동행해 그의 많은 공화주의 동료를 만남.

12월 중순: 라에르티오스의 엠페도클레스에 대한 글 읽음.

1799년

3월: 노이퍼의 소책자에 실린 시들에 대한 슐레겔의 찬사가 담긴 서평 발표됨.

6월: 노이퍼에게 독자적인 문학잡지 발간을 제안함. 이 제안을 받은 슈투트가르트 출판업자는 괴테와 쉴러의 동참을 조건으로 제시함. 잡지 〈이두나〉의 발간 계획은 무산됨.

7월: 발간 예정 잡지에 대한 보답이자 시험적인 작품으로 노이퍼와 출판업자 슈타인코프가 《교양 있는 여성들을 위한 소책자》에 실릴 〈결혼일을 앞둔 에밀리〉라는 목가를 받았고, 이어서 5편의 다른 시 작품을 받음. 이 가운데에는 에피그램 형식의 송가 〈백성의 목소리〉, 〈일몰〉, 목가적인 시 〈결혼일을 앞둔 에밀리〉에 대한 대칭을 이루는 작품인 혁명송가 〈전투(Die Schlacht)〉도 포함됨. 노이퍼는 이 〈전투〉를 첫 시연을 빼버리고 잘못 이해될 수도 있는 〈조국을 위한 죽음〉이라는 제목으로 인쇄함.

늦여름: 잡지 발간 계획의 차츰 드러나는 좌초에 대한 환멸. 송가 〈아침에〉와 〈저녁의 환상〉 씀.

초가을: 〈나의 소유물〉, 2행시 형태의 성찰시 〈자신에게〉. 이 시는 거의 마무리된 《엠페도클레스의 죽음》 첫 초고의 과제를 제시함. 비극 《엠페도클레스의 죽음》의 새로운 집필에 대한 이론적인 근거 제시함.

10월 말: 《휘페리온》 제2권 발행.

횔덜린은 쉴러의 근거리에서 일자리를 찾으려고 희망했으나 실현되지 못함. 송가 단편 〈고별〉 씀. 기타 여러 편의 송가 초고를 씀. "그대가 아니면 누구에게"라는 헌사와 함께 이제 막 출간된 소설 《휘페리온》 제2권을 쥬제테 공타르에게 건넴.

11월 28일: 홈부르크의 아우구스테 공주 23회 생일 기념 송가 헌정

12월: 〈불카누스〉에 대한 첫 번째 초고를 쓴 후 《엠페도클레스의 죽음》 세 번째 초고 등을 이른바 '슈투트가르트 2절판'에 쓰기 시작함.

1800년

연초: 시학적인 논고들을 씀.

자신의 작품에 대한 증오에 찬 이해할 수 없는 비판에 대한 반응으로 송가 초고 〈소크라테스의 시대에〉를 씀. 모친의 지출 장부에 따르면 뉘르팅겐 방문. 당시 프랑크푸르트 봄 상품 전시회를 방문했던 슈투트가르트 출신의 상인 란다우어가 왕복 여행에 동반했던 것으로 보임. 송가 〈격려〉 초고, 시 〈아르히펠라구스〉 초고 씀.

5월 8일: 쥬제테 공타르와의 첫 번째 이별. 송가 단편 〈나는 나날이 다른 길을 가노라…〉 씀. 생활비 고갈, 건강 악화, 징클레어와의 우정 관계 파탄. 그러나 이제 피할 길 없게 된, 오랫동안 약속했던 귀향을 한 달간 연기. 앞에 쓴 여러 시 작품들을 정리하고 에피그램 형식의 송가를 확장함. 이런 작업을 여름까지 계속함.

6월: 송가 초고 〈사라져가라, 아름다운 태양이여…〉를 통해 볼 때, 쥬제테 공타르와의 마지막 대화. 뉘르팅겐으로 귀향.

6월 20일: 개인 교습자로 슈투트가르트의 란다우어가로 입주함. 그러나 보수는 생활비에도 미치지 못함. 찬가 초고 〈마치 축제일에서처럼…〉 씀.

초가을: 〈비가〉 (나중에 〈디오티마에 대한 메논의 비탄〉으로 개작됨), 송가 〈격려〉, 6운각의 시 〈아르히펠라구스〉 완성.

가을: 일단의 송가 초고 및 개작. 〈선조의 초상〉, 〈자연과 기술〉을 포함하여, 〈에뒤아르에게〉로 제목이 바뀐 화해를 구하는 시 〈동맹의 충실〉을 징클레어에게

보냄.

1801년

1월 15일: 스위스의 하우프트빌에 있는 곤첸바흐가에 가정교사로 들어감.

2월 9일: 르네빌 평화협정. 스위스로 출발하기 전에 시작했던 핀다르 작품 번역 중단, 시학적 규칙에 따라서 구성된 자유 운율의 찬가 초고들. 마지막 송가 초고인 〈알프스 아래에서 노래함〉 씀.

4월: 곤첸바흐의 해고를 통보받았는데, 횔덜린의 뜻에 따랐을 가능성이 높음. 4월 중순 슈투트가르트를 거쳐 뉘르팅겐으로 돌아옴. 이후 비가 〈귀향〉, 〈빵과 포도주〉 그리고 비가 단편 〈시골로의 산책〉 초고를 씀.

6월: 예나에서 그리스 문학을 강의할 수 있도록 해달라고 쉴러에게 도움을 요청. 답을 받지 못함.

8월: 코타 출판사 1802년 부활절에 횔덜린 시집 출판 계약 체결.

9월: 마지막 비가 〈슈투트가르트〉를 씀. 이후 〈시인의 사명〉, 〈백성의 목소리〉 확장 및 완성. 찬가 〈편력〉, 〈평화의 축제〉와 〈라인강〉 완성. 계획된 시집 발행을 위해 작품 정서.

12월 12일: 남프랑스 보르도를 향해 출발. 떠나기 직전 슈투트가르트의 친구 란다우어의 32회 생일을 맞아 〈란다우어에게〉를 씀.

1802년

1월 28일: 어려운 여정 끝에 보르도의 함부르크 영사 마이어의 집에 도착. 소포클레스의 비극 《오이디푸스왕》 번역, 보르도로 출발하기 전에 대단원에까지 이르렀음.

5월 초: 쥬제테 공타르의 고별 편지를 받음. 카를 고크가 전하는 바에 따르면, 그녀는 이 편지에서 "그에게 자신이 중한 병에 걸렸다는 소식과 그녀의 가까운 죽음에 대한 예감과 함께 그와의 영원한 작별을 예고했다."

5월 10일자로 발행된 여권을 가지고 보르도를 떠나 파리를 거쳐 독일로 향함.

6월 7일: 켈에서 라인강을 건넘.

6월 22일: 쥬제테 공타르 사망.

6월 말: 횔덜린 정신이 혼란된 모습으로 기진맥진하여 슈투트가르트에 도착, 뉘르팅겐으로 귀향함. 모친이 여행 가방을 열어 쥬제테 공타르의 편지를 발견해 냄. 그가 "광란하면서 모친의 집에 기거하는 사람들을 모두 문으로 뒤쫓아 간" 일이 있은 뒤, 가족에게 정신이상자로 취급됨.

9월 말: 징클레어의 초대로 레겐스부르크로 여행함. 헤센-홈부르크의 방백 프리드리히 만남.

10월 말: 뉘르팅겐으로 돌아옴. 코타 출판사의 계간지 〈플로라〉에 횔덜린의 3개 시 형식에 걸친 4편의 모범적인 시가 실림. 비가 〈귀향〉, 찬가 〈편력〉, 서로 모순되는 송가 〈시인의 사명〉과 〈백성의 목소리〉가 그것이었음. 이른바 '홈부르크 2절판' 구성. 비가 3부작 〈귀향〉, 〈빵과 포도주〉, 〈슈투트가르트〉 정서 후에 찬가 〈유일자〉, 〈파트모스〉, 〈거인족〉 초고 씀. 이 중 〈파트모스〉만 완성됨.

1803년

1월 30일: 방백의 55회 생일을 맞아 징클레어가 횔덜린의 시 〈파트모스〉 헌정. 여름까지 소포클레스의 비극 《안티고네》 번역 작업. '홈부르크 2절판'에 실릴 다른 찬가를 구상.

3월 15일: 클롭슈토크 사망.

6월 초: 무르하르트로 셸링 방문. 셸링은 헤겔에게 보낸 편지에서 횔덜린의 "완전한 정신이상"에 대해 씀. "그의 말은 정신분열을 덜 내보였지만" 그의 형편없는 차림은 "역겨움을 자아낼 정도"라고 말함.

6월 22일: 하인제 사망.

9월: 프랑크푸르트의 프리드리히 빌만스, 소포클레스 작품 번역의 출판을 수락함. 12월 초까지 횔덜린은 소포클레스의 두 편의 비극 번역을 퇴고하고, 《오이디푸스왕에 대한 주석》과 《안티고네에 대한 주석》을 탈고함.

12월 말: 빌만스가 간행하는 《1805년 시 연감》에 실릴 6편의 송가와 3편의 찬가 보충 시편을 정리함. 이 시들을 그는 출판업자에게 '밤의 노래들'이라고 명명함. 〈케이론〉, 〈눈물〉, 〈희망에 부쳐〉, 〈불카누스〉, 〈수줍음〉, 〈가뉘메데스〉, 〈반평생〉, 〈삶의 연륜〉, 〈하르트의 골짜기〉가 그것임. 동시에 "몇몇 큰 규모의 서정시 작품"을 예고했는데, 〈평화의 축제〉를 의미한 것으로 보임.

1804년

1월 말: 빌만스 "밤의 노래들" 인쇄에 회부함.

4월: 《소포클레스의 비극들(*Trauerspiele des Sophokles*)》 출판됨. 혹평 받음.

6월: 징클레어가 횔덜린을 홈부르크에 데려감. 슈투트가르트와 뷔르츠부르크를 거쳐 감. 슈투트가르트에서 모반을 꾀하는 대화 있었음. 이 대화에는 횔덜린 이외에 복권 사기꾼 블랑켄슈타인도 참여함.

징클레어의 제안에 따라 매년 200굴덴의 추가 급여가 횔덜린에게 지불됨. 방백은 횔덜린을 궁정사서로 임명함. 연말까지 찬가를 계속 씀. 이 중에는 〈회상〉, 〈이스터강〉의 초고도 들어 있음.

12월: 나폴레옹이 황제에 오르고, 징클레어 파리에 감.

1805년

1월: 블랑켄슈타인이 징클레어를 혁명적인 모반의 우두머리로 밀고함. 이 모반의 첫 번째 목표는 뷔르템베르크의 선제후를 살해하는 것이라고도 함. "나는 자코뱅파가 되고 싶지 않다. 신왕 만세!"라는 외침은 횔덜린의 공모를 증언해 주는 외침이었음. 이 외침은 이른바 '홈부르크 2절판'에 들어 있는 문구와 일치하는 것으로 밝혀짐.

2월 26일: 선제후가 보낸 사람들에게 징클레어 뷔르템베르크로 압송됨. 횔덜린은 홈부르크 방백의 변호와 의사의 진단서로 체포를 면함.

5월 9일: 쉴러 사망.

7월 10일: 징클레어가 구속에서 풀려남. 곧이어 정치적인 사명을 받고 베를린으로 감.

여름: 5월에 《예나 문학신문(*Jenaische Allgemeine Literatur-Zeitung*)》에 빌만스의 《1805년 시 연감》에 실린 "밤의 노래들"에 대한 부정적인 비평 게재. 횔덜린은 9편의 《핀다르 단편들》로 이에 반응함.

11월 말: 징클레어와 함께 투옥되었던 제켄도르프가 수정된 찬가, 비가들을 받아, 이것을 《1807년 및 1808년 시 연감》에 실어 출판함.

1806년

송가, 비가 및 찬가의 개작, 수정, 확장.

8월 6일: 신성로마제국의 종언.

9월 11일: 헤센-홈부르크가 대공국 헤센-다름슈타트의 통치로 넘어감. 방백비 카트린네가 횔덜린의 강제적인 압송을 알림. "불쌍한 횔덜린이 오늘 아침에 이송되었다"고 씀.

9월 15일: 아우텐리트 병원에 입원.

10월 21일: 케르너가 관리한 환자 기록부에 "산책"이라는 마지막 기록.

1807년

5월 3일: 횔덜린보다 2세 연하인 목수 에른스트 치머가 횔덜린을 돌보기로 함. 횔덜린은 죽을 때까지 네카 강변의 반구형의 탑 방에서 기거함.

하반기: 바이프링거의 소설 《파에톤(*Phaëton*)》에 실려 전래되고 있는 〈사랑스러운 푸르름 안에…〉를 쓴 것으로 추측됨.

1808년

송가 〈먼 곳으로부터…〉 씀.

1810년

횔덜린 연감의 발행을 구상. 여기에 실릴 텍스트로서 〈산책〉, 〈즐거운 삶〉, 〈만족〉이 고려되었던 것으로 보임.

1812년

치머 횔덜린 모친에게 횔덜린의 심각한 병세에 대해 편지를 쓰고, 다시금 그 병세로부터 치유된 것 같다는 내용과 함께 횔덜린이 쓴 "마치 길들처럼, 인생의 행로는…"이라는 구절이 들어 있는 시 〈치머에게〉를 보냄.

1815년

4월 29일: 징클레어 빈에서 사망. 징클레어는 1806년부터 본명의 철자를 다르게 배열한 크리잘린(Chrisalin)이라는 가명으로 활동하며 시와 희곡을 출판한 바 있음.

1820년

징클레어의 친구인 프로이센 장교 디스트(Diest)가 코타 출판사에 소설 《휘페리온》의 재판과 횔덜린 시의 출판을 제안함. 홈부르크의 공주 마리안네와 아우구스테가 이를 지원함.

1822년

7월 3일: 바이플링거의 첫 번째 방문. "횔덜린은 오른손으로 출입구에 놓여 있는 상자를 집고 왼손은 바지 호주머니에 넣고 있었다. 땀이 밴 셔츠가 그의 몸에 걸쳐 있었고, 혼이 깃든 눈으로 나를 그렇게 괴로움을 겪는 사람으로 동정하듯 바라다보았다. 나의 골수와 사지에 한기가 스치고 지나갔다." 그는 이 방문에 이어서 소설 《파에톤》을 씀. 횔덜린의 운명을 그대로 본뜬 이 소설은 끝머리에 횔덜린의 원고 중 한 장을 담고 있다.

1826년

베를린에서 시작된 시집이 코타 출판사에서 출판됨(발행자는 슈바프와 울란트).

10월: 바이프링거 로마로 감.

1828년

2월 17일: 뉘르팅겐에서 모친 사망. 횔덜린이 튀빙엔에서 그녀에게 보낸 60통의 편지 중 마지막 편지는 "저를 돌보아주십시오, 시간은 문자 그대로 정확하고 마음도 따뜻합니다. 당신의 공손한 아들 프리드리히 횔덜린 올림"이라고 끝맺고 있다.

1830년

1월 30일: 바이프링거 25세의 나이로 로마에서 사망. 이듬해 그의 글 〈프리드리히 횔덜린의 삶. 문학과 광기〉 발표됨.

1837년

사망하기 6년 전인 이때부터 여러 가지 뜻 모를 이름을 사용함. 부오나로티라고 서명하기도 하고, 나중에는 스카르다넬리라고도 서명함.

1838년

11월 18일: 치머 사망. 그의 부인인 엘리자베트와 1813년생 막내딸 로테가 횔덜린의 간호를 떠맡음.

1841년

1월 14일: 슈바프의 첫 방문. 그는 횔덜린의 신뢰를 얻고 1846년 2권으로 된 횔덜린 작품집을 출판함. 그는 1월 21일 세 번째 방문 때, 시 〈더 높은 인간다움〉과 〈더 높은 삶〉을 횔덜린에게서 받음.

1843년

6월 7일: 횔덜린 세상을 떠남. 사망 며칠 전 두 편의 시 〈봄(태양은 돌아오고…)〉과 〈전망(인간의 깃들인 삶…)〉을 씀.

참고 문헌

1. 일차 문헌

Hölderlin, Friedrich, *Sämtliche Werke, Große Stuttgarter Hölderlin Ausgabe*, hrsg. v. Friedrich Beißner [und Adolf Beck]. Stuttgart 1943-1985.

Bd. 1, Gedichte bis 1800.

Bd. 2, Gedichte nach 1800.

Bd. 3, Hyperion.

Bd. 4, Der Tod des Empedokles, Aufsätze.

Bd. 5, Übersetzungen.

Bd. 6, Briefe.

Bd. 7,1 Briefe an Hölderlin.

Bd. 7,2 Dokumente 1794-1822.

Bd. 7,3 Dokumente 1822-1846.

Bd. 7.4 Rezensionen, Würdigungen.

Bd. 8, Nachträge, Register.

Hölderlin, Friedrich, *Sämtliche Werke, Frankfurter Hölderlin Ausgabe, Historisch-kritische Ausgabe*, hrsg. v. D.[ietrich] E.[berhard] Sattler. Basel; Frankfurt/M. 1975-2008. [FHA]

Bd. 1, Gedichte 1784-1789 .

Bd. 2, Lieder und Hymnen.

Bd. 3, Jambische und hexametrische Formen.

Bd. 4-5, Oden.

Bd. 6, Elegien und Epigramme.

Bd. 7-8, Gesänge.

Bd. 9, Dichtungen nach 1806.

Bd. 10-11, Hyperion.

Bd. 12-13, Empedokles.

Bd. 14, Entwürfe zur Poetik.

Bd. 15, Pindar.

Bd. 16, Sophokles.

Bd. 17, Frühe Aufsätze und Übersetzungen.

Bd. 18, Briefe.

Hölderlin, Friedrich, *Sämtliche Werke und Briefe*, 3 Bde., hrsg. v. Michael Knaupp, München 1992/93. [MA]

Hölderlin, Friedrich, *Sämtliche Werke und Briefe*, hrsg. v. Jochen Schmidt, Frankfurt/M. 1992-94.[DKV]

Bd. 1, Gedichte.

Bd. 2, Hyperion. Empedokles. Aufsätze. Übersetzungen.

Bd. 3, Die Briefe, Briefe an Hölderlin, Dokumente.

Hölderlin, Friedrich, *Sämtliche Werke, historisch-kritische Ausgabe*, Unter Mitarbeit von Friedrich Seebass, bes. durch Norbert von Hellingrath, München/ Leipzig.

Bd. 1, Jugendgedichte und Briefe, 1784-1794, 1943.

Bd. 2, Gedichte, Hyperion, Briefe 1784-1794, 1943.

Bd. 3, Gedichte, Empedokles, philosophische Fragmente, Briefe 1798-1800, 1943.

Bd. 4, Gedichte 1800-1806, 1843.

Bd. 5, Übersetzungen und Briefe 1800-1806, 1843.

Bd. 6, Dichtungen, Jugendarbeiten, Dokumente, 1923.

Schiller, Friedrich, *Sämtliche Werke*, 9., durchgesehene Auflage, München 1993.

Schlegel, Friedrich, *Kritische Ausgabe* (KA), Paderborn/ München/ Wien

1958ff.

Bd. 2: Charakteristiken und Kritiken I (1796-1801), 1967.

Bd. 16: Fragmente zur Poesie und Literatur, 1. Teil, 1981.

Sophokles, *Tragödien* (Übersetzt V. J. J. Ch. Donner), Goldmann Verlag, München o. J.

베르길리우스, 《아이네이스》, 천병희 옮김. 서울 2004. 숲 출판사.

호라티우스, 《시학》, 천병희 역, 서울 1977. 문예문고 47.

호메로스, 《오디세이아》, 천병희 옮김. 서울 2006. 도서출판 숲.

2. 이차 문헌

Adorno, Th. W., Parataxis. Zur späten Lyrik Hölderlins, In: Ders, *Noten zur Literatur Ⅲ*, Frankfurt/M. 1965, 156~209쪽.

Allemann, Beda, Hölderlin zwischen Antike und Moderne, in: *Hölderlin-Jahrbuch* [이하 *HJb.*로 표기] 24(1984-1985), 29~61쪽.

- Ders, *Hölderlin und Heidegger*, Zürich und Freiburg 1954.

- Ders, *Hölderlins Friedensfeier*, Pfullingen 1955.

Andersen, Jørn Erslev, *Poetik und Fragment. Hölderlin-Studien*, Würzburg 1997.

- Ders, Hölderlins Nachtgesänge im Bereich der modernen Dichtung, in: *Bad Homburger Hölderlin-Vorträge 1966/67*, 38~49쪽.

Andre, Robert, *Gespräche von Text zu Text: Celan, Heidegger, Hölderlin*, Hamburg 2001.

Bachmaier, Helmut/ Horst, Thomas/ Reisinger, Peter, *Hölderlin. Transzendentale Reflexion der Poesie*, Stuttgart 1979.

Bartel, Heike, *"Centaurengegesänge"-Friedrich Hölderlins Pindarfragmente*, Würzburg 2000.

Beck, Adolf und Raabe, Paul Raabe(Hg.), *Hölderlin. Eine Chronik in Text und Bild*, Frankfurt a. M. 1970.

- Ders, *Hölderlins Weg zu Deutschland. Fragmente und Thesen, mit einer Replik auf Pierre Bertauxs "Friedrich Hölderlin"*, Stuttgart 1982.

Beese, Marianne, *Kampf zwischen alter und neuer Welt. Dichter der Zeitwende: Friedrich Hölderlin-Novalis-Heinrich Heine-Friedrich Hebbel-Ricarda Huch*, Rostock 2001.

Behre, Maria, *Des dunklen Lichtes voll. Hölderlins Mythekonzept Dionysos*, München 1987.

Beißner, Friedrich, *Hölderlins Übersetzungen aus dem Griechischen*, Stuttgart 1933.

Bennholdt-Thomsen, Anke/ Guzzoni, Alfredo, *Analecta Hölderliniana. Zur Hermetik des Spätwerks*, Würzburg 1999.

- Ders, *Analecta Hölderliniana Ⅱ. Die Aufgabe des Vaterlandes*, Würzburg 2004.

Bertaux, Pierre, Hölderlin in und nach Bordeaux, Eine biographische Untersuchung, in: *HJb.* (19/20) 1975-1977, 94~111쪽.

- Ders, *Hölderlin und die Französische Revolution*, Frankfurt 1969.

- Ders, *Friedrich Hölderlin*, Frankfurt am Main 1978.

- Ders, War Hölderlin Jakobiner? In: Ingrid Riedel (Hrsg.): *Hölderlin ohne Mythos*, Göttingen 1973, 7~17쪽.

Beyer, Uwe, *Mythologie und Vernunft. Vier philosophische Studien zu Freidrich Hölderlin*, Tübingen 1993.

- Ders, *Streit und Frieden hat seine Zeit. Hölderlins Entwicklung seiner Geschichtsphilosophie aus der Anschauung der Gegenwart. Fünf Zeitgedicht vor 1800*, Stuttgart 2000.

- Ders(hrsg.), *Hölderlin. Lesarten seines Lebens, Dichtens und Denkens*, Würzburg 1997.

- Ders(hrsg.) *Neue Wegen zu Hölderlin*, Würzburg 1994.

Binder, Wolfgang, *Hölderlin und Sophokles. Turm-Vorträge 1992*, Tübingen 1992.

- Ders, *Hölderlin-Aufsätze*, Frankfurt/M. 1970.

Birkenhauer, Theresia, *Legende und Dichtung. Der Tod des Philosophen und Hölderlins Empedokles*, Berlin 1996.

Böschenstein, Bernhard, *Frucht des Gewitters, Hölderlins Dionysos als Gott der Revolution*, Frankfurt/M 1989.

Bothe, Hennig, *"Ein Zeichen sind wir deutungslos". Die Rezeption Hölderlins von ihren Anfängen bis zu Stefan George*, Stuttgart 1992.

- Ders, *Hölderlin zur Einführung*, Hamburg 1994.

Brauer, Ursula, *Hölderlin und Susette Gontard. Eine Liebesgeschichte*, Hamburg 2002.

Bruford, Walter H, *Die gesellschaftlichen Grundlagen der Goethezeit*, Frankfurt/M 1979.

Burdorf, Dieter, *Hölderlins späte Gedichtfragmente: "Unendlicher Deutung voll"*, Stuttgart-Weimar 1994.

- Ders, *Friedrich Hölderlin*, München 2011.

Contantine, David, *Hölderlin*, Oxford 1988.

- Ders, *Friedrich Hölderlin*, München 1992.

Dilthey, Wilhelm, *Das Erlebnis und die Dichtung*, Göttingen 1965.

Dischner, Gisela, *»bald sind wir aber Gesang«*, Zur Hölderlin-Linie der Moderne, Bielefeld 1996.

Engel, Manfred, "Ein kühneres fremderes Gleichniß". Zu Theorie und Praxis des poetischen Zeichens in Hölderlins Mythopoesie, in: *Akten des VIII, Intenationalen Germanisten-Kongresses, B. 7, Begegnungen mit Fremden, Grenzen-Traditionen-Vergleich*, München 1992, 50~61쪽.

Enzensberger, Manfred(hrsg.), *Die Hölderlin Ameisen. Vom Finden und Erfinden der Poesie*, Köln 2005.

Fertig, Ludwig, *Friedrich Hölderlin der Hofmeister*, Darmstadt 1990.

Fink, Markus, *Pindarfragmente. Neun Hölderlin-Deutungen*, Tübingen 1982.

Frank, Manfred, *Der kommende Gott. Vorlesungen über die Neue Mythologie*, Frankfurt a. M. 1982.

Franz, Michael, Die Schule und die Welt. Studien zu Hölderlins Pindarfragment "Untreu der Weisheit", in: *Jenseits des Idealismus. Hölderlins letzte Homburger Jahre(1804-1806)*, hrsg. v. Christoph Jamme und Otto Pöggeler, Bonn 1988, 139~155쪽.

- Ders, Pindarfragmente, in: *Hölderlin Handbuch*, hrsg. v. Johann Kreuzer, Stuttgart 2002, 254~269쪽.

Fricker, Christophe(hrsg.), *Friedrich Hölderlin. Zu seiner Dichtung*, Amsterdam 2005.

Friedrich, Jürg, *Dichtung als "Gesang". Hölderlins "Wie wenn am Feiertage-" im Kontext der Schriften zur Philosophie und Poetik 1795-1802*, München 2007.

Gadamer, Hans Georg, Anmerkungen zu Hölderlins "Andenken", in: *Neue Wege zu Hölderlin*, Würzburg 1994, 143~152쪽.

Gaier, Ulrich, *Hölderlin. Eine Einführung*, Tübingen-Basel 1993.

- Ders, *"Alle meine Hoffnungen". Lauffen, Nürtingen, Denkendorf, Maulbronn 1770-1788(Hölderlin-Texturen 1,1)*, Tübingen 2003.

George, Emery E., *Hölderlins Hymn "Der Einzige". Sources, language, context*, form, Bonn 1999.

Görner, Rüdiger, *Hölderlins Mitte. Zur Ästhetik eines Ideals*, München 1993.

Götz, Martin, *Über Sicherheit und Sprache angesichts "Untreue der*

Weisheit" und "Die Asyle" von Friedrich Hölderlin, Tübingen 2007.

Grunert, Mark, *Die Poesie des Übergangs. Hölderlins späte Dichtung im Horizont von Friedrich Schlegels Konzept der 'Transzendentalpoesie'*, Tübingen 1995.

Guardini, Romano, *Hölderlin. Weltbild und Frömmigkeit*, 2.Aufl., München 1955.

Hamilton, John T., *Soliciting Darkness. Pindar, Obscurity and the classical Tradition*, London 2003.

Harrison, Robin, *Hölderlin and Greek Literature*, Oxford 1975.

Härtling, Peter/ Kurz, Gerhard(hrsg.), *Hölderlin und Nürtingen*, Stuttgart u. Weimar 1994.

Häussermann, Ulrich, *F. Hölderlin, in Selbstzeugnissen und Bilddokumenten*, Hamburg 1961.

Heidegger, Martin, *Gesamtausgabe*, Frankfurt/M.

Bd. 39, Abt. 2, *Vorlesungen 1923-1944. Hölderlins Hymnen 'Germanien' und 'Der Rhein'*, 1989.

Bd. 52, Abt. 2, *Vorlesungen 1923-1944. Hölderlins Hymne 'Andenken'*, 1982.

Bd. 53, Abt. 2, *Vorlesungen 1923-1944. Hölderlins Hymne 'Der Ister'*, 1983.

Heise, Wolfgang, *Hölderlin, Schönheit und Geschichte*, Berlin, Weimar 1988.

Hellingrath, Norbert von, *Hölderlins Vermächtnis*, München 1944.

- Ders, *Pindarübertragungen von Hölderlin*, Jena 1911.

Helmut, Mottel, *Apoll envers terre. Hölderlins mythopoetische Weltentwürfe*, Würzburg 1998.

Henrich, Dieter, *Hegel im Kontext*, 3. Auflage, Frankfurt/M. 1981.

Hoffmeister, Johannes, *Hölderlin und die Philosophie*, 2. Auflage, Leipzig

1944.

Hölscher, Uvo, *Empedokles und Hölderlin*, Frankfurt/M. 1965.

Honold, Alexander, *Nach Olympia. Hölderlin und die Erfindung der Antike*, Berlin 2002.

Hucke, Patrizia, *Entgegengesetzte Wechselwirkungen. Hölderlins "Grund zum Empedokles"*, Würzburg 2006.

Hühn, Helmut, *Mnemosyne. Zeit und Erinnerung in Hölderlins Denken*, Stuttgart-Weimar 1997.

Indlekofer, Barbara, *Friedrich Hölderlin. Das Geschick des dichterischen Wortes. Vom poetologischen Wandel in den Oden "Blödigkeit", "Chiron" und "Ganymed"*, Tübingen und Basel 2007.

Jamme, Christoph/ Völkel, Frank, *Hölderlin und der deutsche Idealismus. Dokumente und Kommentare zu Hölderlins philosophischer Entwicklung und den philosophisch-kulturellen Kontexten seiner Zeit*, Stuttgart 2003.

Jamme, Christoph/ Pöggeler, Otto(hrsg.), *Jenseits des Idealismus. Hölderlins letzte Homburger Jahre (1804-1806)*, Bonn 1988.

Janke, Wolfgang, *Archaischer Gesang. Pindar-Hölderlin-Rilke. Werke und Wahrheit*, Würzburg 2005.

Jüngel, Eberhard, Die Wahrheit des Mythos und die Notwendigkeit der Entmythologisierung, in: *HJb.* (27) 1990~1991, 32~50쪽.

Jünger, Hans-Dieter, *Mnemosyne und die Musen. Vom Sein des Erinnerns bei Hölderlin*, Würzburg 1993.

Kalász, Claudia, *Hölderlin. Die poetische Kritik instrumenteller Rationalität*, München 1998.

Killy, Walther, Hölderlins Interpretation des Pindarfragments 166, in: *Über Hölderlin*, hrsg. v. Jochen Schmidt, Frankfurt a.M. 1970, 294~319쪽.

Kimmerle, Heinz(hrsg.), *Poesie und Philosophie in einer tragischen Kultur*, Würzburg 1995.

Kirchner, Werner, *Der Hochverratsprozeß gegen Sinclair*, Marburg 1949.

- Ders, *Hölderlin. Aufsätze zu seiner Homburger Zeit*, Göttingen 1967.

Kocziszky, Éva, *Mythenfiguren in Hölderlins Spätwerk*, Würzburg 1997.

- Ders, Die Empedokles-Fragmente als Übersetzung, in *HJb.* (26) 1988/89, 134~161쪽.

Kreuzer, Johann(hrsg.), *Hölderlin-Handbuch. Leben-Werk-Wirkung*, Suttgart, Weimar 2002.

Kurz, Gerhard, *Mittelbarkeit und Vereinigung*, Stuttgart 1975.

- Ders(hrsg.), *Interpretationen. Gedichte von Friedrich Hölderlin*, Stuttgart 1996.

- Ders u. andere(hrsg.), *Hölderlin und die Moderne*, Tübingen 1995.

Lachmann, Eduard, *Der Versöhnende, Hölderlins Christus-Hymnen*, 1966 Salzburg.

Lacoue-Labarthe, Philippe, Die Zäsur des Spekulativen, in *HJb.* (22) 1980/81, 203~231쪽.

- Ders, Métaphrasis. *Das Theater Hölderlins. Zwei Vorträge*, Freiburg i.Br. 2001.

Langner, Beatrix, *Hölderlin und Diotima. Eine Biographie*, Frankfurt/M 2001.

Lawitschka, Valérie, *Hölderlin und die Griechen*, Tübingen 2003.

- Ders(hrsg.), *Hölderlin. Philosophie und Dichtung*, Tübingen 2001.

Lee, Young-Ki, *Friedrich Hölderlins Mythopoesie als Neue Mythologie*, München 2007.

Linke, Detlef B., *Hölderlin als Hirnforscher. Lebenskunst und Neuropsychologie*, Frankfurt/M. 2005.

Louth, Claire, *Hölderlin and the Dynamics of Translation*, Oxford 1998.

Lüders, Detlev, *"Die Welt im verringerten Maasstab". Hölderlin-Studien*, Tübingen 1968.

Luhnen, Michael, *Organisation der Natur. Zur Verbindung von Naturerkenntnis, Erinnerungstheorie und ästhetischen Experiment in Hölderlins philosophischem Fragment "Das untergehende Vaterland"*, Heidelberg 2007.

Martens, Gunter, *Friedrich Hölderlin*, 5. Auflage, Hamburg 2010.

Mein, Georg, *Die Konzeption des Schönen. Der ästhetische Diskurs zwischen Aufklärung und Romantik: Kant-Moritz-Hölderlin-Schiller*, Bielefeld 2000.

Menze, Clemens, Weisheit und Bildung: Eine Interpretation von Hölderlins Pindarfragment "Untreue der Weisheit", in: *Jenseits des Idealismus. Hölderlins letzte Homburger Jahre(1804-1806)*, hrsg. v. Christoph Jamme und Otto Pöggeler, Bonn 1988, 157~171쪽.

Michel, W, Hölderlins abendländische Wendung, in: Ders, *Hölderlins Wiederkunft*, Wien 1943, 57~109쪽.

Mieth, Günther, *Friedrich Hölderlin. Zeit und Schicksal*, Berlin 1978.

Minder, Robert, *"Hölderlin unter den Deutschen" und andere Aufsätze zur deutschen Literatur*, Frankfurt/M. 1968.

Mögel, Ernst, *Natur als Revolution. Hölderlins Empedokles-Tragödie*, Stuttgart u. Weimar 1994.

Müllers, Josefine, *Die Ehre der Himmlischen, Hölderlins Patmos-Hymne und die Sprachwerdung des Göttlichen*, Frankfurt/M 1997.

Nägele, Rainer, *Hölderlins Kritik der poetischen Vernunft*, Basel 2005.

Oestersandtfort, Christian, *Immanente Poetik und poetische Diätetik in Hölderlins Turmdichtung*, Tübingen 2006.

Pellegrini, Alessandro, *Friedrich Hölderlin. Sein Bild in der Forschung*, Berlin 1965.

Pöggeler, Otto, *Hegels Idee einer Phäomenologie des Geistes*, Freiburg u. München 1976.

Polledri, Elena, *"… immer bestehet ein Maas". Der Begriff des Maßes in Hölderlins Werk*, Würzburg 2002.

Pott, Hans-Georg, *Schiller und Hölderlin. Studien zur Ästhetik und Poetik (oder: die neuen Briefe über die ästhetische Erziehung des Menschen)*, Frankfurt/M, Berlin, Bern u. Wien 2002.

Previšic, Boris, *Hölderlins Rhythmus. Ein Handbuch*, Frankfurt/M 2008.

Prignitz, Christoph, *Hölderlins "Empedokles". Die Vision einer erneuerten Gesellschaft und ihre zeitgeschichtlichen Hintergründe*, Hamburg 1985.

Procopan, Norina, *Hölderlins Donauhymnen. Zur Funktion der Strommetapher in den späthymnischen Gesängen "Am Quell der Donau" und "Der Ister"*, Eggingen 2004.

Raabe, Paul, *Die Briefe Hölderlins. Studien zur Entwicklung und Persönlichkeit des Dichters*, Stuttgart 1963.

Roberg, Thomas(hrsg.), *Friedrich Hölderlin. Neue Wege der Forschung*, Darmstadt 2003.

Roth, Stafanie, *Friedrich Hölderlin und die deutsche Frühromantik*, Stuttgart 1991.

Ryan, Lawrence, *Hölderlins Lehre vom Wechsel der Töne*, Stuttgart 1960.

- Ders, Hölderlin und die Französische Revolution, in: *Festschrift für Klaus Ziegler*, Tübingen 1968.

- Ders, *Hölderlins 》Hyperion《, Exentrische Bahn und Dichterberuf*, Stuttgart 1965.

Safranski, Rüdiger, *Hölderlin*, München 2019.

Sattler, Dietrich E., "Nachtgesänge" & Pindar-Kommentare. Synthesis. Versuch einer dritten Vermittlung, in: *Text und Kritik, Sonderband*,

Bd. Ⅶ/1996.
Savage, Robert, *Hölderlin after the catastrophe. Heidegger, Adorno, Brecht*, Rochester, New York 2008.
Schadewaldt, Wolfgang, Die Empedokles-Tragödie Hölderlins, *in Hellas und Hesperien. Gesammelte Schriften zur Antike und zur neueren Literatur*, Zürich 1970, Bd. 2.
Scharfschwerdt, Jürgen, *Friedrich Hölderlin. Der Dichter des "deutschen Sonderweges"*, Stuttgart 1994.
Schellenberger-Diederich, *Erika, Geopoetik. Studien zur Metaphorik des Gesteins in der Lyrik von Hölderlin bis Celan*, Bielefeld 2006.
Schlesier, Gustav, *Hölderlin-Aufzeichnungen*, Weimar 2002.
Schmidt, Jochen, *Hölderlins später Widerruf in den Oden "Chiron", "Blödigkeit" und "Ganymed"*, Tübingen 1978.
- Ders, Tragödie und Tragödientheorie. Hölderlins Sophokles-Deutung, in: *HJb.* (29) 1994~1995, 64~82쪽.
- Ders, *Hölderlin in Homburg*, Frankfurt/M. 2007.
Schmidt, Holger, Wörtlichkeit Hölderlins, in: *Neue Wege zu Hölderlin*, hrsg. v. Uwe Beyer, Würzburg 1994.
Schuhmann, Klaus, *Rezeptionsgeschichte als Zeitgeschichte. Goethe, Schiller, Hölderlin und Heine im literaturgeschichtlichen Kontext des 20. Jahrhunderts*, Leipziger Universitätsverlag 2010.
Schwab, Christoph Theodor, *Hölderlins Leben. Nach der Ausgabe letzter Hand von 1874*, hrsg. u. mit einem Nachwort von Werner Schauer, München 2003.
Seifert, Albrecht, *Hölderlin und Pindar*, hrsg. v. Anke Bennholdt-Thomsen, Eggingen 1998.
- Ders, *Untersuchungen zu Hölderlins Pindar-Rezeption*, München 1982.
Selg, Peter: *Friedrich Hölderlin*, Stuttgart 2009.

Stekeler-Weithofer, Pirmin, *Was heißt Denken?. Von Heidegger über Hölderlin zu Derrida*, Bonn 2004.

Stoermer, Fabian, *Hermeneutik und Dekonstruktion der Erinnerung. Über Gadamer, Derrida und Hölderlin*, München 2002.

Szondi, Peter, *Hölderlin-Studien. Mit einem Traktat über philologische Erkenntnis*, Frankfurt/M. 1970.

Taller, Adolf(hrsg.), *Fingerzeige Gottes. Zeichen sind wir-Hölderlin. Resultate zur Selbstreflexion*, Norderstedt 2000.

Text+Kritik. Sonderband, VII/96, Friedrich Hölderlin, München 1996.

Trawny, Peter, *Heidegger und Hölderlin oder der europäische Morgen*, Würzburg 2004.

Uffhausen, Dietrich, Ein neuer Zugang zur Spätdichtung Hölderlins. Lexikalisches Material in der poetischen Verfahrensweise, in *HJb.* (22) 1980/81, 311~332쪽.

Uhrig, Hermann, *Hölderlins "Empedokles" und die Französische Revolution. Eine zeitgenösissche Kritik deutscher Verhältnisse*, Nordhausen 2016.

Vernart, Jean-Pierre, *Mythos und Gesellschaft im alten Griechenland*, Frankfurt/M. 1987.

Viētor, Karl, *Die Lyrik Hölderlins*, Frankfurt/M. 1967.

Vöhler, Martin, Das Hervortreten des Dichter-Zur poetischen Struktur in Hölderlin Hymnik, in: *HJb.* (32) 2000/2001, 50~68쪽.

Vollhardt, Friedrich(hrsg.): *Hölderlin in der Moderne*, Berlin 2014

Wackwitz, Stephan, *Friedrich Hölderlin*, Stuttgart 1985.

Waibel, Violetta L., *Hölderlin und Fichte 1794-1800*, Paderborn 2000.

Weibler, Elisabeth, *"O seelige Natur!" Bezüge zwischen Hölderlins Hyperion und dem idealistischen Denken aus religionsgeschichtlicher Sicht*, Frankfurt/M. 1996.

Wiesner, Doris Maria, *Myrthen aber giebt es in Griechenland. Fünf Betrachtungen zu Hölderlin*, Gelnhausen 2007.

Wittkop, Gregor, *Hölderlins Nürtingen. Lebenswelt und literarischer Entwurf*, Tübingen 1999.

Wolf, Gerhard, *Der arme Hölderlin*, Darmstadt u. Neuwied 1982.

Zuberbühler, Rolf, *Hölderlins Erneuerung der Sprache aus ihren ethymologischen Ursprüngen*, Berlin 1969.

김수용, 《아름다움의 미학과 숭고함의 예술론-쉴러의 고전주의 문학연구》. 서울 2009. 대우학술총서.

발터 엔스·한스 큉(Walter Jens & Hans Küng),《문학과 종교(Dichtung und Religion)》, 김주연 옮김, 서울 2019, 문학과 지성사.

아폴로도로스(Apollodoros), 《원전으로 읽는 그리스 신화(*Bibliotheke*)》, 천병희 옮김, 서울 2004. 도서출판 숲.

장영태, 《지상에 척도는 있는가. 횔덜린의 후기문학》, 서울 2003. 유로서적.

천병희, 《횔덜린의 핀다르수용에 관한 연구》, 서울 1986. 삼영사.

황윤석, 《횔덜린 연구》, 서울 1983. 삼영사.

찾아보기

인명

작품

〈시〉

〈소설〉

〈희곡〉

〈번역〉

〈논고(에세이)〉

지은이 **장영태**

서울대학교 문리과대학과 같은 대학교 대학원 독어독문학과를 졸업하고, 독일 뮌헨 대학에서 독문학을 공부한 후 고려대 대학원에서 〈횔덜린의 시학 연구〉로 박사 학위를 받았다. 홍익대학교 독어독문학과 교수를 지냈고, 한국독어독문학회 회장을 역임했다. 현재 홍익대학교 명예교수다.

횔덜린 작품 번역서로는 소설 《휘페리온》, 《횔덜린 시 전집》, 비극 《엠페도클레스의 죽음》이 있으며, 괴테의 《잠언과 성찰》, 그리제바하의 《문학연구의 방법론》, 야우스의 《도전으로서의 문학사》, 함부르거의 《문학의 논리》, 람핑의 《서정시: 이론과 역사》를 우리말로 옮겼다. 저서는 《지상에 척도는 있는가: 횔덜린의 후기 문학》, 《횔덜린: 생애와 문학·사상》이 있다. 그리고 〈횔덜린 후기 시에 나타난 현대성〉, 〈시인은 어떻게 머무는 것을 짓는가. 찬가 '회상'의 상호 테스트성〉 등 횔덜린 문학 관련 논문을 여러 편 썼다.

궁핍한 시대의 시인, 횔덜린

초판발행 2020년 2월 25일
지은이 장영태, 펴낸이 최두환

펴낸곳 시와진실, 출판등록 1997년 6월 11일 제2-2389
06912 서울 동작구 강남초등4길 14번 시와진실 601호
대표전화 02-813-8388, 팩스 02-813-8377
이메일 ambros2013@naver.com, 블로그 httn://blog.naver.com/ambros2013

ISBN 978-89-90890-60-3 93850
책값은 뒤표지에 있습니다.
잘못 만든 책은 사신 곳에서 바꿔드립니다.